LE
LIVRE D'OR
DE L'ALGÉRIE 843

TYPOGRAPHIE FIRMIN-DIDOT. — MESNIL (EURE).

LE

LIVRE D'OR

DE L'ALGÉRIE

HISTOIRE POLITIQUE, MILITAIRE, ADMINISTRATIVE
ÉVÉNEMENTS ET FAITS PRINCIPAUX
BIOGRAPHIE DES HOMMES AYANT MARQUÉ DANS L'ARMÉE
LES SCIENCES, LES LETTRES, ETC.

DE 1830 A 1889

PAR

NARCISSE FAUCON

Ancien rédacteur en chef de l'*Echo* d'Oran et de l'*Indépendant* de Constantine
Rédacteur en chef du *Journal général de l'Algérie et de la Tunisie*

Préface de M. le Colonel TRUMELET

TOME Ier. — BIOGRAPHIES

PARIS

CHALLAMEL ET Cie, ÉDITEURS

LIBRAIRIE ALGÉRIENNE ET COLONIALE
5, RUE JACOB, ET RUE FURSTENBERG, 2

1889

PRÉFACE.

A Monsieur NARCISSE FAUCON, *Publiciste à Alger*.

Mon cher Auteur,

Vous pensez, me dites-vous, que mon nom fera bien en tête de votre Livre, et cela parce que je ne suis point tout à fait un inconnu pour les Algériens. Partant de là, vous me demandez de vous faire un *bout de préface*, qui vous servirait de lettre d'introduction dans le monde dont vous avez eu l'excellente idée de vous occuper, monde d'autant plus intéressant, à mes yeux, qu'il compose, en morts et en vivants, la constellation étincelante qui brille au front de l'Algérie.

Certes, vous me faites beaucoup d'honneur en vous adressant à moi pour cette besogne, qui, je l'avoue, ne saurait m'être désagréable; car, si j'aime l'Algérie, je suis loin de détester ceux qui l'ont faite : les soldats et les colons, c'est-à-dire l'épée et le soc. Il y a longtemps, en effet, que j'ai appelé, pour la première fois, le fer de l'épée et celui de la charrue « les deux nobles fers ». Le fer est, évidemment, le métal par excellence, le métal sauveur; et le vainqueur définitif, dans les luttes finales, sera celui qui en aura le dernier à la main et au côté, le fer qui nourrit et le fer qui protège, le soc et l'épée. Avec le fer, on combat la terre et on l'oblige à produire; avec l'épée, on combat l'ennemi.

Aussi, est-ce avec toute raison que le poète Charles Masson a dit, dans *Les Helvétiens* :

> Va, le soc et l'épée ornent la main des braves!

J'accepte donc la tâche qu'à tort ou à raison vous avez cru bon de confier à mon *algérianisme*; je m'en tirerai comme je le pourrai. A vrai dire, je n'en redoute pas trop les conséquences, car le thème m'est assez familier.

Or, comme nous sommes dans le pays de l'Islam, c'est couleur locale de commencer comme le premier chapitre du Koran, le livre par excellence, et de réciter la *Fateha* (1), ne fut-ce que pour appeler la bénédiction du ciel musulman sur votre œuvre, et pour m'aider moi-même à la faire connaître aux amis de l'Algérie.

Il y a longtemps que votre titre *Le Livre d'Or* m'avait séduit; aussi l'ai-je employé, pour la première fois, il y a quelque chose comme vingt-cinq ans, en écrivant l'*Historique du 1ᵉʳ de Tirailleurs algériens*. J'ajouterai que je prétends d'autant moins à la propriété de ce titre, que la République de Venise avait son *Livre d'Or* depuis des siècles avant que je songeasse à le prendre pour en coiffer l'histoire de nos vaillants Turcos.

Dans une autre circonstance, dont je parlerai plus loin, j'émettais ce desideratum qu'il serait bon, qu'il serait utile et juste qu'on écrivit *Le Livre d'Or de la Colonisation;* mais le temps m'a manqué pour m'occuper de ce travail, dont j'avais déjà réuni les principaux éléments. Aujourd'hui, — et j'en suis bien aise, — mon vœu est comblé, puisque vous vous êtes chargé de cette tâche, et dans des proportions bien autrement développées que celles que j'avais résolu de lui donner.

---

(1) Le mot *Fateha* signifie *ouverture, commencement, introduction, exorde.* C'est le nom que porte aussi le premier chapitre du Koran, parce que c'est celui qui *ouvre*, qui *commence* le livre.

Sans doute, les petits et intrépides colons de la *première heure*, les héros de la quinine, y ont été un peu sacrifiés; mais il n'y a là rien de votre faute : les documents vous ont nécessairement manqué, et puis, généralement, les petits, qui n'ont pas plus d'histoire que les filles honnêtes, passent à travers les trous du crible, et les gros seuls restent dessus. Bou-Farik a produit un grand nombre des premiers. D'autres villes ont eu aussi leurs intoxiqués; Bône, par exemple, qui a été visitée par tous les fléaux de 1832 à 1840.

Néanmoins, tel qu'il est, votre livre présente un véritable intérêt historique et colonial; vous avez fait œuvre de vulgarisateur en réunissant les éléments les plus divers, et en en composant un tout fourmillant d'exemples excellents à mettre sous les yeux des jeunes générations, et la méthode de classement par lettre alphabétique donne un intérêt de plus à votre Livre, en diversifiant, dans un pêle-mêle apparent, les personnages de votre galerie. En résumé, ce Livre était à faire, et en menant à bonne fin ce travail relativement considérable, vous avez rendu un véritable service à l'Algérie, dont on commençait à oublier les grands noms et les grands faits par lesquels vos héros se sont illustrés, ou sont devenus célèbres.

En parcourant votre Livre, je me faisais cette réflexion : « Décidément, ce pays algérien est un bien glorieux pays. » Car, enfin, nous sommes venus le conquérir, il n'y a pas encore soixante ans, — un grain de sable dans le sablier du Temps, — et, déjà, nous pouvons y trouver les éléments d'un merveilleux Bottin, formé des noms des illustrations ou célébrités honnêtes qu'il a produites, ou qui s'y sont développées ou complétées.

Ce pays, en effet, a été celui de toutes les luttes, de tous les combats, de toutes les gloires : *Struggle for glory*, le combat pour la gloire et l'honneur; *Struggle for life*, le combat pour la vie. Des deux côtés, il y a eu place pour l'héroïsme, parce qu'en définitive l'enjeu n'y était rien moins que l'existence, c'est-à-dire ce que nous avons de plus cher, de plus précieux, en ce sens que, lorsque nous l'avons perdue, il y a grand'chance pour que nous ne la retrouvions plus, bien que la science s'occupe passionnément aujourd'hui non pas de faire recouvrer la vie perdue, mais, tout au moins, d'empêcher la mort, ce qui est déjà, ce me semble, assez joli.

J'ai assez vécu pour avoir vu à l'œuvre, — et même d'assez près, — ces deux sortes de lutteurs, — soldats et colons, — et cela à une époque où il y avait presque autant de danger à se colleter avec la terre qu'avec l'Arabe ou le Kabil; seulement, pour les lutteurs avec le sol, il y avait en moins les stimulants du combat, et l'honneur que nous attachons, avec tant de raison, à la mort sur le champ de bataille. Du reste, la plupart de nos vieux colons, avant de s'attaquer au sol, s'étaient déjà mesurés vigoureusement avec l'ennemi, et s'ils préféraient avoir affaire à celui-ci, c'est qu'il était visible, palpable, tangible, tandis que l'autre frappait en traître, et sans laisser à son adversaire la volupté de la riposte.

Je sais donc ce que valent ces deux sortes de combattants, qu'il m'a été donné d'admirer dans leur œuvre de destruction ou de reconstitution ; aussi ai-je eu à cœur d'en sauver quelques-uns de l'oubli où ils seraient infailliblement et irrémédiablement tombés, si je ne leur avais tendu ma plume en guise de perche de salut.

Cette idée d'un *Livre d'Or de la Colonisation algérienne*, je le répète, m'avait séduit depuis longtemps déjà, et dans les circonstances suivantes. En avril 1881, lorsque, cédant au vœu de mes anciens administrés du territoire de colonisation de la subdivision d'Aumale, j'allai, six ans après avoir suspendu mon épée à la panoplie des ancêtres, prendre possession du lopin de terre qui m'avait été attribué au hameau en création d'Aïn-Bou-Dib, le maire de Bouïra, mon vieil ami Paoli, — dont j'avais fait jadis mon lieutenant civil, — son adjoint, et quelques-uns de mes braves administrés d'autrefois, devenus aujourd'hui mes camarades de charrue, qui venaient d'apprendre que j'étais de passage dans leur village, — quelque peu l'enfant de mes œuvres, — étaient accourus pour me prier, au nom des habitants de ce délicieux centre de population, de retarder d'un jour mon départ pour ma concession, afin de pouvoir, disaient-ils, causer avec eux, que je n'avais pas vus depuis six ans, c'est-à-dire depuis mon départ d'Algérie, en 1875, pour aller prendre, en France, le commandement de mon régiment.

J'étais trop heureux de me retrouver au milieu de ces braves et énergiques travailleurs de la terre, pour ne pas accepter avec enthousiasme une proposition si d'accord avec mon sentiment, et faite si gracieusement par des gens que j'avais vus à l'œuvre dans des moments difficiles, et pour lesquels je professais la plus grande estime. C'était d'autant plus mon devoir d'accéder au vœu exprimé par le Maire et par les délégués de la nation, que mon nom avait été donné spontanément en 1873, — c'est-à-dire bien avant mon décès, — à l'une des places de la future ville, et que l'église, — un immeuble en planches de sapin, — avait été érigée sous le vocable de mon saint patron, un centurion romain de l'an XL, qui, si l'on en croit l'histoire, n'avait pas froid aux yeux.

Je remis donc mon départ au lendemain.

Bientôt, tous les colons de la première fournée, — les survivants du moins, — suivis de leurs femmes remorquant des grappes d'enfants accrochés à leurs jupes, ou perchés sur leur bras, viennent, à leur tour, me dire combien cela leur fait plaisir de me revoir : « Ah! nous vous l'avions bien dit, quand vous nous avez quittés, que vous reviendriez nous voir!...

me rappelaient-ils tout joyeux. Les vieux Algériens, voyez-vous, c'est toujours comme ça ! »

On organisait un banquet pour le jour même, et, le soir, il y avait punch. Tout naturellement, le Maire porta la santé au Colonel, qui, selon la formule, riposta sur le même ton.

Parlant des vieux colons qu'il ne voyait pas à la réunion, il disait : « Mais, parmi mes vieux colons de la première installation, je remarque qu'il en manque quelques-uns à l'appel. Ils ont succombé, peut-être, ainsi que cela n'arrive que trop fréquemment aux défricheurs, aux préparateurs du sol, aux remueurs de terres vierges, à ces vaillants de la charrue, à ces preux du soc, qui ne craignent point de tenter la conquête d'un sol et d'un sous-sol empoisonnés par des miasmes douze fois séculaires, et qui semblent se dévouer, en faveur des survivants, en absorbant ces émanations léthifères et en s'en saturant!... Honneur, mes amis, à ces héros obscurs du travail, à ces dompteurs de la terre, qui, le plus souvent, en sont les victimes, et qui trébuchent du dernier trébuchement dans le sillon qu'ils ont tracé? Honneur à ces glorieux martyrs de la Colonisation, dont les noms sont trop vite oubliés, et qui, eux aussi, devraient avoir leur *Livre d'Or*, ne fût-ce que pour rappeler leur exemple à la jeune génération, laquelle, en présence des magnifiques résultats obtenus par ses devanciers, est trop disposée à croire que ces merveilleuses oasis se sont faites toutes seules, et qui semble ne point se douter de ce qu'elles ont coûté d'efforts, de santés et de précieuses existences à ces énergiques athlètes qui les ont créées ou entreprises! Ah! certes, le martyrologe des colons qui ont succombé dans les luttes avec le sol, et qui ont rendu leur charrue à la Mort, serait long et difficile à dresser; mais ce qui n'est point impossible, ce serait d'élever, au centre de la Metidja, — cette nécropole de la Colonisation de la première période, — un monument à ceux qui ont succombé dans les combats à outrance qu'ils ont livrés à cette terre perfide qui recélait la mort dans son sein. »

Voilà ce que je disais à mes anciens administrés du Hamza; mais cette idée du *Livre d'Or*, qui, dans mon esprit, n'était qu'à l'état de projet, vous, vous avez fait mieux; vous l'avez réalisée, et dans des conditions beaucoup plus larges que celles que j'avais projetées. C'est une pensée, évidemment, aussi heureuse que patriotique d'avoir groupé dans un même livre les principaux éléments de l'illustration algérienne, et d'avoir ouvert un Panthéon à toutes les gloires, — quelles qu'elles soient — qui ont coopéré à faire de l'Algérie, et en si peu de temps, un pays unique au monde, eu égard surtout aux conditions défavorables dans lesquelles il s'est développé.

Le choix de vos héros a été aussi judicieux que possible; il est explicable que, dans une œuvre de premier jet, avec des moyens d'études et de recherches aussi restreints que ceux dont vous disposiez, vous ayez laissé à la porte de votre Panthéon, — vous en dites ailleurs la raison, — de nombreux personnages réunissant toutes les conditions pour y figurer, et même avantageusement; d'un autre côté, les services de quelques-uns de ceux que vous y avez admis ne justifient peut-être pas suffisamment l'honneur que vous leur avez fait; je suis persuadé qu'ils n'en sont pas moins dignes que vos autres élus; seulement, les renseignements vous ont manqué pour démontrer ce qu'ils valaient.

Mais toutes ces omissions et les petites erreurs qu'on rencontre de-ci, de-là, dans votre œuvre, pourront être facilement réparées dans les éditions suivantes; car votre *Livre d'Or* est une œuvre d'intérêt permanent, et qui, par suite, devra être continué et tenu au courant au fur et à mesure que se produiront ou surgiront d'autres illustrations ou célébrités algériennes.

Vous avez mis une grande impartialité dans le tri de vos élus, car vous n'aviez que l'embarras du choix : tous les genres de célébrités y sont représentés ; c'est ainsi qu'on y trouve côte à côte, — ce sont là les surprises de l'ordre alphabétique, — des gouverneurs et des éleveurs, des héros et des diplomates, des foreurs et des publicistes, des députés et des tueurs de fauves, des mineurs et des amiraux, des agronomes et des aghas, des évêques et des médecins, des généraux et des libraires, des préfets et des spahis, des magistrats et des turcos, des publicistes et des défricheurs, des conseillers de toutes les catégories et des artistes dans tous les genres, des orientalistes et des planteurs, des sénateurs et des marins, des poètes et des sauveteurs, etc., etc. Enfin, votre *Livre d'Or* est un microcosme dans lequel se trouve réunie toute l'élite, tout le *select* dans la gloire, dans l'honneur, dans l'éloquence, dans le génie, dans le talent, dans le dévouement, dans le travail de la pensée et dans celui des mains.

En écrivant ce Livre de bonne foi, en vous faisant l'un des vulgarisateurs actifs de l'Algérie, vous avez rendu un grand service, je le répète, à votre pays d'adoption. Du reste, vous lui deviez bien cela, puisque vous étiez arrivé phtisique et mourant en 1880, et que vous y avez retrouvé, en neuf années, les quarante-cinq kilogrammes de santé que vous aviez perdus sous d'autres cieux moins cléments. Votre premier volume, — qui doit être suivi d'un second, que vous consacrerez à l'*Histoire de l'Algérie*, — est donc une dette de reconnaissance dont vous vous acquittez envers ce glorieux pays, que, peut-être un jour, nous nous estimerons heureux d'avoir préparé à nos descendants...

En résumé, votre Livre est une bonne œuvre, une excellente idée ; il est d'un patriote et d'un laborieux, et il porte avec lui une salubrité morale qui ne peut être que profitable à la jeune génération et à celles qui la suivront.

Laissez-moi, mon cher ami, lui souhaiter le succès qu'il mérite.

Colonel TRUMELET.

Valence, le 26 août 1889.

AVANT-PROPOS.

S'il est une conquête dont tout Français doive s'enorgueillir, c'est sans contredit la conquête de l'Algérie. Il est dans l'histoire de notre chère patrie des pages plus brillantes, il n'en est pas de plus glorieuses, ni même de plus grandioses; car en venant redemander aux successeurs des Solimans le pays qu'ils avaient plongé dans la barbarie, la France n'a pas seulement accru son territoire d'une immense superficie, elle n'a pas seulement fait de la Méditérranée un lac national, — l'*immanis lacus* d'Hérodote, — elle n'a pas seulement donné à ceux de ses enfants qu'ont déshérités les hasards de la naissance et de la fortune un patrimoine à conquérir et à garder, — obéissant avant tout à ses devoirs de porte-flambeau de la civilisation, elle est venue préparer sur ce continent la rénovation des peuples, l'avenir de justice et de liberté qu'elle porte dans son sein et que Dieu lui a donné la mission d'épanouir sur le monde.

Oui, la France s'est noblement acquittée de sa tâche providentielle en Algérie. Elle y a posé les fondements de cette puissance africaine que Victor Hugo a si admirablement prophétisée. Elle a dit aux travailleurs : — Prenez cette terre. Dieu offre l'Afrique à l'Europe. Prenez-la. Où les rois apporteraient la guerre, apportez la concorde. Prenez-la, non pour le canon, mais pour la charrue; non pour le sabre, mais pour l'industrie; non par besoin de conquête, mais par amour de la fraternité.

Bien des fautes ont été commises, a-t-on dit. Il est vrai que longtemps, trop longtemps, la colonie a été un champ d'études; tous les systèmes d'administration y ont été tour à tour expérimentés comme autant d'essais *in anima vili;* mais « la colonisation de l'Algérie est un fait sans précédent et sans analogie dans l'histoire ou dans les temps présents », a très judicieusement remarqué M. Leroy-Beaulieu. On n'avait jamais rien entrepris d'aussi colossalement grand, on ne s'était jamais trouvé aux prises avec des difficultés si ardues, si complexes, et ces circonstances excusent sans doute bien des tâtonnements et des erreurs.

Ce qui a été plus préjudiciable à la colonisation que les fautes administratives, la fièvre et les Arabes, tant il est vrai que l'ignorance est le pire des maux, ce sont les erreurs grossières, les préjugés et les légendes ridicules répandus comme à plaisir dans la métropole sur l'Algérie et ses habitants. Il y a là un ensemble de faits d'ordre politique, économique et social qui ont reculé la colonie de plus de vingt ans.

Quoi qu'il en soit, grâce à la vaillance des uns et au patriotisme des autres, elle a vaincu tous ses ennemis, elle a triomphé de ses détracteurs inconscients, et, aujourd'hui, encore que la nature lui multiplie les épreuves avec le fléau des sauterelles, encore que le Parlement se montre trop parcimonieux à son égard et réduise ses crédits à leur plus simple expression, elle marche, elle grandit, elle s'élève, comme emportée par sa propre force ascensionnelle en une gravitation étoilée dans l'orbite du Progrès, où elle attire à elle du vieux monde tous ceux qui veulent trouver la vie dans le travail, le succès dans la lutte, le bonheur dans l'indépendance.

Depuis dix ans surtout, la population, le commerce et, partant, la fortune publique ont progressé d'une manière tout à fait remarquable. On le constate actuellement avec joie à l'Exposition universelle. Étalées à profusion sous leur forme matérielle et tangible, les richesses de nos trois provinces font l'étonnement et l'admiration de tous ceux qui les contemplent. La presse, sans distinction de parti, est unanime dans ses éloges. Or il m'a paru que pour bien se pénétrer de l'importance de ce développement, pour en comprendre toute la valeur et en tirer les enseignements qu'il comporte, il fallait remonter à son origine, en suivre la genèse dans sa trinité politique, militaire et administrative.

J'ai pensé, en outre, qu'à l'heure où l'on constate et l'immense fortune que représente l'Algérie et son incomparable avenir, il serait d'une impardonnable ingratitude de ne pas payer un juste tribut de reconnaissance à ceux qui, par leur courage, leur intelligence, leur patriotisme, ont d'abord assuré la conquête, ensuite la prospérité de la colonie.

Et puis, à l'heure où la guerre est dans toutes les bouches, les craintes, les espérances qu'elle réveille dans tous les cœurs, lorsque de graves événements se préparent qui vont décider de l'avenir de notre pays, de la liberté de l'Europe, ce me semble un devoir de rappeler et d'offrir à tous les Français, comme d'inoubliables exemples, les actions grandioses, la bravoure héroïque, les dévouements sublimes qui ont illustré à jamais notre armée sur la terre d'Afrique, et de les déployer sur la frontière comme la bannière de l'Espérance!

Tels sont les sentiments qui m'ont dicté les deux volumes du *Livre d'or de l'Algérie*.

Dans le premier, sous forme de dictionnaire biographique, j'ai réuni tous les noms de ceux qui, à un titre quelconque, se sont distingués, ont rendu service à l'Algérie.

A côté du général, du soldat, figure le simple colon; car j'estime que pour être tombés obscurs, inconnus au coin des sillons, les conquérants pacifiques du palmier-nain n'ont pas moins de mérite et de valeur à nos yeux que ceux qui ont moissonné la gloire l'épée à la main.

Lors de l'inauguration à Boufarik de la statue du sergent Blandan, j'écrivais dans la *Dépêche Algérienne* : « Blandan est grand, sublime si vous voulez ; mais, à l'heure même où il tombait mortellement blessé dans la plaine de la Mitidja, des pionniers courbés sur le sol se mouraient minés par la fièvre et succédant héroïquement à leurs pères, à leurs frères qui avaient déjà succombé à la tâche. A ceux-ci on n'élève point de statue, mais il est bon sans doute qu'une main pieuse jette quelques fleurs sur leur cercueil et lègue à la postérité le nom de ces vaillants et de ces héros de la colonisation. »

Toute la pensée de mon livre est là.

Mettre en évidence, tirer de l'oubli, ceux qui, civils ou militaires, morts ou vivants, ont apporté ou apportent encore ici ce contingent de vitalité, d'efforts et de luttes de tout genre qui, en dépit des hommes et des choses, ont fini par créer ce pays qui porte déjà ce nom : L'AUTRE FRANCE!

Il y a là, ai-je dit, une dette de reconnaissance pour la nouvelle génération. Il y a plus. N'est-ce pas la plus simple et la plus éloquente réponse qu'on puisse faire aux insulteurs des Algériens?... Aux infamies des Jean Baudin, Jean Bernard et autres, nous opposerons notre *Livre d'or*, avec ses centaines et ses centaines de noms de Français donnant sur cette terre leur sang et leur existence pour la mère patrie, qui recueille aujourd'hui le fruit de leurs sacrifices.

Il y a plus encore. S'il est vrai que l'exemple du mal enfante le mal, chacun sait que l'exemple du bien provoque le bien. Un académicien disait récemment (1) : « En toutes choses nous avons maintenant la nostalgie des microbes et le culte superstitieux des infiniments petits. » D'où vient cette perversion du goût, cette attirance des vibrions, de ce qui rampe, de ce qui grouille? De l'exemple sans doute, mais aussi pour une bonne part de la publicité malsaine qu'on donne aux scandales et à la corruption. A ces influences morbides il faut opposer un contrepoids moral, sans quoi l'équilibre sera rompu au grand danger de ce qu'il y a de meilleur au monde. On a donc pour devoir urgent de développer dans les esprits, par tous les moyens légitimes, tout ce qui peut les élever, leur donner un plus pur et plus ferme sentiment du Devoir, du Vrai, du Bien. Or, n'est-il pas permis de croire que le *Livre d'or de l'Algérie* provoquera une noble émulation entre les nouveaux colons, qui voudront à leur tour y conquérir leur place? Oui, car le travail, le dévouement, le patriotisme ont leurs entraînements comme le vice. Ce sont des passions.

J'ai eu particulièrement en vue les élèves de nos lycées et de nos collèges. Tout homme qui s'est occupé d'instruction pu-

---

(1) Séance de l'Académie française du 6 juin 1889. Réponse de M. Rousse, directeur de l'Académie, au discours du récipiendaire, M. le vicomte de Vogüé.

AVANT-PROPOS.

blique a pu remarquer qu'un ouvrage manque à notre jeunesse algérienne. On lui raconte quelques épisodes de la conquête, on lui apprend quelques faits principaux de la colonisation; et c'est tout. Lorsque, par une lecture attentive du *Livre d'or de l'Algérie*, les jeunes gens qui sont maintenant l'avenir et l'espérance de la colonie auront acquis une plus juste appréciation de son histoire, ils sauront mieux combien ils doivent être fiers d'appartenir à un pays qu'ont fécondé tant d'hommes illustres, ennobli tant d'actions glorieuses; ils s'attacheront davantage encore à ce pays et aux conquêtes de la civilisation.

C'est en étant témoin des honneurs qu'Athènes rendait à Miltiade, que Thémistocle conçut la noble ambition qui l'empêchait de dormir, et Marathon engendra Salamine. Sans doute aussi, en apprenant à connaître les noms et en appréciant la distinction honorifique dont certains de leurs aïeux sont l'objet, il se rencontrera toute une pléiade de jeunes Algériens dont l'âme éprouvera le frémissement des grandes choses et qui voudront devenir à leur tour l'orgueil de la vieille cité barbare, la jeune et virile cité française qui leur a donné le jour!

Le second volume est consacré à l'histoire.

Écrite sous forme chronologique et allégée de tous les détails secondaires, elle est cependant complète et très facile à graver dans la mémoire. Chaque année est divisée en trois parties:

I. Histoire politique et militaire.

II. Histoire administrative.

III. Événements et faits principaux, avec la statistique de la population au 31 décembre, le nombre d'hectares plantés en vignes, celui des hectolitres de vin récoltés, le mouvement commercial de l'année, etc., etc.

Je tiens à ajouter de suite que je me targue de la plus *scrupuleuse impartialité* dans cet ouvrage. Ancien rédacteur des principaux journaux d'Alger: *Akhbar*, la *Vigie Algérienne*, le *Petit Colon* et la *Dépêche;* successivement rédacteur en chef de l'*Indépendant* de Mascara, de l'*Écho* d'Oran et de l'*Indépendant* de Constantine, j'ai été mêlé depuis tantôt dix ans à la vie politique de la colonie. Quand j'aurai dit en outre que j'ai été au premier rang dans d'importantes batailles électorales et qu'on a pu me représenter comme « un tempérament fougueux, ardent, vrai mousquetaire de la plume », on concevra aisément que si je compte dans les trois provinces des amitiés et des relations dont je m'honore, j'ai semé aussi sur ma route d'implacables ressentiments. Cependant amis et adversaires sont ici sur le même plan. Je n'ai pas oublié un seul instant que faisant œuvre d'historien, je devais me dépouiller de mes haines et mettre une sourdine aux suggestions de l'amitié pour n'écouter que celles de la conscience. Je l'ai fait. L'amour de la justice et de la vérité m'a donné la force d'accomplir cette abnégation personnelle. On s'en apercevra en maints endroits.

Au reste, je me suis effacé autant que j'ai pu. On trouvera énumérés au bas de chaque biographie les archives, les ouvrages, les journaux et les documents dans lesquels j'ai puisé les faits et les éloges. Chaque fois que j'en ai eu la possibilité, j'ai corroboré mes notes personnelles d'opinions autorisées et j'ai cité les textes. J'aurais pu, comme tant d'autres, pasticher Pellissier de Reynaud, Louis de Baudicour, Trumelet et quelques autres témoins oculaires de la conquête. Mais on n'invente pas l'histoire. J'ai respecté les opinions des autres comme je désire qu'on respecte les miennes. J'ai cru convenable de laisser parler les autorités elles-mêmes et de permettre de cette façon de contrôler mes assertions, dût-on trouver que j'ai seulement et assez mal « lié par mon industrie ce fagot de provisions », comme dit Montaigne.

Maintenant, je ne ne dissimule pas les imperfections de mon ouvrage. Bien des noms dont la place y était marquée sont restés dans l'oubli, et je songe avec amertume à cette allocution que le général de La Moricière adressait en 1848 à un départ d'émigrants parisiens :

« Avant de vous quitter, permettez à un ancien soldat d'Afrique de vous dire que si jamais, en défrichant vos champs, vous trouvez dans les broussailles une croix de bois entourée de quelques pierres, cette croix vous demande une larme ou une prière pour ce pauvre enfant du peuple, votre frère, qui est mort là, en combattant pour la patrie, et qui s'est sacrifié tout entier pour que vous puissiez un jour, sans même savoir son nom, recueillir le fruit de son courage et de son dévouement. »

Combien sont tombés ainsi dans les plaines, les ravins et les montagnes, l'épée ou la bêche à la main! Souvenons-nous de ces milliers de braves. Leur sang a fécondé la terre, ils ont servi la France : c'est assez sans doute pour qu'ils dorment en paix. Mais l'oubli est le second linceul des morts. Il leur faut l'ardent souvenir. Et ce tribut, hélas! on ne leur paie qu'à de trop rares intervalles. On ne se souvient pas assez. Je suis fâché de le dire, nous n'avons pas suffisamment la religion du passé, le culte du souvenir; l'herbe pousse trop vite, hélas! sur nos tombes.

Aussi, ce sont particulièrement les petits, les humbles, les héros obscurs dont personne ne sait plus les noms, que je suis inconsolable d'avoir laissé dans l'oubli. J'ai fait d'actives démarches auprès des mairies, sans rien obtenir. Je suis allé à la Grande Chancellerie de la Légion d'honneur, j'ai vu tout exprès l'illustre général Faidherbe, qui m'a accueilli avec la plus grande bienveillance, mais n'a pu, à son grand regret, me faire donner les noms, que je voudrais ressusciter : les registres sur lesquels ils figuraient, détruits par la Commune, n'ont pu être reconstitués.

J'espère, du moins, que les familles avec lesquelles il m'a été impossible jusqu'à ce jour de me mettre en communication voudront bien m'adresser les documents nécessaires, pour que je puisse, dans une édition ultérieure, signaler au pays tous ceux, sans exception, qui ont droit à son estime.

Je dois faire remarquer que parmi les noms appartenant à l'histoire les quelques omissions existantes sont volontaires. Il ne suffit pas de briller, il faut y joindre de la fierté et du cœur : le duc de Rovigo ne figure pas dans le *Livre d'Or de l'Algérie*. Un autre gouverneur a été d'une droiture de caractère inattaquable, mais d'une insuffisance notoire. Je l'ai également passé sous silence.

J'en reste là.

En terminant, j'espère que le lecteur voudra bien excuser les négligences de style qui pourraient se relever dans cet ouvrage. Si l'on considère que j'ai compulsé plus de 300 volumes, presque autant de collections de journaux, entretenu une correspondance énorme, on reconnaîtra que l'année que j'ai consacrée au *Livre d'or de l'Algérie* a été presque exclusivement employée à recueillir les matériaux et à les colliger.

Je tenais à être prêt pour l'Exposition, je tenais principalement à être prêt avant la guerre. Cependant l'horizon politique s'assombrissait sans cesse, les arsenaux travaillaient jour et nuit. à chaque instant surgissaient de nouveaux incidents qui semblaient devoir mettre le feu aux poudres... Hâtez-vous lentement, a dit le poète classique. Le pouvais-je? Demain ne serait-il pas trop tard? Et j'écrivais, au courant de la plume, fiévreusement, sans prendre le temps de me relire.

Qu'on accepte ce livre tel que je le donne, sans lui demander autre chose que ce que j'ai voulu y mettre. Si la forme n'est pas toujours aussi châtiée que je l'eusse désiré, qu'on n'examine que le fond. Je n'ambitionne pas un succès littéraire, je n'ai que le désir d'être utile à mon pays et à mes semblables.

Je serai payé au centuple de mes longues veilles, de mes ingrates et interminables recherches, si j'ai rendu l'Algérie plus chère, ne fût-ce qu'à un seul compatriote; si j'ai pu élever les esprits et provoquer l'amour du travail; surtout si j'ai pu faire passer un frisson chez nos jeunes Français, et servir ainsi la Patrie,

> En exaltant l'essor de ces vertus guerrières
> Qui font l'honneur plus grand et les âmes plus fières!

Narcisse FAUCON.

Alger, 29 juillet 1889.

Je manquerais à tous mes devoirs si je n'adressais mes plus vifs remerciements à tous ceux qui ont bien voulu s'intéresser à la mission toute nationale que je me suis imposée et m'en ont facilité l'accomplissement soit en m'autorisant à consulter leurs archives soit en me faisant parvenir les multiples renseignements que j'ai dû leur demander. Je nommerai M. le Grand Chancelier de la Légion d'honneur; M. le ministre de la guerre et ses chefs de bureau; M. le général Delebecque, ancien commandant en chef du 19e corps d'armée; M. le gouverneur général de l'Algérie; M. le général Poizat; M. Dunaigre, préfet d'Oran; M. Mengarduque, préfet de Constantine; MM. Sicard, Sambet, Turlin et de la Chapelle, chefs de bureau au gouvernement général; M. le commandant Pont, chef du service central des affaires indigènes; M. le chef de bataillon Roget, attaché à l'état-major général du 19e corps; M. le capitaine Lian, officier d'ordonnance du général Delebecque; mon excellent ami M. Jablonski, officier d'administration; l'aimable et obligeant M. de Marcillet, qui m'a fourni de précieuses indications, ainsi que la biographie du général Lallemand auquel l'unit une amitié de vieille date, etc., etc., sans oublier les maires et les nombreuses familles qui m'ont envoyé avec empressement les documents dont j'avais besoin.

Je dois une mention spéciale à M. le colonel Trumelet pour l'honneur qu'il me fait et le gage de succès qu'il me donne en plaçant en tête de cet ouvrage son nom si populaire en Algérie; à mon savant compatriote et ami M. Masqueray, directeur de l'École supérieure des Lettres d'Alger, auquel je suis redevable de la biographie d'Abd-el-Kader; au jeune artiste algérien M. Courtellemont, dont les douze phototypies agrémentent si délicatement ce volume; enfin à mes excellents et très distingués éditeurs, MM. Challamel et Cie, qui m'ont témoigné la plus flatteuse considération en acceptant d'éditer le *Livre d'Or de l'Algérie* sur la simple présentation du canevas, et, depuis, se sont intimement associés à sa préparation en se livrant à toutes les démarches et recherches que je n'avais pas eu le loisir de terminer à Paris. Je leur adresse ici l'expression de mon inaltérable gratitude.

N. V.

ABD-EL-KADER.

LE LIVRE D'OR
DE L'ALGÉRIE.

ABD-EL-KADER.

Abd-el-Kader (Ben Mahi Eddin), fils d'un marabout, élevé à l'ombre d'une Zaouïa dans une tribu guerrière, également fait pour la vie contemplative et le gouvernement d'un peuple, ennemi acharné de la France dans la première partie de sa vie, son admirateur et même son défenseur dans la dernière, Abd-el-Kader est un des hommes qui ont suivi dans ce siècle avec le plus de fermeté la ligne que leur traçait leur devoir. Son apparition subite, ses victoires, son règne d'un jour, sa défaite, sa captivité, son repos final dans l'étude des sciences et dans la lecture des livres saints, ont excité suivant les temps la surprise, la haine et l'admiration. Rien cependant n'est plus uni que sa vie; rien ne s'explique mieux par une règle simple.

Ses aïeux étaient, dit-on, originaires de Médine; ils avaient habité le Maroc, puis s'étaient établis dans la province d'Oran sur le petit territoire de la tribu des Hachem. Son père, Mahi Eddin, y dirigeait un établissement religieux, demi-couvent, demi-école, à la Guetna de l'Ouâd-el-Hammam, en 1830. Il était le troisième fils de Mahi Eddin; il avait vingt-quatre ans en 1832. Notre conquête d'Alger, notre établissement à Oran, nos progrès déjà menaçants à l'intérieur, annonçaient à l'Afrique une domination plus redoutable même que celle des Turcs. Les Hachem, conduits par leur marabout, comme nos ancêtres l'auraient été par un prêtre au temps des Croisades, s'étaient lancés contre nos avant-postes entre Oran et Mascara, et Abd-el-Kader avait paru aux premiers rangs, cavalier incomparable. Un jour, ils l'avaient demandé pour chef à son père, et Mahi Eddin le leur avait donné. Une acclamation bruyante l'avait salué sultan.

Il avait accepté ce titre sans regarder autour de lui ni devant lui, résolu seulement à s'en rendre digne. Il n'était poussé par aucune ambition personnelle. Les joies vulgaires répugnaient à son âme haute et délicate. De petite taille et très fin, il était d'une sobriété rare; son seul luxe était le soin de sa personne, de ses armes et de ses chevaux. Il lui suffisait, pour se sentir heureux autant qu'un croyant peut l'être en ce monde, d'avoir conscience de son obéissance à la loi divine. Son seul désir était de bien l'entendre, sa seule crainte de l'oublier par négligence ou de l'enfreindre par orgueil.

Elle lui paraissait exiger d'abord, cette loi, des combats sans nombre contre les ennemis de l'Islam, et la constitution d'un État qui fût pour tous les musulmans une maison de refuge, sans souillure et sans mélange étranger. Il livra ces combats; il constitua cet État. Il commença par bloquer le général Desmichels dans Oran, Arzew, Mostaganem, et traita avec lui d'égal à égal. La convention fut bientôt rompue : il se remit immédiatement en campagne, infligea au général Trézel la défaite de la Macta, fut vaincu à son tour par le général Bugeaud sur le bord de la Sikkak, profita habilement de nos embarras du côté de Constantine, et finit par obtenir, les uns disent de notre politique, les autres de notre faiblesse, le fameux traité de la Tafna, qui, nous limitant à une bande étroite le long de la mer, le laissait parfaitement libre d'organiser un royaume dans l'intérieur. Nous devions même l'y aider un peu.

Dès lors il eut une capitale, Mascara, et des places fortes, Tlemcem, Saïda, Tagdempt, Boghar, Taza. Il eut ses ministres et sa cour, ses gouverneurs de provinces, sa garde, son armée, ses manufactures d'armes, sa fabrique de canons. Il fut, en moins de deux ans, ce qu'avaient été les vieux rois de Mauritanie, et même plus encore, le souverain attendu des musulmans de l'Occident. Le sultan du Maroc, son voisin, disparaissait dans sa splendeur naissante. Il faut évoquer Méhémet-Ali ou Bonaparte pour se faire une idée juste de son ardeur dans cette courte période de 1837 à 1839 où la Providence le combla de ses plus brillantes faveurs. Il emprunta à la civilisation moderne tout ce qui pouvait lui être utile, sa discipline, ses règlements, et même ses ouvriers; il fit revivre autour de lui la foi ardente et les lois des premiers temps de l'Islam. Il jeta le tout ensemble à la fonte, et l'Europe vit avec étonnement une forme d'État nouvelle sortir des mains de ce jeune pasteur de trente ans. Il était cependant, à cause même de son origine et de la diversité des idées ou des races qui s'agitaient autour de lui, pris dans son extraordinaire puissance comme dans un piège. Fils de marabout, il avait contre lui tous les marabouts jaloux de sa famille. Les confréries musulmanes, qui n'admettent pas que la religion serve d'instrument aux grandeurs de ce monde, lui étaient franchement hostiles, et il lui fallut aller détruire Aïn-Madhi, la ville sainte des Tidjanya, apôtres intransigeants du Sahara. Exécuteur de la loi islamique, il se heurtait à une infinité de coutumes barbares. Arabe, ou se disant tel, il avait contre lui tous les Kabyles; nomade, tous les sédentaires; sultan, toutes les petites républiques batailleuses qui pullulaient dans le massif du Djurdjura. Ses lieutenants, quelque braves qu'ils fussent, obéissaient mal; sa famille elle-même discutait, nouait et dénouait des intrigues autour de lui. Enfin, si le temps venait à lui manquer, tous ses efforts devaient tourner à sa perte, car il n'aurait réuni en faisceau les éléments d'un empire que pour les voir mieux abattre d'un seul coup, accumulé des approvisionnements dans quatre ou cinq villes que pour mieux les livrer au pillage, groupé ses compagnons d'armes en bataillons que pour mieux les exposer aux balles et à la mitraille.

Il fut vraiment admirable en 1839 quand l'ordre lui vint manifestement d'en haut de ruiner lui-même son œuvre, après que le duc d'Orléans eut déchiré le traité de la Tafna aux Portes-de-Fer. Sa lettre au maréchal Valée, si hautaine, ne trahit pas un regret, et pourtant il était clair que la nation à laquelle il déclarait une troisième fois la guerre, juste au moment où elle était décidée à jeter, s'il le fallait, tous les ans en Algérie cent millions et cent mille hommes, allait écraser son embryon de sultanie. Deux campagnes suffirent en effet à tuer ou disperser ses réguliers et ses cavaliers rouges, et mettre à néant ses villes. Il ne lui échappa pas un murmure alors, et il descendit lentement, un à un, les armes à la main, et faisant face à l'ennemi, tous les degrés du pouvoir souverain auquel le caprice de la destinée l'avait élevé si vite. Il réunit sa famille et ce qui lui restait de guerriers dans une ville mouvante de tentes, une smala énorme, et se porta tantôt ici, tantôt là, insaisissable, presque invisible, frappant des coups toujours imprévus, et tenant en haleine, avec une poignée d'hommes, quatre armées. Une charge prodigieuse,

presque un coup de foudre, lui enleva cette smala. Il répondit :
« Dieu m'a délivré là de quelques gens qui m'empêchaient de faire
mon devoir, » et il continua de combattre avec quelques alliés, irrité à la fin, dur pour tous comme pour lui-même, impitoyable. Aucun de ses adversaires, rompus, eux aussi, à des fatigues inouïes et quelquefois mortelles, n'a pu s'empêcher de l'admirer alors comme un maître. On le vit une fois, traqué et presque pris dans les steppes du sud de la province d'Oran, bondir jusque auprès de la Mitidja, et c'est un miracle qu'un corps de troupes se fût trouvé en avant d'Alger pour le recevoir. La mort héroïque du colonel de Montagnac et de tous les siens, un massacre de prisonniers qu'il n'ordonna pas, mais dont il demeure responsable, jetèrent une lueur tragique sur cette résistance désespérée. Rejeté dans le Maroc, il voulut revenir encore sur sa terre, et, comme les Marocains, nos amis, lui barraient la route, passa comme un lion à travers une haie de sabres. Il n'avait plus d'hommes quand il se rendit, mais il était sans reproche ; il fit cadeau de son cheval noir au duc d'Aumale, c'était son dernier bien.

Retenu d'abord, puis décidément captif à Pau et à Amboise, enfin délivré et honoré par ses vainqueurs dans la personne de leur souverain, salué même et acclamé dans les rues de Paris et au théâtre, récompense singulière, mais précieuse de son abnégation et de son courage, il redevint le marabout de la Guetna, et ne garda dans son cœur aucune amertume. Il le purifia même dans le calme de la paix de toutes les illusions de la guerre : sa société favorite à Amboise avait été celle des religieux. Il compara l'Évangile à la Bible, il médita de nouveau le Coran, et quand Napoléon III lui donna, suivant son désir, la Syrie pour retraite, en lui servant une pension conforme à sa dignité et à la nôtre, il se renferma dans le monde idéal des penseurs et des saints qui concourent fraternellement, souvent sans le savoir, au bien des âmes et à la glorification de la Divinité. Il ne conserva bientôt plus de ses attaches avec le monde que quelques amitiés et le souvenir cher du grand peuple qu'il avait appris à connaître en mesurant sa force et sa générosité. Un bon nombre de familles algériennes vinrent se fixer près de Damas sur ses fermes et l'entourèrent d'affection et de respect ; il acquit dans Damas même une maison princière difficile à forcer, comme un de ses bordj de Tagdempt ou de Mascara, et il vécut là, laissant les années accroître sa sagesse et ses mérites par-devant Dieu jusqu'au dernier jour. Une fois cependant il reprit les armes. Une populace fanatique parcourait les rues en menaçant les chrétiens de mort. Il sortit, réunit ses Algériens, leur ordonna de faire entrer dans sa maison tous les chrétiens qu'ils rencontreraient, laissa ses portes ouvertes pour qu'un plus grand nombre encore pût s'y réfugier, monta à cheval, et, poussant en avant, le fusil haut, montra à la canaille syrienne le héros de la Macta. Il a gagné là le grand cordon de la Légion d'honneur; mais il a fait mieux encore. Deux ans après, en 1870, un prince allemand étant venu lui rendre visite et ayant cru l'occasion bonne pour insulter la France et les Français, Abd-el-Kader sortit un instant et revint sans mot dire s'asseoir devant son hôte : il était allé passer sur son burnous blanc notre ruban rouge.

« Si j'en étais chargé, a-t-il écrit dans un de ses livres, je crois que je réconcilierais tous les chrétiens, tous les juifs et tous les musulmans : car la religion de Moïse est la religion extérieure, celle de Jésus la religion intérieure, et le Coran réunit les deux. Mohammed a dit dans le Coran : « Œil pour œil, dent pour dent ; mais le pardon vaut mieux. » Les soixante-douze ans qu'il a vécu tiennent dans cette parole. D'autres hommes se sont rencontrés en Afrique qui ont mieux su faire la guerre, administrer, produire la richesse : il est de tous le plus complet, et peut-être le plus grand, parce qu'il s'est voué uniquement à ce qu'il a cru être la vérité et la justice. Il n'est rien au-dessus.

AHMED BEN AMAR.

Ahmed ben Amar est l'émule indigène de Gérard et Bombonnel. Ce chasseur est d'une intrépidité inouïe ; il ne ruse pas avec les grands félins, il va droit à eux.

Voici comment il procède.

Lorsque les Arabes lui ont indiqué la chambre d'un lion ou le repaire d'une panthère, il va se poster aux environs et il attend qu'il plaise au *seigneur à la grosse tête* ou à *la grande rampeuse* de sortir du fourré. Contrairement à ce que pratiquent en général les tueurs de lions, il choisit de préférence les nuits obscures et se place au milieu du sentier ou de la clairière. Lorsqu'il entend la marche du fauve, il s'apprête.

Dès que la masse noire de l'animal lui apparaît, il retient sa respiration et le laisse avancer jusqu'à trois ou quatre pas de lui. Il fait alors un appel de la langue qui immobilise la bête la durée d'une seconde; Ahmed profite de cet arrêt pour tirer. Si le lion roule, le drame est fini; si, au contraire, il n'est que blessé, la lutte terrible s'engage; il livre son bras gauche à la fureur du fauve et le dague avec la main droite.

Pauvre bras gauche! il est tout décharné. D'ailleurs, Ahmed ben Amar est tout couturé de blessures, comme le constatait déjà en 1863 le maréchal Pélissier. Aujourd'hui le pauvre diable a à peine figure humaine.

Arabes et Européens le considèrent comme le brave des braves.

Ses exploits de grand chasseur ne sont pas les seuls qu'il ait accomplis : pendant toute la durée de l'insurrection de 1870, il a fait le courrier à travers les lignes ennemies et a rendu de grands services à nos soldats.

Ahmed ben Amar a chassé longtemps avec un fusil dont la batterie était attachée avec une ficelle; il possède aujourd'hui un vieux fusil qu'un officier lui a légué en mourant.

Ahmed ben Amar a déjà reçu une très belle carabine de précision du comte de Metternich et de quelque autre chasseur d'illustre origine; mais il ne s'en sert pas. Il préfère son vieux fusil pour se mesurer avec le roi des forêts, bien que les batteries ne fonctionnent pas fort bien et qu'il soit obligé de tenir le chien en l'air avec le pouce droit, sous peine de le voir s'abattre avant l'instant précis.

Ahmed ben Amar a tué plus d'une soixantaine de lions et presque autant de panthères dans l'arrondissement de Guelma. Il habite Souk Ahras.

Il a reçu une médaille d'or de 1re classe le 17 décembre 1862 et la croix de la Légion d'honneur en 1886.

Documents particuliers. — *Figaro* de mai 1885.

AISSA BEN ET TURK

Aïssa ben Et Turki, ex-caïd des Douaïr de Médéah, chevalier de la Légion d'honneur, titulaire d'une médaille honorifique, était un homme très intelligent, d'une bravoure remarquable et qui nous a rendu d'importants services de guerre.

Il a pris part, comme simple cavalier d'abord, puis comme agha du Maghzen, à toutes les expéditions qui ont eu lieu dans le sud de la province d'Alger de 1843 à 1864. Au combat de Sidi-Ali-ben-Malek (1846), il tua de sa main deux cavaliers d'Abd-el-Kader, enleva un drapeau et eut à lutter avec l'émir lui-même, qui lui tua son cheval d'un coup de pistolet. Il assista à la prise de la smala et fut nommé chevalier de la Légion d'honneur pour sa belle conduite pendant l'insurrection de 1864.

Plus tard, en 1879, il se signala par son dévouement et son énergie, lors du désastre éprouvé par un bataillon du 4ᵉ zouaves, surpris par les neiges entre Aumale et Boghar. C'est à cette occasion qu'il reçut une médaille d'honneur accompagnée d'une lettre de félicitations du ministre de la guerre.

Turki était issu d'une famille de djouad (1) des Douaïr; à ce titre, comme aussi à cause de ses brillantes qualités militaires, il jouissait parmi les siens d'une grande influence qu'il a toujours mise au service de la cause française.

Il est décédé en juin 1884, à l'âge de soixante-trois ans.

Documents officiels.

ALLAN.

M. Allan (Allamand, Camille-Denis-Eugène-Désiré), publiciste, conseiller général et membre du Conseil Supérieur de gouvernement de l'Algérie, né à Toulon le 12 mai 1841, fut quelque temps correspondant parisien de l'*Akhbar* sous l'Empire. Il vint en Algérie après la guerre et succéda à Chaleil comme rédacteur en chef de l'*Indépendant* de Constantine. Il s'y fit remarquer par de sérieuses qualités de polémiste : de la verve, de l'aisance, de la précision et de la clarté. Bientôt familiarisé avec toutes les questions algériennes, il les traita avec autorité, et les électeurs de la circonscription de la Calle lui conflèrent le mandat de conseiller général.

En 1876, M. Allan prit la direction politique de la *Vigie Algérienne*, qu'il a conservée depuis.

Quelques mois après son entrée dans ce journal, il eut à soutenir un procès en diffamation qui lui était intenté, ainsi qu'au rédacteur en chef, par M. Bastien, alors président de chambre à Alger. Les

(1) *Djouad*, noblesse militaire.

poursuites implacables de ce magistrat ont rendu ce procès en quelque sorte célèbre dans les annales de la presse. La *Vigie Algérienne* dut cesser sa publication pour se soustraire au débordement de papier timbré du magistrat; elle fut remplacée quelque temps par *l'Algérie Française*, puis reparut avec un regain de succès. Elle est aujourd'hui, parmi les journaux de grand format de l'Algérie, celui qui a le plus fort tirage.

Durant l'Exposition de 1878, M. Allan a fait dans la grande salle du Trocadéro une conférence sur l'Algérie qui a été remarquée.

Chargé de nouveau en 1883 du mandat de conseiller général par les électeurs de Boghari (26e circonscription d'Alger), M. Allan a depuis été délégué chaque année au Conseil Supérieur de gouvernement.

Documents particuliers.

ALLONVILLE (D').

Armand-Octave-Marie, vicomte d'Allonville, général de division, sénateur, président du comité de cavalerie, grand-croix de la Légion d'honneur. Né le 21 janvier 1809, le général d'Allonville, après de brillantes études à l'école d'état-major, entrait en 1830 dans l'arme de la cavalerie; en 1832 il assistait au siège d'Anvers en qualité d'aide de camp du général Rulhière, et dès 1838 il était nommé commandant des corps indigènes irréguliers de la province d'Alger. On sait quelle résistance les populations arabes et kabyles opposaient alors à notre établissement en Afrique, et quelle rude guerre il fallut leur faire pour les soumettre définitivement à notre domination; de 1839 à 1848, d'Allonville prit une brillante part à nos laborieuses campagnes contre Abd-el-Kader; devant Bougie, à l'affaire du Chéliff, au combat de Bou-Roumi, à Milianah, il acquit la réputation de l'un des meilleurs officiers de cavalerie de notre armée d'Afrique.

Nommé général en 1853, il reçut le commandement de la brigade de chasseurs d'Afrique qui fut envoyée en Crimée. L'histoire a enregistré l'héroïque et malheureuse charge de la cavalerie anglaise à Balaclava; sur un ordre venu trop tard, et pour reconquérir quelques pièces de canon turques que les Russes emportaient en se retirant, la brigade de Cardigan s'engouffra dans une gorge profonde où l'ennemi la mitrailla presque à bout portant. Pas un cavalier anglais ne serait sorti vivant de cette fournaise sans le chevaleresque élan du général d'Allonville et de ses chasseurs d'Afrique, qui escaladèrent au galop les monticules où était postée l'artillerie russe et dégagèrent les débris de la valeureuse cavalerie alliée. Ce fait d'armes valut au général d'Allonville le grade de général de division et le commandement supérieur d'Eupatoria, sous les murs de laquelle il remporta encore un brillant avantage sur la cavalerie russe. La guerre d'Italie, si vite terminée, ne laissa pas le temps au général d'Allonville de se signaler de nouveau, et bientôt sa santé, de plus en plus chancelante, l'obligea à renoncer à ses fonctions actives dans l'armée française. Appelé le 31 décembre 1865 à faire partie du Sénat, il ne prit que peu de part aux luttes oratoires de cette assemblée, et, le 19 octobre 1867, il succombait à une affection de poitrine contractée sans doute sous les climats excessifs de l'Algérie et de la Crimée.

Annuaire encyclopédique. — Dictionnaire des contemporains. — Archives militaires.

ALPHANDÉRY.

M. Alphandéry (Alfred), né à Alger en 1838, est un des hommes qui ont rendu le plus de services à sa ville natale depuis vingt ans.

Il a été juge, président de section au tribunal de commerce de 1868 à 1878, époque à laquelle il a donné sa démission. De 1870 à 1880, il a été réélu cinq fois conseiller municipal et désigné par le conseil comme maire d'Alger en février 1878 sous le ministère de Marcère. Cette désignation n'ayant pas été ratifiée par le gouvernement, M. Alphandéry fut nommé premier adjoint au maire, fonctions qu'il a remplies pendant trois ans, après lesquelles il a donné sa démission. Conseiller général de la troisième circonscription d'Alger depuis 1874, son mandat lui a été renouvelé trois fois par le corps électoral.

Délégué au Conseil Supérieur de gouvernement de l'Algérie de 1875 à 1880, il a été élu vice-président de ce Conseil pour la session de 1878.

M. Alphandéry a été président et rapporteur de la commission d'enquête du réseau actuel des chemins de fer, commission qui a fait adopter le tracé exécuté de la ligne de Constantine sur Ménerville-Palestro contre le projet des Ponts-et-Chaussées passant par Médéah.

Administrateur de la Banque de l'Algérie depuis 1862, du Crédit foncier d'Algérie depuis son institution en 1881, M. Alphandéry a été un des principaux fondateurs de la Ligue de l'enseignement à Alger en 1870, et depuis 1881 il préside cette société qui, avec les seules ressources de l'initiative privée, a créé une école secondaire de jeunes filles comptant 210 élèves, et obtenu du ministère, par un arrêté spécial, le droit de conférer les mêmes diplômes et certificats que les lycées de l'État. Cette société a droit à tous les éloges, à tous les encouragements, et la présidence qui lui en est dévolue fait le plus grand honneur à M. Alphandéry qui, en outre, est membre du bureau d'administration du lycée depuis 1878.

Il a été président de la commission d'organisation de l'Exposition des beaux-arts à Alger en 1881, a rempli les fonctions d'administrateur du mont-de-piété, d'administrateur du bureau de bienfaisance, d'administrateur de l'hôpital civil de Mustapha.

M. Alphandéry a été nommé officier d'Académie en 1880 et officier de l'Instruction publique en 1885.

Documents particuliers.

ALTAIRAC.

Frédéric-Antoine Altairac était un caractère : simple ouvrier, n'ayant d'autre patrimoine qu'une forte et saine éducation reçue au sein de sa famille, pour toutes ressources qu'un solide apprentissage de tailleur, il a su, par son travail, sa probité et son intelligente énergie, s'élever aux premiers rangs de la société et devenir le premier industriel algérien.

Né à Alais (Gard) le 5 mai 1821, Altairac arrivait en Algérie en 1845, à peine âgé de vingt-quatre ans. Ses débuts furent difficiles, comme ils le sont toujours et en tous pays, pour les nouveaux venus qui doivent tout obtenir d'eux-mêmes.

Il étudia le pays au point de vue de la spécialité de son travail. Vivant au milieu de l'ouvrier, il comprend ce qu'on peut en obtenir à la double condition de le bien diriger et de lui assurer un travail régulier qui lui procure le bien-être matériel.

Après quatorze ans de travaux, de combinaisons et d'efforts, pendant lesquels il s'est élevé à la position de patron, puis de chef de maison, Altairac commence, en 1859, à faire confectionner dans la colonie des effets militaires, donnant ainsi un nouvel élément de labeur à une population ouvrière qu'il forme à ce genre de travail. Successivement, il enseigne à son personnel ouvrier, qui a appris à le connaître, l'apprécie, l'estime, se groupe autour de lui, et qui le suivra dans toutes ses entreprises en grossissant sans cesse, il enseigne à ce personnel la confection de toutes les fournitures militaires.

En 1860, ses premiers ateliers sont ouverts.

En 1869, l'administration de la guerre, reconnaissant la valeur de ses efforts et sa grande intelligence, le nomma titulaire des fournitures d'une partie de l'armée d'Afrique.

Alors ses ateliers, agrandis, donnent un travail permanent à quatre cents ouvriers et ouvrières.

Altairac vient de jeter les fondations d'une industrie nouvelle en Algérie. Il lui faut maintenant lutter avec la métropole de travail, d'efforts, d'ingéniosité, pour vaincre la redoutable concurrence et offrir à l'administration de la guerre des conditions au moins aussi avantageuses que celles que présente la puissante rivale avec les ressources exceptionnelles dont elle dispose.

La lutte d'Altairac est de tous les instants. Avec elle, et en même temps qu'elle, ses vues grandissent. La population ouvrière qui l'entoure, le sentiment de confiance qu'elle a mise en lui, l'encourage par l'affection qu'elle lui témoigne. Une vaste conception envahit son cerveau. Il songe à doter l'Algérie d'un établissement de premier ordre qui permettra d'approvisionner en entier le corps d'armée chargé de la sécurité du pays. De cette façon, si, dans l'avenir, de mauvaises heures sonnent encore momentanément pour la France, l'armée d'Algérie trouvera sur place toutes les ressources qui lui sont nécessaires, et pendant la tourmente, qui ne saurait être que passagère pour la France, sa colonie de prédilection, *l'autre France*, assurera seule et par elle-même sa tranquillité personnelle.

Ses plans étudiés, ses travaux arrêtés, ses projets définis, Altairac livre sa conception aux autorités et défend son œuvre. Il invoque bien haut les intérêts de la classe ouvrière de la colonie. Le maréchal de Mac-Mahon, qui l'a vu travailler, le général Chanzy, gouverneur général, qui voit et juge ses efforts, les généraux de toutes armes, les intendants généraux inspecteurs, qui apprécient ses aptitudes, accueillent ses projets avec un bienveillant intérêt. Aussi, après avoir dirigé lui-même l'édification de grandes et importantes constructions, Altairac ouvre en 1877 ses nouveaux et vastes ateliers qui vont occuper plus de huit cents ouvriers et ouvrières et un même nombre dans l'intérieur de la ville et de la banlieue.

Altairac est devenu manufacturier, le premier créateur d'une grande industrie algérienne. Une nombreuse population ouvrière vit honorablement par le travail autour de lui. Le conseil municipal d'Alger confère au lieu d'accès de cette création nouvelle le nom de *rue de l'Industrie.*

Se reposera-t-il maintenant de ses labeurs? Va-t-il jouir de la tranquillité qu'il a si bien gagnée et méritée? Non. Pour cet homme actif, pour cette intelligence toujours en travail, rien n'est fait tant qu'il reste quelque lacune à combler : il modifie donc, il améliore sans cesse. Il veut une œuvre parfaite, et elle le sera.

En 1882, il complète l'industrie de la fourniture militaire en créant à Maison-Carrée, à l'entrée d'une grande propriété qu'il vient d'acquérir, une importante usine de tannerie-corroirie et peausserie par laquelle il peut assurer les approvisionnements nécessaires à l'armée d'Afrique tout entière.

Là, plus de cent cinquante ouvriers trouvent un travail permanent.

Ce n'est pas tout encore.

Il crée au même lieu une briqueterie-tuilerie, nouvelle usine qui emploie constamment au moins deux cents ouvriers fabriquant plus de dix millions de pièces manufacturées par an.

Et comme il lui reste en main, en dehors et à côté de ces usines, une grande propriété rurale, il se livre aux travaux de son exploitation agricole, et il crée sur elle un vignoble de 110 hectares, une orangerie de 45 hectares.

Les pensées de véritable humanité ne cessent de hanter son cerveau. Il songe que si, dans une ville importante comme Alger, l'ouvrier peut se loger facilement, il n'en est pas de même ailleurs, et comme ses usines de Maison-Carrée sont éloignées de la ville, il construit à côté d'elles des logements d'ouvriers qui abritent cinq cents personnes dans des conditions parfaites d'hygiène.

Le canton de Maison-Carrée remercie Altairac de la hardiesse de ses créations et de la prospérité qu'elles répandent autour d'elles en lui confiant l'honneur de les représenter au sein du conseil général.

Telle est l'œuvre d'Altairac qui, assurant du travail à plus de mille cinq cents ouvriers et ouvrières, verse en leurs mains à titre de salaires ou de traitements plus d'un million de francs chaque année.

Altairac a vraiment bien mérité de l'Algérie. Il l'a dotée d'une industrie de premier ordre, et, remarquons-le, non à son profit exclusif, car sa maison peut cesser son marché avec l'État ; désormais, grâce à lui, les fournitures militaires qui se confectionnaient en France devront l'être dans la colonie. Il a donc assuré dans l'avenir, chez lui ou chez ses concurrents, du travail à toute une population.

Mais il a fait plus encore pour les classes laborieuses par le grand exemple moral qu'il leur a donné en leur montrant comment, à force de courage et de patiente activité, avec du cœur et de l'intelligence, l'homme le plus humble peut atteindre aux premiers échelons de l'ordre social, gagner la fortune, et, — bien plus précieux, — l'estime et le respect de ses concitoyens.

Altairac avait été proposé pour la croix : il y avait bien droit. Sa mort, survenue prématurément le 25 janvier 1887, ne lui a pas permis de recevoir cet honneur ; mais, du moins, les témoignages de reconnaissance et de respectueuse affection ne lui ont pas fait défaut ; longtemps il a savouré les jouissances délicates réservées à ceux dont la vie est utile à leurs semblables.

Il a laissé deux fils qui ont hérité de ses qualités et assurent le succès de son œuvre. L'aîné, M. Frédéric, né à Alger en octobre 1852, a été élu conseiller municipal d'Alger en 1884. Il a donné sa démission en janvier 1886 et les électeurs de Maison-Carrée l'ont choisi, lors du décès de son père, pour les représenter au conseil général.

Éloge funèbre par M. Bordet. — Documents particuliers. — Notes personnelles.

AMADIEU.

Amadieu (Pierre-Jules) est né le 6 août 1816 à Poyrac (Lot). Élève de la Flèche en 1827, admis à Saint-Cyr le 13 novembre 1834, il en sortit le 14 octobre 1836, comme sous-lieutenant. Il fut promu lieutenant le 2 janvier 1841, et capitaine adjudant-major le 19 mai 1846. Le 21 août 1848, M. Amadieu prit le commandement d'une compagnie, et le 13 novembre il fut envoyé au 51ᵉ de ligne, alors en Algérie. Le 20 janvier 1849, le capitaine Amadieu fut embarqué pour la colonie, où il resta jusqu'au 23 septembre 1850, presque toujours en expédition. Il y reçut la croix de la Légion d'honneur le 9 août 1850.

Chef de bataillon au 48º de ligne, le 10 août 1854, il rejoignit son nouveau régiment à Amiens.

M. Amadieu revint une seconde fois dans notre colonie, embarqué le 8 octobre 1864 pour Oran. Il y gagna la croix d'officier le 7 janvier 1865, et les épaulettes de lieutenant-colonel le 12 août 1866. Nommé au 82º de ligne, il se rendit à Mostaganem, et ne quitta l'Algérie que le 7 avril 1867 pour aller tenir garnison à Perpignan. Colonel le 3 août 1869, il fit la campagne de 1870, et le 16 août, à la bataille de Gravelotte, fut tué à la tête de son régiment.

Son nom est inscrit sur les tables mortuaires de la chapelle du prytanée de la Flèche.

Archives du ministère de la guerre. — *Le Panthéon Fléchois.*

AMEIL.

Le baron Ameil (Frédéric-Philippe-Auguste-Napoléon) naquit à Saint-Omer (Pas-de-Calais) le 8 novembre 1807. Il entra à Saint-Cyr en novembre 1827 et en sortit dans la cavalerie, avec le grade de sous-lieutenant, le 1ᵉʳ octobre 1829. Il fut promu successivement lieutenant le 30 mai 1837, capitaine le 15 octobre 1840, chef d'escadron le 23 février 1847, lieutenant-colonel le 3 novembre 1851, colonel le 8 novembre 1853, général de brigade le 12 août 1861 et général de division le 26 février 1870. Il a fait avec distinction plusieurs campagnes en Algérie de 1847 à 1852, et pris une part importante au fait d'armes de Kalah, qui mit fin à l'insurrection des Ouled Dâan. Il fit partie de l'armée d'Italie en 1859, et assista à la bataille de Solférino.

Il était chargé de l'inspection générale en Afrique lorsque éclata la guerre de 1870. Il reçut le commandement de la division de cavalerie du 7ᵉ corps et fut fait prisonnier à Sedan.

Le général Ameil est passé au cadre de réserve le 8 novembre 1875. Décoré de la Légion d'honneur le 10 décembre 1849, il a été promu officier le 8 octobre 1857, commandeur le 14 mars 1860 et grand officier le 3 août 1875. — Décédé à Versailles le 27 mars 1886.

Dictionnaire des contemporains. — Documents militaires.

ANDRIEUX.

Andrieux, capitaine de la Légion étrangère, était un officier de valeur et de mérite. Il s'était distingué dans plusieurs affaires et ses chefs le tenaient en grande estime.

Employé avec sa compagnie aux travaux d'assainissement de la plaine de l'Habra (Oran), le capitaine Andrieux succomba au mois d'août 1856, avec un grand nombre de ses hommes, aux suites d'un empoisonnement paludéen.

Il est tombé sur le champ de bataille de la colonisation!

Archives militaires. — *Bel-Abbès et son arrondissement*, par L. Bastide.

ANSELME.

Anselme (François-Marie-Léon, baron), général de brigade d'état-major, commandeur de la Légion d'honneur, né à Paris le 2 juin 1809, entra à Saint-Cyr le 18 novembre 1826, et à l'école d'application d'état-major le 1er janvier 1829. Il fit la campagne de Belgique, fut nommé lieutenant le 20 juin 1832, au 22e de ligne, capitaine le 16 décembre 1835, et décoré le 27 avril 1839. En octobre 1843, après avoir été envoyé dans l'Inde, au Brésil, à Constantinople et en Égypte, il obtint d'être mis à la disposition du gouverneur de l'Algérie, qui était alors le général Bugeaud. En 1844, il fit l'expédition des Flissa-oum-el-Lil (en Kabylie) et fut cité à l'ordre de l'armée d'Afrique une première fois par le général Bugeaud, pour les combats des 13, 14 et 15 avril, une seconde fois par le général de La Moricière pour les combats des 12, 13 et 15 octobre 1845, chez les Traras.

Chef d'escadron le 22 septembre 1847, il rentra alors en France et fut fait officier de la Légion d'honneur le 17 juillet 1849. Lieutenant-colonel le 22 décembre 1851, il fut embarqué pour l'Italie. Colonel le 1er janvier 1854, il fut mis, le 25 août 1855, à la disposition du général commandant en chef l'armée devant Sébastopol. Anselme resta en Orient jusqu'au 10 janvier 1856, et fut embarqué pour l'Algérie, où il vint comme chef d'état-major d'une division active d'infanterie, celle du général Renault, avec laquelle il fit en 1857 la campagne de la Grande-Kabylie, du maréchal Randon. Il fut cité à l'ordre de l'armée d'Afrique du 1er août pour la vigueur qu'il avait déployée le 24 juin, au glorieux combat d'Ischeriden, en enlevant à la tête de deux sections de voltigeurs et d'une compagnie du 8e bataillon de chasseurs à pied, sous le feu des Kabyles, une position des plus importantes. Il retourna en France le 28 février 1859, fit la campagne d'Italie, qui lui valut d'être mis une quatrième fois à l'ordre.

Commandeur le lendemain de la brillante journée de Melagnano, où il s'était distingué, il reçut les étoiles de général de brigade le 10 juin suivant.

Le baron Anselme est mort à Orléans, où il commandait la subdivision du Loiret, le 4 juin 1867.

Il avait été un des officiers les plus brillants de ceux sortis de La Flèche, du corps d'état-major. Il était membre des ordres du Nicham, du Saint-Sépulcre, de Saint-Stanislas, de Saint-Grégoire le Grand et de Charles III d'Espagne.

Documents militaires. — *Le Panthéon Fléchois.*

ARLÈS-DUFOUR (Alphonse).

Arlès-Dufour (François-Prosper-Alphonse), né à Lyon le 15 octobre 1835, est fils du grand industriel lyonnais qui a fait partie de longues années du conseil municipal de Lyon, de la Société d'instruction primaire, du conseil général du Rhône, et qui, décoré de la Légion d'honneur en 1837, fut promu officier en 1854, puis commandeur en 1860.

M. Alphonse Arlès-Dufour est arrivé en Algérie en 1871 en sortant du siège de Paris. Possesseur d'une très belle fortune, il se livra de 1872 à 1874 au commerce direct des grains entre Alger et la France, et donna une telle impulsion à ce commerce qu'on pourrait presque dire qu'il l'a créé de nouveau. Esprit large, novateur, il étudia attentivement les travaux des docteurs Besançon, Golozzi, etc., sur les eaux thermo-minérales d'Hammam R'irha, et lorsqu'il se fut bien convaincu de leurs merveilleuses qualités curatives, qu'il eut constaté dans la région des sources une remarquable pureté de l'air, dont l'influence salutaire s'augmente encore aujourd'hui des effluves balsamiques qu'apportent jusqu'à l'hôtel les grands pins de la forêt de Chaïba, il entreprit en 1876 d'y édifier un établissement thermal de premier ordre, de remplacer les tamarins, les genévriers et les eaux croupissantes par un magnifique parc anglais émaillé en toute saison des fleurs indigènes et exotiques... Il a accompli cette incroyable métamorphose. A quel prix? Lui seul pourrait dire les difficultés vaincues, la somme d'énergie qu'il lui a fallu dépenser pour doter le pays de ce coin délicieux et résurrectionnel.

Les rhumatisants, les goutteux, les anémiques, les dyspeptiques et bien d'autres malades doivent beaucoup de reconnaissance à M. Arlès-Dufour pour les moyens de guérison qu'il leur a procurés. Combien ont recouvré une santé depuis longtemps inespérée?

Nous devons pourtant le constater à regret, au lieu de la reconnaissance et des félicitations qu'il méritait, M. Arlès-Dufour n'a guère récolté que des critiques et des calomnies. On lui a reproché sa volonté ingénieuse, on lui a fait quasiment un crime de sa courageuse hardiesse, tant il est vrai qu'en Algérie comme en France l'esprit d'initiative est presque toujours méconnu, et qu'en sortant des sentiers battus on ne rencontre plus sur sa route qu'ironie et déceptions.

M. Arlès-Dufour ne s'est point laissé émouvoir, parce qu'il a la force de caractère et la volonté qui sont les attributs du succès.

Les électeurs de la circonscription de Maison-Carrée l'ont chargé de les représenter au conseil général en 1876. Il a donné sa démission quelques mois plus tard.

M. Alphonse Arlès-Dufour laissera le souvenir d'un homme de bien à tous égards.

Documents particuliers. — *Hammam R'Irha*, par le Dr Brandt. — *Akkbar*. — *Moniteur de l'Algérie*. — *Alger-Saison*. — *Algérie et Tunisie*, par Piesse. — Notes personnelles.

ARLÈS-DUFOUR (Armand).

Arlès-Dufour (François-Henri-Armand), agronome, chevalier de la Légion d'honneur, frère du précédent, né à Lyon le 3 juin 1842, vint en Algérie à l'âge de vingt-quatre ans et entreprit la création, dans la plaine de la Mitidja, des deux domaines de Kandoury (1,000 hectares) et des Sources (600 hectares) qui sont classés parmi les plus importants de la colonie.

M. Armand Arlès-Dufour a défriché 700 hectares de terre sur ces deux domaines et mis en culture, par les drainages, l'assainissement, l'assolement, etc., 1,200 hectares.

Il a créé un vignoble de 160 hectares dans les meilleures conditions.

On lui doit l'introduction en Algérie des bœufs de race Durham et du mouton anglais. Il a été le premier à employer le labourage à vapeur.

M. Arlès-Dufour est doué d'une remarquable intelligence et il a beaucoup servi les progrès de l'agriculture algérienne. Il est le premier éleveur du *cheval de trait* dans la colonie; l'importateur du premier étalon anglo-arabe, dont les fils Pierrot, Pipo et autres ont démontré la supériorité jusqu'alors contestée du sang anglais sur le barbe.

M. Armand Arlès-Dufour a planté plus de 4,000 arbres forestiers, et reboisé ainsi sa région en partie. Il a créé des prés, des bois, plusieurs corps de ferme, et lutté pendant de longues années contre les fièvres paludéennes et le brigandage indigène.

Ses produits, de première qualité, ont été primés dans tous les concours, en Algérie, en France et à l'étranger. Il lui a été décerné cinquante médailles d'or dont une à l'Exposition universelle de 1878, quarante médailles d'argent et vingt médailles de bronze; le prix d'honneur des Haras au concours de Blidah, et les prix spéciaux pour irrigation, reboisement, etc., au concours agricole d'Alger.

M. Armand Arlès-Dufour a reçu la croix de la Légion d'honneur en 1881, légitime récompense d'une existence laborieuse et véritablement utile à l'Algérie.

Documents particuliers et officiels.

ARMANDY (D').

Le capitaine d'artillerie d'Armandy fut désigné par le duc de Rovigo, en février 1832, pour aller avec Yousouf au secours de Bône, pillée et dévastée par Ben-Aïssa, lieutenant du bey de Constantine.

Le bey de Bône, — Ibrahim, — s'était retiré dans la citadelle, où son ennemi l'assiégea; mais, dans la soirée de ce jour, Ibrahim évacua furtivement la Casbah et se réfugia à Bizerte.

D'Armandy conçut avec Yousouf le courageux projet de s'y introduire avant que les assiégés fussent instruits de l'évacuation. Les deux vaillants capitaines mirent leur projet à exécution et nous assurèrent ainsi la possession de Bône, après avoir couru les plus grands périls et déployé la plus intrépide énergie. (Voyez *Yousouf*, pour le récit de leur dramatique aventure.)

Archives militaires. — *Annales Algériennes.*
L'Algérie de 1830 à 1840, par M. Camille Rousset.

ARNAUD.

M. Arnaud (Jacques-Joseph), ingénieur des ponts et chaussées, officier de la Légion d'honneur, né à Grenoble le 5 mars 1821, est venu en Algérie comme ingénieur en chef de la construction des lignes d'Alger à Oran et de Philippeville à Constantine, concédées à la compagnie Paris-Lyon-Méditerranée en juin 1863.

Il a ouvert successivement les tronçons de Relizane à Oran, 1er novembre 1868; Blidah à Bou-Medfa, 8 juillet 1869; Orléansville à Relizane, 15 janvier 1870; Affreville à Orléansville, 31 décembre 1870; Bou-Medfa à Affreville, 1er mai 1871.

La section d'Alger à Blidah avait seule été ouverte précédemment par la Compagnie des chemins de fer algériens qui l'avait construite, mais avait bientôt liquidé.

La ligne de Philippeville à Constantine présentait les plus grandes difficultés de construction en raison de la nature des terrains très tourmentés et mouvants. M. Arnaud en a triomphé et cette ligne a été ouverte le 23 août 1870.

L'habile ingénieur a quitté l'Algérie en juin 1872, après s'être admirablement acquitté de la tâche qui lui avait été confiée et avoir ainsi doté le pays de ses premiers chemins de fer. Les lignes qu'il a construites sont encore les principales artères de la colonie; le trafic y est des plus importants; cependant leur solidité demeure inébranlable.

Décoré de la croix de la Légion d'honneur pour ses remarquables travaux, M. Arnaud a été élevé à la dignité d'officier de cet ordre, il y a quelques années. Il est commandeur du Nicham Iftikhar.

M. Arnaud est aujourd'hui directeur des syndicats des chemins de fer français pour l'exploitation des lignes de grande et petite ceinture de Paris.

Son gendre, M. Rœderer, a succédé en 1888 à M. Suquet comme directeur du réseau algérien de la compagnie Paris-Lyon-Méditerranée, et il s'est immédiatement concilié la sympathie générale par son amabilité et son dévouement aux intérêts de la colonie.

Documents particuliers.

AUBIGNOSC (D').

D'Aubignosc fit partie de l'expédition d'Alger en 1830, à titre d'interprète militaire de 1re classe.

Avant et pendant les préparatifs de la campagne, le gouvernement royal n'avait rien omis pour faciliter le succès de l'expédition par des missions secrètes en Afrique.

MM. d'Aubignosc, Gérardin et Raimbert, récemment nommés interprètes de l'armée, avaient été envoyés à Tunis, dans le courant du mois d'avril 1830, afin de sonder les dispositions du Bey, d'ouvrir une source féconde aux approvisionnements de l'armée, d'agir sur le moral des populations maures et arabes, et de détacher du Dey d'Alger, la Tunisie, le Maroc et, s'il était possible, Oran et Constantine.

Les trois émissaires connaissaient parfaitement le pays où ils étaient chargés d'opérer. M. Raimbert, homme pratique et doué d'un jugement solide, avait longtemps dirigé le service de nos possessions en Afrique, et il avait eu de nombreux rapports avec les tribus qui commerçaient avec le Bastion-de-France et la Calle.

M. d'Aubignosc, esprit inventif, ardent, plein d'activité et, en outre, homme d'exécution et d'énergie, qui avait déjà rempli des missions dans le Levant, avait présenté, dès le 15 février 1830, à M. le comte de Bourmont, un mémoire où il établissait que les marins sardes et corses, expédiés annuellement pour la pêche du corail, n'arrivaient sur les côtes de Barbarie qu'à la mi-juin et ne quittaient ces parages que dans la dernière quinzaine d'août; d'où il concluait, avec justesse, qu'on avait devant soi le temps nécessaire pour faire l'expédition avant le mauvais temps.

Le 30 avril, d'Aubignosc envoyait au commandant en chef un rapport circonstancié, divisé en trois parties, sous les titres suivants : *Politique, Économie, Statistique.*

Dans le premier, il exposait ce qu'il y avait à espérer et à craindre des États voisins, au sujet d'Alger. Leur fidélité à l'alliance du Dey était, comme toute fidélité qui ne repose que sur la terreur, à la merci d'un succès de l'armée française. La proclamation que le commandant en chef avait adressée aux populations, et qui avait été répandue dans les États algériens par les soins de M. de Lesseps, envoyé de France à Tunis, ainsi que Raimbert, d'Aubignosc et Gérardin, envoyés secrets, avait produit un bon effet pour atténuer les antipathies religieuses.

Dans la seconde partie du rapport, d'Aubignosc annonçait que le Bey de Tunis se prêterait à autoriser toute espèce d'achat dans ses États, et à devenir lui-même fournisseur, pourvu que sa coopération restât secrète.

La troisième partie du rapport, consacrée à la stratégie, contenait des détails sur Fort-l'Empereur et la presqu'île de Sidi-Ferruch, où devait s'opérer le débarquement.

M. Gérardin, qui connaissait à merveille le pays et qui parlait toutes les langues qui y ont cours, n'était pas un moins précieux auxiliaire; de son côté, il envoyait aussi des renseignements utiles. Les préparatifs de l'expédition française produisaient, disait-il, le meilleur effet sur toutes les régences. Tandis qu'Alger était dans la consternation, les Européens n'avaient jamais joui d'une plus grande sécurité à Tunis. Le pacha de Tripoli lui-même demeurait affable.

M. Raimbert, agent actif, et sévère sur l'origine de ses renseignements, tenait le commandant en chef au courant des modifications qui s'opéraient dans l'esprit mobile des populations.

D'Aubignosc et Raimbert, de retour de leur mission, rentrèrent à Toulon un peu avant le départ de l'armée pour Alger. Quant à Gérardin, il rejoignit la flotte en rade de Palma.

Parti de Tunis, quatre jours avant, à bord de la *Bayonnaise*, il apprit au général en chef que le Dey d'Alger faisait des préparatifs de défense, et qu'il avait convoqué les contingents des Beys de Constantine, du Tittery et d'Oran.

L'armée débarqua sur la côte d'Afrique, et, aussitôt après la capitulation, le général de Bourmont, avant d'entrer dans Alger, nomma une commission de gouvernement pour étudier les habitudes, les mœurs, les institutions locales, les besoins du pays, et proposer toutes les mesures administratives nécessitées par la situation nouvelle. L'interprète d'Aubignosc faisait partie de cette commission, qui était présidée par le maréchal de camp Valazé.

Peu après, dans sa dépêche du 8 juillet au ministre des affaires étrangères, le général de Bourmont annonce qu'il a investi d'Aubignosc des fonctions de lieutenant général de police. Les autres détails de la vie politique de M. d'Aubignosc sont assez connus; nous n'avons pas, du reste, à en parler ici. Son séjour en Orient l'avait mis à même d'acquérir parfaitement la connaissance des langues turques et arabes. Rentré en France vers 1832, il a laissé un ouvrage intitulé : *Considérations sur l'Algérie*.

Les Interprètes de l'armée d'Afrique. — Documents militaires.

AUMALE (Duc D').

Aumale (Henri-Eugène-Philippe-Louis D'ORLÉANS, duc d'), prince de la famille d'Orléans, ancien gouverneur général de l'Algérie, né à Paris le 16 janvier 1822, est le quatrième fils du feu roi Louis-Philippe et de la reine Marie-Amélie. Comme ses frères, il reçut au collège Henri IV une éducation publique, se distingua par ses succès universitaires et remporta deux prix en rhétorique. Héritier, par la mort du dernier des Condé, d'une fortune considérable, il entra à dix-sept ans dans les rangs de l'armée, débuta comme officier au camp de Fontainebleau, dirigea quelque temps l'école de tir de Vincennes, et fut en 1839 promu capitaine au 4ᵉ de ligne. En 1840, il accompagna, en qualité d'officier d'ordonnance, son frère, le duc d'Orléans, à qui une vive amitié l'unissait particulièrement, fit vaillamment ses premières armes aux combats d'El-Affroun, du col de Mouzaïa et du bois des Oliviers, obtint dans la même année les grades de chef de bataillon et de lieutenant-colonel, et servit de nouveau sous les ordres des généraux Bugeaud et Baraguey-d'Hilliers. Atteint par les fièvres, il fut rappelé en juillet 1841, traversa la France au milieu des ovations, et, au moment où il faisait à Paris son entrée triomphale à la tête du 17ᵉ léger, faillit être victime de l'attentat de Quénisset (13 septembre).

Après avoir complété à Courbevoie son instruction militaire, le

DUC D'AUMALE.

duc d'Aumale, qui venait d'être créé maréchal de camp (octobre 1842), revint en Algérie, commanda, jusqu'en 1843, la subdivision de Médéah, et se signala par de brillants faits d'armes. Le plus hardi et le plus heureux fut celui de la prise de la smala d'Abd-el-Kader, qui est resté un des beaux faits d'armes de l'armée d'Afrique.

La smala avait passé la fin de l'hiver 1843 à deux journées de marche au sud de Takdempt. Instruite qu'on était à sa poursuite, elle erra pendant quelque temps et se trouva le 16 mai à la source de Taguin. Le général Bugeaud avait été informé de la présence de la smala aux environs de Boghar; mais on ignorait l'endroit. Toutefois il donna ordre au général La Moricière, ainsi qu'au duc d'Aumale de se mettre à sa poursuite.

Le prince partit de Boghar avec 1,300 fantassins et 600 chevaux. Trois jours après, il apprit par un petit nègre que la smala se trouvait à 80 kilomètres au sud de Goudjila. Pour l'atteindre, il fallait franchir vingt lieues d'une traite sans une goutte d'eau. Le prince compta sur l'énergie des troupes; l'épreuve qu'il en a faite a montré qu'il ne s'était pas trompé. On partit, et le 16 mai, dans la matinée, alors que les soldats étaient à la recherche de la source de Taguin pour se désaltérer, l'agha Ahmar ben Ferhat vint informer le prince de la présence inattendue de la smala à cette même source.

Ahmar et ses cavaliers, effrayés de notre petit nombre et de la grande masse de nos ennemis, se jettent alors aux genoux du duc d'Aumale et le supplient d'attendre son infanterie, lui représentant que, malgré leur énergie, les zouaves ne pouvaient pas arriver avant deux heures; et cependant une demi-heure de retard aurait suffi pour que les femmes et les troupeaux fussent hors de notre portée, et pour que les nombreux combattants de cette ville de tentes eussent eu le temps de se rallier et de s'entendre. Alors tout eût été compromis; aussi le prince n'hésita pas un instant : « *Jamais,* » s'écria-t-il, « *jamais personne de ma race n'a reculé,* » et immédiatement il prit ses dispositions pour l'attaque.

Un mot sur l'ennemi qu'il avait devant lui.

Lorsque Abd-el-Kader avait vu tous ses établissements fixes successivement envahis et détruits par nos soldats; pressé entre le désert et nos colonnes, il avait compris que, pour sauver les plus précieux débris de sa puissance, il ne lui restait plus qu'un moyen, c'était de les rendre mobiles, comme les tribus les plus mobiles, et de dérober à nos armes par la fuite ce qu'il ne pouvait leur disputer par le combat.

Il organisa donc la *smala*. Ce n'était pas seulement la réunion de quelques serviteurs fidèles autour de la famille et des trésors d'un chef; c'était une capitale ambulante, un centre d'où partaient tous les ordres, où se traitaient toutes les affaires importantes, où toutes les grandes familles trouvaient un refuge sans pouvoir échapper ensuite à l'inquiète surveillance qui les y retenait. Et autour de ces grandes familles se groupaient des populations immenses qui les entouraient comme d'un rempart vivant, des tribus du désert qui les guidaient et les protégeaient au milieu de ces vastes plaines. Incapables d'agir seuls, ces éléments hétérogènes, obéissant à une seule impulsion, présentaient dans leur ensemble une masse compacte et imposante à tous les yeux. Une fois incorporées à cette immense émigration, les tribus ne pouvaient guère la quitter et constituaient elles-mêmes, pour ainsi dire, la force qui les maintenait dans l'obéissance. La solution de ce problème n'était pas une des moindres œuvres du génie de notre infatigable ennemi.

Le campement de cette population nomade en fait connaître parfaitement l'organisation : il était toujours le même, toujours régulier, sauf les obstacles invincibles opposés par le terrain, et se composait de quatre enceintes circulaires et concentriques où chaque douar, chaque famille, chaque individu avait sa place fixe et marquée, suivant son rang, son utilité, ses fonctions, ou la confiance qu'il inspirait.

La smala arrivant à son gîte, la tente de l'émir se dressait au centre du terrain que le camp devait couvrir. Elle était immédiatement entourée des tentes des serviteurs intimes et des principaux parents d'Abd-el-Kader qui composaient la première enceinte.. 5 douars

La seconde comprenait les douars du Khalifa Ben Allal et de ses parents, ceux de l'infanterie régulière et de quelques chefs importants........................ 10 id.

La troisième était absolument formée par les Hachem-Cherraga et par les Hachem-Gharaba, qui dans les premiers temps se trouvaient peu nombreux, mais au moment de la prise de la smala l'étaient beaucoup,

A reporter : 15 douars

Report. . . .	15 douars
parce que l'émir venait de les enlever à peu près tous dans la plaine d'Eghriss..........................	207 id.
La quatrième enceinte, plus ou moins rapprochée des enceintes principales, suivant les difficultés du terrain, l'eau, les bois ou les pâturages, était formée par sept tribus nomades qui, nous l'avons déjà dit, servaient à la smala de guides et de protection dans le désert.........	146 id.
Total :	368 douars

de quinze à vingt tentes chacun.

On peut évaluer à vingt mille âmes la population de cette ville errante, et à cinq mille le nombre des combattants armés de fusils, dont cinq cents fantassins réguliers et deux mille cavaliers.

Les renseignements que nous avions recueillis étaient exacts. Abd-el-Kader était absent, ainsi que ses principaux lieutenants, mais leurs familles étaient là; les richesses, les affections de tous les grands ennemis de notre domination étaient dans la smala. Celle-ci était arrivée le 15 au soir à Taguin; ses chefs la croyaient en sûreté, et ne se doutaient pas de la marche secrète et rapide de la colonne de Médéah. Le 16 au matin, la tente d'Abd-el-Kader s'était dressée, et cet exemple avait été suivi par toutes les autres. C'est au moment où cette opération s'achevait, au moment où les hommes menaient les troupeaux pâturer dans le marais, qu'un cri terrible retentit dans tout le camp : « Er Roumi! Er Roumi! » (le chrétien! le chrétien!)

Notre cavalerie venait d'apparaître et se déployait sur un mamelon pierreux qui domine la source de Taguin.

Le duc d'Aumale avait à peine eu le temps de reconnaître la position; mais, comme nous l'avons dit, il s'était immédiatement décidé à attaquer, sans laisser à l'ennemi le temps de se remettre du trouble causé par notre brusque apparition. Notre petite troupe se forme rapidement. Un premier échelon, composé des spahis et du goum, s'ébranle au trot; il est commandé par le colonel Yousouf. Un fort turc en ruine, qui domine la source autour de laquelle est campée la smala, lui a été donné pour point de direction. Le prince le suit avec les chasseurs et gendarmes dont il a formé sa réserve. Mais un mouvement du terrain nous laisse voir l'immensité de la ville de tentes et cette fourmilière d'hommes qui courent aux armes. Nos irréguliers épouvantés se débandent; les spahis étonnés s'arrêtent ; jamais nos troupes indigènes régulières n'avaient été mises à une pareille épreuve. Le duc d'Aumale le comprend; il voit que la lâcheté du goum va devenir contagieuse, si les spahis ne sont pas soutenus : il faut engager tout le monde, et l'audace seule peut décider du succès. Le prince fait donc oblique à droite avec le deuxième échelon et dépasse le premier; l'impétuosité française se communique à nos spahis. Leurs intrépides officiers les haranguent, les entraînent, et bientôt le douar d'Abd-el-Kader est atteint.

En vain les fantassins réguliers s'élancent hors de leurs tentes, et par leur feu nourri essaient de repousser la charge. Ils sont sabrés, pris ou dispersés. Le combat a bientôt cessé sur ce point. Mais les officiers et les sous-officiers français, continuant au loin la poursuite, donnent à leurs soldats indigènes un nouvel et brillant exemple de notre valeur nationale.

Cependant les chasseurs avaient pénétré dans le camp sous une vive fusillade avec le sang-froid du vrai courage; ils conservent dans l'émotion du combat cet ordre, cet ensemble qui double la force. Leurs rangs, qui s'ouvrent pour laisser passer des vieillards craintifs et des femmes éplorées, se resserrent pour renverser tout ce qui essaie de combattre. Mais la résistance s'organise. La brillante cavalerie des Hachems, tous parents de l'émir, veut arracher aux chrétiens les familles et les richesses des plus fermes défenseurs de l'Islam. Tandis que de rapides dromadaires entraînent les femmes, que l'on enlève des tentes tout ce qu'elles contiennent de plus précieux, les hommes de guerre saisissent leurs fusils, se jettent sur leurs chevaux, se rallient, s'élancent au combat.

Le prince doit faire face à un ennemi bien supérieur en nombre. Il détache sur la gauche un peloton commandé par le sous-lieutenant Delage. Mais cette troupe, se déployant en tirailleurs, engage un combat de mousqueterie et perd ainsi tout l'avantage que notre cavalerie tire en Afrique de l'emploi de l'arme blanche. Le cheval du brave Delage est tué; plusieurs de ses chasseurs tombent frappés à mort; ils vont être entourés, lorsque le sous-lieutenant de Canclaux, envoyé à leur aide, les dégage par une charge brillante.

A droite, le capitaine d'Espinay culbute avec son escadron tout ce qu'il a devant lui, et va arrêter au loin la tête des fuyards; tandis qu'avec un élan impétueux le lieutenant-colonel Morris se jette sur l'ennemi avec trois pelotons de cavalerie et assure la victoire.

Une heure et demie après le commencement de l'affaire, le prince ralliait nos escadrons victorieux. Déjà autour de lui se groupaient des populations considérables qui, pendant l'action même, avaient imploré la clémence française. Tout ce qui demandait grâce et ne combattait pas avait été épargné. Cependant l'ennemi laissa près de trois cents cadavres sur le terrain. Nous n'avions que neuf hommes tués et douze blessés.

La journée du lendemain fut consacrée à ramasser un immense butin et à détruire ce qu'on ne pouvait enlever.

Les trophées du combat étaient : quatre drapeaux, un canon, deux affûts, des munitions de guerre, caisses de poudre, etc. ;

Les caisses de tambour, les armes des fantassins réguliers, les décorations et les insignes de leurs officiers ;

La propre tente de l'émir, ses armes de prix, ses effets précieux, etc.

On s'occupa encore, le 17 mai, de mettre quelque ordre parmi les populations prisonnières, dont le nombre atteignait près de 4,000. « Quand, après la reddition, disait un des captifs, nous pûmes reconnaître la faiblesse numérique de ce vainqueur, *le rouge de la honte couvrit nos visages;* car, si chaque homme de la smala avait voulu combattre, ne fût-ce qu'avec un bâton, les vainqueurs eussent été les vaincus; mais les décrets de Dieu ont dû s'accomplir. »

Cet acte d'audace valut au duc d'Aumale le grade de lieutenant général ainsi que le commandement de la province de Constantine, dans laquelle il dirigea l'expédition de Biskra l'année suivante et se distingua dans les opérations contre les Ziban et les Ouled-Sultan. Il alla commander en chef le camp de la Gironde et revint concourir en 1846 à la conquête de l'Ouarensenis.

Bientôt le roi, à la suite d'un dissentiment qui s'était élevé entre lui et le maréchal Bugeaud au sujet des camps agricoles, voulut remplacer ce dernier dans ses fonctions de gouverneur général de l'Algérie (21 septembre 1847). Ce fut le duc d'Aumale qui lui succéda. Il exerça à Alger, au milieu des sympathies de l'armée, une sorte de vice-royauté qui devint l'objet des attaques de l'opposition et fut défendue à la tribune par M. Guizot (janvier 1848).

Le gouvernement du 24 février redoutait une tentative de résistance de la part du duc d'Aumale en Algérie, où il était aimé, où sa popularité était très grande parmi l'armée. La conduite du prince fut digne et patriotique. Il engagea la population et l'armée à attendre avec calme les volontés de la métropole, et, instruit de la suite des événements, de l'infortune de sa famille, il remit ses pouvoirs au général Cavaignac le 3 mars, en disant :

« Soumis à la volonté nationale, je m'éloigne ; mais, du fond de l'exil, tous mes vœux seront pour la prospérité et pour la gloire de la France, que j'aurais voulu servir plus longtemps. »

Il s'embarqua le même jour.

Malgré une pluie battante, il se rendit sur le quai à pied, accompagné du prince et de la princesse de Joinville, à laquelle il donnait le bras. Arrivé à l'amirauté, la foule l'acclama, criant : « Vivent les princes ! » — Lui, domptant l'émotion qui le gagnait, répondit : « Amis, criez : Vive la France ! »

Son administration de la colonie a été marquée par l'établissement du régime municipal, la nomination, par voie d'élection, des juges des tribunaux de commerce, la création de Penthièvre, Stora et Valmy.

Le nom d'Aumale a été donné à un centre de population du département d'Alger.

Archives militaires. — *Dictionnaire des contemporains*. — *Notice sur l'expédition qui s'est terminée par la prise de la smala*. — *Annales Algériennes*. — *L'Algérie ancienne et moderne*. — *L'Algérie illustrée*, par Francis Tesson. — *Panthéon des illustrations françaises*, par Victor Frond.

AUMERAT.

L'honorable doyen de la presse algérienne, M. Aumerat (Joseph-François), est né à Marseille le 11 décembre 1818. Arrivé en Algérie en 1842, nous le trouvons, sous la seconde République, rédacteur du *Brûlot* et de l'*Atlas*, et à partir de ce moment collaborateur des principales feuilles de la colonie ; il figure parmi la pléiade d'écrivains distingués dont les luttes incessantes ont triomphé des préventions comme des inimitiés et conquis à l'Algérie son émancipation politique et administrative.

En 1858, M. Aumerat écrit dans l'*Algérie nouvelle*, supprimée l'année suivante par l'Empire. De 1858 à 1866, il est au *Courrier de l'Algérie*. Puis, à partir de 1866, nous le retrouvons au *Tell* de Blidah, qu'il rédige encore aujourd'hui et dans lequel il a mené en 1881, en même temps que dans la *Vigie Algérienne*, une campagne qui a été très remarquée et a certainement contribué au remplacement de M. Albert Grévy comme gouverneur général. Les articles de M. Aumerat publiés dans la *Vigie* sous le titre de *Lettres du Dimanche* ont été très lus, très commentés, et le pseudonyme de « Marteau » est resté des plus populaires.

Il n'est pas nécessaire d'ajouter que cette campagne demeura courtoise et purement administrative. M. Aumerat a toujours joint à un véritable talent et à une connaissance approfondie des questions algériennes le charme de la politesse française. Mordant et incisif, il ne se départit point du vocabulaire d'un homme bien élevé; il se montre toujours aussi soucieux de la dignité de sa plume que du respect de ses lecteurs. On pourrait dire de M. Aumerat qu'il a des griffes de velours.

De 1881 à 1885, il fut rédacteur en chef de la *Solidarité*, et depuis 1885, c'est-à-dire depuis sa création, rédacteur en chef de la *Dépêche Algérienne*, qui, en moins de quatre ans, a pris la tête de tous les journaux de la colonie par l'importance de son tirage.

M. Aumerat, qui a été maire et suppléant du juge de paix d'Orléansville de 1863 à 1867, est aujourd'hui l'un des quatre conseillers généraux d'Alger (2º circonscription), et ses collègues l'ont choisi comme président de la Commission départementale.

Il est membre du Conseil académique, membre du Conseil départemental de l'instruction publique, membre du Conseil d'administration de l'École normale, président d'honneur des Sauveteurs d'Alger.

Nommé officier d'Académie le 14 juillet 1885, M. Aumerat a été décoré, le 14 juillet 1888, de la croix de chevalier de la Légion d'honneur.

Il est le premier journaliste algérien recevant cette haute distinction honorifique.

Documents particuliers.

AURELLE DE PALADINES (D').

D'Aurelle de Paladines (Louis-Jean-Baptiste), général de division, grand-croix de la Légion d'honneur, né à Malzieu (Lozère) le 9 janvier 1804, élève de la Flèche en 1815, entré à Saint-Cyr le 26 octobre 1822, fut nommé sous-lieutenant au 64º de ligne le 1ᵉʳ octobre 1824, lieutenant le 26 juin 1830, et capitaine adjudant-major le 30 décembre 1834. Embarqué pour l'Algérie en septembre 1841, il fut cité en 1842, dans le rapport du 13 juin, pour sa belle et vigoureuse conduite dans le combat du 5, chez les Beni-Menasser. Le colonel de Saint-Arnaud le cita de nouveau dans ses rapports d'avril et d'octobre 1843, pour les combats que sa colonne eut à soutenir contre les Arabes et dans l'un desquels d'Aurelle eut un cheval tué sous lui. Chef de bataillon à son régiment le 12 février 1843, chevalier de la Légion d'honneur le 20 décembre de la même année, en récompense de sa brillante valeur, il eut encore plusieurs citations pendant son séjour en Algérie : de Saint-Arnaud, pour son combat du 1er juin 1845 dans le Dahra, où il fut blessé d'une balle à la cuisse, chez les Beni-Hidja; du colonel Eynard, dans son rapport du 30 janvier 1846, pour les dispositions qu'il avait su prendre dans les combats d'arrière-garde livrés les 25 et 26 janvier pendant l'expédition de l'Ouarensenis. A la suite de cette expédition, il reçut la croix d'officier de la Légion d'honneur.

Promu lieutenant-colonel à son régiment, le 64e de ligne, le 22 avril 1847, d'Aurelle de Paladines ne quitta l'Algérie qu'en juillet 1848, pour aller prendre garnison à Paris. Le 30 juin 1849, il fut élevé au grade de colonel du 28e de ligne à Cherbourg et, le 10 mars 1850, remplaça le colonel Canrobert dans le commandement du 1er zouaves, à Alger.

Il ne resta pas longtemps à la tête de ce brave régiment, ayant été nommé général de brigade le 22 décembre 1851. Mis à la disposition du gouverneur général de l'Algérie, disponible en septembre 1852, il fut appelé à Toulon, le 1er octobre de cette même année, pour commander la subdivision du Var.

Il fit en 1854 la campagne de Crimée et le 21 octobre reçut la croix de commandeur. Le 17 mars 1855, il fut promu divisionnaire. Le 28 décembre 1859, après la guerre contre l'Autriche, il fut élevé à la dignité de grand officier de la Légion d'honneur, et le 28 décembre 1868 à celle de grand-croix. Il passa le 15 janvier 1870 au cadre de réserve, étant parvenu à sa limite d'âge; mais le 17 août 1870, au commencement de la guerre contre l'Allemagne, on songea à utiliser sa longue expérience et ses solides qualités militaires. On le rappela à l'activité et on lui donna la 7e division, ensuite le 23 septembre le commandement supérieur des 15e, 16e et 18e divisions territoriales dans l'Ouest. Le 11 octobre, on lui confia le 11ᵉ corps, puis le commandement en chef de l'armée de la Loire, et le 9 novembre il gagna la bataille de Coulmiers.

Le gouvernement de Tours le mit en disponibilité le 7 décembre 1870, à raison de ses opinions politiques. Il se présenta aux élections à l'Assemblée nationale et fut élu à la fois dans l'Allier et dans la Gironde. Nous n'avons pas à suivre ici le rôle politique joué par le général d'Aurelle de Paladines. Rappelons seulement que le vaillant soldat des guerres d'Afrique fut élu sénateur inamovible le 10 décembre 1875, et questeur du Sénat le 13 mars 1876.

Il est mort à Versailles le 17 décembre 1877.

Le centre de population de Bir-el-Arch, créé en 1873 dans l'arrondissement de Sétif, a reçu le nom de Paladines pour perpétuer le souvenir du général.

Documents militaires. — *Panthéon Fléchois. Historique du 1ᵉʳ zouaves.* — *Dictionnaire des contemporains.* — *La Guerre de 1870-71*, par Claretie.

AVELINE DE SUBLIGNY.

Né à Nogent-sur-Seine (Aube) le 15 février 1817, Aveline de Subligny entra à Saint-Cyr le 15 novembre 1835 à l'âge de dix-huit ans, et fut envoyé le 20 septembre de l'année suivante, comme caporal, au 41ᵉ de ligne. Sergent le 19 juin 1836, sergent-major le 18 juillet 1838, il fut embarqué avec son régiment le 24 septembre 1839 pour la province d'Oran. Il fit toutes les expéditions de cette époque et fut promu sous-lieutenant le 28 juin 1840. En 1844, il prit part à l'expédition du Maroc et à la bataille d'Isly. Revenu en France en 1846 et promu capitaine le 30 septembre, il resta en garnison dans le Midi jusqu'en avril 1856. Il fut alors rembarqué pour la province d'Oran, et en 1857 l'expédition de la Grande-Kabylie lui fournit l'occasion d'accomplir un beau fait d'armes. Le 24 mai, à l'attaque des crêtes des Beni-Raten, M. Aveline, voyant le lieutenant de sa compagnie tomber grièvement blessé et entouré par les Arabes, qui se disposaient à lui couper la tête, se précipita sur eux et parvint à sauver son officier en exposant sa vie pour le secourir. Mis à l'ordre de l'armée d'Afrique, il fut félicité par ses chefs et ses camarades. L'année suivante, le 7 novembre 1858, ce brave capitaine fut promu chef de bataillon au 85ᵉ de ligne. En 1859, M. Aveline mena son bataillon en Italie, et le 15 juin il y reçut la croix d'officier; il était chevalier depuis 1851. Nommé colonel en 1868, M. Aveline fit partie en 1870 de l'armée de Châlons et fut fait prisonnier à Sedan. Nommé général de brigade en 1875, il fut élevé à la dignité de commandeur en janvier 1879, et retraité le mois suivant, sur sa demande.

Ordre du maréchal Randon en 1857. — *Le Panthéon Fléchois*. — Archives militaires.

AYAS.

Né à Marseille le 18 octobre 1807, Ayas prit part à l'expédition d'Alger comme guide interprète militaire.

Après la bataille de Staouëli, plus heureux que son collègue Garoué, Ayas parvint à entrer en pourparlers avec les Arabes : il se rendit dans un de leurs douars et en revint non seulement sans avoir reçu de mal, mais encore avec des promesses de soumission, qui furent loin, il est vrai, de se réaliser. L'interprète Ayas, dans ce voyage qui n'était pas sans danger, acheta quelques bœufs aux Arabes auxquels il s'adressa. Ceux-ci assuraient qu'ils étaient très disposés à venir approvisionner nos marchés, pourvu qu'on leur promît justice et protection.

On doit bien penser qu'Ayas ne négligea rien pour leur faire comprendre qu'ils trouveraient l'un et l'autre chez les Français.

M. de Bourmont, satisfait de la tournure qu'avait prise cette négociation, se hâta d'annoncer à l'armée, par la voie de l'ordre du jour, que nous n'avions plus, sur le sol de la régence, d'autres ennemis que les Turcs. Il prescrivit aux soldats d'user des plus grands égards, et surtout de la plus scrupuleuse probité, dans leurs relations avec les indigènes, qui allaient accourir auprès de nous comme auprès de leurs libérateurs. Une attaque générale vint donner, le 24 au matin, un démenti formel à l'ordre du jour du général en chef. C'était le premier acte de cette versatilité dont les indigènes nous ont depuis donné tant d'exemples. Après s'être signalé durant sa carrière par de nombreux faits de guerre, réputation de bravoure justement acquise dans les expéditions de la province d'Oran, plusieurs blessures, capture d'un lieutenant d'Abd-el-Kader, Ayas se signala encore dans un combat contre Bou-Maza.

Rapport officiel :

Je signale encore à toute votre bienveillance M. Ayas, interprète, qui, constamment à mes ordres, a fait preuve d'une bravoure vraiment remarquable en tuant cinq Arabes dans le plus difficile de l'action, qui, je vous l'assure, était extrêmement chaude et vigoureuse, ainsi que le prouve le chiffre de nos pertes comparé à notre effectif.

Colonel MELLINET.

L'interprète Ayas, blessé grièvement d'un coup de feu à la cuisse, dans un autre combat contre le chef de l'insurrection du Dahra, mourut, en 1846, des suites de cette blessure. Il était interprète de 2ᵉ classe depuis l'année précédente et chevalier de la Légion d'honneur du 25 janvier 1846.

Documents militaires. — *Les Interprètes de l'armée d'Afrique.*

BAILLAUD.

Baillaud (Jean-Baptiste-Charles-Joseph), officier, né en 1811, entra à l'École polytechnique en 1829, puis à l'École d'application en 1832. Comme officier d'artillerie, il fit longtemps partie de l'armée d'Afrique et fut, pendant plusieurs années, inspecteur de la colonisation. Décoré de la Légion d'honneur le 26 août 1846, il a été promu officier le 14 août 1863. On lui doit un travail remarquable sur le *Desséchement des marais et la culture du riz en Algérie*, 1853 (in-4°).

Dictionnaire des contemporains. — Archives militaires.

BARAIL (Du).

Barail (François-Charles du), général français, né à Versailles en 1820. A dix-neuf ans, il s'engagea dans les spahis d'Oran, se signala par sa bravoure devant Mostaganem en février 1840, fut cité à l'ordre de l'armée en 1842 et nommé, cette même année, sous-lieutenant. Décoré pour sa conduite à la prise de la smala d'Abd-el-Kader (1843), il obtint le grade de lieutenant après la bataille d'Isly (1844), où il fut blessé, et, à la suite des combats devant Laghouat, il fut promu chef d'escadron (1853).

L'année suivante, M. du Barail était lieutenant-colonel et appelé au commandement supérieur du cercle de Laghouat, qu'il quitta pour passer aux chasseurs de la garde.

Nommé colonel au 1ᵉʳ régiment de cuirassiers le 30 décembre 1857, il revint en Afrique, en 1860, à la tête du 3ᵉ chasseurs et prit part, avec deux escadrons de ce régiment, à la guerre du Mexique en 1862.

Lors de la déclaration de guerre à la Prusse, le 16 juillet 1870, M. du Barail reçut le commandement d'une division de cavalerie comprenant quatre régiments de chasseurs d'Afrique.

Sa conduite lui valut le grade de général de brigade, et le 23 mars 1871 celui de divisionnaire.

En 1873, il devint ministre de la guerre et a joué depuis un rôle politique assez important.

Le général du Barail a été admis à la retraite le 27 juin 1887.

Archives militaires. — *Encyclopédie du dix-neuvième siècle.* — Documents officiels.

BARRIS.

M. Barris (Manuel), maire et conseiller général de la Calle, est né en Espagne, à la Junquera. Il est arrivé en Algérie en 1876 et s'est fait naturaliser peu après.

Homme d'initiative, d'une activité et d'une intelligence remarquables, possesseur en outre d'une très belle fortune, M. Barris a remis en valeur 11,600 hectares de forêts de chênes-lièges qui avaient été complètement brûlés à plusieurs reprises, notamment en 1871, et il en a fait la plus riche propriété de ce genre dans la colonie.

M. Barris a d'ailleurs, sur presque tous les autres propriétaires forestiers, la supériorité d'une connaissance très sérieuse des chênes-lièges. Dans son pays d'origine, sa famille en possède de grandes étendues et, comme M. Victoriano Prax, du Kef-Djemel, il a été élevé au milieu d'exploitations séculaires, où il a puisé les meilleurs enseignements. Il y a pris aussi « l'amour de l'arbre ». M. Barris soigne ses chênes-lièges comme un amateur soigne ses tulipes. Il a inventé un système de démasclage afin de ne pas « blesser » le précieux végétal.

M. Barris a défriché d'un coup 50 hectares de broussailles qui environnaient la Calle et planté là de beaux cépages. Si le succès n'a malheureusement pas répondu à son attente, la faute n'en est pas à lui.

Quoi qu'il en soit, pendant dix ans M. Barris a enfoui ses capitaux à la Calle, coin trop oublié aujourd'hui, et sa magnifique propriété ne lui a pas rapporté 4 pour 100. Mais aujourd'hui elle est en pleine prospérité et l'intelligent propriétaire recueille les fruits d'un travail opiniâtre.

Les chantiers de M. Barris étaient décimés par le paludisme; depuis six ans, il aménage toutes ses sources en forêt et la maladie a diminué des quatre cinquième.

Un homme de la valeur de M. Barris ne pouvait passer inaperçu. Dès 1880, ses concitoyens le nommaient maire de la Calle, et aux dernières élections il a été réélu à la presque unanimité. Il est membre du conseil général de Constantine depuis 1885.

Ajoutons que M. Barris ne s'est pas borné à solliciter la nationalité française et à se montrer toujours un bon Français; depuis quatre ans, il a fait naturaliser QUATRE CENT CINQUANTE Italiens qui vivaient dans sa commune.

Notes personnelles.

BASTIDE (Hippolyte).

Hippolyte Bastide était né à Belfort le 13 juillet 1814. Son père charpentier de l'arsenal de Toulon, avait été envoyé en 1808 dans le département du Haut-Rhin pour le martelage des bois de la marine. Il revint à Toulon en 1817 par suite de la suppression de son emploi; c'est là que le jeune Hippolyte fut envoyé à l'école primaire, puis entra dans la maison de librairie Bellue comme petit commis. Et c'est là qu'il prit de bonne heure cet esprit de suite dans le travail, d'économie dans la conduite, qui ne devaient plus l'abandonner et lui vaudraient plus tard son succès.

Sa docilité le fit remarquer de son patron, qui mit quelques soins à se l'attacher. Dès les premiers jours il avait pris un tel goût à la profession de libraire, qu'il aimait à compulser les catalogues de livres et à classer, par une méthode à lui, les documents qu'il y recueillait. Dans la suite, il n'a jamais cessé de recommander cette étude à ses jeunes commis, et il n'en voulut jamais d'autres que ceux qui s'étaient formés sous sa direction et auxquels il avait inoculé pour ainsi dire ses habitudes.

Tel il passa une jeunesse obscure et laborieuse, au sein des affections de famille, qui lui furent toujours extrêmement chères.

Lorsque l'expédition de l'armée française contre la Régence d'Alger eut mis enfin un terme aux déprédations barbaresques, un grand mouvement se fit dans la ville de Toulon. Tous les regards de la Provence se portèrent sur notre nouvelle conquête. Un homme excellent, assez aventureux, M. Brachet, qui possédait une certaine aisance, quoique complètement étranger par ses habitudes et son éducation au commerce des livres, eut l'idée de fonder à Alger un cabinet de lecture et une librairie. Il eut le bon sens de s'associer le jeune Bastide et, tous deux avec un tiers, vinrent vers 1833 fonder la maison qui devait, par la sagesse de sa direction, devenir un modèle pour la colonie.

Les commencements de cette association furent pénibles et eussent abouti inévitablement à un désastre, si le jeune Bastide, par ses sages avis, n'eût amené Brachet à une appréciation vraie de la situation et ne l'eût conduit à rompre avec ce tiers, qui fatalement entraînait la maison à la ruine.

Ainsi réduite, la société gagna en force, et tout de suite Bastide y prit la place que ses aptitudes et son sens droit lui donnaient à tant de titres.

Brachet comprit bientôt la valeur personnelle de son associé et lui abandonna la direction entière de l'établissement. Aussi n'hésita-t-il pas à retourner en France, s'en remettant pour tous ses intérêts à l'initiative et à la prudence de Bastide. En cela il agit avec autant de sagesse que de confiance, car le jeune chef d'établissement, libre dans ses allures, mit tous ses soins à mériter la confiance de tous et à gagner cette considération qui, grandissant chaque année, l'a suivi jusqu'à sa dernière demeure.

Un des grands mérites de Bastide a été la fixité de but et la suite dans la conduite. Se tenant à l'écart de toutes les opérations aléatoires qui, dans les premiers temps de la colonisation, ont élevé brusquement et renversé de même tant de fortunes, il n'a jamais dévié de sa voie, modeste en apparence, mais qui devait sûrement le conduire au terme désiré. Plus tard Brachet voulut l'entraîner à des spéculations sur les vins; il refusa constamment de s'associer à ses tentatives. Il avait déterminé son horizon, il ne voulut jamais en sortir. Il avait le sens de la maxime latine : *Labor improbus omnia vincit*. Seul régulateur de la situation, il transporta l'établissement de la rue des Trois-Couleurs dans la rue Bab-el-Oued, au premier étage d'une maison mauresque appartenant à M. Urtis, avocat, et arrangée par lui, comme on disait, à la française, quant à la façade et aux abords. Ces détails que nous remémorons ici ne peuvent être contrôlés que par bien peu de survivants.

Dès qu'il se trouva dans un local convenable, il y déploya un ensemble de spécialités qui dérouta et congédia les turbulents habitués du cabinet littéraire de la rue des Trois-Couleurs. La sévérité de mœurs que Brachet avait reconnue en Bastide à Toulon, au sein de sa famille, ne se démentit pas, alors qu'il était livré à lui-même dans une ville qui semblait plutôt un vaste camp, une immense caserne, qu'une capitale. Sa tenue réservée en imposa et il conquit une estime personnelle qui lui a été toujours conservée à juste titre. Sans cesse présent à son comptoir, continuellement à ses écritures, et souvent jusqu'à une heure fort avancée de la nuit, il entretenait une active correspondance avec les éditeurs, dont les meilleurs produits affluèrent dans son magasin et y appelèrent à leur tour les hommes studieux. Ainsi dans sa sphère, sans autres efforts que ceux d'une activité infatigable, il fit bientôt de son établissement la première maison de librairie d'Alger, ce qu'elle n'a pas cessé d'être jusqu'à ce jour.

Vers 1840, Brachet revint en Algérie; il désirait s'assurer *de visu* de la situation de sa maison, dont il était le banquier. Il connaissait d'ailleurs parfaitement l'état prospère de l'établissement; mais il voulait, par une sorte d'inventaire, déterminer la part de bénéfice qui devait revenir à chacun.

Ce fut alors que Bastide, ce patient travailleur, fut tout surpris d'être légitime possesseur d'une somme de 15,000 à 17,000 francs, qui s'était accumulée à son profit et sans qu'il y prît autrement garde que de travailler au profit de la société. Il y a quelque chose de touchant et de bien honorable pour les deux associés dans ce généreux accord de deux individualités, dont l'une, sachant à peine lire, mais confiante, et l'autre, patiente, laborieuse, presque insoucieuse d'intérêt personnel, suivant sa voie sans autre pensée pour ainsi dire que de s'attribuer les éléments les plus stricts des besoins de la vie.

De belles constructions avaient été récemment élevées, bordant la place du Gouvernement, enfin dessinée et nivelée. Brachet voulut que l'établissement fût transporté à l'une d'elles, là où il est encore. La maison prit alors sa plus grande extension. A la librairie, à l'atelier de reliure, furent jointes une imprimerie en caractères et une lithographie.

Les employés devinrent plus nombreux, et Bastide en rencontra plusieurs qui purent le suppléer en cas d'une absence qu'il ne s'était pas permise un seul jour depuis neuf ans. Il fit un voyage en France pour revoir sa famille, sa mère surtout, à laquelle il avait voué une affection profonde; il visita Paris pour la première fois, et des horizons plus larges s'ouvrirent à ses regards. Son caractère avait gagné en aménité dans cette excursion à travers la patrie, et il en rapporta un enchantement dont il ne voulut plus se priver à l'avenir. Aussi depuis, chaque année, fit-il un voyage en France, poussant quelquefois jusqu'en Angleterre, en Belgique, en Suisse, en Espagne, etc., visitant les stations d'eaux où sa santé, qui ne fut jamais forte, bien qu'il ne s'en plaignît point, retrouvait une vigueur qu'il employait à ses incessants travaux. De loin il dirigeait sa maison par une active correspondance. Du reste, il employait surtout les loisirs apparents qu'il se donnait, à aller se mettre en rapport avec les grandes usines de papeterie, ou à recueillir, pour ses clients bibliophiles, de curieux volumes dans les dépôts des antiques trésors de la science et de la littérature.

Un accident de peu d'importance, au premier abord, amena la mort presque subite de l'honorable Brachet, qui venait de fixer sa résidence à Alger, avec sa famille. Sa veuve désirant retourner en France, et d'ailleurs ne pouvant être qu'un associé gênant, consentit à une transaction, et une somme de 80,000 francs fut le prix de la dissolution de la société Brachet-Bastide. Ce dernier devait se libérer par annuités de 8,000 francs; mais en moins de la moitié du temps prévu il put être son maître, et dès ce moment il resta seul et libre possesseur de l'établissement qui était son œuvre et le fruit réel de son labeur.

Désormais Bastide s'attacha à doter sa maison d'ouvrages de fonds et spéciaux au pays; et nous le voyons commencer l'édition de toute une série d'ouvrages qu'il serait trop long de rappeler ici.

Il recherchait les hommes instruits et se plaisait à rompre avec eux le pain d'une hospitalité pleine de prévenances et d'affection. Ses confrères, de célèbres éditeurs : Hachette, Challamel, Furne,

Hérold, Brockhaus (de Leipsik), et autres, se sont réjouis de faire partie de ces petites réunions amicales, de ces agapes confraternelles d'où n'étaient point exclus ses simples commis, et où la gaieté gauloise aimait à se montrer. Il fit longtemps partie de la Chambre de commerce d'Alger et prit une part active à ses travaux.

La fortune était venue le récompenser de son labeur persévérant, de son esprit d'ordre et d'économie, de sa probité commerciale, et il allait jouir d'un repos bien mérité lorsqu'un refroidissement, le mit prématurément dans la tombe, le 19 décembre 1871.

Toute l'élite de la population algérienne suivit ses funérailles. Son éloge était dans tous les cœurs.

Hippolyte Bastide était digne en effet du respect et de la considération de tous, et son existence si laborieuse, si honorablement remplie mérite de figurer ici comme un témoignage de ce que peut la volonté, comme un encouragement à ce que promettent le travail et la bonne conduite.

A la mort de Bastide, son neveu, M. Adolphe Jourdan, lui a succédé et s'est montré son digne continuateur. On lui doit de remarquables éditions d'ouvrages algériens. Il a été nommé officier d'Académie le 14 juillet 1883 et officier de l'Instruction publique le 14 juillet 1888.

Notice sur H. Bastide. — Documents particuliers.

BASTIDE (Léon).

M. Léon Bastide, agronome, chevalier de la Légion d'honneur et du Mérite agricole, officier d'Académie, né à Madrid de parents français le 10 avril 1844, avait à peine trois mois lorsque sa famille vint s'établir dans la colonie; il est donc Algérien.

Son père s'installa à Bel-Abbès sur une concession de 4 hectares qu'il obtint le 12 mars 1852. Le pays était complètement inculte, et la future ville de Bel-Abbès à l'état d'ébauche. Mais il eut foi dans son avenir, employa la plus grande partie de ses ressources à la construction d'un immeuble au cœur du nouveau centre de population et s'attela résolument à la rude besogne du planteur.

De 1852 à 1864, il fit l'acquisition de quelques hectares de terre couverts de palmiers nains et de lentisques, assez accidentés pour donner aujourd'hui, après nivellement, jusqu'à plus d'un mètre de différence de niveau en divers endroits ; les eaux, dans les années de pluies abondantes, séjournaient dans les parties basses, constituant de petits marais. Comme conséquences de cet état de choses, l'insalubrité, les fièvres paludéennes, très peu de sécurité et tout à faire, depuis le simple défrichement, le nivellement, l'assainissement, la première construction, jusqu'au premier arbre et au premier cep de vigne à planter. Ici, pas d'amélioration à prévoir au début, mais bien une création s'appliquant à toutes les parties de l'exploitation en vue, sans en excepter une seule.

Le seul produit abondamment fourni par ce coin de terre était le gibier et notamment les lièvres et les lapins, que l'on chassait fréquemment ; quant aux animaux plus nuisibles, comme l'hyène et le chacal, ils étaient en très grand nombre et obligeaient même à entretenir des cordons de lanternes pour les éloigner des récoltes.

C'est grâce à une persévérance à toute épreuve, à une énergie rare et à un labeur incessant, à la vie entière d'un homme, que cet état de choses a pu être modifié pour faire place à ce que nous trouvons encore aujourd'hui, c'est-à-dire un beau parc parfaitement tracé, nivelé, aménagé, de nombreuses constructions et de larges étendues de vignes et d'arbres, des cultures enfin se substituant d'une façon complète aux végétaux nuisibles, et tout cela obtenu de 1852 à 1864, en moins de quinze années, comme le prouve la médaille d'or qui lui était décernée à cette dernière date pour son exploitation et ses plantations.

A partir de cette époque, M. Léon Bastide, qui venait de terminer ses études à Paris, s'associa aux travaux de son père, se formant à son école, s'inspirant de ses conseils, tout en apportant à l'œuvre agricole la science qu'il avait acquise dans les écoles de la capitale. La propriété prit bientôt une nouvelle extension, de nouveaux hectares vinrent s'ajouter au lopin de terre primitif : elle forme maintenant un splendide domaine qui témoigne magnifiquement des résultats qu'on peut obtenir sur la terre algérienne avec du courage et de l'intelligence, en s'inspirant des vrais principes qui régissent les lois de l'agriculture. M. Bastide n'a pas marché au hasard ; il s'est livré à une étude raisonnée de ses terrains, a fait établir par l'analyse les éléments qui manquaient à leur constitution, et s'est appliqué à produire dans les meilleures conditions économiques l'acide phosphorique qui y faisait défaut.

Sa bouverie, sa bergerie, sa porcherie, sa basse-cour, tout est fort bien compris, fort bien installé. « Sa comptabilité, dit le rapport officiel sur la prime d'honneur en 1886, révèle encore cet esprit d'ordre, de régularité, de précision minutieuse qui dominent tous les actes de M. Bastide. »

Mais cet homme de bien a voulu faire profiter ses concitoyens de ses qualités personnelles.

Mû par des sentiments de générosité, il s'est fait le vulgarisateur de ces méthodes dont il avait éprouvé les bons effets. Au comice agricole de Bel-Abbès, qu'il préside depuis plusieurs années avec autorité, dans les nombreux ouvrages qu'il a publiés, il s'est attaché à combattre la routine, à enseigner l'amour des travaux agricoles et les moyens de faire prospérer l'agriculture.

Aussi la réputation de M. Bastide a franchi les limites de sa cité, et dans la province son éloge est sur toutes les bouches, comme son estime dans tous les cœurs.

De 1868 à 1885, à Bel-Abbès, Oran, Alger, Paris, Bône, Constantine, Bordeaux, Amsterdam, Rouen, M. Bastide a obtenu les récompenses suivantes : deux objets d'art, cinq diplômes d'honneur, douze médailles d'or, seize médailles d'argent, sept de bronze, huit mentions honorables, ainsi que les palmes d'officier d'Académie et la croix du Mérite agricole, pour les vins, les céréales, l'huile d'olive, fruits, légumes, tabac, juments exotiques et juments indigènes, moutons gras, ouvrages et écrits sur l'agriculture et l'Algérie. En 1886, la prime d'honneur, c'est-à-dire la récompense suprême accordée à l'agriculteur, lui a été décernée *à l'unanimité* par la commission spéciale.

Le 5 mai 1887, il a été nommé chevalier de la Légion d'honneur.

M. Bastide a publié : *l'Alfa* (in-8°, 1877); *Mélanges agricoles et algériens* (in-8°, 1878); *Bel-Abbès et son arrondissement,* un fort volume avec cartes et plans (in-8° raisin, 1880); *Précis de l'histoire et de la géographie de Bel-Abbès* (in-8°, 1881); *Mélanges agricoles et algériens* (2° tome, 1882).

Par décret du président de la République, en date du 29 mai, M. Bastide a été nommé membre titulaire du Jury des récompenses (section de l'Algérie) de la classe 44 à l'Exposition universelle de 1889.

Documents particuliers. — *Écho d'Oran.* — *Petit Colon.* — *Courrier d'Oran.*
Mémoire présenté au Jury de la prime d'honneur.

BATAILLE.

Bataille (Henri-Jules), général de division d'infanterie, grand-croix de la Légion d'honneur, né à Bourg-d'Oisans (Isère) le 6 septembre 1816, fit ses études classiques à la Flèche. Entré à Saint-Cyr le 16 novembre 1834, il en sortit, en octobre 1836, sous-lieutenant au 22º de ligne. Le 30 janvier 1839, il fut embarqué avec son régiment pour l'Algérie où il resta, une première fois, jusqu'au 10 septembre 1851. Lieutenant le 25 mai 1840, capitaine le 12 mars 1843, il passa, le 9 février 1847, comme adjudant-major au 2ᵉ régiment de la Légion étrangère. En 1849, il fit le siège de Zaatcha, fut blessé d'une balle à l'épaule, le 16 juillet, cité à l'ordre de l'armée d'Afrique et nommé, le 16 juin 1850, chef de bataillon des tirailleurs indigènes de Constantine. Cité une seconde fois au rapport du général de Saint-Arnaud, pour sa conduite à la tête de son bataillon de tirailleurs dans la campagne de Kabylie en 1850, et notamment le 24 juin chez les Beni-Habibi, il reçut le 12 décembre la croix de chevalier de la Légion d'honneur.

Le 8 août 1851, le jeune et brillant officier fut promu lieutenant-colonel du 56ᵉ de ligne ; puis, ayant obtenu en 1853 d'être replacé avec son grade à son ancien régiment, le 2ᵉ étranger, il revint en Algérie où il fit un second séjour de quatre ans, jusqu'en septembre 1857, pendant lequel il gagna la croix d'officier, qui lui fut donnée le 12 juin 1856. Colonel du 45ᵉ de ligne le 7 février 1854, il continua à rester en Algérie, en campagne et souvent en expédition. Le 12 août 1857, il fut promu général de brigade et envoyé, en avril 1859, au 3ᵉ corps de l'armée d'Italie. Il se montra d'une façon brillante à la bataille de Magenta, mérita d'être cité de nouveau et décoré le 17 juin de la croix de commandeur.

Le 16 août 1866, il fut nommé général de division. En 1870, il se trouva aux grandes batailles d'août, eut à Gravelotte deux chevaux tués sous lui et reçut au bas-ventre un coup de feu qui mit ses jours en danger. Le 3 octobre 1871, on l'éleva à la dignité de grand officier. Grand-croix de la Légion d'honneur le 11 janvier 1876, il a été admis à la retraite, sur sa demande, le 19 septembre 1881.

Le général Bataille est mort à Paris le 10 janvier 1882.

Documents militaires. — Rapports du maréchal Randon des 6 et 12 août 1850.
Le Panthéon Fléchois.

BAUDOUIN.

Baudouin (Louis-Jules), général de brigade d'état-major, commandeur de la Légion d'honneur, né aux Andelys (Eure), le 26 février 1819, élève de la Flèche en 1829, de Saint-Cyr du 15 novembre 1837 au 1er octobre 1839, sortit dans un des premiers rangs, admis à l'École d'application d'état-major, le 1er janvier 1840, comme sous-lieutenant élève, détaché du 42e de ligne, fut nommé lieutenant d'état-major le 14 janvier 1842. Il fit son stage d'infanterie au 56e de ligne, dans la province d'Oran, et son stage de cavalerie au 2e de chasseurs d'Afrique dans la même province. Capitaine le 30 août 1844, il fut cité une première fois à l'ordre du 11 novembre 1843, pour sa belle conduite à l'expédition de l'Oued-Malah; une seconde fois à l'ordre du général Bugeaud, relatif à la bataille d'Isly, puis une troisième fois pour les combats des 22, 23 et 24 septembre 1845. Il fut encore signalé pour sa conduite chez les Traras, comme ayant fait le croquis du terrain sous le feu de l'ennemi, pendant les combats livrés les 13 et 14 octobre 1845. Ces citations valurent au jeune officier la croix de la Légion d'honneur le 9 novembre 1845. En quittant le 2e de chasseurs d'Afrique, M. Baudouin fut employé aux relevés topographiques de la colonie, puis, le 10 avril 1848, pris comme aide de camp par le général Cavaignac, qui avait apprécié son courage et ses qualités militaires. Il fit la campagne d'Orient. En 1870, nous le retrouvons chef d'état-major de la 2e division du 5e corps. Il est blessé à la bataille de Sedan.

Le 4 novembre 1874, M. Baudouin reçut les épaulettes de général de brigade et les fonctions de chef d'état-major général du 19e corps à Alger.

Le général Baudouin est mort à Toulouse le 11 décembre 1878. Sa glorieuse carrière avait presque tout entière été consacrée à l'Algérie, à laquelle il rendit des services signalés.

Documents militaires. — *Le Panthéon Fléchois.*

BEAUFORT D'HAUTPOUL.

Beaufort d'Hautpoul (Charles-Marie-Napoléon), général de division, né le 9 novembre 1804 à Tarente, fut de 1820 à 1824 élève des écoles de Saint-Cyr et d'état-major, et fit la campagne de Morée, dans laquelle sa conduite, lors de l'attaque du château, fut mise à l'ordre du jour. En 1830, il fit partie de l'expédition d'Alger, comme aide de camp du général Valazé. De 1834 à 1837, il fut chargé par le maréchal Soult de missions en Égypte et en Syrie et devint alors aide de camp de Soliman-Pacha. Attaché à l'ambassade de Perse, il visita toute l'Asie-Mineure, puis remplit une nouvelle mission en Égypte. Aide de camp du duc d'Aumale, il servit en Algérie jusqu'en 1848, y gagna les grades de chef d'escadron et de lieutenant-colonel. Il était à la prise de la smala.

Rappelé à Paris par le général Cavaignac, il revint en 1849 en Algérie où il fut pendant cinq ans chef d'état-major du général Pélissier dans la province d'Oran. Colonel en 1850, général de brigade le 1ᵉʳ janvier 1854, il dirigea plusieurs expéditions contre le Maroc et commanda les subdivisions de Mostaganem et de Tlemcen. Dans cette dernière, il montra de l'énergie et de la clairvoyance.

En septembre et octobre 1856, les Beni-Snassen, tribus marocaines, souvent châtiées, mais toujours hostiles, avaient fait de nouvelles incursions sur notre territoire, commis des vols et des assassinats qui avaient jeté l'épouvante parmi nos tribus.

Le général de Beaufort parcourut la frontière à la tête d'une colonne mobile; il donna le change sur ses projets à l'ennemi, qui, réuni en forces sur le même point, épiait ses mouvements. Celui-ci crut qu'après quelques marches et contremarches le général rentrait à Tlemcen sans rien entreprendre contre lui. C'est à ce moment que les Beni-Snassen franchirent la frontière et se disposèrent à l'attaquer. Le général, qui avait provoqué ce mouvement offensif des Beni-Snassen et avait pris ses dispositions en conséquence, fit volte-face, les poursuivit et leur tua une centaine d'hommes, parmi lesquels trois marabouts signalés comme les principaux auteurs de ces désordres.

Rentré en France en 1858, il commanda le département de l'Yonne et devint en 1859 chef d'état-major du 5ᵉ corps d'armée. En avril 1860, il fut chargé de la délimitation de notre nouvelle frontière savoisienne; il fut promu général de division le 14 août.

Au mois d'août de la même année, le général Beaufort d'Hautpoul fut mis à la tête du corps expéditionnaire envoyé en Syrie pour protéger les chrétiens contre le fanatisme musulman et obtenir satisfaction des violences et des massacres commis.

Le général Beaufort d'Hautpoul, officier de la Légion d'honneur depuis 1841, a été promu commandeur le 16 juin 1856 et grand officier le 14 août 1865.

Le général Beaufort d'Hautpoul a été admis à la retraite le 5 mars 1888.

Dictionnaire des Contemporains. — Mémoires du maréchal Randon.

BEAUPRÊTE (1).

Le brave et malheureux colonel Beauprête (Alexandre) était né le 20 février 1819 à Marat (Haute-Saône). Ouvrier tailleur de pierre, il vint très jeune en Algérie et entra au régiment des zouaves le 12 décembre 1839, « ne sachant pas ou sachant à peine lire et écrire ». Il étudia à l'école du régiment, se fit remarquer par son activité, sa bravoure, devint sergent fourrier le 23 avril 1844, et sergent-major le 5 décembre de la même année. Comme il parlait bien l'arabe, qu'il avait appris dans son enfance à Douéra, il passa au service des affaires indigènes comme adjoint au bureau d'Aumale le 12 octobre 1846, et fut élevé au grade de sous-lieutenant le 9 décembre 1847.

Au mois de juillet 1849, un jeune ambitieux apparaissait dans la Grande-Kabylie qu'il s'efforçait de soulever en se faisant passer pour le chérif Bou-Maza, le héros de l'insurrection du Dahra, alors détenu au fort de Ham. Le véritable nom de cet imposteur était Si Mohamed-el-Hachemi. Il avait déjà eu maille à partir avec nos troupes, avait été fait prisonnier et envoyé en France, où il était resté près de deux années en prison. Étant parvenu à s'évader, il avait gagné Tunis sous un déguisement français et était revenu en Grande-Kabylie continuer la série de ses exploits.

Étant parvenu à gagner l'appui de Si El-Djoudi, le chef religieux des Guetchoula, il ne tarda pas à réunir de l'argent et des hommes. Lorsqu'il eut rassemblé tous ses contingents, Si Mohamed-el-Hachemi alla s'établir à Tibahirni, auprès de Sellours (village des Beni-Mellikeuch), et il menaça de la dernière rigueur les Beni-Mançour et les Cheurfa, qui avaient voulu attendre ses succès pour se joindre à lui. Précaution pleine de prudence!

Le caïd des Beni-Mançour écrivit pour demander de prompts secours, et M. Beauprête fut envoyé de nouveau avec un goum de trois

---

(1) Tous les historiens écrivent *Beauprêtre*. Les pièces officielles, que nous avons consultées, nous permettent de redresser l'orthographe de ce nom qui est : « Beauprête ».
— N. F.

cents chevaux. Il s'aperçut bientôt que la situation était beaucoup plus grave qu'on ne l'avait cru : les forces dont il disposait étaient insuffisantes. Il demanda de nouveaux renforts, qui lui furent envoyés, et se trouva à la tête d'environ cinq cents chevaux.

Ces forces auraient été plus que suffisantes dans les conditions ordinaires pour s'opposer à toutes les entreprises du faux Bou-Maza ; mais les goums étaient complètement démoralisés. On se racontait mystérieusement les fables les plus absurdes sur le pouvoir surnaturel du chérif, et ces récits rencontraient une foi aveugle ; les cavaliers arabes étaient persuadés que leurs fusils ne pourraient pas partir et que c'était folie de vouloir combattre un homme contre lequel les armes devenaient inutiles. Travaillés en secret, ils avaient fait dire au chérif qu'ils ne feraient qu'un simulacre de combat et prendraient la fuite aussitôt qu'il se montrerait à eux.

La situation était très critique. M. Beauprête faisait tous ses efforts pour relever le moral de ses hommes ; mais les raisonnements ne pouvaient rien sur des esprits superstitieux et crédules, et il y avait à craindre qu'ils ne l'abandonnassent tous au premier choc.

M. Beauprête s'était placé au pied du village des Cheurfa, de manière à protéger ce village et ceux des Beni-Mançour.

Pour avoir l'avantage sur les contingents kabyles, il fallait chercher à les attirer en plaine, où la cavalerie arabe en aurait facilement raison. M. Beauprête pensa qu'il y réussirait en piquant l'amour-propre du chérif. Il lui écrivit une lettre de défi conçue à peu près en ces termes : « Tu te dis chérif, envoyé de Dieu, mais nous te connaissons, tu es le fils d'une juive et d'un adassi. Si tu veux prouver que tu es véritablement chérif, tu viendras te rencontrer avec moi à l'azib de Si Abd-el-Kerim (azib situé sur la rive gauche de l'oued Sahel en face de Tazmalt). »

Cette lettre irrita l'orgueil de Si Mohamed-el-Hachemi, qui répondit : « De la part du protecteur de la religion, etc., à l'infidèle Beauprête, que la malédiction du Très Haut soit sur toi et sur tous ceux qui te sont attachés ! O ennemi de Dieu et de son prophète, j'ai appris que tu avais l'intention de te rendre chez les serviteurs des chrétiens pour me faire la guerre. Je suis prêt, et je désire me trouver moi-même en face de toi et de ton serviteur Ahmed ben Zerouali (un de nos cadis), qui est un homme vil. »

Si El-Djoudi voulait qu'on se bornât à attaquer le village des Cheurfa, en restant prudemment sur un terrain difficilement accessible à la cavalerie; mais le chérif ne doutait plus de rien, il voulait marcher sur les Beni-Mançour en traversant la plaine de l'oued Sahel, qui a, en cet endroit, environ 3 kilomètres de largeur, et en franchissant la rivière. Toutes les représentations qu'on lui fit pour l'abandon de cette idée restèrent inutiles; la promesse qu'il avait reçue des cavaliers du goum était sans doute pour beaucoup dans cette détermination qui pouvait passer pour audacieuse. Peu s'en fallut que les événements ne lui donnassent raison.

Le 3 octobre, vers dix heures du matin, les contingents du chérif se mirent en mouvement, formés en deux colonnes; la colonne de droite, composée de Zouaoua, descendit vers le village des Cheurfa; celle de gauche, composée en majeure partie de Beni-Mellikeuch, descendit sur l'oued Chekroun, pour se diriger sur les Beni-Mançour. Les Beni-Abbès ne s'étaient pas encore déclarés, mais il était probable qu'ils se joindraient au chérif, comme ils l'avaient promis, si le mouvement sur les Beni-Mançour réussissait. Si Mohamed-el-Hachemi se tenait entre les deux colonnes, escorté de ses cavaliers et accompagné de quelques notables kabyles.

Beauprête avait, de son côté, placé ses fantassins kabyles au pied du village des Cheurfa. Il avait disposé ses cavaliers en avant de l'oued Tazatimt, en les abritant derrière un rideau de gros oliviers. Il s'était placé lui-même entre ses deux troupes, de manière à surveiller l'ensemble du combat et à être prêt à ramener ses goums, si, comme il le craignait, ils venaient à tourner bride.

Les Beni-Mellikeuch s'avancent jusqu'au pied de la pente qui limite la plaine, en se tenant dans les broussailles qui garnissent tout le pied de la montagne; ils aperçoivent devant eux une troupe d'une centaine de cavaliers arabes et, oubliant toute prudence, ils courent sur eux en poussant leurs cris de guerre. Les cavaliers, vigoureusement entraînés, se lancent au galop à leur rencontre. Les Kabyles, pris de terreur en voyant arriver ces chevaux dont la course fait trembler le sol, fuient en désordre, songeant à peine à faire usage de leurs armes et vont se rejeter dans les broussailles. Les cavaliers en atteignent quelques-uns, qui se laissent enlever leurs fusils des mains sans résistance.

Dans cette charge, les cavaliers avaient tiré quelques coups de feu; leurs fusils n'avaient pas refusé de partir. La confiance leur revient, ils commencent même à échanger quelques plaisanteries sur le chérif dont ils avaient eu si grand'peur.

Pendant que ceci se passait, Si Mohamed-el-Hachemi était tranquillement assis par terre pour regarder l'attaque. En voyant fuir ses partisans devant le goum, il entra dans une grande colère et il courut à eux en leur criant : « Que Dieu refroidisse vos visages ! vous êtes les plus nombreux, et vous fuyez comme des femmes : ils n'ont pourtant avec eux ni soldats ni canons. » Montant alors à cheval, il marche alors en avant, suivi par ses trois cavaliers, par Si Ahmed-el-Djoudi, fils du chef des Zouaoua et par une soixantaine de Beni-Mellikeuch.

Ces derniers commencent par s'arrêter à la limite de la broussaille. Les cavaliers, peu rassurés, laissent aller leur maître en se tenant derrière lui à une distance très respectueuse, de sorte que le chérif se trouve bientôt seul avec Si Ahmed-el-Djoudi. Ils arrivent en face d'une cinquantaine de cavaliers, sur lesquels ils se lancent au trot. Les cavaliers, pris d'une folle terreur à la vue du chérif, qu'ils reconnaissent à son burnous vert et au sabre qu'il tient à la main, tournent bride et disparaissent à toute vitesse.

Si Mohamed-el-Hachemi croit alors à la réalisation de la promesse qui lui a été faite, et il continue sa course à travers les oliviers. Il trouve bientôt devant lui quatre cavaliers qui font feu et se mettent également à fuir. Une des balles avait blessé légèrement à l'œil le cheval du chérif ; mais celui-ci n'en continua pas moins sa poursuite, abandonné cette fois par Si Ahmed-el-Djoudi qui, n'augurant rien de bon de cette course insensée, s'était arrêté après avoir tiré sans résultat son coup de fusil. Si les Kabyles avaient donné à ce moment, il est probable que la panique se serait communiquée à tout le goum et qu'il aurait été impossible de le rallier ; mais les quatre cavaliers dont nous venons de parler s'aperçoivent bientôt qu'ils fuient devant un seul homme, ils ralentissent l'allure de leurs chevaux et ils se laissent rejoindre. Deux d'entre eux galopent alors de chaque côté du chérif qu'ils cherchent à saisir. L'un de ces derniers, nommé M'hamed ben Chennaf (depuis caïd des Beni-Amar) le saisit par un bras, et comme son fusil est déchargé, il s'en sert comme d'une massue pour frapper le chérif à la tête. Celui-ci évite les coups, sabrant en arrière pour se débarrasser de son agresseur. Un coup de sabre atteint M'hamed ben Chennaf en plein visage et il lâche prise. Le chérif fait alors volte-face et il allait s'échapper, lorsqu'un coup de feu, tiré par le cavalier Bel Kher, l'atteint entre les deux épaules. Son cheval l'emporte encore quelques pas, mais il était frappé à mort. Il tombe, et quelques instants après les cavaliers lui avaient tranché la tête.

Ainsi finit la courte carrière de cet agitateur, qui aurait pu nous susciter de graves embarras si la mort ne l'eût arrêté si brusquement.

La mort du chérif mit fin au combat; la colonne qui marchait sur le village des Cheurfa n'avait pas eu le temps d'y arriver et elle rebroussa chemin. Les Zouaoua enlevèrent le corps décapité d'El-Hachemi; il fut enterré à la zaouïa de Sidi Ahmed ben Dris. Le lendemain tous les rassemblements de Si el-Djoudi avaient disparu.

Nos pertes dans la journée du 3 octobre avaient été peu importantes; on comptait parmi les morts Sliman ben Amora, caïd des Oulad Ferah, Si bel Kassem, cadi du Dira supérieur, et le spahi Mohamed Kesentini.

La belle conduite du lieutenant Beauprête fut portée à la connaissance de toute l'armée d'Afrique par un ordre du jour que nous reproduisons ci-dessous.

ORDRE GÉNÉRAL.

Au quartier général à Alger, le 9 octobre 1849.

Le gouverneur général porte à la connaissance de l'armée, par la voie de l'ordre, un brillant fait d'armes accompli par un simple officier, dans des circonstances telles, que cet honneur extraordinaire ne lui paraît que justement proportionné au mérite de l'action elle-même et à l'importance du service rendu.

M. Beauprête, sous-lieutenant au premier régiment de zouaves, détaché au bureau arabe d'Aumale, était, depuis près d'un mois, en mission dans la vallée de l'oued Sahel, à la tête d'un goum arabe chargé de protéger et de rassurer les tribus soumises, menacées par l'agitateur qui avait pris chez les Kabyles du Djurjura le nom de Bou-Maza.

Un rassemblement de plusieurs milliers de Kabyles se forme à l'improviste en face de lui; cet officier prend ses mesures avec présence d'esprit et fermeté, il appelle les contingents des tribus soumises qui sont à portée, demande à temps des secours à Aumale.

Attaqué le 3 octobre par cette force redoutable, son ascendant domine les terreurs superstitieuses des cavaliers arabes; l'agitateur tombe mort entre ses mains; le rassemblement dispersé fuit sur le revers du Djurjura.

La soumission d'une tribu importante, les Beni-Mellikeuch, le retour de la confiance chez les autres, sont le prix de ce combat; il donne une haute idée de la force de caractère de l'officier qui l'a livré, surmontant l'influence des faibles conseils qui s'agitaient autour de lui, et celle de la fièvre qui le fatiguait depuis plusieurs jours.

Le gouverneur général de l'Algérie,
Par son ordre :
Le général de brigade, chef de l'état-major général,
DE CRÉNY. »

Le président de la République crut devoir récompenser Beauprête de ce brillant et honorable fait d'armes par une double nomination de lieutenant au choix et de chevalier de la Légion d'honneur. Le général Pélissier, gouverneur général intérimaire, avait fait précéder ces deux récompenses par l'envoi d'un magnifique sabre turc, en témoignage de sa satisfaction.

Après l'expédition de 1851, une redoute en terre avait été élevée à Dra-el-Mizan. Le commandement de ce poste stratégique de la Grande, Kabylie avait été confié au lieutenant Beauprête avec une compagnie de tirailleurs indigènes et quelques cavaliers du maghzen d'Aumale. Il avait reçu pour instructions d'assurer la tranquillité des environs et d'entrer, s'il était possible, en rapports directs avec les montagnards. Cette double mission, difficile et délicate, fut accomplie par Beauprête avec autant de vigueur que d'intelligence. Des coups de main hardis imposèrent une crainte salutaire aux populations comprises entre Dra-el-Mizan et les Beni-Ouassif, et notre autorité fit quelques progrès sur la contrée qui s'étend des Flissa, à l'ouest, jusqu'aux confins des Zouaoua, à l'est.

Nommé capitaine le 21 avril 1852, Beauprête reçut le commandement du cercle de Tizi-Ouzou, où il exerça une surveillance très active sur les tribus du haut Sebaou toujours prêtes à l'insurrection.

Dans les derniers jours d'août 1856, un rassemblement de plusieurs milliers de fusils, conduit par le marabout Si-el-Hadj-Amar, brûla une usine à huile construite par un Européen sur le ruisseau de Boghni : encouragé par ce facile succès, il se disposait à diriger une attaque en règle contre le poste de Dra-el-Mizan, qu'il savait n'être occupé que par une faible garnison. L'incendie des meules de foin placées à quelque distance du fort devait être le signal de la prise d'armes générale, et Dra-el-Mizan était le lieu de réunion des combattants.

Le secret toutefois ne fut pas si bien gardé que nous ne pûmes être informés de ce qui se tramait contre nous; le gouverneur général donna aussitôt l'ordre à un escadron du 1ᵉʳ régiment de chasseurs d'Afrique de partir d'Alger, dans la nuit même, pour se rendre à Dra-el-Mizan; un bataillon du 45ᵉ de ligne dut quitter Aumale pour prendre la même direction.

Au moment où le capitaine Guyot arrivait avec son escadron en vue du fort, les Kabyles, descendant en grand nombre dans la vallée, refoulaient le goum qui était en observation sur le piton de Tachentirt. Le capitaine Beauprête envoya immédiatement inviter le commandant de l'escadron à masquer sa troupe derrière un mouvement de terrain et d'y attendre un signal pour combiner son attaque avec celle qu'il dirigerait lui-même. Quelques instants après, Beauprête, sortant du poste avec toutes les troupes qu'il put y réunir, poussait les Kabyles vers le lieu où les chasseurs étaient embusqués. Ceux-ci apparaissent subitement, chargent avec vigueur cette masse stupéfaite et la jettent dans des ravins où le bataillon du 45°, qui arrivait d'Aumale dans ce même moment, reçut à coups de fusil ces fuyards effarés. Ils laissèrent un grand nombre de morts sur le terrain.

Le danger qu'avait couru le poste de Dra-el-Mizan était ainsi conjuré par un habile mouvement du capitaine Beauprête. En récompense il fut nommé chef de bataillon. Il était officier de la Légion d'honneur depuis le 22 juillet 1854.

Il prit part à la campagne de la Grande-Kabylie, du maréchal Randon, et en 1859 rétablit la tranquillité sur notre frontière marocaine avec une vigueur et une bravoure exceptionnelles. Il marcha droit aux insurgés avec une très faible colonne, « au risque de partager le sort du colonel Montagnac », a dit le général Martimprey; mais l'ascendant que Beauprête possédait sur les indigènes et sa courageuse énergie lui assurèrent la victoire. Les Marocains se dispersèrent en désordre, après un combat de courte durée, et Beauprête reçut les épaulettes de lieutenant-colonel pour ce nouveau succès.

Envoyé quelque temps après à Tiaret, en qualité de commandant supérieur du cercle, Beauprête, devenu colonel, reçut l'ordre, le 2 avril 1864, de se porter avec la partie disponible de sa garnison dans la direction de Géryville, où Si Sliman, le chef des Oulad-Sidi-Cheikh, avait levé l'étendard de la révolte. Parti avec une compagnie de tirailleurs indigènes, un escadron de spahis et un goum fourni par les Harars, le colonel Beauprête, après quelques jours de marche, s'arrêta le 7 avril à Aiounet-bou-Beker, à une cinquantaine de kilomètres de Géryville. Le lendemain, à l'aube, son camp fut subitement envahi par les Oulad-Sidi-Cheikh insurgés, suivis des cavaliers Harars qui la veille étaient nos auxiliaires. Les tirailleurs indigènes et les spahis, surpris dans leur sommeil, furent égorgés en masse; trois seulement échappèrent au massacre : un maréchal des logis de spahis, un cavalier du même corps, nommé Toury, lequel devint fou, et un vétérinaire, qui fut épargné en qualité de *toubib* (médecin). Si Sliman commandait les assaillants ; il alla droit à Beauprête et le poignarda. Quoique frappé à mort, le colonel eut la force de se venger ; tandis que Sliman le regardait mourir, il lui brisa la tête d'un coup de pistolet.

Telle fut la fin tragique de Beauprête. « Il n'a pu atteindre les étoiles du généralat, mais il n'en est pas moins une des illustrations les plus remarquables de l'armée d'Afrique, » a dit avec raison M. Beaussier.

Par décret en date du 21 février 1889, le nom de Beauprête a été donné au village de Bou Faïma (arrond. de Tizi-Ouzou).

<small>Archives militaires. — Documents officiels. — *Revue Africaine*. — *Histoire d'un chérif de la Grande-Kabylie*, par M. Robin. — *Notice sommaire sur le colonel Beauprêtre*, par M. Beaussier. — Mémoire rédigé par la famille Sahraoui pour la défense de Si el Hadj Kaddour Sahraoui, agha de Tiaret. — *La Patrie* de janvier 1888.</small>

BEAUSÉJOUR.

Sorti de son village comme ouvrier charpentier à l'âge de seize ans, Beauséjour se trouvait en 1840 appelé sous les drapeaux. A cette occasion, interrompant, selon l'expression consacrée, son tour de France, il revint au pays, reçut de chaudes marques d'estime de ses nombreux amis, et, après trois jours pleins passés au sein de sa famille, il dut se mettre en route pour venir en Afrique, dans l'arme du génie, embrasser une vie nouvelle.

Quand, après avoir honorablement payé sa dette à la patrie, Beauséjour reçut son congé, il voulut se fixer à Tlemcen. Entrepreneur actif autant qu'intelligent, le génie militaire, dont il exécuta les principaux travaux, sut l'apprécier et le récompenser chaque fois que l'occasion s'en présenta : estimé de ses chefs, chéri de ses ouvriers et souverainement regretté de ses contremaîtres, il se retira en 1862.

Ici commence pour Beauséjour la troisième phase d'une vie si laborieusement remplie. Indépendamment de ses propriétés, il se vit à cette époque libre possesseur d'une somme de cent mille francs. Modeste et peu ambitieux, il eût pu, comme tant d'autres, vivre tranquillement et rendre même bien des services en plaçant ses fonds à un taux légal ; mais, plein d'espoir dans l'avenir de la colonie naissante, à laquelle il avait déjà commencé à se dévouer, il préféra, contrairement à tous les conseils que ses amis semblaient lui donner, se retirer tout à fait des affaires pour se livrer entièrement à l'agriculture. Soit par concessions, soit par des achats dans des ventes publiques, il devint bientôt l'un des plus importants propriétaires des Ouled-Mimoun (aujourd'hui Lamoricière) et ce beau village lui a dû en partie sa prospérité.

Beauséjour est décédé en mai 1866.

Documents particuliers. — Écho d'Oran.

BECHON DE CAUSSADE.

Bechon de Caussade (Jean-Gérard-Louis), général de division, commandeur de la Légion d'honneur, né le 6 août 1806 au Léger (Lot-et-Garonne), fut admis à Saint-Cyr le 9 novembre 1825 et en sortit le 1er octobre 1827 sous lieutenant au 30e de ligne.

Lieutenant le 16 octobre 1831, il fit la campagne de Belgique. Capitaine le 26 avril 1837, il prit en 1843 les fonctions d'adjudant-major à son régiment, alors dans la province d'Alger. Cité dans le rapport du gouverneur général relatif à l'expédition et aux combats de l'Ouarensenis, il reçut la croix de la Légion d'honneur le 6 août 1848 pour faits de guerre. Chef de bataillon au 15e léger le 27 avril 1846, il rejoignit ce régiment dans la province d'Oran, fit à la tête de son bataillon plusieurs expéditions, fut cité une seconde fois en mars pour le combat de Kin-Ben-Narb, fut fait officier de la Légion d'honneur le 7 janvier 1850, et lieutenant-colonel du 6e de ligne le 19 février 1852, à Paris. Il fut nommé colonel le 18 octobre 1854, fit la campagne d'Italie en 1859 et, le lendemain de Solférino, reçut la croix de commandeur. A son retour en France, le 14 août 1860, il fut promu général de brigade. Le 14 juillet 1870, la veille de la déclaration de la guerre, M. Bechon de Caussade reçut les étoiles de divisionnaire.

Il se trouva aux premières opérations du siège de Paris et mourut dans cette ville le 9 novembre 1870.

Documents militaires. — Le Panthéon Fléchois.

BEDEAU.

Bedeau (Marie-Alphonse), général de division, grand officier de la Légion d'honneur, né à Verton (Loire-Inférieure) près Nantes, le

19 août 1804, fut admis à Saint-Cyr le 29 octobre 1820 et en sortit sous-lieutenant le 1ᵉʳ octobre 1822. Le 1ᵉʳ octobre 1828, il fut nommé lieutenant aide-major au 2ᵉ d'artillerie à cheval, capitaine au 5ᵉ léger le 12 juillet 1831. Proposé pour la croix pendant la campagne de Belgique, il fut décoré le 16 janvier 1833. Lorsque, en 1836, à la réorganisation de l'armée, il devint loisible aux officiers d'état-major d'entrer dans les nouveaux corps, il obtint de passer chef de bataillon à la légion étrangère, en formation à Pau, et fut chargé de la mener à Alger. Lieutenant-colonel à cette légion le 11 novembre 1837, il fut, à la suite de brillants faits d'armes dans plusieurs expéditions, promu le 4 décembre 1839 colonel du 17ᵉ léger. Il avait été cité à l'ordre de l'armée d'Afrique du 13 octobre 1837, après la prise de Constantine, n'étant que chef de bataillon. Il reçut deux blessures dans l'expédition de Cherchell. Le 2 mai 1840, au célèbre passage du col de Mouzaïa, il fut chargé de repousser les attaques que l'ennemi pourrait tenter sur les derrières de l'armée et soutint vigoureusement l'effort des réguliers d'Abd-el-Kader dans la gorge du marabout de Sidi-Moussa. A plusieurs reprises, l'héroïque colonel, boitant d'une blessure récente, le visage ensanglanté par une balle, conduisit ses tirailleurs et ne consentit à se faire panser qu'après avoir fait enlever devant lui tous les blessés et les morts de son beau régiment. Cette expédition du col de Mouzaïa valut à Bedeau la croix d'officier de la Légion d'honneur le 21 juin. Il se signala encore dans les ravitaillements de Miliana. L'année suivante, le 27 mai 1841, le brave colonel fut nommé maréchal de camp et mis à la disposition du gouverneur général de l'Algérie, qui le chargea d'opérer sur la frontière du Maroc.

Après un grand nombre de combats où les Français eurent continuellement l'avantage, les Arabes furent chassés et le général Bedeau put se donner tout entier à l'organisation de la province. En 1844, il prit part à la bataille d'Isly, à la suite de laquelle il fut nommé lieutenant général, puis commandant supérieur de la province de Constantine. Il fit deux campagnes heureuses au printemps et à l'automne de 1845, et se distingua, en 1847, dans l'expédition dirigée contre les Kabyles de Bougie. Le 10 juillet, il fut nommé gouverneur général par intérim et remplacé par le duc d'Aumale, qui professait pour lui la plus haute estime.

Le 24 février 1848, il se trouvait à Paris et ordonna à ses soldats de mettre la crosse en l'air en face de l'émeute populaire.

Sa conduite en cette occasion lui valut d'être choisi pour ministre de la guerre du nouveau régime. Il déclina la proposition, mais accepta le mandat de représentant de la Loire-Inférieure à la Constituante, dont il devint vice-président.

Le 8 août 1848, le général Bedeau fut élevé à la dignité de grand officier de la Légion d'honneur.

Il fut nommé représentant de la Seine à la Législative.

Hostile au coup d'État, il fut arrêté dans la nuit du 2 décembre 1851. Mis à la retraite le 5 août 1852, il se retira en Belgique où il vécut jusqu'à l'amnistie. Il est mort à Nantes le 29 octobre 1863.

La vie militaire de M. Bedeau, officier général fort instruit, de grand mérite et d'un noble caractère, s'était passée presque complètement dans la colonie, où il avait reçu trois glorieuses blessures. Son nom figure dans presque tous les ordres de notre armée d'Afrique de 1837 à 1848.

Historique de la Légion étrangère. — Documents militaires. — *Panthéon Fléchois.*
Dictionnaire des Contemporains.

BEHAGHEL.

Behaghel (Arthur-Alexandre), publiciste et journaliste, né à Nancy en 1833, a habité pendant cinq ans l'Algérie (1860-1865), où il a été successivement rédacteur en chef de l'*Observateur de Blidah* et rédacteur de plusieurs autres journaux de la colonie. De retour en France, il appartint à la rédaction de divers journaux, notamment à celle de l'*Époque*, et, après avoir été secrétaire-rédacteur du Corps législatif, devint sous-chef du même service à l'Assemblée nationale et à la Chambre des députés. Il a été reçu membre de la Société de climatologie algérienne.

Il s'efforça de vulgariser l'Algérie et de la faire mieux apprécier en France.

M. Behaghel a publié : *la Liberté de la Presse, ce qu'elle est en Algérie*, lettre à M. le baron David, député (1863, in-8°); *Guide à Alger* (1863, in-16), et un ouvrage plus important : *l'Algérie, histoire, géographie, hygiène, agriculture, richesses minérales, commerce et industrie, population, armée, marine*, etc. (Alger, 1865, in-18).

Notes personnelles. — *Dictionnaire des Contemporains.*

BEL HADJ.

L'Agha Mohammed bel Hadj des Beni-Ouragh était issu en 1775 d'une famille noble qui commandait depuis un temps fort reculé les Beni-Ouragh.

Le premier, Bel Hadj, chef tout-puissant d'une bande nomade de l'est, vint s'établir dans les Beni-Ouragh, les armes à la main, vers le huitième siècle de l'hégire. Il sut non seulement s'y maintenir, mais il y assit solidement son influence, que nul ne chercha à contester sérieusement à ses descendants, sous les divers pouvoirs qui, de fait ou nominalement, dirigèrent le pays.

Un de ses descendants, Adda ben Aïssa, fut le premier investi par les Turcs. Il fut nommé Cheikh des Marioua. Il eut pour successeur un de ses frères, El Hadj Mohammed, et, à la mort de celui-ci, le Bey Hassein donna à Mohammed ben Hadj, petit-fils de Adda ben Aïssa, le commandement de Marioua, en y ajoutant les deux tribus des Meknessa et des Matmata.

Les Turcs, trop faibles, ménageaient beaucoup la famille Bel-Hadj et laissaient aux contrées qu'elle administrait toute leur autonomie.

Cette prépondérance ne tarda pas à porter ombrage à l'émir Abd-el-Kader, dont l'influence avait succédé à celle des Turcs et qui ne trouvait pas un serviteur assez dévoué dans Mohammed bel Hadj. De grandes difficultés surgirent entre ces deux personnalités. Abd-el-Kader réussit à faire Mohammed bel Hadj prisonnier et l'envoya à sa deïra, d'où celui-ci parvint à s'échapper le jour de la prise de la smala par le duc d'Aumale. Il revint immédiatement au milieu des Beni-Ouragh et reconquit facilement toute son autorité sur eux.

C'est dans cette position que le trouva le général Bugeaud lorsqu'il pénétra dans la vallée du Riou en 1842; Mohammed bel Hadj le combattit, et deux de ses frères périrent dans les engagements que les Beni Ouragh soutinrent contre les troupes françaises. L'avantage étant resté à ces dernières, malgré les difficultés naturelles que présente ce pays montagneux, Mohammed bel Hadj vint faire sa soumission; il reçut le titre d'Agha et le commandement des huit tribus qui composent les Beni-Ouragh proprement dits.

Depuis cette époque, sa fidélité à notre cause ne s'est pas démentie un seul instant.

Plus tard, en 1853, afin de récompenser par une position plus considérable les services qu'il nous avait rendus et qui avaient beaucoup contribué à maintenir dans le devoir une population nombreuse et autrefois très remuante, Mohammed bel Hadj fut nommé le chef d'un aghalik administratif qui comprenait, en outre des Beni-Ouragh, les tribus des Beni-Tighrin, des Keraïch et des Hallouya, du cercle d'Ammi-Moussa. Mais bientôt le grand âge de l'agha et ses infirmités ne lui permirent plus d'exercer aussi effectivement son action.

Cependant, si l'autorité du vieux Mohammed bel Hadj, qui avait déjà quatre-vingt-dix ans au moment de l'insurrection de 1864, fut un jour en partie méconnue, si sa voix fut impuissante à maintenir dans le devoir tous les Beni-Ouragh à cette heure d'effervescence religieuse, il faut convenir que son attitude ferme n'a pas peu contribué à ôter à la lutte le caractère de durée qu'elle paraissait annoncer dès le début. Obéissant à sa volonté formelle, ses fils purent rallier un certain nombre de cavaliers fidèles qui soutinrent courageusement notre cause, et c'est en tentant un héroïque effort contre des masses insurgées qu'un de ses fils, El-Hadj Mohammed ben Aïssa, fut tué par les rebelles devant Ammi-Moussa. Dans la même affaire, un autre de ses fils, Séïaf, reçut deux blessures.

Mohammed bel Hadj était aveugle depuis 1863. C'est à cette époque que remontent les derniers services que son état de santé le laissa en mesure de nous rendre. Depuis ce moment il vécut sans prendre aucune part directe aux affaires, mais entouré d'une légitime considération. Il est mort le 24 janvier 1868 à l'âge de cent trois ans, officier de la Légion d'honneur du 2 juin 1865.

Documents officiels.

BEN YAHIA BEN AISSA.

Le bach-agha Ben Yahia ben Aïssa, du Tittery, était originaire d'une famille de cette région et né vers 1805. Lors du débarquement de nos troupes en 1830, il était à Sidi-Ferruch dans les contingents indigènes qui livrèrent la bataille de Staouéli.

On le trouve plus tard Mokhazni de l'agha du Tittery, Bou Chareb, et c'est sous les ordres de ce chef indigène, à Milianah, qu'il fut blessé en combattant contre nous. Une balle lui fracassa l'os de la jambe et nécessita l'amputation.

En 1842, ayant fait sa soumission à la France, Ben Yahia se fit bientôt remarquer par son intelligence et son activité; le commandement l'employa immédiatement à des missions de confiance.

Le 16 mai 1843, il prit part, dans nos rangs, à la prise de la smala d'Abd-el-Kader.

Le 23 juillet de la même année, il était nommé caïd des marchés et Oukil el Achour de toutes les tribus du Tittery.

Le 10 novembre 1844, à la suite de l'organisation du pays, il était fait Khalifa de l'agha de l'est, Kouider ben Abdallah, et conserva les mêmes fonctions avec l'agha Bou-Mezrag.

Pendant cette période, Ben Yahia ne cessa de servir avec dévouement, en prenant une part des plus actives à toutes les expéditions qui amenèrent la conquête et la soumission du pays.

A la suite de la journée du 7 mars 1846, à Ben-Nahi, dans les Rahman-Cheraga, Ben Yahia reçut la croix de chevalier de la Légion d'honneur.

Le 27 mai 1846, il était fait caïd des caïds du Dira supérieur, avec onze tribus sous son commandement, et, par son énergie, il maintenait dans le devoir ces populations turbulentes à peine pacifiées.

Le 29 novembre 1847, en récompense de ses services, qui avaient amené la soumission des Oulad-Nayls, il était nommé bach-agha du Tittery.

En 1848, pendant le siège de Zaatcha, Ben Yahia fit partie de l'expédition dirigée sur Bousâada, sous les ordres du colonel Daumas. Le choléra, qui sévissait dans cette colonne, y faisait de grands ravages; les troupes étaient dans une situation critique; les moyens de transport manquaient pour enlever les cholériques. Homme de ressources, le bach-agha Ben Yahia se distingua particulièrement dans cette circonstance difficile. Les cavaliers de son goum, envoyés à vingt lieues, rapportèrent des branchages qui, transformés en brancards, servirent au transport des malades. Un service accéléré pour l'approvisionnement de l'eau fut établi par ses soins; son activité et son intelligence aidèrent puissamment à combattre le fléau et à ranimer le moral du soldat.

Néanmoins une attaque de vive force sur Bousâada présentait, dans ces conditions, de grandes difficultés pour la colonne Daumas. Par son habileté dans la négociation, le bach-agha Ben Yahia la fit entrer dans la place sans coup férir, ce qui permit à nos troupes de se ravitailler.

Le colonel Daumas, reconnaissant des grands services qu'il avait rendus dans ces circonstances difficiles, fit donner à Ben Yahia la croix d'officier de la Légion d'honneur.

En 1851, il prenait part à l'expédition de Laghouat.

Le 18 septembre 1860, il recevait la croix de commandeur de la Légion d'honneur.

Le bach-agha Ben Yahia est toujours resté fidèle à la France, depuis le jour où il s'est rangé sous nos drapeaux.

Malgré les liens d'amitié qui l'unissaient au bach-agha Mokrani, au soff duquel il appartenait, il n'hésita pas, en 1871, à remettre au commandement les lettres que ce personnage lui avait adressées pour l'engager à faire défection.

Devenu pauvre sur la fin de sa vie, et son commandement ayant été réduit, le bach-agha Ben Yahia ben Aïssa ne jouissait plus de l'influence prépondérante que lui avaient donnée au temps de la conquête ses brillants services de guerre; mais il avait conservé les facultés morales remarquables qui avaient fait sa fortune.

Homme de guerre distingué et homme politique très fin, de très bon conseil, énergique quand il fallait, simple, affable, généreux et même prodigue, séduisant par la vivacité de sa physionomie, c'était un des types les plus intéressants de ces grands chefs indigènes qui ont aidé dès les premiers temps de la conquête à l'établissement de notre autorité dans le pays.

Atteint depuis longtemps d'une affection chronique, il a succombé le 5 novembre 1881, à l'âge de quatre-vingt-un ans environ.

Il a laissé quatre fils, dont deux sont caïds du cercle de Boghar.

Documents officiels. — Archives militaires.

BERBRUGGER.

Le savant dont la perte fut si vivement sentie dans toute l'Algérie était né à Paris le 11 mai 1801. De solides études, faites au collège charlemagne, l'avaient préparé à suivre les cours de l'École des chartes. Son début dans la paléographie lui assigna tout d'abord un rang dans la science. Il fut chargé en 1832, par le gouvernement anglais, de recueillir les pièces originales relatives à l'occupation de la France au quinzième siècle. Vers le milieu de l'année 1834, comme averti par un de ces pressentiments auxquels nul esprit ne résiste, il abandonnait en quelque sorte la théorie pour la pratique, et venait en Afrique avec le maréchal Clauzel, dont il fut le secrétaire particulier. Il l'accompagna dans ses excursions et suivit le maréchal Valée à Constantine. De ces expéditions militaires, il rapporta un grand nombre de manuscrits arabes qui formèrent le noyau de la bibliothèque d'Alger. De nouveaux horizons s'étaient ouverts devant la sagacité de Berbrugger.

Admirant le pays que nos armes venaient de conquérir, il entreprit sans relâche de le faire connaître, dans l'espoir sans doute que la conquête en deviendrait plus assurée. C'est alors que, tantôt sous la tente, à côté des soldats qui pansaient leurs blessures, tantôt dans le calme de la ville, il composait cet ouvrage important qui fut publié sous le titre de *l'Algérie historique, pittoresque et monumentale*.

Non content de travailler, il aimait à répandre autour de lui le feu sacré qui l'animait. Doué d'une élocution facile, qui s'était exercée plus d'une fois en France dans des conférences publiques, il possédait à un haut degré le talent de semer les idées et de les faire accepter. Dès qu'il eut remarqué que les premiers colons mis en possession du sol par une autorité aussi patriotique que vigoureuse, commençaient à exhumer avec la pioche les débris de la domination romaine, on le vit grouper autour de lui les chercheurs et les hommes d'étude. La « Société historique algérienne » était fondée, et pendant douze ans il fut le principal rédacteur du journal des travaux de la société : *la Revue Africaine*.

On compte en outre, parmi les écrits de Berbrugger, un *Cours de langue espagnole*, un Dictionnaire espagnol-français, la *Relation de l'expédition de Mascara*, les *Époques militaires de la Grande-Kabylie*, une *Notice sur les puits artésiens du Sahara*, l'*Histoire du martyr Géronimo* et la *Notice sur le Tombeau de la Chrétienne*, ce problème historique dont ses calculs patients ont dévoilé l'énigme après vingt siècles, enfin de nombreux mémoires insérés dans les journaux d'Algérie et de France.

A défaut de fortune, les honneurs ne manquèrent point au savant conservateur de la bibliothèque d'Alger. Au mois de juin 1865, il reçut la croix de commandeur de la Légion d'honneur, en récompense de ses travaux littéraires. Précédemment, il avait été nommé membre correspondant de l'Institut.

Berbrugger est décédé à Alger le 2 juillet 1869.

Revue Africaine, « Éloge funèbre de Berbrugger », par Cherbonneau.

BERGER.

Berger (François-Napoléon), général de brigade, commandeur de la Légion d'honneur, naquit à Paris le 13 septembre 1812. Entré à la Flèche à l'âge de dix ans, il en sortit pour passer à Saint-Cyr en 1829. Sous-lieutenant le 1er octobre 1831, lieutenant en mars 1838, il fut promu capitaine le 4 juin 1841, au 4e bataillon de chasseurs à pied à Besançon.

Chef de bataillon au 25e léger, le 2 janvier 1851, il rejoignit son nouveau régiment dans la province d'Alger, fit plusieurs expéditions dans la colonie et fut décoré pour faits de guerre le 10 mai 1852. En 1855, le 25e léger, devenu 96e de ligne, alla rejoindre l'armée d'Orient; il se distingua à Sébastopol. Le 24 juin, M. Berger fut promu lieutenant-colonel du 4e de ligne. En 1858, il passa au 3e zouaves, dans la province de Constantine et fit, l'année suivante, la campagne d'Italie avec son nouveau régiment, qui se couvrit de gloire à Palestro. Le 21 janvier 1860, Berger devint colonel du 59e de ligne; reçut la croix d'officier le 27 décembre 1861, celle de commandeur le 20 décembre 1866, et les épaulettes de général le 23 mars 1870. Il prit part à toutes les batailles sous Metz et à la défense de cette place à la tête de la 2e brigade de la 3e division (de Lorencez) du 4e corps (de Ladmirault).

Il fut mis au cadre de réserve, pour limite d'âge, en 1874.

Le général Berger est mort en 1876.

Documents militaires. — Le Panthéon Fléchois.

BÉRINGER.

Le savant et sympathique ingénieur Béringer, assassiné dans le Sahara avec Flatters, ne devait qu'à lui-même la situation pleine de promesses à laquelle il était parvenu par les seuls efforts de son travail et de sa remarquable intelligence. Né le 19 janvier 1840 à

Strasbourg, M. Émile Béringer y fit ses études, y remporta de brillants succès, et dès le 29 septembre 1857 fut nommé, dans cette même ville, agent secondaire de 2ᵉ classe des ponts et chaussées.

Tels furent les débuts modestes de cette carrière qu'il serait sans doute fort intéressant de suivre et d'étudier dans son développement rapide et presque exceptionnel, mais que nous ne pouvons malheureusement qu'esquisser à grands traits. En octobre 1861, le jeune agent est nommé conducteur auxiliaire à Vitry-le-Français, où il fait remarquer ses aptitudes à l'occasion de l'exécution des ouvrages métalliques du canal de la Haute-Marne. Ces ouvrages, plusieurs fois copiés depuis, attirèrent l'attention sur le futur ingénieur, qui, mis sur sa demande en congé illimité, entra le 3 mai 1866 dans la Cⁱᵉ de l'isthme de Suez.

Pendant la guerre, il part comme lieutenant de génie auxiliaire au 25ᵉ corps; de 1874 à 1877 il travaille au Brésil et en rapporte un mémoire remarquable.

En 1879 il est attaché à la mission transsaharienne du lieutenant-colonel Flatters, comme chef du service des observations astronomiques, géodésiques et météorologiques, rédaction des cartes topographiques et des projets. Là encore ses travaux furent remarqués, et au retour de la première mission, partie en janvier 1880 et rentrée à Paris en juin, il fournit au ministère des Travaux publics de nombreux et importants documents, parmi lesquels un avant-projet de chemin de fer sur 600 kilomètres de longueur, la carte du pays exploré, la détermination de coordonnées géographiques, les observations météorologiques, de nouvelles et intéressantes théories sur le régime des dunes du Sahara. Le 14 juillet suivant, l'ingénieur Béringer devait à ses services exceptionnels d'être promu au grade de chevalier de la Légion d'honneur. En novembre il repartait avec le colonel Flatters pour continuer l'exploration du désert et tâcher de parvenir au Soudan; le but allait être atteint, lorsqu'une mort glorieuse (voyez *Flatters*) est venue briser cette carrière déjà si remplie et d'un si bel avenir.

Bulletin de la Société de géographie de Paris (1882). — *Exploration du Sahara*, par le lieutenant-colonel Derrécagaix. — *Documents relatifs à la mission au sud de l'Algérie par le lieutenant-colonel Flatters* (ministère des travaux publics).

BERLIER.

Berlier (Pierre-André-Hercule-Stanislas), né à Valence (Drôme) le 23 septembre 1818, colonel d'infanterie, officier de la Légion d'honneur, entra à la Flèche en 1830 et à Saint-Cyr le 15 novembre 1836. Sous-lieutenant au 60e de ligne le 1er octobre 1838. Le 25 mai 1841, il fut promu au choix; le 4 janvier 1842, il obtint d'être envoyé aux zouaves, fit plusieurs expéditions de 1842 à 1847, et, nommé capitaine le 13 février 1852 au 3e, puis au 1er zouaves, il obtint le 10 mai la croix de la Légion d'honneur à la suite de plusieurs expéditions. Officier instruit et intelligent, il concourut pour le grade de major, qui lui fut conféré au 60e de ligne le 10 août 1853. Il n'avait pas encore deux années de grade de capitaine. Ayant pris les fonctions de chef de bataillon au 69e de ligne, il s'embarqua le 2 décembre 1855 pour l'armée d'Orient.

Le 14 mars 1859, M. Berlier, âgé de quarante ans, reçut les épaulettes de lieutenant-colonel du 92e de ligne à Perpignan, devint colonel de ce même régiment le 13 août 1863, et officier de la Légion d'honneur le 18 décembre 1865. Il se vit obligé par son état de santé de demander, en juin 1866, sa mise en non-activité pour infirmités temporaires, puis sa mise à la retraite.

Cet excellent officier, arrêté dans sa carrière par la maladie, est mort le 18 janvier 1875.

Documents militaires. — *Historique du 1er Zouaves.* — *Le Panthéon Fléchois.*

BERTAGNA.

M. Jérôme Bertagna, maire de Bône, président du Conseil général de Constantine, chevalier de la Légion d'honneur, est né à Alger le 11 mai 1843.

Par son travail, sa conduite, son intelligence et l'énergie de son caractère, M. Bertagna a conquis en une quinzaine d'années une des plus hautes situations du département de Constantine. Entré dans la vie publique le 5 octobre 1870, comme membre de la commission municipale provisoire de Bône, il fut élu conseiller municipal le 12 novembre 1871, et nommé deuxième adjoint au maire quelques jours plus tard (8 décembre). Révoqué de ses fonctions d'adjoint le 30 mai 1873 par décret du président de la République, pour avoir laissé placarder sur les murs de Bône une affiche hostile aux princes d'Orléans, M. Bertagna fut réélu deuxième adjoint en janvier 1879, puis premier adjoint l'année suivante jusqu'à la mort de M. Dubourg, auquel il a succédé comme maire le 20 mai 1888.

C'est à l'unanimité que le conseil municipal de Bône a placé M. Bertagna à sa tête : cette élection montre la haute estime que lui témoignent ses concitoyens.

Il n'est que juste de reconnaître, d'ailleurs, qu'il a travaillé avec le plus grand dévouement à la prospérité de sa cité. Il a été de longues années le principal collaborateur de M. Dubourg et s'est tout particulièrement occupé des écoles, des halles, de l'hôtel de ville, de l'agrandissement du port, de l'hôpital civil, de l'assainissement, des conduites d'eau, de la justice de paix, du chemin de fer Bône-Guelma, du réseau des chemins vicinaux, etc.

Pendant dix ans, de mai 1878 à mars 1888, M. Jérôme Bertagna a fait partie de la chambre de commerce de Bône, qu'il a présidée environ un an.

Il a été membre du tribunal de commerce du 6 juillet 1881 jusqu'à son élection de maire.

En août 1880 les électeurs d'Aïn-Beïda le chargèrent du mandat de Conseiller général. Depuis trois ans il représente la circonscription de Mondovi à l'assemblée départementale, qui l'a choisi comme vice-président le 3 octobre 1887, et pour président le 8 octobre 1888.

Délégué au Conseil Supérieur de gouvernement depuis 1886, M. Jérôme Bertagna a été élu vice-président de cette haute assemblée pour la session de 1888.

Le 1er janvier 1889, le gouvernement a récompensé M. Bertagna de sa sollicitude pour les intérêts publics en le décorant de la croix de chevalier de la Légion d'honneur.

Son frère, M. Dominique Bertagna, a été élu conseiller général de Randon (25e circonscription du département de Constantine), le 25 septembre 1887, par 227 voix contre 51 données à son concurrent. Il a été immédiatement choisi par ses collègues comme membre de la commission départementale.

Documents particuliers.

BERTHERAND (Adolphe).

Bertherand (Adolphe-François), ancien directeur de l'École de médecine d'Alger, officier de la Légion d'honneur, né à Bazeilles (Ardennes) le 9 février 1815, entra au service le 29 janvier 1834 et fut reçu docteur en médecine en 1837.

Nommé chirurgien-major, il devint médecin principal des hôpitaux d'Alger, puis directeur de l'École préparatoire de médecine d'Alger, à la fondation de laquelle il avait pris une part importante.

Il fut nommé correspondant de l'École de médecine.

Parmi ses travaux, on remarque : *Études sur les eaux minérales de l'Algérie* (1859); *Alger, son climat et sa valeur curative au point de vue de la phtisie* (1858).

On lui doit en outre la création du *Journal de médecine de l'Algérie*.

Chevalier de la Légion d'honneur depuis 1841, le Dr Adolphe Bertherand avait été promu officier en 1854.

Il est décédé à Paris le 27 décembre 1887.

<small>*Dictionnaire des Contemporains*. — Documents officiels et particuliers.</small>

BERTHERAND (Émile).

M. Émile Bertherand est né à Valenciennes (Nord) le 21 août 1821. Reçu docteur en médecine en 1845, il vint en Algérie en 1847 : ancien médecin-major de 1re classe de l'armée, il s'est toujours fait remarquer par d'intéressantes recherches sur la climatologie algérienne, et particulièrement sur l'hygiène et la médecine indigènes qu'il avait approfondies lors de son stage dans les bureaux arabes des provinces d'Alger et de Constantine. L'espace restreint dont nous disposons nous oblige à n'indiquer que les titres des principales œuvres de ce praticien distingué, dont la laborieuse existence est presque exclusivement consacrée aux intérêts vitaux de la colonie.

1° *Fonctions administratives*. Médecin de l'hôpital musulman d'Alger (1850-1853). — Secrétaire du Conseil départemental d'hygiène depuis 1874. — Médecin du service des épidémies, qu'il a organisé en 1876. — Médecin du dispensaire depuis 1866. — Médecin des prisons depuis 1874.

2° *Travaux principaux*. A le premier signalé (1856) l'influence des chemins de fer sur la santé des animaux, et en 1874 les propriétés toxiques de la morue rouge.

— Recherches sur les tumeurs sublinguales (1845). — Cyclotôme crânien pour autopsies (1842). — Expériences sur la suture des tendons (1842). — Nouvel appareil pour l'entorse (1847). — Le mal de mer comme traitement (1848). — Nouvelle suture en faufil (1855). — Recherches sur la luxation sacro-iliaque (1858). — Nécessité de l'enseignement de l'hygiène dans les écoles de médecine (1858). — Le vaccin de bras à bras comparé à celui sur verre (1858). — Un hôpital pour les chiens (1886). — Nouveau compresseur gradué (1872). — Les chemins de fer au point de vue sanitaire (1862). — Prescriptions pour les dépôts de pétrole (1881). — Les secours d'urgence, guide pratique (1876). — Nécessité d'une inspection départementale de salubrité (1881). — Le plâtrage et le salycilage des vins (1881-1883). — Les ambulances communales et les dépenses de l'assistance publique (1876). — Les pommes de terre germées (1887). — L'eau de fleurs de citronnier (1881). — L'alcool de sorbier (1860). — Notices sur les flores de la Tripolitaine (1886), d'Assab (1887), de l'Afrique occidentale (1885), de l'Abyssinie (1885), du Chili (1887), du Congo (1884), etc., etc. — Nombreuses traductions d'ouvrages portugais, espagnols, italiens, etc.

3° *Travaux algériens.* Carte topographique des eaux minérales de l'Algérie (1874). — Applications médicales et industrielles du goyavier (1885), du musc de gazelle (1878), du noyau de dattes (1882), de l'arenaria rubra (1878), des Kohculs arabes (1877), du lantana (1885), du bel ombra (1884), du takaout (1884), de la jusquiame noire du Sahara (1881), du schinus mol (1888), du souchet comestible (1888), etc. — Études médicales sur les eaux minérales de Téniet-el-Hâd (1849), de Takitount (1867), d'Hammam-Melouane (1876), de Ben-Haroun (1885), etc. — La station sanitaire de Tipaza (1877). — Topographie de Teniet-el-Hâd (1848). — Épidémies de scorbut à Alger (1849), de choléra en Algérie (1849-1851). — Insalubrité de la viande de porc (1852). — Le chancre du Sahara (1854). — La longévité romaine en Afrique (1867-1886). — Fouilles archéologiques des Dolmens des Beni-Messous (1868). — La médecine légale en Afrique (4 fascicules). — Édition franco-latine de la flore marocaine de Schousboë (1874). — L'eucalyptus et l'hygiène (1876). — Les crins de cheval pour suture (1885). — La mortalité enfantine en Algérie (1869 et 1871). — Le moustique (1878). — Enseignement préparatoire à la colonisation (1882). — Malaria et forêts en Algérie (1882). — La Pellagre en Algérie (1880). — Accidents toxiques par les poissons (1884). — Préservation des fièvres intermittentes par les injections de quinine (1880). — Les circonciseurs indigènes (1879). — Application des détenus aux travaux publics (1879). — Le choix des immigrants en Algérie (1878). — Hygiène du colon (1874) (éditions française et allemande). — Les coiffures d'été (1869). — Nécessité d'une morgue à Alger (1874). — Les eaux potables en Algérie (1874). — Traitement des fièvres intermittentes (couronné en 1849). — Hygiène et salubrité des centres de colonisation (1876). — Hygiène et pathologie préhistoriques en Algérie (1882). — Les blessés de mars 1871 à Alger. — Les cachets d'oculistes romains (1876). — Pelletage des grains sur la voie publique (1882). — Répartition des saisons en Algérie (1887-1888). — Synonymie française, espagnole des vignes arabes (1886). — Hygiène israélite de Maïmonide (1887). — Le bambou et les dessèchements (1882). — Nécessité d'enseigner l'hygiène aux colons (1878). — Le dragonneau en Afrique (1878). — L'aïnhum en Afrique (1877). — La phtisie à Alger (1888), etc., etc. — Biographies des docteurs Baudens, Puzin, Bourjot, Barbier, Payn, Bernard, du géologue Nicaise, du pharmacien Sidi-Abdallah, etc. — M. Bertherand a fondé la Société climatologique d'Alger (1863), le *Journal de médecine et de pharmacie d'Algérie* (1876); il est un collaborateur de l'*Algérie agricole*, de la *Vigie Algérienne*, de l'*Hygiène de la famille;* initiateur et secrétaire du Congrès viticole de 1884, etc., etc.

4° *Hygiène et médecine arabes.* — Nécessité de la variolisation des indigènes (1883). — Conseils d'hygiène aux musulmans (2 éditions française et arabe). — Sur la création d'hôpitaux arabes (1848). — Médecine et hygiène des Arabes (1854, in-8° de 600 p.). — Vocabulaire médical français-arabe (1860). — Organisation d'un service médical chez les Arabes (1850). — Notes sur le faham des Arabes (1868), sur le tacelva ou globulaire (1868), sur la farine panifiable de Begouga (1867). — Les Arabes en Allemagne (1871). — Les sciences physiques et naturelles chez les Arabes (1869). — La rage d'après les médecins arabes (1886). — Les médecins arabes dans les États barbaresques (1884). — Le suicide chez les Arabes (1874). — le Koran et la civilisation africaine (1883). — Conseils aux Arabes sur les végétaux dangereux (1877). — Contributions des Arabes au progrès médical (1883). — La vente de plantes médicinales par les indigènes (1882). — Les avortements chez les indigènes (1883). — Institution de vaccinateurs indigènes (1878), etc., etc.

5° *Œuvres philanthropiques.* Création d'un hôpital musulman (1850-1853) à Alger, rue Zama. — Fondateur (1870) et président jusqu'en 1873 de la Société de secours mutuels des Ex-militaires d'Alger, de la Société des Hospitaliers d'Afrique (1872), de la Société protectrice de l'enfance (1873), etc. — Les orphelinats de colonisation (1877). — En 1867, lors de la famine, distribution aux autorités et aux journaux d'un pain fait avec 2/3 de farine d'Arum italicum. — En 1854, création à l'École professionnelle du Nord d'un cours d'hygiène appliquée à l'industrie, cours qu'il a repris à Alger au Cercle de la Mutualité en 1863-1864.

Cette laborieuse activité a valu au docteur Bertherand de nombreuses récompenses : ainsi du Ministre de l'Intérieur, une médaille de bronze (1885) pour services rendus à la mutualité ; — de l'Académie de médecine de Paris, 3 médailles d'argent et bronze ; — un prix de la Société de médecine d'Alger (1850) ; — des médailles d'or de la Société des sciences et arts de Paris (1861), de la Société industrielle de Lyon (1862), de l'exposition d'Amsterdam (1883), de la Société d'encouragement au bien (1871) ; — des médailles d'argent de la Société d'acclimatation de Paris (1872 et 1883), du Congrès d'hygiène et sauvetage de Bruxelles (1876), de la Société des arts et métiers d'Alger (1886) ; — des médailles de bronze du Comité médical de Marseille (1880), du Concours agricole de Philippeville (1876), de la Société française de secours aux blessés (1871) ; — ancien président de la Société d'Alger (1831), chevalier de la Légion d'honneur (1872), officier de l'Instruction publique (1886) ; — commandeur, officier et chevalier de divers ordres étrangers, membre de nombreuses académies et sociétés scientifiques nationales et étrangères, etc., etc.

Archives militaires. — Documents publics et particuliers.

BERTRAND.

Bertrand (Basile) a été l'un des plus anciens et des plus braves colons de Boufarick : sans cesse sur la brèche de 1836 à 1842, c'est-à-dire pendant les rudes années de poudre qui marquèrent les commencements de cette cité, Bertrand sut se faire remarquer par son énergie et sa valeur, même au milieu d'une population qui, en fait de vigueur et de courage, ne le cédait à aucune.

Le père de M. Bertrand, vieux et brave colon de Baba-Hassen, avait été fait prisonnier en 1835, sur la route d'Alger, par un parti de maraudeurs. Emmené chez les Hadjouth, où on lui fit subir toutes les tortures, toutes les avanies, il parvint à s'échapper après vingt jours de la plus dure captivité. Il réussit miraculeusement à gagner un poste français qui le recueillit et le rendit à sa famille.

Boufarick, par le colonel Trumelet. — Documents particuliers.

BÉZY.

Bézy (Jean-Guillaume), officier et publiciste, chevalier de la Légion d'honneur, né à Toulouse le 24 juillet 1843, sortit de Saint-Cyr en 1865 avec le grade de sous-lieutenant au 1er zouaves. Dès cette époque M. Bézy commença d'écrire sur les questions algériennes; il entreprit une campagne en règle contre l'administration des bureaux arabes et fut enfermé au Fort-l'Empereur en 1869 pour une brochure qu'il avait publiée sous le titre : *la Vérité sur le régime militaire en Algérie.*

Son avancement se trouvant très compromis par cette aventure, il donna sa démission en janvier 1870 et entra dès lors dans la presse. Nous le trouvons collaborateur du *Colon* avec Alexandre Lambert; mais, la proclamation de la République survenant, il s'empresse d'offrir son épée au gouvernement pour la défense du territoire, et cinq jours plus tard, — le 9 septembre, — il quitte l'Algérie avec un détachement pour rejoindre à Paris.

Il est nommé lieutenant en octobre, et capitaine quelques jours plus tard pour sa brillante conduite dans le combat de Malmaison. Blessé à Champigny (30 novembre), il reçoit la croix de chevalier de la Légion d'honneur.

Après la paix, M. Bézy rentra en Algérie et se vit contraint de plaider pour faire accepter de nouveau sa démission de l'armée.

Il reprit sa place dans la presse, où son talent ne tarda pas à être très remarqué, et les électeurs de la 8e circonscription du département d'Oran l'envoyèrent siéger au conseil général en 1873. De-

puis ils lui ont *toujours renouvelé son mandat, et la dernière fois,
en 1886, à la presque unanimité des suffrages.*

Condamné sous l'ordre moral pour délit de presse, la cour d'Alger
rendit un arrêt qui valut au publiciste sa radiation de la Légion
d'honneur. Cet arrêt souleva des protestations indignées ; les électeurs
de M. Bézy pétitionnèrent en masse, et lors de l'amnistie il fut rétabli
sur les contrôles de la grande chancellerie.

Il est aujourd'hui rédacteur en chef du *Petit Fanal Oranais*, qu'il
a fondé en 1880 et dont il assure le succès par sa plume alerte,
spirituelle, gauloise et bon enfant. Il est en outre d'une très grande
serviabilité. Bien peu de gens frappent en vain à sa porte lorsqu'il
est en son pouvoir de leur être utile, et certainement il donne plus
de soins aux affaires des autres qu'aux siennes. Son talent joint à
ces qualités fait de M. Bézy le journaliste le plus populaire du département d'Oran.

Il est membre du Conseil Supérieur de gouvernement de l'Algérie
depuis une dizaine d'années.

Archives militaires.. — Documents particuliers. — Notes personnelles.

BIZOT.

Bizot, général du génie, a passé de longues années en Algérie et y
a fait exécuter des travaux très importants, entre autres, en 1852,
environ 150 kilomètres de route entre Dellys, Dra-el-Mizan et Aumale.

Le général Bizot fut tué au siège de Sébastopol, où il commandait
le génie.

Son nom a été donné à un centre de population créé en 1856 à
13 kilomètres de Constantine.

Archives militaires. — Documents officiels.

BLANDAN.

C'était le 11 avril 1842. Le sergent Blandan, du 26ᵉ de ligne, et seize
hommes du même régiment, auxquels on avait adjoint un brigadier
et deux cavaliers du 4ᵉ chasseurs d'Afrique, furent chargés ce jour-là du service d'escorte de la correspondance entre Boufarick et Beni-

Méred. Le chirurgien sous-aide Ducros, en retour de congé expiré, avait profité du départ de ce détachement, que commandait le sergent Blandan, pour rentrer à Blidah, où il était employé.

Cette petite troupe quittait Boufarick à six heures du matin. La plaine, fouillée soigneusement d'abord, à l'aide du télescope, par le sous-officier observateur du Camp-d'Erlon, avait été déclarée praticable. Elle semblait en effet absolument déserte : pas un cavalier arabe ne se montrait entre Boufarick et Méred.

Ces vingt et un hommes cheminaient donc tranquillement, le fusil en bandoulière, et devisant entre eux avec cette ronde et franche gaieté et cette absence de tout souci qui n'abandonnent jamais le soldat français, même en présence du danger. Il y avait une heure environ qu'ils marchaient, et ils n'étaient plus qu'à deux kilomètres de Méred : la plaine était toujours aussi calme et semblait toujours aussi vide.

Les trois cavaliers d'avant-garde avaient atteint le Châbet-El-Mechdoufa, et ils s'apprêtaient à descendre dans le lit desséché de ce ravin, — aujourd'hui presque comblé, — quand tout à coup le brigadier Villars et ses deux chasseurs, qui marchaient à une centaine de mètres en avant, se repliaient sur le détachement et signalaient à son chef la présence, dans le ravin, de nombreux cavaliers ennemis embusqués dans les lauriers-roses et ayant mis pied à terre pour mieux dérober leur embuscade.

Le brigadier Villars, vieux soldat à trois chevrons, un de ces vaillants comme les régiments de chasseurs d'Afrique en comptaient tant alors, disait à Blandan sans s'émouvoir, et avec cet admirable sentiment du devoir qui déjà était dans les traditions de ces corps d'élite : « Sergent, il nous serait facile, à nous autres, avec nos chevaux, de regagner Boufarik : mais, soyez tranquille ; puisqu'il y a du danger, nous le partagerons avec vous.

— *Halte! Baïonnette au canon!* » commandait Blandan avec un calme magnifique.

Ces cavaliers ennemis, dont le nombre s'élevait bientôt de 250 à 300, — car en pays arabe la poudre appelle toujours la poudre, — étaient des coureurs du khalifa du Sebaou, Ahmed-ben-Eth-Thaiyeb-ben-Salem, auxquels étaient venus se joindre quelques cavaliers des Hadjouth en quête d'aventures.

Nous retrouvons là, en effet, Brahim-ben-Khouiled, Mosthafa, ben-Smaïn et Djilali-ben-Dououad. Ne pouvant supposer une intention de résistance à cette poignée de Français, qu'il tenait sous sa main, et préférant d'ailleurs les prendre vivants que de courir les chances d'un combat qui ne pouvait manquer, quelle qu'en soit l'issue, d'être fatal à un nombre plus ou moins considérable des siens, Ben-Dououad, qui commande le goum ennemi, envoie un de ses cavaliers au chef du détachement pour lui signifier d'avoir à mettre bas les armes. Ce cavalier, qui porte le burnous rouge des spahis de l'Émir, s'approche en caracolant de la petite troupe, qui s'était arrêtée et qui avait apprêté ses armes, et, s'adressant à son chef, le somme insolemment de se rendre.

Superbe de calme et de sang-froid, Blandan ajuste le cavalier, et lui répond, en pressant la détente de son arme : « C'est ainsi que se rend un Français ! » Le spahi tombe sanglant, et comme une masse inerte, entre les jambes de son cheval.

Sentant bien qu'il ne lui reste plus qu'à combattre, qu'à mourir plutôt, — car là, au milieu de cette plaine nue, unie, ne présentant de loin en loin que des mouvements de terrain absolument insignifiants, il n'y a ni position à prendre ni abri à gagner, — le jeune sergent groupe ses conscrits en cercle et leur dit : « A présent, camarades, il ne s'agit plus que de montrer à ces gens-là comment des Français savent se défendre... Surtout ne nous pressons pas, et visons juste ! »

En effet, au coup de feu de Blandan, les cavaliers ennemis sont montés précipitamment à cheval et se disposent à combattre cette téméraire poignée de braves, qui, dans leur esprit, doivent sans aucun doute être frappés de démence : ils se ruent aussitôt, en poussant leur cri de guerre, à l'attaque de ce groupe superbe d'audace et de fierté ; ils l'enveloppent et se mettent, en le criblant de balles, à tournoyer autour de lui comme une volée de rapaces autour d'un cadavre.

Leur première décharge tuait deux hommes au petit détachement, et lui en blessait cinq, parmi lesquels Blandan, qui fut atteint de deux balles. Mais cette perte du tiers de leur effectif ne trouble point ces vaillants enfants.

Comme le leur a recommandé le sergent, nos conscrits prennent leur temps pour viser et ne perdent pas une balle. Leur feu continue avec régularité, avec précision : à l'exemple de leurs ennemis, ils tirent dans *le tas*, et leur plomb fait trou. Aussi un certain nombre de chevaux errent-ils déjà sans cavaliers et la selle sous le ventre.

Mais la partie est trop inégale, et si des secours n'arrivent pas bientôt à nos braves, soit de Méred, soit de Boufarick, il leur faudra mourir : ils en ont déjà pris leur parti, car ils ne veulent point tomber vivants entre les mains de leurs féroces ennemis. Toutefois l'admirable contenance de nos héros tient les cavaliers arabes en respect, et, à l'exception de quelques fanatiques qui viennent vider leurs armes à bout portant sur notre poignée de combattants, le gros du djich s'en tient à une distance pleine de prudence et de réserve. Mais le nombre des assaillants est tellement en disproportion avec celui des assaillis, que le résultat final ne semble point devoir être douteux.

Quoi qu'il en soit, le nombre des hommes encore debout diminue d'instant en instant; mais ceux qui sont par terre continuent néanmoins la lutte tant qu'ils peuvent tenir leurs armes et s'en servir.

Blandan, — nous l'avons dit, — a déjà été frappé de deux balles et pourtant il est encore debout, brûlant impassible ses dernières cartouches; une troisième balle, dans l'abdomen, vient le renverser, mortellement atteint, aux pieds de ceux de ses intrépides compagnons que le feu a épargnés. « Courage ! mes amis !... défendez-vous jusqu'à la mort ! s'écrie le héros en tombant. Que ces lâches n'aient pas l'honneur de nous prendre vivants et de nous couper la tête ! »

Ces mâles et énergiques paroles ont été entendues : le chirurgien sous-aide Ducros a ramassé le fusil d'un blessé, et il combat vaillamment jusqu'à ce qu'une balle, qui lui brise le bras droit, vienne lui arracher son arme des mains. Tout ce qui reste debout lutte avec une énergie surhumaine, qu'exaltent encore les ardentes excitations de Blandan; tout ce qui peut encore tenir une arme combat avec ce brillant courage qui illumine et fait resplendir les derniers moments des martyrs, qu'ils meurent pour la patrie ou pour toute autre généreuse croyance. Néanmoins, quand à un certain moment nos braves conscrits ne se comptent plus que cinq pouvant encore combattre, ils comprennent, ces enfants de vingt ans, qu'à moins d'un miracle, ils sont bien exposés à ne plus jamais revoir leurs mères.

Et le feu continuait ainsi pendant trois quarts d'heure, et la foule des assaillants se ruait sur les quelques hommes restés debout avec la furie de la vague attaquant un écueil, et avec un tourbillonnement rapide à donner le vertige à ces braves jeunes gens, lesquels combattaient bien plutôt pour la gloire et pour faire une belle fin que dans l'espoir du salut. Tous en avaient pris leur parti, lorsque tout à coup les Arabes cessent leur feu et semblent se rallier dans la direction de l'est. Les restes du détachement en étaient à se demander la cause de ce mouvement rétrograde de l'ennemi, quand un tourbillon, une trombe de poussière, roulant comme un nuage d'ouate blanc sale sur la route de Boufarick, vint leur en donner l'explication : c'était le secours attendu, mais presque inespéré ; car quelques minutes plus tard, et le sacrifice était consommé.

Les Arabes venaient d'apercevoir, de pressentir plutôt les chasseurs d'Afrique, — qu'ils redoutaient comme le feu, — et ils n'avaient pas jugé à propos de les attendre. Cette brave cavalerie, allant au plus pressé, avait piqué droit sur l'ennemi pour en débarrasser les débris du détachement de Blandan.

Voici comment les choses s'étaient passées : l'observatoire du Camp-d'Erlon avait signalé l'attaque, et le lieutenant-colonel Morris, commandant supérieur de Boufarick, avait immédiatement lancé l'escadron de chasseurs d'Afrique sur la route de Blidah. Ces intrépides cavaliers, qui, à ce moment, menaient leurs chevaux à l'abreuvoir, ne s'attardent pas à seller ceux qui ne le sont pas ; ils se précipitent à fond de train, et la plupart sans autres armes que leurs sabres, — la terreur des Arabes, — au secours de leurs camarades. Le vaillant sous-lieutenant Joseph de Breteuil, du premier de chasseurs d'Afrique, est à leur tête. En moins de vingt minutes, ils ont joint les fuyards ; ils pénètrent cette cohue qu'ils taillent littéralement en pièces, jalonnant ainsi le chemin de la charge des cadavres des cavaliers de Ben-Salem. La revanche était d'autant plus complète que ces *quinze contre un* n'avaient pu nous emporter une seule tête.

D'un autre côté, dès le commencement de l'action, le lieutenant du génie de Jouslard, qui exécutait les travaux du poste, était sorti de Méred, à la tête d'une trentaine d'hommes, pour se porter à l'aide de cette poignée de héros. Quelques coups de l'obusier de la redoute ralentissaient en même temps la fougue du goum ennemi, qui craignit de se voir couper sa ligne de retraite.

Malheureusement, des vingt hommes composant le détachement de Blandan, il n'en restait, à l'arrivée des secours, que cinq qui n'eussent point été touchés : c'étaient les fusiliers Bire, Girard, Estal, Marchand, et le chasseur Lemercier ; neuf étaient blessés, et furent presque tous amputés : c'étaient le chirurgien sous-aide auxiliaire Ducros, le brigadier de chasseurs Villars, et les fusiliers Leclair, Béald, Zanher, Kamachar, Père, Laurent et Michel; sept, enfin étaient tués ou blessés mortellement : c'étaient les fusiliers Giraud, Elie, Leconte, Bourrier, Lharicon, le chasseur Ducasse et le sergent Blandan.

Bien qu'atteint de trois balles, l'héroïque sous-officier respirait encore.

Le lieutenant-colonel Morris avait fait suivre les chasseurs d'Afrique de tout ce qu'il avait de troupes disponibles : des prolonges, des cacolets et des litières, destinés au transport des morts et des blessés, avaient été placés sous leur escorte. Un détachement du 26º de ligne s'était porté au pas gymnastique sur le lieu du combat et y arrivait en même temps que les moyens de transport. Plusieurs colons s'étaient joints spontanément aux troupes. Le commandant supérieur ordonnait au capitaine Orssaud (1) de réunir la milice, et il lui confiait, pendant l'absence de la garnison, la garde des barrières de la place.

Le commandant supérieur du Camp-d'Erlon s'était porté de sa personne en toute hâte sur le lieu de l'action : il avait voulu, par de cordiales paroles et des éloges bien mérités, exprimer de vive voix aux survivants de ce glorieux drame toute sa satisfaction d'avoir sous ses ordres de pareils soldats. Le colonel Morris demande de suite où est Blandan; ceux de son détachement qui étaient restés debout, et qui avaient formé le cercle autour de l'héroïque sous-officier et des six vaillants conscrits tombés autour de lui, ouvrent le cercle et le montrent au colonel : il était étendu sur le sol, la tête soutenue par un de ses soldats. A la voix de son chef, Blandan essaie de se mettre sur son séant. Le colonel s'incline vers le glorieux mourant, et loue chaleureusement son admirable conduite, tout en s'efforçant de lui démontrer que sa situation est loin d'être désespérée; mais c'était là bien plutôt l'expression d'un désir qu'un espoir, les blessures de Blandan présentaient trop de gravité pour laisser la moindre chance de le conserver au pays.

« Je vous propose aujourd'hui même pour officier, ajoutait le lieutenant-colonel Morris, et, en attendant que vous soyez nommé chevalier de la Légion d'honneur, laissez-moi placer sur votre vaillante poitrine le signe des braves que vous avez si bien mérité. » Et en

---

(1) Décédé à Boufarick le 18 octobre 1888.

même temps le colonel détachait sa croix et la plaçait sur la poitrine du héros, qui, du reste, avait conservé toute sa connaissance, mais qui comprenait qu'il était perdu. Il tournait son regard vers le colonel, et le remerciait d'un sourire plein de larmes et chargé de regrets; car, nous le répétons, il ne s'illusionnait pas sur son état. Du reste, il avait fait son devoir, le colonel Morris le lui avait dit, et son commandant de compagnie, le capitaine Lacarde, l'en avait loué ; et cela suffisait à ce héros de vingt-trois ans, à cet entrant dans la vie, qui semblait n'être né que pour se donner en exemple aux soldats de l'avenir.

Cette scène avait fortement ému et enthousiasmé ceux qui en étaient les témoins, et ce fut à ce point que les cinq qui n'avaient point été touchés demandèrent instamment au lieutenant-colonel Morris de prendre part au combat que les chasseurs menaient vigoureusement et en jonchant de cadavres ennemis le chemin de la poursuite. Le colonel leur fit observer qu'ils avaient largement fait leur part et qu'il ne leur restait plus qu'à escorter leurs frères d'armes jusqu'à Boufarik.

Les morts furent placés sur des prolonges ; les blessés ne pouvant marcher furent ramenés en cacolets, et Blandan en litière; l'autre côté de la charge du mulet était occupé par un cacolet sur lequel on avait placé un blessé.

Le retour sur le Camp-d'Erlon s'effectua sans accident. Le colonel Morris n'avait pas cessé un instant de tenir son cheval à hauteur de la litière sur laquelle était couché Blandan, et de montrer la plus vive sollicitude pour le noble blessé.

Le funèbre cortège rentrait au Camp-d'Erlon à une heure et demie de l'après-midi.

Quant aux chasseurs, qui avaient poussé la charge très loin, c'est-à-dire jusqu'à entière disparition des cavaliers ennemis, ils rentrèrent à Boufarik chargés des dépouilles des Arabes, et ramenant de nombreux chevaux provenant des tués du goum.

Le jeune et intrépide héros expirait le lendemain 12 avril, vers deux heures du matin (1).

---

(1) Blandan (Jean-Pierre-Hippolyte) était né à Lyon le 9 février 1819, rue de la Cage, n° 13. Il exerçait la profession d'imprimeur sur étoffes lorsqu'il contracta un engagement volontaire pour sept ans, à la mairie de Lyon, le 24 février 1837. Incorporé au 8° de ligne, il passa au 26° le 28 janvier 1838, fut nommé caporal le 6 août 1838 et sergent le 1ᵉʳ janvier 1842.

On fit, le 13 avril, aux glorieux morts de Méred des funérailles dignes de leur éclatante valeur; le cimetière qui est à l'ouest du Camp-d'Erlon reçut leur dépouille mortelle. Le colonel Morris, dont la valeur était déjà proverbiale, sut trouver dans son cœur quelques paroles marquant une foi ardente au culte de l'honneur militaire, et des croyances enthousiastes aux dogmes de la religion du drapeau; il eut des accents qui émurent véritablement les assistants, et il courut parmi eux comme un frisson électrique quand il s'écria, avec cette chaleureuse et communicative éloquence qui n'appartient qu'aux croyants : « J'envie ton sort, Blandan ; car je ne sais point de plus noble et de plus désirable mort que celle du champ d'honneur! »

Une petite construction quadrangulaire, terminée en toit et surmontée d'une croix de fer, marque la place où le corps du héros fut rendu à la terre (1). Quant à ses six compagnons de gloire, ils furent inhumés séparément sur plusieurs points du cimetière.

Quatre des blessés furent faits chevaliers de la Légion d'honneur ; ce sont les suivants : les fusiliers *Père* et *Michel*, du 26ᵉ de ligne, blessés grièvement ; le brigadier *Villars*, du 4ᵉ de chasseurs d'Afrique, blessé, et le chirurgien sous-aide *Ducros*, des ambulances de l'armée, amputé du bras droit.

Un ordre général, qui est transcrit chaque année en tête des registres d'ordres du 26ᵉ d'infanterie, — régiment qui a conservé intact jusqu'à nos jours le culte de son héros, — fit connaître à l'armée la conduite héroïque de Blandan et sa glorieuse mort dans le combat de Méred, fait d'armes que le général Bugeaud classait au rang des plus beaux dont eût à se glorifier l'armée d'Afrique depuis la conquête, c'est-à-dire dans une période de douze années.

Le général Bugeaud ayant décidé, à la date du 6 juillet 1842, qu'un monument destiné à perpétuer le souvenir de ce beau fait d'armes serait élevé sur le lieu même de l'action, des souscriptions urent ouvertes dans l'armée et dans la population civile pour en faire les frais. Lyon, la ville natale de Blandan, participa à cette souscription pour une somme de 2,000 francs. Le Ministre de la Guerre souscrivit par une subvention. Il fut décidé que ce monu-

---

(1) Le 31 mars 1887, les restes de Blandan ont été exhumés de l'ancien cimetière du Camp-d'Erlon et solennellement transportés à l'ossuaire ménagé dans le piédestal du monument élevé à Boufarik et inauguré le 1ᵉʳ mai 1887.

ment commémoratif serait une fontaine monumentale surmontée d'un obélisque. Cet obélisque devait porter une inscription rappelant en français et en arabe les noms des vingt et un héros de Méred et le fait d'armes qui les avait immortalisés.

Ce monument, qui devait primitivement s'élever sur le lieu même du combat du 11 avril, c'est-à-dire au ravin de Mechdoufa, fut construit, en 1844, au centre du village de Méred.

Depuis, en 1884, le vaillant colonel Trumelet prit l'initiative d'un monument à élever sur la principale place de Boufarik à Blandan et à ses vingt compagnons de gloire, et il a eu la satisfaction de mener à bien son noble projet.

L'inauguration du monument de Boufarik a eu lieu 1er mai 1887, en présence de M. Tirman, gouverneur général, du général Delebecque, commandant le 19e corps d'armée, des députés et d'un très grand nombre de notabilités algériennes.

Ce fut la plus belle, la plus grande, la plus patriotique, la plus émouvante manifestation à laquelle il nous ait été donné d'assister. Il semblait vraiment que l'âme de la France fût là dans ce coin de la Mitidja, palpitante, attendrie, et qu'elle fît battre tous les cœurs du même sentiment d'espérance en glorifiant le passé, qui nous est garant de l'avenir.

Hé! sans doute!... Le peuple qui compte de tels enfants, dont les fêtes sont consacrées à l'apothéose de tels héros, — d'humbles soldats, — ce peuple-là est un grand peuple et sa gloire ne périra pas; ses fils ont le droit d'envisager l'avenir avec confiance et sérénité.

« L'Algérie, comme l'ancienne Grèce, a eu ses *temps héroïques*, son âge légendaire. J'appelle de ce nom les dix années de 1830 à 1840, » dit M. Camille Rousset dans *les Commencements d'une conquête*. C'est vrai, c'était l'ère héroïque! Est-ce à dire qu'elle soit à jamais fermée? Non : pour le philosophe comme pour le soldat, les temps héroïques ne sont jamais clos. C'est avec l'héroïsme seulement qu'on vit une vie digne d'être vécue. Sans la réciprocité du sacrifice, il n'est pas de sentiment fécond, pas de famille, pas de patrie. Et la France tout entière le comprend ; la France, qui est un héros, a-t-on dit. Pour lors les Blandans n'ont plus à donner leur sang dans la Mitidja; mais, n'en doutons point, ils tomberont encore tout aussi noblement à la frontière, — demain peut-être!

Et c'est cette pensée, cette conviction, irraisonnée mais consciente, d'un héroïsme toujours latent, qui, le 1er mai 1887, agitait la foule d'un long frémissement patriotique, faisait courir de l'un à l'autre nous ne savons quelle sensation, poignante mais consolatrice, en assistant à la résurrection d'un enfant du peuple dans la majesté du bronze!

Boufarick, par le colonel Trumelet. — Notes personnelles.

BODICHON.

Bodichon (Eugène) était né à Mauves, près Nantes, en 1810.

Reçu docteur en médecine par la Faculté de Paris en 1835, il vint quelques années après se fixer à Alger. Laissant l'art médical de côté, il se livra à l'étude des questions algériennes. Dès 1845 il publiait une brochure : **Considérations sur l'Algérie,** véritablement audacieuse pour l'époque, en raison de ses critiques parfois virulentes. Mais il ne se contentait pas de critiquer, il étudiait.

Si un homme a eu le droit d'affirmer qu'il connaissait l'Algérie, c'était assurément le Dr Bodichon. Il avait assisté en quelque sorte à la naissance de la colonie; il avait été témoin de ses premiers pas: il l'avait suivie dans son développement. Le philosophe, analysant les qualités d'un organisme qui avait pu résister aux traitements les plus étranges et les plus disparates, avait foi dans l'avenir de l'Algérie.

De plus, il jugeait par comparaison. Doué d'une vaste érudition, qu'il n'avait pas seulement acquise dans les livres, mais encore et surtout dans ses voyages à l'étranger, il pouvait avec la plus grande autorité parler des destinées de l'Algérie.

Voici comment il s'exprimait dans sa brochure :

Cependant, bien qu'il nous soit démontré que l'Afrique avec sa composition actuelle s'oppose énergiquement au perfectionnement de la race humaine, est-ce à dire que toujours et inévitablement il en sera ainsi?

Les indigènes et les débris des peuples qui s'y indigéniseront sont-ils toujours et inévitablement destinés à croupir sous cette influence délétère?

Oui, s'ils laissent le sol tel qu'il est, tel qu'il a été.

Non, s'ils lui résistent et le modifient par des travaux bien conçus et opiniâtrément exécutés...

Supposons, comme exemple, qu'une nation puissante par son énergie, sa volonté et ses moyens d'action, vienne se fixer sur le point le plus réfractaire de toute l'Afrique, sur la côte Barbaresque. Soit la France!

Que là elle veuille réagir contre l'influence du sol et changer la surface du pays. Ainsi, qu'elle couronne les montagnes de vastes plantations ; qu'elle dessèche les marais fangeux, qu'elle assainisse les plaines et les vallées, qu'en tous sens elle trace des voies de communication par des routes et par des canaux... croyez-vous qu'alors elle ne rendrait pas cette contrée toute différente d'elle-même, et qu'alors l'influence du sol ne tournerait pas à l'avantage de la race humaine qui vivrait en ces lieux?

Plus loin, il ajoute :

Ainsi, ne laissons pas le sol tel qu'il est. N'organisons pas l'Afrique par l'Afrique : mais transformons-la en terre nouvelle.

Il terminait ainsi :

L'Algérie est destinée à remplir dans le monde une haute mission. Terre neuve et féconde, elle peut devenir le grenier d'abondance de la France et de l'Europe. Elle peut leur éviter les bouleversements qu'enfanteront en leur sein la misère, l'oppression et le besoin d'innovations. C'est un asile ouvert aux malheureux, du travail à qui en manque, un espace où se déversent les goûts de guerres et d'aventures, un pays où les systèmes sociaux se mettront à l'œuvre : ainsi droit au travail, salaire, concurrence, organisation industrielle, fusion des races, démocratie. Elle peut être le levier à l'aide duquel on soulèvera le voile de cette éternelle barbarie dont l'Afrique paraît enveloppée comme par suite d'un anathème. Elle peut devenir le refuge de la civilisation de notre hémisphère, si les rois, les grands seigneurs, les hommes d'argent, si les oppresseurs, quelles que soient leur désignation et qualité, si tous ces gens qui prétendent maintenir perpétuellement le genre humain en deux classes, *les bergers* et *les troupeaux*, si les ennemis de la révolution française et de l'égalité chrétienne venaient à triompher en Europe.

Plaise à Dieu qu'elle atteigne ce noble but ! Mais les vœux ne suffisent pas. C'est pourquoi, intimement persuadé que toute petite pierre sert dans la construction d'un grand édifice, que tout petit travail y a son utilité, simple manœuvre dans le monde de la pensée et de l'intelligence, j'ai voulu apporter ma pierre et mon travail, et crois, en le faisant, accomplir une bonne œuvre.

Notons que dans cette brochure Bodichon réclame déjà énergiquement le régime civil, et entre autres mesures importantes, recommande la constitution de l'état civil des indigènes, « mesure sans laquelle rien n'est à faire », dit-il. On s'est aperçu, il y a quelques années, qu'il avait raison.

En 1866, Bodichon publia en Belgique son ouvrage *l'Humanité*, que l'Empire crut devoir proscrire.

Dans cet ouvrage, où se révèle tout entier le penseur et le philosophe, il dit encore, après avoir examiné les diverses occupations du sol africain : « ... Toutes ces civilisations différentes par l'origine et le temps, celles qui avaient des villes d'un million d'habitants, ou qui ont couvert le pays de forteresses, de ponts, d'aqueducs et autres monuments d'utilité publique; toutes, polythéistes, chrétiennes, musulmanes, furent absorbées par le Sahara humain et sablonneux. Or, le même fait se reproduira si la science positive ne triomphe pas de ce destructeur. »

Et il indique de nouveau qu'il faut, à l'aide de puits artésiens, multiplier les oasis dans le Sahara, afin d'y fixer les populations indigènes, puis couvrir d'arbres les montagnes.

Quoique n'exerçant pas la médecine, il s'occupait cependant de science médicale, et témoignait de ses goûts scientifiques et de ses observations par la publication d'un *Manuel d'hygiène à l'usage des colons,* ouvrage largement utilisé depuis par tous ceux qui ont écrit sur ce sujet. Enfin, dans les derniers temps de sa vie, il avait publié un petit *Vade-mecum de la politique française*, qui était une sorte de résumé condensé de tous ses travaux et de toutes ses méditations.

Homme très simple, il ne brigua jamais aucune fonction élective ou autre. En 1848, il lui eût été facile de se faire acclamer par le peuple. Il préféra philosopher tranquillement, observer scientifiquement, et surtout conserver toute son indépendance. Un ami le dissuadait un jour de faire paraître ses *Considérations sur l'Algérie,* sous prétexte que « toute vérité n'est pas bonne à dire ».

Bodichon répondit : « Quant à moi, je pense que toute vérité doit être dite, dût-elle être pour le diseur et l'auditeur comme un fer dans leur poitrine.

« Un planteur doit-il s'arrêter si on lui dit : « Les plantes que vous « confiez à la terre ont un aspect peu attrayant : elles produiront « des épines qui pourront bien vous entrer dans les yeux. » Non : il doit les planter nonobstant, s'il est convaincu de leur utilité. »

Cette réponse, qui figure en tête de son livre, dépeint l'homme.

Bodichon ne se borna pas à penser et à écrire. Après avoir tant recommandé la transformation du sol, il saisit la première occasion qui se présenta d'affirmer ses sentiments. Dès qu'il apprit l'existence de la *Ligue du reboisement de l'Algérie,* il se mit en relation avec elle ; et si la société n'est pas riche aujourd'hui, cela n'a pas dépendu de lui. Il n'a pu lui laisser qu'une dizaine de mille francs (1).

Le Dr Bodichon a publié un *Tableau synoptique* représentant les noms, les émigrations, les caractères physiques et moraux des races de l'Afrique septentrionale (Nantes, 1844, in-folio); *Considérations sur l'Algérie* (Paris, 1845, in-8°); *Etude sur l'Algérie et l'Afrique* (Paris et Alger, 1847, in-8°); *Sujet d'une exploration politique, commerciale et scientifique d'Alger à Tombouctou par le Sahara* (Paris, 1849, in-8°, avec une carte); *Hygiène à suivre en Algérie, acclimatement des Européens* (Alger, 1851, in-12); *Hygiène morale* (ibid., 1851, in-16);

---

(1) Le prix le plus important que donne chaque année la *Ligue du reboisement* porte le nom de prix Bodichon.

Dispositions des musulmans soumis au pouvoir et au contact des chrétiens (1851); *De l'Humanité* (Bruxelles, 1867, 2 vol. in-8).

Sa femme, Miss Barbara Leigh Smith, fille d'un membre du Parlement anglais, née le 8 avril 1827, s'est occupée de bonne heure de questions sociales. En 1855 et 1856, elle provoqua une agitation en vue d'obtenir pour les femmes mariées la libre disposition de leurs biens et de leurs gains. Ce mouvement amena une modification de la loi sur le mariage et le divorce. Mlle Smith avait fondé à Paddington une école pour les filles d'artisans. Elle épousa le Dr Bodichon en 1857, et collabora à son grand ouvrage sur l'Algérie. Elle s'est livrée depuis cette époque à la peinture du paysage, et sa collection d'aquarelles a été deux fois exposée à Londres, non sans succès.

Documents divers. — *Revue de l'Orient.* — *Bulletin de la Ligue du Reboisement de l'Algérie.* — *Dictionnaire des Contemporains.* — *Renseignements particuliers.*

BOMBONNEL.

Charles Bombonnel est né en 1816 à Spoix (Aube), d'un père ouvrier verrier et habile chasseur; aussi dès sa plus tendre enfance a-t-il rêvé hallalis de loups et de sangliers; souvent, du moins nous le soupçonnons, il dut faire l'école buissonnière au lieu de se rendre chez l'instituteur, « où, dit-il, j'usai plus de genoux de pantalon que de fonds de culotte ».

Ses parents étant morts du choléra en 1832, l'orphelin fut recueilli par une tante maternelle établie à Dijon, puis il entra comme petit commis chez le libraire Lagier. Confiné entre les quatre murs de la boutique de son patron, que de fois le pauvre enfant regretta le soleil et l'air des champs! Après un travail assidu de cinq années, il rassembla ses minces économies, et, confiant dans son étoile et la Providence, il alla s'embarquer au Havre pour l'Amérique, cherchant l'indépendance et la fortune sur cette terre classique de la liberté : après quarante-cinq jours de traversée, il abordait à la Nouvelle-Orléans, léger d'argent, mais riche d'espérances.

La première année s'écoula tristement chez un ami qui le chargea de colporter quelques marchandises; mais l'année suivante, ayant appris que les sauvages de l'île de la Passe-Christian avaient reçu de fortes indemnités des États de l'Union pour des échanges de terrains, il fit une petite pacotille et noua avec ces Indiens des rapports de commerce qui lui furent très avantageux; ses amis les sauvages l'admirent à leurs chasses, et Bombonnel, au comble de ses vœux, se signala à la poursuite de l'ours et du buffalo. Ces expéditions eurent un si grand attrait pour notre héros qu'il conçut le projet de se fixer dans la tribu qui l'avait accueilli. Ce projet doit d'autant moins nous surprendre qu'il était éperdument amoureux d'une jeune sauvage : « Ma sauvage, dit-il, ne l'était que de nom; j'étais jeune, elle était belle. »

De retour à Dijon en 1844, avec une fortune rapidement faite, et d'autant plus honorable qu'il ne la devait qu'à lui-même, Bombonnel se maria, et, entrant dans une famille de chasseurs, il fit une guerre d'extermination aux loups et aux sangliers de la Côte-d'Or. Quel petit théâtre que nos bois de Bourgogne pour celui qui a poursuivi l'ours et le buffalo dans les forêts vierges du Nouveau-Monde! D'ailleurs, en France on ne peut chasser qu'un tiers de l'année; que ce temps est court pour un infatigable veneur! On ne peut se soustraire à sa destinée : celle de Bombonnel était de chasser d'un soleil à l'autre; aussi notre disciple de saint Hubert, sous prétexte de faire un placement avantageux, acheta des propriétés dans la province d'Alger, afin d'ouvrir la chasse en Afrique aussitôt qu'elle ferme en France. C'était en 1844, à l'époque où un autre grand chasseur et spirituel écrivain, Toussenel, était commissaire civil à Boufarik et préparait déjà ce livre inimitable : *l'Esprit des bêtes.*

Dans les premiers mois de son établissement à Alger, Bombonnel se contentait du menu gibier et des sangliers, lorsqu'il entendit parler des ravages et des déprédations des panthères et d'une battue qu'il était question d'organiser. Bombonnel, d'après les habitudes de ces carnassiers, jugea la battue plus dangereuse qu'efficace et résolut, à l'exemple de Jules Gérard, le *Tueur de lions*, d'attendre la panthère seul et la nuit. « Dès ce moment, dit-il, les perdreaux, les poules de Carthage, les lapins et les sangliers de la Metidja, les grands cygnes même du lac de Halloula (il en était couvert alors) n'eurent plus aucun prix à mes yeux; tout ce gibier me serait parti dans les jambes que, les bras croisés, je l'aurais tranquillement regardé fuir ou s'envoler : mes plus belles chasses d'autrefois me semblèrent du temps perdu. Un but plus grand, plus sérieux s'offrait devant moi : défendre l'Algérie contre un ennemi cruel, insatiable, qui sans cesse revient au pillage et qu'on ne peut arrêter; faire à moi seul la chasse à la panthère. »

Il l'a faite en déployant un courage et une présence d'esprit rares, passant jusqu'à quarante nuits à l'affût sans se décourager, et son affût est toujours à ciel ouvert, derrière un buisson, et non sur un arbre comme l'affût arabe. Dans son patriotisme, Bombonnel a voulu prouver aux indigènes qu'un Français ne recule jamais. Arabes et Kabyles ont pour lui une grande vénération, ils entreprennent de longs voyages pour venir le chercher aussitôt qu'une panthère apparaît dans les environs de leurs tribus; ils le considèrent comme un protecteur.

Dans ses excursions, Bombonnel a eu quelquefois l'occasion de déployer son courage sur d'autres êtres que les bêtes féroces. Ainsi, une certaine nuit qu'il voyageait avec un caïd, il fut attaqué par des Kabyles; le *Tueur de panthères* les mit en fuite et entra avec cinq prisonniers à Milianah, où sa belle conduite lui valut les félicitations du général Cassaignoles.

Le 27 janvier 1855, Bombonnel se trouvait en déplacement de chasse à la ferme du Corso; au moment où il se mettait à table, on le prévint qu'une panthère, qu'il avait déjà guettée pendant trente-quatre nuits à diverses reprises, venait d'enlever une chèvre. A cette nouvelle, malgré une pluie battante, il court s'embusquer dans un buisson de lentisques situé en face du ravin qui a servi de ligne de retraite à l'auteur du rapt. Contrairement à ses habitudes, il laisse aux Arabes qui l'accompagnaient le soin d'attacher la chèvre qui doit lui servir d'appât; dans sa précipitation, au lieu de piquer en terre son couteau de chasse, il le laisse pendre derrière la taille et embarrassé par les plis de son caban; c'est à peine s'il se donne le temps d'élaguer les quelques branches qui pourraient gêner ses mouvements : ces préparatifs terminés, il se poste.

Un peu avant le lever de la lune, la panthère arrive sans bruit et se précipite comme la foudre sur la chèvre qu'elle emporte. Bombonnel, excité par ses longues nuits d'attente, dans son impatience fait feu, malgré l'obscurité, sur la panthère qui n'est qu'à quelques mètres; il la voit s'affaisser sur sa proie en poussant d'effroyables rugissements; le moindre mouvement peut perdre l'intrépide chasseur, qui, redoutant une surprise, se lève pour tirer un second coup : mais une branche accroche le capuchon de son caban; à ce mouvement, la rusée panthère fixe ses regards sur le buisson d'où est parti le bruit, en retenant son souffle; Bombonnel, n'entendant plus rien, croit la bête morte et sort de son affut, en portant ses canons de fusil dirigés en bas et le doigt sur la seconde détente; il n'a pas fait deux pas que la panthère, qui n'avait que les deux pattes de devant brisées, se glisse sur celles de derrière avec une rapidité telle que Bombonnel n'a que le temps de tirer; le coup mal assuré n'atteint pas l'animal, la bourre du fusil lui brûle le poil de la poitrine. La panthère exaspérée s'élance sur l'imprudent tireur, le renverse sur le dos et cherche à l'étrangler, mais heureusement le collet relevé de son paletot et le capuchon du caban le préservent de cette rude étreinte; de la main gauche, Bombonnel repousse la bête furieuse, tandis que de la main droite il tente de saisir son couteau de chasse engagé derrière lui; la panthère abandonne alors le cou, déchire cette main et s'attaque à la figure; une des incisives de la mâchoire supérieure laboure le front et perce le nez du chasseur; l'autre croc s'enfonce auprès de l'œil gauche en brisant l'os de la pommette. Trop faible pour contenir d'un seul bras son implacable ennemie, Bombonnel renonce à la recherche de son couteau, et de ses mains crispées la serre à la gorge; au moment où les forces de notre héros s'épuisent, la panthère emboîte la tête du chasseur dans sa formidable gueule; par un suprême effort, Bombonnel se dégage, les dents de la bête féroce glissent sur le cuir chevelu qu'elles déchirent affreusement. L'animal perdant l'équilibre sur la pente du ravin, théâtre de cette horrible scène, tombe de l'autre côté du talus, qu'il ne peut remonter à cause de ses pattes cassées : il disparaît en rugissant. « Je me relève, écrit Bombonnel, en crachant quatre dents et une masse de sang qui me remplit la bouche; mais je ne songe pas à mon mal. Tout entier à la fureur qui me transporte, je tire mon couteau de chasse, et, ne sachant pas ce que la bête est devenue, je la cherche de tous côtés pour recommencer la lutte (car je ne croyais pas survivre à mes blessures). C'est dans cette position que les Arabes me trouvèrent en arrivant. »

Après avoir reçu les premiers soins à la ferme du Corso, Bombonnel se rendit à Alger où, grâce au talent de son médecin, il se rétablit assez promptement de ses blessures (1). Mais il a conservé de cette lutte des marques indélébiles. Il a tout le visage cicatrisé.

Comme le chien, décousu par un sanglier, n'en devient que plus

---

(1) Le docteur Bodichon en compta vingt-sept.

acharné, Bombonnel recommença ses expéditions avec un entrain plus grand que jamais.

Nous avons dit que les Arabes faisaient de longs voyages pour implorer leur vengeur; leur confiance en lui est telle qu'au mois de septembre 1857, un Kabyle du nom de Lakdar, qui accompagna Bombonnel de longues années dans ses excursions et lui servit de limier, est allé à Dijon, envoyé par plusieurs caïds, prier son maître de venir tuer les panthères qui désolaient les douars des environs du Mazafran. Inutile de dire que cet appel fut entendu.

En 1866, dans les montagnes de l'Aurès, par une nuit sombre, Bombonnel fit coup double sur deux grands lions. Pesés à Batna, les deux fauves accusaient chacun 322 kilogrammes. Jamais chasseur n'a eu l'honneur d'un coup double pareil.

Mais Bombonnel n'a pas été seulement un vaillant chasseur devant l'Éternel et les félins. En juillet 1870, il venait de débarquer en Angleterre, retour d'Amérique, lorsqu'il apprit la déclaration de guerre à l'Allemagne. Sans perdre un instant, il revint en France, fondit des balles, fabriqua des cartouches et se porta sur la frontière avec son fusil, son couteau de chasse et deux hommes qu'il avait entraînés à sa suite. Il alla se poster à l'avant-garde et abattit les éclaireurs prussiens avec le sang-froid et la sûreté de coup d'œil qui faisaient rouler les panthères dans les ravins du Djurdjura. Ses exploits furent si brillants qu'après avoir emmené deux hommes, il en eut bientôt quatorze, puis trente. On lui en donna 250, ensuite 500 avec le grade de colonel de francs-tireurs.

Bourbaki lui envoya 500 hommes de plus pour éclairer sa marche en Bourgogne et dans l'Est. A Saint-Loup, il fit 52 prisonniers prussiens, avec plusieurs voitures de bagages. A Rurey (Doubs), il reprit aux ennemis les ponts de Choisny et de Châtillon.

Les Prussiens se sont chargés de son éloge en mettant plusieurs fois sa tête à prix.

Après la guerre, la croix de la Légion d'honneur fut décernée à Bombonnel pour sa valeur et son courage.

Il revint en Algérie reprendre ses affûts à la panthère avec un succès toujours croissant. En 1881, il créa à 12 kilomètres de Bouïra, au pied du Djurdjura, un rendez-vous de chasse qui porte son nom. Très bien aménagé, ce rendez-vous cynégétique attire tous les grands chasseurs en quête d'émotions et de beaux coups de fusil.

En 1887, par une nuit d'orage, Bombonnel, qui continuait à chasser malgré ses soixante et onze ans, fit là un magnifique coup double sur deux grandes panthères, mâle et femelle, « ce qui, désormais, n'arrivera probablement à aucun chasseur, nous écrivait-il dernièrement avec regret, car les grands fauves deviennent de plus en plus rares. »

Bombonnel s'est retiré à Dijon depuis environ dix-huit mois. Il a cédé son domaine du Djurdjura en s'y réservant toutefois une place pour y dormir du dernier sommeil. Son tombeau l'y attend, lui-même en a fait exécuter la maquette, qui consiste en une simple pierre tumulaire surmontée d'une fort belle statue de saint Hubert.

Mais nous espérons le revoir parmi nous, le fusil sous le bras, s'en allant, au clair de lune, à travers la forêt chenue, pour la faire retentir longtemps encore de ses hécatombes vengeresses.

<small>Documents particuliers. — *Journal des Débats.* — *Bombonnel, le tueur de panthères Société des chasses du Djurdjura.*</small>

BONNAFONT.

Bonnafont (Jean-Pierre), médecin principal des armées en retraite, membre de la Société des gens de lettres, officier de la Légion d'honneur, né à Plaisance (Gers) en 1805, entra comme simple soldat dans la garde royale en 1827, et fut admis quelque temps après dans la chirurgie militaire. En 1830 il fit partie de l'expédition d'Alger et resta jusqu'en 1843 dans la colonie, où il assista à vingt-deux combats. En 1834, il se fit recevoir docteur en médecine à Montpellier, avec une thèse sur *les plaies d'armes à feu observées en Afrique*. Il devint ensuite médecin principal de l'École d'état-major. L'armée lui est redevable du remplacement de la gamelle en commun par la petite gamelle.

Il a été promu officier de la Légion d'honneur le 12 juin 1856.

M. Bonnafont a publié un certain nombre de mémoires, la plupart insérés dans les bulletins de l'Académie de médecine; nous y remarquons : *Sur le choléra d'Alger* (1833); *Sur l'influence du climat d'Afrique sur la phtisie pulmonaire* (1836); *Sur le degré de salubrité du climat d'Alger* (1837); *Géographie médicale d'Alger et ses environs* (1839). Cet ouvrage, publié aux frais du gouvernement, a été le premier imprimé à Alger.

On a de lui encore divers volumes d'histoire et d'ethnographie :

Réflexions sur l'Algérie, particulièrement sur la province de Constantine (1846); *la Femme arabe dans la province de Constantine* (1865); *De l'acclimatation des Européens et de l'existence d'une population civile romaine en Algérie démontrée par l'histoire* (1871); *Douze ans en Algérie* (1880); *Pérégrinations en Algérie* (1884). Dans ce dernier ouvrage, le Dr Bonnafont montre le mur infranchissable que la religion musulmane offre à la civilisation et appelle ainsi l'attention : « Nous recommandons ces réflexions aux savants arabophiles de Paris, qui prétendent, qui assurent que l'assimilation des Arabes, qu'ils croient très facile, est le seul moyen de donner la paix, la stabilité et le progrès à la colonie. »

Bulletin de l'Académie de médecine. — Dictionnaire des Contemporains.
Documents particuliers.

BONNEMAIN.

Bonnemain (François-Louis de) est né à Bastia (Corse) le 18 octobre 1817.

Le père de Bonnemain, intendant militaire, débarquait à Alger, avec toute sa famille, peu après la prise de cette ville. Il n'y avait alors aucune école à Alger, à l'âge parfois si difficile où l'enfant a besoin d'une constante et énergique direction pour développer dans son cœur tous les sentiments honnêtes et l'amour du devoir.

Le jeune de Bonnemain se trouva en quelque sorte livré à ses propres instincts, c'est-à-dire sans autre guide que la droiture naturelle dont la Providence l'avait doué. L'un de ses mérites est, sans contredit, d'être sorti victorieusement de cette première épreuve, d'avoir su éviter tous les écueils semés sur sa route, contre lesquels aurait inévitablement échoué une âme moins fortement trempée que la sienne.

Son imagination vive et capricieuse fut séduite par le spectacle émouvant dont Alger présentait alors le tableau.

Après une lutte sans trêve, les tribus de la plaine commençaient à se calmer; les habitants de la Mitidja entraient en relations avec nous; la guerre semblait devoir faire place à la paix.

La vie arabe exerça alors sur Bonnemain une attraction étrange : il fréquenta assidûment les indigènes; le café maure de Birmandreïs fut sa première école; c'est sur les bancs de ce café qu'il s'initia à la langue du pays, qu'il devait posséder plus tard d'une manière si remarquable.

Un jour, un groupe de cavaliers Hadjouth, à la tête desquels était leur cheikh El-Bachir, passait devant le café de Birmandreïs, s'en retournant vers ses campements habituels. Le jeune Bonnemain, entraîné par son caractère aventureux, suivit les cavaliers.

Le fameux Ben-Allal accueillit le jeune chrétien sous sa tente, l'adopta, lui donna le nom de Mustapha, sous lequel les Arabes l'ont toujours connu depuis, et le traita désormais à l'égal de son fils.

Mais les Hadjouth, gens remuants et belliqueux, ne tardèrent pas à reprendre leur vie vagabonde et à rompre les relations qu'ils avaient avec nous.

Le jeune de Bonnemain se trouva donc entraîné, par la force des circonstances, dans un tourbillon duquel il lui fut, pour le moment, impossible de sortir.

A peine adolescent, il partagea les fatigues et les périls de ses hôtes, et c'est au milieu de gens qui ne se complaisent qu'à l'aspect de vastes horizons et d'espaces libres à parcourir que Mustapha commença à vivre. C'est au milieu de dangers de toute nature, d'alertes continuelles, que se développa cette organisation impétueuse que tous admiraient plus tard. Il devint un cavalier intrépide; nul obstacle ne l'arrêtait : « Tout ce que les Centaures pouvaient faire avec leur double corps, soumis à une seule âme, Bonnemain le faisait. » Cet éloge, de la part d'un de nos grands écrivains les plus féconds, n'a rien d'exagéré (1).

L'éducation primitive et virile que reçut ainsi Bonnemain influa pour toujours sur son caractère impressionnable. Aussi resta-t-il imbu d'idées parfois naïves et crédules, de certains préjugés indigènes, dont il ne se départit jamais.

Cependant les Hadjouth, dont on ne pouvait tolérer plus longtemps l'humeur vagabonde et hostile furent poursuivis à outrance par nos colonnes et ne tardèrent pas à faire de nouvelles ouvertures de soumission.

Bonnemain avait déjà compris combien sa position était fausse. Son intelligente nature lui avait montré le sentier qu'il devait suivre

---

(1) Alexandre Dumas, dans le *Véloce*, où il raconte son voyage à Constantine, et sa rencontre avec Bonnemain.

pour son honneur, et qui convenait le mieux à son caractère fougueux et entreprenant. Au mois de décembre 1836, il allait s'engager, comme volontaire, aux gendarmes maures d'Alger, et il était bientôt commissionné comme interprète militaire auxiliaire, en même temps que ses camarades d'enfance Margueritte et Moullé. Bonnemain avait à peine dix-neuf ans, et déjà sa vie n'avait été qu'épreuves morales et périls.

Ses chefs ne tardèrent pas à apprécier son rare mérite, et il leur fut, en effet, d'une incontestable utilité par la connaissance qu'il avait de la langue et du pays.

Souvent, sous le costume d'un simple Arabe de la plaine, il fut envoyé seul en reconnaissance, et, par les bons renseignements qu'il fournissait, il évita bien des fatigues et des revers à nos soldats, auxquels l'ennemi tendait nuit et jour des embuscades.

En 1837, dans une sortie contre ces mêmes Hadjouth chez lesquels il s'était formé à la guerre, le jeune Bonnemain combattit avec une ardeur peu commune à son âge. Sa belle conduite lui valut une citation à l'ordre de l'armée.

Un mois après, dans une nouvelle rencontre, il se trouva face à face avec l'un des plus vigoureux cavaliers hadjouth. Celui-ci s'éloignait après avoir tué trois chasseurs. Bonnemain le reconnaît : c'était le cheikh El-Bachir ; il le poursuit, le sabre haut, le sommant de se rendre.

Le fier hadjouth, debout sur ses étriers, se retourne et le blesse à la main gauche d'un coup de lance.

« Au revoir, mon frère Mustapha, lui dit-il en s'éloignant, je
« pourrais te tuer, comme les autres : mais je dois t'épargner en
« souvenir du pain et du sel que nous avons mangé ensemble sous la
« tente de Ben-Allal.

« Maintenant, je t'en conjure, par la tête de Sidi Embarek (le ma-
« rabout vénéré de Coléah) laisse-moi m'éloigner, car tu sais bien
« que je ne me soumettrai jamais ! »

Le 1er avril 1838, Bonnemain était envoyé à Constantine comme interprète auxiliaire, auprès du général Galbois, qu'il accompagnait bientôt pendant l'expédition des Portes-de-Fer.

Durant cette campagne, le jeune interprète rendit des services de la plus haute importance ; la colonne, au milieu de laquelle marchait le duc d'Orléans, s'était portée sur Sétif. Le secret le plus absolu avait été gardé, et dans l'armée aussi bien que chez les Arabes on ignorait vers quel point la colonne allait se diriger. Avant que le khalifa d'Abd-el-Kader, alors à proximité, pût recevoir avis de nos projets, le corps du prince royal par une marche rapide traversait le fameux passage des Portes-de-Fer, où quelques hommes déterminés auraient suffi pour barrer le passage.

Pendant cette marche, l'intrépide Bonnemain précédait nos troupes en éclaireur. Son costume de simple cavalier n'inspirait aucune méfiance aux indigènes, qui le prenaient pour l'un des leurs; aussi put-il se renseigner sur tous les mouvements du khalifa ben Salem. Au delà des Bibans, notre jeune éclaireur rencontre un courrier d'Abd-el-Kader : il cause avec lui, il apprend qu'il est porteur de lettres; une lutte sans merci s'engage alors entre eux. Bonnemain est vainqueur, s'empare d'une douzaine de missives qu'Abd-el-Kader envoyait aux tribus de la province de Constantine pour les exciter à la révolte.

Après l'expédition des Portes-de-Fer, de Bonnemain fut récompensé de ses utiles services par la croix de chevalier de la Légion d'honneur. Il avait alors vingt et un ans.

« Jamais récompense, disait-il souvent, ne me rendit si fier et si heureux. »

A dater de cette époque, de Bonnemain rentra aux spahis avec le grade de maréchal des logis et prit part à toutes les expéditions faites dans la province de Constantine, tant en Kabylie que dans le Sahara, notamment à la prise de possession de Tuggurt par le colonel Desvaux.

En 1856, M. de Bonnemain, capitaine aux 3ᵉ spahis, fut chargé par le maréchal Randon d'une mission à R'damès (Sahara central).

Le double but que le gouverneur général s'était proposé était non seulement de faire reconnaître la route qui conduit à R'damès et les difficultés qu'elle peut présenter, mais encore d'apprécier quels seraient les produits de nos manufactures qui pourraient faire l'objet d'un commerce d'échange.

Muni de ces instructions, le capitaine Bonnemain se mit en route le 26 novembre 1856.

Il se rendit d'abord à El-Oued, dans le Souf, et là il se joignit à une caravane de Souafas. Jusqu'à Bir-Mouïssa, où elle arriva le 4 décembre après avoir franchi une distance d'environ cinquante-cinq lieues, la caravane suivit une route encombrée souvent de dunes de sable, mais offrant au moins des pâturages où les Trouds, tribu nomade du Souf, font paître de nombreux troupeaux. Elle est jalonnée de puits abondants.

Il n'en est pas de même entre Bir-Mouïssa et R'damès. Là, pas une goutte d'eau et peu d'herbe pour les chameaux. Pendant quatre-vingts lieues environ, on ne voit que des montagnes de sable, appelées R'ouds, qui présentent un aspect des plus confus. C'est l'image de la stérilité et de la désolation. La caravane mit onze jours à franchir cette triste contrée, et arriva au bout de sa course le 17 décembre, exténuée de fatigues et de privations.

En entrant à R'damès, M. Bonnemain se fit conduire chez le hakem de la ville, coulougli tripolitain, nommé Osman-Bey. Il fut accueilli avec froideur. Le bruit avait couru que son voyage avait pour but de lever le plan de la ville et d'étudier les moyens de s'en emparer; mais il réussit promptement à faire justice de ces faux bruits, et dès le lendemain on lui montra moins de réserve. Il put alors tout visiter sans difficulté.

R'damès compte 7 à 8,000 habitants et environ vingt mille palmiers. Un mur de plus de 3 mètres de hauteur forme l'enceinte. La porte principale est située à l'ouest. Les maisons ont toutes un étage, se touchent et sont recouvertes en terrasse. Les hommes restent ordinairement au rez-de-chaussée. C'est là que sont les magasins. Le premier étage est réservé à la famille. Les terrasses ne sont fréquentées que par les femmes et les enfants.

Cette ville, vaste entrepôt des produits du nord de l'Afrique et du Soudan, fait un commerce considérable.

Après six jours passés à R'damès, le capitaine de Bonnemain en repartit le 24 décembre pour regagner l'Algérie et rapporter de nombreux et précieux renseignements qu'il avait recueillis sur le commerce du pays. Une grande partie des habitants l'accompagna bien au delà de la ville. Ces gens, d'abord si hostiles, avaient été ramenés à de meilleurs sentiments : il n'était plus question alors que de la France, de la force et de l'équité de son gouvernement, et du désir que tous avaient d'entrer en relations avec nous.

Ce résultat était admirable. Il est suffisamment démontré par l'accueil empressé que reçurent à R'damès d'autres voyageurs français, également envoyés en mission plus tard (colonel Mircher, Duveyrier, etc.).

Le commandant de Bonnemain fut nommé officier de la Légion

d'honneur en 1857. Il avait depuis longtemps le même grade dans l'ordre du Nicham de Tunis.

En 1863, il était promu chef d'escadron. En dehors de son service habituel de régiment, il fut souvent chargé de missions de confiance et la plupart du temps périlleuses, dont il s'acquitta toujours à la plus grande satisfaction de ses chefs.

Ainsi, pendant l'hiver de 1863-1864, il resta presque toujours à cheval, entre Tuggurt et Ouargla, avec le caïd Si-Ali Bey et ses goums, pour surveiller le sud de la province de Constantine, et protéger nos tribus contre toute tentative des rebelles de l'ouest. Si la province ne fut pas atteinte par l'insurrection, c'est grâce à la police sévère et vigilante que, sous la direction du général Desvaux, il contribua à organiser sur ce point. Il ne revenait des régions sahariennes que pour se rendre aussitôt dans les montagnes de la Kabylie, où il se signalait encore par d'éminents services. A cette occasion, le gouverneur écrivait :

« Le chef d'escadron de Bonnemain, dont vous me signalez le « concours utile et dévoué, m'est connu depuis longtemps, et j'ap-« précie tout particulièrement ses brillantes qualités militaires.

« Je vous prie de lui témoigner toute ma satisfaction pour les « nouveaux services qu'il vient de rendre pendant sa mission en « Kabylie.

« Maréchal Pélissier. »

Combien de fois, par sa parole éloquente et persuasive, sur laquelle les indigènes avaient la plus entière confiance, Bonnemain n'a-t-il pas ramené dans le devoir des populations égarées par le fanatisme ou par les intrigues de quelques fauteurs de troubles!

Ce fut un de ces hommes éminemment utiles dans les établissements nouveaux, comme le nôtre en Algérie, où se trouvent en présence des races qui diffèrent par les nationalités, la religion et le langage. Ces hommes sont, au fond, de véritables missionnaires, qui deviennent, souvent à leur insu, le trait d'union entre ces races; car, mettant de côté tout amour-propre national puéril, ils n'attendent pas que l'inférieur en civilisation, le vaincu de la veille, vienne au-devant de nous : ils font eux-mêmes les premiers pas, apprenant sa langue, empruntant ses mœurs et ses usages, afin de gagner peu à peu sa confiance et de pouvoir ainsi lui faire faire quelques pas dans la voie du progrès. C'est le système qui avait si bien réussi à nos pères dans le Canada, et partout où ils se sont trouvés en présence de populations à demi-barbares.

C'est tout simplement la pratique instructive de la fraternité, ou, ce qui dit plus encore, c'est au fond la vraie charité chrétienne.

A ce simple mot sur le côté caractéristique de la carrière africaine de l'ancien interprète Bonnemain, ajoutons un exemple pris dans sa vie militaire si brillante.

En 1858, la tribu du Zouar'a, dans les montagnes, à vingt lieues de Constantine, était en rumeur.

Un officier du bureau arabe se rendit sur les lieux; mais quelques mauvais sujets, comme il s'en trouve partout, le reçurent à coups de fusil. La garnison de Constantine avait en ce moment tout au plus 600 hommes disponibles. On les fit partir sous les ordres du général Lefebvre.

Cette petite colonne alla au cœur même du pays et campa à Fedj-Baïnen. Le général Gastu, commandant la division, voulant se rendre compte des motifs pour lesquels cette population du Zouar'a, soumise la veille, venait ainsi tout à coup de se révolter, fit partir Bonnemain et Féraud, pour procéder, sur les lieux, à une enquête.

Depuis quelques jours, les deux interprètes étaient à Baïnen : pas un indigène ne se montrait. Les villages étaient abandonnés, et la population, en armes, s'était retranchée dans les bois, prête à faire le coup de feu si nous marchions contre elle. Fatigués de cette situation, d'autant plus que la colonne était trop faible pour pénétrer dans les forêts, Bonnemain dit à son camarade : « Allons donc voir ces Kabyles; puisqu'ils ne viennent pas, allons les chercher. »

« En effet, raconte Féraud nous montâmes à cheval aussitôt, accompagnés seulement de deux ordonnances indigènes pour tenir au besoin les chevaux, et n'ayant aucune arme ni les uns ni les autres. Mais on avait fait le vide autour de nous, et, après trois ou quatre kilomètres dans les bois, nous n'avions pas rencontré âme qui vive. Découragés de nos recherches infructueuses, nous nous arrêtons auprès d'une source ombragée par un grand frêne. Au bout d'un instant, après avoir fumé nos cigarettes, Bonnemain prenait, dans sa djebira, son djouak (flûte arabe en roseau), dont, par parenthèse, il jouait à merveille.

Il entonna des airs de danse arabe qui vibrèrent aussitôt au milieu de la solitude de ces bois, pendant que les deux ordonnances et moi accompagnions la cadence en frappant des mains à la manière du pays.

Au bout d'un quart d'heure, un Kabyle montrait la tête derrière un buisson, puis disparaissait.

« Un instant après, ils étaient deux, puis trois, et ainsi de suite.

« Bonnemain soufflait toujours dans son instrument ; quand il vit que ses auditeurs étaient assez nombreux, il se mit à rire et leur adressa de ces plaisanteries qu'il savait si bien dire.

« Mais venez donc, tas de nigauds ! Pourquoi vous cachez-vous comme des singes ? Vous voyez bien que nous sommes sans armes ; nous ne voulons ni vous manger tout crus, ni en travers. Approchez, que nous causions ensemble. »

« Les Kabyles vinrent, en effet, s'asseoir autour de nous, mais gardant prudemment leurs fusils entre les jambes. Ils nous expliquèrent leur affaire, ajoutant, à la fin, qu'on avait répandu parmi eux le bruit que nous allions nous emparer de leurs femmes pour les donner aux soldats, et qu'eux, les maris, seraient jetés à la mer ou envoyés en esclavage en France, etc.

« Bonnemain, toujours riant et plaisantant sur ces absurdités inventées par quelques fauteurs de troubles, promit qu'il ne leur serait rien fait s'ils amenaient les coupables. Il leur donna sa parole ; on se toucha la main de part et d'autre.

« Quelques instants après, nous revenions au camp avec toute la population derrière nous : les propagateurs de faux bruits étaient livrés, et nous rentrions à Constantine sans que la colonne eût brûlé une amorce. »

Voilà un fait qui semble romanesque ; mais ce n'est qu'un exemple des services que rendait journellement Bonnemain. En 1848, El Hadj Ahmed, le dernier bey de Constantine, après avoir vainement lutté pour relever sa puissance déchue, fit sa soumission au colonel Canrobert, commandant la colonne de l'Aurès. L'ex-bey, dont les malheurs avaient considérablement aigri le caractère, demanda avec instance à n'être approché par aucun des chefs arabes, « qui l'avaient trompé et trahi, » disait-il. On respecta sa volonté, et il fut provisoirement installé dans une maison de Biskra. Il demanda encore une faveur, celle d'être mis en relations avec Si Mustapha Bonnemain, dont il avait souvent entendu parler.

Bonnemain se présenta aussitôt : il était costumé en officier indigène de spahis. Son langage, ses manières, en un mot sa prestance, trompèrent le bey au point qu'il entra en colère et mit le visiteur à la porte, le prenant pour un chef indigène. Il fallut que les officiers français, et le colonel Canrobert surtout, vinssent affirmer au bey qu'il était dans l'erreur. Bonnemain reparut en riant, reçut des excuses et fut comblé de caresses par El Hadj Ahmed, qui, séduit par son caractère ouvert, voulut n'avoir de relations qu'avec lui, et le conserver comme compagnon de route jusqu'à Constantine.

Pendant trente ans non interrompus de fatigues et de pénibles expéditions, Bonnemain avait conservé un tempérament de fer, était toujours d'une vigueur à toute épreuve; c'était un de ces types exceptionnels créés pour la guerre d'Afrique, et en même temps une nature d'élite dans toute l'acception du mot.

De Bonnemain est mort à la Calle le 13 janvier 1867, pendant qu'il faisait une inspection des smalas de spahis. Il avait manifesté la volonté d'être inhumé dans sa propriété d'El-ma-Berd, près de Constantine. Ses obsèques eurent lieu le 18 dans cette ville. Le convoi funèbre, conduit par le général commandant la division, se dirigea de la maison du défunt jusqu'à l'église, puis de là sur l'esplanade de la porte Valée, où une foule immense d'Arabes stationnaient. Après les dernières cérémonies catholiques, les corporations religieuses musulmanes des Tidjania et de Sidi-Abderrhaman, leur mokaddem en tête, comme pour témoigner encore une fois de leur attachement pour celui qu'ils avaient su apprécier, prirent le cercueil sur leurs épaules et, se le passant de l'un à l'autre, le transportèrent jusqu'au camp des Oliviers en psalmodiant les prières et les chants funèbres musulmans.

Ce fut encore là un des incidents particuliers de cette existence si singulière. Bonnemain, qui avait vécu en sceptique, fut inhumé avec le double concours de la religion chrétienne et de la religion mahométane.

Interprètes de l'armée d'Afrique. — Mémoires du maréchal Randon. Archives militaires.

BORÉLY DE LA SAPIE.

M. Borély de la Sapie (Pierre-Martin), né à Seyne (Basses-Alpes) le 5 mars 1814, fit ses études classiques au lycée d'Avignon; et, à peine rentré dans sa famille, à l'âge de vingt-sept ans, il se distingua « dans les œuvres de dévouement désintéressé et d'amour de l'humanité en remplaçant au chevet pestilentiel des cholériques les médecins qui avaient abandonné leur poste de combat. »

Cette première action d'éclat lui valut une médaille d'or grand module.

En 1843, M. Borély de la Sapie arrive en Algérie, et un an plus tard va se fixer à l'endroit le plus insalubre, le plus dangereux de la plaine de la Mitidja : au Haouch Soukaly, à 4 kil. de Boufarick. Les malheureux colons tombaient autour des sillons, minés par la fièvre; la mort était partout : Borély de la Sapie se dit que c'était là qu'il y avait du mérite à coloniser et que c'est là qu'il voulait vivre. Et sans retard il se mit à l'œuvre; en deux mois il dessécha un marais de 200 hectares. L'année suivante, ce marécage, qui avait été ensemencé sitôt son desséchement, donnait de magnifiques récoltes. Les aménagements, les améliorations se succédèrent, et, après des efforts, des fatigues inouïes, ce qui avait été le domaine du palmier nain et des fièvres paludéennes devint « le chef-d'œuvre de la colonisation algérienne », suivant la très juste expression du colonel Trumelet. Avec ses innombrables plantations d'arbres fruitiers, d'orangers, de mûriers, de vignes, avec ses belles prairies bordées de saules noueux à l'ombre desquels ruminent de gras troupeaux de l'espèce bovine, avec ses constructions tenant à la fois de la ferme et du château, le domaine de Soukaly a ce grand air que l'on remarque dans les exploitations agricoles de Normandie et d'Angleterre.

Il y a là 45 hectares de vignes, 30 hectares d'orangeries, des plantations de toutes sortes, 80 hectares irrigués.

M. Borély n'a concouru que pour l'élevage du cheval : il a remporté de nombreux prix.

Mais l'œuvre agricole de M. Borély de la Sapie, pour *glorieuse* qu'elle soit, n'est pas le seul titre qu'il ait à la reconnaissance de l'Algérie. Il ne s'est pas borné à créer une propriété sans rivale, il a passé la moitié de son existence en travaux, en démarches, en rapports, en discussions pour les progrès de la colonie. Il faudrait un volume pour analyser l'existence si laborieuse, si dévouée de M. Borély de la Sapie. Il n'est pas, depuis quarante ans, d'association algérienne importante, de commission administrative élevée dans laquelle on ne rencontre le vaillant homme comme membre actif et plus souvent comme président.

Rappelons succinctement les travaux auxquels il a pris part. Il en est dans le nombre dont les résultats ont été de la plus haute importance pour l'avenir de l'Algérie.

Président du premier comice agricole de la province d'Alger en 1849;

Premier maire de Boufarick lors de la création de la municipalité;

Secrétaire, puis Président de la Chambre consultative du département d'Alger;

Président de la délégation des trois provinces envoyée à Paris pour lutter contre le sénatus-consulte et le « royaume arabe » rêvé par Napoléon III;

Conseiller général du département d'Alger jusqu'en 1870;

Délégué du Conseil général au Conseil Supérieur;

Maire de Blidah;

Président de la Commission des indemnités, qui a distribué *vingt millions* pour réparer les désastres de l'insurrection de 1871;

Membre correspondant de la Société nationale d'agriculture de France;

Plusieurs fois délégué à Paris par l'administration supérieure;

De nouveau conseiller général depuis 1882 jusqu'à ce jour;

Membre du Conseil Supérieur de gouvernement, il a été vice-président de cette assemblée pour la session de 1884;

Membre de la Commission du *Stud-book* algérien;

Membre du bureau du Syndicat des Viticulteurs de la province d'Alger;

Président du comice agricole de Boufarick;

Président de la Société hippique de la Mitidja;

Président de la Société d'Agriculture d'Alger;

Président du comité départemental d'Alger pour l'Exposition de 1889.

Est-ce tout? Non. Nous en oublions; cette longue nomenclature comporte encore une liste interminable de commissions administratives, d'études de tous genres.

Il n'est pas d'existence mieux remplie; il n'en est pas de plus vaillante ni de plus digne d'éloges.

Aussi de nombreuses et hautes récompenses lui ont-elles été décernées. Il a reçu une médaille d'or après l'invasion du choléra; il est chevalier du Mérite agricole et officier de l'Instruction publique.

Nommé chevalier de la Légion d'honneur le 29 décembre 1854, M. Borély de la Sapie a été promu officier de cet ordre le 21 septembre 1872.

<small>Documents particuliers et officiels. — *Boufarick*, par le colonel Trumelet. — *Histoire de la colonisation de l'Algérie*, par Louis de Baudicour.</small>

BOSQUET.

Bosquet (Pierre-François-Joseph), maréchal de France, sénateur, né à Mont-de-Marsan (Landes) le 8 novembre 1810, fut admis à l'École polytechnique en 1829, passa, deux ans après, en qualité de sous-lieutenant élève d'artillerie, à l'école d'application de Metz, et en sortit en 1833 pour rejoindre le 10° d'artillerie. Lieutenant en second (1er janvier 1834), il s'embarqua le 8 juin suivant pour l'Algérie, où il était destiné à servir jusqu'en 1853. Capitaine en 1839, il se fit remarquer au combat de Sidi-Lakdar (14 janvier 1841), dans lequel il fut blessé d'un coup de feu à la tête, et à celui de l'Oued-Melah (17 juillet 1841).

Lors de la formation des troupes indigènes en Afrique, beaucoup d'officiers des armes spéciales demandèrent à y être admis. Le capitaine Bosquet, que ses brillants services désignaient d'une manière toute particulière, fut nommé, le 5 juin 1842, chef de bataillon des tirailleurs indigènes d'Oran. A la tête de ce corps, il se distingua, le 14 mai 1843, dans une razzia exécutée contre la tribu des Flittas, et mérita d'être cité au rapport du gouverneur général. Lieutenant-colonel depuis 1845, il fut promu au grade de colonel du 53° de ligne (8 novembre 1847), et passa, en la même qualité, au 16° de la même arme. Il fut appelé, le 30 avril 1848, au commandement de la subdivision d'Orléansville et contribua puissamment le mois suivant à réprimer l'insurrection qui avait éclaté dans la contrée de l'Ouarensenis.

Nommé général de brigade le 17 août 1848, il reçut le commandement de la subdivision de Mostaganem, puis de celle de Sétif, où il combattit avec distinction les contingents de Bou-Barg'a.

Parti de cette ville le 18 janvier 1852, il était le 21 à l'entrée de la vallée de l'Oued-Sahel, près du territoire des Fenayas, avec 1,500 hommes d'infanterie, 150 chevaux et une section d'artillerie.

Le lendemain il était rejoint par le colonel Jamin, qui amenait avec lui la garnison de Bougie et deux bataillons du 8ᵉ léger, ce qui porta l'effectif de la colonne à 3,000 hommes d'infanterie et 1,400 chevaux ou mulets.

Le général prit immédiatement l'offensive. Le 26, la colonne traversa l'Oued Tifra et s'avança sur les pentes des Beni-Mansour, des Ouled si Moussa, aborda avec vigueur l'ennemi et le rejeta en arrière des crêtes abruptes qui forment la ligne de partage des eaux de l'Oued Sahel et du Sebaou, dont le col d'Akfadou au sud et celui de Ksar K'bouch au nord sont les points de passage pour aller d'une vallée dans l'autre.

Ce succès marqua le terme d'une opération entreprise inopinément, dans cette saison des moins favorables, et qui avait, d'ailleurs, rétabli la tranquillité dans le pays. Le gouverneur général employa les troupes du général Bosquet, pendant une partie du mois de février, à ouvrir, entre Ksar K'bouch et Bougie, la route carrossable qui devait un jour relier cette dernière ville à Alger et permettre une surveillance plus active sur cette contrée montagneuse si facile à agiter.

Ces travaux touchaient à leur fin et le général se disposait à renvoyer les troupes dans leurs garnisons, quand une tempête terrible vint à éclater. Bien que la pluie, le vent, la neige, rendissent très difficile la route qui conduisait à Bougie, les vivres étant près de manquer, il fallut néanmoins lever le camp et descendre dans la plaine. On se mit en marche le 22 février; mais, la tempête augmentant de fureur, toute trace de route fut bientôt perdue, et ce fut dans le plus grand désordre que les troupes arrivèrent à Bougie dans la journée du 23, en laissant derrière elles un certain nombre d'hommes et de chevaux, noyés, enfouis dans les neiges ou saisis par le froid.

Le général Bosquet déploya la plus grande énergie dans cette triste circonstance.

En mai et juin, il prit part à l'expédition de Milah. En 1853, il commanda la deuxième division de l'expédition des Babors et fut promu général de division le 11 août de cette même année. Il rentra alors en France, après vingt campagnes glorieuses accomplies sans relâche dans notre colonie.

Le général Bosquet s'est encore conduit brillamment dans la guerre de Crimée et particulièrement à Sébastopol, où il fut atteint d'un obus qui mit un moment ses jours en danger.

Nommé sénateur le 7 février 1856, il fut élevé à la dignité de maréchal de France le 18 mars suivant.

Le général Bosquet est mort le 3 février 1861. L'empereur décida qu'une statue lui serait érigée à Pau, et accorda à sa mère une pension de 6,000 francs.

Son nom a été donné à un centre de population créé, en 1873, à 43 kil. de Mostaganem (Oran) sur la route de cette ville à Mazoura.

*Archives militaires. — Documents officiels. —Mmoires du maréchal Randon.
Spectateur militaire.*

BOU ALEM BEN CHERIFA.

Sous le gouvernement d'Abd-el-Kader, Bou Alem ben Cherifa était bach-chaouch du Djendel. Ses intérêts particuliers et les tracas qu'il a eus sous Ben Allal, khalifa de l'Émir, le rallièrent à la cause française en 1842.

Depuis sa soumission jusqu'à sa mort, ce chef, craint et redouté de ses coreligionnaires, n'a cessé de donner des preuves journalières de son attachement à la France.

Il a marché cinquante-sept fois à la tête de ses goums dans toutes les insurrections et prises d'armes et les a vigoureusement conduits. Successivement chevalier de la Légion d'honneur en 1845, officier en 1852, commandeur en 1860, Bou Alem était grand officier de cet ordre du 7 septembre 1877 et grand officier du Nicham Iftikar de Tunis.

Le maréchal Bugeaud lui adressa une lettre de félicitations pour sa belle conduite lors de la fameuse nefra du marché du Djendel en 1845, qu'il réprima avec une poignée d'hommes. Dans cette affaire, il fut blessé à la tête d'un coup de sabre.

Bou Alem était Bach-Agha du Djendel du 1ᵉʳ février 1846; son autorité s'étendait sur tout le bach-aghalik, c'est-à-dire sur tout l'ancien cercle de Milianah. Très respecté des indigènes de cette région et jouissant sur eux d'une très grande influence, il l'a toujours employée à notre cause.

Malgré ses relations toutes françaises, ses nombreux voyages à Paris, Bou Alem avait conservé ce caractère sauvage de l'indigène; toutefois, ses rapports avec l'autorité française étaient courtois et convenables, et chez lui l'hospitalité était légendaire.

Il est décédé le 18 octobre 1885.

Documents officiels.

BOU-DERBA.

Ismaël Bou-Derba, né à Marseille le 25 janvier 1823, était fils de Si Bou-Derba, qui traita de la capitulation d'Alger avec le général de Bourmont. Il fut élevé au collège Louis-le-Grand, mais resta néanmoins musulman. Nommé interprète militaire temporaire, il suivit en cette qualité l'expédition de la colonne de Laghouat et du M'Zab.

En 1854, il eut un cheval tué sous lui dans un combat contre la tribu des Oulad-Oum-el-Akhoua.

En 1854-1855, il fit partie de l'expédition de Tuggurt (Sud Constantinois).

En 1858, Bou-Derba fut chargé par le maréchal Randon d'explorer les contrées qui séparent Ouargla de R'ât. Il partit donc de Laghouat le 1ᵉʳ août, avec 25 chameaux chargés de vivres et d'eau, pour se rendre à R'ât, à une distance de 1,400 kilomètres.

Habitué à trouver dans le Sahara algérien de nombreux nomades, d'immenses troupeaux et, tous les deux ou trois jours, de riches oasis, Bou-Derba doutait du désert comme Jacquemont doutait de la tempête avant d'être entré dans l'océan Indien. Mais quand il vit toute végétation disparaître, sauf quelques arbres rabougris; les sables roulés par les vents en dunes mobiles où les chameaux entraient jusqu'au poitrail; les roches calcinées par un soleil torride; pas un être vivant, un ciel de feu, une terre brûlée sur laquelle passe si souvent le terrible siroco, et les espaces sans bornes, sans vie, il reconnut la seule chose que l'homme n'ait pas encore vaincue : le désert, « la terre de la peur », comme son guide l'appelait.

Cependant, qu'une pluie survienne, et dans les innombrables vallées que forme la succession ininterrompue des collines, l'herbe, en une nuit, repousse; une saison pluvieuse remplit les sources, et, disait le chef targui, donne pour trois ans dans les vallées de la végétation au Sahara. Mais il y avait cinq années que la sécheresse durait, et la misère était extrême partout où quelques groupes d'habitations existent. Un jour, la caravane trouva un homme mort de soif; le cadavre pressait encore sur ses lèvres sa gourde épuisée; plus loin, elle rencontra des femmes qui ne vivaient qu'en pillant les magasins de provisions des fourmilières; les hommes étaient partis pour chercher au loin des vivres.

Toutefois, l'eau ne manqua point à notre caravane ; elle trouva toujours des puits, même des sources artésiennes qui révèlent l'existence d'une nappe souterraine à peu de profondeur ; elle atteignit R'ât sans difficultés, sinon sans fatigue. Mais elle faillit échouer au port. Nos deux vieux ennemis, El-Snoussi et Mohammed-ben-Abdallah, disparus depuis la prise de Tuggurt, avaient eu connaissance de son départ de Laghouat, et, le second, réfugié alors dans le Touat, se proposait de l'enlever au passage. Quant à El-Snoussi, il avait envoyé de fréquents messages aux notables de R'ât, leur racontant que les Français avaient voulu s'emparer de Djedda pour marcher de là sur la Mecque (1), mais que les fidèles croyants les avaient vaincus, exterminés ; qu'il fallait en faire autant de ceux qui s'avançaient à cette heure sur R'ât, et qui, naguère, étaient allés à R'damès, preuve certaine de leur intention de soumettre le Sahara. Il ajoutait que, pour lui, il allait arriver avec d'innombrables cavaliers et commencer la guerre sainte.

Les esprits étaient donc en grande fermentation, mais le chef touareg qui avait l'autorité à R'ât, était un homme intelligent ; il eut de longues conférences avec l'interprète Bou-Derba et reconnut que sa tribu aurait tout à gagner à faciliter les relations entre R'ât et l'Algérie. Des présents distribués aux autres chefs achevèrent de paralyser le mauvais vouloir du bas peuple.

A ce moment, les caravanes de R'damès, du Fezzan et d'Égypte étaient seules arrivées ; on n'attendait pas avant un mois celles du Soudan. Cependant il y avait déjà en ville plus de six mille charges de marchandises, la plupart en produits anglais. Un marchand algérien du Souf avait apporté quelques denrées d'Alger qu'il avait fort bien vendues.

Bou-Derba rentra à Laghouat le 1ᵉʳ décembre 1858, plein d'illusions sur son exploration ; car il s'imaginait que nous pouvions désormais entreprendre un commerce fructueux dans ces régions sahariennes. Or, trente ans se sont écoulés depuis, et elles demeurent plus que jamais en dehors de toutes relations avec nous.

L'exploration de Bou-Derba a été publiée par la *Revue algérienne*

---

(1) A ce moment il y avait, dans le monde musulman, comme une surexcitation du fanatisme. Le 15 juin de cette même année 1858, le consul de France, le vice-consul d'Angleterre et bon nombre d'Européens avaient été massacrés à Djedda ; et, le 25 juillet, une escadre franco-anglaise avait bombardé cette ville.

et coloniale en décembre 1859, ainsi que dans le *Bulletin* de la Société de géographie de Paris, sous le titre de *Voyage à R'ât*.

Mémoires du maréchal Randon. — Revue algérienne et coloniale. — Bulletin de la Société de géographie de Paris. — Revue africaine.

BOURBAKI.

Charles-Denis-Sauter Bourbaki, général de division au cadre de réserve, grand-croix de la Légion d'honneur, dont le nom est connu du monde entier et a retenti dans toutes les armées de l'Europe, fils d'un colonel d'origine grecque (1), est né à Pau (Basses-Pyrénées) le 22 avril 1816.

Admis à la Flèche en 1830, il se montra peu assidu au travail, emporté par l'exubérance d'un caractère qui annonçait déjà chez l'enfant une audace peu commune. Reçu à Saint-Cyr le 15 novembre 1834, il en sortit le 12 octobre 1836 sous-lieutenant au 59e de ligne, alors à Bône. Il commença sa vie militaire en novembre de la même année en prenant part à la première expédition de Constantine, où son régiment forma la brigade de réserve aux ordres du colonel Petit d'Auterive. Il quitta le 59e pour entrer au régiment des zouaves du colonel La Morcière à Alger, régiment avec lequel il fit en 1837 la deuxième expédition de Constantine à la 1re brigade du corps expéditionnaire. Décoré le 19 juillet 1840 pour fait de guerre, quoique fort jeune et simple lieutenant, il passa lieutenant à la légion étrangère à Alger, ayant déjà la réputation d'un officier de guerre du plus brillant courage et de l'intelligence la plus remarquable. Il fut promu, le 15 juin 1842, moins de six ans après sa sortie de Saint-Cyr, capitaine aux zouaves sous les ordres du colonel Cavaignac. Presque toujours en expédition, cité dans la plupart des rapports des généraux pour sa vigueur exceptionnelle, il fut appelé en 1845 auprès du roi Louis-Philippe comme officier d'ordonnance. Il fut mis en activité hors cadre et nommé chef de bataillon au 6e léger, alors dans la province d'Oran, le 28 août 1846. Revenu en Algérie sur sa demande, il sollicita bientôt et obtint le commandement

(1) C'est le colonel Bourbaki que le roi Joseph envoya en 1815 à l'île d'Elbe, à son frère cadet Napoléon Ier pour lui faire savoir que les puissances étrangères avaient arrêté le dessein de le faire transporter à Sainte-Hélène. Cette révélation décida l'empereur à tenter son retour en France.

du bataillon de tirailleurs de Constantine et de Bône, bataillon à la tête duquel il se montra de plus en plus brillant.

Toute l'armée connaît la fameuse chanson des Turcos, dont Bourbaki est le héros.

En voici les premiers couplets :

> Gentil Turco,
> Quand autour de ta boule,
> En long serpent s'enroule
> Ce calicot
> Qui te sert de shako,
> Madam' Maco
> T'offre aussitôt
> Son cœur et son fino.
> Voilà le Turco
> Voilà le Turco Bono.
>
> Dans les maquis,
> Dans les bois, dans la plaine,
> Rien ne le gêne;
> S'il est requis,
> Par lui tout est conquis.
> Il doit ce chic exquis,
> A qui?
> A Bourbaki,
> Honneur à Bourbaki!

Lieutenant-colonel au 3ᵉ léger, le 16 janvier 1850, puis aux zouaves trois mois plus tard, officier de la Légion d'honneur le 26 décembre 1850, colonel du 1ᵉʳ zouaves le 24 décembre 1851, moins de deux années après avoir obtenu le grade précédent, ayant à peine 35 ans, il était le plus jeune des chefs de corps d'armée, le plus en renom, et personne ne contestait la légitimité de son rapide avancement.

C'était un autre La Moricière!

La guerre ayant éclaté en 1854 avec la Russie, le 1ᵉʳ zouaves, son intrépide colonel à sa tête, fut embarqué dans le premier convoi, au mois de mars. Débarqué à Gallipoli et ayant gagné Varna, le 1ᵉʳ zouaves fit la malheureuse pointe de la Dobrutscha, y perdit beaucoup de monde par le choléra et se trouva, le 20 septembre, à la bataille d'Inkermann. Dans ces deux journées, les zouaves du 1ᵉʳ régiment, rivalisant avec ceux du 2ᵉ, du colonel Clerc, firent des prodiges de valeur.

Le colonel Bourbaki, promu général le 16 octobre 1854, quelques jours avant Inkermann, ne les commandait plus à cette dernière affaire ; il était à la tête de la 2ᵉ brigade de la 2ᵉ division (Bosquet). Lancé par Canrobert avec le 3ᵉ zouaves et le 6ᵉ de ligne sur les Russes, il contribua puissamment au succès de la bataille.

Le 8 septembre 1855, jour de l'attaque générale de la ville russe, le brave général commandait la 1ʳᵉ brigade de la 5ᵉ division (de Lamotte-Rouge) du 2ᵉ corps. En menant sa brigade à l'attaque du petit Redan et de la Courtine, au centre et à droite de l'ordre de bataille, il fut blessé à la poitrine et continua néanmoins à combattre. Le 22 septembre, quelques jours après la victoire à laquelle il avait contribué, Bourbaki reçut la croix de commandeur. De retour en France, il prit le commandement de la subdivision de la Gironde à Bordeaux, puis, sur sa demande, fut mis à la disposition du gouverneur de l'Algérie (maréchal Randon), qui lui donna d'abord le commandement de la subdivision de Constantine. Lors de la formation du corps de 1857 pour l'expédition de la Grande-Kabylie, il reçut le commandement de la 1ʳᵉ brigade de la division Mac-Mahon. Ce fut lui qui, le 24 mai, enleva les embuscades des Beni-Raten, chassa devant lui les tirailleurs kabyles répandus dans les champs de figuiers et se présenta devant Tacherahir qu'il trouva fortement occupé. Mais l'attaque fut plus vigoureuse encore que la défense, et les Kabyles se virent bientôt serrés de si près qu'ils abandonnèrent leurs retranchements pour se précipiter dans le ravin de Ben-Kahel.

A 800 mètres au delà de Tacherahir s'élève Bélias. Les retranchements en terre et les abatis d'arbres qui l'entouraient, sa position escarpée et le nombre de ses défenseurs lui donnaient une force de résistance considérable. Le général Bourbaki l'enleva au pas de course et ne s'y arrêta que quelques minutes, le temps de laisser prendre haleine à ses soldats. Immédiatement après, il lança le 3ᵉ zouaves et le 54ᵉ de ligne sur Affensou, situé à 2 kil. de Bélias et 250 mètres plus haut. Malgré les difficultés de terrain et la vigueur de l'ennemi, ce village tomba entre nos mains. Ce fut encore lui qui, le 24 juin, enleva avec son intrépidité ordinaire les positions d'Ischeriden.

Le rapport du maréchal Randon sur cette dernière affaire finit ainsi : « Je ne dois pas, en terminant, vous laisser ignorer l'intelligent et énergique concours que m'a prêté dans cette journée, M. le général Bourbaki, qui a eu un cheval tué sous lui. »

A la suite de cette courte et brillante expédition, Bourbaki reçut les épaulettes de général de division et fut rappelé en France. En 1859, il prit part à la campagne d'Italie. Au moment de la déclaration de guerre en 1870, Bourbaki était aide de camp de l'empereur, grand officier de la Légion d'honneur. Cette campagne devait avoir pour lui des péripéties sans nombre. Il combattit sous Metz, commanda les forces de la région du Nord, puis l'armée de l'Est, avec laquelle il chercha à débloquer Belfort. Obligé de céder devant le nombre, après avoir gagné la bataille de Villersexel, il bat en retraite sur Besançon, et, finalement, passe avec son armée en Suisse, plutôt que de se rendre. Au dernier moment, le 26 janvier, accablé de désespoir, l'intrépide général, après avoir mis lui-même ses troupes en marche, tenta de se faire sauter la cervelle d'un coup de revolver. La balle s'aplatit sur l'os frontal.

La paix signée, il eut le gouvernement de Lyon, et figure maintenant au cadre de réserve.

Le Panthéon Fléchois. — Historique du 1er zouaves. — Mémoires du maréchal Randon.
Archives militaires.

BOURDIS.

En décembre 1839, le Camp-Supérieur de Blidah était bloqué par les Arabes des Beni-Salah, et de telle façon que l'eau potable et les vivres manquèrent bientôt. La situation devenait critique; il fallait absolument aviser et, le 29 décembre, le colonel Gentil, du 24e de ligne, demanda un homme de bonne volonté pour aller, la nuit, porter une dépêche au général Rulhière, commandant le poste de Boufarick.

Il ne s'agissait de rien moins que de parcourir trois lieues d'un pays occupé par l'ennemi, de traverser ses postes, d'échapper à la vigilance de ses sentinelles et de ses coureurs : c'était, en un mot, jouer sa tête pour le salut de tous. Le caporal Bourdis n'hésita pas : il partit à minuit, sans déguisement, s'abandonnant à sa fortune, et sans autre préoccupation que d'atteindre son but et de remplir sa mission.

Après avoir failli vingt fois tomber entre les mains des Arabes qui sillonnaient sans cesse la route du Camp-Supérieur à Boufarick, le brave Bourdis arrivait sain et sauf à sa destination.

Récompensé de sa courageuse action par les galons de sergent,

Bourdis tomba mortellement blessé dans une autre affaire de ravitaillement, cette fois sous Miliana, le 8 octobre 1840.

Le colonel Trumelet, qui rapporte ce fait, ajoute très judicieusement : « Les soldats de cette valeur ne vivent jamais vieux. »

Boufarick, par le colonel Trumelet.

BOURLIER.

M. Bourlier (Nicolas-Charles), député d'Alger, chevalier de la Légion d'honneur et officier de l'Instruction publique, est né à Langres (Haute-Marne) le 5 avril 1830. Reçu successivement médecin en 1852, pharmacien en 1854, il fut nommé professeur d'histoire naturelle à l'école de médecine et pharmacien major à l'hopital militaire du Dey à Alger. Il devint l'un des grands propriétaires de terres et forêts de la colonie.

M. Bourlier a beaucoup voyagé. Il a parcouru tous les pays du nord de l'Afrique : Égypte, Tripolitaine, Tunisie, extrême sud Algérien et le Maroc, à plusieurs reprises. Pendant deux ans, il a visité la Turquie d'Asie et la Perse et jusqu'à la mer Rouge. C'est un des hommes qui connaissent le mieux toutes les questions algériennes et sont à même de les traiter avec le plus d'autorité. Doué d'une très grande facilité d'élocution, nul, au conseil général d'Alger où il représente la circonscription de Dellys depuis 1872, n'expose de même *ex abrupto*, sans aucune préparation, les questions administratives les plus arides, avec autant de clarté, de précision et de logique triomphante. Nous avons entendu M. Bourlier discourir des heures entières au conseil général, et tous ses collègues et tout le public l'écoutaient avec une attention qui proclame mieux que nous ne saurions le faire la haute valeur et la légitime considération dont il jouit. Il a été vice-président et président du conseil général. Délégué au Conseil Supérieur de gouvernement de l'Algérie, il a été désigné comme vice-président de cette assemblée.

Son savoir, son expérience et ses qualités oratoires le désignaient depuis longtemps pour une sphère d'action plus large que celle du conseil général et du Conseil Supérieur.

En 1876, lorsque le département d'Alger fut appelé pour la première fois à élire un sénateur, M. Bourlier fut choisi comme candidat opportuniste, et il ne lui manqua que quatre voix pour être élu.

En 1871, les habitants de Saint-Pierre-et-Saint-Paul l'avaient choisi pour maire, fonction qu'il occupe encore aujourd'hui.

Aux élections du 4 octobre 1885, il fut porté sur la même liste que M. Letellier et élu par 7,453 voix sur 14,840 votants.

Il a publié, en 1863, *Guide pratique de la culture du lin en Algérie*; et de 1860 à 1864, en collaboration avec le Dr Bruch, *Revue horticole de l'Algérie*. Il a en portefeuille des manuscrits importants pour la colonisation.

Très actif et très apprécié à la Chambre, M. Bourlier promet encore à l'Algérie de longues années de services exceptionnels.

M. Bourlier fait partie de la Commission permanente des chemins de fer.

Il a successivement été rapporteur des projets de loi suivants :

Loi du 28 juillet 1886, ayant pour objet l'organisation des syndicats en Algérie pour la défense contre le phylloxera.

Loi du 28 avril 1887, ayant pour objet de modifier et de compléter la loi du 26 juillet 1886, sur l'établissement et la conservation de la propriété en Algérie.

Loi sur les pouvoirs disciplinaires.

Documents particuliers. — *Akhbar.* — *Vigie algérienne.* — *Moniteur de l'Algérie.* *Biographie des députés*, par Ribeyre. — *Dictionnaire des Contemporains.*

BOURMONT.

Louis-Auguste-Victor, comte de Ghaisne de Bourmont, né au château de Bourmont le 2 septembre 1773, sortit à quinze ans de l'école militaire de Sorèze avec le grade d'enseigne au régiment des gardes françaises, émigra en 1790, fit les campagnes de la Vendée, dans lesquelles il se distingua, et fut nommé chevalier de Saint-Louis par Monsieur, depuis Louis XVIII.

Il était réfugié en Portugal, avec sa famille, lorsque l'armée française, qui l'occupait en 1808, se vit menacée par celles réunies des Anglais, Espagnols et Portugais. Cédant alors aux nobles inspirations de son cœur, il se présente au général Junot et lui dit : *Je viens vous offrir un homme résolu et deux bras de plus.* Le général Junot accepta ses offres et le plaça comme chef d'état-major dans la division du général Loyson.

Il fit les campagnes de Russie dans les 4° et 11° corps, fut nommé, par l'empereur, chevalier de la Légion d'honneur à Lutzen, général de brigade à Nottwottsitz, où il reçut deux coups de lance et sept coups de sabre en soutenant nos tirailleurs repoussés par la cavalerie prussienne.

Sa belle défense du pont de Lons-le-Saulnier lui valut le grade de général de division. Sa sévère probité, sa rare valeur et douze blessures reçues sur le champ de bataille, lui méritèrent l'amitié de ses camarades et l'estime de ses concitoyens.

Sous la Restauration, il obtint le commandement de la 16° division militaire et coopéra à la formation de la garde royale, comme commandant de la 2° division d'infanterie.

En 1823, il fit la campagne d'Espagne à la tête de la garde royale, fut au siège et à la prise de Cadix, où sa justice et son opposition constante à toute réaction lui acquirent une grande popularité : après le départ du duc d'Angoulême, il fut nommé commandant en chef de l'armée d'occupation.

Cédant aux instances du roi, il accepta en 1829 le portefeuille de la guerre. Il signala sa courte administration par l'augmentation de la solde de retraite, et par un grand nombre de mesures avantageuses à l'armée ainsi qu'au pays.

L'honneur et la dignité de la France exigeaient une réparation éclatante du dey d'Alger, qui depuis trois ans la lui refusait et venait, par une nouvelle insulte, d'aggraver ses torts ; hésiter plus longtemps eût été un crime, une lâcheté ; concevoir le premier et démontrer, en triomphant de toutes les préventions fondées sur l'histoire, la possibilité d'un succès qui a manqué à Charles-Quint, a été l'œuvre alors, et sera dans la postérité la gloire du comte de Bourmont.

L'inhospitalité des rivages africains, l'ignorance absolue de l'état intérieur du pays, les échecs éprouvés par de grands capitaines ou les minces résultats obtenus par de grands déploiements de forces, avaient généralement accrédité l'idée de l'impossibilité d'une descente utile sur ces côtes. Après Charles-Quint, Louis XIV et l'Angleterre, on ne pouvait croire à la conquête ; cependant elle a été résolue, préparée et exécutée en moins de quatre mois, sous la direction du comte de Bourmont, que Charles X nomma général en chef de cette armée.

L'organisation de tous les services, personnel, matériel, marcha de front; jamais expédition d'une certaine importance n'a été préparée plus vite et mieux. Les approvisionnements étaient considérables; il fallait vivre sur un sol désert et dépourvu de ressources, la saison favorable pressait, un retard pouvait entraîner des désastres. Tout fut calculé; les ministres de la guerre et de la marine surent, dans cette circonstance, imprimer une telle action que tout fut prêt comme par enchantement. En trois mois, les marchés, faits à de bons prix, malgré l'importance et la quantité des achats, étaient conclus, les munitions-vivres embarqués, et les troupes rendues au point d'embarquement.

Tout le monde rivalisait alors de zèle et d'ardeur, la marine fit des prodiges, et le départ de cette armée navale composée de plus de cinq cents voiles, grandes et petites, favorisé par un temps magnifique, présenta l'un des plus beaux spectacles que l'on puisse concevoir au monde.

La traversée fut heureuse; mais, au moment où l'escadre découvrit la terre d'Afrique, le vent fraîchit, et, craignant quelques désordres sur une côte peu connue, l'amiral fit virer de bord et donna l'ordre de rallier son vaisseau dans la baie de Palma.

Bouillante et pleine de désir de se mesurer avec les bandes africaines, l'armée vit avec regret cette retraite, dont la cause ne paraissait pas expliquée; enfin, le 13 juin elle revoyait la côte, et le 14 elle foulait ce sol sur lequel sa destinée devait s'accomplir.

L'ordre le plus remarquable avait présidé au débarquement, et chaque corps, selon ses instructions reçues, était venu occuper son poste en avant de la presqu'île de Sidi-Ferruch, tandis que quelques bâtiments légers appuyaient de leur feu l'établissement des troupes et l'attaque des premières batteries.

Peu s'en fallut alors que, dès le début, l'armée ne perdît son général en chef. Monté sur une dune pour examiner attentivement la position de l'ennemi afin de diriger utilement l'attaque, il avait fixé l'attention des Turcs; plusieurs coups, habilement tirés, étaient déjà venus l'en avertir, lorsqu'un nouveau boulet, entrant à six pouces environ dans le sable, exactement sous ses pieds, ressortit du milieu de l'état-major qu'il couvrit d'un nuage de poussière.

Du 15 au 18, on continua le débarquement du matériel et des chevaux, opération qui fut contrariée par une horrible tempête. Le 19 eut lieu la bataille de Staouéli, — première victoire que le maréchal couronna le 5 juillet par la prise d'Alger.

Élevé à la dignité de maréchal de France, il s'occupait avec activité à étendre et à organiser sa conquête, lorsque Charles X fut renversé du trône. Bourmont refusa de prêter serment à Louis-Philippe : il fut remplacé dans son commandement par le général Clauzel. « Il avait demandé d'être conduit à Mahon par un bâtiment de l'État, rapporte M. Camille Rousset ; mais l'amiral Duperré refusa d'y consentir. Ce fut sur un brick de commerce autrichien que le maréchal prit passage avec deux de ses fils. »

En 1832, il fut déclaré démissionnaire et se jeta dans les aventures politiques.

Rentré en France en 1840, il alla se fixer dans son château de Bourmont, en Anjou, et passa ses dernières années dans la retraite la plus absolue. Il y est décédé en 1846.

Archives militaires. — *Le maréchal comte de Bourmont*, par Logeay. — *Fastes historiques*, par Viton de Saint-Allais. — *La Conquête d'Alger*, par M. Camille Rousset.

BOURMONT (Amédée de).

Le général en chef de l'armée expéditionnaire avait quatre fils dans ses rangs. L'aîné était auprès de lui comme capitaine aide de camp, le second (Amédée) était lieutenant de grenadiers au 49ᵉ de ligne, le troisième aide-major au 3ᵉ de ligne, et le dernier sous-lieutenant au 15ᵉ.

Ces quatre jeunes gens, pleins d'ardeur et de zèle pour le succès de l'expédition, semblaient rechercher les dangers pour acquérir de la gloire. Tout le monde se louait de l'obligeance et des bonnes manières de l'aîné, qui, au ministère comme à l'armée, avait su se concilier l'estime générale, dit M. de Fernile dans sa *Campagne d'Afrique en* 1830. Le 24 juin, au moment où le 45ᵉ recevait l'ordre de combat, dans l'affaire qui a pris le nom de Sidi-Khalef, Amédée fit observer à son colonel que les voltigeurs donnaient sans cesse et que les grenadiers méritaient le même honneur. Le colonel fit droit à sa réclamation, et ce brave jeune homme se précipita tout joyeux, à la tête de sa section, au-devant de la blessure qui devait lui donner la mort...

Ce coup fut sensible à toute l'armée ; chacun prit part à la dou leur du général en chef, et ceux qui avaient été à même d'apprécier les rares qualités de ce jeune et vaillant soldat, pleurèrent sa fin prochaine. Lui, rassurait son entourage en disant : « Qui de vous, « Messieurs, ne voudrait avoir ainsi payé de son sang les succès « que nous obtenons? Avouez que ma blessure est bien placée, là, « près du cœur! »

Ainsi fut brisée, à 25 ans, une vie si bien commencée et si pleine d'avenir.

Campagne d'Afrique en 1830, par de Fernile. — *Annales algériennes*, de Pellissier de Reynaud. — *Relation de la campagne d'Afrique*, par le marquis de Bartillat.

BOUROT.

Le lieutenant Bourot, né en 1837, élève de la Flèche en 1849, s'engagea en 1856, à l'âge de 19 ans, au 3ᵉ de hussards, fut décoré de la médaille militaire en 1863, étant en Algérie, à Blidah, sous-officier à son régiment. De retour en France et à Lyon au moment de la guerre de 1870, M. Bourot commença la campagne à la 1ʳᵉ brigade de la division de cavalerie du 1ᵉʳ corps. Ayant pu rentrer à Paris, il se trouva au siège de cette place et fut nommé sous-lieutenant le 21 octobre 1870. Promu lieutenant le 20 mars 1876, étant à Sétif (province de Constantine), il fut détaché au bureau arabe de Biskra, à l'entrée du désert. Il rendit là de grands et utiles services en se faisant une spécialité de chercher, par des sondages habiles, à doter d'eau et de puits artésiens cette contrée jusqu'au delà de Tuggurth et de Ouargla. Cet estimable officier a été enlevé, le 3 juillet 1880, par la rupture d'un anévrisme contracté en campagne.

Archives militaires. — *Le Panthéon Fléchois*. — Documents personnels.

BOU-ROUBI.

Caïd du cercle de Philippeville dès 1841, Bou-Roubi a toujours servi notre cause avec un dévouement absolu. Il a souvent fait preuve aussi d'une admirable bravoure.

Dans une rencontre près El Arrouch, en décembre 1842, entre nos troupes et les partisans de Sidi-Zerdoud, le lieutenant Fournier, chef du bureau arabe de Philippeville, étant tombé dans une embuscade, reçoit une fusillade à bout portant : son cheval, mortellement atteint, s'abat. C'en est fait du jeune officier engagé sous le corps de sa monture ; déjà les Arabes lèvent leur yatagan pour le décapiter, lorsque Bou-Roubi, survenant, fait d'un seul bond franchir à son cheval une distance prodigieuse, tombe devant son ami, étend à ses pieds ses trois ennemis, et le dégage.

On pourrait citer de ce chef plus d'un trait de la même intrépidité.

Histoire de Philippeville, par E.-V. Fenech. — Notes personnelles.

BOUSCARIN.

Bouscarin (Henri-Pierre), général de brigade, né à la Guadeloupe en 1804, servit d'abord dans l'arme du génie en 1828 et fit partie de l'expédition d'Alger comme lieutenant d'état-major du génie. En 1836, il passa dans les spahis, puis dans les chasseurs d'Afrique. Il fit preuve d'une grande valeur aux combats de Mouzaïa, de Beni-Méred et de Blidah; dans les expéditions de Biskra, Djidjelli et Collo.

Il commandait la subdivision de Mascara en 1852, lorsqu'il fut appelé à prendre part au siège de Laghouat avec une partie de ses troupes.

Le 4 décembre, à dix heures du matin, la brèche étant praticable, l'ordre de l'assaut fut donné. Au moment où les troupes s'ébranlaient, le général Bouscarin, qui était à leur tête, fut blessé mortellement. Il expira le 19.

Documents militaires. — *Mémoires du maréchal Randon.*

BOUTIN.

Boutin (Vincent-Yves), colonel du génie, naquit le 1er janvier 1772, au Loroux-Bottereau, près de Nantes. En 1793, il était élève sous-lieutenant à l'École du génie. Il fit avec distinction les campagnes des armées de Sambre-et-Meuse, du Rhin, d'Italie, et de la Grande Armée. Il passa en 1807 en Turquie avec les chefs de bataillon Foy et Haxo. Quand la flotte anglaise, commandée par l'amiral Duckworth, eut franchi les Dardanelles et parut devant Constantinople, Boutin fut chargé par le général Horace Sébastiani des travaux de défense du sérail. On sait que, grâce à l'active coopération des officiers français, les Ottomans forcèrent l'escadre britannique à se retirer. L'année suivante, Boutin fut envoyé à l'armée du grand vizir, comme officier du génie, et chargé de correspondre avec l'ambassadeur français à la Porte.

Plus tard il fut chargé de lever secrètement les plans d'Alger et de Tunis. M. Camille Rousset dit à ce propos, dans la *Conquête d'Alger :*

« En 1808 comme en 1802, Napoléon avait été fortement tenté de refaire contre Alger l'expédition d'Égypte; c'était pour aviser aux moyens d'exécution que le commandant Boutin avait reçu du duc Decrès, ministre de la marine, l'ordre d'aller faire une reconnaissance générale de la ville d'Alger, de ses défenses et de ses environs. Boutin, transporté par un brick de guerre, était arrivé à Alger le 26 mai 1808. A force d'esprit et de fermeté, de courage et de finesse, malgré les obstacles de tout genre qu'il rencontra, l'officier français réussit au delà de ce que les plus audacieux auraient cru possible. « J'ai parcouru, écrivait-il au ministre de la marine, ces parties de « la ville où les chapeaux ne paraissent pas, et tout autour d'Alger « j'ai dépassé de trois à quatre lieues les limites assignées aux « Européens. »

Riche de dessins, de croquis et de notes de toute espèce, il s'embarqua pour Toulon le 17 juillet; mais, le 28, le brick qui le ramenait fut attaqué, à la hauteur de la Spezzia, par une frégate anglaise. Boutin n'eut que le temps de jeter à la mer ses dessins et ses papiers les plus importants. Fait prisonnier et conduit à Malte, il s'en échappa un mois après, déguisé en matelot, prit passage pour Constantinople et revint par terre en France. Telles étaient la netteté de ses souvenirs et la justesse de son esprit que, grâce aux croquis et aux notes qu'il avait pu sauver, il réussit à refaire douze grands dessins et à rédiger un mémoire dont tout le prix n'a été vraiment connu qu'en 1830. »

En effet, lorsque le gouvernement projeta l'expédition d'Alger, le dépôt général de la guerre fit imprimer : *Aperçu historique, statistique et topographique sur l'état d'Alger à l'usage de l'armée expéditionnaire d'Alger* (Paris, 1830, in-8° avec atlas in-4° de sept plans et douze vues). Il y eut trois éditions de cet ouvrage, composé de matériaux choisis avec soin. Les faits ont été constatés sur les documents authentiques consignés dans les différentes archives de l'État : pour la partie topographique, les rédacteurs disent qu'il n'y avait rien de mieux à reproduire que les cartes, plans, coupes et profils de reconnaissance de Boutin, et que les corrections que l'on a dû faire à l'*Aperçu* ont eu pour objet de se conformer plus exactement au mémoire de cet officier; il avait donné, sur les moyens d'attaque et de défense des places qu'il avait examinées, des renseignements qui contribuèrent sérieusement à la conquête.

Après avoir parcouru l'Égypte, Boutin fut chargé de visiter la Syrie. S'étant enfoncé dans les montagnes de ce pays, il fut assassiné dans les premiers jours d'août 1815, entre Geblé et le Markhab, par des brigands instruits qu'il portait sur lui des médailles d'or et d'argent.

Biographie universelle, de Michaud. — *La Conquête d'Alger*, par M. Camille Rousset.
Archives du Ministère de la Marine.

BRACEVICH.

Bracevich (Louis De) était né à Raguse vers 1772. Ancien interprète de l'armée d'Égypte, il reprit son service en 1830.

Le Fort-l'Empereur, qui domine la ville d'Alger, venait de sauter, et nos troupes en occupaient déjà les ruines encore fumantes. Le comte de Bourmont y était à peine établi avec son état-major, qu'un parlementaire, envoyé par le Dey, se présenta aux avant-postes. C'était Sidi Mustapha, premier secrétaire de Hussein. Le général en chef le reçut au milieu même des décombres. En arrivant auprès de lui, l'envoyé turc se prosterna, à la manière orientale; mais M. de Bourmont le releva avec bonté, et un interprète fut chargé de traduire ces paroles :

« Hussein-Pacha baise la poussière de tes pieds, et se repent d'avoir rompu ses anciennes relations avec le grand et puissant Charles X. Il reconnaît, aujourd'hui, que, *quand les Algériens sont en guerre avec le roi de France, ils ne doivent pas faire la prière du soir avant d'avoir obtenu la paix* (1). Il fait amende honorable

---

(1) Cette recommandation, que la tradition locale attribue à Barberousse, était, dit-on, écrite et déposée au kiosque de la Marine (l'amirauté), afin que les corsaires s'en souvinssent. Ils l'avaient parfaitement oubliée.

pour l'insulte commise sur la personne de son consul; il renonce, malgré la pauvreté de son trésor, à ses anciennes créances sur la France; bien plus, il paiera tous les frais de la guerre. Moyennant ces satisfactions, notre maître espère que tu lui laisseras la vie sauve, le trône d'Alger, et que, de plus, tu retireras ton armée de la terre d'Afrique, et tes vaisseaux de ses côtes. »

Ce langage fut loin de satisfaire le général en chef. « Monsieur Bracevich, dit-il en s'adressant à son interprète, recommandez à ce parlementaire de rapporter fidèlement à son maître la réponse que je vais faire à ses propositions :

« Le sort de la ville d'Alger et de la Casbah est entre mes mains, car je suis maître du Fort-l'Empereur et de toutes les positions voisines. En quelques heures, les pièces de canon de l'armée française, et celles que j'ai enlevées aux Algériens, auront fait de la Casbah et de la ville un monceau de ruines; et alors Hussein-Pacha et les Algériens auront le sort des populations et des troupes qui se trouvent dans les villes prises d'assaut. Si Hussein veut avoir la vie sauve, pour lui, les Turcs et les habitants de la ville, qu'ils se rendent tous à merci et remettent sur-le-champ aux troupes françaises la Casbah, tous les forts de la ville et les forts extérieurs. »

En entendant cette fatale réponse, une tristesse profonde se répandit sur la mâle et belle figure de l'envoyé du Dey; il parut consterné, et déclara que sa bouche n'oserait jamais transmettre à Hussein-Pacha de si dures conditions. Il fallut pour le décider que M. de Bourmont les fît rédiger et apposât son cachet sur cette pièce officielle.

Sidi Mustapha avait demandé deux heures pour rapporter la réponse du Dey : il retourna au quartier général avant qu'elles fussent écoulées, accompagné de deux autres Maures, les plus riches d'Alger, qui avaient voulu se rendre auprès du général en chef pour le prier de vouloir bien adoucir les conditions qu'il entendait imposer. Déjà les janissaires assemblés avaient décidé de décapiter le Dey, croyant, par ce meurtre, être agréable au vainqueur. Hussein-Pacha, de son côté, était, par son exaltation religieuse, disposé à se porter aux dernières extrémités. Si on lui imposait des conditions trop dures, il pouvait fort bien faire sauter la Casbah, comme il avait fait sauter le château de l'Empereur.

Sidi Bou-Derba, l'un des députés maures contribua à aplanir les difficultés.

Bou-Derba fit aisément comprendre à M. de Bourmont qu'il fallait abandonner cette demande de reddition à merci ; car elle n'était propre qu'à exaspérer les hommes barbares qui, n'ayant jamais épargné un ennemi vaincu, verraient toujours dans cette clause la mort en perspective.

En effet, les premières conditions dictées par M. de Bourmont avaient causé une grande fermentation dans Alger, ainsi qu'à la Casbah. On ne se faisait point une idée juste de ce que le général entendait par ces mots : « se rendre à discrétion » ; on pensait que les Français avaient l'intention de se livrer aux actes les plus barbares. De là, ces accès de rage et de fureur. Il était donc indispensable de rassurer les esprits, de développer les articles de la capitulation, et de les faire expliquer au divan par un interprète de l'armée.

M. de Bourmont rédigea une nouvelle convention, en ayant soin d'adoucir les conditions qui avaient jeté tant d'alarmes parmi les populations de la milice algérienne. Puis il remit cette pièce, revêtue de sa signature, aux envoyés d'Hussein ; mais en même temps, et pour être plus sûr que son ultimatum serait fidèlement traduit au Pacha, à qui ses secrétaires, tremblant toujours pour leur vie, pouvaient craindre de faire connaître la vérité, le comte de Bourmont proposa au plus ancien des interprètes, Bracevich, de se rendre à Alger et de lire au Dey les conditions qui lui étaient imposées. Bracevich avait fait, trente-deux ans auparavant, la campagne d'Égypte, en qualité de premier interprète de France ; il avait été honoré de l'estime de Kléber, et avait connu Mourad-Bey, qui lui donnait le nom d'ami. Sans se dissimuler le péril qu'il allait courir, il accepta la mission qui lui était confiée.

Étant dans un âge avancé, dit-il dans une lettre où il raconte lui-même ces détails (1), je désirais vivement terminer ma carrière d'une manière honorable et donner une marque éclatante de mon dévouement au meilleur des rois. La fortune m'a souri, elle m'a procuré ce bonheur. Après avoir recommandé ma famille au général en chef, pour le cas où je serais victime de mon dévouement, je suis monté à cheval, à six heures du soir, accompagné d'un seul Turc, et avec ce modeste cortège je suis entré à Alger, et je me suis présenté au Dey, que j'ai trouvé entouré de plusieurs centaines de ses miliciens. Le moment était critique. Ce n'était pas du

(1) Cette lettre était adressée au prince de Polignac, ministre des affaires étrangères, et datée du *quartier général d'Alger, le 6 juillet* 1830. Nous la transcrivons sur la copie conforme, écrite de la main de Bracevich lui-même, et transmise le 12 juillet au comte de Bourmont. En la soumettant ainsi au contrôle du général en chef, Bracevich lui a donné la valeur d'un document authentique. (A. Nettement, p. 428.)

Dey, c'était plutôt des janissaires, qui ne raisonnent pas et sont toujours prêts à se révolter, que j'avais une juste appréhension. Pendant que je lisais à haute voix les conditions fatales qu'on leur imposait, le Dey restait impassible; mais les miliciens ne cessaient de me lancer des regards effrayants.

J'avoue, Monseigneur, qu'il y a eu des moments où je voyais rouler ma tête avec celle du Dey lui-même. Heureusement la Providence en avait autrement ordonné. Après la lecture et l'explication des articles, le Dey fit retirer tout le monde. Je suis resté en conférence près de trois quarts d'heure avec lui, et à la nuit tombante j'ai rejoint seul les avant-postes français, qui étaient bien charmés de me revoir.

La mission de Bracevich, en effet, n'était pas sans dangers. Les longs rapports qu'il avait entretenus avec les Orientaux, pendant la campagne d'Égypte, étant interprète de Bonaparte, lui avaient appris ce qu'un parlementaire peut redouter de la colère des Turcs, lorsqu'il est porteur de dépêches contraires à leurs idées et à leurs intérêts.

Pour compléter ce qui précède, nous allons consigner ici les curieux détails de ce qui se passa ensuite, d'après le récit qu'en fit M. Bracevich lui-même à son ami M. Merle, secrétaire de M. le comte de Bourmont.

Pour éclairer le lecteur, disons-lui que cette conversation avait lieu dans les galeries de la Casbah, aussitôt après que l'armée française s'y fut installée (1).

« Parmi ceux qui se promenaient dans la galerie était le vieux Bracevich, premier interprète de l'armée, qui avait partagé mon logement à Torre-Chica. Je le trouvai changé : ses traits, si calmes quand je l'avais vu la première fois, avaient pris une expression d'exaltation que je ne m'expliquais pas; il y avait dans toute sa personne quelque chose de convulsif, qui devait être causé par une grande irritation nerveuse. « Vous êtes étonné, me dit-il, de me voir en cet état; c'est la suite de l'émotion profonde que j'ai éprouvée dans la journée du 4. Vous ne savez peut-être pas que c'est moi qui ai fait la capitulation, au péril de ma vie. J'étais auprès du général en chef, dans l'après-midi, quand Bou-Derba et Sidi-Mus-

---

(1) M. Merle, secrétaire particulier du général de Bourmont, a publié, sous le titre d'*Anecdotes historiques sur la conquête d'Alger en 1830*, un livre plein de documents authentiques. Au camp de Sidi-Ferruch, il partageait la tente de Bracevich et de Zaccar, tous deux interprètes du général en chef. — Les renseignements historiques de M. Merle ont été reproduits par la plupart de ceux qui ont écrit sur la conquête d'Alger ; mais plusieurs ont le tort de ne pas indiquer la source à laquelle ils avaient puisé.

tapha vinrent lui demander à traiter au nom du Dey. On ne s'accordait pas sur l'ultimatum du général en chef; il fallait quelqu'un qui se dévouât pour aller l'intimer au Dey au milieu de son divan. Si c'eût été une mission militaire, on n'eût pas manqué d'officiers pour la solliciter; mais il fallait un interprète, et personne ne s'offrait : on jouait sa tête dans cette ambassade. J'avais traité avec Mourad-Bey, dans la campagne d'Égypte; je trouvai piquant de traiter avec Hussein, dans celle d'Afrique : je m'offris, et on m'accepta. En arrivant à la Porte-Neuve, qu'on n'ouvrit qu'avec beaucoup de difficultés, je me trouvai au milieu d'une troupe de janissaires en fureur. Ceux qui me précédaient avaient peine à faire écarter devant moi la foule de Maures, de Juifs et d'Arabes qui se pressaient à mes côtés, pendant que je montais la rampe étroite qui conduit à la Casbah; je n'entendis que des cris d'effroi, de menaces et d'imprécations, qui retentissaient au loin et qui augmentaient à mesure que nous approchions de la place. Ce ne fut pas sans peine que nous parvînmes aux remparts de la citadelle. Sidi Mustapha, qui marchait droit devant moi, s'en fit ouvrir les portes, et elles furent, après notre entrée, aussitôt refermées sur les flots de la populace qui les assiégeait.

« La cour du divan, où je fus conduit, était remplie de janissaires; Hussein s'était assis à sa place accoutumée; il avait debout autour de lui ses ministres et quelques consuls étrangers. L'irritation était violente. Le Dey me parut calme, mais triste. Il imposa silence de la main, et tout aussitôt me fit signe de m'approcher, avec une expression très prononcée d'anxiété et d'impatience. J'avais à la main les conditions du général en chef, qui avaient été copiées par M. Deniée, sur la minute du général Després, écrite sous la dictée de M. de Bourmont. Après avoir salué le Dey et lui avoir adressé quelques mots respectueux sur la mission dont j'étais chargé, je lus, en arabe, les articles suivants, avec un ton de voix que je m'efforçai de rendre le plus rassuré possible :

« 1° *L'armée française prendra possession de la ville d'Alger, de la Casbah et de tous les forts qui en dépendent, ainsi que de toutes les propriétés publiques, demain 5 juillet 1830, à neuf heures du matin (heure française).*

« Les premiers mots de cet article excitèrent une rumeur sourde, qui augmenta quand je prononçai les mots *à neuf heures du matin*. Un geste du Dey réprima ce mouvement d'humeur.

« Je continuai :

« 2° *La religion et les coutumes des Algériens seront respectées; aucun militaire de l'armée ne pourra entrer dans les mosquées.*

« Cet article excita une satisfaction générale. Le Dey regarda toutes les personnes qui l'entouraient, comme pour jouir de leur approbation, et me fit signe de continuer.

« 3° *Le Dey et les Turcs devront quitter Alger dans le plus bref délai.*

A ces mots un cri de rage retentit de toutes parts. Le Dey pâlit, se leva, et jeta autour de lui des regards inquiets. On n'entendait que ces mots, répétés avec fureur par tous les janissaires : *El mont! El mont!* (la mort! la mort!)

« Je me retournai au bruit des yatagans et des poignards qu'on tirait des fourreaux, et je vis leurs lames briller au-dessus de ma tête. Je m'efforçai de conserver une contenance ferme, et je regardai fixement le Dey. Il comprit l'expression de mon regard, et, prévoyant les malheurs qui allaient arriver, il descendit de son divan, s'avança d'un air furieux vers cette multitude effrénée, ordonna le silence d'une voix forte, et me fit signe de continuer. Ce ne fut pas sans peine que je fis entendre la suite de l'article, qui ramena un peu de calme :

« *On leur garantit la conservation de leurs richesses personnelles; ils sont libres de choisir le lieu de leur retraite.*

« Des groupes se formèrent à l'instant dans la cour du divan. Des discussions vives et animées avaient lieu entre les officiers turcs; les plus jeunes demandaient à défendre la ville. Ce ne fut pas sans peine que l'ordre fut rétabli, et que l'Agha, les membres les plus influents du divan, et le Dey lui-même leur persuadèrent que la défense était impossible, qu'elle ne pouvait amener que la destruction totale d'Alger et le massacre de la population. Le Dey donna l'ordre que les galeries de la Casbah fussent évacuées; je restai seul avec lui et ses ministres. L'altération de ses traits était visible. Sidi Mustapha lui montra alors la minute de la convention que le général en chef nous avait remise, et dont presque tous les articles lui étaient personnels et réglaient ses affaires particulières. Elle devait être échangée et ratifiée le lendemain matin, avant dix heures. Cette convention fut longuement discutée par le Dey et ses ministres; ils montrèrent, dans la discussion des articles et dans le choix des mots, toute la défiance et la finesse qui caractérisent les Turcs dans leurs transactions. On peut apercevoir, en la lisant, les précautions qu'ils prirent pour s'assurer toutes les garanties désirables ; les mots et les choses y sont répétés à dessein et avec affectation ; et toutes ces répétitions, qui ne changent rien au sens, étaient demandées, exigées ou sollicitées de la part des membres du divan.

« Sidi Mustapha copia en langue arabe cette convention, et la remit au Dey, avec le double en langue française, que j'avais apporté. Comme je n'avais pas mission de traiter, mais de traduire et d'expliquer, je demandai à retourner vers le général en chef pour lui rendre compte de l'adhésion du Dey et de la promesse que l'échange des ratifications serait fait le lendemain de grand matin. Hussein me parut très satisfait de la conclusion de cette affaire. Pendant que ses ministres s'entretenaient entre eux sur les moyens à prendre pour l'exécution de la capitulation, le Dey fit apporter, par un esclave noir, un grand bol en cristal, rempli de limonade à la glace ; après en avoir bu, il me le présenta, et je bus après lui. Je pris congé : il m'adressa quelques paroles affectueuses et me fit conduire jusqu'aux portes de la Casbah par le bachi-chaouch et par Sidi Mustapha, son secrétaire. Ce dernier m'accompagna, avec quelques janissaires, jusqu'en dehors de la Porte-Neuve, à peu de distance de nos avant-postes.

« Je revins au quartier général avec une fièvre nerveuse, suite des émotions violentes que je venais d'éprouver pendant plus de deux heures, et je ne fus pas du nombre des personnes qui se rendirent, le lendemain matin à sept heures, à la Casbah pour prendre les derniers arrangements sur la reddition des portes de la ville, des forts et de la citadelle. Cette mission fut confiée à M. de Trélan, premier aide de camp du général en chef, et à MM. Lauxerrois et Huder, interprètes. On leur adjoignit le colonel Bartillat, qui remplissait les fonctions de commandant du quartier général. »

« Ce bon Bracevich était encore fort ému en me racontant tous ces détails, quoique les dangers qu'il avait courus fussent passés depuis plusieurs jours. Je crus deviner que ce qui augmentait surtout son irritation, c'était la contrariété qu'il éprouvait de se voir en quelque sorte oublié. Il avait vu organiser tous les services à Alger, sans qu'on eût songé à récompenser son zèle et son dévouement dans la journée du 4. Le chagrin s'empara de lui et vint augmenter l'intensité de la névralgie ; il succomba, quinze jours après son acte héroïque, dans un hôpital, oublié et presque sans secours. »

Au cimetière de Bal-el-Oued, dans le carré dit *des Consuls*, on voit encore, ombragée par un myrte, une tombe sur laquelle on lit cette épitaphe, grossièrement gravée sur une dalle de marbre :

ICI REPOSE
LOUIS DE BRACEVICH
PREMIER SECRÉTAIRE-INTERPRÈTE
DES ARMÉES FRANÇAISES
EN ÉGYPTE ET A ALGER
DÉCÉDÉ A LA CASBAH
LE 19 JUILLET 1830
AGÉ DE 58 ANS.

Les Interprètes de l'armée d'Afrique. — *L'Algérie*, par A. Nettement. *Anecdotes historiques sur la conquête d'Alger en 1830*, par Merle.

BRAHAUT.

Brahaut (Henri-Gilbert de), général de division de cavalerie, commandeur de la Légion d'honneur, né à Dunkerque (Nord), le 29 novembre 1811, entra à la Flèche en 1821. Admis à Saint-Cyr en 1828, il fut nommé sous-lieutenant, le 1er octobre 1830, au 2e de ligne ; le 1er décembre, il permuta avec un officier de cavalerie et passa à Saumur. Il fut promu lieutenant le 31 décembre 1835, et le 25 avril 1838, capitaine adjudant-major au 2e chasseurs d'Afrique à Oran. Il fit dans cette province de nombreuses expéditions, de la fin de 1838 au mois d'avril 1844, et mérita d'être cité à plusieurs reprises à l'ordre de l'armée.

Chargé en juillet 1841, par le général de La Moricière, de conduire à Mascara et d'y introduire un convoi, il s'acquitta de cette délicate mission de manière à être cité avec éloge dans le rapport du général. Le 8 octobre de la même année, le capitaine de Brahaut se distingua au combat de la Macta et fut cité à l'ordre de l'armée d'Afrique. Une troisième fois, cet officier fut mis à l'ordre pour sa brillante conduite, le 27 octobre, en chargeant avec son escadron 400 cavaliers arabes tombés dans une embuscade. Enfin le général d'Arbouville le cita encore avec éloge pour sa brillante valeur dans un combat livré le 5 septembre 1842 aux Arabes. Décoré le 3 janvier 1842 pour fait de guerre, il quitta notre colonie à la fin de mars 1844, appelé auprès du roi Louis-Philippe comme officier d'ordonnance. Deux ans plus tard, le 27 avril 1846, il fut promu chef d'escadron au 7e lanciers.

Le 29 avril 1850, M. de Brahaut passa lieutenant-colonel, et le 28 décembre 1852, colonel au 2e lanciers. Il commanda ce régiment pendant neuf ans, fut nommé officier de la Légion d'honneur le 30 décembre 1857, et général le 8 juin 1861. Le 10 août 1868, il reçut les étoiles de divisionnaire. En 1870, il commanda la division de cavalerie du 5e corps et fut fait prisonnier à la bataille de Sedan. Il est mort à Compiègne (Oise) le 16 juillet 1872.

Documents militaires. — *Le Panthéon Fléchois.*

BRESNIER.

Bresnier (Louis-Jacques), orientaliste, ancien professeur d'arabe à Alger, est né à Montargis (Loiret) en 1814.

En 1836, sur la demande du ministre de la guerre, M. de Sacy désignait un des meilleurs élèves de l'École des langues orientales vivantes pour aller fonder à Alger l'enseignement de la langue arabe. C'est alors que Bresnier, jeune encore, prit possession de la chaire qu'il a occupée avec tant de zèle et de dévouement.

Tandis que ses leçons, si méthodiques, si nettes, si faciles à retenir, formaient autour de lui les premiers interprètes, il consacrait la plus grande partie de ses loisirs à composer une grammaire, comme pour étendre sur la nouvelle colonie les bienfaits de sa mission ; car il pensait qu'un peuple vaincu par la force des armes n'est qu'imparfaitement conquis tant que le vainqueur ignore sa langue. Pensée juste, puisque c'est par la langue seulement qu'on peut apprendre à connaître les usages, le caractère et la constitution d'une société demeurée sans archives, comme au temps d'Abraham.

Quelques années après son arrivée, le professeur était nommé secrétaire-rapporteur du jury d'examen des interprètes militaires. Dans ces pénibles fonctions qui l'obligeaient à parcourir les trois provinces, il sut se concilier la sympathie respectueuse des jeunes gens soumis à une inspection dont il savait adoucir la rigueur sans en amoindrir l'efficacité. En 1853, il recevait la croix de la Légion d'honneur, récompense due à ses généreux efforts. Au commencement de l'année 1866, le recteur le faisait nommer *professeur d'arabe* à l'école normale primaire d'Alger; et, vers la fin de l'année 1868, le ministre de l'Instruction publique lui décernait les palmes d'officier d'Académie.

On doit à Bresnier plusieurs ouvrages devenus classiques : *le Cours pratique et théorique de langue arabe;* la *Djaroumia*, l'*Anthologie*, la *Chrestomathie arabe* et les *Principes élémentaires de la langue arabe*, ouvrage où il avait pour ainsi dire condensé les lumières de son enseignement.

Tel fut Bresnier. Jamais il ne refusa les conseils ni les services de son expérience à ceux qui venaient les lui demander, car il possédait au plus haut degré une qualité précieuse entre toutes : il était naturellement bon.

Par l'attrait et la douceur de son caractère, il se faisait des amis de toutes les personnes avec lesquelles il était en relation, et la pratique rendait cette amitié de plus en plus solide. Partout où il y avait du bien à faire, on le voyait empressé, compatissant, animé surtout du désir de prodiguer les soulagements. Il fut membre du bureau de bienfaisance musulman et de la société de *la Famille*.

Il est mort à Alger le 21 juin 1869 d'une attaque d'apoplexie, en entrant à la Bibliothèque où il allait faire son cours.

Son buste en marbre a été placé dans une galerie de la Bibliothèque, avec cette inscription sur le socle :

A
Louis BRESNIER
DÉCÉDÉ A ALGER
LE 21 JUIN 1869
LES
INTERPRÈTES
DE
L'ARMÉE D'AFRIQUE.

Éloge funèbre de Bresnier, par Cherbonneau. — *Revue africaine*. — *Dictionnaire des Contemporains*. — Documents particuliers.

BRO.

Le général Rapatel, ayant reçu mission de mettre le bey de Tittery (aujourd'hui Médéa) sur la route de sa province, partit du camp de Boufarick le 3 octobre 1835 avec une colonne de 2,000 hommes. Mais arrivé au pied des montagnes, sur le territoire des Mouzaïa, il s'aperçut que les tribus étaient en armes; comme il avait trop peu de monde et surtout trop peu de vivres pour forcer le passage, la colonne bivouaqua aux environs de la ferme de Mouzaïa le 4 octobre, et se mit en retraite le 5 au matin. Les Mouzaïa, qui la veille n'avaient pas tiré un coup de fusil, se livrèrent alors à des actes d'hostilité contre l'arrière-garde. Il en résulta un petit engagement pendant lequel M. Olivier Brô, du 1er chasseurs d'Afrique, qui commandait le détachement de service, chargea des cavaliers arabes embusqués sur l'emplacement occupé par le haouch Mouzaïa, dont des haies de cactus et d'aloès formaient la clôture et les enceintes particulières. Au milieu de cette espèce de labyrinthe, un brigadier tomba blessé d'un coup de feu à la poitrine, sans être aperçu de ses camarades.

La charge achevée, son cheval passa au galop, sans cavalier, à côté du sous-lieutenant Brô. Celui-ci, pour ne pas laisser un de ses hommes au pouvoir de l'ennemi, habitué à massacrer impitoyablement tout prisonnier, s'écrie : « Demi-tour et chargeons ; il y a un blessé en arrière. » En même temps il pique des deux; mais sa voix n'avait pas été entendue. Il arrive seul sur un groupe d'une trentaine de cavaliers Hadjouth, les charge résolument, et tombe presque aussitôt, frappé d'un coup de fusil qui lui traverse les deux cuisses et tue son cheval.

Malgré cette effroyable chute, M. Brô se dégage instantanément, court s'adosser à l'un des angles de l'enceinte de cactus et d'aloès, pare avec son sabre et rend quelques coups. Atteint par le poitrail d'un cheval, renversé de nouveau, foulé aux pieds, il se relève brisé, couvert de sang, et aperçoit tout à coup devant lui comme un sauveur, au moment où tout espoir de salut semblait perdu, le commandant La Moricière, arrivant ventre à terre, mais seul, et qui, sans hésiter, se jette au milieu des trente ou quarante cavaliers acharnés sur une proie d'autant plus précieuse qu'ils n'avaient encore pris alors aucun officier.

Le commandant de La Moricière profite de la stupeur causée par son apparition inattendue; il saisit M. Brô par le collet de son spencer de chasseur d'Afrique et l'entraîne au galop pour rejoindre l'arrière-garde; mais, embarrassé par ce poids et rejoint par les Arabes, le commandant est obligé de lâcher son fardeau et de se défendre lui-même contre les cavaliers qui l'entourent de toutes parts. Pendant qu'il lutte à cheval, le sous-lieutenant relevé combat à pied à ses côtés. En ce moment accourent à fond de train un interprète des zouaves, Abd-el-Ali, et un capitaine du génie, M. Grand, tué depuis à la première expédition de Constantine en 1836. Le commandant de La Moricière ressaisit M. Brô par le bras; le capitaine Grand, l'enlève par l'autre, et tous deux, partant au galop, emportent le blessé de toute la vitesse de leurs chevaux.

Le petit groupe est pour la troisième fois entouré par les Arabes et va sans doute succomber sous le nombre des assaillants, lorsque, par un hasard providentiel, le général Rapatel, revenu à l'arrière-garde, l'aperçoit et le fait dégager par les vingt-cinq chasseurs de son escorte, sous le commandement du brave officier Guillard, tué peu de temps après aux spahis, où il était passé capitaine. Le commandant de La Moricière met pied à terre au milieu de la fusillade, place le blessé sur son propre cheval dont il confie la bride au capitaine Grand, et, à la tête de l'arrière-garde, oblige bientôt l'ennemi à abandonner la colonne.

Archives militaires. — *Biographie de la Moricière*, par Ed. Bulmc.

BROSSELARD.

M. Brosselard (Charles), ancien préfet d'Oran, officier de la Légion d'honneur et de l'Instruction publique, commandeur de l'ordre de Charles III d'Espagne, est né en 1816.

Nommé en Algérie, en 1840, successivement secrétaire des commissariats civils de Blidah et de Bougie, M. Brosselard s'était adonné à l'étude des langues indigènes et particulièrement du kabyle. Il en acquit bientôt une connaissance si approfondie que le ministre de la guerre le chargea de rédiger un *Dictionnaire français-berbère*, publié en 1844 par l'Imprimerie royale.

La composition de cet important ouvrage, — le premier de ce genre, — demanda à M. Brosselard quatre années; il les passa, à une époque où il n'était pas encore question de soumission des tribus, dans les villages kabyles et chaouïas, et c'est parfois au péril même de sa vie qu'il recueillit, sur les contreforts du Djurjura, les éléments dont il avait besoin. En récompense du dévouement dont il donna tant de preuves en cette circonstance, le gouvernement le nomma interprète principal de l'armée, détaché au ministère de la guerre le 30 mai 1846, puis sous-chef de l'administration civile indigène à Alger (1847) et chef du bureau arabe départemental à Constantine (1850).

En 1853, M. Brosselard fut nommé commissaire civil de Tlemcen, et en 1858, sous-préfet du même arrondissement. Appelé au secrétariat général de la préfecture d'Alger à la fin de 1861, il devint au mois de septembre 1864 préfet d'Oran, fonctions qu'il conserva jusqu'au 4 septembre 1870.

Remplacé par M. du Bouzet lors de la proclamation de la république, il fut alors nommé préfet honoraire, et occupa en 1873 les fonctions de directeur des affaires de l'Algérie au ministère de l'intérieur. En 1878, M. Brosselard a été commissaire du gouvernement de l'Algérie à l'Exposition universelle.

Il a laissé dans les trois provinces la réputation d'un administrateur intègre, éclairé, ami du progrès, et prenant volontiers l'initiative des réformes utiles.

Les habitants de Tlemcen, en particulier, ont conservé de lui le meilleur souvenir.

M. Brosselard était membre de la Société asiatique de Paris, de la Société archéologique de Constantine, dont il fut, au reste, un des fondateurs, de la Société historique algérienne.

Il est l'auteur de plusieurs ouvrages d'histoire et d'archéologie très estimés, notamment : *De l'origine de la domination turque en Algérie ; Souvenirs d'un voyage dans les Zibans ; les Khouan ; De la constitution des ordres religieux en Algérie* (1859) ; *Tlemcen et Tomboctou* (1860) ; *les Edifices musulmans de Tlemcen*, monographie pleine d'érudition et à citer comme un véritable modèle du genre ; *Mémoire géographique et historique sur les tombeaux des émirs Beni-Zeiyan et de Boabdil, dernier roi de Grenade, découverts à Tlemcen* (1876). Cet ouvrage a été couronné par l'Institut.

Nommé chevalier de la Légion d'honneur en 1854, M. Brosselard a été promu officier en 1866.

Il est décédé à Paris le 29 mars 1889.

Panthéon de la Légion d'honneur, par Lamathière. — *Journal asiatique.* — *Akhbar.* — *Revue de Géographie.* — *Bulletin* de la Société archéologique de Constantine. — Documents particuliers.

BUGEAUD.

Thomas-Robert Bugeaud de la Piconnerie, duc d'Isly, ancien gouverneur général de l'Algérie, maréchal de France, né à Limoges le 15 octobre 1784, entra à vingt ans comme grenadier dans les vélites de la garde impériale, fut nommé caporal à la bataille d'Austerlitz le 2 décembre 1805, et sous-lieutenant l'année suivante. Après avoir fait les campagnes de Prusse et de Pologne, il passa en Espagne et y gagna le grade de colonel. Pendant les Cent-Jours, n'ayant sous ses ordres que 1,700 hommes, il tint tête à 10,000 Autrichiens et les mit en fuite après dix heures de combat. En 1815, il fut licencié par les Bourbons; il se retira dans ses propriétés d'Excideuil et s'occupa d'agriculture jusqu'en 1830. Remis en activité après la révolution de Juillet, il fut bientôt nommé maréchal de camp; puis il entra à la Chambre des députés.

Né guerrier, doué de ce merveilleux instinct qui fait les grands capitaines, il avait aussi toutes les aptitudes de l'homme politique; il avait encore les qualités de l'administrateur.

C'est dans la province d'Oran que le général Bugeaud vient, pour la première fois, donner à la jeune armée d'Afrique l'appui de son expérience et de sa valeur. Les troupes qu'il rejoint sont réfugiées à l'embouchure de la Tafna sur une plage nue et sablonneuse. Elles viennent d'éprouver un revers. Dès le lendemain de l'arrivée du général, l'offensive est ordonnée, et, quelques jours après (6 juillet 1836) la victoire de la Sikkak répond aux espérances que la renommée du nouveau chef avait déjà fait concevoir.

A partir de ce moment, la part qu'il a prise à la consolidation de notre conquête en Afrique a été considérable, prépondérante. Il a introduit d'importantes améliorations dans les manœuvres, le matériel et la tactique contre les Arabes, il a humilié l'empire du Maroc par une défaite éclatante; après avoir vaincu Abd-el-Kader, il l'a réduit à n'être plus qu'un fugitif errant, finalement obligé de se rendre.

Nommé gouverneur général, il s'efforça d'étendre la colonisation à l'aide d'idées pratiques. Son rôle à cet égard ne saurait s'analyser en quelques lignes. Un tel sujet réclame un long exposé, des commentaires politiques et économiques auxquels nous ne pouvons nous livrer ici, n'ayant dessein que de payer un juste tribut d'éloges

MARÉCHAL BUGEAUD.

et de reconnaissance au conquérant et au pacificateur de l'Algérie, au vainqueur d'Isly.

Mais, disons-le hautement, ce qui, à nos yeux, fait le mérite du maréchal Bugeaud *comme administrateur*, c'est son antipathie pour les sophismes, les légendes et les chimères; c'est son mépris pour les rêves des utopistes. Son système de colonisation, bien appliqué, eût été fécond en résultats heureux.

On lui doit la création de la banlieue de Cherchell, la banlieue de Philippeville, Mostaganem, Tlemcen, Douéra, Draria, Kaddous, El-Achour, Chéragas, Birkadem, Ouled-Fayet, Coléah, la Calle, Béni-Méred, Saint-Ferdinand, Saoula, Baba-Hassen, Sainte-Amélie, Boghar, Montpensier, Joinville, Douaouda, Crescia, Marabout-d'Aumale, Hadj-Yacoub, la Bouzaréah, El-Biar, Mustapha et l'Agha, Saint-Eugène, Hussein-Dey, Maison-Carrée, El-Arrouch, la Sénia, Fouka, Danrémont, Valée, Saint-Antoine, Sidi-Ferruch, Mahelma, Zéralda, Dalmatie, Fondouch, Misserghin, Guelma, Duzerville, Aumale, Guyotville, Saint-Denis-du-Sig, Arzew, Soumah, Sidi-Chami, Mazagran, Mers-el-Kébir, Sainte-Léonie, Sainte-Barbe-du-Tlélat, la Stidia, la Chiffa, Mouzaïa, Nemours, Sétif, Saint-Charles, Bugeaud, Condé-Smendou.

Battu en brèche, le maréchal céda ses pouvoirs au duc d'Aumale le 11 septembre 1847 et rentra en France quelques semaines plus tard.

Commandant en chef de l'armée des Alpes, il vint à Paris pour siéger à la Chambre des députés et mourut le 10 juin 1849, enlevé par le choléra.

Ses funérailles eurent lieu solennellement le 19 juin aux Invalides.

Le même jour, l'*Akhbar* prit l'initiative d'une souscription pour élever une statue à Bugeaud. Cette souscription fut accueillie avec enthousiasme par l'armée et la population civile, et le 15 août 1852 la statue du maréchal Bugeaud fut inaugurée à Alger.

« Le héros est représenté debout, tête nue, vêtu de sa capote légendaire. A ses pieds sont épars des attributs de guerre et de labour. Le monument, placé à la sortie de la vieille porte Bab-Azoun, aujourd'hui démolie, est au centre du nouveau quartier européen créé par le maréchal, et qui porte même le nom glorieux d'Isly. »

On a de lui : *Mémoires sur la guerre dans la province d'Oran* (1836);

Simples documents sur l'Afrique (1838); *Mémoire sur notre établissement dans la province d'Oran par suite de la paix* (1838); *De l'établissement de légions de colons militaires dans les possessions françaises du nord de l'Afrique* (1838); *l'Algérie. Des moyens de conserver et d'utiliser cette conquête* (1842); *Rapport sur les moyens d'affermir et d'utiliser la conquête de l'Algérie* (1844); *Exposé de l'état actuel de la société arabe, du gouvernement et de la législation qui la régit* (1844); *Relation de la bataille d'Isly* (1845); *Quelques réflexions sur trois questions fondamentales de notre établissement en Afrique* (1846); *De la colonisation en Algérie* (1847); *Observations de M. le gouverneur général sur le projet de colonisation présenté pour la province d'Oran par le lieutenant général de la Moricière* (1847).

Le nom de Bugeaud a été donné à un centre de population créé dans les environs de Bône en 1847.

Archives militaires. — Documents officiels. — *Le maréchal Bugeaud*, par le comte d'Ideville. — *Gouvernement de M. le maréchal d'Isly en Algérie.* — *Souvenirs d'Afrique*, par Alf. Poissonier. — *Question d'Afrique au mois de décembre 1843*, par Léon Lafaye. — *Le maréchal Bugeaud et la colonisation de l'Algérie*, par Renouard de Bussière. — *Bugeaud*, par le capitaine Hugonnet. — *Bibliographie de l'Algérie*, par le colonel Playfair.

CABISSOT.

Louis Cabissot, né à Digne (Basses-Alpes) le 24 mars 1838, avait été nommé interprète auxiliaire de 1re classe le 28 février 1860. Il promettait un officier de valeur; mais il fut tué avec le colonel Beauprête au début de l'insurrection de 1864.

Cabissot gisait sanglant à côté du colonel. Avant de mourir, le jeune interprète avait tué sept Arabes de sa main. Il était blotti derrière un amas de pierres et faisait feu sur les révoltés qui l'entouraient.

Ce renseignement a été recueilli de la bouche même des Arabes qui avaient lâchement attaqué la petite colonne Beauprête.

Archives militaires. — *Les Interprètes de l'armée d'Afrique.*

CAMOU.

Jacques Camou, général de division, sénateur, naquit le 1er mai 1792, à Sarrance (Basses-Pyrénées), entra au service dès l'âge de seize ans et parcourut par conséquent tous les grades de la hiérarchie militaire. Sergent au 1ᵉʳ bataillon des chasseurs des montagnes, le 6 septembre 1808, il fit ensuite partie de l'armée d'Espagne en 1811, de l'armée d'Italie en 1813, de l'armée des Alpes en 1815, fut fait prisonnier de guerre en 1813, et reçut trois blessures à l'affaire de Saint-Hermangors dans l'Illyrie, vers les sources du Tagliamento. Sa carrière fut momentanément interrompue par suite du licenciement de l'armée en 1815, mais il rentra au service en 1817, comme lieutenant dans la légion des Basses-Alpes. Il prit part à la guerre d'Espagne en 1823 et à l'expédition d'Alger en 1830. C'est en Algérie qu'il parvint à franchir les grades les plus difficiles. Il y servit activement la France de 1840 à 1854 et se distingua dans plusieurs occasions, particulièrement au siège de Zaatcha, ville et oasis de la province de Constantine, qui fut prise d'assaut le 26 novembre 1849 (*voyez le* 2ᵉ *vol.*) après un long siège. Camou avait été nommé général de brigade en 1848. Devenu général de division, commandant la division d'Alger en 1852, le général Camou ne quitta l'Algérie que pour prendre le commandement d'une division de l'armée d'Orient. Avant la fin du siège de Sébastopol, il fut mis à la tête de la 2ᵉ division d'infanterie de la garde impériale, qu'il commandait encore en 1859 pendant la campagne d'Italie. Il avait reçu en 1857 le grand cordon de la Légion d'honneur comme récompense de ses travaux, et il fut élevé en 1863 à la dignité de sénateur.

Le général Camou est mort le 8 février 1868.

Annuaire encyclopédique. — Documents militaires. — *Dictionnaire des Contemporains.*

CANQUOIN.

Canquoin (Charles-Lucien), né le 27 août 1844 à Saint-Jean-de-Losne (Côte-d'Or).

Nommé interprète auxiliaire de l'armée, de 2ᵉ classe, le 10 décembre 1864, interprète auxiliaire de 1ʳᵉ classe le 30 août 1869, Canquoin s'est signalé par sa belle conduite pendant le blocus de Batna par les insurgés, en 1871. A la tête d'un goum de cavaliers arabes restés fidèles, il fit de fréquentes sorties, des patrouilles autour de la ville et eut le bonheur de sauver la vie à plusieurs de nos colons.

Documents particuliers. — *Les Interprètes de l'armée d'Afrique.*

CANROBERT.

Canrobert (François-Certain), maréchal de France, sénateur, né à Saint-Céré (Lot), le 27 juin 1809, d'une famille originaire de la Bretagne, est fils d'un officier de l'armée de Condé. Admis en 1825 à l'école militaire de Saint-Cyr, il en sortit en 1828 en qualité de sous-lieutenant au 47e de ligne, devint lieutenant en juin 1832, et s'embarqua en 1835 pour l'Algérie, où tout d'abord il prit part à l'expédition de Mascara; puis il assista successivement à la prise de Tlemcen, aux combats de Sidi-Yacoub, de la Tafna et de la Sikkah. Capitaine en avril 1837, il se trouva au siège de Constantine, fit partie des colonnes d'assaut et reçut sa première blessure sur la brèche à côté du colonel Combes, qui, avant d'expirer, le recommanda au maréchal Valée. Décoré de la Légion d'honneur, il rentra en France en 1839, et fut chargé d'organiser avec les débris des bandes carlistes un bataillon pour la légion étrangère.

De retour en Afrique (1841), il se distingua par son sang-froid et son active énergie dans les expéditions aventureuses qui lui furent confiées, notamment au col de Mouzaïa; commanda un bataillon de chasseurs à pied, puis le 64e de ligne, et, à la tête de ce dernier corps, réduisit à néant la rébellion de Bou-Maza et des tribus du bas Dahra. L'affaire de Sidi-Kalifa lui fit surtout beaucoup d'honneur. Huit mois de luttes opiniâtres et sanglantes lui valurent le grade de colonel (8 novembre 1847); en cette qualité, il dirigea l'expédition contre Ahmed-Sghir, s'avança jusqu'au défilé de Djernia, où l'ennemi s'était retranché, le battit et rentra à Batna en emmenant deux cheikh prisonniers. Après avoir commandé le 2e régiment de la légion étrangère, il fut mis à la tête du 3e de zouaves qu'il conduisit avec le même bonheur contre les Kabyles et les tribus du Djurjura. Quittant ensuite Aumale (novembre 1849), il délivra Bou-Saâda, dont la garnison était bloquée, rallia le gros de l'armée devant Zaatcha, et monta un des premiers à l'assaut de cette ville; cette action d'éclat lui valut la croix de commandeur de la Légion d'honneur (10 décembre 1849).

Rentré en France l'année suivante, M. Canrobert reçut le commandement de la première division de l'armée d'Orient (1854); il se distingua encore dans cette campagne, et fut élevé à la dignité de maréchal de France le 18 mars 1856.

Il a fait partie de l'expédition d'Italie et s'est vaillamment conduit pendant la guerre de 1870.

Le maréchal Canrobert a siégé au Luxembourg de 1875 à 1879 comme sénateur du Lot. Le 9 novembre 1879, il a été élu sénateur de la Charente et réélu au renouvellement triennal du 25 janvier 1885.

Archives militaires. — Documents officiels. — *Dictionnaire des Contemporains. Mémoires du maréchal Randon.*

CAPO DE FEUILLIDE.

Capo de Feuillide est né aux Antilles en 1800. Il vint en France pendant la Restauration, étudia le droit, reçut en 1821 le diplôme d'avocat et plaida au barreau de Toulouse. Attaché d'abord aux opinions légitimistes, il fit paraître quelques poésies inspirées par le souvenir des guerres vendéennes, par l'insurrection des Grecs ou par les événements religieux de l'époque : *Chants héroïques*, Toulouse (1825, in-8°); *Vendéennes et chants hellènes* (1826, in-18).

Après les journées de Juillet, auxquelles il avait pris part, il fut nommé sous-préfet à Mirande; mais, destitué le 11 mars 1831, il revint à Paris et rentra dans la vie littéraire comme rédacteur du *Figaro*, de la *Tribune* et du *Bon Sens*, organes de l'opposition républicaine. Il publia quelques pamphlets, des volumes d'histoire et de politique.

Après la révolution de 1848, il se tint assez longtemps à l'écart de la lutte des partis et ne défendit les opinions républicaines qu'au moment où elles n'étaient plus un titre à la faveur du pouvoir. Vers la fin de 1850, il prit à Bayonne la direction d'un journal démocratique, et le 3 décembre 1851 protesta très vivement contre le coup d'État. Il fut transporté en Algérie, refusa sa grâce, qui lui fut offerte à plusieurs reprises et ne rentra en France que sur les instances de ses amis et particulièrement de M. E. de Girardin.

Pendant les quelques années qu'il passa en Algérie, il s'éprit du pays et, comme tant d'autres, déplora amèrement les lenteurs de la colonisation, l'arbitraire administratif.

Capo de Feuillide adressa à la *Presse* 25 articles, du 13 juillet au 24 octobre 1853, sous le titre : *De la colonisation algérienne*. Cette publicité inattendue causa quelque émotion. Les doléances même furent bruyantes. Loin de s'effrayer, le publiciste continua son œuvre d'émancipation et, en 1859, fit paraître un volume fort bien écrit : *l'Algérie française*.

On pourrait y relever des illusions sur le caractère indigène, des espérances irréalisables à notre époque ; mais l'ensemble de son travail servit la cause algérienne. Il proclamait la nécessité d'aboutir, il réclamait des voies de communication, des chemins de fer, la dot économique sans laquelle la colonie ne pouvait se développer ; il voulait qu'on passât, « sans transition, du monopole absolu à la liberté absolue, de l'autorité militaire prépondérante à l'autorité militaire subordonnée ».

« La raison, disait-il, celle que j'atteste avec toute l'énergie de la conscience que j'ai de mon parfait dégagement, à mes heures, des passions des autres comme des miennes propres, la voici ; et je l'écris en grosses lettres, parce qu'elle est le dernier mot, l'argument suprême qui clôt toute discussion et qui fait qu'une administration, un pouvoir, une organisation politique et sociale, sont à jamais jugés et condamnés, si influents que soient leurs soutiens, si désespérée que soit leur résistance, si utiles et si glorieux qu'en d'autres temps aient pu être leurs services.

« DE 1840 A 1851 INCLUSIVEMENT, L'ALGÉRIE EST ALLÉE CHERCHER AU DEHORS, POUR LES BESOINS DE SA CONSOMMATION, ENVIRON POUR 170 MILLIONS DE FRANCS DE CÉRÉALES EN GRAINS OU EN FARINES.

« Oui, l'Algérie, cette terre du blé, cette terre féconde, qui aurait dû être depuis la pacification ce qu'elle serait demain, aujourd'hui, si on voulait, le marché aux grains et aux farines de l'Europe occidentale ; l'Algérie, cette antique mamelle nourricière du monde romain, qu'on nommait *l'ennemie de la faim, dont l'orgueil consistait à rassasier qui était affamé;* l'Algérie a été, durant douze années de son régime actuel, réduite à dépenser quatorze millions par an, pour nourrir sa population !

« C'est aux lueurs de cette sorte de *Mané-Thécel-Pharès* flamboyant aux murailles des administrations et du palais des gouverneurs militaires, que j'ai écrit ce livre.

« Et aujourd'hui, en présence du monopole qui pèse sur l'Afrique, je dis : Liberté pour l'Algérie ! comme, en présence des iniquités qui écrasaient l'Irlande, j'ai dit en 1839 : Justice pour l'Irlande !

« Serai-je plus entendu de la France que je ne l'ai été de l'Angleterre ?

« Dieu le veuille! »

Ce livre écrit dans un style coloré, soutenu par le sentiment de la liberté et du patriotisme, fut très lu et très utile aux colons algériens, dont Capo de Feuillide continua à soutenir les intérêts jusqu'à sa mort, survenue en décembre 1862.

Dictionnaire des Contemporains. — L'Algérie française. — Notes personnelles.

CARAMAN.

Caraman, duc et pair de France, né en 1762, fit partie de la première expédition de Constantine. Il n'était que spectateur bénévole, mais se conduisit d'une manière admirable. Malgré son grand âge et la rigueur fatale de la saison, le duc se dévoua au dernier point au secours des blessés. Voici un fait entre beaucoup d'autres. Lors de la retraite, il plaça deux malheureux blessés sur son cheval, et lui-même, à pied, tenant la bride, il les conduisit jusqu'au camp de Guelma et ne les quitta qu'après s'être assuré qu'ils ne manqueraient de rien.

Le roi Louis-Philippe approuva le 25 février 1837 le rapport suivant, qui lui avait été adressé par M. le ministre de l'intérieur :

« Paris, le 25 février 1837.

« Sire,

« Le désir de se rendre utile à son pays a conduit M. le duc de Caraman en Afrique. Spectateur volontaire de l'expédition de Constantine, il a partagé les dangers de l'armée, il s'est associé à toutes ses fatigues, il a supporté toutes ses privations. La conduite de M. le duc de Caraman, sous ce rapport, n'a rien qui puisse surprendre : l'élévation de ses sentiments est connue.

« Mais le gouvernement de Votre Majesté ne doit point laisser dans l'oubli les faits particuliers qui s'y rattachent, et que l'honorable modestie de leur auteur rend encore plus dignes de la reconnaissance publique.

« Dans cette campagne où, à chaque pas de la retraite, il fallait combattre, on a vu M. le duc de Caraman braver le fer des Arabes pour relever les blessés et les hommes exténués de fatigue, les porter lui-même aux ambulances, revenir au lieu du danger, et sauver ainsi un grand nombre de nos braves soldats qui n'étaient faibles que parce que le besoin et la nature épuisée leur refusaient d'être forts.

« Le roi a institué une récompense nationale pour le courage civique, Votre Majesté pensera sans doute que cette récompense est justement acquise à M. le duc de Caraman. J'ai l'honneur, en conséquence, de vous proposer, Sire, de la lui décerner, et de m'autoriser à faire frapper, pour lui être remise au nom de Votre Majesté, une médaille en or qui recevra, à son revers, l'inscription suivante :

*A
M. le duc de Caraman,
pair de France,
pour son courageux dévouement
à secourir
des soldats blessés.
Expédition de Constantine.
Afrique, 1836.*

« J'ai l'honneur, etc.

« GASPARIN. »

Son fils, M. le général Riquet, marquis de Caraman (Victor-Joseph-Louis), né à Paris le 6 octobre 1786, était un des officiers les plus distingués de l'armée française par ses travaux littéraires, ses connaissances militaires, son zèle et son dévouement éprouvés. Il commandait le génie en second à la prise de Constantine et succomba quelques jours plus tard, le 29 octobre 1837, aux ravages du choléra.

Le nom de Caraman a été donné à une des principales rues de Constantine.

Archives militaires. — *Cirta, Constantine.* — *Campagnes d'Afrique*, par le duc d'Orléans.

CARBUCCIA.

Carbuccia (Jean-Lucien-Sébastien), général de brigade, officier de la Légion d'honneur, né à Bastia (Corse) le 14 juillet 1805, élève de la Flèche en 1816, admis à Saint-Cyr le 22 novembre 1825. Sous-lieutenant le 1er octobre 1827, lieutenant le 16 octobre 1831, il fit la première expédition d'Afrique en 1830, à la 2ᵉ brigade (Hurel) de la 3ᵉ division d'infanterie (duc d'Escars) de l'armée de Bourmont. Il prit part à la bataille de Staouëli et à la prise d'Alger. Il ne quitta presque plus l'Algérie. Pendant 24 ans, il y conquit tout son avancement. Il passa comme lieutenant à la 3ᵉ compagnie de fusiliers, à Alger. Capitaine le 9 janvier 1834, à la 5ᵉ compagnie également à Alger, il fut envoyé au 4ᵉ de ligne, le 21 juillet 1836, à Grenoble, puis à Paris. Ayant obtenu, le 12 janvier 1839, d'entrer au 24ᵉ de ligne, il rejoignit son nouveau régiment à Alger. A la suite de plusieurs expéditions, il fut promu chef de bataillon le 6 octobre 1841, au 33ᵉ de ligne, qui arrivait dans la colonie. Chevalier de la Légion d'honneur le 6 août 1843, lieutenant-colonel au 58ᵉ de ligne, le 25 octobre 1844, après l'expédition du Maroc, dans laquelle il s'était distingué, il obtint de rester dans notre colonie, qu'il affectionnait beaucoup, et il passa, le 12 octobre 1847, au 8ᵉ léger, nouvellement débarqué en Afrique. Le 31 août 1848, il fut nommé colonel du 2ᵉ régiment de la légion étrangère ; l'état-major du régiment et les compagnies du dépôt furent transférés à Batna, où le colonel Carbuccia eut tout à créer : baraquements, hôpital, etc. Il le fit à la satisfaction de tous et contribua en même temps à la pacification du Hodna. Il mena son régiment à l'expédition de Zaatcha, en 1849, où il se distingua par son énergique conduite ; Canrobert le cite tout particulièrement dans son rapport. Le 4 décembre 1850, il fut appelé à Paris et mis à la tête du 18ᵉ de ligne. Officier de la Légion d'honneur le 2 décembre 1850, le colonel Carbuccia fut nommé général le 10 mai 1852.

Lorsque la guerre fut déclarée à la Russie, il obtint le commandement d'une brigade. Il débarqua à Gallipoli avec ses troupes en juin 1854, et mourut dans cette ville le 17 juillet, enlevé par le choléra.

Historique de la légion étrangère. — *Le Panthéon Fléchois.* — *Archives militaires.*

CARETTE.

Carette (Antoine-Ernest-Hippolyte), officier et publiciste, né le 23 mai 1808, entra à l'École polytechnique en 1828, et prit une part active, avec la plupart de ses camarades, à la révolution de Juillet. Incorporé dans le génie militaire, il fit les campagnes d'Algérie. Il entreprit de nombreuses recherches historiques sur l'Afrique ancienne, et l'Institut accorda des mentions très honorables à plusieurs de ses mémoires. Il fit partie de la commission scientifique qui explora l'Algérie pendant les années 1840, 1841 et 1842. Après la révolution de 1848, mêlé activement aux débats engagés sur la question algérienne, il se présenta vainement, comme candidat républicain, aux élections de la Constituante. Chef de bataillon du génie le 21 décembre 1852, lieutenant-colonel le 24 décembre 1858, colonel le 31 décembre 1863, il fut directeur des fortifications à Arras, et prit sa retraite en 1868. M. Carette a été promu commandeur de la Légion d'honneur le 26 août 1867.

Il est l'auteur des *Études sur la Kabylie proprement dite* (1848-49, 2 vol. gr. in-8°) et des *Recherches sur l'origine et les migrations des principales tribus de l'Afrique septentrionale* (1853, gr. in-18). On lui doit encore la *Description et division de l'Algérie*, en collaboration avec M. Warnier (1847, in-8°); la *Notice explicative* qui accompagne l'*Atlas de l'Algérie* de L. Bouffard, dressé en partie d'après ses travaux; et dans la collection de l'*Univers pittoresque : Alger, Tunis, Tripoli et le Fezzan* (1853, in-8°), en collaboration avec MM. Rozet et Marcel. Il a fourni de nombreux articles au journal *l'Algérie*.

Dictionnaire des Contemporains. — Documents et journaux politiques.

CARONDELET.

Carondelet (Henri-Maxime-Alexandre de), général de division, commandeur de la Légion d'honneur, est né en 1809. Il entra en 1820 à l'école de la Flèche, et à Saint-Cyr en 1827. Sous-lieutenant le 1er octobre 1830 au 20° de ligne, il rejoignit ce régiment en Algérie et fit avec lui plusieurs expéditions. Il rentra en France en 1833, fut nommé lieutenant le 30 juillet 1836, capitaine le 5 mai 1839 et passa au 6° régiment d'infanterie légère à Toulon. En 1841, le capitaine Carondelet revint une seconde fois en Algérie. Embarqué avec son nouveau régiment pour la province d'Oran, il fit l'expédition de mai et de juin, et fut cité à l'ordre de l'armée pour le combat d'Ackbet-Kedda du 30 mai. Il prit, l'année suivante, les fonctions d'adjudant-major et reçut la croix de chevalier de la Légion d'honneur en 1844, à la suite de nombreuses courses dans la province, de combats livrés aux Arabes, et après l'expédition du Maroc, terminée par la bataille d'Isly, où il se distingua, étant à la colonne de gauche. M. de Carondelet, noté comme un brillant et vigoureux officier de guerre, fut promu le 5 octobre 1844, au retour de l'expédition du Maroc, chef de bataillon au 41ᵉ de ligne, alors comme le 6ᵉ léger dans la province d'Oran, qu'il ne quitta pas. Ce régiment était à cette époque sous les ordres de Mac-Mahon et presque toujours en expédition. M. de Carondelet ne tarda pas à être nommé officier de la Légion d'honneur. Il avait à peine quarante-cinq ans. En abandonnant, en 1848, notre colonie, le 41ᵉ alla à Toulouse. M. de Carondelet fut nommé lieutenant-colonel le 11 décembre 1848. Il fit le siège de Rome, resta un an en Italie, après la prise de cette ville, et fut réembarqué une troisième fois pour l'Algérie, où il resta jusqu'à sa nomination de colonel, le 24 décembre 1851.

Commandeur en 1854, général de brigade le 28 décembre 1855, général de division le 21 juillet 1867, il fut envoyé à Bastia pour commander la 17ᵉ division militaire territoriale.

Ce brave officier général est mort en Corse, en mars 1870, quelques jours avant la déclaration de la guerre. Son nom mérite d'être conservé en Algérie : il a rendu de réels services dans la province d'Oran.

Documents militaires. — *Le Panthéon Fléchois.*

CATOIRE DE BIANCOURT.

Le 30 janvier 1845, il se passa à la redoute de Sidi Bel-Abbès un fait d'une nature sombre et étrange : le commandant de cette redoute en était sorti avec les troupes pour aller châtier quelques tribus des environs ; il n'y laissait que les convalescents. Le 30 janvier au matin, cinquante-huit Arabes se présentèrent à la porte de la redoute en chantant des prières et sans armes apparentes ; le factionnaire voulut leur en interdire l'entrée, mais il fut subitement frappé de plusieurs coups de poignard et jeté dans le fossé. Aussitôt les Arabes, tirant les armes cachées sous leurs vêtements, se précipitèrent dans la redoute, faisant main basse sur tout ce qu'ils rencontraient.

Dans ce premier moment de confusion, une vingtaine de nos soldats succombèrent ; mais, grâce au sang-froid et à l'énergie de Catoire de Biancourt, officier comptable de la redoute, ils furent bientôt vengés. Il rassembla les soldats les plus valides et, vigoureusement secondé par les malades, culbuta les Arabes, qui furent tous exterminés.

Annales algériennes. — *Les Officiers de santé*, brochure publiée par le corps. Documents militaires.

CAVAIGNAC.

Cavaignac (Louis-Eugène), général de division, ancien gouverneur général de l'Algérie, fils du conventionnel Jean-Baptiste Cavaignac, frère de Godefroy, l'un des chefs les plus populaires du parti républicain sous le règne de Louis-Philippe, est né à Paris, le 15 octobre 1802. Il fit ses études au collège Sainte-Barbe, entra en 1820 à l'École polytechnique, passa deux ans à l'École d'application de Metz, et fut incorporé en 1824 dans le 2º régiment du génie. Lieutenant en second, le 1ᵉʳ octobre 1826, lieutenant en premier, le 12 janvier 1827, il fit, en qualité de capitaine en second, la campagne de Morée en 1828, et fut nommé capitaine le 1ᵉʳ octobre de l'année suivante.

Lorsque éclata la révolution de Juillet, M. Cavaignac, qui se trouvait à Arras, fut le premier des officiers de son régiment à se prononcer pour le nouveau gouvernement, dont la politique cessa bientôt de répondre à ses opinions républicaines.

En 1831, il signait, à Metz, le projet d'*Association nationale*, destinée à résister aux tendances restauratrices de la nouvelle monarchie. On raconte qu'interpellé un jour par son général sur la conduite qu'il tiendrait au cas où il y aurait une lutte à soutenir contre les républicains, il répondit nettement qu'il ne se battrait pas. Ces sentiments indépendants lui valurent quelques mois de mise en disponibilité. Rappelé en 1832, il fut envoyé en Afrique, où, éloigné des occasions qui pouvaient le mêler à la politique, il se fit remarquer par les meilleures qualités de l'officier et du soldat. Il prit part aux travaux de casernement et de défense de la place d'Oran, à l'établissement de routes stratégiques, et à une foule d'expéditions périlleuses de ces premières années de l'occupation française. Mais ce fut après la prise de Tlemcen (13 janvier 1836) que le capitaine Cavaignac, dont les opinions politiques avaient jusque-là retardé

GÉNÉRAL CAVAIGNAC.

l'avancement, marqua parmi les héros de l'Afrique. Le maréchal Clauzel le chargea de garder le *Méchouar* (citadelle) de Tlemcen avec 500 volontaires contre les forces d'Abd-el-Kader. Il tint cette place, qui ne fut ravitaillée qu'au bout de six mois, pendant quinze mois de suite, avec un courage, une habileté et une persévérance extrêmes. Retiré de cette pénible séquestration vers la fin de mai 1839, il fut fait chef d'escadron ; l'état de sa santé le força de revenir passer quelque temps en France, où il publia son écrit intitulé : *De la Régence d'Alger, notes sur l'occupation* (Paris, 1839, in-8°).

Rentré au service, Cavaignac fut placé à la tête du 2° bataillon d'infanterie légère d'Afrique, dit des *zéphyrs*, et chargé d'occuper Cherchell après la prise de cette ville (15 mars 1840). Il la défendit vigoureusement contre les attaques incessantes et acharnées des Arabes, payant chaque jour de sa personne. Il reçut une fois une balle dans la cuisse et ne quitta le champ de bataille qu'après que le succès fut assuré (29 avril). Le 21 juin, il fut nommé lieutenant-colonel des zouaves. Il fit ensuite partie de l'expédition de Médéah, s'y distingua dans plusieurs rencontres, notamment au col de Mouzaïa, et le 11 août 1841, il fut appelé à remplacer, comme colonel des zouaves, La Moricière, devenu maréchal de camp. Pendant les trois années qui suivirent, il prit la plus grande part à toutes nos luttes et à tous nos succès. Son nom figure dans tous les bulletins de victoire.

En 1842, il combattit avec éclat dans la Mitidja (28 avril), et à El-Harbourg (15 septembre), contre les Beni-Rached. En 1844, il commandait l'avant-garde à la bataille d'Isly. Il reçut alors, avec le grade de maréchal de camp, le commandement de la subdivision de Tlemcen. Il s'occupait de la colonisation du pays conquis, quand, vers la fin de 1845, Abd-el-Kader recommença contre nous une lutte désespérée. Le nom de Cavaignac se trouve mêlé à tous nos périls et à tous nos exploits. Il délivre Djemmâa-Ghazaouat et presse l'émir dans les monts Traras. A la fin de 1847, après la capture d'Abd-el-Kader, il succède encore à de La Moricière dans le commandement de la province d'Oran. Deux mois après, la révolution de Février éclatant, le général Cavaignac, recommandé à la fois par ses anciens sentiments, par la mémoire de son frère et par ses services, fut nommé, par le gouvernement provisoire, le 25 février, général de division et gouverneur général de l'Algérie, où l'on craignait de la part des princes de Joinville et d'Aumale quelque tentative de résistance. On sait combien, au contraire, leur attitude a été digne et patriotique.

Cavaignac n'eut point le loisir d'achever en Algérie, par la réorganisation administrative, les services exceptionnels qu'il lui avait rendus avec son épée. Quelques semaines après son entrée en fonctions comme gouverneur général, il fut élu député de la Seine et dut quitter Alger pour aller prendre place à l'Assemblée constituante. Le 17 mai, il fut choisi comme ministre de la guerre et devint chef du pouvoir exécutif du 28 juin au 20 octobre 1848. Il joua alors un rôle politique très important que nous n'avons ni à suivre ni à apprécier ici.

Il est mort à Paris le 28 octobre 1857.

Le nom de Cavaignac a été donné à un centre de population créé en 1880 dans la vallée de l'Oued-Allela, à 11 kilomètres de Montenotte (arrondissement d'Orléansville).

Archives militaires. — Dictionnaire des Contemporains. — Documents officiels. Historique du 1er régiment de zouaves.

CHABRON.

Chabron (Marie-Emmanuel-Étienne de), général de division, commandeur de la Légion d'honneur, sénateur, né à Retournac (Haute-Loire) le 5 janvier 1806, fut élève à l'école militaire de la Flèche de 1819 à 1823. Il en sortit à la fin de cette année pour s'engager simple soldat le 24 janvier 1824, à dix-huit ans. Il fut nommé le 31 janvier 1830, après six années à peine de service, sous-lieutenant au 46e de ligne; le 1er septembre 1832, il passa lieutenant au tour du choix, et capitaine le 24 octobre 1838. Décoré le 25 juin 1840, promu chef de bataillon le 22 février 1852, il obtint de rentrer au 50e de ligne, alors en Algérie dans la province d'Oran.

En mars 1854, il fut embarqué pour Gallipoli. Cité à plusieurs reprises dans les ordres de l'armée d'Orient, cet officier supérieur fut nommé officier de la Légion d'honneur le 21 octobre 1824, et lieutenant-colonel le 21 mars 1855. Le 22 septembre de la même année, il fut nommé colonel du 3e zouaves. Après le défilé des troupes à Paris, il mena son nouveau régiment à Philippeville dans la province de Constantine. En 1857, le brave colonel, à la tête de deux bataillons de son beau régiment, fit la campagne de la Grande-Kabylie du maréchal Randon, à la 2ᵉ brigade de la 2ᵉ division de Mac-Mahon, et combattit en mai et juin les tribus kabyles des Beni-Raten et autres. Il fut cité encore une fois par le maréchal pour le combat du 24 juin. Il fit la campagne d'Italie en 1859, s'illustra à Palestro et, le 21 juin, quelques jours après, fut promu général de brigade. Il était commandeur du 23 août 1857.

Il fut mis au cadre de réserve en 1867.

Le général Chabron reprit du service en 1870 et, le 25 novembre, fut promu divisionnaire. Élu membre de l'Assemblée nationale, il devint sénateur inamovible en 1875.

Le Panthéon Fléchois. — Documents militaires.

CHADEYSSON.

Le 12 décembre 1838, le général Galbois occupa Djemilah, l'ancienne *Cuiculum* des Romains, entre Milah et Sétif. Il quitta cette position le 17, en y laissant le commandant Chadeysson avec son bataillon, le 3ᵉ bataillon d'infanterie légère d'Afrique.

Le 18, dans la matinée, le commandant fut attaqué par 3 à 4,000 Kabyles du pays de Ferdjioua, qui le tinrent assiégé pendant cinq jours et cinq nuits dans son petit camp ouvert et dominé de toutes parts. Ses forces ne s'élevaient qu'à 670 hommes. Comme celles de l'ennemi augmentaient à chaque instant, sa situation devint bientôt extrêmement critique. Les soldats, qui n'avaient que 40 cartouches, les ménagèrent avec le plus grand soin, ne tirant jamais qu'à coup sûr. Ils repoussèrent toutes les attaques, dont quelques-unes furent très vigoureusement conduites, et tuèrent beaucoup de monde à l'ennemi, sans faire eux-mêmes des pertes très sensibles; mais ils eurent à lutter contre un autre adversaire plus redoutable que les Kabyles, contre la soif qui les dévora pendant ces cinq jours de combat. L'ennemi avait détourné un ruisseau qui passait à quarante pas en avant du camp, où il ne resta bientôt que quelques bidons d'eau que l'on réserva pour les blessés. Les périls et les souffrances n'affaiblirent pas un instant le courage de nos soldats en présence de la fermeté de leur commandant : aucun vœu pusillanime ne se manifesta, aucune demande de reddition ne se fit entendre. Il y a plus, les Kabyles offrirent, le quatrième jour du siège, de cesser leurs attaques, si l'on voulait leur promettre qu'ils seraient exempts de contributions. Chadeysson leur répondit fièrement qu'il n'avait ni le pouvoir ni la volonté d'accepter d'eux aucune condition; que s'ils désiraient la paix, ils n'avaient qu'à se retirer et aller à Constantine implorer la clémence du général.

Chadeysson, ayant pu enfin faire parvenir un émissaire à Constantine, fut délivré le sixième jour, après avoir soutenu une défense qui n'a pas été assez glorifiée, car elle est un des beaux faits d'armes de l'armée d'Afrique.

<small>Archives militaires. — *Annales algériennes*. — *L'Algérie*, par Piesse.</small>

CHALANCON.

Chalancon avait servi dans l'artillerie et s'était distingué en 1830 au combat du col de Mouzaïa. Colon de la première heure à Boufarick, il sut encore se faire remarquer dans toutes les affaires de poudre qui eurent pour théâtre les abords de cette cité de 1836 à 1842. Énergique et dévoué, Chalancon ne marchanda jamais son aide, pendant cette rude période, à ceux qui eurent besoin de lui. A la paix, il devint colon aussi actif, aussi intelligent qu'il avait été soldat vigoureux et plein d'élan pendant la guerre.

Il est décédé depuis une vingtaine d'années.

<small>*Boufarick*, par le colonel Trumelet. — Documents particuliers.</small>

CHALLAMEL (Aîné).

Challamel (Pierre-Joseph), né à Paris le 8 juillet 1813.

La première partie de la carrière de M. Challamel a été consacrée aux beaux-arts. — Élève d'Ingres et de Rémond, il s'est occupé tout à la fois de peinture, de dessin et de lithographie.

Après avoir donné de nombreux dessins aux *Voyages dans l'ancienne France* publiés par M. le baron Taylor, dont il était un des collaborateurs les plus actifs, au journal *l'Artiste* et à d'autres publications périodiques, il publia lui-même les *Peintres primitifs*, collection de M. le chevalier Artaud de Montor, de l'Institut; l'*Œuvre d'Eustache Lesueur*, texte de M. L. Vitet, de l'Institut; — le *Porte-*

feuille du comte de Forbin, texte de M. le comte de Marcellus; — des *Revues de peinture; Albums des salons de* 1840, 1841, 1842, 1843; *l'Exposition de l'industrie de* 1844, texte de M. Jules Burat, 2 vol. in-4°, ornés d'une grande quantité de planches et vignettes.

De 1839 à 1843, la très intéressante revue *la France littéraire,* à laquelle ont collaboré les écrivains les plus célèbres de notre époque, reçut un grand nombre de dessins de M. Challamel.

La Bibliothèque nationale, section des estampes, a recueilli une collection de ses lithographies originales, en 2 vol. gr. in-folio.

Aux Salons plusieurs œuvres de lui ont été remarquées, notamment son *Étude d'une maison de Lisieux au seizième siècle* et son *Atelier de jeunes dentelières de Bayeux.*

Au milieu de ces travaux, M. Challamel fut vivement frappé de la conquête de l'Algérie par les armes françaises; il devina l'avenir qui était réservé à notre nouvelle colonie et voulut se dévouer à sa cause. Ses relations avec ses collègues de la Société asiatique, de la Société de géographie de Paris, des Sociétés archéologiques d'Alger et de Constantine lui en fournirent les moyens, et bientôt il se trouva lié avec les savants les plus éminents de l'Algérie et de l'Orient, avec les explorateurs les plus célèbres et les publicistes les plus distingués.

Désormais il fut l'infatigable ouvrier de la colonisation; il publia un nombre considérable d'ouvrages sur l'Algérie, les colonies et l'Orient. Livres de voyages et d'explorations, livres de science et d'art, livres de langue arabe et de langue berbère, cartes et dessins, il n'est pas une publication utile à l'Algérie qu'il n'ait patronnée et répandue dans le public.

Parmi les publications les plus importantes sur l'Algérie, citons les ouvrages de M. le baron Aucapitaine, de Baudicour, Belin, Dr Bonnafont, Abbé Bourgade, Bourguignat, M^{al} Bugeaud, Duval, Henri Duveyrier, J. Erckmann, Hanoteau et Letourneux, Dr Judas, Paul Madinier, Malte-Brun, de Menerville, Mercier, Dr Perron, A. P. Pihan, Roudaire, colonel Trumelet, Dr Warnier, et l'*Exploration scientifique de l'Algérie,* imprimée par l'Imprimerie Nationale, mais dont M. Challamel s'est rendu acquéreur. Nous en passons, et non des moins intéressantes.

Par ce labeur, souvent ingrat, par la propagande incessante de sa maison de librairie, devenue le centre de toutes les informations et le rendez-vous de ceux qui aimaient l'Algérie, il a rendu les plus importants services à la cause française.

Ces travaux ont mérité à M. Challamel, en 1884, la croix de chevalier de la Légion d'honneur.

<small>Documents particuliers. — *Dictionnaire des contemporains.*</small>

CHANALEILLES.

Le comte de Chanaleilles (Adolphe-Gustave), général de brigade d'infanterie, commandeur de la Légion d'honneur, né en 1811, élève de la Flèche en 1819, de Saint-Cyr en 1829, sous-lieutenant, le 1er octobre 1831, au 11e léger, lieutenant le 30 mai 1837, passé à la légion étrangère à Alger, fut promu, le 16 novembre 1840, capitaine adjudant-major au 2e régiment de cette légion à Bône. Il avait été décoré pour sa belle conduite dans le mémorable combat du 12 mai 1840 au col de Mouzaïa. Rentré en France en 1842, M. de Chanaleilles fut promu chef de bataillon le 18 juin 1848, et embarqué en 1852 pour l'expédition de Rome. En 1855, il fit la campagne d'Orient. Le 7 mars 1855, il passa lieutenant-colonel au 68e de ligne, fut promu colonel du même régiment le 16 février 1856 en Algérie. Il fit à la tête de ce régiment la campagne de la Grande-Kabylie du maréchal Randon en 1857, à la 3e division Yousouf. Il commanda la colonne du centre au combat du 24 mai, à la tête de laquelle il enleva le village et les crêtes d'Ighil-Guefri. Cette expédition valut au colonel la croix d'officier. L'année suivante, il rentra en France avec son régiment. Commandeur en 1863, il reçut le 13 août 1865 les épaulettes de général de brigade. Il fit la campagne de 1870 et prit part aux grandes batailles d'août et de septembre autour de Metz ainsi qu'à la défense de la place.

Le comte de Chanaleilles est mort à Paris le 28 octobre 1873.

<small>*Le Panthéon Fléchois.* — *Mémoires du maréchal Randon.* — Documents militaires.</small>

CHANDESSAIS.

M. Charles Chandessais, ingénieur, né à Paris le 18 mai 1826, arrivé en Algérie en 1861, est un des créateurs de l'industrie des chemins de fer dans la colonie, où il a exécuté, avec M. Arnaud, les travaux de construction exceptionnellement difficiles de la ligne de Philippeville à Constantine.

Au moment de la déclaration de guerre à la Prusse, cette ligne n'était pas encore livrée à l'exploitation ; cependant M. Chandessais, n'écoutant que son patriotisme, mit, sous sa responsabilité, la ligne en construction à la disposition de l'armée se rendant en France. Il put ainsi amener en trois jours, et sans le moindre accident, toutes les troupes et le matériel de guerre de la province au port d'embarquement.

M. Chandessais a remplacé M. Noblemaire comme directeur de l'exploitation du réseau algérien de la compagnie Paris-Lyon-Méditerranée et il s'est efforcé de favoriser le développement des industries locales, particulièrement celles des mines et des forêts.

Il a été décoré de la croix de chevalier de la Légion d'honneur.

Documents particuliers.

CHANGARNIER.

Changarnier (Nicolas-Anne-Théodule), général de division, né à Autun le 26 avril 1793, sortit de Saint-Cyr en 1815 avec le grade de sous-lieutenant, et entra, comme simple garde dans une des compagnies privilégiées des gardes du corps de Louis XVIII. Il passa comme lieutenant, en janvier 1815, au 60° de ligne, formé de la légion départementale de l'Yonne, fit avec distinction, en 1823, la campagne d'Espagne et devint capitaine le 9 octobre 1825. En 1830, il faisait partie du 1er régiment de la garde royale. Réintégré dans les cadres, on l'envoya en Afrique, où il justifia par une série d'actions de vigueur et d'éclat un avancement rapide. Il prit part à l'expédition de Mascara dans le 2° léger.

Chef de bataillon (31 décembre 1835), il se signala par son intrépidité et son sang-froid dans la campagne du maréchal Clauzel contre Achmet-Bey et, pendant la retraite de Constantine sur Bône, mit en fuite de nombreuses hordes qui harcelaient l'armée.

C'était le 24 novembre ; l'armée battait en retraite. A peine était-elle en marche que les assiégés, sortis en foule en poussant des cris sauvages, se jetèrent sur les flancs de la colonne. Nos tirailleurs les tinrent en respect ; mais la défense était molle et, d'une minute à l'autre, nous pouvions être enveloppés.

C'est alors que le commandant Changarnier, ne prenant conseil que de lui-même, exécuta ce mouvement audacieux qui a commencé sa fortune militaire. Son bataillon (2° léger) formait l'arrière-garde. Changarnier ralentit sa marche et laisse augmenter la distance qui le séparait du convoi.

Bientôt il s'arrête, forme sa troupe en carré, l'enlève au cri de : « Vive le roi ! » puis commande le feu.

Les Arabes étaient à vingt pas ; à la première décharge, les trois faces du carré furent entourées de glacis d'hommes et de chevaux ; ce qui ne tomba pas s'enfuit à toute bride, et le bataillon rejoignit la colonne.

« Dans un moment si grave et si difficile, dit le maréchal dans son rapport du 1er décembre 1836, M. le commandant Changarnier s'est couvert de gloire et s'est attiré les regards et l'estime de toute l'armée. »

Il fut alors nommé lieutenant-colonel, le 25 janvier 1837.

La part qu'il prit ensuite à l'expédition des Portes-de-Fer lui valut le grade de colonel du 2° léger, et ses succès contre les Hadjouth et les Kabyles, la croix d'officier de la Légion d'honneur.

A la suite de l'expédition de Médéah et pour sa bravoure dans l'affaire du col de Mouzaïa (12 mai 1840) et celle du Chéliff, la même année, il fut fait maréchal de camp (21 juin). Trois années de nouveaux et brillants services, une blessure reçue près de Médéah, une vigoureuse charge de cavalerie contre les Kabyles, supérieurs en nombre, enfin la réduction des tribus environnant Ténez, qui soutenaient Abd-el-Kader, le firent élever au rang de général de division (le 3 août 1843). En 1847, il reçut le commandement de la division d'Alger des mains du duc d'Aumale, gouverneur général de l'Algérie.

Le 29 avril 1848, il fut appelé à son tour au poste de gouverneur général de l'Algérie ; mais, élu le 4 juin représentant du peuple à la Constituante par le département de la Seine, il quitta définitivement la colonie.

A partir de ce moment il joua un rôle politique très important. De même en 1870-71, et sous le gouvernement de M. Thiers, dont il provoqua la chute du pouvoir.

Le 10 décembre 1875, le général Changarnier fut élu sénateur inamovible. Il est décédé à Paris le 14 février 1877.

Annales algériennes. — Dictionnaire des Contemporains. — Archives militaires. Cirta, Constantine, par E. Watbled.

GÉNÉRAL CHANZY.

CHANZY.

Chanzy (Antoine-Eugène-Alfred), général de division, ancien gouverneur général de l'Algérie, né à Nouart (Ardennes) le 18 mars 1823, fils d'un capitaine de cuirassiers du premier empire, entra à l'âge de seize ans au service de la marine, en sortit au bout d'un an et s'engagea six mois après au 5° régiment d'artillerie. Admis à Saint-Cyr le 13 décembre 1841, il en sortit sous-lieutenant au régiment de zouaves le 1er octobre 1843 et vint dans la province d'Alger, où sa conduite et sa bravoure furent bientôt remarquées.

Lieutenant au 43° de ligne le 18 juillet, capitaine le 1er mars 1851, il est détaché aux affaires de la province d'Oran et devient chef du bureau arabe de Tlemcen. Le 25 août 1856, il reçoit les épaulettes de chef de bataillon au 23° de ligne et prend part en cette qualité à la campagne d'Italie, puis à celle de Syrie, comme lieutenant-colonel au 71° de ligne.

Colonel au 48° régiment, qui faisait partie du corps d'occupation de Rome, le 6 mai 1864, il revint en Algérie au moment de la grande insurrection arabe, passa au 92° le 1er septembre 1868, fut promu général de brigade le 14 décembre de la même année, et commanda dans ces deux derniers grades la subdivision de Bel-Abbès et de Tlemcen.

A la première nouvelle de la déclaration de guerre, le général Chanzy sollicita un commandement actif. Le maréchal Lebœuf le tint à l'écart; mais, après la révolution du 4 septembre, le gouvernement de la Défense nationale le nomma général de division (20 octobre), et quelques jours plus tard (2 novembre) commandant du 16° corps, compris dans l'armée de la Loire.

Nous ne pouvons rappeler en détail la conduite du général Chanzy durant la guerre; disons seulement qu'il fit preuve de grandes qualités militaires, lutta héroïquement pendant deux mois, avec des forces improvisées, contre les armées des meilleurs généraux allemands et leur opposa une vigoureuse résistance qui arrêta leur mouvement offensif à Beaugency, Josnes, Marchenoir et Origny. Dans une dépêche au gouvernement de Paris, en date du 14 décembre, Gambetta signalait le général Chanzy comme « le véritable homme de guerre révélé par les événements ».

Il entra à l'Assemblée nationale après les élections du 8 février 1871, comme représentant des Ardennes.

Nommé le 11 juin 1873 gouverneur général de l'Algérie, avec le commandement en chef des forces de terre et de mer de la colonie, il publia, en y arrivant, une proclamation très conciliante qui fut bien accueillie par l'opinion. Cependant des dissentiments ne tardèrent pas à éclater entre le gouverneur et ses administrés. C'est ainsi qu'un arrêté du 29 mars 1874 mit en état de siège la commune d'Alger, à cause des attaques et injures des journaux contre la municipalité; cette mesure provoqua une protestation des négociants de la ville, comme portant atteinte aux intérêts du commerce; mais elle fut maintenue par une loi du 5 janvier 1875. En 1878, le désaccord qui se manifesta entre les sénateurs et les députés de l'Algérie et le général Chanzy amena les premiers à donner leur démission de commissaires algériens à l'Exposition universelle. Cependant les travaux publics de la colonie prenaient une grande extension : plusieurs lignes de chemins de fer étaient ouvertes, d'autres en construction; le barrage gigantesque de l'Oued-Fergoug était terminé; l'Algérie se couvrait d'un réseau de stations météorologiques; une exposition algérienne avait été inaugurée le 15 avril 1876. Une école normale d'institutrices était créée à Milianah; une direction des contributions directes dans chaque département. Le Conseil de gouvernement et le Conseil Supérieur étaient institués; des adjoints civils placés auprès des généraux commandant les subdivisions, et lorsqu'il fut nommé ambassadeur de France à Saint-Pétersbourg, par décret du 18 février 1879, le général Chanzy avait doté la colonie d'environ 80 nouveaux centres de population européenne.

Il a laissé le souvenir d'un administrateur capable et libéral, d'un des meilleurs gouverneurs que la colonie ait eus.

Pendant l'insurrection de 1881, M. Gourgeot, ex-interprète principal de l'armée d'Afrique, écrivait au sujet du général Chanzy, dans un volume sur la situation politique :

« Il en est un qui réunit au suprême degré les talents nécessaires pour mener toutes choses à bien. C'est l'homme de toutes les capacités, de toutes les sagesses, de toutes les énergies, le maître des maîtres dans les questions algériennes. Mais cet homme, écœuré par les attaques injustes auxquelles il a été en butte, habite les bords glacés de la Néva alors que, pour l'honneur et la grandeur de notre pays, sa place est actuellement si bien marquée sous les coupoles ensoleillées du palais de Mustapha. »

Le général Chanzy avait été élu sénateur inamovible le 10 décembre 1875 et promu grand-croix de la Légion d'honneur le 22 août 1878.

Il est mort subitement à Paris dans la nuit du 4 au 5 janvier 1883.

<small>Archives militaires. — Documents officiels. — *L'Algérie ancienne et moderne*. — *Dictionnaire des contemporains*. — *Situation politique de l'Algérie*, par E. Gourgeot. — *Le général Chanzy*, par Chuquet.</small>

CHAPPEDELAINE.

De Chappedelaine, lieutenant de la compagnie de carabiniers du 8ᵉ bataillon de chasseurs à pied, était aux côtés du capitaine de Géreaux dans le marabout de Sidi-Brahim pendant les mémorables journées des 23, 24 et 25 septembre 1845.

Il se conduisit en brave et mourut en héros, le 26 septembre, pendant la retraite sur Djemmâa-Ghazaouat.

Son nom est inscrit à côté de celui du capitaine sur le monument commémoratif élevé dans la vallée de l'Oued-Mersa, à 2 kilomètres de Nemours.

<small>Documents militaires.</small>

CHARON.

Charon (Viala), général de division, ancien sénateur, est né à Paris le 29 juillet 1794. Élève de l'École polytechnique, il entra dans le génie militaire en 1813, fit les dernières campagnes de l'empire et resta sept ans en Espagne, où il se distingua aux sièges de Pampelune et de Saint-Sébastien. Capitaine depuis 1821, il prit part à l'expédition de Belgique (1832) qui se termina par la prise d'Anvers.

En 1835, il vint en Algérie, resta presque constamment en campagne pendant quatorze ans et y conquit vaillamment les grades supérieurs. Il défendit Bougie et Blidah, sans cesse attaquées par les tribus arabes et kabyles, participa aux expéditions de Cherchell, de Milianah (1840), de Mascara (1841), du Chéliff et des Flittas (1843), et son nom fut mis cinq fois à l'ordre du jour.

Colonel en 1842, maréchal de camp en 1845, M. Charon fut nommé général de division et gouverneur général de l'Algérie le 9 septembre 1848.

Il a occupé cette haute fonction jusque dans les premiers jours d'octobre 1850, soit pendant deux ans et deux mois. Pendant ce temps, il a eu à réprimer l'insurrection provoquée par Ben-Taïeb entre Tlemcen et Mascara (janvier 1849), celle dirigée par Bou-Zian dans l'Aurès et le M'Zab et qui s'est terminée par le siège et la prise de Zaatcha (du 7 octobre au 26 novembre 1849); une troisième, commandée par Mohammed ben Chabira, chez les Oulad-Naïl. Cette dernière fut vite vaincue. A peine avait-il aperçu la colonne expéditionnaire commandée par le colonel Daumas que ben Chabira s'enfuit et les rebelles se soumirent. Le général Charon décida néanmoins l'occupation définitive de Bou-Saada.

Quelques jours plus tard, une nouvelle agitation se produisait à Nahra, petite ville à 42 kilomètres au sud de Batna (Constantine); là encore une insurrection allait éclater. Le gouvernement prit rapidement les mesures nécessaires, et le 6 janvier, après quelques heures de combat, Nahra tombait entre nos mains et était réduite en cendres.

Malgré les préoccupations militaires, le général Charon s'efforça de développer la colonisation.

Le 19 septembre 1848, l'assemblée républicaine avait voté un crédit de 50 millions pour être spécialement appliqué à l'établissement de colonies agricoles en Algérie. Cinquante villages devaient être créés et 13,500 colons installés.

Le général Charon fit tout ce qui était en son pouvoir pour hâter l'aménagement des nouveaux centres, et lorsqu'il quitta la colonie, cette œuvre importante était à peu près entièrement achevée.

Rappelé en France en octobre 1850, le général Charon fut placé à la tête du comité des fortifications et créé sénateur le 31 décembre 1852. Il a présidé le comité consultatif de l'Algérie.

Promu grand officier de la Légion d'honneur le 2 décembre 1850 et grand-croix le 31 décembre 1851, le général Charon est décédé à Paris le 26 novembre 1880.

Son nom a été donné à une station de la ligne du chemin de fer d'Alger à Oran, située à 23 kilomètres d'Orléansville et sur la limite du département d'Alger.

Dictionnaire des Contemporains. — Documents particuliers. — Archives militaires.

CHARRIER.

M. Charrier, ancien commandant supérieur du cercle de Saïda, a très notablement contribué par ses travaux à l'exploitation de l'alfa dans des conditions rationnelles de production et de protection du précieux textile; il a fait ressortir dans tous ses détails le rendement de cette exploitation, attiré ainsi les industriels et les commerçants vers les Hauts-Plateaux, porté la colonisation presque dans le Sud Oranais.

Là, point de villages ni de fermes; pas une habitation ni un arbre; pas de population sédentaire; nulle ressource d'aucune sorte, très peu d'eau et presque toujours mauvaise; point de bois. En hiver, un climat très rude; le froid sec, vif, pénétrant; la neige, les pluies torrentielles et glacées. En été, le soleil, les vents brûlants, les ouragans de sable, les insectes. En tout temps, le désert inerte avec son horizon nu, fixe, accablant de tristesse, désespérant.

Ce pays n'était guère commode à peupler, malgré la riche plante qui le recouvre; car, pour l'exploiter, il fallait des routes, des chemins de fer, des installations coûteuses.

Aussi M. Charrier pouvait-il écrire en 1872 : « Il est impossible de décorer du nom d'exploitation l'ensemble des travaux auxquels l'alfa a donné lieu depuis quelques années en Algérie. C'est tout simplement l'application à l'alfa des procédés du glanage par lesquels on se procure le chiffon, car la trousse d'alfa qu'apporte l'indigène contient presque toujours une pacotille dont la moitié ne vaut rien.

« Jusqu'à présent le travail européen a consisté à placer une bascule au bord d'une route ou d'un sentier, et à attendre que l'alfa vienne y tomber, tout récolté, du dos de quelque bête de somme.

« L'Arabe du voisinage qui apprend l'arrivée d'un acheteur se décide, si dans le moment même il a besoin de quelque argent, à sortir de son inertie : il prend son bâton, pousse devant lui tout le personnel de sa tente, femmes, enfants, etc., et il leur dit : Allez! ramassez! On prend tout, on arrache tout, comme on le fait à l'ordinaire pour les animaux ou pour la couche de l'hôte : feuilles mortes des récoltes perdues, feuilles mûres, feuilles vertes des récoltes à venir, tiges, épis, racines; tout fait poids!

« On a ravagé la plante; on l'envoie tout entière ensuite, au lieu de n'envoyer que sa feuille, et on fournit ainsi au fabricant une matière qui lui impose des frais considérables de triage et lui donne un rendement qui s'élève à peine à 25 ou 30 %.

« De là destruction des plants, ruine du sol que l'on dépouille sans lui faire aucune restitution, dépréciation de nos produits, frais inutiles, rendements insuffisants, déchets considérables par l'élimination des matières inutiles, nuisibles ou plus résistantes aux agents mécaniques et chimiques que ne l'est la feuille en vue de laquelle ils ont été préparés, et par conséquent élévation du prix de production du papier à base d'alfa, et impossibilité pour l'alfa de provoquer à la vulgarisation de son usage. »

Les statistiques et devis minutieusement établis par M. Charrier déterminèrent la Compagnie Algérienne à solliciter la concession de 300,000 hectares d'alfa, concession qui amena la construction du chemin de fer d'Arzew à Saïda, prolongé aujourd'hui jusqu'à Aïn-Sefra, ainsi que la création d'Aïn-el-Hadjar, Tafaroua et Kralfallah, en un mot la colonisation du sud de la subdivision de Mascara et l'établissement d'un trafic commercial très important.

Les études de M. Charrier sur l'alfa ont été annexées au volume de la *Statistique générale de l'Algérie*, années 1867 à 1872, et publiées en brochure en 1873.

Le nom de Charrier a été donné à un centre de population créé sur la ligne d'Arzew à Saïda, à 31 kilomètres de cette dernière ville.

Documents particuliers et officiels. — *L'Alfa sur les Hauts-Plateaux*.

CHASSELOUP-LAUBAT.

Chasseloup-Laubat (Justin-Napoléon-Samuel-Prosper, marquis de), ancien ministre de l'Algérie et des colonies, est né à Alexandrie (Piémont) le 29 mars 1805. Après avoir fait ses études au lycée Louis-le-Grand, il entra en 1828 au conseil d'État comme auditeur de deuxième classe. Nommé maître des requêtes en service ordinaire en 1830, il fut adjoint à M. Baude, envoyé comme commissaire du roi en Algérie, partit pour Tunis en 1836, et assista au siège de Constantine. Élu en 1837 député de l'arrondissement de Marennes (Charente-Inférieure), l'année suivante il fut appelé au conseil d'État, où à maintes reprises il défendit les intérêts de l'Algérie.

Élu à l'Assemblée législative (1849) par la Charente-Inférieure, il soutint la politique de l'Élysée.

En 1851, il occupa le ministère de la marine du 10 avril au 26 octobre. Après le coup d'État, il entra au Corps législatif comme candidat du gouvernement et il fut réélu en 1857.

Membre du Conseil de colonisation près du nouveau ministère de l'Algérie et des colonies, créé en 1858, le marquis de Chasseloup-Laubat fut appelé, par décret du 24 mars 1859, à succéder comme ministre au prince Napoléon démissionnaire. Un mois après, il vint visiter la colonie, y fut l'objet de manifestations sympathiques, et, de retour à Paris, s'efforça de contribuer à sa prospérité par une administration principalement d'ordre économique.

Son premier soin fut de réaliser un des projets conçus et préparés par son prédécesseur : il organisa (décembre 1859) les tribunaux civils musulmans. Cette première satisfaction donnée à de légitimes réclamations, il provoqua diverses mesures, au nombre desquelles nous citerons les suivantes : extension au territoire de l'Algérie du privilège accordé au Crédit foncier de France ; — séparation du service des postes de celui de la trésorerie ; — admission en franchise des droits, dans les ports de France, de certains produits de l'Algérie ; — réorganisation du service des postes dans les trois provinces ; — extension de la juridiction des cours d'assises et des tribunaux correctionnels aux Européens et aux Israélites établis en territoires militaires ; — réorganisation des corps de milice ; — réglementation de la vente des biens domaniaux, ayant pour but principal de substituer la vente à prix fixe au système des concessions gratuites. — Exemption de l'*achour* (impôt) en faveur des Arabes cultivant à un titre quelconque une terre européenne. — Rétablissement de la responsabilité collective des tribus pour les crimes commis sur leur territoire et dont les auteurs ne sont pas découverts (cette dernière mesure avait été abolie par le prince Napoléon).

Chasseloup-Laubat quitta le ministère de l'Algérie lors de la suppression du ministère spécial (24 novembre 1860) ; le 25 mai 1862, il fut nommé sénateur.

En 1869, il fit partie du cabinet Forcade la Roquette.

Rentré dans la vie privée après la révolution du 4 septembre 1870, il fut, lors des élections du 8 février 1871, nommé représentant de la Charente-Inférieure. Il prit place au centre droit, fut nommé rapporteur de la loi sur la réorganisation de l'armée, et déposa, le

26 mars 1872, sur cet important sujet, un travail considérable qui fut l'objet de discussions approfondies dans la presse.

Il est mort à Versailles le 29 mars 1873. Une statue en bronze lui a été élevée par la ville de Marennes.

Le marquis de Chasseloup-Laubat a été président de la Société de géographie. Promu le 17 septembre 1851 commandeur de la Légion d'honneur, et grand-croix le 17 septembre 1860, il avait été nommé officier de l'Instruction publique le 15 août 1866. Il a publié plusieurs articles spéciaux et importants dans la *Revue des Deux-Mondes*.

Dictionnaire des Contemporains. — Annales algériennes. — L'Algérie ancienne et moderne. — Annuaire encyclopédique. — L'Algérie et le décret du 24 novembre. — Le Gouvernement de l'Algérie, par M. Giraud.

CHERBONNEAU.

Cherbonneau (Jacques-Auguste), né à la Chapelle-Blanche (Indre-et-Loire) le 28 août 1813, fit ses études à Paris au collège Charlemagne. Il se destinait à l'enseignement ; mais, attiré par l'étude des langues vivantes et principalement des langues orientales, il suivit de 1838 à 1846 les cours des langues orientales vivantes. Membre de la Société asiatique dès 1843, il débuta dans le *Journal asiatique* par des articles sur Hariri et trois mémoires sur les khalifes Abbassides.

Le 21 décembre 1846, il fut nommé professeur de la chaire d'arabe de Constantine et resta dans cette ville jusqu'en octobre 1863, époque à laquelle on l'appela à Alger comme directeur du collège arabe-français. Pendant les dix-sept années qu'il est resté au chef-lieu du département de l'Est, il s'est livré avec passion à la recherche des manuscrits relatifs à l'histoire du pays ; il en a découvert un grand nombre et a publié sur l'archéologie, la linguistique, l'histoire et la géographie des travaux de grande valeur.

Citons les principaux : *Inscriptions arabes de Constantine et de la province. — Fouilles du Kheneg et de la Souma. — Notice archéologique sur Aïn-El-Bey ; Excursion dans les ruines de Mila, Suffasar, Sila et Sigus ; Exploration archéologique du Chettaba. — Itinéraire de Tombouctou aux monts de la Lune.* Et une infinité de mémoires insérés dans le *Journal asiatique*, la *Revue africaine*, le *Bulletin* de la Société archéologique de Constantine, dont il fut un des fondateurs,

MARÉCHAL CLAUZEL.

la *Revue des sociétés savantes*, la *Revue de l'Orient*, le *Magasin pittoresque*, la *Revue de géographie*, etc. Rappelons les *Fables de Lokman* (texte et traduction); *Anecdotes musulmanes* (texte arabe suivi de deux dictionnaires analytiques); *Leçons de lectures arabes*; *Dialogues à l'usage des fonctionnaires civils de l'Algérie*; *Manuel à l'usage des écoles arabes-françaises de filles*; *Histoire de Chems Eddin*, extraite des *Mille et une Nuits* (texte arabe avec deux traductions françaises); *les Fourberies de Delilah*; *Relation du voyage de M. le capitaine de Bonnemain à R'damès*; *Dictionnaire français-arabe*; *Dictionnaire arabe-français*, etc., etc.

Le 25 mars 1879, Cherbonneau fut appelé comme professeur d'arabe à l'école des langues orientales vivantes, en remplacement du baron de Slane; il quitta donc l'Algérie, qu'il habitait depuis trente-deux ans, qu'il avait étudiée, aimée, à laquelle il avait donné la meilleure partie de sa laborieuse existence et dont il a puissamment servi la reconstitution de son histoire ancienne et moderne.

Cherbonneau est mort le 11 décembre 1882. Il était décoré de la Légion d'honneur.

Revue africaine. — Dictionnaire des Contemporains. — Journal asiatique. — Bulletin de la Société archéologique de Constantine. — Magasin pittoresque.

CLAUZEL.

Clauzel (Bertrand), comte de l'empire, maréchal de France, né à Mirepoix (Ariège) en 1772.

Il partit en 1792, comme capitaine dans la légion des Pyrénées, combattit contre les Espagnols, accompagna Pérignon dans son ambassade à Madrid (1795), fut envoyé en 1798 auprès de Charles-Emmanuel pour obtenir la remise des places du Piémont à la république française, et remplit cette mission avec toute l'habileté d'un diplomate. Général de brigade (1799), il fit partie de l'expédition de Saint-Domingue (1801), rentra en France avec le grade de général de division, servit en Hollande, à Naples et dans les provinces Illyriennes, prit une part glorieuse aux deux campagnes de Portugal sous Junot et Masséna, et, remplaçant Marmont blessé à la désastreuse bataille des Aparyles, sauva par des efforts héroïques l'armée française d'une déroute générale (23 juillet 1812).

Rallié à Louis XVIII après les événements de 1814, mais revenu sous les drapeaux de Napoléon dès son retour de l'île d'Elbe, il rentra dans Bordeaux malgré les efforts des royalistes excités par la duchesse d'Angoulême, refusa d'arborer le drapeau blanc après la défaite de Waterloo, et se rendit en Amérique pour échapper aux vengeances de la réaction. Condamné à mort, mais amnistié en 1820, il reparut alors dans sa patrie et fut nommé député par les électeurs libéraux de Réthel (1827).

Le 12 août 1830, il reçut le commandement en chef de l'armée d'Afrique en remplacement de Bourmont qui refusa de prêter serment au gouvernement de Louis-Philippe. Il prit sa tâche à cœur, et s'il a commis des fautes, il a droit à beaucoup d'indulgence en faveur du patriotisme qui l'animait, de la confiance qu'il a montrée dans l'avenir de l'Algérie à une époque où elle ne comptait guère que des détracteurs.

Le 17 novembre 1830, il occupa Blidah pour la première fois, quatre jours plus tard franchit le col du Tenia de Mouzaïa après un combat mémorable, le 24 novembre fit son entrée dans Médéah.

Le 1er octobre, il créa provisoirement, sous la dénomination de « zouaves » un bataillon d'infanterie auxiliaire formant corps séparé et composé d'éléments français et indigènes. Il institua une chambre de commerce, une cour de justice et un tribunal de police correctionnelle. Il voulut créer une ferme modèle « pour y essayer en grand la culture, soit des produits coloniaux, soit celle des produits que la France ne fournit pas à l'industrie en raison de ses besoins ». Ce premier essai, pour infructueux qu'il ait été, n'en fait pas moins honneur au général Clauzel.

Pour notre domination en Afrique il avait conçu le projet suivant. L'armée se trouvait en présence de populations qui ne reconnaissaient point et ne pouvaient reconnaître à la France un droit qu'elles avaient dénié aux Turcs. La conquête du pays devait donc se faire pas à pas; elle exigerait des années. Clauzel avait donc à choisir entre deux partis : il lui fallait ou aliéner les droits de la France en traitant avec les indigènes, ou obtenir par la guerre une soumission énergiquement refusée. Dans le premier cas, on donnait aux Arabes le temps de se reconnaître et de s'organiser; dans le second, il fallait attaquer simultanément toutes les provinces et soutenir la guerre jusqu'à la pacification de la dernière tribu. Or, dans les derniers jours de 1830, la France était menacée par les signataires du traité de la Sainte-Alliance; au lieu de disséminer ses forces, elle devait les concentrer toutes, et il était supposable qu'elle rappellerait en partie son armée d'Afrique et réduirait son occupation à l'enceinte d'Alger.

En présence de cette alternative, le général Clauzel prit le parti le plus sage : il résolut de confier l'administration du pays à telle autorité musulmane qui voudrait s'en charger, à la condition de le faire pour le compte et sous la protection de la France.

Il mit ce projet à exécution en prononçant la déchéance des beys d'Oran et de Constantine et en cédant la suzeraineté de ces deux provinces à deux princes tunisiens, moyennant paiement à la France d'une redevance annuelle fixée pour chacun à un million de francs.

Mais le général Sébastiani, ministre des affaires étrangères, se montra furieux de la conclusion de ce traité en dehors de son ministère; il incrimina les actes du général Clauzel, qui finalement fut désavoué par le cabinet et remplacé dans son commandement par le général Berthezène, le 31 janvier 1831.

De retour en France, il fut cependant promu maréchal de France le 30 juillet de la même année. Député, il monta fréquemment à la tribune pour défendre l'Algérie contre ses nombreux adversaires et combattre avec ardeur toute idée d'abandon. Cette attitude résolue obligea le gouvernement à céder à la pression de l'opinion publique et à nommer de nouveau le maréchal Clauzel « gouverneur général des possessions françaises dans le nord de l'Afrique ». Cette seconde nomination eut lieu le 8 juillet 1835; le maréchal débarqua quelques jours plus tard à Alger, où son retour fut accueilli avec le plus vif enthousiasme.

Il reprit son œuvre colonisatrice et voulut voir la Mitidja couverte bientôt de nombreux centres. Le 27 septembre 1835, il signa la création de Boufarick. Le 7 décembre, l'intérêt légal de l'argent fut fixé à 10 % dans la colonie. Il institua une garde nationale, des gardes champêtres, donna des maires aux quelques centres existant aux alentours d'Alger. L'année suivante, il organisa la milice africaine. Mais la conquête de Constantine le hantait. Les rapports de Yousouf lui représentaient cette conquête comme facilement réalisable : il voulut la réaliser. Le 8 novembre, il quitta Bône à la tête d'un corps expéditionnaire, et, malgré la bravoure et le sang-froid dont il fit preuve dans les circonstances les plus critiques, cette première expédition aboutit à un désastre. L'armée rentra à Bône le 30 novembre, et le maréchal Clauzel, rappelé en France, vécut depuis lors dans la retraite.

Il est mort en 1862.

Un centre de population créé en 1869 sur l'Oued-Cherf, à 29 kilomètres de Guelma (Constantine), a reçu le nom de Clauzel.

<small>Archives militaires. — *Annales algériennes.* — *L'Algérie de 1830 à 1840.* — *L'Algérie ancienne et moderne.* — *Campagnes d'Afrique*, par le duc d'Orléans. — *Cirta, Constantine.* — *Constantine, le maréchal Clauzel et le ministère*, par Corrèche. — *Explications du maréchal Clauzel* (affaire de Tlemcen). — *Le Général Clauzel*, par M. Camille Rousset (*Revue des Deux-Mondes*). — Documents officiels.</small>

COLOMB.

Colomb (Louis-Joseph-Jean-François-Isidore de), général de division, né à Figeac le 6 janvier 1823, entra à l'école de Saint-Cyr en 1842; il en sortit sous-lieutenant d'infanterie en 1844 et fut envoyé en Algérie, où presque toute sa carrière s'est accomplie : il y est resté vingt-six ans; il y a gagné tous ses grades.

Lieutenant le 25 juin 1849, il fut nommé capitaine le 10 juillet 1853, reçut le commandement supérieur de Géryville, et ce fut lui qui accompagna et dirigea Si Hamza dans l'expédition qui nous assura la soumission à l'impôt de la confédération du M'zab, de N'goussa et d'Ouargla, dont les tribus furent mises dans la nécessité de se donner à nous ou de chercher un refuge loin du territoire algérien; enfin la tranquillité du sud des provinces d'Alger et d'Oran.

En 1855, quelques tentatives de désordre s'étant produites dans la région de Figuig, sur la frontière du Maroc, l'apparition du capitaine de Colomb suffit pour les comprimer. La parfaite connaissance qu'il avait du pays, la confiance qu'il inspirait aux Arabes, lui permirent des pointes audacieuses jusque sur le territoire marocain; et de dégager ainsi la frontière.

Au mois de novembre 1856, les Hamyans (de la subdivision de Tlemcen), ainsi que cela leur arrivait souvent, s'étaient laissé entraîner par les suggestions de Sidi-Cheikh-ben-Taïeb, le chef dissident des Ouled-Sidi-Cheikh; ils avaient fait défection et s'étaient retirés dans le Maroc, où ils avaient trouvé un asile. De là ils cherchaient à entretenir l'inquiétude parmi les tribus qui nous étaient restées fidèles, les poussaient à la révolte et les pillaient au besoin pour les forcer à les imiter.

Le capitaine de Colomb, accompagné de Si Hamza, se dirigea de Géryville vers le sud-ouest avec quelques troupes régulières, 1,200 cavaliers de goum et 500 fantassins arabes. Parvenu à Raama, à dix lieues à l'est de notre poste d'Aïn-bel-Khelil, il apprit que les Hamyans et d'autres dissidents étaient réunis sur des points de notre territoire. Il supposa qu'ils avaient établi leurs campements non loin de Tigri. Ses conjectures ne se réalisèrent pas; mais, poursuivant sa course sans prendre de repos, il était le 6 novembre à la hauteur d'Ogla-el-Arricha. Là, des traces nombreuses et fraîches annoncèrent la présence de l'ennemi; malgré la fatigue des hommes et des chevaux, la marche continua et, à midi, le capitaine de Colomb se trouva en face d'une émigration considérable.

Dès que les Hamyans et les autres dissidents virent qu'ils ne pouvaient nous échapper par la fuite, ils se préparèrent au combat : il fut d'autant plus acharné de leur part qu'ils avaient à défendre leurs femmes, leurs enfants, leurs troupeaux; mais nos goums, à la tête desquels combattaient le capitaine de Colomb, Si Hamza et les officiers qui marchaient avec eux, les mirent dans une déroute complète.

Des prises très considérables de toute nature furent le résultat de ce combat, à la suite duquel le caïd des Hamyans vint se mettre, lui et les siens, à la disposition du capitaine de Colomb.

Si l'on jette les yeux sur la carte, on est surpris, en mesurant les distances, de voir avec quelle rapidité l'espace avait été parcouru : soixante lieues avaient été franchies en trois jours. « Ce fait, a dit le maréchal Randon, prouve mieux que toutes les paroles, avec quelle audace et quelle sûreté de coup d'œil nos officiers conduisaient une expédition dans le sud, et ce que l'on peut attendre de la sobriété et de la vigueur du coursier arabe. »

Chef de bataillon le 12 août 1857, lieutenant-colonel le 19 mai 1860, colonel le 12 août 1864, M. de Colomb devint général le 23 mars 1870, après avoir appartenu successivement aux chasseurs à pied, à la ligne, aux régiments étrangers et aux tirailleurs indigènes.

Sa conduite pendant la guerre de Prusse lui a valu d'être maintenu, par la commission des grades, général de division, pour prendre rang du 16 septembre 1871.

Décoré le 22 octobre 1852, le général de Colomb est aujourd'hui grand officier de la Légion d'honneur.

Il est en retraite depuis le 5 mars 1888.

Dictionnaire des Contemporains. — *Mémoires du maréchal Randon.* — Archives militaires.

COMBES.

Michel Combes, né à Feurs (Loire) en 1788, se distingua par sa bravoure pendant toutes les campagnes de l'empire, combattit à Waterloo, s'expatria et ne reprit du service qu'après la révolution de 1830.

Chargé à la tête du 66ᵉ de ligne d'occuper Ancône, il se rendit maître de la citadelle par un coup de main hardi, mais fut désavoué par le gouvernement. Privé de son commandement, puis envoyé en Afrique, il fut colonel de la 1ʳᵉ légion étrangère, ensuite du 47ᵉ de ligne et promu officier de la Légion d'honneur après le combat de la Sikkak.

Le colonel Combes était très aimé des soldats pour sa bravoure et sa douceur. Le 13 octobre 1837, au siège de Constantine, il suivit de près La Moricière sur la brèche. Un magasin à poudre venait de sauter sous les pieds des assiégeants et les blessés, noircis, les chairs pantelantes, répandaient l'alarme par leurs gémissements. Les soldats n'avançaient plus.

Le colonel Combes coupe court à cette hésitation et reprend l'offensive en faisant emporter par les voltigeurs du 47ᵉ les fortes barricades de la rue du Marché, la véritable voie stratégique de Constantine. Le cri : « A la baïonnette! » enlève les soldats de tous les corps ; la charge bat avec frénésie ; dans les bivouacs de l'armée, les tambours et les clairons le répètent tous à la fois, comme fascinés par un entraînement contagieux et irrésistible. Les musulmans perdent du terrain, et le colonel Combes, déjà blessé au cou, pousse toujours en avant, quand il se trouve devant une barricade à l'abri de laquelle les Kabyles font un feu vif et nourri sur nos braves soldats ; le colonel, voyant ce nouvel obstacle, s'adresse à sa troupe et dit : « La croix d'honneur est derrière ce retranchement, qui veut la gagner? » M. Besson, officier des voltigeurs du 47ᵉ, n'attend pas la fin de la phrase ; d'un bond il franchit l'obstacle, ses voltigeurs le suivent ; quelques minutes après, le colonel reçoit le coup mortel. Frappé de deux balles dans la poitrine, il se tourne vers les siens en disant : « Ce n'est rien, mes enfants, je marcherai bientôt à votre tête. » Il reprend cependant le chemin de la brèche pour aller se faire panser ; mais voulant, avant, rendre compte au duc de Nemours du succès décisif de nos vaillantes colonnes, il s'avance droit vers le prince, le visage calme, et dit : « Monseigneur, la ville ne peut tenir plus longtemps, le feu continue, mais va bientôt cesser ; je suis heureux et fier de pouvoir le premier vous l'annoncer. Je vais me faire panser. » A le voir si ferme dans sa démarche, si naturel dans son attitude et ses paroles, on n'aurait jamais supposé que ce fût un homme quittant un lieu de carnage pour aller mourir. Il y avait dans cette scène quelque chose de la gravité, de la fierté sereine, de la beauté austère des trépas antiques, moins la solennité théâtrale. A cinquante pas de là, il tomba en faiblesse.

Le colonel Combes fut d'abord porté à son bivouac, où les premiers soins lui furent donnés, puis à l'ambulance, où il mourut deux jours après, avec un calme qui faisait espérer que la mort était encore éloignée, qu'elle respecterait un si brave guerrier, et que l'armée enfin compterait un général de plus parmi ceux dont elle était fière.

Le nom de Combes a été donné à un centre de population de l'arrondissement de Bône, commune mixte de Zérizer.

Archives militaires. — *Cirta, Constantine.* — *Campagnes de l'armée d'Afrique*, par le duc d'Orléans. — *L'Algérie de 1830 à 1840*, par M. Camille Rousset.

CONTENCIN.

Adolphe de Contencin, né à Avaneg (Meurthe), le 2 décembre 1804, entré à l'École polytechnique en 1824, à l'École d'application en 1826, était capitaine en 1832.

Il fut attaché, comme professeur de fortifications permanentes, à l'École d'application de Metz jusqu'en 1848, époque à laquelle il devint chef de bataillon.

Il était chevalier de la Légion d'honneur depuis 1844.

Les cours du capitaine de Contencin sont encore professés à l'École supérieure de guerre. Ses travaux sur les fortifications de Coblentz existent à titre de documents au dépôt du ministère de la guerre.

M. de Contencin vint en Algérie en 1854, à Médéah, et fut promu lieutenant-colonel à Oran en 1855.

En 1859, officier de la Légion d'honneur.

Colonel en 1860, à Langres d'abord, à Constantine ensuite, il devint maire de cette ville en août 1864.

Tous les grands travaux de la ville de Constantine ont été faits ou préparés par lui. On lui doit *personnellement* les plans et travaux pour la conduite des eaux de Fesguia ; le percement de la rue Nationale ; la création des deux squares, du fondouck aux huiles, la concession des terrains pour le théâtre Dar-el-Bey, etc., qui avaient été donnés personnellement au maire par le chef de l'État.

Sa mort, survenue à Constantine le 9 avril 1867, a été un deuil public, et ses obsèques une manifestation imposante.

Si les différentes municipalités qui lui ont succédé ont oublié de donner son nom (1) à une rue quelconque de la ville nouvelle qu'il a pour ainsi dire créée, la population du moins n'a cessé de rendre un hommage constant à sa mémoire, et de témoigner à sa famille le pieux souvenir qu'elle a gardé du dévouement de M. de Contencin aux intérêts de la cité.

Documents particuliers.

CORDIER.

Cordier (Adolphe), né à Brillon (Meuse) en 1816, est venu en Algérie en 1852, possesseur de capitaux qu'il a employés à l'achat et à la mise en valeur d'une propriété inculte, située à 3 kilomètres de Maison-Carrée. Luttant contre la routine, il est parvenu, à force de persévérance et d'énergie, à triompher d'obstacles sans cesse renaissants. Horticulteur et arboriculteur émérite, il a puissamment contribué à l'assainissement de la contrée en plantant et en propageant l'eucalyptus.

Décédé en 1882.

Documents particuliers.

COSSON.

Cosson (Ernest Saint-Charles), botaniste, né à Paris, le 22 juillet 1819, étudia sous de Jussieu, Richard et Brongniart, suivit en même temps les cours de médecine et se fit recevoir docteur en 1847. Adjoint en 1851 à la commission scientifique de l'Algérie, il explora à plusieurs reprises, de 1852 à 1858, les parties les plus inconnues de nos possessions d'Afrique. Il a été, depuis 1854, tour à tour secrétaire ou vice-président de la Société botanique de France ; la Société d'acclimatation l'a choisi pour archiviste en 1857. Élu

(1) La municipalité de Constantine va prochainement réparer cet oubli.

membre libre de l'Académie des sciences le 31 mars 1873, en remplacement du maréchal Vaillant, il a été décoré de la Légion d'honneur.

On a de lui : *Notes sur quelques plantes exotiques, rares ou nouvelles, et additions à la flore des environs de Paris* (1849); *Rapport sur un voyage botanique en Algérie, d'Oran au Chott-el-Chergui* (1853); *Rapport sur un voyage... de Philippeville à Biskra et dans les monts Aurès* (1856); *Itinéraire d'un voyage botanique en Algérie, dans le sud des provinces d'Oran et d'Alger* (1857); *Considérations générales sur le Sahara algérien et ses cultures* (1859, in-8°); *Flore de l'Algérie* (1854-1867, gr. in-4°), etc.

Dictionnaire des Contemporains. — *Bulletin* de l'Académie des sciences.

COSTE DE CHAMPERON.

Coste de Champeron (Gustave-Jean-Jacques-Louis), général de division de cavalerie, grand officier de la Légion d'honneur, né à Paris le 22 septembre 1807, entra à la Flèche en 1817, à Saint-Cyr le 14 novembre 1827, à vingt ans. Sous-lieutenant le 1er octobre 1829, il fut envoyé à l'école de cavalerie de Saumur et en sortit en 1831 pour passer au 1er régiment de chasseurs d'Afrique, qui venait d'être formé à Alger. Lieutenant le 29 septembre 1832 au 3° de l'arme, à sa formation à Bône, il eut au bout de deux ans et demi (le 25 avril 1835) les épaulettes de capitaine. Toujours en expédition dans la province de Constantine, il fut cité à plusieurs reprises à l'ordre de l'armée d'Afrique, entre autres dans celui relatif à l'expédition des Portes-de-Fer en 1839, ce qui lui valut le 23 novembre la croix de chevalier de la Légion d'honneur pour fait de guerre.

Il resta en Algérie dans la province de l'Est jusqu'à sa promotion au grade de chef d'escadron au 1er hussards, qu'il rejoignit à Nancy (26 février 1843). Le 12 septembre 1848, il fut nommé lieutenant-colonel au 4° de dragons, et officier de la Légion d'honneur le 12 avril 1850. Colonel le 7 janvier 1852, il fut assez heureux pour recevoir le commandement du 4° chasseurs d'Afrique et pour revenir en Algérie à Mostaganem. Commandeur le 10 août 1853.

L'année suivante, il fit la campagne de Crimée et fut nommé général de brigade le 17 mars. Rentré en France, il fit la campagne d'Italie de 1859. Le 23 août 1863, il fut élevé à la dignité de grand officier de la Légion d'honneur. Il s'est bien conduit en 1870 à la tête de la division de cavalerie de la deuxième armée (général Ducrot). Mis au cadre de réserve en 1871, le général Coste de Champeron est mort en 1874, ayant 47 ans de services et de nombreuses campagnes.

Documents militaires. — Le Panthéon Fléchois.

COTELLE.

Cotelle (Henri-Émile), né à Paris le 25 mars 1822. Fils d'un notaire de la capitale, qui fut maire du sixième arrondissement et membre du conseil général du Loiret, Henri Cotelle fut pendant quelque temps employé du trésor à Alger. Consacrant ses moments de loisir à l'étude, il fit de rapides progrès dans la connaissance de la langue arabe et se trouva bientôt en état d'exercer les fonctions de drogman au consulat général de France à Tunis. Il passa de ce poste, avec avancement, à celui de Tanger. Là il ne dut qu'au hasard de ne pas tomber victime d'un chérif fanatique, dont la vengeance alla s'égarer sur le premier chrétien qui s'offrit à ses regards et qui fut, on le sait, l'infortuné M. Rey.

Henri Cotelle avait une prédilection marquée pour les études de philologie : il avait rassemblé une précieuse collection de plus de deux cents manuscrits sur la grammaire arabe et il en avait fait l'analyse raisonnée. Il avait aussi recueilli d'intéressants ouvrages manuscrits sur l'histoire d'Afrique; et c'est dans un de ces derniers, — aujourd'hui propriété de la bibliothèque d'Alger, — que M. le baron de Slane a traduit l'article remarquable paru dans la *Revue africaine* sous le titre de *Conquête du Soudan*.

Cotelle est mort à Quiers, canton de Bellegarde (Loiret), le 19 juin 1857.

Revue africaine.

COURBY DE COGNORD.

Chef d'escadron du 2ᵉ hussards, un des héros de Sidi-Brahim.

Dans la mémorable et douloureuse journée du 23 septembre 1845, le commandant de Cognord s'élança à la tête de son détachement contre les cavaliers de l'Émir, pendant que le lieutenant-colonel Montagnac se défendait avec ses chasseurs contre un ennemi dix fois supérieur en nombre.

Courby de Cognord, au plus fort de la mêlée, eut son cheval tué sous lui. Le hussard Testard mit pied à terre et donna le sien à son commandant, qui put rallier les quinze hommes survivant sur les soixante de l'escadron et résister encore en attendant que l'infanterie arrive à leur secours... Elle arrive, et un combat acharné s'engage. La lutte est héroïque.

Mais les rangs s'éclaircissent vivement; la mort va tous les faucher : ils le voient clairement, tous ces braves, tous ces jeunes Français, et pas un cependant ne songe à la fuite, que disons-nous? pas un ne songe à se rendre : ils préfèrent cent fois mourir!

Montagnac est mortellement blessé; les capitaines de Chargère et Gentil de Saint-Alphonse, le lieutenant de Raymond sont tués.

Il ne reste plus que Courby de Cognord : il tombe criblé de cinq balles, et aussitôt un Arabe se précipite sur lui, le jette sur son cheval et l'emporte tout sanglant dans le camp d'Abd-el-Kader.

Les malheureux soldats, privés de chef, se défendent encore : ils meurent bravement, stoïquement, et neuf seulement tombèrent vivants entre les mains des Arabes; encore étaient-ils presque tous blessés.

Ils furent emmenés en captivité, où ils restèrent plus d'un an.

Voici dans quelles circonstances ils recouvrèrent la liberté.

Le 2 novembre 1846, un Arabe remettait au gouverneur de Mélilla, ville occupée par les Espagnols sur la côte d'Afrique, une lettre du commandant Courby de Cognord, prisonnier de l'Émir. Dans cette lettre, le prisonnier annonçait que, moyennant une rançon de 40,000 francs, le chef chargé de leur garde consentirait à le livrer, lui et ses dix compagnons d'infortune, les seuls qui eussent survécu au combat de Sidi-Brahim, et au massacre qui eut lieu le 27 avril 1846 de tous les prisonniers faits par Abd-el-Kader le 28 septembre 1845. Le gouverneur de Mélilla transmit immédiatement cette lettre au général d'Arbouville, commandant alors par intérim la province d'Oran. Bien qu'il eût peu d'espoir, le général d'Arbouville fit demander au commandant de la corvette à vapeur le *Véloce*, un officier intelligent et énergique pour accomplir une fonction importante. M. Durande, enseigne de vaisseau, fut désigné. Quant aux 40,000 francs, prix de la rançon, on ne les avait pas; mais, heureusement, la caisse du payeur divisionnaire était à Oran. Toutefois, comme aucun crédit n'était ouvert au budget, l'on dut forcer la caisse : ce qui se fit de la meilleure grâce du monde. Les honnêtes gendarmes, devenus voleurs, prêtèrent main-forte au colonel de Martimprey, procès-verbal fut dressé, et les 40,000 francs bien comptés en bons douros d'Espagne, furent emportés à bord du *Véloce*, qui déposa M. Durande à Mélilla. Depuis ce moment, le *Véloce* touchait dans ce port à chaque courrier de Tanger, pour prendre des nouvelles, lorsqu'un ordre d'Alger envoya la corvette à Cadix. Le *Véloce* allait se mettre à la disposition de M. Alexandre Dumas; Oran resta sans stationnaire, et les courriers du Maroc furent interrompus.

On comprend avec quelle impatience était attendu le résultat des démarches courageuses de M. Durande; voici ce qui s'était passé : Dès son arrivée à Mélilla, un Arabe, par les soins du gouverneur espagnol, avait porté à M. de Cognord une lettre lui donnant avis que l'argent était dans la ville, que l'on se tenait prêt à toute circonstance, et qu'une balancelle frétée par M. Durande croiserait constamment le long des côtes. Pendant longtemps la balancelle n'avait rien vu, et tous avaient déjà perdu l'espoir, lorsque le 24 novembre deux Arabes se présentèrent dans les fossés de la place, annonçant que les prisonniers se trouvaient à quatre lieues de la pointe de Bertinza; le lendemain 25, ils y seraient rendus. Un grand feu allumé sur une hauteur devait indiquer le point du rivage où se ferait l'échange. Le gouverneur de la ville et M. Durande se consultèrent. N'était-ce pas un nouveau piège? Quelles garanties offraient ces Arabes? « J'ai pour mission, avait dit M. Durande, de sauver les prisonniers à tout prix : qu'importe si je péris en essayant d'exécuter les ordres du général? » Ils convinrent donc que le lendemain, vers midi, M. Durande se trouverait au lieu indiqué, et don Luis Coppa, major de place à Mélilla, marcherait de conserve avec la balancelle, dans un canot du port monté par un équipage bien armé. L'argent devait être déposé dans ce canot, qui se tiendrait au large jusqu'à ce que M. Durande eût donné le signal.

A midi, le feu est allumé; à midi, la balancelle accoste au rivage. Quatre ou cinq cavaliers sont déjà sur la plage; ils annoncent que les prisonniers retenus à une demi-heure de là, vont arriver, puis ils partent au galop. M. Durande se rembarque, dans la crainte d'une surprise, et se tient à une portée de fusil. Bientôt il aperçoit un nuage de poussière soulevée par les chevaux des réguliers de l'Émir. De la barque on distingue les onze Français, et les cavaliers s'éloignent emmenant les prisonniers sur une hauteur où ils attendent ; une cinquantaine seulement restent avec un chef près de la balancelle, qui s'est rapprochée. Ce fut un moment solennel, celui où la longueur d'un fusil séparait seule la poitrine de nos braves matelots du groupe ennemi. La trahison était facile. Le chef arabe demande l'argent ; on lui montre la barque qui croisait au large ; s'il veut passer à bord, il est libre de le compter. Au signal convenu, le canot espagnol se rapproche ; on compte l'argent, la moitié des prisonniers sont remis en même temps ; le reste de l'argent est compté, les derniers prisonniers s'embarquent, et M. Durande se hâte de pousser au large. Le vent était favorable ; on arriva promptement à Mélilla, où la garnison espagnole entoura d'hommages ces vaillants soldats dont le courage n'avait pas failli un instant durant ces longs mois d'épreuves.

Tous cependant avaient hâte d'arriver sur une terre française ; aussi, comme le vent soufflait du détroit, ils s'embarquèrent sur la balancelle, et douze heures après le colonel de Mac-Mahon et la petite garnison de Djemma-Ghazaouat fêtaient dans un repas de famille le retour de ceux que l'on croyait perdus, à quelques lieues du marabout de Sidi-Brahim, le témoin de leur héroïque valeur. Quant à M. Durande, il s'était dérobé aux félicitations de tous ; impatient d'accomplir jusqu'au bout sa mission, il avait repris la mer afin d'annoncer la bonne nouvelle au général de La Moricière.

Ces détails obtenus, on en savait assez pour écrire sur-le-champ à M. le maréchal Bugeaud qui arrivait à Mostaganem par la vallée du Chéliff, et, tandis que l'on menait le brave enseigne de vaisseau prendre un repos si bien gagné, le colonel de Martimprey, assis devant le bureau du général, écrivait sous sa dictée la lettre que des cavaliers arabes allaient porter en toute hâte.

L'année d'auparavant, c'était une dépêche du colonel de Martimprey qui avait donné la première nouvelle du désastre ; chargé aussitôt d'une mission pour Djemma, c'est lui qui avait transmis tous les détails du combat de Sidi-Brahim, et maintenant sa main encore allait envoyer la nouvelle de la délivrance de ceux dont par deux fois déjà il avait raconté la terrible histoire.

L'ordre venait d'être expédié de faire repartir pour Djemma, sans lui donner le temps de s'amarrer, le *Véloce*, que l'on attendait à chaque heure, lorsqu'on vint annoncer que ce navire était signalé passant au large avec le cap sur Alger. L'embarras était grand : pas de bateau à vapeur, un vent du détroit qui rendait toute navigation à voile impossible. Le *Caméléon*, bateau à vapeur du maréchal venu pour l'attendre, avait éprouvé une forte avarie qui ne lui permettait pas de reprendre la mer avant quarante-huit heures.

L'on ne savait à quel saint se vouer, lorsque d'honorables négociants d'Oran, MM. Dervieux, apprirent l'embarras où se trouvait le général de La Moricière. Ils possédaient un petit bateau à vapeur, la *Pauline*, qui faisait le service d'Espagne, et ils le lui offrirent, ne demandant même pas le prix du charbon brûlé. Douze heures après, la *Pauline* mouillait en rade de Djemma, pendant que le maréchal de son côté recevait les dépêches à Mostaganem, et annonçait son arrivée pour le lendemain. Dans la nuit la *Pauline* était de retour à Oran, et dès 5 heures du matin l'état-major expédiait les ordres. A 7 heures, les troupes descendaient vers la Marine pour aller recevoir les prisonniers. La ville entière était en joie, chacun avait mis ses habits de fête; gens du Midi et gens du Nord, le Valencien au chapeau pointu, l'Allemand lourd et blond, le Marseillais à l'accent bien connu, toute la foule bariolée enfin, les femmes surtout, avides de spectacles, marchaient à la suite des troupes. Les bataillons, rangés du Château-Neuf jusqu'au fort de la Moune, se déroulaient au flanc de la colline sur un espace de près de trois quarts de lieue comme un long serpent de fer.

Le ciel était sans un nuage; le beau soleil de décembre en Algérie, plus beau que le soleil du mois de mai à Paris, éclairait la foule, le port et la ville. La vaste baie, unie comme un miroir d'azur, semblait se prêter aux joies de la terre, et les murmures du flot qui baignait les rochers du fort étaient si doux qu'on eût dit les murmures d'un ruisseau. Au fort de la Moune, un pavillon est hissé; la *Pauline* a quitté Mers-el-Kébir, elle double bientôt la pointe, rase les rochers et s'arrête à quelques mètres du quai. Tous les regards se portent vers le navire. Le canot major du *Caméléon*, avec ses matelots en chemises blanches au col bleu, se tient près de l'échelle, les rames sont droites, saluant du salut réservé aux amiraux le soldat qui a versé son sang et supporté la captivité pour l'honneur du drapeau.

Le canot s'éloigna du navire, la foule devint silencieuse; on était avide de voir ceux qui avaient tant souffert. Ils accostent; le général de La Moricière, le premier, tend la main au commandant de Cognord et l'embrasse avec l'effusion d'un soldat. La musique des régiments entonna alors un chant de guerre, et répondit si bien aux sentiments du peuple entier, que vous eussiez vu des éclairs jaillir de tous les regards, des larmes sortir de tous les yeux, à mesure que le son, roulant d'écho en écho, allait porter à travers tous les rangs la bonne nouvelle de l'arrivée des martyrs.

On se remet en marche, les tambours battent aux champs, les soldats présentent les armes, les drapeaux saluent, et ils s'avancent ainsi, avec une escorte d'officiers, traversant tous ces respects. Chacun est fier de les voir honorés et s'incline, car il voit derrière ce cortège de gloire s'avancer le cortège de ceux qui sont morts dans la même journée, à la même heure, et dans ces débris de tant d'hommes les héritiers du sang versé.

Rappelons leurs noms :

Courby de Cognord, chef d'escadron du 2ᵉ hussards. Barbut, maréchal des logis, dº Testard, soldat, dº Metz, soldat, dº Larrazet, sous-lieutenant, 8ᵉ bat. chasseurs à pied. Thomas, adjudant, dº	Prisonniers de Sidi-Brahim.
Marin, 15ᵉ léger. Michel, 15ᵉ léger. Cabasse, service des ambulances. Trotet, 8ᵉ bat. de chasseurs.	Prisonniers d'Aïn-Témouchent.

Mᵐᵉ Gilles Thérèse, cantinière, qui était en captivité depuis 1843.

Deux heures après, la ville avait repris son repos, mais la fête continuait dans les familles, au sein des régiments.

Le même jour, cinq cents cavaliers de la tribu des Douairs et des Sméläs accompagnaient le général de La Moricière, allant à la rencontre du maréchal Bugeaud. Toute la troupe bruyante marchait sur une ligne droite, faisant caracoler ses chevaux, brûlant de temps à autre la poudre de réjouissance, lorsque les coureurs annoncèrent que le maréchal était proche. Les cavaliers s'arrêtèrent aussitôt, formant le demi-cercle, haut le fusil, pour rendre honneur au gouverneur du pays.

Le maréchal était venu de Mostaganem dans un petit char à bancs; il offrit à ses côtés une place au général de La Moricière et la carriole qui portait les puissants de l'Afrique se remit en marche au milieu d'un tourbillon d'hommes, de chevaux, de poussière et de poudre, dont les Arabes, suivant le vieil usage, balayaient la route.

Le lendemain, les réceptions officielles commencèrent. Le vieux maréchal était debout dans la grande salle mauresque du Château-Neuf, dont les arceaux de marbre sculpté portaient encore le croissant de la domination turque; derrière lui, ses officiers d'état-major de guerre, que l'on sentait toujours prêts à monter à cheval et à courir au péril; à sa droite, tous les corps de l'armée : l'infanterie si laborieuse, si tenace et si utile; la cavalerie, dont le bruit des sabres frappant les dalles, résonne comme un lointain écho du bruit de la charge; à sa gauche, les gens de grande tente des Douairs et des Smélas, revêtus du burnous blanc, sur lequel brillait pour plusieurs ce ruban rouge que les services rendus ou les blessures reçues pour notre cause avaient fait attacher à leur poitrine. Leur attitude pleine de dignité, les longs plis de leurs vêtements tombant jusqu'à terre, leur regard limpide et brillant comme le diamant, ce regard dont les races d'Orient ont le privilège, rappelaient les scènes de la Bible; et le vieux chef français, salué avec respect comme homme et comme le premier de tous, semblait le lien puissant qui devait cimenter l'union des deux peuples. Ce fut ainsi entouré que le maréchal Bugeaud reçut les onze prisonniers de Sidi-Brahim, et qu'on le vit, faisant les premiers pas, s'incliner en embrassant ces confesseurs de l'honneur militaire.

Son âme de soldat sut trouver des paroles qui remuèrent tous les cœurs lorsqu'il remercia, au nom de l'armée, ces débris qui semblaient survivre pour témoigner que nos jeunes légions d'Afrique avaient conservé intactes les traditions d'honneur et d'abnégation léguées par les bataillons des grandes guerres et qui ne pourraient s'éteindre qu'avec la nation française elle-même!

Courby de Cognord est mort général.

Annales algériennes. — Le général La Moricière, par E. Balme. — Combat de Sidi-Brahim, par Pègues. — Documents particuliers.

COURTOT DE CISSEY.

Courtot de Cissey (Ernest-Louis-Octave), général de division, ancien ministre de la guerre, grand-croix de la Légion d'honneur, sénateur inamovible, est né à Paris, le 23 décembre 1810, d'une noble famille de Bourgogne. Il fit ses études classiques à la Flèche et fut admis à Saint-Cyr le 2 décembre 1830. Sous-lieutenant le 1er octobre

1832, il passa à l'École d'application d'état-major pour en sortir lieutenant le 1ᵉʳ janvier 1835.

Détaché en 1837 à l'armée d'Afrique, il fit la deuxième expédition de Constantine, fut cité à l'ordre du corps expéditionnaire du 13 octobre et décoré, n'étant encore que lieutenant. Cette première citation devait se renouveler souvent pour le brave officier pendant sa longue et glorieuse carrière.

Capitaine le 27 février 1839, M. de Cissey, ayant achevé son stage de cavalerie, obtint d'être envoyé en Algérie, à l'état-major général du gouverneur, qui était alors le général Bugeaud. A l'expédition de Médéah (25 avril au 21 mai 1839), le capitaine de Cissey fut cité de nouveau à l'ordre de l'armée d'Afrique; il le fut encore dans l'ordre de mai 1840 pour le passage du col de Mouzaïa, de juin 1841 pour le combat d'Akbet-Kedda, dans l'ordre relatif au combat de Milianah, dans ceux de mai 1844 après les combats de Taourgha et de l'Ouarrez-Eddin. Il prit part à la bataille d'Isly, fut cité en première ligne pour sa bravoure dans le rapport du maréchal Bugeaud, et reçut le 19 juillet 1845 l'épaulette de chef d'escadron en récompense de la brillante valeur qu'il avait déployée dans toutes les expéditions auxquelles il avait pris part. Il n'était pas encore capitaine de première classe et n'avait que douze ans de service.

Le nouveau commandant fut fait officier de la Légion d'honneur, le 28 juillet 1849, à la suite de nouvelles citations à l'ordre de l'armée d'Afrique, et nommé lieutenant-colonel le 14 juin 1850. Le général Pélissier, alors gouverneur général de l'Algérie, le prit pour premier aide de camp, et cet officier supérieur ne quitta notre colonie que pour aller en Crimée en 1854.

Le 17 mars 1855, il fut nommé général de brigade et commanda en cette qualité la subdivision de Milianah; de 1859 à 1860 il remplit, sous l'administration de M. Chasseloup-Laubat, les importantes fonctions de directeur des affaires militaires et maritimes au ministère de l'Algérie et des colonies.

Le 13 août 1863, il fut promu général de division. Il était commandeur de la Légion d'honneur du 20 décembre 1858; il reçut la plaque de grand-officier le 28 décembre 1867.

Lors de la reddition de Metz en 1870, le général de Cissey fut fait prisonnier et emmené en captivité. Il ne rentra en France qu'après la signature de la paix. Le 20 avril 1871, le gouvernement l'éleva à la dignité de grand-croix de la Légion d'honneur, et quelques jours plus tard lui confia le portefeuille de la guerre. Il en fut chargé deux fois et pendant son passage au pouvoir travailla de toutes ses forces au relèvement de notre armée.

Élu député d'Ille-et-Vilaine en 1871 et sénateur inamovible en 1875, cet héroïque soldat est mort à Paris le 15 juin 1882.

Archives militaires. — *Dictionnaire des Contemporains.* — Documents officiels.
Le Panthéon Fléchois.

CRÉNY.

Crény (Louis-Léon de), général de brigade, commandeur de la Légion d'honneur, né à Neufchâtel (Seine-Inférieure) le 29 mai 1807, élève de la Flèche de 1818 à 1823, admis à Saint-Cyr le 1er octobre de cette dernière année, il en sortit en 1825 comme sous-lieutenant. Aide-major aux hussards de la garde le 1er octobre 1829, il fut envoyé le 23 mars 1830 au 6e de ligne, régiment avec lequel il fit l'expédition d'Alger à la 1re brigade de la 2e division du 2e corps. Rentré en France en décembre, M. de Crény fut nommé lieutenant le 1re octoqre 1830, puis décoré le 20 avril 1831, sur les propositions venues d'Afrique. Capitaine le 29 août 1832, officier de la Légion d'honneur le 23 novembre 1839, M. de Crény fut mis le 1er février 1840, à la disposition du maréchal Valée, gouverneur général de l'Algérie.

A dater de ce moment, M. de Crény ne quitta plus pour ainsi dire la colonie, où il rendit de brillants services. Chef d'escadron, le 21 juin 1840, dans la division d'Oran, il devint le 27 août 1840 chef d'état-major de cette division, et fut promu lieutenant-colonel le 25 février 1844, puis colonel le 28 août 1846. Il revint à Alger prendre les fonctions de sous-chef d'état-major général de l'armée d'Afrique. Commandeur le 9 août 1850, général de brigade du 10 juillet 1851 et chef d'état-major général, sa santé éprouvée par un long séjour en Algérie le força à solliciter sa mise en disponibilité le 6 septembre 1851. Il retourna alors en France, prit sa retraite le 1er juin 1854, ayant à peine quarante-sept ans.

Cet officier général, homme de mérite et fort instruit, est mort le 5 janvier 1862, après avoir passé une grande partie de sa vie militaire en Algérie.

Archives du ministère de la guerre. — *Le Panthéon Fléchois.*

DAMESME.

Damesme (Édouard-Adolphe-Déodat-Marie), général de brigade d'infanterie, chevalier de la Légion d'honneur, né à Fontainebleau (Seine-et-Marne) le 23 janvier 1807, élève de la Flèche en 1817, de Saint-Cyr en 1826, en sortit sous-lieutenant le 1er octobre 1827, passa lieutenant au 63e de ligne le 22 décembre 1829. Désireux de faire campagne, il demanda et obtint d'entrer, à sa formation, au 3e bataillon d'infanterie légère d'Afrique, le 7 août 1833, à Alger. Capitaine au 2e bataillon, à Bougie, le 24 août 1836, il fut presque toujours en expédition dans notre colonie. Signalé comme un des meilleurs officiers de guerre, cité à l'ordre de l'armée d'Afrique pour les combats devant Cherchell, il fut promu chef de bataillon le 6 octobre 1840, en récompense de sa brillante conduite, quoique n'ayant que quatre années de grade de capitaine. Il passa alors au 31e de ligne, à Alger.

Lors de l'expédition contre les Nemenchah en 1842, son nom fut mis une troisième fois à l'ordre du 7 juin, comme ayant commandé avec talent et énergie l'arrière-garde de la colonne. Une quatrième fois, l'ordre le signala pour sa conduite le 10 décembre 1842. Ce jour-là, la colonne Korte venait de quitter son bivouac, lorsque son arrière-garde fut assaillie par une masse d'Arabes. Un combat des plus vifs s'engagea; le commandant Vergé, conduisant l'arrière-garde, était sur le point d'épuiser ses munitions; Damesme, alors chef du 2e bataillon d'infanterie légère, dont il avait pris le commandement le 30 août, s'apercevant que le feu se ralentissait faute de cartouches, se précipite à l'arrière-garde avec ses soldats, sans en avoir reçu l'ordre, et culbute l'ennemi. Cet acte de dévouement, dit le gouverneur général dans son rapport sur les opérations dans les montagnes de l'Ouarensenis, fait le plus grand honneur au commandant Damesme. Le brave officier reçut dans ce beau combat un coup de feu dans les reins, en sauvant une pièce de montagne prête à tomber aux mains des Arabes. Il était chevalier de la Légion d'honneur du 24 avril 1842. Il fut nommé lieutenant-colonel le 14 avril 1844 et reçut trois ans plus tard, le 22 avril 1847, les épaulettes de colonel.

Le 24 juin 1848, Damesme fut nommé général de brigade; mais, blessé pendant l'insurrection, on dut lui amputer une jambe, et il expira le 29 juillet, à peine âgé de quarante ans.

Le nom de Damesme a été donné à un centre de population créé aux environs d'Arzew (Oran).

Le Panthéon Fléchois. — Archives militaires. — Documents officiels.

DANRÉMONT (1).

Danrémont (Charles-Marie-Denys, comte de), général de division, était né à Chaumont (Haute-Marne), le 8 février 1783. Élève de Fontainebleau, il en sortit le 24 janvier 1804 pour passer sous-lieutenant au 12e régiment de chasseurs à cheval. Il fit les campagnes de l'an XII à l'an XIII, de la Grande Armée de 1806 à 1807, de Dalmatie de 1808 à 1809, d'Espagne, de Portugal de 1811 à 1812, et de la Grande Armée pendant la moitié de 1813; devint capitaine le 5 juin 1809, chef d'escadron le 6 septembre 1811, et colonel le 17 mai 1813 sur le champ de bataille de Lutzen. A l'arrivée des alliés devant Paris, il fut chargé, avec le colonel Fabvier, d'arrêter les bases de la suspension d'armes, de concert avec les comtes Orlow et Plater, qui stipulaient au nom de l'empereur de Russie. Le 2 juin 1814, il entra à la 6e compagnie des gardes du corps en qualité de sous-lieutenant, grade qui correspondait à celui de colonel, et parvint bientôt (1er février 1815) à celui de lieutenant aide-major à la même compagnie. Lié par le serment particulier de cette garde, qui l'attachait exclusivement à la personne du roi, Danrémont suivit Louis XVIII à Gand et resta près de lui pendant les Cent-jours. A la seconde Restauration, il passa colonel de la légion de la Côte-d'Or (11 octobre 1815), et maréchal de camp le 23 avril 1821. Il devint ensuite inspecteur d'infanterie, membre de la commission de révision des manœuvres de l'infanterie et inspecteur général dans les 13e et 16e divisions militaires.

Appelé le 21 juillet 1830 au commandement de la 1re brigade de la 2e division de l'armée d'Afrique, il marcha sur Bône et s'en rendit maître; mais presque aussitôt arriva un bâtiment qui lui apporta la

---

(1) Les registres matricules du ministère de la guerre, les lettres autographes et l'acte de naissance du général, que nous avons consultés, donnent Danrémont avec un *n*. (A. Souzaie.)

nouvelle de la révolution de 1830 avec l'ordre d'évacuer Bône. Élevé au grade de lieutenant général (13 décembre 1830) et nommé pair de France en septembre 1835, il fut désigné pour remplir les fonctions de gouverneur général des possessions françaises dans le nord de l'Afrique. Le gouvernement, voulant obtenir une éclatante réparation du peu de succès obtenu l'année précédente, décida qu'une nouvelle expédition serait dirigée sur Constantine. Le commandement en chef en fut confié au général Danrémont.

L'armée expéditionnaire arriva sous les murs de l'ancienne Cirta le 6 octobre, et, toute tentative de conciliation ayant échoué, le siège de la ville fut résolu. Le général passa la nuit du 11 à désigner les colonnes d'attaque, à assigner à chacun son poste, et l'assaut de Constantine fut fixé au lendemain matin, 12 octobre 1837.

Voulant inspecter la batterie de brèche, dite de Nemours, que l'on construisait sur le plateau du Coudiat-Aty, Danrémont monta à cheval et prit la route de Tunis. Il attachait la plus grande importance à s'assurer par lui-même de l'état de cette batterie. Il mit pied à terre sur le plateau, ayant à sa gauche le duc de Nemours, près de lui les généraux Rulhière, Boyer, Perrégaux, le prince de la Moskowa, le capitaine Pajol, et il s'avança lentement dans la direction de l'ancienne batterie de brèche. Malgré les avertissements des soldats, qui ne cessaient de prévenir le prince et le général que trois pièces qui étaient placées à la droite de la porte Bal-el-Oued balayaient la route, le duc de Nemours et Danrémont ordonnent qu'une halte ait lieu à l'endroit où ils sont. Il était 9 heures du matin; le général, qui par hasard ce jour-là portait le képi africain au lieu du chapeau d'officier général, et qui avait par-dessus son uniforme un burnous brun, était occupé à regarder avec une lorgnette du côté de la ville, tout en s'entretenant avec le prince, lorsqu'un boulet, ricochant à quelques pas, vint le frapper dans le flanc gauche au-dessous du cœur et le traversa de part en part sans lui permettre de prononcer une seule parole. Une telle mort, dans un moment aussi décisif, aurait pu avoir de funestes conséquences; mais Danrémont avait tout arrêté, tout prévu avec tant de soin, que le général Valée, appelé à lui succéder, n'eut qu'à exécuter l'ordre prescrit par son prédécesseur. Danrémont fut tué à 10 heures, et le lendemain à midi le drapeau français flottait sur les mosquées de Constantine.

Le roi Louis-Philippe ordonna de déposer dans le caveau des Invalides, à côté du général Baraguay-d'Hilliers, son beau-père, les cendres de Danrémont, dont le nom est gravé sur les tables de bronze du palais de Versailles.

Une pyramide a été élevée à Constantine en l'honneur du général, à l'endroit où il fut tué. Ce monument se trouve à l'angle des rues Rohault de Fleury et Saint-Antoine. On y lit :

ICI
FUT TUÉ PAR UN BOULET
EN VISITANT LA BATTERIE DE BRÈCHE
LE 12 OCTOBRE 1837,
VEILLE DE LA PRISE DE CONSTANTINE,
LE LIEUTENANT GÉNÉRAL DENYS,
COMTE DE DANRÉMONT,
GOUVERNEUR GÉNÉRAL,
COMMANDANT EN CHEF L'ARMÉE
FRANÇAISE EXPÉDITIONNAIRE.

Le nom de Danrémont a été donné à un centre de population de la banlieue de Philippeville.

Nouvelle Biographie générale. — Archives du ministère de la guerre. — *Moniteur*, 1837, page 2266. — *Revue des Deux-Mondes*, 15 août 1845.

DAUMAS.

Daumas (Melchior-Joseph-Eugène), général de division, sénateur et écrivain, né le 4 septembre 1803, entra dans l'armée comme engagé volontaire en 1822. Nommé sous-lieutenant en 1827, il fut envoyé à l'école de Saumur. En 1835, il vint en Algérie, sous les ordres du maréchal Clauzel, fit les campagnes de Mascara et de Tlemcen. Il s'appliqua avec ardeur à l'étude de l'arabe et se distingua bientôt par une connaissance spéciale des mœurs algériennes. De 1837 à 1839, il résida en qualité de consul à Mascara, auprès de l'émir Abd-el-Kader. Le général de La Moricière lui confia ensuite la direction des affaires arabes dans la province d'Oran qu'il commandait. Peu après, le maréchal Bugeaud le chargea des affaires indigènes de toute l'Algérie. On lui dut, en grande partie, la réorganisation des bureaux arabes.

Après la prise d'Abd-el-Kader (22 décembre 1847), il fut envoyé au fort Lamalgue, auprès de l'Émir. En 1849, les Beni-Sélem, fraction des Beni-Soliman, de la province d'Alger, ayant refusé de payer leurs contributions et chassé leur caïd, le colonel Daumas dirigea contre eux une expédition qui les fit rentrer dans le devoir.

Il fut nommé en avril 1850 directeur des affaires de l'Algérie au ministère de la guerre, puis général de division le 14 janvier 1853.

Conseiller d'État en service ordinaire hors sections, il fut nommé sénateur le 12 août 1857. et promu grand-croix de la Légion d'honneur le 28 décembre 1868. — Il est mort à Coublence (Gironde) en mai 1871.

Parmi les écrits de M. Daumas, dont les principaux, traduits en espagnol et en allemand, ont eu en France plusieurs éditions, nous citerons : *les Kabyles de l'est* (Alger, 1844); *Exposé de l'état actuel de la société arabe, du gouvernement et de la législation qui la régit* (Alger, 1845, in-8°); *le Sahara algérien* (Paris, 1845); *le Grand Désert, ou Itinéraire d'une caravane du Sahara au pays des nègres* (2° édition, 1849; nouvelle édition, 1861, in-18), en collaboration avec M. A. de Chancel ; *la Grande-Kabylie* (1847, in-8°), avec M. Fabar, mort en 1849 au siège de Rome; *Sur l'éducation du faucon en Algérie* (Paris, 1856, in-8°); *Coup d'œil sur l'Algérie au mois de juin 1856* (Paris, 1856, in-12); *la Civilité puérile et honnête chez les Arabes* (Paris, 1857); *Mœurs et coutumes de l'Algérie* (1857, 3° édition, in-18); *les Chevaux du Sahara, et principes généraux du cavalier arabe* (1858, 5° édition); *la Kabylie* (1857, in-32 ; *la Société kabyle* (Paris, 1858); *la Vie arabe et la Société musulmane* (1869, in-8°).

Dictionnaire des Contemporains. — Annales algériennes. — Revue des Deux-Mondes. Revue de l'Algérie et des colonies. — Archives militaires. — Documents particuliers.

DEBROUSSE.

Debrousse (François-Hubert), était né le 23 mai 1817 à Surgères (Charente-Inférieure).

Son intelligence, son énergie au travail, ses aptitudes l'amenèrent rapidement à une position qu'il ne devait qu'à lui-même. Très jeune encore, et sur les preuves qu'il avait faites dans les travaux du canal latéral à la Garonne, il fut, pour une large part, chargé de l'entreprise de la canalisation de l'Èbre; quelques années après il construisit le chemin de fer de Rome à Civita-Vecchia.

En 1863, il entreprit les travaux de Palencia à Léon, première partie de la grande ligne du nord-ouest d'Espagne, et, malgré des difficultés sans cesse renaissantes, sut mener à bonne fin, en peu d'années, l'œuvre *commencée*. Il poursuivait en même temps la percée du boulevard Magenta à Paris et l'exploitation des mines de schiste-boghead qu'il avait acquises près d'Autun et pour lesquelles il avait installé des usines de première importance.

Devenu acquéreur de 24,000 hectares de terre dans les plaines de l'Habra et de la Macta (province d'Oran), il construisit, suivant les conditions imposées par l'État, le barrage de l'Habra destiné à retenir en amont, pour l'irrigation d'une superficie de 36,000 hectares, le volume énorme de trente-six millions de mètres cubes d'eau. « C'est l'œuvre d'art la plus gigantesque qui ait été faite en Algérie. » (*Journal officiel* du 12 novembre 1877.)

Cette propriété et ces travaux font aujourd'hui partie du domaine de la Compagnie Franco-Algérienne, dont M. Debrousse fut le président, après en avoir été le fondateur principal et avoir donné ainsi la vie, infusé la colonisation dans toute la subdivision de Mascara.

Fondateur également de la Société des Mines de Malfidano, M. Debrousse fut le concessionnaire primitif de la ligne de Cambrai à Saint-Just (compagnie des chemins de fer de Picardie et Flandre), qui par sa vaillante initiative put obtenir des débouchés dans les charbonnages du département du Nord et témoigna de la vitalité des lignes secondaires des chemins de fer. M. Debrousse s'est signalé pendant le siège de Paris (1870-1871) par de nombreux actes de bienfaisance (dons de mitrailleuses, fondation de fourneaux économiques, etc.). Il créa le journal *le Courrier de France* en décembre 1871, et plus tard prit la direction politique de la *Presse*, dont il s'était rendu acquéreur. M. Debrousse, nommé chevalier de la Légion d'honneur le 27 février 1867, fut promu officier le 6 mars 1874. Il était commandeur extraordinaire de Charles III d'Espagne et de plusieurs ordres étrangers.

Il est décédé le 21 août 1878.

Panthéon de la Légion d'honneur. — Notes personnelles.

DELAMARE.

M. Delamare (Charles), ingénieur civil, conseiller général de l'Arbah, est né à Paris en 1852. Après de brillantes études classiques, il fut admis à l'École polytechnique en 1873, en sortit avec un des premiers numéros et passa à l'École des mines, où il obtint le diplôme d'ingénieur.

M. Delamare étant venu en Algérie comme hiverneur, à la fin de 1883, visita les environs d'Alger et se rendit compte du parti qu'on pouvait tirer des mines de Sakamody, dont les premiers propriétaires avaient épuisé leurs ressources à de vaines recherches.

Il reconnut la présence de minerais de zinc à l'état oxydé et sulfuré et de minerais sulfurés de plomb en moindre quantité. Dès le mois de février 1884 il reprit cette affaire, qui était abandonnée, et l'organisa de suite en vue d'une exploitation régulière. En janvier 1885, les expéditions de minerais commencèrent et atteignirent cette première année le chiffre de 4,000 tonnes; en 1886, celui de 5,500; en 1887, 8,000 tonnes, et en 1888, 9,000 tonnes, dont la valeur, d'après les cours de cette année, s'élève au chiffre d'un million de francs.

Pour obtenir ces brillants résultats qui laissent une marge importante à l'exploitation, M. Delamare a dû pourvoir à l'installation de son personnel, qui comprend aujourd'hui 150 ouvriers européens et un chiffre égal d'indigènes, substituer au transport à dos de mulets la traction sur rails de la mine à la route d'Aumale, et organiser tout un matériel de charrois pour le transport de la route à la station du Gué-de-Constantine, d'où les minerais gagnent le port d'Alger par la voie ferrée.

Huit chaudières fournissent la vapeur aux diverses machines d'extraction, d'épuisement, de broyage et de lavage. Toutes ces installations ont été réalisées dans les conditions topographiques les plus difficiles et excitent l'admiration de tous les visiteurs compétents par leur caractère pratique. M. Delamare est arrivé en effet à produire le maximum d'effet utile avec le minimum de dépenses. Les ingénieurs de l'État, qui sont les premiers à louer cette exploitation modèle, pensent que la continuité du gîte en profondeur peut être affirmée et qu'il n'y a pas lieu de craindre de voir disparaître à bref délai le centre de création récente accroché aux flancs abrupts de l'Atlas, à une altitude de 700 mètres.

Les électeurs de la 11ᵉ circonscription du département d'Alger (l'Arbah), dans laquelle est située sa mine, n'ont pas cru pouvoir mieux faire que de charger M. Delamare de les représenter au conseil général. L'habileté avec laquelle il gère ses intérêts particuliers leur a donné l'assurance qu'il saurait défendre leurs intérêts publics.

Le conseil général l'a nommé président de sa commission des travaux publics.

Documents particuliers.

DELEBECQUE.

Le général Delebecque, ancien commandant en chef du 19ᵉ corps d'armée, grand-croix de la Légion d'honneur, est né à Douai le 28 mars 1824.

Sorti de Saint-Cyr en 1845, sous-lieutenant au 1ᵉʳ régiment de la légion étrangère, il rejoint ce corps à Oran, d'où il est dirigé aussitôt sur le bataillon du commandant Charras.

Ce bataillon fait partie de la colonne du général Korte, une des nombreuses colonnes qui, sous la haute direction du général Bugeaud, sont à la poursuite d'Abd-el-Kader, car, après les massacres de Sidi-Brahim et l'affaire d'Aïn-Témouchent, l'Émir a entraîné encore une fois toutes les tribus arabes de la province d'Oran.

Les colonnes ne cessent d'être en mouvement jusqu'au moment où Abd-el-Kader est forcé de chercher un refuge au Maroc.

En 1847, le sous-lieutenant Delebecque fait partie de la colonne Cavaignac qui, de concert avec celle du général Renault, va visiter tous les Ksour. Il est cité à l'ordre en avril pour sa belle conduite à Moghrar-el-Foukani et à Aïn-Sefra; il reçoit les félicitations du général Cavaignac et, proposé pour le grade de lieutenant, il est nommé à ce grade en mai 1848.

De 1848 à 1854, la reddition d'Abd-el-Kader (fin de 1847) ayant amené une grande accalmie dans la province d'Oran, on ne fait plus que des promenades militaires sur la frontière du Maroc. Entre temps, l'épisode des Beni-Snassen vient rappeler que la poudre est prompte à parler sur cette frontière toujours si agitée.

Promu capitaine en février 1854, M. Delebecque suit son régiment en Crimée, où il reste deux ans et prend part à toutes les affaires. Il y reçoit sa première blessure.

Après la paix, le capitaine Delebecque rentre en Algérie avec la légion et fait avec elle les deux expéditions de la Grande-Kabylie de 1856 et 1857.

En 1859, il est envoyé en Italie; une grave blessure reçue à Magenta ne lui permet pas d'assister à la fin de la campagne.

En 1860, il est nommé chef de bataillon au 81e d'infanterie, en Algérie, et part en 1862 avec ce régiment pour le Mexique.

Rentré en France avec le 99e, où il a été promu lieutenant-colonel en 1864, il est nommé colonel du 51e en 1868. C'est avec ce régiment qu'il fait la campagne de France de 1870. Blessé grièvement à Metz, il est emmené cependant en captivité et revient en France pour vaincre la Commune.

Il est promu général de brigade en 1871 et général de division en 1879.

En 1881, le général Delebecque est appelé à prendre le commandement d'une division pour opérer contre la Kroumirie. Après une expédition très courte mais très pénible, il rentre en France, où il ne séjourne que peu de temps. En juillet 1882, on lui donne le commandement de la division d'Oran, dont le Sud vient d'être troublé par l'insurrection de Bou-Amama.

Après avoir rejeté l'agitateur dans le Touat, il assure la tranquillité de tout le pays en s'établissant fortement dans toutes les montagnes, qui, jusqu'à la plaine de Figuig, avaient toujours été occupées par des populations franchement hostiles.

Le prolongement du chemin de fer de Saïda au Kreider jusqu'à Méchéria, et aujourd'hui jusqu'à Aïn-Sefra, construit sur les vives instances du général commandant la division d'Oran, vient assurer la sécurité de ce vaste pays.

Rappelé en France pour prendre le commandement du 17e corps (Toulouse) en juillet 1883, le général Delebecque est placé un an plus tard à la tête du 5e corps d'armée à Orléans, et en février 1885 à la tête du 19e corps à Alger.

Fait chevalier de la Légion d'honneur devant Sébastopol en 1855, officier devant Puebla, commandeur après Metz, grand officier en Tunisie, la dignité de grand-croix de la Légion d'honneur est venue en juillet 1888 couronner une carrière si bien remplie.

Atteint par la limite d'âge, le général Delebecque a été placé, à dater du 28 mars 1889, dans la 2e section de l'état-major général de l'armée.

La veille, le 27 mars, un punch lui a été offert au cercle militaire d'Alger par tous les officiers de la garnison et un grand nombre d'autres venus de tous les points de l'intérieur pour cette manifestation de respectueuse estime. Le général Poizat, commandant de la division d'Alger, a retracé la belle carrière militaire du général Delebecque, ajoutant que son départ soulevait d'unanimes regrets, — ce qui était rigoureusement exact. M. Tirman, gouverneur général, a parlé dans le même sens, et le général, vivement ému par ces précieux témoignages de haute considération, a répondu par quelques paroles très simples venues du cœur et dictées par le plus chaud patriotisme.

Documents militaires. — Archives militaires.

DELIGNY.

Deligny (Édouard-Jean-Étienne), général de division d'infanterie, grand-croix de la Légion d'honneur, né à Ballan (Indre-et-Loire) le 12 décembre 1815, admis à l'école de la Flèche en 1827, à Saint-Cyr en 1832, fut nommé sous-lieutenant le 20 avril 1835 au 12e léger. En Algérie depuis le 12 mai 1840, il fit de nombreuses expéditions dans la province d'Oran et celle du Maroc en 1844, terminée par la bataille d'Isly.

Lieutenant le 27 décembre 1840, capitaine le 19 octobre 1844, il obtint de passer avec son grade au bataillon des tirailleurs indigènes à Oran, le 8 mai 1848; promu chef de bataillon quelques mois plus tard, il ne quitta plus notre colonie qu'en mai 1859. Il reçut la croix d'officier le 28 juillet 1849, et les épaulettes de lieutenant-colonel au 75e de ligne le 10 mai 1852.

Colonel le 30 décembre 1852, il fit en 1854 l'expédition du Sebaou, dans laquelle il fut blessé d'un coup de feu à la tête, le 20 juin, entre le village de Taourirt et la Djemma-si-Saïd. On exécutait la retraite, après s'être rendu maître de tous les villages des Beni-Menguelet, quand les Kabyles s'élancèrent de toutes parts, gravirent avec autant d'ardeur que d'agilité la crête, à mesure que nos troupes s'en retiraient, et, profitant des moindres obstacles que leur offrait le terrain, dirigèrent un feu des plus vifs contre nos derniers échelons. Ce fut dans un de ces engagements que le colonel Deligny, au plus fort de la mêlée, fut dangereusement blessé à la tête. Il allait tomber au pouvoir des Kabyles quand, par un suprême effort, les soldats qui étaient auprès de lui parvinrent à le tirer de leurs mains.

Cité à l'ordre de l'armée du 13 août et dans le rapport relatif à la lutte contre les Kabyles du Djurdjura, il fut nommé, le 29 juillet, commandeur en récompense de sa belle conduite.

Général le 31 juillet 1855, il fut mis à la disposition du gouverneur de l'Algérie, qui le chargea de la réorganisation du cercle de Tizi-Ouzou. Les Beni-Raten, la tribu la plus importante de la Kabylie du Djurdjura, et qui en 1854 avaient fait un semblant de soumission pour détourner l'orage qui les menaçait, comprenaient bien que nous ne laisserions pas incomplète l'œuvre de conquête que nous avions commencée l'année précédente, et ils employaient, pour en éloigner le moment, tous les moyens en leur pouvoir, cherchant à semer la discorde parmi les tribus de l'une et de l'autre rive de la vallée du Sébaou que nous avions rattachées à notre cause. Diverses mesures furent prises pour paralyser les Beni-Raten. Mais c'était tout un plan d'organisation qu'il fallait pour déjouer les tentatives de nos ennemis. Le général Deligny, qui connaissait parfaitement les Kabyles, leurs passions, leurs faiblesses, mais aussi leurs qualités, vint de Dellys à Tizi-Ouzou surveiller la réorganisation du cercle. En peu de temps il sut rétablir le calme ou tout au moins une tranquillité relative dans la vallée. Le *statu quo* que l'on voulait conserver en Kabylie fut maintenu, grâce à lui, jusqu'à l'année suivante.

En septembre 1856, le général Deligny contribua puissamment à la soumission de la confédération des Guetchoulas. Le village de Djemma, adossé aux derniers contreforts du Djurdjura, entouré sur les deux autres côtés de profonds ravins, n'est abordable que sur une de ses faces : c'est là que les Kabyles avaient résolu de se défendre. Pour s'en emparer, il fallut diriger contre l'ennemi une attaque en règle. Quatre bataillons sous les ordres du général Deligny abordèrent la hauteur en deux colonnes, mais ne s'en rendirent maîtres qu'après un combat acharné qui nous coûta un assez grand nombre de tués et de blessés.

M. Deligny fit en 1857 l'expédition de la Grande-Kabylie, du maréchal Randon. Le 11 juillet, au combat livré sur la crête escarpée des Illiten, cet officier général, marchant à l'ennemi à la tête de sa brigade, fut grièvement blessé d'une balle dans le haut de la poitrine. Mis à l'ordre du corps, il fut appelé en France en 1859, après

19 années passées sans interruption en Afrique. Huit mois plus tard, le 1ᵉʳ octobre, il revint en Algérie.

Général de division en 1860, grand officier de la Légion d'honneur le 30 décembre 1862, grand-croix le 7 juin 1865, il fit en 1870 la campagne d'Allemagne, combattit sous Metz et fut fait prisonnier.

Placé au cadre de réserve le 13 décembre 1880, le général Deligny a pris sa retraite le 12 décembre 1881.

Le Panthéon Fléchois. — *Mémoires du maréchal Randon.* — Archives militaires. Documents officiels.

DESHORTIES.

Deshorties (Jean-Marie-Charles), lieutenant-colonel d'infanterie, né à Cherbourg (Manche) le 5 août 1821, élève de la Flèche de la fin de 1832 à la fin de 1839, engagé volontaire au 18ᵉ léger le 8 juin 1840, passa à Saint-Cyr à la suite de bons examens le 14 novembre 1843, et en sortit sous-lieutenant au 72ᵉ de ligne le 1ᵉʳ octobre 1845. Lieutenant au tour du choix le 21 juin 1848 et capitaine le 2 février 1853, il prit le 23 février 1854 les fonctions d'adjudant-major à son régiment, et le 7 juin il fut embarqué pour l'Algérie. Il vint à Sidi-bel-Abbès (province d'Oran), où il resta souvent en expédition jusqu'au 27 avril 1859. Promu chef de bataillon au 76ᵉ de ligne le 20 juin suivant, on l'envoya en Italie. Le 24 juin, à la bataille de Solférino, il fut blessé de deux coups de feu au sourcil droit et à la jambe. Le 22 octobre 1868, M. Deshorties fut nommé lieutenant-colonel du 3ᵉ zouaves à Philippeville, qu'il quitta en 1870, au moment de la déclaration de la guerre à l'Allemagne pour venir avec son régiment à la 1ʳᵉ brigade de la 4ᵉ division du 1ᵉʳ corps.

Il fut tué le 6 août 1870 à Frœschwiller.

Le Panthéon Fléchois. — *Historique du 3ᵉ zouaves.* — Archives militaires. *La Guerre de 1870-71*, par Jules Claretie.

DESVAUX.

Desvaux (Nicolas-Gilles-Toussaint), né à Paris le 6 novembre 1810, fut nommé sous-lieutenant à l'École de cavalerie le 21 février 1831, sur la proposition de la Commission des récompenses nationales. Il sortit de l'école sous-lieutenant avec le n° 1 (sur 71) et entra au 4ᵉ de hussards.

Lieutenant le 4 septembre 1837, il passa capitaine instructeur au 2ᵉ de chasseurs le 11 juin 1840. Attaché avec ce grade au 3ᵉ de chasseurs d'Afrique, le 3 octobre 1840, il partit pour l'Algérie, où il devait rester jusqu'en 1859, c'est-à-dire pendant près de vingt années.

C'est en Algérie, où il ne cessa de faire colonne au milieu de combats incessants, de dures fatigues, d'épreuves de toutes sortes, que le capitaine Desvaux, en versant son sang sur les champs de bataille, sut conquérir ses grades d'officier supérieur et d'officier général. « C'est au milieu de cette guerre de tous les instants qu'il sut développer les brillantes ressources de son instinct militaire; ses services furent plusieurs fois signalés à ses chefs, et en 1853 le général Yousouf le désignait comme un officier qu'il fallait pousser le plus vite possible dans l'intérêt de l'avenir de l'armée. »

Cité plusieurs fois à l'ordre du jour de l'armée d'Afrique, pour s'être distingué dans les combats livrés aux Arabes en 1841 et 1842, nommé chevalier de la Légion d'honneur le 3 juin 1844, il fut promu chef d'escadron au 1ᵉʳ régiment de chasseurs d'Afrique le 16 octobre 1845 et passa le 25 du même mois au 3ᵉ de spahis.

Lieutenant-colonel au 5ᵉ de hussards le 5 juillet 1848, puis au 3ᵉ de chasseurs d'Afrique, il fut promu officier de la Légion d'honneur le 2 juillet 1851, et devint le 26 décembre suivant colonel de son ancien régiment, le 3ᵉ de spahis.

En 1852, le colonel Desvaux commandait la subdivision de Batna; il concourut à la répression de la révolte des Haractas.

Dans les premiers jours de novembre 1854, trois colonnes partaient presque simultanément de trois points différents, pour aller se réunir plus tard dans le sud de l'Algérie; ces trois colonnes devaient alors obéir à un chef suprême, le colonel Desvaux, celui-là même qui depuis longtemps, pas à pas, gagnait du terrain en nous faisant de nombreux partisans et en amoindrissant l'importance du dernier chérif, Mohammed ben Abdallah, et du caïd de Tuggurt, Soliman, son allié.

Tuggurt, la principale ville de l'Oued-R'irh, exerce une influence considérable non seulement sur les oasis de cette région, mais encore sur celles du Souf, qui sont plus au sud. Sa position au point de vue militaire n'était pas moins importante. Entourée d'un large fossé toujours plein d'eau et que l'on ne pouvait franchir que par un seul pont, défendue par une muraille crénelée, elle était imprenable pour des Arabes.

Ce n'était donc pas une petite affaire que de s'en emparer. Après des marches pénibles et des fatigues inouïes, mais grâce cependant à la profonde connaissance que le colonel Desvaux avait du pays, il entra à Tuggurt, ce dernier refuge des agitateurs de l'Algérie, avec un plein succès.

Le chérif Mohamed et Soliman, le caïd de Tuggurt, prirent la fuite et leurs contingents se dispersèrent après un combat à Megarin, dans lequel ils laissèrent sur le terrain cinq cents morts, mille fusils, des yatagans et cinq drapeaux. Les fuyards jetèrent l'effroi dans Tuggurt, dont les murailles ne parurent bientôt plus aux deux chefs suffisantes pour les mettre à l'abri. Ils quittèrent la place dans la nuit, et le lendemain, 30 novembre, nos troupes y pénétraient sans coup férir.

Tuggurt se rendit donc sans que, comme à Laghouat ou à Zaatcha, on ait eu à déplorer beaucoup de sang versé. Pourtant l'occupation de Tuggurt n'est pas moins un beau fait d'armes, en même temps qu'il fut un des faits les plus importants pour notre occupation en Afrique.

Après l'expédition de Tuggurt, le colonel Desvaux fut promu général de brigade (17 mars 1855) et mis à la disposition de gouverneur général de l'Algérie.

A la fin de l'année (10 novembre), le général Desvaux quitta Biskra avec une colonne pour un nouveau déploiement de nos forces dans le sud de la province de Constantine.

Il visita successivement toutes les oasis dont les populations, quoique soumises depuis l'année précédente seulement, accueillirent nos soldats avec des témoignages de vive sympathie; tout le pays jouissait d'une parfaite tranquillité.

Le général s'était fait accompagner dans cette excursion par un ingénieur, M. Laurent, qui avait été mis à sa disposition pour reconnaître le régime des eaux et la nature du sol des contrées parcourues. Après avoir visité l'Oued-Souf, l'Oued-R'irh, le petit désert de Moghran, les Ouled-Djellal et les Zab-Dakri, M. Laurent reconnut tous les indices d'une nappe d'eau souterraine, qui descend des versants méridionaux de l'Atlas vers Biskra et s'étend au-dessous de l'Oued-R'irh. Ces conjectures devinrent plus tard des certitudes et donnèrent lieu au forage des puits artésiens qui ont transformé cette région.

L'année suivante, le général Desvaux parcourut de nouveau le sud de la province de Constantine, où il ne reçut que des témoignages de gratitude pour les bienfaits que son administration sage et active avait répandus parmi ces populations.

Parti le 15 décembre de Biskra, le général arrivait le 19 à M'raïer. En quelques mois, cette oasis avait changé d'aspect à la suite du forage de plusieurs puits. De là il se rendit à Tamerna, où il campait le 22. Cette oasis dépérissant de jour en jour, on avait promis aux habitants, à la suite des études faites par M. Laurent, de leur fournir de l'eau qui rendrait la fertilité à leurs jardins. Le 1er mai, un sondage avait été entrepris, et grâce au travail assidu d'un détachement de la légion étrangère, le 9 juin, on avait atteint la nappe souterraine à 60 mètres de profondeur.

Il est difficile de peindre la joie qui s'empara des habitants à la vue d'une gerbe d'eau s'élevant à un mètre du sol, et débitant 4,000 mètres cubes en vingt-quatre heures. La célérité avec laquelle ce travail avait été exécuté n'était pas le moindre sujet de l'admiration des indigènes, qui pensaient au temps qu'ils auraient employé à une œuvre pareille sans en pouvoir garantir la réussite. Dans leur gratitude, ils donnèrent à cette fontaine le nom de *Aïn-el-Afia*, la source de la paix.

A Tuggurt, le général reçut l'accueil le plus empressé. Toutes les djemmas des environs vinrent lui faire hommage de leur reconnaissance pour le bien qu'il avait fait au pays. En effet, vingt-neuf puits d'eau jaillissante avaient été forés en moins de deux années, et il y en avait un nombre égal en cours d'exécution.

Tuggurt était en voie de progrès : la pacification du pays, la sécurité assurée aux voyageurs, avaient amené dans ses murs un mouvement commercial inusité; un grand nombre de boutiques étaient ouvertes sur la place de la Casbah, et la propreté qui commençait à régner dans les rues de la ville était un signe de l'ordre qui s'y établissait.

Le général continua sa marche sur Temacin; il visita la zaouïa de Mohamed-el-Aïd, ce khalifa des Khouan de l'ordre religieux de Tidjeni, qui, depuis le moment où nous avions pénétré dans le sud, s'était montré favorable à nos intérêts.

Ce marabout, dont l'influence s'étendait jusque vers le centre de l'Afrique, venait d'accomplir le pèlerinage de la Mecque; après avoir adressé au général les plus vifs remerciements pour les travaux qui avaient été accomplis dans l'oasis et avoir donné les plus justes éloges à la conduite des troupes et aux services qu'elles leur avaient rendus, il fit entendre les paroles suivantes à ses coreligionnaires :

« Bénissez les Français qui, en vous donnant la paix et la sécurité, vous ont préparé une prospérité qui dépasse vos espérances.

« Vous aviez vu arriver avec effroi, il y a deux ans, ces soldats que vous aimez aujourd'hui pour le bien qu'ils vous ont fait.

« Je viens de traverser beaucoup d'États musulmans; j'ai trouvé partout injustice et violence, les routes livrées au brigandage, je n'ai respiré librement que depuis l'instant où j'ai mis le pied sur le territoire soumis à la domination de la France. »

Général de division le 12 mars 1859, Desvaux fut appelé peu de temps après à faire partie de l'armée d'Italie où, à la tête de la division de cavalerie du 1er corps, il se distingua d'une façon si brillante aux batailles de Magenta et de Solférino. Après la campagne, il revint en Afrique pour commander la province de Constantine et eut l'occasion de diriger une expédition vers le Maroc. Nommé sous-gouverneur de l'Algérie le 8 août 1864, il dut rentrer en France un an plus tard, sa santé s'étant altérée. Mais l'infatigable général ne resta pas longtemps dans le repos, car en 1866 il alla commander la division de cavalerie de Lunéville.

Dans la guerre contre la Prusse, il dirigea la division de cavalerie de la garde impériale dans les batailles et combats livrés sous Metz.

Après la guerre, le général Desvaux, sur sa demande, fut admis à la retraite le 17 septembre 1871. Il avait été promu commandeur de la Légion d'honneur le 26 décembre 1852 et grand officier le 19 décembre 1860.

Le général Desvaux comptait, au moment de sa mise à la retraite, quarante et un ans de service et vingt-deux campagnes.

Il est décédé à Fontenay-aux-Roses le 7 septembre 1884.

Documents officiels. — *Dictionnaire des Contemporains.* — *Mémoires du maréchal Randon.* — *Statistique générale de l'Algérie.*

DEVIN.

Le sergent Devin, du 32ᵉ de ligne, a montré, le 17 mars 1843, une bravoure hors ligne et assuré avec le capitaine Hardouin la prise du fondouk de Sidi-Lekhal, chez les Ouled-Khelouf. (Voyez *Hardouin.*)

DEVOULX.

Devoulx (Albert), ex-sous chef de bureau à la préfecture d'Alger, membre correspondant du ministère de l'Instruction publique, officier d'Académie, consacra ses loisirs aux études historiques. Ses investigations sur le passé de l'Algérie, et d'Alger en particulier, étaient incessantes et portaient sur tout, les vieilles institutions, les anciens monuments, les inscriptions; il avait le culte pieux des souvenirs. Parmi ses publications, l'*Histoire d'Alger*, couronnée au concours académique de 1870, contient de précieux documents arrachés à l'oubli et qui seront toujours consultés avec fruit par tous ceux qui voudront étudier le passé de ce pays qui nous est si cher à tous.

Le nom des bénédictins est resté comme un synonyme de patience et d'érudition. Albert Devoulx fut un véritable bénédictin. La liste seule de ses principales œuvres donne une idée de ses longues et pénibles recherches à travers les siècles. *Tachrifat; Raïs Hamidon; les Archives du consulat de France à Alger; le Registre des Prises maritimes; le Livre des signaux de la Flotte algérienne; Concordance des Calendriers grégorien et hedjirien,* œuvre pour laquelle il a opéré le rapprochement, jour par jour, de 1,300 années qui, depuis le 16 juillet 1622, mesurent la durée du monde musulman; *les Édifices religieux de l'ancien Alger; Notes historiques sur les mosquées; Histoire d'Alger; l'Épigraphie indigène du musée archéologique d'Alger; Recherches sur la coopération de la Régence d'Alger à la guerre de l'indépendance grecque* (traduction). — *Un exploit des Algériens en 1802; Lettres adressées par des marabouts arabes au pacha d'Alger; la Première Révolte des janissaires à Alger; Assassinat du pacha Mohammed Tekelerli; le Capitaine Prépaud; Querelle entre consul et négociant; la Batterie n° 7, dite du Centaure; Quelques tempêtes à Alger; l'Angle sud-est de l'Alger turc.* — *J.-B. Germain, chancelier du consulat de France à Alger; le Raïs El-Hadj Embarek; M. de Choi-*

seul-Beaupré et le Turc reconnaissant; la Tombe de Khedeur-Pacha à Alger; Mort du pacha Mohammed Khodja en 1754; la Batterie des Andalous à Alger; Relevé des principaux Français qui ont résidé à Alger de 1686 à 1830; la Marine de la Régence d'Alger; Enlèvement d'un pacha par les Kabyles, etc., etc.

Ces publications avaient valu à Albert Devoulx le titre de correspondant du ministère de l'Instruction publique.

Il est décédé à Alger le 15 novembre 1876.

Revue africaine. — Documents particuliers.

DIANOUS.

M. de Dianous de la Perrotine (Joseph-Gabriel-Henri) est né le 23 juillet 1845. Entré au service le 12 juillet 1867, il fut promu sous-lieutenant le 1ᵉʳ septembre 1871, lieutenant le 2 juillet 1874. Il comptait en cette qualité au 14ᵉ de ligne; mais, depuis plusieurs années, il était entré dans les affaires indigènes et, en qualité d'adjoint du bureau arabe, séjourna deux ans à Laghouat. Il y acquit une grande expérience des affaires sahariennes, expérience qui lui valut le fatal honneur d'être choisi par le lieutenant-colonel Flatters pour faire partie de sa mission.

Il était, au moment de son départ, premier adjoint au bureau arabe de Fort-National.

M. de Dianous avait reçu avec une joie d'enfant la nouvelle qu'il était définitivement agréé comme membre de la mission Flatters. « Quels joyeux repas je ferai avec des dattes et du lait de chamelle! » disait-il en quittant ses amis. Hélas! c'est aux dattes des Hoggar (voyez *Flatters*) que la France et l'armée doivent la perte d'un de leurs plus nobles enfants, l'Algérie celle d'un de ses précieux serviteurs.

Du 16 février au 10 mars, les débris de la colonne ont marché sous le commandement de M. de Dianous. Le 10 mars, a eu lieu le combat d'Amguid, dont l'issue eût été tout autre si le brave lieutenant n'avait encore été anéanti par l'effet des dattes empoisonnées.

Cependant, au bruit de la fusillade, son courage ranime ses forces; tous les efforts pour le retenir sont superflus, il marche, bien qu'en chancelant, vers le lieu du combat qui est alors dans sa dernière phase. Il se mêle aux combattants, tire pendant quelques instants debout, malgré les avis des hommes qui l'entourent, et reçoit une blessure légère à l'aine; il n'en continue pas moins à se battre. A ce moment le soleil est sur le point de disparaître sous l'horizon; il faut songer à la retraite, qui s'opère en échelons et avec ordre, protégée par cinq ou six des meilleurs tireurs.

Malheureusement M. de Dianous se prodigue, et, pendant que l'on se retire en terrain découvert, il est atteint mortellement d'une balle au téton droit. Les hommes le soutiennent, il est ramené à quelques pas en arrière; mais les forces l'abandonnent et il tombe mort.

D'un caractère doux et bienveillant, il savait se rendre sympathique à tous ceux qui l'approchaient. Ses chefs admiraient en lui l'activité, l'ardeur au travail, l'instruction solide, la fermeté de caractère, la dignité personnelle et les hautes qualités de l'esprit; ses administrés louaient sans réserve sa haute justice et son extrême bienveillance; ses amis aimaient par-dessus tout en lui l'absolue franchise, la grande bonté d'âme et le tact exquis qui le caractérisaient.

Il allait être promu capitaine au premier jour.

L'annonce de sa mort a vivement et douloureusement impressionné, non seulement les Français qui l'ont connu, mais encore les populations indigènes qu'il avait administrées.

Sa mort n'a laissé que des regrets et son nom, désormais célèbre, restera inséparable de celui des braves compagnons qui succombèrent avec lui sous les coups d'un groupe d'assassins.

Par décret en date du 23 décembre 1887, le nom de Dianous a été donné au centre de Bou-Adda (département d'Alger).

Archives militaires. — *Documents relatifs à la mission au sud de l'Algérie par le lieutenant-colonel Flatters.* — *Deuxième mission Flatters*, par M. Bernard. — *Exploration du Sahara*, par le lieutenant-colonel Derrécagaix. — *Bulletin de la Société de Géographie de Paris* (1882).

DIDIER.

M. Didier (Henry-Gabriel), ancien représentant de l'Algérie à la Constituante de 1848, né à Fresnes-en-Voëvre (Meuse) le 12 avril 1807, termina ses études à Paris et appartint quelque temps à l'enseignement libre. De 1832 à 1834, il fut un des rédacteurs du journal démocratique *le Bon Sens*. Il suivit les cours de droit et se fit recevoir avocat. Il exerça sa profession d'abord à Sedan, où il fonda le *Nouvelliste des Ardennes,* puis au barreau de Paris, qu'il quitta en 1844, pour venir remplir à Alger les fonctions de juge adjoint et bientôt celles de procureur du roi à Philippeville. En 1846, il passa avec le même titre au parquet de Blidah et, l'année suivante, fut nommé substitut du procureur général à Alger. Après la révolution de février, les électeurs de l'Algérie (1) l'envoyèrent à la Constituante ; il vota ordinairement avec la gauche, et fut, après l'élection du 10 décembre, un des adversaires de la politique napoléonienne.

En toute occasion, M. Didier défendit courageusement la colonie. En dépit de l'opposition la plus ardente et la plus tenace, il fit nommer la commission dite des lois de l'Algérie, à laquelle on doit la loi sur la propriété, la loi sur la création de la Banque, la loi sur l'admission des produits algériens en France ; il réclama, avec les efforts les plus persévérants et les plus louables, les bienfaits de l'assimilation la plus large possible.

Réélu le deuxième, sur trois députés que l'Algérie avait à envoyer à l'Assemblée législative, il fit partie de la minorité démocratique. Après le coup d'État du 2 décembre, qui l'écarta de la carrière politique en supprimant la députation algérienne, M. Henry Didier se fit inscrire au barreau de Paris, sans oublier l'Algérie dont il continua à se préoccuper de l'avenir et à défendre les intérêts. Il publia notamment trois brochures qui eurent un certain retentissement : *Du gouvernement de l'Algérie* (Paris, in-8°, 1852) ; *l'Algérie et le décret du 24 novembre 1860* (Paris, in-8°, 1861) ; *le Gouvernement militaire et la colonisation de l'Algérie* (Paris, in-8°, 1865). Au mois de février 1870, dans une conférence présidée par M. Ernest Picard, il entretint un certain nombre de colons algériens des problèmes qui les intéressaient, et fut chaleureusement applaudi.

Le 5 septembre 1870, il fut nommé en même temps préfet de la Meurthe et procureur de la république près le tribunal de la Seine ; il opta pour ce dernier poste. Le 24 octobre 1870, la Délégation de Tours lui confia le poste de gouverneur général civil de l'Algérie qu'il venait de créer ; mais la capitale était investie et le gouvernement de Paris ne voulut point lui permettre de venir prendre possession de ses fonctions. Le 30 octobre, M. Alph. Gent fut nommé à sa place, qu'il n'occupa pas davantage d'ailleurs.

(1) Voyez à la table chronologique (2ᵉ vol.) l'élection des députés le 23 avril 1848.

Remplacé comme procureur de la république le 15 novembre 1871, M. Henry Didier reprit sa robe d'avocat. Candidat républicain aux élections sénatoriales de janvier 1876 dans le département de la Meuse, il obtint 227 voix sur 657 électeurs. Nommé conseiller à la cour de cassation le 13 février 1879, il a été élu sénateur inamovible le 21 mai 1881 par 148 voix sur 255 votants. Il siège sur les bancs de la gauche républicaine, où il ne manque jamais de prouver à l'Algérie le dévouement absolu qu'il lui a voué depuis le jour qu'elle l'a choisi pour son premier représentant à la Constituante de 48. Mais simple, modeste, ennemi de la réclame personnelle, M. Henry Didier, — constatons-le avec regret, — est fort peu connu en Algérie; il y est presque totalement oublié. Il appartient, il est vrai, à une génération quasi disparue; ses électeurs à la Constituante se font chaque jour plus rares dans les trois provinces (1) et la nouvelle génération, à laquelle on a impardonnablement négligé d'apprendre l'histoire de ce pays, ignore que la colonie compte encore parmi ses défenseurs au palais du Luxembourg celui qu'elle choisit le premier, la première fois qu'elle eut le droit d'élire des députés. Cependant il est loin, certes, d'avoir démérité. En rentrant au Parlement après trente ans d'absence, malgré son grand âge M. Henry Didier retrouva pour l'Algérie sa confiance, son élan, son enthousiasme juvéniles, et, comme autrefois, il travailla avec ardeur à son développement et à sa prospérité. Il n'est pas de ceux qu'elle puisse oublier !... Et le *Livre d'or de l'Algérie* n'eût-il d'autre résultat que de rappeler à la mémoire des Algériens le doyen de la politique algérienne, celui qui a été son premier représentant dans nos assemblées parlementaires et a droit aujourd'hui à tous les témoignages de respect, que nous nous tiendrions pour largement récompensé de notre laborieux travail.

Renseignements particuliers. — Documents officiels. — *Dict. des Contemporains.*

DOURNAUX-DUPÉRÉ.

Dournaux-Dupéré, explorateur, né à la Guadeloupe le 2 juin 1845, a été assassiné dans le Sahara algérien le 17 avril 1874. Il publia en 1873, dans le *Bulletin* de la Société de géographie, un remar-

(1) La loi du 4 mars 1848 n'avait fait de l'Algérie qu'un seul collège électoral.

quable mémoire dans lequel il traçait un plan pour la poursuite des explorations du Sahara et exposait la nécessité, tant au point de vue politique que dans l'intérêt de la science et du commerce, de multiplier nos relations avec les peuplades voisines du Sahara algérien. Parmi les routes à suivre, il proposa, comme devant offrir le plus de résultats utiles, celle qui va de Tuggurt à Rhadamès, touche à R'ât, revient de là à l'O. sur Idélès, dans le pays des Ahaggar, et de ce point se porte sur Tombouctou. La chambre de commerce d'Alger approuva les vues de M. Dournaux-Dupéré, lui vota des subsides, auxquels le ministre du commerce ajouta une subvention, et l'explorateur fit ses préparatifs pour entreprendre le voyage dont il avait si bien indiqué l'itinéraire.

Au commencement de 1874, il se rendit à Tuggurt, où se joignit à lui un négociant français, M. Joubert. Les deux voyageurs arrivèrent à Rhadamès à la fin de mars. Le 12 avril, ils partirent pour R'ât avec un domestique arabe, un guide et quelques chameliers. Cinq jours plus tard, ils furent rejoints par des Arabes de la tribu des Chaambâ, à qui ils donnèrent des provisions. Tout à coup ces Arabes se précipitèrent sur les deux voyageurs, qu'ils jetèrent à terre et percèrent de coups. Après avoir pillé la petite caravane, ils disparurent. La nouvelle de la mort de Dournaux-Dupéré et de son compagnon fut apportée au gouverneur de Rhadamès par les chameliers qui avaient été épargnés.

Bulletin de la Société de Géographie de Paris. — Documents particuliers.

DUBOURG.

Pierre Dubourg, ancien maire de Bône, chevalier de la Légion d'honneur, vint en Algérie comme soldat-sellier au 3° spahis. Il quitta le régiment comme maître sellier en 1842, et s'établit à Bône.

Actif, très bon ouvrier, économe, il réalisa une belle fortune. Il fut conseiller municipal sous l'empire et commandant de la milice bônoise.

Le 8 octobre 1870, il fut nommé maire de Bône et conserva cette fonction jusqu'à sa mort, survenue le 28 février 1888. Ses concitoyens le chargèrent en outre en 1874 de défendre leurs intérêts à l'assemblée départementale, en 1880 ils lui renouvelèrent ce mandat et en

1886 il aurait eu le même honneur si son grand âge n'avait trahi son dévouement et ne l'avait mis dans l'obligation de refuser l'offre nouvelle du corps électoral.

Les services rendus à Bône par M. Dubourg, durant les dix-huit années qu'il a été placé à sa tête, durant les douze années qu'il a siégé au conseil général, sont immenses. Il a « contribué pour la plus grande part à transformer un gros village en une brillante cité de 30,000 habitants », en la plus coquette des cités algériennes.

Bône lui doit l'ouverture de son cours national, la construction d'un abattoir, de deux groupes scolaires, d'une halle aux légumes, d'un marché aux poissons, d'un fondouck arabe, d'une justice de paix et d'une bibliothèque, l'agrandissement du collège et de l'école des filles, le développement du réseau des chemins vicinaux, qui atteint aujourd'hui près de 60 kilomètres, la plantation d'arbres le long de toutes ces routes, l'aménagement et la décoration de plusieurs places de la ville, la construction d'un château d'eau, la création des d'égouts, l'installation de trottoirs dans toutes les rues, la construction des lavoirs et des abreuvoirs de la ville et des faubourgs, la captation de sources lointaines, une meilleure alimentation en eau potable et une plus juste distribution de celle-ci, enfin l'édification d'une mairie monumentale, d'un hôpital civil ; voilà le bilan de l'œuvre considérable à laquelle M. Dubourg consacra les dix-huit dernières années de son existence avec une ardeur qui ne s'est jamais ralentie.

M. Dubourg a laissé à Bône un nom impérissable, et des funérailles solennelles lui ont été faites aux frais de la ville, qui, tout entière, a suivi son cercueil.

En 1879, le gouvernement de la république, reconnaissant les services de toutes sortes qu'il avait rendus à son pays, lui accorda, en le faisant chevalier de la Légion d'honneur, la distinction qu'il avait si bien et à tant de titres méritée.

Démocratie algérienne. — Indépendant de Constantine. — Documents particuliers.

DUFOURG.

M. Jean-Baptiste Dufourg était né à Herrère (Basses-Pyrénées) le 24 décembre 1820. Fils d'agriculteur, la situation agricole et économique de son département l'invita à l'émigration. En 1844, il débarquait à Philippeville et peu après s'installait à Batna comme entrepreneur de fournitures militaires. Les fièvres l'obligèrent à abandonner cette localité; il se rendit à Biskra. C'était en 1848. M. Dufourg se remit vaillamment au travail, prit les fournitures de viande, de bois de chauffage, etc., pour l'armée, suivit la colonne à Zaatcha et acquit ainsi, très honnêtement, une fortune assez importante. Il aurait pu alors faire comme tant d'autres, quitter Biskra où l'existence était très pénible et l'avenir fort incertain. Il préféra, — il faut l'en louer hautement, — consacrer les capitaux déjà acquis et ses bénéfices annuels à créer une ferme à quelques lieues de Biskra, dans la plaine d'El-Outaya.

M. Dufourg était de cette forte et énergique race basque qui s'expatrie volontiers, sans idée de retour, mais qui propage vigoureusement l'idée française au dehors en se fixant au sol, l'améliorant, le laissant à ses enfants, tout en restant Français de cœur. Il ne comprenait la conquête définitive de l'Algérie que par la charrue. Si nous sommes venus en un pareil pays, disait-il, c'est pour y étendre notre race, c'est pour en faire un prolongement de notre terre de France.

Imbu de ces idées, M. Dufourg fut invité par le commandement, lors de la guerre de sécession, à faire dans la plaine d'El-Outaya des essais de culture de coton. L'Amérique n'en livrait plus et nos fabriques nationales manquaient de travail.

M. Dufourg accepta immédiatement. Les risques étaient gros pourtant. L'État ne livrait que la terre et l'eau, et cette dernière très parcimonieusement. Il fallait improviser une culture toute nouvelle dans un pays où la main-d'œuvre manque; il fallait deviner les conditions de végétation du coton dans ce climat bien différent du climat américain. Rien n'arrêta M. Dufourg.

L'État pourtant se montrait bien peu large; on mettait la terre à la disposition de cet agriculteur, mais avec la réserve spéciale qu'elle serait reprise par l'État dès que celui-ci l'exigerait. Défense était faite d'élever aucun bâtiment sur le sol prêté, et menace de destruction immédiate était écrite dans l'acte de prêt. L'eau donnée consistait en quelques parts que le domaine s'était réservées au moment de la conquête dans la rivière d'El-Outaya. Or, cette rivière tarit fréquemment, même au printemps, juste au moment où les cultures cotonnières ont le plus besoin d'irrigations. Enfin M. Dufourg cultivait à ses risques et périls, sans aucune aide de l'État.

Il fut encouragé dans cette entreprise par la maison Dollfus, de Mulhouse. Il créa le matériel d'exploitation, machines à égrener, à planter, etc., etc. Il installa des barrages, des batardeaux, des bâtiments en planches ou en gourbis pour ses ouvriers, et se mit à l'œuvre en 1863.

La première récolte fut médiocre, car on n'était pas fixé sur les méthodes; la deuxième fut bonne et paya M. Dufourg de ses sacrifices; la troisième manqua et la quatrième fut passable. A ce moment la lutte cessa en Amérique, et il n'y eut plus à songer à produire en Algérie du coton dont le prix de revient était bien supérieur à celui du coton américain.

M. Dufourg ne pouvait plus dès lors demander à l'État ni l'eau ni la terre; mais pendant ses quatre années d'essai il avait dû acheter des parts d'eau aux habitants d'El-Outaya. Ces parts d'eau lui restaient; il résolut de montrer qu'avec cet élément on pouvait créer quelque chose d'utile, même dans le Sahara.

Les terres de la plaine d'El-Outaya sont immenses et en grande partie en jachère; sur 60 lieues carrées il y en a bien une ou deux de cultivées; il sollicita donc une concession de quelques hectares et, en attendant, il loua à la tribu les anciennes terres cotonnières en les arrosant avec ses parts d'eau. Il créa une superbe plantation de palmiers, de vigne et d'arbres fruitiers de toute espèce; il ensemença chaque année une centaine d'hectares en céréales. Il fit à lui tout seul un barrage sur l'Oued Biskra, recueillant quelques minces filets d'eau qui allaient s'engouffrer dans les sables de la plaine d'El-Outaya; ce barrage fut fait de grands blocs provenant des ruines romaines qui abondent dans la plaine d'El-Outaya. Lors des crues, on emmagasinait de l'eau pour les moments de sécheresse. On creusa, nettoya et amplifia toutes les sources qui naissent sur le haut cours de l'Oued Biskra. Un deuxième barrage fut créé de la même manière que le premier en amont d'El-Outaya. Par tous ces moyens, le village de ce nom s'accrut et bénéficia du surcroît d'eau; la ferme Dufourg n'en profitait que dans la proportion de $1/10^o$ environ, et pourtant c'était son propriétaire qui poussait à toutes les améliorations et n'en faisait que trop souvent les frais.

On a déjà dit que les tribus voisines d'El-Outaya, Sahari, Arab Cheraga, Ouled-Zian, ont 60 lieues carrées de terrain et en utilisent deux au maximum. Malgré cela, la loi de 1863 était si formelle que M. Dufourg réclama vainement pendant quinze années, une concession d'une centaine d'hectares. Chacun reconnaissait les services, la probité, le désintéressement de ce travailleur, mais la terre demandée était une terre *arch* (communale), et ni la tribu ni l'État ne pouvaient la vendre ou la céder, aux termes de ce sénatus-consulte de 1863 qui liait les bras à toutes les bonnes volontés, si hautes qu'elles fussent.

Ce ne fut que le 13 avril 1876, après 15 années de luttes et d'angoisses, après avoir vu sa ferme, son usine, sa maison d'habitation saccagées et ruinées en 1871 par les nomades insurgés, après avoir enfoui des centaines de mille francs dans la construction des bâtiments et des barrages, dans les plantations et l'achat de parts d'eau, etc., qu'à un voyage fait dans le sud, par le général Chanzy, M. Dufourg obtint enfin la concession de la terre qu'il avait si chèrement acquise, car, en 1871, certaines hostilités lui valurent de ne toucher que la moitié des indemnités auxquelles il avait droit.

M. Dufourg était un honnête homme, un laborieux, d'une énergie peu commune. Arabes et Européens l'avaient en grande estime. Il a le mérite d'avoir le premier porté la colonisation dans le Sud-Constantinois, et ce à une époque où le pays ne présentait aucun avenir, où le chemin de fer était un rêve.

En 1867, pendant la famine, M. Dufourg fit beaucoup de bien aux indigènes; tous ceux qui se présentaient chez lui trouvaient du pain et de la soupe. Il resta parmi eux, avec son beau-frère M. Cazenave, — le maire et conseiller général actuel de Biskra, — pendant toute la durée du choléra, alors que la garnison avait dû évacuer le pays. Ces deux familles ne purent se résigner à livrer au pillage, aux flammes, aux fureurs des indigènes, ce qu'elles avaient acquis au prix de tant de peines, et donnèrent l'exemple du courage à une population affolée.

M. Dufourg a été de longues années président de la Société de secours mutuels de Biskra, conseiller municipal et maire de cette commune, suppléant du juge de paix. Il avait obtenu de nombreuses médailles aux expositions agricoles.

Il est décédé le 8 mars 1884.

Documents particuliers. — *L'Algérie en 1882*, par le colonel Noëllat.

AMIRAL DUPERRÉ.

DUNAIGRE.

M. Dunaigre (Marc-François-Yves-Camille), préfet d'Oran, officier d'Académie, chevalier de la Légion d'honneur, est né à Brives (Corrèze), le 4 octobre 1844.

Nommé conseiller de préfecture à Alger le 27 septembre 1871, M. Dunaigre révéla des qualités administratives qui lui valurent un rapide avancement.

Secrétaire général de la préfecture de Constantine le 23 janvier 1874, il devint successivement sous-préfet de l'arrondissement de Sétif le 14 août 1875, sous-préfet de l'arrondissement de Bône le 17 septembre 1878 et préfet d'Oran le 4 avril 1883, haute fonction qu'il occupe encore à la satisfaction de ses administrés.

M. Dunaigre est un des fonctionnaires les plus distingués de la haute administration algérienne.

Documents officiels et documents particuliers.

DUPERRÉ.

Guy-Victor Duperré naquit à la Rochelle le 20 février 1775. Sa famille jouissait d'une considération séculaire dans cette ville quasi républicaine. Son père était ancien trésorier de la guerre, écuyer et conseiller du roi.

Le port de la Rochelle avait à cette époque une grande importance. Le spectacle de la mer et du mouvement des vaisseaux éveillèrent de bonne heure chez l'enfant la vocation de marin. Mais son père, sentant le prix d'une bonne éducation, l'envoya à la célèbre académie des Oratoriens de Juilly, d'où le jeune Duperré revint en 1787 après y avoir puisé une solide instruction dont on retrouve les traces dans ses rapports officiels.

Ce fut par un voyage à Saint-Domingue et aux Indes (1791) qu'il commença sa carrière; il y montra les plus heureuses dispositions pour la marine et se fit remarquer de ses chefs.

L'Europe était coalisée contre la France, les entreprises commerciales maritimes étaient devenues impossibles. Duperré, ne voulant pas renoncer à sa profession, s'engagea, le 29 juillet 1793, sur un bâtiment de l'État, la corvette la *Marie-Guitton,* comme second chef de timonerie. Quelques mois après, il passait avec le même grade sur la frégate le *Tartu*, où il resta jusqu'en mars 1795.

Le 1ᵉʳ août de la même année, il devint enseigne de vaisseau non entretenu sur la frégate la *Virginie*, commandée par Jacques Bergeret.

Attaqué près de Brest par un vaisseau anglais rasé, la *Virginie* parvint à s'en faire abandonner, mais elle tomba presque aussitôt au milieu de cinq frégates et ne se rendit qu'après un combat acharné dans lequel Duperré montra une rare intrépidité.

Pris et conduit en Angleterre, il fut délivré par un cartel d'échange en 1797.

Nommé enseigne de vaisseau titulaire, il se rembarqua, le 6 novembre 1799, sur le *Wattignies* et prit ensuite le commandement de la corvette la *Pélagie*. Il se rendit à Saint-Domingue et au Sénégal à la suite de la paix d'Amiens, et fut nommé lieutenant de vaisseau le 24 avril 1802. Puis il fut dirigé sur la Martinique, où ses services lui valurent des éloges de l'amiral Villaret-Joyeuse.

Attaché en 1805, par l'empereur, à l'état-major du *Vétéran*, dont Jérôme Bonaparte était capitaine, Duperré se rendit encore aux Antilles, et à son retour il fut nommé capitaine de frégate (23 septembre 1806) sur la *Sirène*, frégate de quarante-deux bouches à feu. Le 22 mars 1807, à son retour d'une nouvelle expédition aux Antilles, il fut rencontré par un vaisseau et une frégate anglaise : « Amène, ou je te coule ! hèle la frégate. — Coule, ou je n'amène pas ! feu partout ! » répond Duperré. Le combat dura cinq quarts d'heure, et la *Sirène* parvint à s'échouer sous le fort Groix, où l'ennemi n'osa la suivre. Duperré la remit à flot et reprit sa marche sur Lorient, il y fut accueilli avec enthousiasme et nommé capitaine de vaisseau.

Parti sur la *Bellone* en 1809 pour se rendre à l'île de France, Duperré captura la frégate la *Minerve*.

En 1810, il reçut le commandement d'une division de six navires et livra, en vue de l'île, à plusieurs vaisseaux anglais, un combat qui dura deux jours et dans lequel il resta vainqueur. Malheureusement la colonie, attaquée par des forces supérieures, fut obligée de capituler le 3 décembre 1810.

Nommé successivement chevalier et officier de l'ordre de la Légion d'honneur le 1ᵉʳ juin et le 20 décembre 1810, créé baron de l'empire le 20 août 1810 avec une dotation de 4,000 livres de rente, il fut élevé le 15 septembre 1811 au grade de contre-amiral.

En 1823, il bombarda Cadix et reçut du roi d'Espagne la grand'-croix de l'ordre de Charles III. Le 4 octobre de la même année, il fut promu vice-amiral, se rendit de nouveau à la Martinique et à son retour fut appelé à diriger la préfecture maritime de Brest (7 janvier 1827), où il resta trois ans.

C'est dans cette position qu'il se trouvait lors de l'expédition d'Alger.

Le 5 février 1830, il apprit que le roi le destinait à un commandement important, et reçut en même temps l'ordre de faire entrer en armement les bâtiments qui pourraient être rendus à Toulon en mai.

Aussitôt il imprima une vigoureuse impulsion au port, puis il remit le service au contre-amiral Dupotet et se rendit à Paris, où il apprit sa nomination au commandement en chef des forces navales de l'expédition contre la Régence. Le 12 mars 1830, le roi confirma sa nomination et lui accorda pleins pouvoirs pour le choix de son état-major. Duperré fit nommer le contre-amiral de Rosamel commandant en second de la flotte, le contre-amiral Mallet, major général, et le capitaine de vaisseau baron Hugon, commandant de la flottille et du convoi, avec lettre close de chef de division, ainsi que plusieurs autres officiers supérieurs.

Il combina ses plans avec les ministres de la marine et de la guerre et partit pour Toulon, où il arriva le 1er avril.

Aussitôt il prit la direction de la préfecture maritime et arbora son pavillon sur le vaisseau la *Provence*, dont il fit nommer capitaine Villaret-Joyeuse.

Il s'occupa avec la plus grande activité de l'organisation de la flotte, de la flottille et du convoi, prépara la répartition et l'embarquement de l'armée d'expédition.

La plus grande partie des troupes fut embarquée sur des bâtiments de guerre; le reste, sur des transports nolisés au commerce de Marseille jusqu'à concurrence de 71,000 tonneaux, à raison de 16 fr. et 16 fr. 50 cent. par tonneau et par mois.

En outre, Duperré proposa que des bateaux fussent nolisés pour former une flottille de débarquement composée de :

123 bateaux-bœufs et autres ;
38 bateaux lesteurs ;
25 petits bateaux.

On construisit aussi 55 chalands pour le débarquement des troupes et de l'artillerie.

Pendant que le convoi s'organisait à Marseille, l'embarquement de l'artillerie et d'une partie du génie se fit à Toulon. Au commencement de mai, toute la flotte fut réunie; l'embarquement du matériel fut terminé le 10, celui des troupes le 16, celui des chevaux le 17. Le 18, l'amiral, le général en chef et l'état-major se rendirent à bord de la *Provence*.

La flotte se composait de :

- 103 bâtiments de guerre;
- 347 transports;
- 140 bateaux catalans, de l'Ile, bœufs et génois, composant la flottille destinée au débarquement des troupes;
- 55 chalands,
- 30 bateaux plats ou radeaux pour le débarquement du matériel et des troupes.

En tout 675 bâtiments de guerre et de commerce.

L'expédition avait été organisée en quarante-huit jours.

Le 18 mai 1830, le vice-amiral adressa l'ordre du jour suivant à l'armée navale :

Officiers, sous-officiers et marins,

Appelés avec vos frères d'armes de l'armée expéditionnaire à prendre part aux chances d'une entreprise que l'honneur et l'humanité commandent, vous devez aussi en partager la gloire. C'est de nos efforts communs et de notre parfaite union que le roi et la France attendent la réparation de l'insulte faite au pavillon français. Recueillons les souvenirs qu'en pareilles circonstances nous ont légués nos pères! Imitons-les, et le succès est assuré. Partons!

Vive le roi!

DUPERRÉ.

Pendant cinq jours le vent fut contraire et ne permit aucun mouvement. Le 25 il passa de l'O. au N.-O. : on mit sous voiles.

L'armée, divisée en deux escadres, s'élevait au large; la réserve, partagée en deux divisions, se tenait à quatre milles sur la droite; et le convoi, formant une seule division sur deux colonnes, à quatre milles sur la gauche.

Duperré, vieux loup de mer qui avait longtemps combattu l'Angleterre sous la république et l'empire, nourrissait contre cette nation une haine classique parmi les marins français. A cette époque, sachant le cabinet de Londres hostile à l'expédition d'Alger, il s'attendait à trouver la flotte anglaise sur son passage, et comme il était en mesure de l'exterminer, il se flattait avec joie de donner à son pays une revanche de Trafalgar et d'Aboukir; mais l'Angleterre se tint tranquille et Duperré fut privé du plus grand triomphe qu'un amiral français eût pu obtenir.

Le lendemain, l'armée aperçut vers l'est deux frégates qui venaient du sud; l'une portant le pavillon français, l'autre le pavillon turc. Duperré leur envoya le *Sphinx*. Voici ce qu'on apprit :

Poussée par l'Angleterre, la Porte avait envoyé à Alger un pacha avec mission de mettre à mort le dey et d'offrir à la France les satisfactions demandées; c'était enlever tout prétexte à l'expédition française. Tahir-Pacha était donc parti. Mais la France, avertie à temps, avait défendu à l'escadre de blocus de laisser passer l'envoyé turc. Celui-ci s'était alors décidé à aller à Toulon, et le capitaine Kerdrain avait été chargé de l'escorter avec sa frégate, la *Duchesse de Berry* : c'étaient les deux navires qu'on venait de rencontrer.

Tahir-Pacha fut reçu cordialement à bord de la *Provence*, mais ne put rien obtenir. Il repartit pour Toulon afin d'attendre l'issue de la lutte.

Le capitaine Kerdrain apprit également que deux bricks, la *Sirène* et l'*Aventure*, qui faisaient partie de l'escadre de blocus, avaient échoué sur la côte et que leurs équipages avaient été massacrés.

La 28, la mer devenant grosse, le vice-amiral fit savoir à la flottille de débarquement, réunie à Majorque, qu'elle eût à s'arrêter, et mit lui-même l'armée à l'abri des îles Minorque et Majorque. L'armée et le convoi se remirent en marche le 30, et le 31 mai arrivèrent en vue d'Alger.

Mais, la mer devenant mauvaise, le vice-amiral ne voulut pas exposer par un débarquement l'armée à un désastre; il s'éloigna de terre en envoyant l'*Actéon* à la recherche de la flottille dispersée.

Il se décida à rallier la réserve, le convoi, la flottille dans la baie de Palma. Ce ne fut que le 9 juin que l'armée, la réserve, le convoi et la flottille purent appareiller. Le 12, on arriva de nouveau en vue d'Alger; mais, la mer étant toujours excessivement grosse et le temps orageux, le vice-amiral résolut de s'éloigner encore. Cependant le temps s'embellit et la mer s'apaisa vers midi; on attendit la flottille.

Le 13 juin, le temps étant au beau, Duperré donna l'ordre de former la ligne de bataille et fit défiler la flotte devant Alger. On réduisit au silence quelques batteries placées sur les hauteurs, à sept heures du soir on mouilla dans la baie de Torre-Chica, et on prit toutes les dispositions nécessaires pour débarquer le lendemain au commencement du jour.

Quelque temps auparavant, Duperré avait reçu à son bord un Génois nommé Paroli, qu'une dame habitant Lisbonne lui avait adressé. Cet homme, qui avait longtemps été commerçant à Alger et qui avait eu à souffrir mille avanies de la part des Turcs, mit à la disposition du vice-amiral la connaissance qu'il avait des côtes et lui fut d'un grand secours pour le débarquement. Après l'occupation, Duperré récompensa ses services en lui accordant la jouissance des maisons abandonnées par l'émigration pour installer de nouveau son commerce. Ce fut l'origine de l'immense fortune de Paroli, qui fut peut-être le premier marchand européen depuis la conquête.

Cinq navires furent chargés de canonner les batteries ennemies pour protéger le débarquement de l'armée, qui était effectué le 14 à midi. Deux divisions, soutenues par le feu des navires, emportèrent aussitôt les batteries; le débarquement du matériel suivit immédiatement celui du personnel.

Le *Faune* fut dirigé sur Palma pour transmettre au convoi l'ordre de rallier la flotte.

Le 15, les vivres furent débarqués et mis en magasin, malgré une mer houleuse.

Quatre vaisseaux furent établis en croisière pour détourner les brûlots qu'on aurait pu lancer sur la flotte.

Le 16, un violent orage suspendit les débarquements et fit éprouver des avaries à plusieurs navires; il s'apaisa heureusement vers midi : « Deux heures de prolongation de ce temps, dit le journal de Duperré, l'armée et la flotte pouvaient être conduites à une destruction totale. »

Du 17 au 18, les chevaux, les vivres et les munitions furent déchargés.

Le contre-amiral de Rosamel reçut l'ordre de croiser à l'ouverture de la baie avec une division composée du *Trident,* du *Breslaw* et des grandes frégates; les bâtiments, une fois déchargés, repartaient pour Toulon.

Le 19, les bricks le *Griffon,* l'*Alerte* et le *Ducouëdic* appuyèrent une attaque des troupes et contribuèrent à chasser l'ennemi de ses positions.

Du 20 au 22, les derniers bateaux-écuries furent déchargés.

Une garnison de vingt compagnies prises dans les équipages de la flotte fut organisée pour garder le camp retranché sur la plage.

Le 23, la frégate la *Thétis* fut adjointe aux bricks pour protéger une attaque des troupes qui échoua le 24.

Le 25, Duperré chargea le capitaine de vaisseau Massieu de Clerval, commandant de la station de blocus, d'opérer une diversion devant Bône.

Le 26, nouvelle tempête où presque tous les câbles des vaisseaux furent brisés. Pendant la nuit, la mer se calma.

Le 28, la garnison du camp fut débarquée; Duperré envoya demander au préfet maritime de Toulon des chaînes, des câbles, des ancres et des cigales de rechange.

Averti le 29 juin par le général en chef que l'attaque devait commencer le lendemain, Duperré se prépara à opérer une diversion du côté de la mer.

A cet effet, il prescrivit à M. de Rosamel de réunir les bâtiments armés en guerre de sa division à ceux de la station et de faire un simulacre d'attaque contre les batteries afin d'attirer l'attention de l'ennemi et de diviser ses forces.

Le 1er juillet, il réunit les capitaines à son bord pour leur donner ses ordres. Le capitaine de vaisseau Ponée fut chargé de maintenir une division de sept vaisseaux armés en flûtes devant la baie de Sidi-Ferruch et d'appuyer la division qui devait opérer devant Alger.

Le 2, le temps était au beau. L'armée se dirigea sur le fort Anglais et commença le feu en défilant. L'ennemi riposta vigoureusement, mais sans grand dommage pour nous.

Le 4, l'armée, qui avait pris le large pendant la nuit, se rapprochait au point du jour, quand on entendit l'explosion du fort de l'Empereur. La mer étant agitée, on ne renouvela pas l'attaque.

A midi, la *Sirène* amena au vaisseau amiral un canot parlementaire. L'envoyé déclara au vice-amiral qu'il avait mission du dey pour traiter de la paix; Duperré le renvoya au général commandant en chef l'armée de terre et déclara qu'à moins d'un ordre contraire émanant de lui, son devoir était de continuer l'attaque du côté de la mer.

Le parlementaire s'étant représenté le 5, Duperré lui fit répondre : « L'amiral soussigné, commandant en chef l'armée navale de S. M. T. C., en réponse aux deux communications qui lui ont été faites au nom du dey d'Alger et qui n'ont que trop longtemps suspendu le cours des hostilités, déclare que, tant que le pavillon de la Régence flottera sur les toits et sur la ville d'Alger, il ne peut plus recevoir aucune communication, et la considère toujours comme en état de guerre. »

A midi, le pavillon français remplaça le drapeau de la Régence sur le palais du dey, et à deux heures sur les forts et les batteries; il fut salué de vingt et un coups de canon par l'armée navale.

Après avoir pris du côté de la mer diverses mesures de précaution, Duperré envoya auprès de M. de Bourmont le contre-amiral Mallet pour se concerter sur la prise de possession de l'arsenal et pour prendre une résolution à l'égard de Bône et d'Oran.

Le 7, il désigna la frégate la *Jeanne d'Arc* pour transporter le dey à Livourne et quatre vaisseaux pour recevoir les quinze cents janissaires non mariés qu'on envoyait à Smyrne. Puis il se concerta avec M. de Bourmont pour l'évacuation du matériel et des magasins de Sidi-Ferruch.

Le 8, le capitaine Deloffre fut nommé directeur du port d'Alger. Le port fut interdit à tout navire étranger et le vice-amiral visita les magasins, dont il fit dresser l'inventaire.

Puis il envoya une division navale devant Bône pour forcer le bey de Constantine à se soumettre. Cette division, commandée par le contre-amiral de Rosamel et le général de Danrémont, fut composée de huit navires de guerre.

Elle partit le 26 juillet, après avoir embarqué deux mille cinq cents hommes, une compagnie d'artillerie, une de génie et six pièces de campagne.

Après avoir terminé l'expédition de Bône, la division devait agir contre le dey de Tripoli, afin d'en obtenir l'engagement de ne plus réduire les chrétiens en esclavage, de ne plus armer de corsaires et de donner réparation d'une insulte faite en septembre 1829 au consul de France.

A la nouvelle qu'un soulèvement se préparait dans Alger, il fut décidé le 29 juillet qu'on transporterait à Smyrne 2,000 hommes, femmes et enfants, que Duperré fit expédier aussitôt.

Quelques jours après, une nouvelle expédition ayant été résolue contre Oran, Duperré envoya M. Massieu de Clerval avec trois frégates pour appuyer les 1,500 hommes qu'on y envoyait.

Telle fut cette expédition d'Alger, dont la gloire revient en partie à Duperré. Quand on considère les difficultés qu'offrait un débarquement sur une côte presque inconnue, au milieu de tempêtes continuelles, et qu'on suit pas à pas la conduite du vice-amiral, on arrive à cette conviction que la flotte ne dut son salut qu'à la science profonde du marin, au calme, à l'intrépidité et à la sagesse minutieuse de l'homme.

Le 2 septembre, le général Clauzel arriva sur l'*Algésiras* et remit à Duperré les deux ordonnances par lesquelles le roi rétablissait dans la marine le grade d'amiral pour l'élever à cette dignité.

Il quitta Alger le 8 septembre et se rendit à Paris, où le roi Louis-Philippe le créa de nouveau pair de France, par ordonnance du 13 août 1830.

Sa ville natale lui offrit une épée d'honneur, qui portait sur l'un des côtés de la lame : « Prise d'Alger, le 5 juillet 1830; » et sur l'autre côté : « La bonne ville de la Rochelle à M. l'amiral Duperré, né dans ses murs. »

Le 1er mars 1831, il fut élevé à la dignité de grand-croix de la Légion d'honneur.

Il devint une première fois ministre de la marine et des colonies, le 22 novembre 1834; une seconde fois, le 12 mai 1839, et une troisième, le 29 octobre 1840.

Ce fut à l'âge de 65 ans que Duperré commença son troisième ministère. Malgré cela, l'activité qu'il déployait était étonnante. De bonne heure au travail, il voyait presque tout par lui-même, et montrait surtout la plus grande ponctualité dans les affaires. L'excès de travail altéra bientôt sa santé, et le 6 février 1843 il se vit forcé de donner sa démission.

Il vendit son hôtel de la rue Pigalle et se retira avec sa famille dans un appartement situé rue Lavoisier.

Malgré l'affaiblissement croissant de sa santé, Duperré continuait à suivre les séances de la chambre des pairs.

Au mois de mai 1846, il partit pour sa terre de Mon-Repos, à quelques lieues de Blois. Il revint à Paris dans les premiers jours d'octobre. Son état s'aggrava quelques jours après, et dans la nuit du 1er au 2 novembre il succomba.

Le roi décida que ses funérailles se feraient aux frais de l'État et qu'il serait inhumé dans l'hôtel des Invalides. Son éloge fut prononcé à la chambre des pairs par M. le baron Tupinier, et Pradier fut chargé de sa statue pour le musée de Versailles.

Telle fut la vie de cet homme qui a attaché son nom à l'une des plus importantes conquêtes de la France. Naturellement doué d'un jugement droit, d'une intelligence prompte et d'un courage sans bornes, il sut ajouter à ces qualités l'éducation et la pratique qui en sont le couronnement nécessaire. Patriote fervent, il fut surtout homme de bien; la modicité de sa fortune en fut une preuve, et sa carrière est digne d'être citée comme une des plus honorables et des plus illustres de l'armée française.

Le nom de Duperré a été donné à un centre de population situé sur la ligne du chemin de fer d'Alger à Oran, à 26 kilomètres d'Affreville.

Documents officiels. — *Duperré*, par Jules Renaud. — *La Conquête d'Alger*, par M. C. Rousset. — *Histoire résumée de la guerre d'Alger*. — *Précis historique et administratif de la campagne d'Afrique*, par le baron Denniée.

DUPORTAL.

M. Henri-Simon Duportal, ingénieur en chef des ponts et chaussées, directeur de la compagnie des chemins de fer de Bône-Guelma et prolongements, est le fils d'Armand Duportal, député de la Haute-Garonne, récemment décédé.

Né à Toulouse le 1er novembre 1837, M. Henri Duportal vint en Algérie, à l'âge de quinze ans, rejoindre son père que le coup d'État avait transporté à Cherchell.

La haine de l'empire lui donna la force, malgré l'interruption forcée de ses études classiques, de se préparer aux examens d'admission à l'École polytechnique.

Il y entra le 1er novembre 1857 et en sortit deux ans plus tard, ingénieur des ponts et chaussées.

De 1861 à 1869, M. Duportal a été successivement attaché aux études des chemins de fer de Bretagne, à la navigation du Lot, aux ports et aux chemins de fer de la Corse.

Engagé volontaire après le désastre de Sedan, il a servi en qualité de commandant du génie jusqu'au 15 juin 1871 et sa conduite lui a mérité la croix de la Légion d'honneur.

De 1871 à 1877, M. Duportal a eu divers services à Tarbes, dans les Hautes-Pyrénées.

De 1877 à ce jour, il a construit en Tunisie et dans la province de Constantine le réseau de la Cie des chemins de fer Bône-Guelma et prolongements qui comprend aujourd'hui près de 700 kilomètres en exploitation.

En 1881, il a fait, en qualité de commandant du génie, sous les ordres du général Logerot, la campagne de Tunisie, à la suite de laquelle il a été promu officier de la Légion d'honneur.

M. Duportal a été chargé en 1883 d'une mission dans le sud.

Il a présenté le projet de railway de Tébessa à Gabès par Gafsa; il est le promoteur du prolongement de cette ligne sur Rhadamès par Ber-es-Sof.

M. Duportal poursuit actuellement l'exécution des lignes de Tunis à Bizerte et dans le Sahel tunisien.

D'une modestie égale à sa haute valeur, bienveillant, serviable, M. Duportal jouit en Algérie de la plus légitime considération, tant en raison de son caractère que des services qu'il a rendus à la colonie. Conseiller municipal et conseiller général de Bône, il a été vice-président de l'assemblée départementale de Constantine et membre, pendant plusieurs années, du Conseil supérieur de gouvernement de l'Algérie.

Documents particuliers.

DU PRÉ DE SAINT-MAUR.

Celui-ci fut un colon dans toute l'acception du mot. Il appartient à cette pléiade de laborieux qu'on n'exaltera jamais assez : les de Vialar, les de Tonnac et autres, gentilshommes qui ont conquis ici leurs plus beaux quartiers de noblesse par un courage à toute épreuve, une énergie, une virilité dignes souvent d'un meilleur sort, et qu'on doit sans cesse rappeler à la nouvelle génération pour qu'elle y puise aux heures d'épreuves un exemple et un patriotique encouragement.

L'existence de du Pré de Saint-Maur en Algérie, où il a toujours été fidèle à la vieille devise de sa famille : « Dieu et l'honneur, » nous offre quelque chose de très courageux et de très élevé.

Jules du Pré de Saint-Maur naquit en Bretagne le 24 septembre 1812, près de Saint-Malo, au château de Launay-Quinart, propriété de son aïeul maternel, le comte de Vigny.

L'enfance de J. du Pré de Saint-Maur s'écoula, partie au vieux manoir breton où il est né, partie au château d'Argent, en Berry, propriété de son père et berceau de la famille du Pré de Saint-Maur.

L'éducation première fut virile. Les études classiques se firent à Juilly, et, dès cette époque, J. du Pré de Saint-Maur fit preuve d'une intelligence d'élite. Nerveux, robuste, il était armé de toutes pièces pour les luttes de la vie : il fit bientôt choix des plus rudes en se consacrant au développement et à la défense de la jeune colonie française.

Après avoir parcouru l'Allemagne, la Suède, la Russie, et, seul avec son guide, poussé jusqu'au cap Nord, le jeune du Pré de Saint-Maur se rend à Jérusalem par Rome et Constantinople, et visite l'Égypte à son retour.

En 1844, attiré à Oran par son ami le commandant d'Illiers, aide de camp du général de La Moricière, il vient une première fois explorer cette terre à peine conquise et qui offre déjà tant d'attraits à celui qui va lui consacrer sa vie entière. J. du Pré de Saint-Maur suit « en amateur », à travers la province d'Oran, le général de La Moricière lancé à la poursuite d'Abd-el-Kader. Dès lors sa décision est irrévocable : il colonisera, non comme Bugeaud, uniquement par les anciens soldats; mais en attirant des amis, de braves campagnards qui, sous peu, arroseront de leurs sueurs, quand ce ne sera pas de leur sang, cette terre féconde, mais rude aux planteurs. Et, ce qui l'enthousiasme, des campagnards qui apporteront sur cette terre inculte, parmi ces peuplades à demi barbares, les sentiments élevés de la civilisation chrétienne qu'il rêve d'établir en Afrique. Il avait en lui l'esprit de prosélytisme, il faut bien le reconnaître; ses idées religieuses font trop partie intégrante de sa vie pour que nous les passions sous silence. Au reste, disons-le hautement, nous n'en voyons pas la nécessité. Le *Livre d'or de l'Algérie* doit être tenu en dehors de toute thèse politique et religieuse; mais, si nous nous interdisons l'apologie de toute opinion, avons-nous du moins le devoir de respecter ceux qui, sincères, convaincus, ont consacré leur vie à une doctrine humanitaire, ont rêvé le bonheur de leurs semblables.

En 1845, du Pré de Saint-Maur fait un nouveau voyage à Oran et le général de La Moricière lui désigne deux points qui lui semblent propres à la création d'un centre agricole : la plage des Andalouses et le beylick d'Akhbeil, aujourd'hui Arbal.

La terre d'Arbal séduisit Jules du Pré de Saint-Maur; il s'empressa de solliciter une concession de 1,200 hectares environ. Alors commence toute une série d'indignes tracasseries contre celui qui avait l'audace de vouloir consacrer un gros patrimoine à l'exploitation de terres en friche, contre celui qui ne demandait qu'une chose : montrer aux colons, par sa propre expérience, la route qu'il fallait suivre.

Le moment était venu de coloniser ; mais, pour arriver à ce but, on ne voulait pas de colons, surtout pas d'hommes indépendants comme le futur propriétaire d'Arbal. Aussi, pour arriver au résultat désiré, J. du Pré de Saint-Maur eut-il besoin de sa ténacité toute bretonne, et surtout de la passion toute patriotique qu'il avait déjà vouée à notre nouvelle colonie.

J. du Pré de Saint-Maur avait senti que, pour les luttes bien rudes auxquelles il allait s'exposer, il lui fallait trouver au foyer domestique le dévouement le plus absolu à la cause qu'il embrassait. Avant de prendre possession d'Arbal, en épousant Clémence de Laussat, d'une ancienne famille béarnaise, dont parle souvent dans ses lettres le maréchal Bosquet, J. du Pré de Saint-Maur trouva la compagne dont il avait besoin.

Mme du Pré de Saint-Maur, loin de songer, comme d'autres femmes de son rang, à ce que pouvait avoir de pénible un aussi grand éloignement du pays natal, une vie aussi difficile parfois, sous un climat peu comparable à celui des Pyrénées et dans une contrée qui offrait alors bien peu de ressources, n'eut toute sa vie d'autre préoccupation que de seconder l'époux de son choix, dont elle était fière de partager l'existence si laborieuse et si noblement remplie. Le couple si bien assorti donna en Algérie l'exemple de ce que doit être une famille de colons.

Mme J. du Pré de Saint-Maur a suivi de bien près, hélas ! son mari dans la tombe ; mais le souvenir de cette femme de bien restera toujours gravé dans le cœur de tous ceux qui l'ont vue à l'œuvre, soit à Oran auprès des malheureux, soit dans cette plaine de la M'Léta où tant d'infortunes, tant de maux répugnants ont trouvé près d'elle, près de ses filles, de précieux adoucissements.

Ce fut du libre et plein consentement des deux époux que fut adressée au roi Louis-Philippe la demande de concession d'Arbal, terre que du Pré de Saint-Maur par des acquisitions successives agrandit jusque dans les dernières années de sa vie.

« Je ne viens pas », disait la requête, « chercher une fortune :

« je viens risquer une fraction de la mienne. Pour le grand proprié-
« taire de France, il y a en Algérie un rôle qui n'est pas sans hon-
« neur. Il est digne de savoir exposer des capitaux pour rendre
« productive une terre arrosée du sang de tant de Français. » Voilà
bien le langage du désintéressement le plus pur!

En 1846, M. et Mme J. du Pré Saint-Maur arrivent à Oran, peu après leur mariage; en juin de cette année se place la prise de possession d'Arbal.

En 1847, on commence la construction de la ferme : les propriétaires n'avaient encore qu'une tente pour demeure.

J. du Pré de Saint-Maur est aux côtés de La Moricière quand, sur l'emplacement actuel de la gare d'Arbal, les débris de ce que fut la Deïra d'Abd-el-Kader font leur soumission. Le général dit alors au colon : « Quelque chose de grand s'achève, la conquête par les armes; maintenant notre épée s'abaisse; à vous de conquérir la terre par la colonisation. » Jamais J. du Pré de Saint-Maur n'oublia ce moment vraiment mémorable. Mais le langage du général, qui avait tant fait pour la conquête par les armes, ne devait pas être celui de ses successeurs.

Pour la direction d'Arbal, J. du Pré de Saint-Maur prit un collaborateur dont le nom est bien connu dans le monde des agriculteurs et parmi les vieux colons d'Oran et de Saint-Denis-du-Sig : nous avons nommé Charles de Thiéry.

« La France traite l'Algérie en véritable marâtre, » écrivait ce dernier dans une revue agricole; « loin d'être favorisé, le colon ne peut écouler ses produits, considérés comme étrangers. »

Cette triste situation faite au producteur, loin de décourager du Pré de Saint-Maur, excite au contraire son ardeur.

Il présente au ministère un travail sérieux tendant à obtenir une revision des tarifs douaniers, en même temps qu'il accepte le lourd fardeau de faire en Algérie d'importants essais de culture industrielle, tâche qui incombait au gouvernement.

En 1848, les bureaux arabes, définitivement constitués depuis quatre ans, commencent à placer le parti militaire en face du parti colonisateur.

Dans ce dernier camp combattra, sans trêve, comme aussi sans parti pris, J. du Pré de Saint-Maur; il s'efforcera de déjouer le plan des bureaux arabes, détournés de leur vraie mission.

En 1849, le choléra fait de grands ravages dans la province :

J. du Pré de Saint-Maur est à son poste, à Arbal, au chevet de ses ouvriers atteints par le terrible fléau.

En 1850, il sollicite du ministère une augmentation de concession pour mettre en valeur des terres improductives.

Favorablement accueillie à Paris, cette demande, bien fondée pourtant, rencontre au bureau arabe d'Oran d'implacables adversaires. Ne voyons-nous pas des officiers de ce bureau contraindre par la force les indigènes de la tribu des Smélas à bâtir des gourbis sur le terrain en question afin de débouter de sa demande, le propriétaire d'Arbal au nom des intérêts de ces Smélas!

Les discours de J. du Pré de Saint-Maur à la chambre consultative d'agriculture comme au conseil général d'Oran, qu'il eut l'honneur de présider jusqu'en 1868, comme aussi au Conseil supérieur de gouvernement de l'Algérie, dont il fut vice-président, développaient cette thèse :

« La terre est refusée aux colons. » M. de Chancel proposait d'introduire en Algérie des nègres du Soudan. J. du Pré de Saint-Maur lui répond : « La terre manque aux bras français; non les bras à la terre ! »

« On a tout donné ! » disait encore M. de Chancel. J. du Pré de Saint-Maur répondit par une carte de l'Algérie où les concessions ressortaient comme de petites oasis au milieu d'une solitude immense. La question des terres se complique bientôt de la question des eaux. Au commencement de 1863, du Pré de Saint-Maur avait fait creuser à ses frais, à Arbal, un vaste barrage-réservoir pour utiliser les eaux de pluie, comme aussi celles des torrents voisins. Dès lors, s'appuyant sur sa propre expérience, il demandait que l'État s'associât aux travaux de ce genre en faveur des centres de colonisation. Le général Deligny repoussait de toutes ses forces un projet de barrage pour la plaine de l'Habra, comme peu urgent et inique!

Dans la séance du conseil général d'Oran, du 31 octobre 1863, avec beaucoup d'éloquence et de courage, J. du Pré de Saint-Maur réduit à néant les objections, au moins bizarres, du général. Vains efforts! le parti pris l'emporte! Heureusement l'énergie de du Pré de Saint-Maur était invincible. Battu devant le conseil général, il créa une société pour l'acquisition et la mise en culture des plaines de l'Habra et de la Macta. Un vibrant appel parut dans l'*Écho d'Oran* et remporta un succès complet : la liste des souscriptions fut entièrement couverte. L'autorité militaire n'y trouva pas son compte : aussi se prétendit-elle injurieusement visée par M. du Pré de Saint-Maur. Sans vouloir retrancher une ligne, n'écoutant que la voix de sa conscience, ce dernier rétablit le vrai sens de sa lettre. Il fallait étouffer la parole de ce colon assez osé pour vouloir le développement de la colonisation, de ce colon indépendant et honnête! On traduit en police correctionnelle J. du Pré de Saint-Maur et son courageux imprimeur M. Adolphe Perrier, que, toute sa vie, du Pré de Saint-Maur honora de son estime.

La salle du tribunal ne peut contenir qu'une bien faible partie des colons accourus de tous côtés. Du Pré de Saint-Maur plaide lui-même sa cause, qui est, dit-il, celle de tous les colons, ses frères. Justice lui est rendue. Toutefois le parquet ne se tient pas pour battu : il interjette appel. Mais, devant la cour d'Alger, M. du Pré de Saint-Maur triomphe comme il a déjà triomphé à Oran, et la colonie fait une véritable ovation à son vaillant champion.

Du Pré de Saint-Maur avait donc su grouper autour de lui les colons de la province d'Oran pour l'acquisition des terres de l'Habra. Comme mandataire de la nouvelle société, il donna un rare exemple de désintéressement en renonçant à toute surenchère et en laissant M. Débrousse tirer tout profit de son œuvre.

La colonisation triomphait : son chef renonçait à toute part du butin. Dieu sait pourtant ce que la victoire coûtait à ce chef généreux !

Le 9 août 1865, J. du Pré de Saint-Maur se vit l'objet d'une manifestation qui devait marquer dans sa vie de colon et lui faire oublier les amertumes du passé.

Une nombreuse députation se rend à Oran, route d'Arzew, chez J. du Pré de Saint-Maur. Là, au nom de tous les colons de la province d'Oran, une magnifique coupe en onyx d'Aïn-Tekbalek lui est solennellement offerte pour son courageux dévouement à la cause algérienne. Jamais celui qui fut l'objet de cette touchante manifestation n'avait cherché la popularité. Le devoir seul guidait et animait ses actes. A cette heure, la popularité vint à lui.

Ce n'était pas seulement sur le champ de bataille que le chef songeait à ses troupes. A Paris, où des devoirs de famille le ramenaient souvent, J. du Pré de Saint-Maur, quoique peu solliciteur de sa nature, ne cessait, en faveur de sa chère Algérie, de demander sans cesse et à tous. « A quiconque fera quoi que ce soit pour l'Algérie, je dirai toujours merci ! » répétait-il à ses amis, quelque peu surpris de voir un fidèle légitimiste comme lui solliciter les ministres de Napoléon III.

Même au milieu de ses luttes ardentes, J. du Pré de Saint-Maur n'oublie guère son rôle d'initiateur agricole. Le tabac, la garance, le lin, la cochenille, le coton sont successivement introduits à Arbal au prix de grands sacrifices. Ses bergeries comptent bientôt de nombreux mérinos : les porcheries abritent de beaux animaux de race anglaise; on élève des chevaux percherons pour les besoins de l'agriculture. Les poules de la Flèche remplacent leurs congénères indigènes. En un mot, rien n'est épargné pour rendre Arbal un domaine modèle, ce qu'il est d'ailleurs officiellement devenu.

La tache d'huile s'étend : l'exemple porte ses fruits. Rude leçon pour un gouvernement qui, loin de montrer la voie à suivre par des fermes-écoles, paralysait les progrès de la colonisation.

Une banque agricole fut essayée dans la province pour délivrer les colons des prêts usuraires.

Les entraves de la législation financière en ajournèrent les précieux résultats; mais la voie était ouverte.

Parmi ses travaux en faveur de l'Algérie, mentionnons la part active prise par J. du Pré de Saint-Maur à la formation des compagnies de chemins de fer. Il fut administrateur des chemins de fer algériens. Pour eux aussi il rompit bien des lances.

Oran tenait une large place dans les pensées de J. du Pré de Saint-Maur. La société de secours mutuels de cette ville ne l'eut-elle pas pour fondateur et pour président?

La vaillance du colon algérien devait s'allier au courage militaire aux heures douloureuses de la guerre de 1870.

Au siège de Paris, nous retrouvons sous l'uniforme militaire celui qui avait déjà blanchi sur les champs de bataille de la colonisation. Propriétaire à Paris, J. du Pré de Saint-Maur estime qu'il est de son devoir de prendre part à la défense de la capitale. Ses deux fils aînés sont sous les drapeaux; cela ne lui suffit pas. En vain, quand, à la mairie du huitième arrondissement, il vient, avec le plus jeune de ses fils, s'enrôler, objecte-t-on l'âge des deux volontaires. « J'ai cinq ans de plus que l'âge voulu, répondit-il; mon fils, cinq ans de moins : il y a compensation ! » Et l'on vit dans les rangs du 69° bataillon de la garde nationale, à côté l'un de l'autre, un enfant et presque un vieillard, décoré de la Légion d'honneur, faire noblement leur devoir sur les remparts battus par la mitraille prussienne durant le terrible hiver de 1870-1 !

Telle fut, à grands traits, la noble et lumineuse figure de du Pré de Saint-Maur !

Durant les trente années de sa vie de colon, nulle affaire d'intérêt algérien ne s'est traitée hors de lui. Après une vie admirablement remplie, J. du Pré de Saint-Maur s'est éteint à Oran le 14 octobre 1877.

Ses funérailles furent imposantes; ceux qui ne partageaient pas ses idées religieuses et politiques oublièrent leurs dissentiments pour s'unir aux amis du défunt, et tous, riches et pauvres, civils et militaires, laïques et religieux, tinrent à honneur de rendre un dernier et suprême hommage à la mémoire du plus sincère ami que l'Algérie ait jamais eu; de celui qui avait tout sacrifié pour elle et dont le souvenir doit être conservé comme celui d'un homme de bien, d'un grand cœur et d'un vrai patriote !

<small>Documents particuliers.</small>

DUPUCH.

Dupuch (Antoine-Adolphe), premier évêque d'Alger, est né à Bordeaux en 1809. Il fit d'abord son droit à Paris. Au moment d'entrer définitivement dans le monde, il alla s'enfermer dans le séminaire de Saint-Sulpice, reçut la prêtrise et revint à Bordeaux, où il fut attaché à l'église métropolitaine. Les premières occupations de son sacerdoce furent des fondations utiles, entre autres l'œuvre des Petits Savoyards, celle des Orphelins, un pénitencier de jeunes détenus, onze asiles, l'œuvre du Patronage des jeunes détenus libérés, une maison de refuge pour les femmes libérées, etc. Toutes ces institutions charitables subsistent encore, modifiées ou développées sur une plus large échelle.

Lorsqu'un vote des chambres approuva l'érection d'un siège épiscopal à Alger, l'abbé Dupuch fut appelé à l'inaugurer (1838). « Voilà l'homme qu'il nous faut, dit à ce propos un illustre général, c'est un courage d'avant-garde. » Dans l'espace de six ans, le nouveau prélat entreprit, non sans éprouver des tribulations de toutes sortes, de fonder l'administration religieuse en Algérie.

On lui doit toute l'organisation de ce vaste diocèse, sa division en trois provinces ecclésiastiques régies chacune par un vicaire général sous la surveillance de l'évêque; un chapitre régulier, un séminaire, soixante églises, chapelles et oratoires, pourvus la plupart des objets indispensables à l'exercice du culte; deux établissements destinés aux orphelins des deux sexes; dix maisons de sœurs de différents ordres, les unes vouées au soin des malades, les autres à l'éducation, etc.

Mais ce que nous devons retenir tout particulièrement, c'est la part active prise par M. Dupuch pour le rachat des prisonniers d'**Abd-el-Kader**. Il avait été chargé de cette négociation par le gouvernement, et il n'est pas hors de propos de faire connaître ici dans quelles circonstances. En 1839, M. Massot, sous-intendant militaire, avait été pris par quelques coureurs arabes entre Alger et Douéra. Sa famille, qui était en relations avec M. Dupuch, écrivit à ce prélat pour le prier d'intervenir auprès de monsieur le gouverneur général afin que celui-ci proposât l'échange de ce fonctionnaire. Le maréchal refusa d'agir lui-même; mais il autorisa M. Dupuch à écrire à ce sujet à l'Émir. Abd-el-Kader répondit avec beaucoup de courtoisie à l'évêque que non seulement il consentait à l'échange proposé, mais qu'encore il était tout disposé à étendre la mesure à tous les prisonniers en général. Les choses en étaient là lorsque M. Bugeaud arriva à Alger. Ce nouveau gouverneur autorisa l'évêque à donner à sa petite négociation l'extension indiquée par l'Émir. Après quelques lettres écrites et reçues de part et d'autre, l'échange de tous les prisonniers fut convenu et s'accomplit en partie sur la Chiffa le 18 mai 1841. Ceux des prisonniers français qui se trouvaient dispersés dans les tribus de l'ouest furent envoyés à Oran. Tout se passa avec cordialité et franchise des deux côtés. Dès lors M. Dupuch entretint des relations suivies avec les Arabes et délivra souvent des colons et des soldats d'une affreuse captivité.

Mais les affaires compliquées et délicates auxquelles il était mêlé le forcèrent de donner sa démission en 1846. Après avoir dépensé en bonnes œuvres et en constructions une somme de 692,037 francs, M. Dupuch devait encore 354,500 francs d'après un mémoire signé par lui-même le 15 mars 1846. Le gouvernement de l'empereur, sur la proposition de M. H. Fortoul, désintéressa ses créanciers. Retiré à Bordeaux, M. Dupuch y fit paraître les *Fastes sacrés de l'Afrique chrétienne* (1848, in-8°).

Il est mort dans cette ville au mois de juillet 1856.

Dictionnaire des Contemporains. — *Annuaire encyclopédique.* — Documents particuliers. — *Annales algériennes.*

DURRIEU.

Durrieu (François-Louis-Alfred, baron), général de division, né le 18 janvier 1812, sorti de l'École d'état-major en 1836, devint capitaine en 1840, et fut attaché aux travaux topographiques en Algérie. Chef d'escadron aux spahis en 1845, lieutenant-colonel au 1er chasseurs en mai 1849, colonel au 2e spahis en juillet 1851, il devint le 29 août 1854 général de brigade. Il reçut le commandement de la subdivision de Mascara; puis, nommé général de division, il occupa les fonctions de sous-gouverneur de l'Algérie du 19 novembre 1866 jusqu'à la suppression de cet emploi le 24 octobre 1870.

Le baron Durrieu a été promu commandeur de la Légion d'honneur le 10 décembre 1851, et grand officier le 3 octobre 1865. Il est décédé le 27 septembre 1877.

Documents divers. — *Historique du 1er régiment de spahis.* — *Dictionnaire des Contemporains.*

DUTERTRE.

Le capitaine adjudant-major Dutertre, du 8e bataillon de chasseurs à pied, est un des héros de Sidi-Brahim.

Il marchait avec Froment-Coste en tête de la réserve accourue au secours du colonel de Montagnac.

Le commandant étant tombé mortellement blessé, le capitaine Dutertre enleva sa poignée de braves dans un élan intrépide et résista encore quelque temps, malgré l'issue fatale de ce combat disproportionné. Renversé par trois coups de feu, Dutertre est relevé par deux réguliers qui l'emmènent sanglant et prisonnier.

Quelques heures plus tard, Abd-el-Kader, désespérant de vaincre les intrépides combattants du marabout de Sidi-Brahim, leur envoya, en message, le capitaine Dutertre, prisonnier. Le capitaine, conduit entre deux chaouchs le yatagan au poing, est amené devant le marabout avec l'obligation de décider ses camarades à se rendre.

« S'il ne réussit pas, a dit Abd-el-Kader, vous lui trancherez la tête. »

Mais le capitaine Dutertre met l'honneur bien au-dessus de la vie; il dédaigne la menace et voici comment il accomplit sa mission :

« Mes amis et camarades, s'écrie-t-il avec un accent de sublime héroïsme, je suis menacé d'être décapité si je ne parviens à vous faire mettre bas les armes, et moi, au contraire, je viens vous exhorter à ne pas vous rendre et à mourir tous s'il le faut!

« Le bataillon vient de tomber glorieusement sur le champ de bataille, imitez-le! défendez-vous jusqu'au dernier et ne vous rendez pas! »

Nouveau Régulus, il revient au camp et il a la tête tranchée.

Connaissez-vous action plus simple et à la fois plus grandiose, plus patriotique? On en chercherait vainement dans toute l'antiquité.

Jeunes gens, souvenez-vous du capitaine Dutertre! Son sacrifice est digne d'ambition, sa mémoire a droit à tous les respects!

La municipalité d'Oran s'est mise récemment à la tête d'un comité qui organise une souscription publique dont le produit sera affecté à l'érection de la statue du brave capitaine Dutertre sur une des places du chef-lieu du département dans lequel il a marché si glorieusement à la mort.

Le Conseil supérieur de gouvernement de l'Algérie, dans sa séance du 28 novembre 1888, a accordé, à l'unanimité, son haut patronage à cette œuvre éminemment patriotique et algérienne.

Par décret en date du 21 février 1889, le nom de Dutertre a été donné au centre de population du camp des Scorpions (Alger).

<small>Archives militaires. — *Le Combat de Sidi-Brahim*, par Pégues. — Procès-verbaux des délibérations du Conseil supérieur de gouvernement.</small>

DUVAL.

Duval (Jules), publiciste, né à Rodez (Aveyron) en 1813, fit son droit et s'inscrivit en 1836 au barreau de sa ville natale. Substitut à Sainte-Affrique en 1838, et bientôt après à Rodez, il donna sa démission en 1846 pour se livrer aux études économiques et prit part aux publications périodiques de l'école sociétaire.

En 1847, il passa en Algérie comme sous-directeur de l'*Union agricole* du Sig, fondée sur le principe de l'association du travail et du capital. Forcé par sa santé de renoncer à ces fonctions en 1850, il retourna deux ans après en Algérie et fut quelque temps rédacteur en chef de l'*Écho d'Oran,* dont il resta plus tard correspondant. Rentré en France, il fut attaché au *Journal des Débats* en 1855, et écrivit en même temps dans la *Revue des Deux-Mondes,* le *Journal des Économistes,* les *Annales de la colonisation algérienne,* puis il prit la direction de l'*Économiste français.* M. J. Duval avait été nommé membre et secrétaire du conseil général de la province d'Oran. A la suite de la seconde exposition universelle de Londres, où il était membre de la section française du jury international, il reçut la croix de la Légion d'honneur (24 janvier 1863).

Outre un grand nombre d'articles et mémoires dans divers recueils, il a publié sur notre colonie algérienne : *l'Algérie, population indigène et européenne* (1853); *l'Algérie, tableau historique, descriptif et statistique de la colonie* (1854, 2ᵉ édit., 1859); *Catalogue explicatif et raisonné des produits de l'Algérie* (1855); *la Politique de l'empire en Algérie* (1855); *Tableau de l'Algérie, manuel descriptif et statistique* (1855); *De l'immigration des Indiens, des Chinois et des Nègres en Algérie* (1858); *l'Algérie, gouvernement, administration, émigration* (1859); *les Colonies et l'Algérie au concours national d'agriculture* (1861, in-8°), etc.; *Histoire de l'émigration européenne, asiatique et africaine au dix-neuvième siècle* (1862, in-8°), mémoire couronné par l'Académie des sciences morales et politiques; *les Colonies et la politique coloniale de la France* (1864, in-8° avec cartes); *Conférence sur l'Algérie* (1864); *Rapport sur les tableaux de la situation des établissements français en Algérie* (1865); *les Puits artésiens du Sahara* (1867); et divers autres ouvrages en collaboration avec le Dʳ Warnier, M. Dailly, etc.

Il est mort à Bordeaux le 20 septembre 1870.

<small>*Dictionnaire des Contemporains.* — *Écho d'Oran.* — *Bibliographie de l'Algérie.*</small>

DUVEYRIER.

M. Duveyrier (Henri), voyageur et géographe, né en 1840, est le fils de Charles Duveyrier, publiciste saint-simonien et auteur dramatique, mort à Paris le 10 novembre 1866. Après avoir visité l'Algérie, le jeune Duveyrier (il n'avait que vingt et un ans) explora le Sahara pendant deux années, puis parcourut les contrées limitrophes et pénétra, avec la protection des chefs touaregs, jusqu'au centre du Soudan. A son retour, la Société de Géographie lui décerna une grande médaille d'or, et en 1867 il devint l'un des secrétaires de cette société. Il a été décoré de la Légion d'honneur.

M. Henri Duveyrier a publié : *Voyage dans le pays des Beni M' Zab* (1859); *Lettres sur des inscriptions romaines recueillies dans l'Aurès* (1861); *Exploration du Sahara. Les Touaregs du nord* (1864, t. I, 31 planches et carte); *Historique des explorations au sud et au nord-ouest de Géryville* (1872); *Livingstone et ses explorations dans la région des lacs de l'Afrique orientale* (1873, in-8°); *Une mer intérieure en Algérie* (1874); *Voyage au Sahara par Norbert Dourneaux-Dupéré* (1874); *Lettres durant sa mission aux Chotts* (1875); *Premier rapport sur la mission des Chotts du Sahara de Constantine* (1875); *les Monts Aurès* (1876); *Itinéraire de Methlili à Hâssi Berghâoui et d'El Goléa à Methlili* (1876); *la Souscription Largeau et l'expédition du Ahaggar* (1876); *les Progrès de la géographie en Algérie depuis l'année 1868 jusqu'à l'année 1871* (1876); il a repris, avec M. Maunoir, la publication de *l'Année géographique* de M. Vivien de Saint-Martin (1876, 15e année); *le Chechar et ses habitants d'après M. Masqueray* (1877); *Note sur le schisme Ibâdite* (1878); *la Voie naturelle indiquée pour le commerce de l'Algérie avec la Nigritie* (1878); *le Désastre de la mission Flatters* (1881); *la Confrérie musulmane de Sidi Mohammed ben Ali el Senoûsi, son domaine géographique* (1884); *les Droits de la France en Afrique* (1885); *Note sur la valeur des longitudes dans le Sahara du département de Constantine et le Sahara tunisien* (1886); *Note sur la détermination des coordonnées géographiques de Tuggurt* (1886).

Dictionnaire des Contemporains. — Le Tour du monde. — L'Année géographique. — Revue de géographie internationale. — Bulletin de la Société de géographie de Paris. — Bibliographie de l'Algérie.

DUVIVIER.

Duvivier (Franciade-Fleurus), général de division et écrivain militaire, né à Rouen en 1794, mort à Paris le 8 juillet 1848. Élève de l'École polytechnique de 1812 à 1814, il se distingua dans cette dernière année parmi ses camarades, à la défense de Paris, devint lieutenant d'artillerie, puis capitaine du génie en 1822, passa à Tunis en 1825 comme instructeur des troupes du bey, et fit partie de l'expédition d'Alger en 1830 comme capitaine d'état-major du génie. Dès qu'il avait été informé des préparatifs de cette expédition, Duvivier, alors attaché comme capitaine en second à la place de Verdun, avait demandé avec empressement d'y prendre part, et le colonel directeur appuyait ainsi sa demande : « Partout où M. Duvivier sera employé, il servira avec distinction, avec dévouement; mais une sphère étroite ne convient ni à ses goûts ni à l'étendue de son instruction. Je sais qu'une excessive passion pour les études savantes lui fait passer la majeure partie de ses nuits à accroître ses connaissances. Sous tous les rapports, cet officier sort de la classe commune. Plein d'imagination et d'ardeur, porté par goût aux expéditions d'éclat, d'un tempérament à supporter tous les climats, fort instruit enfin dans les langues orientales, M. Duvivier est certainement du petit nombre de ces hommes courageux et entreprenants auxquels on peut confier avec toute confiance les missions les plus importantes. » Il ne tarda pas à justifier cette haute opinion de son courage et de son intelligence. Dans la nuit du 2 au 3 juillet 1831, à la tête d'un bataillon de zouaves organisé par lui et composé en grande partie de volontaires parisiens, il sauva d'un péril imminent l'armée expéditionnaire de Médéah, assaillie par une nuée de Kabyles au moment où elle franchissait les gorges difficiles de Mouzaïa pour revenir à Alger. Commandant de Bougie de 1833 à 1835, il sut se faire aimer à la fois des troupes et des indigènes. Il organisa ensuite le 1ᵉʳ régiment de spahis à Bône (1835), remplit les fonctions d'agha des Arabes à Alger (1836), prit une part glorieuse aux deux sièges de Constantine (1836 et 1837).

Lors du premier siège, il était lieutenant-colonel et avait été chargé de soutenir l'attaque de la porte d'El Kantara. Il se tenait au premier rang, donnant l'exemple d'un courage que la fortune protégea heureusement. Le 23 novembre, quand on eut donné l'ordre de se retirer, chacun s'empressa de le faire. Un malheureux artilleur blessé restait encore entre les portes abattues. Le voyant abandonné, Duvivier rappela ses hommes, et comme ils montraient quelque hésitation, il leur signifia qu'il resterait avec le blessé, leur laissant ainsi la honte d'avoir abandonné et leur colonel et leur camarade. Ce peu de mots réveilla les sentiments d'honneur qu'une mort imminente avait un moment étouffés. Les soldats s'élancèrent sur le blessé et parvinrent à l'enlever au milieu des sifflements d'une grêle de balles.

Maréchal de camp en 1840, Duvivier contribua à la victoire du col de Mouzaïa le 12 mai et reçut, la même année, le commandement de Médéah, qu'il défendit contre Abd-el-Kader. Il rentra en France l'année suivante, par suite de dissentiments avec Bugeaud, dont il désapprouvait le système de guerre et de colonisation.

La publication de plusieurs brochures libérales sur l'administration de l'Algérie lui valut la disgrâce du gouvernement.

Député à l'Assemblée constituante en 1848, général de division, organisateur et commandant en chef des gardes mobiles, il fut blessé mortellement le 25 juin en défendant l'hôtel de ville contre l'insurrection. Sa mort causa de vifs regrets aux républicains modérés.

C'était un des militaires les plus instruits de l'armée d'Afrique. On a de lui :

Recherches et notes sur la portion de l'Algérie au sud de Guelma depuis la frontière de Tunis jusqu'au mont Aurès (1841, in-4°); *Solution de la question d'Afrique* (in-4°); *Abolition de l'esclavage, civilisation du centre de l'Afrique* (1845, in-8°); *les Ports en Algérie*, réponse à M. Thiers (1841, in-8°); *Réponse à l'examen publié par M. le Dr Guyon* (1843, in-8°); *Quatorze observations sur le dernier mémoire du général Bugeaud* (1842, in-8°); *Réponse à l'examen publié par le Dr Guyon sur les quatorze observations* (1843, in-8°); *Lettre à M. Desjobert* (député de la Seine-Inférieure) *sur l'application de l'armée aux travaux publics* (1843, in-8°); *Inscriptions phéniciennes, puniques, numidiques, expliquées par une méthode incontestable* (1846, in-8°).

Le nom de Duvivier a été donné à un centre de population situé sur la ligne du chemin de fer de Constantine à Bône, à 53 kilomètres de cette dernière ville.

Archives militaires. — *Le général Bugeaud*, par le c^{te} d'Ideville. — *Cirta-Constantine*, par Watbled. — *Les Zouaves et les Chasseurs à pied*, par le duc d'Aumale. — *L Algérie de 1830 à 1840*, par M. Camille Rousset.

DZIEWONSKI.

Chirurgien aide-major pendant l'épidémie cholérique de 1849, M. Dziewonski brava la mort à chaque instant, ne prenant de repos ni jour ni nuit, prodiguant ses soins aux malades; il fit l'admiration de tous, civils et militaires. Les habitants de Bel-Abbès lui offrirent une épée d'honneur; le gouvernement le décora et le plaça, quoique étranger, dans une arme spéciale.

Archives militaires. — *Livre d'or des tirailleurs indigènes.*

EDDIN BEN YAHIA.

Khalifa de son frère, Djelloul ben Yahia, depuis 1843, époque à laquelle ce dernier offrit sa soumission à l'autorité française et fut nommé agha, Eddin ben Yahia le remplaça dans ses fonctions, à sa mort, survenue en 1854.

L'agha Eddin ben Yahia jouissait dans le Djebel-Amour d'une grande influence, qu'il a toujours mise au service de la France.

En 1864, surpris par l'insurrection des Oulad-Sidi-Cheikh, il fut entraîné à leur suite pendant quelques jours; mais, le premier de tous nos chefs indigènes, il revint faire sa soumission au mois de juin, et nous ramena les tribus de son commandement. Au mois de juillet de la même année, celles-ci reprirent les armes contre nous; l'agha Eddin, au lieu de suivre ses gens, se retira à Taguin, dans la province d'Alger.

Atteint par les rebelles, que commandait Si Mohammed ben Hamza, il perdit en un seul jour toute sa fortune. Il se réfugia alors à Laghouat, au milieu de la colonne sous les ordres du général Yousouf, et suivit les opérations de nos troupes jusqu'à ce que la pacification du pays lui eût rendu les tribus de son aghalick, qui avaient émigré.

Depuis lors, la fidélité de l'agha Eddin ne s'est pas démentie; en 1869, au moment où Si Kaddour ben Hamza et ses bandes traversèrent le Djebel-Amour, se dirigeant sur Aïn-Madhi, il réussit à maintenir ses gens dans le devoir.

Lors de la dernière insurrection, en 1881, Eddin ben Yahia, déjà affaibli par l'âge et ne pouvant plus jouer un rôle actif à la tête de ses cavaliers, se retira avec quelques-unes des tribus de son commandement dans le cercle de Tiaret.

Il était chevalier de la Légion d'honneur du 27 décembre 1861 et officier du même ordre du 7 septembre 1877.

L'agha Eddin, par ses qualités morales, par sa loyauté, s'était acquis de nombreux amis. Il est décédé le 12 juillet 1883, à l'âge de 86 ans; l'Algérie a perdu en lui un de ses plus anciens et de ses plus fidèles serviteurs.

Documents officiels.

ESCOFFIER.

Le trompette Escoffier, du 2ᵉ régiment de chasseurs d'Afrique, a sauvé son nom de l'oubli par un acte de dévouement d'une grandeur héroïque.

C'était le 22 septembre 1843. Le général La Moricière poursuivait l'Émir dans la région de Mascara, lorsqu'il apprit que notre ennemi se trouvait à 25 kilomètres plus loin, au marabout de Sidi-Yousef. Il prit aussitôt cette direction. Après une marche pénible dans un pays très difficile, sa cavalerie, commandée par le général Morris, du 2ᵉ chasseurs d'Afrique, se trouva en face des contingents d'Abd-el-Kader, composés d'un bataillon d'infanterie et de plus de 500 cavaliers. Le brave Morris, quoiqu'il n'eût que 350 chevaux, n'hésita pas à prendre l'initiative de l'attaque, sans attendre notre infanterie qui était encore fort en arrière. Il marcha de sa personne contre la cavalerie de l'Émir, dont il fit en même temps charger l'infanterie par deux escadrons commandés par le capitaine de Cotte. Ces deux charges furent d'abord vigoureusement repoussées; il y eut même un instant de désordre. Le capitaine de Cotte, dont le cheval avait été tué, serait tombé entre les mains des Arabes et le sort des escadrons eût été gravement compromis, sans Escoffier qui donna son cheval à son capitaine.

M. de Cotte ne voulut pas d'abord accepter un dévouement qui pouvait coûter la vie à son auteur; mais Escoffier lui dit avec une noble et touchante simplicité : « Prenez, capitaine, il vaut mieux que vous l'ayez que moi, car vous rallierez l'escadron, et je ne le pourrais pas. »

Le brave Escoffier fut fait prisonnier; mais son capitaine, remis en selle grâce à son dévouement, rallia en effet l'escadron. La réserve, qui n'avait pas encore donné, arrêta l'effort de l'ennemi. Derrière cet abri, les chasseurs se reformèrent, reprirent l'offensive; les Arabes furent repoussés, perdirent le champ de bataille et un drapeau, mais emmenèrent Escoffier prisonnier.

Le 13ᵉ léger, dont la tête de colonne commençait à paraître, détermina la retraite complète de l'Émir; le généreux dévouement d'Escoffier avait peut-être sauvé à son régiment une défaite sanglante et désastreuse... Heureuse l'armée dont les derniers rangs renferment des hommes capables de traits semblables!

Dans un ordre du jour d'Alger, du 25 novembre, le maréchal Bugeaud s'exprime ainsi :

« L'armée admire encore le généreux dévouement du trompette Escoffier, du 2° régiment de chasseurs d'Afrique, qui, au combat du 22 septembre, donna son cheval à son capitaine M. de Cotte, démonté, en lui disant : « Il vaut mieux que vous l'ayez que moi, car « vous rallierez l'escadron, et je ne le pourrais pas. » Un instant après, il fut fait prisonnier.

« Le roi, informé de cette conduite héroïque, n'a point attendu qu'Escoffier fût rendu à la liberté; il l'a nommé membre de la Légion d'honneur par ordonnance du 12 novembre.

« Cette récompense, qui calmera chez Escoffier les douleurs de la captivité, toute l'armée y prendra part ; elle y verra une nouvelle et éclatante preuve que le gouvernement ne laisse jamais dans l'oubli les belles actions.

« *Signé :* BUGEAUD. »

L'interprète, M. Léon Roches, qui avait vécu auprès d'Abd-el-Kader et avait conservé avec lui des relations amicales, lui écrivit pour le prier de faire parvenir à Escoffier la décoration qui lui était décernée. Il reçut quelques jours plus tard une longue lettre d'Abd-el-Kader où nous relevons ceci :

« J'ai reçu ta lettre et immédiatement, suivant ton désir, j'ai remis devant mes *askers* (1) et mes *kliélas* (2), rangés devant ma tente, la décoration destinée au trompette Escoffier. J'honore le courage même chez mes ennemis. »

L'année suivante, un échange de prisonniers ayant eu lieu, Escoffier fut rendu à son régiment.

Documents militaires. — *Annales algériennes.* — *Trente-deux ans à travers l'Islam.*

ÉTIENNE.

M. Étienne (Eugène), député d'Oran, sous-secrétaire d'État aux Colonies, est né à Tlemcen le 15 décembre 1844. Après avoir fait ses études aux lycées d'Alger et de Marseille, il entra immédiatement dans le mouvement politique, et prit une part active au réveil passa-

(1) Fantassins réguliers.
(2) Cavaliers réguliers.

ger des esprits qui se produisit en 1863, et qui donna aux amis de la liberté des espérances sitôt déçues.

En 1868, il fonda à Marseille une maison de commerce qui eut bientôt des relations très suivies avec l'Algérie ; mais, malgré l'importance croissante des affaires de la maison, la politique ne chômait pas, et M. Étienne, membre actif de tous les groupes républicains fondés déjà ou qui se fondaient à cette époque, travaillait vigoureusement au renversement de l'empire, prenant part à la création des journaux *le Peuple, l'Égalité*, qui (phénomène effrayant pour le gouvernement établi) osaient, après douze années de compression et de silence, élever la voix en faveur de la liberté, de la démocratie, de la république.

En 1869, ce grand mouvement que Marseille avait eu en quelque sorte l'honneur d'inaugurer, s'accentua ; le gouvernement, témoin de ce réveil inattendu, se demanda si le despotisme déclaré serait longtemps une arme sûre entre ses mains, et s'il ne valait pas mieux essayer d'une feinte liberté.

De cette idée naquirent la tentative de l'empire libéral, les élections générales, et, pour Marseille, la candidature de Gambetta, candidature qui réussit contre celles de M. Thiers et de M. de Lesseps.

M. Étienne ne s'épargna pas dans cette grande lutte qui captiva alors l'attention de la France, et dont les résultats furent accueillis par des applaudissements enthousiastes.

Il fut dès lors et il est resté jusqu'à la mort de Gambetta l'un de ses plus intimes amis. Il a été l'un de ses exécuteurs testamentaires.

L'empire tombé, après Sedan, la république universellement acclamée, M. Étienne et ses amis purent croire que le temps des grandes luttes était passé, que les républicains n'auraient plus désormais d'autre rôle que de travailler de concert au progrès pacifique des institutions républicaines. Il fut loin d'en être ainsi... Il fallut recommencer la lutte, il fallut faire revivre ce vaillant journal marseillais, *le Peuple*, qui avait rendu tant de services à la liberté, et qu'un décret avait tué.

Et il fallait, pour M. Étienne, concilier les exigences d'une lutte si ardente avec celles des affaires personnelles ; il lui fallut bientôt, chose jusque-là bien difficile dans notre pays, faire accepter cet amour de la liberté, ce zèle à assurer son triomphe, dans l'exercice de fonctions officielles.

L'entrée d'un homme comme M. Étienne dans une administration publique, celle des chemins de fer de l'État, où il accepta, en 1878, les fonctions d'agent commercial, est, à nos yeux, un des plus heureux signes du temps, car l'exclusion systématique des républicains zélés et convaincus de toutes les fonctions publiques avait été considérée jusque-là comme un principe de gouvernement.

M. Étienne, que son passé avait si bien préparé aux fonctions qu'on venait de lui confier, ne fut pas seulement toléré par son administration, il conquit l'estime de tous ceux que ces fonctions mettaient en relations avec lui, et fut successivement nommé inspecteur général des affaires commerciales, puis inspecteur général de l'exploitation (1881).

Oran, qui avait vu naître M. Eugène Étienne, se souvint alors de lui. Aux élections générales du mois d'août 1881, les électeurs oranais offrirent la candidature à leur compatriote; il l'accepta et fut élu par 2,242 voix.

Il alla siéger sur les bancs de l'Union républicaine où il ne tarda pas à gagner les sympathies de ses collègues, qui le nommèrent membre de la commission du budget et membre de la commission des chemins de fer de 1884 à 1885.

Il s'acquitta si bien de son mandat qu'aux élections du 4 octobre 1885 il lui fut renouvelé par 10,700 voix sur 11,500 votants.

Pendant la dernière législature, il a été secrétaire de la Chambre, membre de la commission du budget en 1886, sous-secrétaire d'État au ministère de la Marine et des Colonies en 1887, sous le ministère Rouvier.

De l'aveu unanime, de l'aveu même de ses adversaires, M. Étienne réalisa en peu de mois ce que ses prédécesseurs n'avaient pas su ou n'avaient pas pu mener à bien en plusieurs années. Ses travaux antérieurs, ses études l'avaient fortement préparé à une réorganisation intelligente et pratique de notre système colonial; il rompait avec la routine; il simplifiait les rouages, il réalisait ces économies sans cesse réclamées et jamais obtenues, il ouvrait de larges voies au commerce, il provoquait l'initiative individuelle de nos exportateurs et réveillait aussi le zèle de nos colons, trop habitués à compter sur la métropole. Il avait pour but de mettre nos colonies en mesure de se suffire d'abord à elles-mêmes et de devenir ensuite les auxiliaires de la mère patrie.

L'œuvre était en bonne voie, lorsque le ministère Rouvier sombra dans la tourmente présidentielle.

En mars 1889, l'administration des colonies ayant été réorganisée et rattachée au ministère du Commerce, M. Étienne a été de nouveau chargé de la direction des colonies par décret en date du 15 mars.

Il a, comme par le passé, le titre de sous-secrétaire d'État aux Colonies, mais avec de nouvelles et très larges attributions qui donnent à son service toute l'importance d'un département ministériel.

M. Étienne est sans nul doute un des députés les plus sympathiques de la représentation algérienne, un de ceux qui par leur amabilité, leur intelligence et leur travail ont gagné le plus d'amis à la colonie, — qui s'enorgueillit de le compter parmi ses enfants.

Documents particuliers. — Notes personnelles. — *Parlement illustré.* — *Le Petit Fanal. Petit Marseillais.*

EXÉA.

Exéa Doumerc (Antoine-Achille d'), général de division, G.-C. de la Légion d'honneur, est né à Narbonne (Aude) le 21 février 1807. Élève de la Flèche, il en sortit en 1823 pour entrer à Saint-Cyr le 5 novembre. Sous-lieutenant en 1825, il prit part aux campagnes d'Espagne et de Morée (1828) et fut nommé lieutenant le 26 juin 1830. Capitaine le 31 juillet 1836, M. d'Exéa obtint l'année suivante de passer au 2ᵉ bataillon d'infanterie légère d'Afrique à Bougie, bataillon avec lequel il fit de nombreuses expéditions, jusqu'à la création des bataillons de chasseurs à pied en 1840. M. d'Exéa, noté comme un vigoureux et brillant officier, fut alors désigné pour passer dans l'arme nouvelle que le duc d'Orléans, son organisateur, s'efforçait de composer des meilleurs éléments. Le capitaine d'Exéa fut envoyé au 5ᵉ bataillon, au camp de Saint-Omer. Décoré le 21 juin 1840 et promu chef de bataillon le 21 novembre 1841 au 61ᵉ de ligne, il revint en Algérie, dans la province de Constantine. Officier de la Légion d'honneur le 20 décembre 1843, et nommé en 1844 au commandement du 10ᵉ bataillon de chasseurs à pied, dans la province d'Oran, il prit une part brillante à la bataille d'Isly. Le 28 août 1846, il fut promu lieutenant-colonel au 56ᵉ de ligne toujours en Algérie, dans la province d'Oran. Il quitta notre colonie en 1848, pour aller prendre le commandement du 25ᵉ de ligne, et le 28 décembre 1852 il reçut les étoiles de général de brigade. Il reçut la croix de commandeur le 22 septembre 1855. Il prit ensuite le commandement de la subdivision d'Aumale. Devenu un des plus anciens généraux de brigade de l'armée, il fut promu divisionnaire le 20 décembre 1864, et grand officier de la Légion d'honneur le 28 décembre 1868.

En 1870, le général d'Exéa concourut à la défense de Paris et fut élevé à la dignité de grand-croix à la suite de la bataille de Champigny.

Il a été maintenu, sans limite d'âge, dans la 1re section de l'état-major général de l'armée.

Panthéon Fléchois. — Archives militaires.

EYNARD.

Eynard (Phocion), général de brigade du corps d'état-major, né à Amiens (Somme) le 8 septembre 1796, fut admis à l'école de la Flèche à l'âge de dix-sept ans, le 13 août 1813. Le 25 août 1814, il passa à l'école de Saint-Cyr, d'où il sortit sous-lieutenant le 10 avril 1815. Il fit ses premières armes à la campagne de Waterloo. La seconde Restauration le nomma lieutenant le 3 juillet 1816. En 1823, M. Eynard fut envoyé à l'armée d'Espagne, où sa belle conduite lui valut la croix de la Légion d'honneur (24 mai). Capitaine le 13 décembre 1826, il fut embarqué pour la Morée en 1828. Revenu au commencement de 1830, il obtint de faire partie de l'armée d'expédition d'Alger. Il fit cette campagne à l'état-major de la division de Loverdo (la deuxième de l'armée de M. de Bourmont). Il se distingua à la bataille de Staouéli le 19 juin, fut blessé au pied et mis à l'ordre.

Il reçut à son retour en France, le 27 décembre 1830, la croix d'officier de la Légion d'honneur. Le capitaine Eynard fut alors nommé aide de camp du général Christiani, commandant le département de la Somme à Amiens. Il resta peu de temps dans cette position; son général ayant quitté son commandement, il demanda et obtint d'être envoyé en Algérie à la brigade de Bône, commandée par le général Monk-d'Uzer. Il passa ensuite aide de camp du général Voirol, commandant le corps d'occupation de notre colonie. L'année suivante, il fut attaché à l'état-major de la division d'Oran, commandée par le général Desmichels. A l'expédition de Bougie, en 1833, le général Trézel le cita à l'ordre de l'armée d'Afrique, pour la vigueur et la précision avec laquelle il avait commandé la colonne du centre à l'attaque du 14 octobre. Bientôt encore son nom est mis à l'ordre par le général Trézel pour sa brillante conduite dans l'affaire du 1er novembre. Rentré en France en 1834, M. Eynard fut promu chef d'escadron le 24 janvier 1838, et devint, l'année suivante, aide de camp du général Bugeaud, gouverneur général de l'Algérie. Cet ofcier revenait dans notre colonie pour la quatrième fois. Il y resta dix années entières, de 1841 à 1851, y gagna les épaulettes de lieutenant-colonel le 18 décembre 1841, de colonel le 14 avril 1844 et la croix de commandeur le 29 septembre de la même année, après avoir été cité par le maréchal Bugeaud dans son rapport sur la bataille d'Isly. C'est à lui que le gouverneur général confia l'honorable mission de porter au roi les trophées pris à la bataille du 14 août : drapeaux, étendards et le fameux parasol, signe du commandement du prince marocain. Lors du rappel en France du duc d'Isly en 1847, le colonel Eynard prit le commandement de la subdivision de Bône, qu'il quitta le 21 septembre 1851, ayant été nommé général de brigade.

Mis au cadre de réserve, pour limite d'âge, le 8 septembre 1858, il fut appelé en 1860 à la grande Chancellerie de la Légion d'honneur pour y remplir les fonctions de secrétaire général.

Le général Eynard est mort à Bellevue (Seine-et-Oise) le 6 juin 1861. Il avait quarante-cinq ans de service et vingt-deux campagnes.

Panthéon Fléchois. — Archives militaires.

FAIDHERBE.

L'illustre général Faidherbe (Louis-Léon-César) naquit à Lille le 3 juin 1818. Il entra à l'École polytechnique en 1838 ; à la sortie de cette école, il choisit l'arme du génie et, après deux ans passés à l'école d'application de Metz, fut envoyé au 1er régiment du génie à Arras, puis de là, en 1844, à une compagnie du 2e régiment à Mostaganem.

Le lieutenant Faidherbe inaugurait donc en 1844 sa carrière coloniale qu'il devait poursuivre sans interruption jusqu'en 1870, successivement et à plusieurs reprises en Algérie, à la Guadeloupe et au Sénégal.

Nous nous étendrons plus particulièrement sur son séjour en Algérie, où il prit part à plusieurs expéditions importantes et où il conquit brillamment la croix de chevalier de la Légion d'honneur, prélude des distinctions qui devaient lui échoir jusqu'à la plus haute dans notre ordre national.

Arrivé, comme nous l'avons dit, en 1844, en Algérie, le lieutenant Faidherbe y resta jusqu'en 1846, époque à laquelle il fut nommé lieutenant à l'état-major particulier du génie. Il résida pendant ce temps à Mostaganem, Oran et Djemma-Ghazaouat.

Pendant son passage à Mostaganem, il prit part avec sa compagnie à l'expédition dans le Dahra, pays montagneux compris entre le Chélif et la mer. Cette expédition avait pour but de réprimer les insurrections des tribus, particulièrement de la turbulente tribu des Ouled-Riah, toujours en révolte, et qui commettait toutes sortes de brigandages.

A l'approche des colonnes, elle se retirait avec ses troupeaux dans des grottes où elle avait des magasins de grains et où se trouvaient des sources. Il était impossible de l'y forcer.

La colonne, commandée par le général de Bourjolly, se trouva bloquée dans le Dahra par une crue subite et inattendue du Chélif. Les Ouled-Riah, en s'embusquant, vinrent, comme à l'ordinaire, tuer quelques hommes de la colonne. On dut se retirer, mais on jura de tirer vengeance de leurs méfaits.

En effet, pendant l'expédition suivante dirigée par le colonel Pélissier, on refoula les Ouled-Riah dans leurs grottes, et comme ils refusaient de se rendre, on les y enfuma. (Voyez table chronologique, 2ᵉ vol., 23 mai 1845.)

Le lieutenant Faidherbe fut ensuite envoyé à Oran, d'où il fut dirigé avec sa section sur Djemma-Ghazaouat (actuellement Nemours), dont la garnison, commandée par le colonel de Montagnac, venait d'être détruite près du marabout de Sidi-Brahim.

Nommé capitaine en 1846, M. Faidherbe sollicita et obtint de partir pour la Guadeloupe, où il resta jusqu'en 1849.

A son retour, il demanda à être employé en Algérie.

L'occupation de Bou-Saâda était décidée, on y voulait construire un fort; mais on craignait que ce point, alors le plus avancé dans le sud, ne fût pas habitable pour des Français. Un bataillon de zéphyrs fut désigné pour construire le poste et y tenir garnison; toutefois on crut nécessaire d'attendre la bonne saison pour y envoyer un officier du génie diriger les travaux. Le capitaine Faidherbe fit observer que, revenant des Antilles, il ne craignait pas la chaleur, et demanda à être envoyé immédiatement à Bou-Saâda. On l'envoya. La construction du fort dura deux ans; elle se fit uniquement avec des matériaux trouvés sur place : pierres, chaux, briques, plâtre et bois.

Le pays ne fournissant que des pins d'Alep, d'une longueur maximum de $2^m,80$, il fallut voûter tous les bâtiments. La construction coûta deux fois moins à l'Etat que si elle eût été confiée à un entrepreneur.

Le capitaine Faidherbe prit part à l'expédition dirigée par le général Camou, dans la Grande-Kabylie, contre le chérif Bou-Maza.

Il fit aussi partie de la colonne commandée par le général Saint-Arnaud, à travers la Petite-Kabylie, de Milah à Djidjelli. Jamais les Turcs n'avaient osé pénétrer dans ce pays, qui avait toujours conservé son indépendance.

La colonne se composait de trois brigades. Le capitaine Faidherbe était attaché à celle du général Bosquet. Le 11 mai 1851, on enleva les crêtes des Ouled-Askar.

La journée fut très chaude. La brigade Bosquet, d'arrière-garde, n'arriva au bivouac que pendant la nuit, après avoir soutenu une lutte corps à corps dans le fond boisé d'une vallée où des cours d'eau arrêtaient la marche de la colonne et surtout des bagages. La forte voix du général Bosquet, dominant le bruit de la fusillade et les cris des Kabyles, encourageait nos hommes et leur indiquait ce qu'ils avaient à faire.

Le général fut légèrement blessé à un bras.

Enfin le capitaine Faidherbe prit part à l'expédition que conduisit le général Bosquet, en plein hiver, dans le Djurdjura, expédition qui se termina par le *désastre de la neige* (22 février 1852).

Le capitaine Faidherbe, qui faisait alors construire une route dans le pays, put guider la colonne pendant la tourmente de neige et l'empêcher de se fourvoyer dans les ravins où elle aurait péri en entier.

On fit des pertes considérables dans cette malheureuse retraite qui dégénéra bientôt en déroute. M. Faidherbe eut les deux pieds gelés et reçut la croix de la Légion d'honneur pour sa belle conduite pendant cette expédition.

Il fut ensuite employé à Bougie, puis, sur sa demande, au Sénégal.

C'est dans cette colonie qu'il allait donner la mesure de ses qualités d'administrateur et d'homme de guerre.

Arrivé comme capitaine et sous-directeur du génie, il prenait part, en cette qualité, au combat d'Eboué, dirigeait la construction du fort de Dabou, près de Grand-Bassam, se distinguait à la prise de Dialmatch et construisait le fort de Podor.

Au mois de décembre 1854, il était nommé à la fois chef de bataillon du génie et gouverneur du Sénégal; cette dernière nomination fut faite sur la demande des commerçants de Bordeaux et du Sénégal.

En sept ans, il transforma la colonie, il annexa le Oualo, pacifia le Cayor, rompit la confédération turbulente du Fouta, refoula les Maures pillards sur la rive droite du Sénégal, construisit le fort de Médine (1855), sous les murs duquel il infligea au prophète El Hadj Omar une sanglante défaite qui arrêta la marche envahissante et triomphante du conquérant noir.

D'autres expéditions militaires, des explorations nombreuses, des travaux d'amélioration à Saint-Louis, à Dakar et dans tous les postes, assurèrent aux commerçants, aux fonctionnaires, une sécurité inconnue jusqu'alors, un bien-être auquel ils n'étaient pas habitués, et ouvrirent de nouveaux débouchés au commerce.

Nommé lieutenant-colonel en 1856 et colonel en 1858, M. Faidherbe se vit contraint en 1860 d'abandonner le gouvernement du Sénégal pour raisons de santé.

Il revint en Algérie, où il prit le commandement de la subdivision de Sidi-Bel-Abbès, qu'il occupa jusqu'en 1863. Il encouragea, par tous les moyens en son pouvoir, la colonisation de la magnifique région qui entoure cette belle ville. Malheureusement, le commandant de la division estimait la colonisation une entreprise absurde et, comme l'empereur, ne voulait voir dans l'Algérie qu'un royaume arabe tributaire de l'empire.

En 1863, M. Faidherbe fut nommé général de brigade et de nouveau gouverneur du Sénégal, sur la demande unanime des habitants de la colonie, qui sentaient la nécessité d'une main ferme et expérimentée pour remettre un peu d'ordre dans la direction des affaires.

Mais au bout de deux ans, qui furent encore remplis par des expéditions de guerre et les travaux d'une administration des plus lourdes, sa santé, très altérée, l'obligea de résigner ses fonctions. Il vint à Alger pour se reposer et y resta en disponibilité jusqu'en 1867.

A cette date, il prit le commandement de la subdivision de Bône, qu'il garda jusqu'en 1870.

La paix régna pendant tout ce temps dans cette partie de l'Afrique, et le général employa ses loisirs à l'explorer au point de vue scientifique. Cette contrée est une mine inépuisable d'antiquités de toutes les époques : dolmens antéhistoriques dont le général visita une dizaine de mille ; tombeaux libyques avec stèles à inscriptions en caractères dont l'écriture des Touaregs nous présente aujourd'hui un reste ; pierres votives phéniciennes ou plutôt puniques, dont tout le monde connaît la formule généralement votive à la déesse Tanit ;

tombeaux latins tant païens que chrétiens. Ce furent ses travaux sur les dolmens et les inscriptions libyques (1) et sur les langues de l'Afrique qui ouvrirent au général Faidherbe les portes de l'Institut en 1884.

Lorsque éclata la guerre de 1870, le général demanda aussitôt à être employé à l'armée du Rhin, ce qui lui fut refusé. La révolution du 4 septembre survint; les membres de la Défense nationale firent appel à toutes les forces vives du pays pour reconstituer des armées; Gambetta confia au général Faidherbe le commandement de l'armée du Nord. Il n'entre pas dans le cadre de ce livre d'y retracer les événements de la guerre de 1870. La biographie du général Faidherbe finit pour nous à cette date. Nous rappellerons seulement les noms glorieux de Pont-Noyelle, de Bapeaume et de Saint-Quentin qui illustrèrent le nom du général Faidherbe, lui valurent d'être nommé à différentes reprises député, puis sénateur du Nord et le firent appeler plus tard (1880) à la haute fonction de grand chancelier de la Légion d'honneur.

Le général Faidherbe compte actuellement plus de cinquante-deux ans de service et plus de quarante campagnes. Il est une des gloires de la France et un des meilleurs amis de l'Algérie qu'il a servie avec distinction et où il a laissé les plus honorables souvenirs.

Archives militaires. —*La Guerre de 1870-71*, par Jules Claretie.
Documents particuliers.

FAU et FOUREAU.

Avoir la fortune et la jeunesse qui permet d'en jouir, et abandonner Paris à vingt-cinq ans pour aller vivre au désert, afin d'y créer une œuvre utile, c'est ce qu'ont fait MM. Fau et Foureau avec une simplicité, une modestie qui doublent le prix de leur action.

Ils étaient quatre : MM. Fernand Fau, né à Paris en 1853;
Fernand Foureau, né à Fredière (Haute-Vienne) en 1850;
Albert Foureau, né à Airvault (Deux-Sèvres) en 1849;

(1) Le général Faidherbe a publié une dizaine d'ouvrages, parmi lesquels : *Collection complète des inscriptions numidiques (libyques)* avec des aperçus ethnographiques (1870, in-8° avec pl.); *les Dolmens d'Afrique* (1873, in-8°, avec 6 pl.); *Épigraphie phénicienne* (1873, in-8°).

Jacques Girard, né à Paris en 1854 et décédé à Biskra en mars 1879.

Riches, instruits et intelligents, doués d'un esprit d'initiative et d'une force de caractère dignes des plus grands éloges, ces quatre jeunes gens vinrent en Algérie en 1877 sans plan arrêté, mais avec le projet d'y employer leurs capitaux et leur activité au mieux des intérêts du pays. Ils visitèrent les trois provinces, notamment le sud, jusqu'à Ouargla, où ils rencontrèrent M. Louis Say, un autre vaillant dont le nom est également très sympathique en Algérie. Celui-ci partait pour Temassinin et comptait créer dans notre poste le plus avancé un marché où il aurait attiré les populations de l'extrême sud. Il y préconisait l'achat d'autruches pour l'établissement d'un parc à Alger.

MM. Fau et Foureau étaient d'avis que ces autruches (il ne put en être obtenu que sept, payées fort cher) devaient être parquées dans leur pays d'origine, l'Oued-Rirh, et c'est ainsi qu'ils furent amenés à acheter des jardins de palmiers à Ourlana, où ils créèrent une première ferme.

Mais à peine étaient-ils installés qu'ils découvrirent l'œuvre utile qu'ils recherchaient : le forage de puits artésiens et la création d'oasis, œuvre doublement profitable à notre domination politique et à la prospérité du pays.

Le théâtre de ces entreprises est la partie orientale du Sahara algérien, celle qui occupe le sud de la province de Constantine, plaine immense, aux teintes jaunâtres, dont la ligne d'horizon se confond dans un lointain indéfini avec l'azur du ciel. Ce n'est pas ainsi que l'imagination se figure le désert : c'est la solitude toute nue, l'absence de vie animale et végétale. Or, pendant la saison des pluies, ses gazons et ses touffes de plantes aromatiques lui font un manteau verdoyant, qui ne se dessèche qu'aux ardeurs du soleil d'été : ces vastes steppes sont alors des terres de parcours pour les chameaux des tribus voisines, tribus nomades dont l'incessante migration promène les tentes du nord au sud, suivant une allure réglée sur la marche des saisons. Sur ce fond se détachent çà et là, comme des taches noires, des massifs de palmiers dattiers qui rompent la monotonie du tableau : ce sont les oasis, fraîches comme des corbeilles de fleurs et de fruits qui consolent des tristesses du désert. Dans ces îles de verdure, des populations sédentaires habitent des villages, se donnant pour principale mission sur la terre de planter des dattiers, de les arroser, d'en recueillir et faire sécher les fruits, entremêlant à peine à ces soins, qui sont la condition essentielle de leur existence, la culture de quelques autres arbres secondaires et de quelques légumes qui croissent sous la haute voûte, impénétrable aux rayons du soleil, que forment les ondoyants panaches des palmiers. Les plantations sont quelquefois fort considérables. Tuggurt, la principale de ces oasis, ne possède pas moins de 300,000 dattiers.

Pourquoi des oasis sur certains points et non sur d'autres? Pourquoi n'en trouve-t-on pas dans tout le désert? Un fait bien simple donne la clef de ce problème. Dans ces contrées, point d'arbres sans irrigation, point d'irrigation sans un courant d'eau intarissable été comme hiver. Les sources qui coulent à la surface du sous-sol, à de faibles profondeurs, ne suffisant pas aux besoins, les puits artésiens ont été inventés en ces lieux à des époques dont l'origine échappe à l'histoire et même à la légende. On les trouve entre Biskra et le Touat, au sein du grand désert, sur une longueur de deux cents lieues, distribués en plusieurs groupes qui forment autant d'oasis sous les noms de Souf, Rirh, Temacin, El Goléa, Touat, archipels verdoyants au milieu d'un océan de sables. Des puits ordinaires relient à de longs intervalles ces centres de culture et de population, et marquent la station des caravanes qui font ou, plus justement, qui faisaient communiquer l'intérieur de l'Afrique avec le littoral méditerranéen par les marchés de Tuggurt, Biskra et Constantine.

Les puits artésiens étaient encore rares en ces dernières années, parce que les indigènes ne savent, quoique la configuration géologique du pays soit des plus favorables, ni en multiplier le nombre ni toujours conserver ceux qui existent. Avec leurs instruments grossiers, dont le principal est une petite pioche à manche court, ils ne descendent jamais au delà de 80 mètres; souvent ils sont arrêtés dans leurs travaux, soit par des nappes d'eaux parasites qu'ils ne savent épuiser, soit par des roches dures qu'ils ne peuvent percer. Le boisage manque de solidité, l'extraction des terres est incomplète. Enfin, quand l'œuvre est terminée, un labeur toujours incessant est nécessaire pour repousser les sables extérieurs que soulève et amoncelle le vent. Dans cette lutte toujours renaissante, l'homme est souvent vaincu par la nature; si, à la longue, le puits s'ensable, se comble, tarit, dès ce jour les palmiers languissent et périssent. Les populations désolées et affamées abandonnent leurs villages et se dispersent : suivant leur énergique parole, l'oasis est morte. Un linceul de sable la recouvre de ses teintes grises; au-dessus d'elle s'élèvent seuls des pans de maisons en ruine et les troncs desséchés des arbres. Les caravanes se détournent vers des routes et des étapes où elles trouveront de l'eau et des vivres. Le deuil est au désert !

Tuggurt entrait dans cette phase de décadence lorsque la fortune des armes l'ouvrit à nos troupes en novembre 1854. En homme de haute intelligence, le général Desvaux, commandant supérieur de la subdivision de Batna, qui les conduisait, comprit de suite que, pour obtenir des populations une soumission sincère et durable, il fallait dompter les cœurs par les intérêts, vaincre les résistances par les bienfaits, subjuguer les imaginations par les prestiges de l'industrie civilisée. Et il résolut immédiatement de consacrer les loisirs que la victoire lui faisait à dégager les puits artésiens que les sables avaient comblés ou obstrués, et à en creuser d'autres. Il raviverait ainsi les oasis mortes ou agonisantes, et il en créerait de nouvelles...

Durant plusieurs années, il maintint des ateliers militaires de forages artésiens. Les résultats répondirent à son attente.

Cependant, pour féconde qu'elle fût, cette œuvre était limitée, circonscrite dans son action par l'intelligence et le tempérament des indigènes, incapables de lui imprimer la moindre impulsion. Il lui manquait donc une sanction pratique : MM. Fau et Foureau ont le réel mérite de la lui avoir donnée.

A l'administration militaire, ils ont substitué l'initiative privée; en créant la Compagnie de l'Oued-Rirh, ils ont inauguré la colonisation civile dans le Sahara.

MM. Fau et Foureau sont les premiers Européens qui aient eu l'idée de planter des dattiers dans l'Oued-Rirh; ce sont eux qui ont créé la première oasis française dans cette région; ce sont eux qui les premiers encore, et les seuls, possèdent un matériel de forages artésiens.

Avant 1887, Marseille monopolisait la mise des dattes en petites boîtes soignées; la Compagnie de l'Oued-Rirh est la première qui, à cette époque, ait pris l'initiative de transporter cette industrie sur les lieux mêmes de production, employant pour ce travail des machines à fraiser et des machines à clouer qui simplifient la main-d'œuvre en assurant la régularité des types livrés au commerce. Le caissage fait à Biskra, par la Compagnie de l'Oued-Rirh, dans les conditions que nous indiquons, a obtenu un grand succès auprès de ses nombreux clients.

MM. Fau et Foureau ont véritablement ouvert à la colonisation toute la région qui s'étend de M'raïer à Tuggurt et leurs succès ont amené des imitateurs qui suivent leurs traces.

Dans les premiers jours de cette année (1889), ces vaillants colons ont entrepris de forer à Biskra un puits artésien à grande profondeur au moyen du système américain.

Cette nouvelle tentative est de la plus haute importance pour l'avenir du pays; elle doit lui donner un nouvel essor de prospérité; et comme il s'agit d'un élan généreux, les fondateurs de la Compagnie de l'Oued-Rirh ont eu vite constitué pour l'exécution de leur projet une société dont M. Fernand Fau a été nommé président.

Les travaux de sondage ont commencé à la fin du mois de mars; le trentième jour, après un travail exceptionnellement difficile, ils dépassaient 200 mètres.

A l'heure où nous écrivons ces lignes, le travail continue et tout fait présager le succès, qui vaudra à MM. Fau et Foureau un nouveau titre à la reconnaissance du pays.

A la même époque, pendant que M. Fau assistait au forage du puits de Biskra, M. Fernand Foureau présidait de son côté au forage d'un puits dans la région d'Ourlana. Terminé à 79 mètres, le 16 avril, ce puits donne un débit d'environ 3,000 litres à la minute.

Le *Petit Colon* du 8 mai dit à ce sujet :

Il permet à MM. Fau et Foureau de planter en dattiers 30 à 40 hectares des terres nues qu'ils possèdent dans la région et d'agrandir ainsi leur domaine en se maintenant en tête du remarquable mouvement colonisateur dont ils ont été les hardis promoteurs.
On lui a donné le nom « d'Aïn-Séraphin » en souvenir du sympathique ingénieur de la Compagnie de l'Oued-Rirh, mort l'an dernier à Biskra.
Nous apprenons, en outre, que MM. Fau et Foureau fondent une entreprise générale algérienne de sondages à toutes profondeurs.
La profondeur atteinte au sondage de Biskra, dans un si court espace de temps, prouve qu'ils ont en main les moyens de forer avec une rapidité qui dépasse tout ce qui a été fait jusqu'à ce jour et, par conséquent, de diminuer notablement les frais de semblables entreprises.

La Compagnie de l'Oued-Rirh a obtenu au Concours général agricole de Paris (1888) une grande médaille d'or, et un diplôme d'honneur à l'Exposition d'Alger-Mustapha en 1889.

M. Fau a été nommé chevalier du Mérite agricole en 1883 et officier du même ordre en 1887.

M. Fernand Foureau est en outre connu du monde scientifique par ses études et ses explorations dans l'extrême sud. Il a publié en 1883 une *Excursion dans le Sahara algérien*. A la suite du désastre de la mission Flatters, il sollicita l'honneur de reprendre la mission transsaharienne qui venait d'échouer si tristement.

Dans sa séance de juin 1885, la commission spéciale, saisie du projet et de la demande de mission de M. Foureau, en avait confié l'étude à une sous-commission composée de cinq membres : MM. Henri Duveyrier, Georges Périn, Maunoir, docteur Hamy et Milne-Edwards.

Cette sous-commission a entendu M. Foureau au mois de juillet 1885 et, après avoir donné un avis favorable à la demande qui lui était présentée, elle a chargé M. Duveyrier de rédiger un rapport à ce sujet.

Le rapport de M. Duveyrier a été déposé en avril 1886. Il constatait que les cinq membres de la sous-commission étaient favorables à la demande de mission qu'on leur soumettait; mais il déclarait que le chiffre d'hommes demandé paraissait trop faible; que l'assassinat du lieutenant Palat était la preuve du peu de sécurité actuelle du Sahara; que par conséquent le voyage projeté présentait de grands dangers. Toutefois M. Duveyrier, en terminant son rapport, déclarait que M. Foureau, — par ses voyages et ses études, — lui paraissait être un des hommes les plus capables de mener à bien cette exploration, si elle lui était confiée.

C'est, en effet, « un des patriotes de la jeune génération qui soit le mieux préparé, par son caractère, par ses connaissances, par ses aptitudes à cette entreprise héroïque. »

Depuis septembre 1886, la question n'a point fait un pas; cependant nous savons que M. Foureau, aussi laborieux que modeste, continue à faire du Sahara l'objet de ses plus chères études, travaillant sans relâche comme sans réclame, toujours prêt pour la grande cause à laquelle il s'est consacré.

Il a publié récemment une carte du Sahara pour laquelle la Société de géographie lui a décerné le prix Erhard dans sa séance solennelle du 28 avril 1889.

Documents particuliers. — *Petit Colon* du 19 au 24 janvier 1889. — *L'Exposition*. *Bulletin* de la Société de géographie de Constantine.

FAVAS.

Favas était capitaine au 2ᵉ chasseurs d'Afrique.

Le 16 mai 1843, 50 hommes de son régiment commandés par le capitaine Daumas furent subitement attaqués chez les Flittas par plus de 1,500 cavaliers ennemis ; ils gagnèrent avec peine le marabout de Sidi-Rached, situé sur un petit tertre, et là, mettant pied à terre, ils combattirent en fantassins résolus de vendre chèrement leur vie. Le capitaine Favas était, avec 60 autres chasseurs, à quelque distance de ce point. Ses derrières à lui étaient libres, et l'ennemi si nombreux qu'il aurait pu sans honte se retirer sur la colonne française ; mais ce vaillant officier, n'écoutant que son courage, prit l'énergique résolution d'aller partager le sort de ses camarades compromis. Il traversa avec une rare intrépidité et un rare bonheur la ligne ennemie, et rejoignit le capitaine Daumas qui continuait à se défendre héroïquement ; malgré ce secours, les chasseurs auraient infailliblement succombé sans l'arrivée d'un bataillon du 3ᵉ de ligne qui les délivra.

Ce n'en fut pas moins une glorieuse page ajoutée aux annales du 2ᵉ chasseurs d'Afrique par le capitaine Favas.

Trente-deux ans à travers l'Islam. — Annales algériennes. — Archives militaires.

FAYET DE CHABANNES.

Fayet de Chabannes (Marie-Charles-Florentin de), général de brigade d'infanterie, commandeur de la Légion d'honneur, né à Saint-Jean la Fouillouse (Lozère) le 2 juin 1803. Élève de la Flèche en 1818, de Saint-Cyr le 4 novembre 1821, sous-lieutenant au 6ᵉ léger le 1ᵉʳ octobre 1823, lieutenant le 26 juin 1830, capitaine le 14 décembre 1835, il passa le 31 décembre 1841 chef de bataillon au 1ᵉʳ de ligne à Oran. M. de Chabannes resta dans notre colonie jusqu'au 12 juillet 1842 et fut décoré le 19 avril 1843. Lieutenant-colonel le 31 août 1848, colonel le 24 décembre 1851, officier de la Légion d'honneur le 24 septembre 1853, il partit pour l'Orient le 30 octobre 1855. Il fut fait commandeur le 31 décembre 1857, et général de brigade le 24 décembre de l'année suivante.

Pendant son court séjour en Algérie, en 1841 et 1842, M. de

Fayet de Chabannes fut l'objet de plusieurs citations à l'ordre de l'armée d'Afrique.

Blessé d'un coup de feu au bras gauche le 1ᵉʳ juin 1841 au combat d'Akbet-el-Kedda, il fut mis à l'ordre du 17 juillet pour sa belle conduite au ravitaillement de Mascara. Le général La Moricière le mit encore à l'ordre pour le combat de Telli.

Le général, passé au cadre de réserve en 1869, est mort à Langogne (Lozère) dans son pays, le 16 avril 1878.

Panthéon Fléchois. — Archives militaires.

FEUILLET.

Feuillet (Jean-Jules), docteur-médecin, ancien maire d'Alger, conseiller général et délégué au Conseil supérieur, né le 2 juillet 1817, à Perrigny (Jura), fit de bonnes études classiques à Lons-le-Saunier, ses études médicales à Besançon puis à Paris. La modicité de ses ressources le poussa à entrer dans la médecine militaire, qu'il quitta au coup d'État de 1851, après douze ans de service, dont sept en Algérie dans les postes les plus malsains (Maghrnia, Lambessa, Biskra, etc.), et seize campagnes. Il eut à traverser plusieurs épidémies (fièvre typhoïde, choléra), fut signalé par le général Cavaignac en 1846, dans sa campagne contre les Traras, pour un acte médical exceptionnel et honoré par lui d'une proposition pour la croix que des rivalités et des haines arrêtèrent au passage. Comme dernier souvenir de sa vie militaire, il rappelle volontiers les paroles qu'il entendit de la bouche du général Saint-Arnaud, à son passage à Constantine, le 31 octobre 1851. — « Messieurs, disait le général à ses officiers, le prince-président me mande à Paris. Je ne sais dans quel but. Mais, quoi qu'il arrive, vous n'entendrez jamais dire que le général Saint-Arnaud aura craché sur la constitution. » Trente-deux jours après il présidait au coup d'État du 2 décembre.

Rendu à la vie civile, le Dʳ Feuillet vint se fixer à Alger qu'il n'a plus quitté depuis. Homéopathe convaincu, il eut la joie de voir chez ses confrères l'estime et la cordialité les plus sincères pour sa personne succéder à l'hostilité des premières années. Appelé au poste de médecin de la milice, il en remplit 18 ans les fonctions, parfois assez délicates, à la satisfaction de tous.

Au cours de ses occupations médicales, il aborda, sur une grande échelle, l'étude de l'influence du climat algérien sur la phtisie pulmonaire. Grâce à une enquête poursuivie par le gouvernement général, à laquelle contribuèrent 125 médecins civils et militaires qui, sans entente préalable possible, donnèrent les résultats de leurs recherches personnelles, ceux des cahiers d'hôpitaux et des états civils, il put, dans un rapport très étendu, démontrer, à l'aide d'une statistique portant sur 94,000 décès dus à toutes causes avec 6,200 seulement à la phtisie, que cette épouvantable maladie qui tue en Europe de 25 à 30 sujets sur 100, ne donne en Algérie qu'une mortalité de 6 % pour la population civile et de 3 % pour l'armée, au lieu de 18.

Cette preuve sans réplique possible de la bienfaisante immunité de l'Algérie fut accueillie avec faveur par les corps savants et l'autorité. M. le maréchal Randon, gouverneur général, la prit comme base d'un rapport où il était demandé que l'armée de France envoyât en Algérie les soldats atteints ou suspectés de tuberculose. Mais les événements de 70-71 survenant peu après, il n'en fut plus question.

Ces événements eurent une grande influence sur sa vie. Républicain de 1848, il avait à cette époque affirmé publiquement, dans un banquet patriotique à Mers-el-Kébir, ses convictions ardentes. L'intendance le marqua dès lors à l'encre rouge et lui fit sentir à plusieurs reprises le poids de son autorité. Pendant toute la durée de l'empire, en liaison étroite avec les Warnier, Rey, Joly, Bertholon, et surtout Wuillermoz, il collabora avec eux aux cahiers de revendications de la colonie et aux projets des campagnes antiplébiscitaires dont le succès fut si considérable. Menacé à deux reprises de destitution, il offrit sa démission qu'on refusa. A la révolution du 4 septembre, il hésitait à entrer dans la vie politique. Wuillermoz, son fidèle conseiller et aussi son ami intime, lui en fit un devoir, et ils renouèrent de la sorte les relations qui, nées à Lons-le-Saunier en 1851, devaient être reprises, plus cordiales encore, en 1854 à Alger, par suite du coup d'État qui transporta Wuillermoz sur la terre algérienne. Le calme dans les esprits étant rétabli, il étudia et fit prévaloir au sein du conseil municipal d'Alger plusieurs projets d'utilité publique. Trois mois après la mort de Wuillermoz, en mai 1878, il était nommé maire d'Alger. Sa gestion de trois années fut signalée par un accroissement de 300,000 francs de ressources budgétaires ; en outre, par la laïcisation complète des écoles, l'amenée des eaux Bœnsch en ville, menacée alors d'une véritable disette, l'installation d'un service médical de nuit et à domicile pour les indigents, les études d'une canalisation des eaux de l'Oued-Mokta, les seules qui, selon lui, peuvent résoudre au point de vue sanitaire le problème d'alimentation de la ville. Il a fait cesser l'ostracisme dont les hautes compagnies financières frappaient Alger, et avec elle l'Algérie, en réussissant avec le Crédit foncier de France un emprunt de 5 millions au taux de 4 1/2%, au lieu du 7 que l'on payait auparavant. D'autres faits pourraient être notés. La dépense nécessitée par les écoles ne s'élevait pas à 100,000 francs à la fin de l'empire; en 1877 elle était de 288,000 francs. Le maire Feuillet la fit monter à 335,000 francs. Le marché de la place de la Lyre fut inauguré en 1878, le boulevard Valée en 1880. Les taxes des loyers au-dessous de 300 francs sont supprimées, la taxe du balayage établie, les plans et devis de six groupes scolaires sont soumis au conseil, la rue Clauzel est ouverte du côté du square, des trottoirs et un grand égout collecteur sont construits au faubourg Bab-el-Oued, l'école de dessin est développée, un ouvroir est ouvert aux jeunes filles sortant des écoles, etc.

En quittant la mairie et le conseil municipal, dont tous les membres sont restés avec lui dans des rapports constants de cordialité et d'estime, les suffrages l'appellent au Conseil général où, comme doyen, il remplace le sénateur Le Lièvre et bientôt va siéger au Conseil supérieur de gouvernement de l'Algérie.

Sorti de la vie publique depuis 1884, le D⁻ Feuillet se livre uniquement aux occupations de sa profession libérale et, dans ses heures de loisir, demande à la lecture des vieux auteurs latins et français, à l'attrait de travaux littéraires qui furent la passion de sa vie, l'*otium cum dignitate* qu'à soixante-douze ans il pense avoir mérité.

Documents particuliers. — Délibérations du conseil municipal d'Alger.

FILLIAS.

Fillias (Achille-Étienne), littérateur, né à Aubusson le 25 mars 1821, et fils d'un officier de l'empire, fut élève de la Flèche, puis de Saint-Cyr, et entra en 1841 dans le service des mines. Il fut chargé, par différentes compagnies, de l'exploration des trois provinces de l'Algérie; après quoi, de retour à Paris en 1848, il se mêla au mouvement politique. Successivement rédacteur de la *Semaine* et de la *Réforme*, fondateur de la *Révolution*, secrétaire d'Eugène Sue, il fut éloigné temporairement de France à la suite du 2 décembre 1851. Depuis, il écrivit sous son nom et sous le pseudonyme de *Ch. Besson* de nombreux articles dans la *Science*, l'*Estafette*, l'*Écho du Commerce*, l'*Europe artiste*, etc. Attaché à l'administration civile du gouvernement de l'Algérie, il a rédigé plusieurs volumes de statistique officielle et de nombreux ouvrages qui ont contribué à la vulgarisation de la colonie.

M. Achille Fillias a publié : *Études sur l'Algérie* (1849, in-8°); *Histoire de Suède et de Norwège* (1857, in-4°); *Histoire de la conquête et de la colonisation de l'Algérie* 1830-1860 (1860, in-8°); *le Maroc* (1859, in-8°); *Nouveau Guide de l'Algérie*, (1864, in-8°, illustré); *Géographie de l'Algérie* (3ᵉ édit., 1874, in-18); *l'Algérie ancienne et moderne* (2ᵉ édit., 1875, in-18°); *Notice sur les forêts de l'Algérie* (1878, in-8°), etc. Il a signé avec Eugène Sue *l'Amiral Levacher* (1853, 2 vol.).

M. Fillias est décédé le 29 septembre 1885.

Dictionnaire des Contemporains. — Notes personnelles.

FLATTERS.

Le lieutenant-colonel Flatters était né à Paris le 16 septembre 1832. Entré à Saint-Cyr le 8 novembre 1851, il en sortit le 1ᵉʳ octobre 1853 sous-lieutenant au 3ᵉ régiment de zouaves. Il fut nommé lieutenant le 28 avril 1855, et passa au service des affaires arabes le 1ᵉʳ juillet 1856 comme adjoint stagiaire au bureau divisionnaire de Constantine. Nous le voyons alors successivement adjoint titulaire à Takitount le 23 février 1858, à Taourirt Ighil le 1ᵉʳ mars 1859. Il rentre à son corps le 15 avril 1859 pour prendre part à la campagne d'Italie, et, de retour en Algérie, devient chef du bureau arabe de Tébessa le 22 juillet 1860.

Capitaine le 8 septembre 1861 au 2ᵉ, puis au 12ᵉ, 16ᵉ et 30ᵉ bataillon de chasseurs à pied, il est détaché comme adjoint chef de bureau de la direction divisionnaire de Constantine et chef du bureau arabe de Saïda le 1ᵉʳ mai 1865.

Promu chef de bataillon au 2ᵉ régiment de tirailleurs algériens le 22 juillet 1871, M. Flatters fut appelé au commandement supérieur d'Aïn-Beïda (1ᵉʳ juillet 1872), de Bougie (27 octobre 1872), et fut choisi, le 11 avril 1876, pour le commandement supérieur de Laghouat.

Il avait conquis tous ses grades, avec des notes exceptionnelles, par son intelligence, ses capacités et son travail. Flatters parlait l'arabe aussi purement que le français ; il le lisait et l'écrivait non moins bien ; il connaissait la langue berbère et était l'auteur de plusieurs mémoires très remarquables sur l'histoire et la géographie du pays. En 1864, il avait publié un *Almanach à l'usage des indigènes de l'Algérie;* en 1877, *l'Afrique septentrionale ancienne.* Il était zélé et assidu à l'étude. Son aptitude à commander un cercle était consommée et bien reconnue. Il entendait fort bien le commandement des troupes, dont il savait toujours gagner la confiance, s'occupant avec une sage sollicitude d'assurer leur bien-être, comprenant parfaitement, en un mot, ses devoirs de commandant supérieur et de commandant de la colonne mobile placée sous ses ordres. Aimé et respecté des indigènes, envers lesquels il se montrait très juste et très ferme, il était parvenu à nouer d'utiles relations avec les nomades du Sahara. C'était enfin un officier tout à fait hors ligne, des plus méritants à tous égards. Dévoué, consciencieux, laborieux et entendu, il était appelé au plus grand avenir.

En 1878, M. le général Chanzy, gouverneur général et commandant des forces de terre et de mer, appuyait en ces termes l'avancement de Flatters :

Officier supérieur des plus capables et des plus sérieux. Chargé d'un commandement difficile, il s'en est acquitté avec beaucoup de fermeté, de résolution, de tact et de prudence. Je ne puis que faire son éloge et appuyer chaudement la nouvelle proposition dont il est l'objet pour le grade de lieutenant-colonel.

CHANZY.

Flatters fut élevé au grade de lieutenant-colonel, et il continuait à rendre de grands services à Laghouat lorsque au mois de mai 1879 il fut délégué par M. le ministre de la guerre pour le représenter au sein de la Commission supérieure du Transsaharien, où il fit adopter son plan d'exploration du Sahara central.

Nous ne pouvons dans cette courte notice raconter en détail les deux missions sahariennes entreprises par le lieutenant-colonel Flatters avec tant de dévouement et de patriotisme. Nous devons renvoyer le lecteur aux documents et ouvrages mentionnés après sa biographie et qui nous ont servi à sa rédaction.

Nous en retraçons seulement les principaux épisodes :

Le regretté Flatters avait fait valoir les avantages de son projet avec cette conviction ardente qui fut toujours le cachet de sa généreuse nature.

« Étant commandant supérieur du cercle de Laghouat, disait-il alors, j'ai eu à établir des mémoires officiels sur les relations du Sahara et du Soudan avec l'Algérie. A la suite des études auxquelles j'ai dû me livrer à ce sujet, j'ai acquis la conviction que le mode d'exploration que je propose présente des chances sérieuses de réussite... Lors de mon dernier voyage à Ouargla, au mois de janvier dernier, étant encore commandant supérieur, des Chambâa, qui ont une grande influence dans le pays, m'ont proposé de me conduire chez les Touareg, et ma personnalité ne leur a paru soulever aucune objection particulière. »

Plus loin, afin de donner à la Commission toutes les garanties possibles sur ses intentions pacifiques, il s'exprimait ainsi :

« Je ferai tout au monde pour ne pas être attaqué ; je ne prendrai simplement que des mesures de sécurité et de défense. Il ne s'agit que de se défendre contre des pillards touareg qui, en bandes d'une centaine d'hommes, s'en vont en *harkal*, comme on dit dans le pays. Cela ne nous empêcherait pas de nous présenter pacifiquement, de faire des cadeaux aux chefs touareg ; d'acheter le concours des uns, la neutralité des autres ; de tâcher de faire naître l'intérêt pour le chemin de fer en démontrant ses avantages ; de bien préciser que nous n'entendons pas nous annexer le pays ; de rétrécir notre zone d'action, plutôt que de nous exposer à une résistance insurmontable, quand nous ne pourrons obtenir le passage de bon gré. »

Telle était la pensée simple, pratique et, avant tout, humanitaire qui précisait, dans l'esprit de Flatters, le programme de son entreprise. Il réussit à faire partager sa conviction à ses collègues, et l'organisation de son voyage fut votée séance tenante.

A la fin de décembre 1879, tout était prêt et la première mission d'exploration du Sahara était constituée, sous le rapport du personnel et de la répartition des services, de la façon suivante :

1° Chef de la mission : M. le lieutenant-colonel *Flatters*.

2° Commandant en second, service de marche, relations politiques, cartes et renseignements : M. *Masson*, capitaine du service d'état-major, auquel étaient adjoints :

MM. *Bernard*, capitaine d'artillerie ;

Le Chatelier, sous-lieutenant au 1ᵉʳ régiment de tirailleurs algériens, adjoint au bureau arabe de Bou-Saâda;

Brosselard, sous-lieutenant au 4ᵉ de ligne.

Ces trois derniers officiers ne firent pas partie, plus tard, de la seconde exploration.

3° Service géodésique, météorologique, recherche d'un tracé de voie ferrée :

M. *Béringer,* ingénieur au cadre auxiliaire des travaux de l'État. Il avait pour adjoints :

MM. *Cabaillot,* conducteur des ponts et chaussées;

Rabourdin, chef de section du cadre auxiliaire des travaux de l'État.

Tous deux ne devaient pas non plus faire partie de la seconde mission.

4° Service géologique et hydrologique :

M. *Roche,* ingénieur au corps des mines.

5° Service médical, zoologie, botanique.

M. le docteur *Guiard,* médecin aide-major de première classe au 2ᵉ régiment de zouaves.

En tout, dix membres choisis dans le personnel des employés de l'État et comptant :

5 officiers, 2 ingénieurs, 2 agents des travaux publics, 1 médecin militaire.

Cette première mission partit de Paris le 7 janvier 1880. A Biskra, elle commença l'organisation de la caravane. Le 5 mars, elle quitta Ouargla définitivement constituée. Elle se composait de 30 hommes d'escorte, guides et chefs chameliers, plus 50 chameliers pour la conduite des 250 chameaux devant transporter le matériel et les provisions de toutes sortes.

Le 16 avril, la mission atteignit le lac Mengkhough, situé par 26° 25′ de latitude nord et 6 degrés de longitude est; elle était à 745 kilomètres d'Ouargla, chez les Touareg-Azgar. Assez bien reçus par le chef El-Hadj-Mohamed Ikhenouken-ben-Othman, les explorateurs n'en purent cependant obtenir aucun aide ni même de nourriture avant qu'il eût reçu de Tripoli les instructions qu'il avait demandées. Les provisions de la caravane s'épuisaient, et, les propositions pour continuer le voyage ne paraissant pas devoir aboutir, le lieutenant-colonel réunit les membres de la mission, leur exposa les faits et leur demanda leur avis. Ils furent unanimes à conseiller un retour sur Ouargla et Laghouat, pour s'y ravitailler et attendre le moment propice de recommencer le voyage.

Le 21 avril, la mission reprit le chemin de Laghouat; elle y rentra le 25 mai.

La deuxième exploration fut entreprise dans des conditions qui semblaient devoir en assurer la réussite. La mission comprenait : MM. Flatters, Masson, Béringer, Roche et Guiard, qui avaient déjà fait partie de la première exploration. M. Dianous, lieutenant au 14ᵉ d'infanterie, adjoint au capitaine Masson, et M. Santin, ingénieur civil, adjoint à M. Béringer. En outre, 47 tirailleurs indigènes, 32 chameliers enrôlés dans les tribus de Laghouat et de Djelfa, 8 guides des Chambâa bou Rouba et un Mokaddem de l'ordre religieux des Tedjania. Quatre Touareg Ifour'ar étaient venus jusqu'à Alger au-devant du colonel Flatters, pour l'accompagner jusqu'à leur pays.

La mission partit d'Ouargla le 4 décembre 1880. Elle suivit d'abord l'Oued-Mya, puis se dirigea sur la Sebkha d'Amadghor, en passant par Hassi-Meseggucm et Amguid. Les dernières nouvelles qu'elle a envoyées étaient datées d'Inzelmane-Tikhsin, près d'Amadghor, du 27 janvier 1881; ces nouvelles étaient excellentes; le voyage s'était accompli jusque-là dans les meilleures conditions, tout le personnel était en bonne santé et plein d'ardeur : « Je compte, disait le colonel, sauf incident, atteindre Hassiou dans 25 jours, et je ne m'y arrêterai pas. Mais, Hassiou atteint, nous aurons dépassé le point des instructions primitives pour le Transsaharien; le reste n'est plus qu'un appendice au programme. Je ne désespère pas de le remplir comme le fond; mais c'est plus problématique. Dans tous les cas, nous pouvons estimer d'ores et déjà que nous avons réussi. »

Tout faisait donc présager un heureux succès, lorsque le 28 mars 1881 on vit arriver à Ouargla quatre indigènes, exténués de fatigue et de faim, qui annoncèrent le désastre de la mission dans les circonstances suivantes :

Le 16 février, lorsqu'ils n'étaient plus qu'à deux journées de marche d'Hassiou, le colonel Flatters et une partie de son monde, notamment le capitaine Masson, MM. Béringer, Roche et Guiard, avaient été entraînés dans un guet-apens. Avec l'atroce perfidie qui les caractérise, les guides touareg avaient décidé le colonel à laisser la caravane et à les suivre à la recherche d'un puits, tout près de là, disaient-ils.

Pendant la marche, le colonel impatienté demande à plusieurs reprises où est le puits; mais on lui répond chaque fois qu'il est proche, en avant. On y arrive enfin. Le puits est rempli de détritus de toutes sortes et le colonel ordonne de le nettoyer. On se met aussitôt au travail.

Après être restés quelques instants autour du puits, les membres de la mission se dispersent aux environs. M. Roche s'écarte avec le docteur Guiard vers le nord de la vallée; M. Béringer est assis à l'ombre d'un *tarfa* (tamarin), au nord du puits et près du bord de la rivière.

Le colonel, ayant auprès de lui le capitaine Masson, reste debout près du puits, surveillant le travail de nettoiement et pressant les hommes. Telle est la place de chacun des membres de la mission environ une demi-heure après l'arrivée en ce point.

Aucun des convois qui s'étaient mis en marche à la suite du colonel n'y est encore parvenu, et le premier seul, sous les ordres du maréchal des logis Dennery, avec quelques hommes, s'en trouve à environ une centaine de mètres.

Tout à coup de grands cris se font entendre vers le nord, dans la rivière, et presque en même temps on voit déboucher une masse de Touareg arrivant au galop de leurs mehara. Les guides touareg s'écrient : « Ce sont les Aoulimmiden, sauvez-vous. »

Un des guides se précipite sur M. Béringer qu'il renverse d'un coup de sabre, avant qu'il ait eu le temps de prendre son revolver, puis il s'enfuit vers les Touareg.

En voyant un si grand nombre d'ennemis, le premier mouvement du colonel et du capitaine Masson est de se diriger vers les juments; ils font tous deux une vingtaine de pas dans cette direction, en criant de les amener; mais, en voyant leurs guides monter à cheval, ils comprennent de quelle trahison infâme ils sont victimes et ne songent plus qu'à vendre chèrement leur vie.

Ils marchent au-devant des Touareg, après avoir pris leurs revolvers. Un Targui, faisant vibrer sa lance, la jette vers le colonel, mais ce projectile ne l'atteint pas. Pendant quelques instants seulement, le colonel et le capitaine Masson, en tirant précipitamment, réussissent à arrêter l'élan des Touareg; le colonel en abat un du haut de son méhari, lequel vient rouler à ses pieds; le capitaine Masson en blesse un autre grièvement; mais presque aussitôt ils sont atteints. Le colonel, frappé d'un coup de sabre à l'épaule, tombe et est aussitôt percé de coups de lance; au même moment, le capitaine Masson est atteint de plusieurs coups au visage et à la poitrine. M. Roche et le docteur Guiard ont été tués par les guides, au moment où ils se portaient à la rencontre des Touareg.

Les survivants au nombre de cinquante-six dont cinq Français : M. Dianous de la Perrotine et Santin; Pobeguin, maréchal des logis; Brame, ordonnance du colonel, et Marjolet, cuisinier, entreprirent, sous le commandement du lieutenant de Dianous une retraite de 1,500 kilomètres sur Ouargla sans moyens de transport, — tous les chameaux ayant été enlevés par les Touareg, — et sans autres vivres que ceux qu'ils pouvaient porter sur eux.

Nous ne retracerons pas les souffrances physiques et morales que la petite troupe eut à endurer pendant cette marche à travers le désert; la famine, la soif, les attaques incessantes d'un ennemi acharné, les fatigues surhumaines, et la misère arrivée à ce comble d'horreur où l'homme est condamné à se nourrir de son semblable pour tenter de sauver son existence. Parfois des Touareg venaient offrir, à prix d'or, aux malheureux affamés quelques poignées de dattes pilées. Ils y joignirent le 9 mars de la jusquiame, et tous ceux qui mangèrent de ces dattes empoisonnées tombèrent gravement malades et perdirent la tête. M. de Dianous parcourait le camp en prononçant des paroles incohérentes : on fut obligé de lui arracher son fusil. Le maréchal des logis fut quelques heures entre la vie et la mort; M. Santin, rendu fou, s'enfuit de la colonne et fut assassiné par les Touareg. Le lendemain les cruels ennemis profitèrent de la situation pour attaquer les débris de la mission; un combat fut livré, à la suite duquel la colonne se trouva réduite à trente-quatre hommes. Parmi les morts on comptait M. de Dianous, Santin, Brame et Marjolet.

Le maréchal des logis Pobeguin restait le dernier Français encore en vie; mais blessé au pied et très affaibli. Il fut tué le 31 mars par un nommé Belkacem ben Zebla, — sorte d'anthropophage, — qui le dépeça et, — chose épouvantable à penser, — le fit manger par tous les survivants.

Lorsqu'on arriva au secours des malheureux débris de la mission, il n'y avait plus que douze survivants, qu'on ramena le 28 avril à Ouargla. Autant avaient été dévorés par leurs compagnons d'infortune!

Tel est le drame abominable et lugubre par lequel s'est ter-

...minée cette expédition si pleine de promesses pour la science et pour l'avenir de l'Algérie.

Le nom de Flatters — héros et martyr, — restera gravé dans la mémoire des Français comme celui d'un vaillant compatriote, passionné pour toutes les nobles et grandes choses, et qui, dans un noble dévouement pour les intérêts de son pays, n'a pas hésité un instant à quitter sa femme et son enfant pour se lancer dans la plus périlleuse entreprise, pour aller mourir au désert!

Le nom de Flatters a été donné à un centre de population créé en 1887 à Ben-Naria (département d'Alger).

Archives militaires. — *Documents relatifs à la mission au sud de l'Algérie par le lieutenant-colonel Flatters* (ministère des Travaux publics). — *Deuxième mission Flatters*, par M. Bernard, capitaine d'artillerie. — *Revue africaine* (1882), *Flatters*, notice de M. H. de Grammont. — *Exploration du Sahara*, par le lieutenant-colonel Derrécagaix. — *Les deux missions du colonel Flatters* (anonyme). — *Voyage de la mission Flatters*, par M. le lieutenant Brosselard. — *Lettres sur la mission du Sahara*, par Flatters et Béringer. — *Rapport sur la mission d'exploration dans le Sahara central pour le chemin de fer transsaharien*, par le colonel Flatters. — *Bulletin* de la Société de géographie de Paris (1882).

FLEURY.

Fleury (Émile-Félix), général de division, ancien sénateur, né à Paris le 23 décembre 1815, fit ses études au collège Rollin. Après avoir en peu de temps perdu sa fortune, il s'engagea le 16 novembre 1837 dans le corps des spahis, de création récente, fit onze campagnes, reçut trois coups de feu et fut cité trois fois à l'ordre de l'armée; sa brillante conduite lui valut un avancement rapide. Sous-lieutenant en 1840, capitaine en 1844, il devint chef d'escadron en juillet 1848 et rentra en France. Il demanda l'autorisation de prendre part à l'expédition du Sebaou en mai 1851 ; il s'y comporta fort bien.

Quelques mois plus tard, il prit une part très active au rétablissement de l'empire et joua depuis un rôle que nous n'avons pas à envisager.

Soldat, il a noblement servi l'Algérie ; il a droit à notre reconnaissance, et nous lui en payons le tribut sans nous arrêter à aucune considération politique.

Promu général de division le 13 août 1863, M. Fleury est décédé à Paris le 11 décembre 1884.

Dictionnaire des Contemporains. — Archives militaires.

FORCIOLI.

M. Forcioli (Dominique), ancien sénateur de Constantine, est né à Ajaccio le 6 avril 1838.

Il fut juge de paix à Biskra, s'établit en 1871 comme avocat à Constantine, s'y fit remarquer par son talent et devint bâtonnier.

Les électeurs d'Héliopolis lui conflèrent le mandat de conseiller général, et le 7 octobre 1883 il fut élu sénateur, en remplacement de M. Lucet décédé, par 53 voix contre 44 données à M. de Cerner, candidat de l'Union républicaine.

M. Forcioli alla siéger à l'extrême gauche, et aux élections législatives de 1885, quoique en possession de son siège de sénateur, il sollicita le mandat de député. Il échoua avec 5,698 voix, sur 11,918 votants.

Au renouvellement triennal du Sénat du 5 janvier 1888, il a été remplacé par M. Lesueur, qui a obtenu 94 voix. M. Forcioli en avait réuni 89.

Nous n'avons pas à apprécier ici la conduite politique de M. Forcioli. Constatons simplement qu'il s'est fait surtout des amis, concilié de nombreuses sympathies et gagné même des partisans par l'aménité de son caractère et sa bienveillance. Ce sont des qualités que tous ses adversaires lui reconnaissent.

Républicain de Constantine. — *Colon* de Philippeville. — Documents particuliers.

FORGEMOL.

Forgemol de Bostquénard (Léonard-Léopold), général de division d'état-major, grand officier de la Légion d'honneur, né à Azerables (Creuse) le 17 septembre 1821. Issu d'une noble famille militaire, le jeune Forgemol obtint dans toutes les facultés les succès les plus brillants, et la salle des Actes, à la Flèche, retentit pendant dix ans de son nom, au jour solennel de la distribution des prix. Reçu à Saint-Cyr le 9 novembre 1839, il en sortit le 1er octobre 1841 sous-lieutenant élève à l'école d'application d'état-major. Lieutenant d'état-major le 9 janvier 1844, il fut nommé capitaine le 11 mars 1847.

Décoré le 8 octobre 1852, M. Forgemol exprima le désir d'entrer en campagne et passa aide de camp du général de brigade Maissiot qui commandait la subdivision de Sétif (province de Constantine). En février 1855, M. Maissiot fut promu divisionnaire et prit le commandement de la province de Constantine; le capitaine Forgemol fit avec lui plusieurs expéditions, entre autres celle de la Grande-Kabylie en 1857. La division Maissiot s'établit au plateau de Chelatta, d'où elle descendit le 11 juillet pour donner la main à la division Mac-Mahon; elle balaya tout sur son passage. En 1858, le général Maissiot ayant quitté l'Algérie, le capitaine Forgemol fut envoyé commandant supérieur à la Calle, puis en la même qualité à Tébessa en 1860, et à Biskra. Promu chef d'escadron le 14 août 1860, nommé officier de la Légion d'honneur le 12 août 1862, lieutenant-colonel le 17 juin 1865, M. Forgemol, qui, en Algérie depuis plus de dix ans, avait appris la langue arabe et connaissait parfaitement notre colonie, fut appelé en 1866 à Alger comme sous-chef du bureau politique, emploi dans lequel il rendit de grands services au gouverneur général.

Colonel le 16 juillet 1870, M. Forgemol fit la campagne à l'armée de la Loire. Général de brigade le 16 septembre 1871, général de division le 4 mars 1879, il revint à Constantine dont il commanda la province.

A peine arrivé dans son nouveau commandement, le jeune général a eu à réprimer des tentatives de soulèvement, ce qu'il a su faire avec une promptitude, une énergie et une intelligence qui attirèrent sur lui tous les regards. Aussi fut-il désigné pour prendre le commandement en chef du corps expéditionnaire de Tunisie.

Le 6 novembre 1882, un décret du bey de Tunis le nomma commandant supérieur de l'armée tunisienne.

Il commande aujourd'hui le 11e corps d'armée.

Le général Forgemol est un de nos plus vigoureux officiers généraux.

Panthéon Fléchois. — Notes personnelles. — Archives militaires.

FOURCHAULT.

Fourchault (Alexandre-Edmond-Constant), colonel d'état-major, commandeur de la Légion d'honneur, né le 19 août 1817 à Orléans, fut élève de Saint-Cyr et de l'école d'application du corps d'état-major. Il fit son stage d'infanterie au 58e de ligne en Algérie en 1843, passa au 3ᵉ chasseurs l'année suivante, et fut attaché à la division de Bourges en 1847.

Après avoir été aide de camp du général Alexandre à l'armée des Alpes, du général Pesca à Dijon, il revient en 1853 dans la division d'Alger, où il est employé à l'établissement de la carte topographique. De 1854 à 1856, il prend part à la guerre de Crimée et revient ensuite de nouveau dans la colonie, qu'il ne quitte plus qu'en 1870-1871 pour porter sur les champs de bataille de la métropole, à Metz et à Blois, la bravoure qui lui a déjà valu de nombreuses citations et mises à l'ordre de l'armée, notamment :

Pour sa conduite énergique dans l'expédition du Sébaou en 1854 (rapport du général Randon, gouverneur général);

A la suite du combat de nuit du 1ᵉʳ mai 1855 devant le bastion central de Sébastopol;

Pour sa courageuse et belle conduite au combat de Tachentirt, près Dra-el-Mizan, le 4 septembre 1856;

A la suite de l'expédition de Grande-Kabylie en 1857, pour différents faits d'armes, entre autres pour avoir délivré 25 de nos soldats tombés entre les mains des Kabyles et avoir pris, dans les gorges de Tirourda, Lalla Fatma avec toute sa famille et ses nombreux serviteurs, capture qui acheva la conquête du pays (1);

Pour sa brillante conduite à la prise d'Aïn-Taforalt (Maroc), le 28 octobre 1859;

A la suite de l'expédition du général Desvaux dans le Ferdjiouah en 1860, pour s'être distingué en sauvant plusieurs blessés de la légion étrangère.

La campagne de 1870-1871 fournit l'occasion au colonel Fourchault de se distinguer de nouveau. On le trouve cité dans plusieurs

---

(1) Lalla Fatma était issue d'une famille de marabouts qui comptait parmi ses ancêtres un saint, Si-Ahmed Bou Mezian, dont les restes reposent sous une kouba située sur le versant occidental de la montagne d'Ourdja. Jusqu'à l'arrivée des Français, cette famille resta étrangère aux querelles des çofs; mais, à partir de l'expédition du maréchal Bugeaud dans l'Oued-Sahel en 1847, elle changea de rôle et se rangea dans le parti de la résistance. Lalla Fatma, dont le père était chef de la mamera de Sidi-Ahmed Bou Mezian, avait été mariée très jeune à Si Yahia Embou Ikoulaf, marabout du village d'Asker. Elle resta peu de temps avec son mari et se retira, à seize ou dix-huit ans, chez un de ses frères, Si Tahar, qui passait pour inspiré. Elle marcha sur ses traces et bientôt, elle aussi, eut des songes, des hallucinations : elle passa pour être en rapports avec les saints les plus en renom et rendit des oracles. Sa réputation se répandit promptement et, au début de la campagne de 1857, Lalla Fatma mit au service de la cause nationale toute son influence; elle prêcha résolument la guerre sainte contre les Français.

rapports du maréchal Tixier au maréchal Canrobert pour les combats de Gravelotte, Saint-Privat et deux sorties devant Metz.

Le 28 janvier 1871, il bat les Prussiens devant Blois, leur enlève le faubourg de Vienne et les met dans la nécessité de faire sauter le pont de la Loire.

Son rôle terminé en France, il accourt en Algérie où une formidable insurrection vient d'éclater.

Déjà la plaine de la Mitidja est envahie par les contingents de Mokrani, qui pillent, massacrent et incendient tout sur leur passage. Les colons s'enfuient en toute hâte et l'ennemi s'avance, marche sur Alger; il n'en est plus qu'à 40 kilomètres : la population est dans l'angoisse.

Le colonel Fourchault est nommé par le général Lallemand au commandement de la brigade d'avant-garde de la colonne expéditionnaire de Kabylie, composée d'environ 3,000 hommes de toutes armes, venus en partie de la province d'Oran, et au milieu desquels se trouvait le petit bataillon de francs-tireurs, ainsi que la milice d'Alger, qui devaient bientôt recevoir le baptême du feu.

Cette petite colonne part d'Alger le 21 avril, à midi, et couche le soir au Hamiz, à cinq lieues; le lendemain 22 avril, à dix heures du matin, elle arrive à l'Alma. Elle n'est pas encore installée au bivouac, que déjà ses avant-postes sont attaqués. En un clin d'œil le colonel Fourchault a pris ses dispositions de combat : ses deux sections d'artillerie jettent le désordre dans les têtes de colonnes des insurgés; un escadron de spahis les prend en flanc et les traverse comme une avalanche; la ligne d'infanterie s'ébranle et achève de culbuter les masses insurgées, qui, poursuivies jusqu'à plus d'une lieue, fuient et se dispersent dans toutes les directions.

Un télégramme du colonel rend compte du résultat à Alger. Alger respire, il est dans la joie. Les colons s'empressent de retourner dans leurs fermes et le village de l'Alma est sauvé du massacre.

Mais, pendant ce triomphe, un drame horrible s'accomplissait à quatorze lieues dans l'intérieur des montagnes, auprès du pont de Ben-Hini, à Palestro, village de création nouvelle.

Un télégramme d'Alger prescrit au colonel Fourchault de partir avec 700 hommes pour sauver ce village, s'il en est temps encore.

Trois heures après avoir reçu le télégramme, le 23 avril, à 8 heures du soir, par une nuit des plus sombres, le colonel part avec sa petite colonne. On marche toute la nuit, on traverse les hauteurs de Bouziza, et le lendemain, vers une heure de l'après-midi, on arrive à Palestro. Le massacre était consommé depuis trois jours; les cadavres des malheureux habitants gisaient épars, mutilés et déshonorés.

Il n'y avait qu'à enterrer les morts; cette opération se termina à dix heures du soir. Mais le lendemain il fallait partir de Palestro; il fallait rentrer au camp de l'Alma, sur le Boudouaou; parcourir en sens inverse, les quatorze lieues de la veille, et passer à travers les masses insurgées qui devaient barrer le chemin. C'est ce que fit vaillamment la petite colonne sous les ordres de son énergique chef.

Pendant neuf heures consécutives, elle eut à supporter les attaques de l'ennemi, qui, comprenant enfin l'inutilité de ses efforts et désespérant du succès, renonça à un projet que les dispositions prises rendaient irréalisables et qui lui avait coûté déjà des pertes sensibles.

Tous ceux qui se trouvaient à Alger à cette époque se rappellent, sans aucun doute, l'anxiété qui régnait dans toutes les poitrines à la pensée de cette poignée d'hommes lancée à l'aventure dans un pays de sauvages déchaînés par le fanatisme et qui commençaient à se vautrer dans le sang.

Aussi de quel soulagement fut pour ceux qui suivaient les événements la nouvelle du retour à l'Alma du colonel Fourchault et de ses 700 hommes !

Le général Lallemand envoya, à cette occasion, la dépêche suivante au vaillant chef qui venait de se distinguer d'une façon si éclatante :

« Recevez toutes mes félicitations; cette expédition est une des plus audacieuses qui se soient tentées; mais votre bravoure et votre habileté ont triomphé de tous les obstacles. Je vous remercie de nous avoir ramené nos soldats. L'œuvre des sauvages était accomplie; il nous restera la consolation d'une tentative noble et faite aussitôt qu'il a été possible. »

Le colonel Fourchault, rentré le 26 au matin au camp de l'Alma, avait prescrit 48 heures de repos aux hommes exténués de la colonne de Palestro. Mais à peine y avait-il une demi-heure qu'il était de retour qu'une nouvelle attaque, plus formidable encore que celle du 22, se produit sur nos lignes. Sauter sur un nouveau cheval, donner ses ordres aux différents chefs de troupes, et se porter au-devant de l'ennemi, fut pour le colonel l'affaire d'un instant.

Les insurgés, cette fois (26 avril), sont poursuivis jusqu'au delà de l'Oued-Corso, et nos troupes rentrent encore victorieuses à leur bivouac.

Le 3 mai, c'est le camp de Belle-Fontaine que le colonel enlève au pas de course.

Le 11 mai, il exécute une charge de cavalerie dans le lit du Sébaou et met en fuite les nombreux contingents kabyles qui venaient d'abandonner le blocus de Tizi-Ouzou.

Le 16 mai, ce sont les positions inexpugnables des Taourga qui sont enlevées d'assaut par nos jeunes soldats que le colonel, l'épée à la main, et à leur tête, électrise lui-même par son exemple. Les hauteurs à enlever étaient couronnées de formidables retranchements en pierre, derrière lesquels les Kabyles attendaient d'un œil ferme, l'attaque de la colonne, le moukala à la main.

— Voilà la clef de la position, mon cher Fourchault, dit le général Lallemand, il faudrait enlever cela. »

— Avant une heure, j'y serai, » répond le colonel.

Une demi-heure après, Fourchault plantait son fanion sur le toit le plus élevé du village.

Nous citons seulement les journées les plus remarquables de cette période de l'insurrection.

Le colonel Fourchault fut appelé ensuite au commandement de la subdivision de Dellys. Ses populations ont gardé le souvenir de l'administration ferme et bienveillante de ce chef actif, sur l'énergie duquel ils savaient pouvoir compter.

Appelé en 1872 par la reconnaissance des habitants de Dellys à siéger au Conseil général d'Alger, le colonel Fourchault s'y distingua par des services remarquables. C'est à lui tout particulièrement qu'est due la construction du pont du Sébaou, si impatiemment attendue depuis plus de vingt-cinq ans. Il ne cessa de faire entendre sa voix, tant au Conseil général qu'au Conseil supérieur, où il fut délégué, pour l'établissement d'un petit port de cabotage si nécessaire à Dellys et pour l'ouverture d'une route directe sur Tizi-Ouzou.

Nous le voyons encore à Constantine faisant, en 1876, partie de l'expédition d'El-Amri comme chef d'état-major, et proposé pour le grade d'officier général à la suite de cette expédition qui avait si parfaitement réussi.

Mais, atteint par la limite d'âge, il fut mis à la retraite en 1877, comme colonel chef d'état-major.

Ne pouvant rester inactif, le colonel Fourchault prit des inscriptions à l'école de médecine, et rien n'était plus curieux et à la fois plus digne d'éloges que l'ardeur à l'étude de ce vieillard et la respectueuse admiration de ses jeunes camarades. Il nous souvient d'avoir été témoin un jour de ce spectacle au cours d'anatomie et d'en avoir été touché.

Le colonel Fourchault est décédé à Alger le 10 avril 1884. Ses obsèques donnèrent lieu à une imposante manifestation.

Un monument commémoratif lui a été élevé par souscription publique en 1885, dans le cimetière d'Alger, sur un terrain concédé à perpétuité par la ville.

Documents particuliers. — Archives militaires. — *L'Écho d'Oran.* — Notes personnelles.

FOUSSET.

M. Fousset (Alphonse-Louis), né le 15 janvier 1845 à Soulignésous-Ballon (Sarthe), a fait ses études universitaires aux lycées du Mans et Charlemagne, à Paris.

Entré à l'École centrale des arts et manufactures en 1864, il en sortit en 1867 avec le diplôme d'ingénieur et le neuvième de sa promotion.

Nous le retrouvons quelques mois plus tard au service de la construction du chemin de fer de Mamers à Saint-Calais (Sarthe), où il avait été successivement chargé des divers services d'études et de travaux de cette ligne, lorsque éclata la guerre avec la Prusse.

En 1870-71, M. Fousset quitta son cabinet pour l'armée. Parti avec le 33ᵉ régiment de mobiles (armée de la Loire), il rentra à la fin de la campagne avec le grade de capitaine. Plus tard, lors de l'organisation de l'armée territoriale, le jeune ingénieur fut de nouveau nommé capitaine et attaché à l'état-major du gouvernement militaire de Paris (service des étapes).

Après la guerre, M. Fousset reprit, comme ingénieur chef de service, l'achèvement des travaux du chemin de fer de Mamers à Saint-Calais; puis il en organisa l'exploitation.

En 1873, appelé à Paris, à la Compagnie des chemins de fer

d'Orléans à Châlons, M. Fousset était sous-directeur de cette compagnie lors du rachat des lignes secondaires par l'État.

En 1877-78, il fait les études et travaux préparatoires du chemin de fer sous-marin entre la France et l'Angleterre.

En 1879, l'État lui confie l'étude des voies ferrées du centre de la Bretagne, de Guingamp à Carhaix, de Carhaix à Lorient et de Morlaix à Carhaix.

C'est là qu'en juillet 1880 la Compagnie franco-algérienne vint le chercher, pour le charger, comme ingénieur en chef, de la direction en Algérie de la construction et de l'exploitation de ses voies ferrées, ce qui devait lui permettre de donner la mesure de son activité et de sa haute valeur technique.

Il réorganisa d'abord les services de l'exploitation de la ligne d'Arzew à Saïda, puis construisit la ligne des Hauts-Plateaux de Kralfallah à Modzbah et à Marhoum.

Lorsque éclata, en 1881, l'insurrection du Sud-Oranais, ces voies ferrées furent naturellement la base de toutes les opérations militaires.

L'armée y trouva un concours si précieux pour arrêter la marche des insurgés sur le Tell que, pour aller ensuite les réprimer jusqu'aux confins du Sahara, elle voulut au préalable faire établir, en pleine insurrection, à travers le désert et les Chotts, le prolongement de la voie ferrée sur 115 kilomètres, reliant Modzbah-Sfid au Kreider et à Méchéria.

La chaleur était torride (août 1881); mais il fallait à tout prix que la voie ferrée et les trains arrivassent *d'extrême urgence* au point d'eau fortifié d'El Kreider, pour permettre aux colonnes de partir en avant.

Le 7 août, le gouvernement donnait à M. Fousset l'ordre de commencer les travaux à Modzbah. Le 27 septembre, la première section était construite; les trains conduisaient les troupes au Kreider et assuraient leur ravitaillement. Ces 34 kilomètres de voie ferrée avaient été construits en 52 jours!

Les travaux furent poussés avec la même vigueur à travers les Chotts et jusqu'à Méchéria[1] et, par décret du 4 mai 1882, le gouvernement nommait M. Fousset chevalier de la Légion d'honneur en récompense des services signalés qu'il avait rendus à l'armée et à l'Algérie.

Après l'insurrection, M. Fousset prit en main, — concurremment avec la direction de ses services, — la réorganisation de la grande exploitation d'alfa des Hauts-Plateaux (300,000 hectares), et du vaste domaine agricole de l'Habra et de la Macta (25,000 hectares); — la construction du chemin de fer de Tizi à Mascara (1883-85); la construction de la ligne de pénétration de Méchéria à Aïn-Sefra, de beaucoup la plus avancée dans le sud (1886-87), et enfin la haute surveillance de la ligne de Mostaganem à Tiaret (1885-88). Le réseau de la Compagnie franco-algérienne avait seulement 180 kilomètres lors de l'arrivée de M. Fousset en Algérie (1880); il comprend aujourd'hui (1889) près de 700 kilomètres de voies ferrées.

Dès 1874, M. Fousset publiait un ouvrage sur la construction en France des chemins de fer économiques (réseau complémentaire). En 1881, il adressait au gouverneur de l'Algérie un travail sur la nécessité des lignes militaires économiques de pénétration dans le Sud-Oranais (1). En 1882, il remettait au ministre de la guerre (sur sa demande) un rapport détaillé, publié par la Société des ingénieurs civils, sur le programme rationnel du réseau algérien.

L'un des premiers promoteurs de la voie étroite, pour l'établissement économique des réseaux secondaires en France, M. Fousset en a été le véritable initiateur en Algérie, et a ainsi rendu au pays un inappréciable service.

Son nom restera cher à nos populations du sud.

Documents particuliers. — *Les Chemins de fer en Algérie*, par M. Chabrier.

FROMENT-COSTE.

Froment-Coste (Auguste-Laurent-Adolphe), commandant du 8ᵉ bataillon de chasseurs à pied, officier de la Légion d'honneur, né à Stradella, près de Gênes, le 4 décembre 1805, entra à Saint-Cyr en 1823. Sous-lieutenant le 1ᵉʳ octobre 1825, lieutenant le 28 mars 1830, capitaine le 28 janvier 1836, il fut désigné pour le 3ᵉ bataillon de chasseurs à pied lors de sa formation.

Envoyé en Afrique le 21 octobre 1840, il fut promu commandant

(1) Publié en 1881 par le *Génie civil* et le *Bulletin de la Société des Ingénieurs civils*.

du 2ᵉ bataillon de chasseurs le 19 mars 1841 et passa au 8ᵉ le 3 décembre de la même année. Cité à l'ordre de l'armée du 31 mars 1842 pour sa brillante conduite à l'affaire de la Sikkak dans la province d'Oran, décoré le 31 août 1842 pour fait de guerre, il fut nommé le 22 septembre 1844 officier de la Légion d'honneur.

Le 23 septembre 1845, ce sont ses hommes qui formaient la colonne massacrée à Sidi-Brahim.

Pendant le combat, le lieutenant-colonel de Montagnac avait confié la garde des bagages au commandant Froment-Coste avec la 2ᵉ compagnie et les carabiniers de son bataillon. Assailli par des contingents considérables, il lui envoya l'ordre de l'appuyer avec sa réserve, et le commandant vola au secours de son colonel; mais il eut à soutenir l'effort de toute la cavalerie d'Abd-el-Kader (2,000 chevaux) qui se jeta au travers de la route pour lui barrer le passage.

Vigoureusement assailli en flanc et en queue sur un terrain en pente et raviné, il réussit à s'ouvrir un chemin à la baïonnette, s'empara d'un piton à droite et fit former le carré.

Un jeune volontaire, du nom d'Ismaël, ému par cet infernal baptême du feu et les cris sauvages des Arabes triomphants, s'écrie :

« Nous sommes tous perdus ! nous allons tous mourir ! »

Le commandant l'a entendu et lui dit :

« Quel âge as-tu, mon garçon ?

— Dix-neuf ans.

— Eh bien ! tu as vingt ans à souffrir de moins que moi; du courage et du sang-froid ! Si c'est ici que nous devons succomber, montrons à l'ennemi comment les Français savent mourir, fièrement et en braves ! »

A peine achevait-il ces paroles, que Froment-Coste tomba frappé de plusieurs balles.

Archives militaires. — Documents officiels. — *Panthéon Fléchois.* — *Annales algériennes.* — *Le Combat de Sidi-Brahim,* par Pégues.

FROMENTIN.

Fromentin (Eugène), peintre et écrivain, né à la Rochelle le 24 octobre 1820, suivit d'abord des cours de droit à Paris, puis, cédant à sa vocation, étudia le paysage sous M. Louis Cabat. Il fit ensuite, de 1842 à 1846, un voyage en Orient, et parcourut surtout l'Algérie, dont il s'éprit ardemment et où il recueillit de nombreux dessins. Il a peint une foule de *Sites algériens* et d'*Épisodes de la vie arabe*, entre autres : *les Gorges de la Chiffa* (1847); *La Place de la Brèche*, à Constantine (1849); *Enterrement maure* (1853); des *Smalas*, des *Mosquées*, des *Douars*, etc.; *Chasse à la gazelle dans le Hodna*, acquis par l'État; *Bateleurs nègres; Lisière d'oasis pendant le siroco; Audience chez un khalifat* (1859); *Cavaliers revenant d'une fantasia près d'Alger; Courriers; Pays des Ouled-Naïls; Berger; Hauts plateaux de la Kabylie* et quelques *Sites algériens* (1861); *Bivouac arabe au lever du jour; Fauconnier arabe; Chasse au faucon en Algérie; la Curée* (1863); *Coup de vent dans les plaines d'alfa* (1864); *Chasse au héron; Voleurs de nuit* (1865); *Tribu en marche dans les pâturages du Tell; Étang dans les oasis* (1866) : ces deux derniers tableaux reparurent, avec quelques autres des précédents, à l'Exposition universelle de 1867; *Arabes attaqués par une lionne; Centaures* (1868); *Une fantasia; Halte de muletiers* (1869); *Venise, le grand canal et le môle* (1872); *Souvenir d'Algérie; Un ravin* (1874); *le Nil, souvenir d'Esneh* (1876). M. Fromentin a obtenu une deuxième médaille en 1849, un rappel en 1857, une 1re médaille en 1859 et en 1867. Décoré de la Légion d'honneur en 1859, il a été promu officier le 12 août 1869.

M. Eugène Fromentin, qui avait dès sa jeunesse montré un goût non moins vif pour les lettres que pour la peinture, recueillit et compléta les notes qu'il avait prises pendant son long séjour en Algérie. Publiées d'abord en feuilleton dans le *Pays*, elles ont formé deux volumes : *Un été dans le Sahara* (1857, in-18), et *Une année dans le Sahel* (1859, in-18), réimprimés séparément (1874, 2 vol. in-8°), puis en un seul volume intitulé : *Sahara et Sahel*, illustré des croquis de l'auteur, empruntés à ses albums ou à ses tableaux (1879, in-4°). Écrites dans un style très imagé, pleines de couleur et de truculence, ces pages algériennes méritent d'être lues et relues. De là, les diverses éditions qui en ont été faites. Fromentin a également écrit un roman : *Dominique* (1863, in-18; nouv. édit., 1877) qui eut un grand succès, et *les Maîtres d'autrefois,* Belgique, Hollande (1876, in-18) intéressante étude esthétique sur Rubens, Rembrandt, etc.

Il est mort à la Rochelle le 27 août 1876.

Dictionnaire des Contemporains. — Notes personnelles.

GABORIAUD.

Gaboriaud, capitaine de bureau arabe, avait été chargé de la direction des affaires et du commandement des goums de la colonne Ladmirault, qui opéra en 1849 chez les Ouled-Naïl Cheraga.

Dans le combat d'El Metarih (12 juin), le capitaine Gaboriaud, dès le début de l'action, s'était jeté intrépidement à la tête de son goum au plus fort de la mêlée. Ses cavaliers, ardents surtout au pillage, l'abandonnèrent peu à peu, et c'est, suivi seulement d'un petit nombre d'entre eux et de deux spahis du bureau arabe : Bel-Hadj ben Draï et Belkassem ben El-Amré, qu'il prit pour objectif un groupe d'insurgés d'où partait un feu très nourri. Arrivé à quelques pas du groupe, il en essuya une décharge générale, ainsi que sa petite escorte et deux officiers du 5ᵉ chasseurs à cheval, le capitaine de Vandeuvre et le sous-lieutenant Debroux, ayant avec eux le brigadier Lacoste et le chasseur Olivier de leur régiment, qui les suivait de près. Une balle l'atteignit au cœur, et il tomba mort. Son cheval avait reçu deux balles dans la poitrine. Une lutte corps à corps s'engagea alors pour sauver ses restes ; les deux officiers, les spahis et les chasseurs furent assaillis par une véritable grêle de pierres ; le capitaine de Vandeuvre tua d'un coup de pistolet un des assaillants et fut lui-même légèrement blessé au cou et à l'épaule gauche d'un coup de yatagan ; le sous-lieutenant Debroux eut ses effets traversés par une balle et tua deux indigènes de son sabre ; les deux spahis, de leur côté, se comportèrent vaillamment et contribuèrent, par leur attitude énergique, à mettre en fuite le groupe ennemi et à dégager le corps du capitaine.

L'endroit où le capitaine Gaboriaud est tombé mort est connu dans toute la tribu sous le nom de *Delâat-el-Cabtane* (*dolâat*, la côte, crête rocheuse allongée en forme de côte, *el cabtane*, du capitaine). Un petit *neza* (tas de pierres) en indique l'emplacement.

L'inscription suivante a été gravée en gros caractères en 1881, par les soins de l'autorité locale, sur un gros rocher voisin de cet emplacement, pour perpétuer la mémoire de ce vaillant officier :

ICI EST TOMBÉ GLORIEUSEMENT,
LE 12 JUIN 1849, SOUS LES BALLES ARABES,
LE CAPITAINE D'ÉTAT-MAJOR GABORIAUD,
ADJOINT AU BUREAU ARABE DE MÉDÉA.

Revue africaine. — Archives militaires.

GARBÉ.

M. Garbé, ancien préfet, maire et conseiller général d'Oran, chevalier de la Légion d'honneur, avait été nommé le 25 novembre 1877 membre du conseil de direction d'Oran, puis, quelques jours plus tard, secrétaire de la direction des affaires civiles à Oran. Il devint préfet de ce département le 16 mars 1849 et conserva cette fonction jusqu'au 21 juin 1850.

Ayant quitté l'administration, il fut choisi à diverses reprises comme conseiller général de 1850 à 1867, et nommé maire d'Oran le 17 juillet de cette dernière année.

M. Garbé a laissé dans cette ville le souvenir d'un excellent administrateur. Dans les diverses fonctions publiques qu'il a occupées, il a toujours rempli ses devoirs avec une intelligence et un dévouement qui lui avaient attiré l'estime générale.

Pendant l'épidémie de typhus, qui a suivi la famine de 1867, M. Garbé ne cessa de se prodiguer et de donner l'exemple du plus grand courage. Il en a malheureusement été victime. Il a succombé dans les premiers jours de 1868 aux atteintes du fléau qu'il avait bravé pour porter secours à ses concitoyens.

Archives administratives. — *Écho d'Oran*. — Documents particuliers.

GARDERENS.

Garderens, capitaine des zouaves, était un brave parmi les braves.

Le 13 octobre 1837, l'ordre de l'assaut à peine donné, Garderens escalada la brèche de Constantine et y planta bientôt le drapeau tricolore sous le feu terrible de l'ennemi et aux applaudissements de l'armée.

Archives militaires. — *Relation de la prise de Constantine*, par le marquis de la Tour du Pin. — *Campagne de l'armée d'Afrique*, par le duc d'Orléans.

GAROUÉ.

Le 16 juin 1830, pendant que l'armée française, débarquée depuis deux jours sur la plage africaine, travaillait à mettre en état de défense la presqu'île de Sidi-Ferruch, un vieillard arabe se présenta aux avant-postes. Il paraissait épuisé de fatigue : « Dieu est grand, disait-il à chaque instant ; c'est Dieu qui l'a voulu ; que la volonté de Dieu soit faite. »

On lui demanda ce qu'il désirait : « J'ai, dit-il, une mission divine à remplir ; je veux parler à votre chef. » Conduit devant le général de Bourmont, il s'exprima sans contrainte : « Quoique vêtu de ces habits en haillons, dit-il, je suis cheikh d'une nombreuse tribu, et c'est de ma propre volonté que je viens vers toi. J'ai voulu voir de près les étrangers qui envahissent notre pays et connaître leurs sentiments à l'égard des Turcs et des Arabes. » Le général en chef lui fit répondre que son désir était de rétablir la paix entre les Français et les Arabes, et de les délivrer du joug des Turcs, qui les opprimaient. Le vieillard parut satisfait de cette réponse et ajouta que, puisqu'il en était ainsi, il espérait déterminer bientôt sa tribu à traiter avec les Français.

Puis il demanda à retourner parmi les siens. On lui fit remarquer que son retour allait l'exposer à de grands dangers ; mais ces paroles ne l'effrayèrent point. « Je suis déjà vieux, la conservation de ma vie est sans importance ; j'ai reçu des Français une généreuse hospitalité, je veux leur prouver mon dévouement et ma reconnaissance. » M. de Bourmont consentit à le laisser partir, en lui remettant des exemplaires de la proclamation adressée par le gouvernement français à ses compatriotes. Mais on sut plus tard que, trahi par les indigènes auxquels il s'était confié, il avait été conduit à Alger, et que le Dey lui avait fait trancher la tête sous ses yeux.

Cette scène d'abnégation et de dévouement exalta au plus haut degré l'imagination d'un des interprètes de l'armée, si bien que, le jour même où le vieux cheikh arabe quittait le camp français, Georges Garoué, Syrien de naissance, autrefois trésorier du pacha de Damas, et parti de Toulon en qualité de guide interprète attaché à l'état-major de l'armée, vint demander au général en chef la permission de faire auprès des Arabes une démarche semblable à celle qui venait d'être faite auprès de nous. « Les Français, dit-il, ont été calomniés dans l'esprit des tribus ; on les leur a dépeints comme les ennemis jurés de leur patrie et de l'islamisme. Il faut donc les détromper, et amener les Arabes à faire cause commune avec nous, à servir les intérêts de la France contre les Turcs, leurs oppresseurs. Élevé parmi les Arabes, je connais leur langue, leurs mœurs, leurs usages ; je parviendrai à les persuader. »

— Mais vous êtes fou, lui dit-on ; c'est la mort que vous demandez, malheureux !

— Qu'importe, si cette mort vous épargne des milliers de soldats ? Je suis vieux, ma vie est peu de chose, et ce sera pour moi une occasion de payer ma dette à ma patrie adoptive, à la France hospitalière, où, fugitif et sans ressources, j'ai trouvé sympathie, protection, assistance. »

Garoué, après avoir recommandé sa famille, restée à Marseille, à la sollicitude du gouvernement, partit pour accomplir sa périlleuse mission et distribuer des proclamations aux indigènes. Reconnu à son accent syrien, il est bientôt arrêté et conduit à la Casbah devant le dey. Ce fut avec énergie que cet interprète reprocha à Hussein-Pacha son imprudence et la témérité de vouloir se mesurer avec les troupes françaises ; il osa lui proposer de capituler, en présence du divan assemblé. Sa tête, livrée au bourreau qui la fit rouler sur les bords de la fontaine des lions, paya tant d'audace et de courage et alla grossir le nombre de celles qui, durant le siège d'Alger, furent exposées sous les porches de la Casbah. Tel est le récit de divers historiens, et de Galibert entre autres.

D'après une notice laissée par Joanny Pharaon, interprète du gouverneur général en 1832, lequel devait être bien renseigné sur les péripéties de l'acte de dévouement de son infortuné collègue, les faits se passèrent d'une manière encore plus héroïque.

Pendant que notre escadre était encore en mer, le général de Bourmont fit appel à un interprète de bonne volonté pour aller, avant le débarquement de l'armée, faire connaître aux indigènes le but de notre expédition ; Garoué s'offrit aussitôt, et, dans la nuit du 12 au 13 juin, c'est-à-dire la veille du débarquement, un bâtiment léger le déposa sur la plage, devant Torre-Chica (Sidi-Ferruch). Sous le burnous arabe, il s'engage dans l'intérieur des terres, et, profitant de l'obscurité, va accrocher des exemplaires de la proclamation aux branches des arbres et des buissons qu'il rencontre sur son chemin ; mais, quand le jour vient, il ne tarde pas à se trouver en présence d'indigènes. Son accent syrien, ses manières polies même, ne tardent pas à faire remarquer qu'il est étranger au pays. On fait cercle autour de lui, on le questionne par curiosité ; et Garoué qui, avant tout, a une mission importante à accomplir, exhibe la proclamation, et en donne lecture à haute voix à ses auditeurs, qui déjà discutent et se livrent à des commentaires.

Mais alors un agent turc survient au milieu de ce rassemblement, et, dès qu'il en apprend la cause, il arrête l'orateur et le conduit au pacha. Les deux versions s'accordent maintenant très bien sur l'issue de cette affaire. Le yatagan d'un chaouch fit rouler la tête du malheureux Garoué.

Du reste, il est facile de se figurer l'indignation des Turcs en lisant la proclamation qui annonçait leur renversement. Il est d'un intérêt historique de reproduire la traduction littérale de cet important document, très peu connu des Européens. Nous dirons plus loin comment et par qui le texte arabe en fut rédigé à Paris.

PROCLAMATION AUX ARABES.

« Au nom de Dieu qui crée et fait retourner à la vie. C'est de lui que nous implorons notre secours.

« Messeigneurs les cadis, chérifs, ulémas chefs et notables, agréez de ma part le plus complet salut et les vœux les plus empressés de mon cœur, avec des hommages multipliés.

« Sachez (que Dieu vous garde vers la justice et le bien!) que Sa Majesté le Sultan de France, que je sers (puisse Dieu rendre ses victoires de plus en plus éclatantes!) m'a fait la faveur de me nommer général en chef.

« O vous, les plus chers de nos sincères amis, habitants d'Alger et de toutes les tribus de l'Afrique occidentale dépendant de vous, sachez que le pacha, votre chef, a eu l'audace d'insulter le drapeau de la France, qui mérite toutes sortes de respects, et a osé le traiter avec mépris.

« Par cet acte d'inconvenance, il est devenu la cause de toutes les calamités et de tous les maux qui sont prêts à fondre sur vous; car il a appelé contre vous la guerre de notre part.

« Dieu a enlevé du cœur de Sa Majesté le Sultan de France (que le Seigneur perpétue son règne!) la longanimité et la miséricorde qui lui sont habituelles, et qui sont universellement reconnues. Ce pacha, votre maître, par son peu de prudence et l'aveuglement de son cœur a attiré sur lui-même ma terrible vengeance. Le destin qui le menace va s'accomplir, et bientôt il va subir l'humiliant châtiment qui l'attend.

« Quant à vous, tribus de l'Afrique occidentale (Arabes et Kabyles de l'Algérie), sachez bien et soyez pleinement convaincus que je ne viens pas pour vous faire la guerre. Ne cessez point d'être en toute sécurité, en pleine confiance, dans vos demeures; continuez vos affaires, exercez vos industries, en toute assurance. Je vous donne la certitude qu'il n'est personne parmi nous qui désire vous nuire dans vos biens ni dans vos familles. Je vous garantis que votre pays, vos terres, vos jardins, vos magasins, en un mot, tout ce qui vous appartient, d'une importance minime ou considérable, restera dans l'état où il se trouve. Nul d'entre nous n'entravera jamais la jouissance ou l'exercice d'aucune de ces choses, qui seront toujours entre vos mains. Croyez à la sincérité de mes paroles.

« Je vous garantis également et vous fais la promesse formelle, solennelle et inaltérable, que vos mosquées, grandes et petites, ne cesseront d'être fréquentées comme elles le sont maintenant, et plus encore, et que personne ne vous empêchera d'exercer votre religion et votre culte.

« Notre présence chez vous n'est pas pour vous combattre; notre but est seulement de faire la guerre à votre pacha, qui, le premier, a manifesté contre nous des sentiments d'hostilité et de haine.

« Vous n'ignorez pas les excès de sa tyrannie, la dépravation de sa mauvaise nature, et nous n'avons pas besoin de vous exposer ses mauvaises qualités et ses actes honteux; car il est évident pour vous qu'il ne marche qu'à la ruine et à la destruction de votre pays, ainsi qu'à la perte de vos biens et de vos personnes. On sait qu'il n'a d'autre désir que de vous rendre pauvres, misérables, plus vils que ceux que la malédiction divine a frappés.

« Un fait des plus étranges, c'est que vous ne comprenez pas que votre pacha n'a en vue que son bien-être personnel; et la preuve, c'est que les plus beaux des domaines, des terres, des chevaux, des armes, des vêtements, des joyaux, etc., sont pour lui seul.

« O mes amis, les Arabes, Dieu (qu'il soit glorifié) n'a permis ce qui a lieu de la part de votre inique pacha, que par un acte de sa divine bonté envers vous; afin que vous puissiez attendre une prospérité complète par la ruine de votre tyran et la chute de son pouvoir, et pour vous délivrer des inquiétudes et de la misère qui vous accablent.

« Hâtez-vous donc de saisir l'occasion. Que vos yeux ne soient point aveuglés à l'éclat lumineux du bien-être et de la délivrance que Dieu fait briller devant vous. Ne soyez pas indifférents à ce qui renferme pour vous un sérieux avantage; éveillez-vous, au contraire, pour abandonner votre pacha et pour suivre un conseil que nous vous donnons dans votre intérêt. Soyez certains que Dieu ne cherche jamais le malheur de ses créatures, et qu'il veut que chacun jouisse de la part spéciale des nombreux bienfaits que sa divine bonté a répandus sur les habitants de la terre.

« Musulmans, les paroles que nous vous adressons viennent d'une entière amitié, et renferment des sentiments pacifiques et affectueux. Si vous envoyez vos parlementaires à notre camp, nous nous entretiendrons avec eux. Nous espérons, Dieu aidant, que nos conférences amèneront des conséquences avantageuses et profitables pour vous.

« Dieu nous donne la confiance que, lorsque vous serez convaincus que notre but unique est votre bien et votre intérêt, vous nous enverrez, avec vos parlementaires, toutes les provisions dont notre armée victorieuse a besoin : farine, beurre, huile, veaux, moutons, chevaux, orge, etc. Lorsque vos convois nous seront parvenus, nous vous en remettrons immédiatement, en argent comptant, le prix que vous en désirerez et même plus encore.

« Mais (à Dieu ne plaise) s'il arrivait que vous agissiez contrairement à ce que nous avons dit, et que vous préférassiez nous résister et combattre, sachez que tout le mal et tous les désordres qui en résulteront, viendront de votre fait; ne vous en prenez qu'à vous-mêmes, et soyez certains que ce sera contre notre volonté. Soyez convaincus que nos troupes vous envelopperont facilement et que Dieu vous mettra bientôt en leur pouvoir. De même que le Seigneur recommande l'indulgence et la miséricorde pour les faibles et les opprimés, de même aussi il inflige les plus rigoureux châtiments à ceux qui commettent le mal sur la terre et qui ruinent les pays et les habitants.

« Si donc vous vous opposez à nous par des hostilités, vous périrez tous jusqu'au dernier.

« Telles sont, Messeigneurs, les paroles que j'ai cru devoir vous adresser. C'est un conseil bienveillant que je vous donne; ne le négligez pas : sachez que votre intérêt est de l'accepter et de vous y conformer.

« Personne ne pourra détourner de dessus vous la destruction, si vous ne tenez aucun compte de mes avis et de mes menaces. Ayez la certitude la plus positive que notre Sultan victorieux et gardé par le Dieu Très Haut ne peut lui-même les modifier, car c'est un arrêt du destin, et l'arrêt du destin doit fatalement s'accomplir.

« Salut à celui qui entend et se soumet. »

Un Algérien, Hassan ben Mohamed, devenu plus tard, lui aussi, interprète militaire, rapporte ce qui suit au sujet de la mort de Garoué : « Les Algériens s'attendaient à être attaqués par mer et à voir le débarquement s'effectuer sur la plage de l'Harrach, comme l'avait fait Charles-Quint; toutes leurs forces étaient donc concentrées de ce côté; mais dès que le pacha eut connaissance de la descente de l'armée française à Sidi-Ferruch et du projet d'aborder la ville par les hauteurs, il mit en réquisition tous les habitants d'Alger pour monter, de la Marine à la Casbah et au fort de l'Empereur, les boulets et les bombes nécessaires à la défense de ces deux forteresses. Je portais sur mes épaules deux boulets dans un couffin, lorsque, arrivé devant la porte de la Casbah, j'aperçus, au pied du mur, le cadavre d'un chrétien décapité. Un sabre planté dans sa poitrine, comme un clou dans une muraille, retenait un exemplaire de la proclamation des Français au peuple arabe. On me dit que c'était le corps de l'interprète qui avait apporté ces proclamations, que le pacha avait fait décapiter en lui sciant le cou contre la piscine de la fontaine de la Casbah. »

Les Interprètes de l'armée d'Afrique. — Archives militaires.

GASTU.

M. Gastu (François-Joseph), ancien député d'Alger, cousin-germain du général Gastu, est né à Sorède (Pyrénées-Orientales) en 1834. Il étudia le droit, se fit recevoir licencié, et vint en 1859 exercer la profession d'avocat à Alger. Après le 4 septembre 1870 il fut élu membre du conseil municipal de cette ville, et, l'année suivante, devint membre du conseil général, qui le choisit pour président. Ce conseil ayant été dissous, M. Gastu fut réélu conseiller général en 1872 et maintenu par ses collègues au fauteuil de la présidence.

En sa qualité d'adjoint remplissant les fonctions de maire d'Alger, il refusa de prendre un arrêté interdisant la circulation des voitures pendant la procession de la Fête-Dieu (1872); aussi fut-il révoqué sous le gouvernement de combat, le 21 mars 1874. Lors des élections du 20 février 1876 pour la Chambre des députés, il se porta candidat à Alger, où il eut pour compétiteur un autre républicain, M. César Bertholon : « Je travaillerai de toutes mes forces à l'affranchissement de la république, dit-il dans sa profession de foi. Par la fermeté, la sagesse et l'union de tous ses partisans, elle seule peut traduire en lois les vœux de la démocratie et les aspirations de l'esprit moderne. » Élu député par 5,822 voix, il alla siéger à gauche et vota constamment avec la majorité républicaine. Le 19 juin 1877, il fit partie des 363 qui refusèrent leur confiance au ministère de Broglie-Fortou.

Après la dissolution de la Chambre, qui suivit ce vote, il posa de nouveau sa candidature à Alger et fut réélu sans concurrent le 14 octobre 1877.

Battu en 1881 par MM. Letellier et Mauguin, il vit aujourd'hui à Alger en dehors de la vie politique.

M. Gastu a laissé le souvenir d'une fermeté de convictions et d'une loyauté inattaquables. C'est un parfait honnête homme.

Notes personnelles. — *Dict. des Contemporains.*

GENTIL DE SAINT-ALPHONSE.

Gentil de Saint-Alphonse, capitaine au 2⁰ hussards, fut tué au combat de Sidi-Brahim le 23 septembre 1845. Il commandait le premier peloton de hussards, entama vigoureusement la charge contre les contingents d'Abd-el-Kader et les repoussa, pendant plusieurs kilomètres, en leur faisant éprouver des pertes sensibles ; mais tout à coup Abd-el-Kader, à la tête de ses réguliers et des contingents des tribus révoltées, débouche de derrière le Guerbous, par le chemin tournant de la crête, ramène au galop les cavaliers en retraite et, dans une effroyable mêlée, écrase en un clin d'œil le faible peloton de hussards.

Le capitaine de Saint-Alphonse eut la tête fracassée d'un coup de pistolet.

Son nom est inscrit sur la face sud du monument élevé à la mémoire des braves morts au champ d'honneur, à six kilomètres du marabout de Sidi-Brahim.

Le Combat de Sidi-Brahim, par Pègues. — *Annales algériennes.* — Documents officiels.

GÉRARD.

Gérard (Cécile-Jules-Basile), dit *le Tueur de lions*, officier, né à Pignans (Var) le 14 juin 1817. Il s'engagea volontairement dans le corps des spahis vers l'âge de vingt-quatre ans. Petit de taille et d'une constitution en apparence délicate, rien dans sa tournure, rien dans sa voix et sa figure remplie de douceur, ne révélait le sang-froid et l'énergie dont il ne devait pas tarder à donner des preuves. En 1846, dans une affaire contre les contingents de Tunis et les Nemencha, Gérard, alors maréchal des logis aux spahis de Bône, tua plusieurs cavaliers tunisiens comme dans le combat des Horaces et des Curiaces. Deux cavaliers entre autres fuyaient devant lui : il atteint le premier et lui passe son sabre à travers le corps. Par un bond de son cheval, il rejoint le second qui, penché sur sa selle, le tenait au bout de son fusil. L'Arabe fait feu, manque son coup et tombe sous le sabre de Gérard.

Doué d'une audace sans pareille en même temps que d'une adresse à toute épreuve, il entreprit de faire la chasse aux lions qui dévastaient la subdivision de Bône, et réussit de telle façon que son nom devint rapidement très populaire, non seulement chez nous, mais chez les Arabes, qui l'appelèrent *le terrible Franc*. Dans une période de onze années, il abattit vingt-cinq lions. En 1855, il revint en France avec le titre de sous-lieutenant et obtint depuis les épaulettes de capitaine : il avait été créé chevalier de la Légion d'honneur en 1847. Au mois d'octobre 1860, il remporta, au tir national de Vincennes, le grand prix d'une valeur de plus de 11,000 francs. Depuis cette époque, Jules Gérard avait continué, soit par ses écrits, soit par les écrits de ses amis, à entretenir la curiosité publique de ses succès cynégétiques; une sorte d'intérêt romanesque s'attachait à son nom, lorsqu'on apprit brusquement la nouvelle de sa mort. L'intrépide tueur de lions s'était rendu à la côte occidentale d'Afrique, muni des instructions de la Société royale géographique de Londres, et porteur de recommandations de plusieurs personnages anglais, avec l'intention d'accomplir une exploration dans l'intérieur. Il s'était d'abord proposé de visiter la chaîne de Kong, dans la Guinée septentrionale, qui jusqu'alors n'avait été parcourue par aucun Européen. Parti d'Angleterre dans les derniers mois de 1863, il atteignit Wyddah, et de là pénétra dans le royaume de Dahomey, d'où il datait ses lettres. Après avoir inutilement essayé d'avancer dans l'intérieur de l'Afrique par le Dahomey, il vint à Sierra-Leone, où un navire de guerre anglais fut mis à sa disposition et le transporta aux environs de la rivière Gallinas.

Quelques jours après sa mise à terre, il perdait tous ses bagages et se réfugiait dans le Sherboro, où les Français résidants le ravitaillèrent. Il partait donc du village de Begboun, vers le mois de mai 1864, lorsque, à deux heures de marche, il fut de nouveau complètement pillé; obligé de revenir sur ses pas, il se proposait d'attendre, pour se remettre en route, la fin de la saison des pluies. Mais, ses ressources s'étant totalement épuisées, il voulut retourner quand même à Sierra-Leone. C'est alors que celui qui avait combattu de si terribles adversaires et avait plus d'une fois rêvé de mourir sous les griffes d'un lion, se noya en traversant le Jong grossi par les pluies, en juin 1864.

On a de Jules Gérard : *la Chasse au lion*, 1855, in-18 ; 2ᵉ édit., 1856, et *le Tueur de lions* (Bibliothèque des chemins de fer; 3ᵉ édit., 1858) : ce dernier ouvrage avait d'abord paru en feuilletons dans le *Moniteur universel; l'Afrique du Nord* (in-18, 1860).

Encyclopédie universelle du XIXᵉ siècle. — Mémoires du maréchal Randon. Bibliographie de l'Algérie.

GÉREAUX.

Géreaux (Louis-François-Oscar de), capitaine d'infanterie au 8ᵉ bataillon de chasseurs à pied, né le 18 juillet 1812, près de Bordeaux (Gironde), sortit de Saint-Cyr avec le grade de sous lieutenant au 8ᵉ de ligne le 1ᵉʳ octobre 1831. Promu capitaine en 1839, il vint à Mostaganem le 14 juin 1841 et prit part à toutes les expéditions de cette époque, de 1841 à 1845. Il est cité à l'ordre de l'armée d'Afrique du 8 juillet 1841 pour sa belle conduite aux affaires du Chélif.

Il fut tué le 26 septembre 1845, après avoir tenu pendant trois jours la conduite la plus héroïque dans le marabout de Sidi-Brahim.

Le 23 septembre, en se portant au secours du colonel Montagnac, le commandant Froment-Coste a laissé la garde du camp au capitaine de Géreaux.

Bientôt l'arrivée bruyante d'une masse de cavalerie lui apprend que tout est fini avec le bataillon. Pour protéger le convoi et mettre sa troupe à l'abri, il fait former le carré et, sous une grêle de balles, parvient péniblement à gagner le marabout de Sidi-Brahim, à un quart de lieue sur sa droite.

La porte du marabout étant très basse, le capitaine fit escalader les murailles, hautes de quatre pieds. Une partie des bêtes de somme entra dans la cour carrée dont les faces de quinze mètres pouvaient abriter vingt hommes. Chaque soldat était muni de six paquets de cartouches. Comme les sacs avaient été abandonnés, il n'y avait plus de vivres.

Il était onze heures. Le siège commença.

Après trois décharges successives, Abd-el-Kader, voyant que son armée était impuissante à forcer cette poignée de braves, leur envoya en message le capitaine Dutertre (*voyez ce nom*), prisonnier. Puis, une lettre écrite en arabe étant restée également sans réponse, Abd-el-Kader en fit écrire une seconde par l'adjudant Thomas, prisonnier.

Cette lettre fut remise au capitaine de Géreaux par un cavalier arabe qu'on laissa approcher, après l'avoir fait descendre de cheval; elle déclarait qu'il y avait quatre-vingt-deux prisonniers, parmi lesquels le lieutenant Larrazet et quatre clairons.

Elle engageait les nôtres à se rendre et leur faisait savoir « que leur vie serait sauve; qu'ils ne pouvaient résister aux six mille cavaliers qui les cernaient; que s'ils ne se rendaient pas de suite, on les aurait plus tard, et qu'en cas de résistance ils auraient la tête tranchée. »

Chef énergique, brave soldat, vrai Français, le capitaine de Géreaux lui adressa cette sublime réponse, qui fut fièrement répétée par ses hommes :

« LES FRANÇAIS MEURENT, MAIS NE SE RENDENT PAS ! SI ABD-EL-KADER VEUT, IL N'A QU'A COMMENCER ! »

Ils étaient tous prêts et bien résolus au sacrifice.

Le feu reprit à l'instant, vif et serré, sur les quatre faces. Pendant cinq quarts d'heure on se battit presque à bout portant. Vers deux heures, l'Émir fit cesser le feu à sa troupe et se retira à un quart d'heure de là. Jusqu'à ce moment il n'y avait eu qu'un seul blessé : le sergent Stayaërt, vieux soldat, décoré, frappé à la joue droite d'un coup de pierre. Du côté de l'ennemi, au contraire, les morts et les blessés jonchaient le terrain de combat : les chasseurs assuraient leurs coups.

L'attaque ne tarda pas à recommencer, tant à coups de fusil qu'à coups de pierres. La nuit survint : on tira peu ; à sa faveur, l'ennemi put enlever ses nombreux morts.

Les nôtres, qui n'ont plus de vivres, presque plus de munitions, que la lutte de la journée a exténués, accablés par une soif ardente, sous un ciel de feu, utilisent sans répit tous les instants précieux de la nuit pour continuer la résistance. Tandis que les uns coupent les balles en quatre et en six les autres ripostent aux coups.

Le 24, au point du jour, Abd-el-Kader revint à la charge. Il éloigna sa cavalerie pour lancer l'infanterie à l'attaque. La lutte continua acharnée jusqu'à deux heures de l'après-midi.

Désespérant de briser une résistance si opiniâtre, Abd-el-Kader fit sonner le départ par le clairon Arrieu, prisonnier. Il changea le siège en blocus, laissa trois postes d'observation de 150 hommes chacun autour du marabout, et se retira.

Il fut décidé que l'on profiterait de la nuit pour évacuer ce poste, où la résistance devenait impossible et qui ne pouvait plus servir à ses défenseurs que de tombeau; mais les sentinelles s'étant rapprochées de dix pas en dix pas, on dut renoncer à ce projet.

Cependant le 26, à sept heures du matin, après avoir tout disposé pour le départ, la petite troupe franchit la muraille, le capitaine de Géreaux en tête, pour courir sur le premier poste arabe. Ce mouvement s'exécuta d'une façon si prompte et si résolue que le poste, surpris, se débanda, et que, seules, trois sentinelles eurent le temps de faire feu.

Les défenseurs du marabout se mirent en marche en carré, emportant sept blessés qu'on ne pouvait abandonner. Les Arabes, très fatigués eux-mêmes, se montrèrent d'abord peu acharnés à la poursuite. D'ailleurs, absolument effrayés par la bravoure des Français, ils n'osaient plus les approcher qu'avec crainte.

Vers huit heures du matin, la colonne arriva en face des villages des Ouled-Ziri, n'ayant eu que quatre nouveaux blessés au passage du village de Tient. C'est là que le capitaine de Géreaux pensa pouvoir arrêter sa petite troupe, harassée et dévorée par la soif, pour lui faire prendre un peu de repos sur le bord d'un ruisseau. Ce repos fut fatal. Les hommes avaient à peine rompu les rangs, que les gens des Ouled-Ziri, de Sidi-Chamar et des autres villages environnants, prévenus par des cavaliers, accouraient en grand nombre, armés de fusils, et descendaient dans le ravin pour leur barrer le passage. Par derrière, 2,000 cavaliers débouchaient et les serraient de près.

Ces braves devaient donc tous périr sans secours!

Pourtant, à neuf heures, on entendit de Djemmaâ une très vive fusillade. Un moment on crut que c'était la colonne de Tlemcen (1), ou celle de Lalla-Maghrnia (2).

Du blokauss de Djemmaâ-Ghazaouat, avec une longue-vue, le capitaine Coffin aperçut bientôt, sur le plateau de Haouara, des soldats français, qu'il eut d'abord de la peine à reconnaître, cherchant à regagner la place : c'étaient les défenseurs du marabout. Ces hommes, au début de l'attaque, avaient jeté leur tunique pour rendre leur défense plus aisée et leur marche plus rapide. Les coups de fusil se rapprochaient, la petite garnison prit vite les armes et s'apprêta à une nouvelle sortie.

Là-bas, la colonne, déjà bien réduite, avait atteint le haut du grand ravin de Djemmaâ. Il n'y avait plus d'hésitation à avoir. Le moyen le plus sûr, et pour ainsi dire l'unique, c'était de fondre par la ligne la plus courte sur les Arabes qui lui barraient le passage du ravin. Le capitaine de Géreaux fit en conséquence descendre son monde sous un feu plongeant et meurtrier; mais à moitié côte il dut arrêter sa troupe pour reformer le carré. Là, bon nombre des nôtres succombèrent : la dernière cartouche était épuisée, et les Arabes pouvaient tirer de tous côtés et en pleine sécurité. Le lieutenant de Chappedelaine, qui venait d'être blessé à mort, put faire quelques pas, soutenu et traîné par ses hommes; il mourut près de là.

Cependant le reste de la colonne parvint à gagner le bas du ravin et se rallia en cercle autour d'un vieux figuier. Elle ne comptait plus que quarante hommes, en partie blessés. Au milieu de ce groupe, qui à chaque seconde diminuait, étaient encore debout le capitaine, le docteur et l'interprète. Pendant un moment, cette poignée de braves luttèrent, corps à corps, contre des masses d'un ennemi furieux et ivre de sang. Pressentant qu'une tuerie générale allait avoir lieu, ne prenant conseil que du désespoir et résolus au sacrifice de leur vie, après s'être mutuellement encouragés et dit

---

(1) Colonne du général Cavaignac en opération dans les Traras.
(2) Colonne de Barral appuyant les mouvements de Cavaignac.

un dernier adieu, les chasseurs se précipitèrent avec rage, à la baïonnette, sur les Arabes, pour tenter une trouée.

Cependant le capitaine Corty, qui était de passage à Djemmaâ, accourait avec tous les hommes qu'il avait pu réunir; il apparut sur le plateau en face.

En même temps, le poste du blokauss tirait trois coups d'obusier. Par une heureuse précision, les obus éclatèrent au milieu du groupe le plus menaçant et furent le signal de la déroute. La garnison de Djemmaâ ouvrit des feux de peloton et s'élança à la baïonnette; les Arabes reculèrent épouvantés.

Treize braves purent se faire jour et se traînèrent péniblement vers la place, à bout de forces.

La troupe du capitaine Corty, qui venait d'atteindre le lieu du massacre, culbuta l'ennemi, arrêta la poursuite et releva en même temps huit cadavres, au nombre desquels était celui du capitaine de Géreaux.

Sur l'emplacement même du figuier où succombèrent le brave capitaine et sa compagnie de carabiniers un monument a été élevé en 1846.

Sur un petit socle repose un soubassement en pierre de taille, sur lequel s'élève un pignon, surmonté d'une croix et de son dé, en même pierre. La hauteur totale du monument est de 4 mètres et sa largeur de 6 mètres 90. Dans l'amortissement, on lit cette épitaphe :

HONNEUR ET PATRIE.

Sur une dalle en marbre blanc, scellée dans le pignon est cette inscription :

A la mémoire des soldats de la compagnie de carabiniers du 8º bataillon de chasseurs d'Orléans et de leurs officiers :

M. de Géreaux, *capitaine, de* Chappedelaine, *lieutenant,* Rosagutti, *chirurgien-major, massacrés dans ce ravin par les Arabes des environs, le 26 septembre 1845.*

Dans le soubassement, une plaque en marbre noir de 3 mètres de haut sur 0ᵐ,48 de large, fixée dans un cadre semblable à celui de la dalle, reproduit l'inscription suivante :

Derniers débris de la colonne de Montagnac, et réfugiés au nombre de 79 dans le marabout de Sidi-Brahim, ils avaient juré de mourir plutôt que de se rendre. Pendant trois jours, sans vivres, sans eau, ils repoussèrent les attaques d'Abd-el-Kader. Puis, ayant brûlé leur dernière cartouche, ils se firent jour à travers les Arabes qui les bloquaient. Arrivés à deux kilomètres de Nemours, ils furent assaillis par les Ouled-Ziri. Tous succombèrent, à l'exception de neuf qui purent se réfugier dans la ville (1).

Archives militaires. — Le Combat de Sidi-Brahim, par Pègues. — Documents officiels.

GIRERD et NICOLAS.

M. Girerd (Pierre-Aimé), Nicolas (Frédéric) et Nicolas (Alphonse), banquiers à Saint-Étienne (Loire), possédaient des hauts-fourneaux à Chanas (Isère). Ils résolurent d'employer dans leur usine métallurgique des minerais algériens. A cet effet, dès l'année 1860, ils entreprirent des recherches dans les collines situées au pied de la chaîne de l'Edough, entre cette chaîne et le lac Fetzara. Des travaux importants furent exécutés: puits, galeries, etc., aux lieux dits Dardara, Tabeïtga, sur des gisements peu distants de la mine du Mokta-el-Hadid. Mais leurs efforts furent concentrés sur le gisement reconnu à El M'kimen, non loin de l'Oued-Zied, sur les bords du lac Fetzara. La mine, exploitée tout d'abord à ciel ouvert, le fut ensuite par des galeries.

Ces divers travaux de recherches et autres nécessitèrent l'apport de plus de cinq cent mille francs.

D'autres recherches furent pratiquées au Nador pour reconnaître l'importance de gisements de zinc constituant un amas remarquable et qui sur certains points émerge à la surface du sol.

Enfin MM. Girerd et Nicolas frères mirent en évidence la richesse des gisements de fer sédimentaire du Djebel Anim (arrondissement de Sétif) à l'état de masses d'une puissance évaluée à 3,000,000 de tonnes simplement pour la portion de minerai étalée à la surface du sol.

Ces travaux ont rendu de grands services à l'Algérie, tant au point de vue économique que géologique.

Rapport de MM. Mœvus et Tissot, ingénieurs en chef des mines du département de Constantine. — Documents particuliers.

(1) C'est 13, au lieu de 9, qui échappèrent au massacre. Ordre général n° 275, du 1ᵉʳ octobre 1845, sous Djemmaâ.

GOUYON.

Gouyon Matignon de Saint-Loyal (Mériadec), né à Saint-Servan (Ille-et-Vilaine) le 28 janvier 1804, sortit de Saint-Cyr en 1820. Sous-lieutenant aide-major aux chasseurs de la garde royale le 18 février 1825, lieutenant aide-major le 1er octobre 1826, il fit la campagne d'Espagne, puis celle de Morée.

Le 12 mars 1840, il fut nommé chef de la section topographique en Algérie. Noté fort avantageusement, il fut proposé pour le grade de chef d'escadrons, qu'il obtint le 18 décembre 1841, étant dans notre colonie. Le 5 mai, M. Gouyon avait été grièvement blessé d'une balle à la tête chez les Beni-Zoug-Zoug dans l'expédition sur Milianah. Le 21 février 1845, il passa dans la province de Constantine.

Cité une première fois par le maréchal Valée dans son rapport du 24 novembre 1840, pour les opérations de la campagne d'automne, il le fut une seconde fois au rapport du 13 mai 1841, du général Bugeaud, pour le combat du 5 mai, dans lequel, quoique blessé grièvement, il avait combattu jusqu'à la fin de la journée.

Nommé chevalier de la Légion d'honneur le 24 août 1838, il fut promu officier le 3 août 1842 en raison de sa brillante conduite. Deux fois encore il fut cité à l'ordre de l'armée d'Afrique par le général Bugeaud : le 13 mai 1844, pour le combat en avant de Dellys, et le 18 mai 1845, pour le combat de la veille, où il eut un cheval tué sous lui, à l'Ouarensenis. Lieutenant-colonel le 10 juillet 1846, il quitta l'Algérie le 6 mai 1847. Colonel le 10 juillet 1848, il reçut la croix de commandeur le 4 septembre 1854. Il prit part à la campagne de la Baltique comme chef d'état-major du corps expéditionnaire, et à son retour fut promu général le 29 août.

Placé au cadre de réserve le 29 janvier 1866, le général Gouyon est mort le 16 septembre 1873. Il était décoré de plusieurs ordres étrangers.

Panthéon Fléchois. — Archives du ministère de la guerre.

GRANET LACROIX DE CHABRIÈRES.

Granet Lacroix de Chabrières (Marie-Louis-Henri de), colonel, commandeur de la Légion d'honneur, né à Bollène (Vaucluse) le 1er mars 1807, élève de la Flèche en 1818, de Saint-Cyr en 1825, sous-lieutenant au 19° léger le 1ᵉʳ octobre 1827, lieutenant le 16 octobre 1831, fit la campagne d'Anvers cette même année. Décoré le 9 janvier 1833 après citation à l'ordre de l'armée du Nord, il fut promu capitaine le 26 avril 1837. M. de Chabrières fut embarqué pour l'Algérie avec son régiment, qui vint dans la province de Constantine où il fit plusieurs expéditions. Chef de bataillon le 16 octobre 1842 au 13ᵉ léger, passé quelques jours après au 27° de ligne, il obtint d'être envoyé le 2 novembre 1843 au 2° étranger. Blessé d'un coup de feu à la cuisse droite au combat du Djebel Bou-Roulouf, il ne quitta notre colonie qu'au commencement de 1848. Le 11 janvier de cette année, il donna sa démission. Il avait reçu la croix d'officier pour fait de guerre le 20 avril 1845, sur la proposition du maréchal Bugeaud, à la suite de la bataille d'Isly.

M. de Chabrières, ayant demandé à reprendre du service, fut nommé le 30 mai 1855 colonel du 2° étranger, son ancien régiment, qu'il rejoignit en Orient. Il en revint pour se rendre en Algérie en 1856, à Sidi-bel-Abbès. Il fit en 1857 l'expédition de la Grande-Kabylie du maréchal Randon à la 1ʳᵉ brigade de la 2° division. A la tête de deux bataillons de son régiment, il contribua à l'enlèvement des positions de Tacherahir et de Bélias le 24 mai, et d'Ischeriden le 24 juin. Sa brillante conduite lui valut, le 13 août, la croix de commandeur.

En 1859, le colonel fut embarqué pour l'Italie. Il fut tué dans le village de Magenta, à la bataille de ce nom, le 4 juin 1859.

Archives du ministère de la guerre. — Documents divers. — *Panthéon Fléchois*.

GRESLEY.

Gresley (Henri-François-Xavier), général de division, ministre, sénateur inamovible, né à Vassy (Haute-Marne) le 9 février 1819, entra à l'École polytechnique le 1ᵉʳ novembre 1838, et en sortit en 1840 dans le service de l'état-major avec le grade de sous-lieutenant. Promu lieutenant le 6 janvier 1843, et capitaine le 9 novembre 1845, il passa en 1847 en Algérie, comme aide de camp du général Herbillon, et fut blessé à l'attaque de Zaatcha (26 novembre 1849). Il entra ensuite dans le service des affaires indigènes et y resta jusqu'en 1870. Il y obtint les grades de commandant le 2 octobre 1855, de lieutenant-colonel le 27 décembre 1861, et de colonel le 17 juin

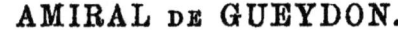
AMIRAL DE GUEYDON.

1863. Il commanda le cercle de Djidjelli et dirigea le bureau politique à Alger, auprès du maréchal de Mac-Mahon, gouverneur général.

Rappelé en France lors de la guerre de Prusse, il fut promu général de brigade le 12 août 1870 et assista aux batailles de Bazeilles, de Balan, ainsi qu'à la journée de Sedan.

Après la guerre, il fut détaché au ministère de la guerre comme sous-chef d'état-major général et travailla avec activité à la réorganisation de l'armée. Nommé chef d'état-major général en 1874, il fut promu général de division le 3 mai 1875, devint conseiller d'État en service extraordinaire le 14 avril 1876 et soutint devant les Chambres les discussions relatives à l'armée.

Le 12 janvier 1879, le général Gresley fut appelé au ministère de la guerre et garda ce portefeuille jusqu'au 20 décembre.

Le 27 mai de la même année, il avait été élu sénateur inamovible.

Chevalier de la Légion d'honneur du 9 août 1850, il a été promu officier le 1er septembre 1856, commandeur le 18 mars 1868 et grand officier en 1875.

Le général Gresley a été admis à la retraite le 21 mars 1884.

Dictionnaire des Contemporains. — Archives militaires.

GUEYDON.

Gueydon (Louis-Henri, comte de), né à Granville le 22 novembre 1809. Issu d'une noble famille d'origine italienne, M. le comte de Gueydon entra à l'école navale d'Angoulême en 1823 avec le numéro 3, en sortit avec le numéro 1, et obtint le grade d'enseigne de vaisseau le 31 décembre 1830, à bord du brick le *Faucon*, sur la côte du Brésil.

Nous ne suivrons pas le vaillant marin dans sa brillante carrière. Bornons-nous à constater qu'il était vice-amiral, qu'il a commandé en chef devant l'ennemi et qu'il a été promu grand-croix de la Légion d'honneur et décoré de la médaille militaire.

Comme administrateur, il a donné des preuves d'une capacité peu commune. Gouverneur de la Martinique en 1853, préfet maritime de Lorient en 1858 et de Brest en 1859, il est nommé en 1861 vice-amiral et prend le commandement en chef de l'escadre d'évolutions en remplacement du vice-amiral Bouet-Willaumez. En 1863, il est vice-président du comité consultatif des colonies, puis membre et président du conseil d'amirauté.

Après la révolution du 4 septembre, M. Fourichon, devenu ministre de la marine, partagea la flotte de la mer du Nord en deux escadres, et M. de Gueydon, nommé commandant en chef de l'une d'elles, dirigea avec une remarquable énergie une croisière très difficile. L'absence de corps de débarquement rendit inutiles les efforts de l'armée navale. M. de Gueydon, rentré à Cherbourg, après l'armistice, fut nommé le 29 mars 1871 gouverneur civil de l'Algérie, où depuis quelques mois avait éclaté une grave insurrection. Il mit en état de siège la plus grande partie des communes de la colonie, travailla énergiquement à la répression de la révolte et à la réorganisation d'un service fécond en conflits. Un arrêté du 14 septembre supprima en partie les bureaux arabes, reconstitua l'administration de la Grande-Kabylie, et créa des circonscriptions cantonales qui ont donné naissance aux communes mixtes. Soutenu par l'approbation et le concours de l'élément civil européen, l'amiral fit triompher ses idées dans les conseils du gouvernement, se rendit à Versailles pour arrêter les bases de la future constitution de l'Algérie, et regagna son poste au moment de la réunion des conseils généraux (15 octobre 1871).

Dès que la pacification de la Kabylie le permit, l'amiral de Gueydon ordonna de procéder aux travaux préalables à l'installation d'une vingtaine de centres de population, pour répondre à la loi du 21 juin 1871 attribuant 100,000 hectares de terres en Algérie aux immigrants d'Alsace-Lorraine.

On lui doit ainsi la création de Bordj-Ménaïel, Belle-Fontaine, Souk-el-Hâad, Blad-Guitoun, Zamouri et Zâatra (aujourd'hui Courbet), Beni-Amram, Isserbourg, Isserville, Ouled-Keddach, Bois-Sacré, Ménerville, Azib-Zamoun (aujourd'hui Haussonvilliers), Bouïra.

En outre, Lella-Maghrnia, Mendès, Aïn-Melouk, Sidi-Kralifa, Zerouéla, Tekbalet, Terni, Rouffack, Bled-Yousef, Bou-Malek, Saint-Donat, la Robertsau, Akbou, Aïn-Touta, Aïn-Abessa, Aïn-Roua, El-Kseur, Oued-Amizour, Gouraya.

Sur la proposition de l'amiral de Gueydon, le président de la république décréta le 16 octobre 1871 un nouveau mode d'attribution des terres.

Le titre II dispose qu'on devient propriétaire en Algérie en prenant l'engagement de résider pendant neuf ans sur la terre concédée (1).

(1) Revisé par décrets des 15 juillet 1874 et 30 septembre 1878.

— L'amiral de Gueydon, arrivé à la limite d'âge, fut remplacé par le général Chanzy; mais il fut maintenu sur les cadres de l'activité, comme ayant commandé en chef devant l'ennemi.

En parlant de l'amiral de Gueydon, un des meilleurs historiens de notre colonie s'exprime ainsi : « Merveilleusement doué, il comprend et devine tout et devient à la fois créateur et organisateur. »

M. de Gueydon avait incontestablement de grandes qualités et il a laissé sur la terre algérienne le souvenir d'un administrateur capable et zélé.

Les électeurs de la Manche l'investirent du mandat législatif en 1881 avec 58,007 suffrages.

Il est décédé le 1er décembre 1886.

Documents officiels. — *Biographie des députés*, par Ribeyre. — *Dictionn. des Contemporains.* — *L'Algérie ancienne et moderne.* — Renseignements particuliers.

GUIARD.

Fils d'un professeur distingué de l'Université, Guiard (Robert-Nicolas-Jules) était né à Paris le 5 février 1851. Élève du lycée de Tours, il y fit les plus brillantes études.

En 1869, il entrait le septième sur cent dix à l'école de santé militaire de Strasbourg. Il se trouvait dans cette ville lorsque, au mois de juillet 1870, elle fut investie par les armées allemandes, et il se dévoua pendant le siège, comme ses jeunes camarades, au traitement des blessés.

L'École de santé militaire fut reconstituée après la guerre, à Montpellier d'abord, puis définitivement à Paris, où Guiard soutint en 1874 sa thèse de docteur.

Peu de temps après il fut attaché, comme aide-major de seconde classe, à l'hôpital militaire Saint-Martin.

Nommé aide-major de première classe en 1876, il fut envoyé au 87e régiment de ligne, en garnison à Saint-Quentin, où il sut s'attirer l'estime non seulement de ses chefs hiérarchiques, qui lui portaient une affection toute particulière, mais encore de tous les médecins de la ville. Guiard continuait à travailler et envoyait plusieurs mémoires au conseil de santé des armées.

Il passa au 2e régiment de zouaves à Oran, et lorsque, au mois d'octobre 1879, le lieutenant-colonel Flatters fut chargé par M. de

Freycinet de se choisir des collaborateurs pour sa première expédition au pays des Touareg, Guiard lui fut indiqué comme admirablement préparé par de fortes études à remplir la tâche qui lui serait confiée de médecin et de naturaliste de la mission, en même temps qu'on le lui signalait comme un compagnon énergique et dévoué.

« Voulez-vous venir avec moi à Tombouctou? lui télégraphia le colonel.

— Je suis à vos ordres, » répondit Guiard, qui avait eu douze heures pour réfléchir.

Ce fut toute la correspondance échangée entre eux.

Il fit partie de la première expédition Flatters comme chef du service médical et des études anthropologiques, zoologiques et botaniques. Il était chargé de la photographie. Pendant qu'on était redevable à ses collègues d'une carte du pays parcouru, Guiard apportait au Muséum un magnifique herbier se composant d'environ 130 espèces, ainsi qu'une collection complète d'insectes et de reptiles trouvés dans le désert.

Rentré en France le 15 juin 1880, Guiard repartit le 15 octobre pour la seconde expédition, dans laquelle il reprit les fonctions qu'il avait occupées dans la première. On connaît la fin tragique de cette nouvelle expédition. (*Voyez Flatters.*) Les dernières lettres du docteur Guiard sont du 29 janvier. Elles étaient, hélas! pleines de confiance dans le succès, et il songeait déjà aux joies du retour définitif auprès d'une mère qu'il adorait et qui perdait en lui le plus tendre des fils. A cette même date, la commission des grades le portait au tableau d'avancement pour le grade de médecin-major. Il a eu la consolation de le savoir.

Par décret en date du 27 mars 1882, le nom de Guiard a été donné à un centre de population du département d'Oran.

Documents relatifs à la mission dirigée au sud de l'Algérie par le lieutenant-colonel Flatters. — *Bulletin* de la Société de géographie de Paris (1882). — *Deuxième mission Flatters*, par le capitaine Bernard.

GINESTET.

Ginestet, officier comptable, mérita d'être cité six fois à l'ordre de l'armée d'Afrique, de 1840 à 1842.

Le 12 mai 1840, à la suite de la prise du col de Téniah;

9 juin 1840, à la prise de Milianah ;
4 avril 1841, au passage du col de Téniah ;
6 juillet 1841, à la suite de l'expédition de Toza et de Boghar;
3 mai 1842, à la suite de l'expédition sur l'Oued-Guébli ;
Et le 20 mai 1842, à la suite de l'attaque du camp d'El-Dir.

<small>Documents militaires.</small>

GUILLAUME.

Guillaume (Paul), né le 27 juin 1837 à Carpentras (Vaucluse), engagé au 1er zouaves le 27 juin 1854, prend part aux campagnes de Crimée et d'Italie, ainsi qu'aux expéditions de Grande-Kabylie en 1856 et 1857.

Il quitte le service comme sergent de zouaves en 1860 et s'établit dans la vallée de l'Oued-Sahel l'année suivante, puis devient locataire de l'État quelques mois plus tard, en s'installant dans le vieux fort turc de Bouïra.

Pendant neuf ans, M. Guillaume vécut seul au milieu des Kabyles ; il s'occupait de l'élevage du bétail, et par son caractère bienveillant, la loyauté de sa conduite, il se concilia toutes les sympathies des indigènes.

Durant l'insurrection de 1871, alors que toutes les tribus environnantes nous font défection, M. Guillaume use de son influence sur la petite tribu des Ouled-Bellil et la détermine à nous rester fidèle.

Le caïd de cette tribu place sa famille dans le vieux fort, qui devient le dépôt de tous les objets précieux de la tribu.

L'autorité militaire, sur la demande de M. Guillaume, lui envoie une dizaine de zouaves auxquels viennent se joindre 28 Européens restés dans le pays à la suite de la suspension des travaux de la route nationale d'Alger à Constantine; elle lui confie le commandement de cette petite troupe.

M. Guillaume se maintint ferme dans sa position jusqu'à la pacification du pays, malgré une attaque de Mokrani dans la journée du 2 mai. Français et indigènes se comportèrent bravement, et les insurgés renoncèrent à les forcer.

A la création du village de Bouïra (1873), M. Guillaume reçut une attribution de terre dont une grande partie est aujourd'hui convertie en jardin et verger.

Il a retrouvé au milieu de ses compatriotes l'estime dont il jouissait parmi la population indigène.

Documents particuliers et officiels.

HANOTEAU.

Hanoteau (Louis-Joseph-Adolphe-Charles-Constance), général et orientaliste, né à Decize (Nièvre) le 12 juin 1814, entra à l'École polytechnique le 15 novembre 1832 et en sortit comme sous-lieutenant, dans l'arme du génie en 1835. Lieutenant le 1er octobre 1836, il fut promu successivement capitaine le 23 novembre 1840, chef de bataillon le 2 août 1858, lieutenant-colonel le 27 décembre 1861, colonel le 17 juin 1865, général de brigade le 31 octobre 1870, il a été admis à la retraite le 10 octobre 1878. M. le général Hanoteau a passé une grande partie de sa carrière militaire en Algérie, il a été commandant supérieur du Fort-Napoléon (aujourd'hui Fort-National) et adjoint au bureau des affaires politiques à Alger. Il s'est livré à une étude approfondie des idiomes et des mœurs de la Kabylie, et ses publications sur cette matière l'ont fait élire correspondant de l'Académie des Inscriptions et Belles-lettres le 19 décembre 1873. Décoré de la Légion d'honneur le 23 janvier 1848, il a été promu officier le 17 septembre 1860 et commandeur le 11 août 1869.

Outre un certain nombre de mémoires adressés à l'Académie des Inscriptions et Belles-lettres, le général Hanoteau a publié les ouvrages suivants : *Essai de grammaire kabyle renfermant les principes du langage parlé par les Ygaouaouen* (1858, in-8°) ; *Notice sur quelques inscriptions en caractères dits tifinar et en langue tamachek*, (1858, in-8°) ; *Essai de grammaire de la langue tamachek*, avec des inscriptions sur le touareg et la langue berbère (1860, in-8°, 7 pl.) ; *Poésies populaires de la Kabylie du Jurjura*, texte et traduction (1867, in-8°) ; *la Kabylie et les coutumes kabyles* (1873, 3 vol. in-8°), en collaboration avec M. Letourneux, etc.

Dictionnaire des Contemporains. — Renseignements particuliers.

HARDOUIN.

C'est à la bravoure du capitaine Hardouin, du 32º de ligne, qu'est due en grande partie la victoire du 19 mars 1843, qui fit tomber entre nos mains 700 prisonniers et un butin considérable.

Le général Gentil opérait sur la rive droite du Chéliff, dans les montagnes des Béni-Zérouel. Le 19 mars, il arriva à Sidi-Lekhal, chez les Oulad-Khelouf. Cette localité était une zaouïa consacrée au marabout dont elle porte le nom. Il y existait un vaste fondouk pour les voyageurs, édifice carré, comme toutes les constructions de ce genre, et composé d'une multitude de petits appartements ouvrant sur la cour et adossés au mur d'enceinte. Une nombreuse population était entassée dans ce fondouk. Sommés de se rendre, avec promesse de la vie sauve, ces indigènes répondirent par des coups de fusil. Il fallut donc avoir recours à la force, et le 32º de ligne fut lancé contre le fondouk. Il fut facile de monter sur les terrasses par le mur d'enceinte qui était très bas; mais quand il s'agit de descendre dans l'intérieur, dans cette fosse aux lions, nos soldats hésitèrent assez longtemps.

Alors le capitaine Hardouin et le sergent Devin donnèrent l'exemple d'une bravoure téméraire en se jetant au milieu de l'ennemi. Nos soldats suivirent aussitôt ces deux braves, ils se précipitèrent de tous côtés dans la cour du fondouk; une affreuse mêlée s'ensuivit, mais la victoire resta de notre côté.

Archives militaires. — *Annales algériennes.*

HARDY DE LA LARGÈRE.

Hardy de la Largère (Charles-Ernest-Édouard), général de brigade d'infanterie, commandeur de la Légion d'honneur, né à Breslau (Silésie) de parents français, élève de la Flèche en 1813, admis à Saint-Cyr en 1818, sous-lieutenant le 15 octobre 1820, fut nommé lieutenant le 11 avril 1826. Capitaine le 18 octobre 1832, il fit avec son régiment la campagne de Belgique. Le 22 avril 1840, il vint dans la province d'Oran, où il prit part à de nombreuses expéditions. Cité à l'ordre de l'armée d'Afrique pour sa brillante conduite au combat d'Akbet-el-Kedda de mai 1841, puis à l'ordre du 9 août de la même année, il reçut le 5 janvier 1842 la croix de la Légion d'honneur. Le 14 août 1844, il se trouva à la bataille d'Isly à la colonne de droite et son nom fut cité à l'ordre du général Bugeaud.

Nommé chef de bataillon au 6° léger le 26 avril 1845, il passa dans la province d'Alger où il resta jusqu'au 24 avril 1848. Le 7 juin 1850, après son retour en France, il reçut la croix d'officier, et les épaulettes de lieutenant-colonel du 46° de ligne le 9 juin 1851. Colonel du 59° de ligne le 1er mai 1854, il fut élevé au rang de commandeur de la Légion d'honneur le 30 décembre 1858. Le 7 janvier 1860, il était promu général.

M. Hardy de la Largère est mort à Rennes le 14 octobre 1880. Il avait été placé dans le cadre de réserve le 14 octobre 1814 et admis à la retraite le 22 janvier 1879.

Panthéon Fléchois. — Archives militaires.

HAUSSONVILLE.

Haussonville (Joseph-Othenin-Bernard de Cléron, comte d') sénateur, membre de l'Institut, était né à Paris le 27 mai 1809. Il entra de bonne heure dans la diplomatie, et fut successivement secrétaire d'ambassade à Bruxelles, à Turin et à Naples. En 1842, le collège électoral de Provins le choisit pour député et le réélut en 1846. Membre de la majorité conservatrice, M. d'Haussonville montra une grande activité pendant les six années qu'il siégea à la Chambre. En 1848, il rentra dans la vie privée et consacra ses loisirs à des études historiques et politiques, qui lui valurent d'être appelé en 1869 à remplacer Viennet comme membre de l'Académie française.

Pendant la guerre de 1870, il protesta dans plusieurs lettres rendues publiques contre les agissements des vainqueurs, et, aussitôt la cession de l'Alsace-Lorraine à l'Allemagne, il se préoccupa de créer en Algérie des établissements agricoles, afin de venir en aide à ceux des réfugiés des deux provinces qui avaient opté pour la France.

Président d'une société formée à cet effet, il réunit les fonds nécessaires à la construction de deux villages de 50 feux chacun et contribua au succès de plusieurs autres.

En 1876, sur la proposition du Conseil général d'Alger, le centre d'Azib-Zamoun, sur la route de Ménerville à Tizi-Ouzou, a reçu le nom d'Haussonvillers en mémoire du comte d'Haussonville, auquel est dû son peuplement.

M. d'Haussonville s'est beaucoup préoccupé de l'avenir de l'Algérie et le Sénat est encore présentement saisi d'un projet de caisse de colonisation qu'il préconisait pour la création de nouveaux villages.

Il est décédé à Paris le 28 mai 1884.

Le 16 avril 1887, un monument commémoratif lui a été solennellement inauguré à Haussonvillers.

<small>Documents officiels et particuliers. — *Dictionnaire des Contemporains. Journal officiel.*</small>

HÉNON.

Hénon (Adrien), né à Paris le 17 novembre 1821. Engagé volontaire au 26° de ligne le 20 novembre 1839, il passa dans le corps des interprètes militaires et fut nommé de 1re classe le 27 janvier 1856.

En 1842, Hénon, alors sergent interprète auprès du général Bedeau, commandant la ville de Tlemcen, fut chargé d'une mission des plus périlleuses qui est comme une odyssée remplie d'incidents dramatiques. On ne connaissait pas alors les populations des tribus voisines; on ignorait si leurs intentions étaient hostiles ou pacifiques; c'était, en un mot, l'époque où l'émir Abd-el-Kader, notre redoutable ennemi, était à l'apogée de sa puissance.

Il fallait qu'un homme dévoué comblât cette lacune. Hénon, dont le caractère aventureux est séduit par cette mission périlleuse, s'offre au général Bedeau et part aux renseignements. Il quitte la garnison avec armes et bagages, pour prévenir tout soupçon de la part de ceux vers lesquels il se dirige; après une courte marche, il tombe entre les mains d'un groupe de cavaliers, qui le frappent, le dépouillent de son uniforme, et se concertent un instant pour lui couper la tête. Sa qualité de déserteur lui sauve heureusement la vie. Tête et pieds nus, n'ayant plus que de mauvaises loques pour se couvrir, souffrant la soif et la faim, Hénon est traîné dans la tribu des Trara, où, regardé comme une bête venimeuse, on le tient d'abord à l'écart, menant l'existence la plus piteuse. Peu à peu on s'habitue à lui laisser quelque liberté; comme il affecte toujours de ne pas parler arabe, il écoute avec soin les conversations de ses hôtes, et apprend beaucoup de choses dont il fera plus tard son profit.

Au bout de quelque temps, un jongleur marocain, de la secte des Aïssaoua, vient à passer chez les Trara et donne des représentations qui lui rapportent passablement de petite monnaie. Hénon l'observe, se fait son ami; il a compris que le métier d'Aïssaoui a ses charmes, et que désormais il va pouvoir courir partout, sans crainte d'être arrêté. Au bout d'un mois il était initié à tous les secrets de cette secte religieuse.

Des mouvements saccadés de la tête agitaient ses longs cheveux flottants; les simagrées de rigueur, les paroles cabalistiques, rien n'était négligé.

Il dévorait des scorpions et se faisait mordre par des vipères avec la dextérité d'un vieux praticien.

Muni d'une peau de bouc qui contient son gagne-pain, c'est-à-dire des vipères et des scorpions, et, cette fois, se faisant passer pour un indigène, il s'enfuit de chez les Trara pendant la nuit, et s'avance vers l'ouest, jonglant, dansant, grimaçant, mais observant tout. Il arrive ainsi, d'étape en étape, jusqu'à Fez, capitale du Maroc, en se faisant appeler Sidi-Moustapha, de la secte des Aïssaoua, et originaire d'une tribu tunisienne, afin qu'on ne fût pas tenté de faire constater son identité parmi les Algériens.

Après une année environ de cette existence vagabonde, Hénon rentrait à Tlemcen. Quand il se représenta au général Bedeau, il était méconnaissable. Sa bourse contenait environ 35 francs de monnaie arabe, qu'il avait gagnée en donnant ses représentations d'Aïssaoui; mais il rapportait des renseignements précieux, qui furent d'une grande utilité pour les expéditions dirigées dans le pays. Il fit connaître quelles étaient les tribus qui fournissaient des contingents à Abd-el-Kader, quelles étaient leurs alliances, et surtout les points où ils cachaient leurs silos, c'est-à-dire leurs approvisionnements. Après sa rentrée à Tlemcen, Hénon demanda à passer aux zouaves, comme sergent interprète. Dans ce corps, et détaché auprès du colonel Ladmirault, il fit de nombreuses expéditions, notamment celle de la vallée de Bougie en 1847, sous les ordres du maréchal Bugeaud.

Nommé interprète militaire à Biskra, il assista au siège de Zaatcha, et mérita d'être signalé pour les services qu'il rendit en soignant les cholériques avec un dévouement hors ligne.

Il fit ensuite partie de la colonne qui, sous les ordres du colonel Desvaux, s'empara de la ville de Tuggurt en 1854.

Hénon, pendant ses fréquentes courses dans le Sahara, s'était livré à des études sérieuses sur l'histoire naturelle du pays. Ses riches collections entomologiques ont acquis une réputation justement méritée. Il a contribué largement à faire connaître la flore du Sahara.

En retraite depuis peu, au moment où a éclaté la guerre franco-prussienne, Hénon ne pouvait rester inactif en présence de nos malheurs ; il prit en France, avec le grade de lieutenant-colonel, le commandement d'une légion de mobilisés. Après la paix, il revint en Algérie et fut titulaire de la chaire d'arabe au collège de la ville de Bône.

Il est rentré en France depuis quelques années.

Les Interprètes de l'armée d'Afrique. — Archives militaires. — Documents particuliers.

HERBILLON.

Herbillon (Émile), général de division, né à Châlons-sur-Marne, le 24 mars 1794, fut admis à l'école spéciale de Saint-Cyr, et prit part aux dernières luttes de l'Empire ; en 1815, il était sous-lieutenant aux fusiliers. Après avoir été mis quelque temps en demi-solde, il fut employé par la Restauration, avec le grade de chef de bataillon. Envoyé en Algérie en 1840, il commanda le cercle de Guelma et se distingua dans plusieurs expéditions conduites avec succès, notamment contre les Beni-Salah (1841), et aux affaires de Bar-l'Outah (1843) et d'Aïdoussah (1845). Placé en 1842 à la tête du 61° de ligne, il fut promu maréchal de camp en 1846, commanda la subdivision de Constantine, où il eut plus d'un combat à soutenir contre les tribus révoltées, entre autres, les Ouled-Djellal (1847). Deux ans plus tard, il fut chargé d'inspecter toutes les troupes d'infanterie d'Afrique. C'est lui qui commandait en chef au siège de Zaatcha (octobre-novembre 1849).

Rappelé en France l'année suivante, il commanda à Toulon, à Paris et à Lyon, et fut élevé à la dignité de sénateur le 24 octobre 1863. Il est décédé le 24 avril 1866.

Un centre de population, situé dans les environs de Bône, au pied d'un des contreforts de l'Edough, porte le nom d'Herbillon.

Archives militaires. — Documents officiels. — *Dictionnaire des Contemporains. Annales algériennes*

HERSE (Mme).

Mme Herse (née Rosalie Lavie), veuve de François Herse, capitaine du génie, est née à Danjoutin (territoire de Belfort) en août 1819. Elle habite l'Algérie depuis 1835 et y possède des propriétés importantes.

Mme Herse a succédé à son mari dans la direction et la surveillance du nombreux personnel de la minoterie Pierre Lavie et Cie, située aux cascades du Rhumel (Constantine).

Elle s'est de tout temps dévouée aux œuvres ayant pour but de venir en aide aux malheureux. Elle est la consolation et le soutien des pauvres de Constantine.

Elle a fait partie de toutes les sociétés de bienfaisance, a en toutes circonstances pris l'initiative des mesures les plus propres à soulager la misère, particulièrement en 1867, à la suite de l'effroyable famine qui a fait des milliers de victimes en Algérie.

Mme Vve Herse a alors ouvert au moulin Lavie, où elle demeure, un véritable champ d'asile.

A l'aide de ses ressources personnelles, elle a donné, chaque jour, à des centaines d'indigènes, et cela pendant plusieurs mois, l'abri et la nourriture; elle a ainsi arraché à une mort certaine un nombre considérable de malheureux. Elle n'a enfin cessé, durant la famine, de prodiguer ses soins à une foule de personnes dont un grand nombre étaient atteintes de la lèpre et de toutes les maladies que la misère, poussée à ses dernières limites, est susceptible d'engendrer.

Parmi les gens qu'elle a sauvés, quelques-uns sont entrés au service des moulins Lavie et font encore partie du personnel dont elle a la direction.

Après la guerre de 1870-1871, émue de la situation faite à un grand nombre de familles d'Alsace-Lorraine, Mme Rosalie Herse conçut et réalisa l'idée de créer à Constantine un asile pour les enfants des victimes.

Elle y contribua d'abord, pour une large part, de ses deniers personnels; elle fit ensuite appel à la charité publique, à ses nombreux amis, et parvint ainsi, à force de persévérance, de dévouement, de confiance dans son œuvre, à jeter les bases d'un établissement qui en ce moment abrite, habille, nourrit et instruit environ 80 orphelins, garçons et filles, sans distinction de nationalité, de race ou d'origine. Cet établissement a été reconnu d'utilité publique le 3 juillet 1879.

Mᵐᵉ Herse a accompli et accomplit encore ces œuvres de dévouement avec une rare modestie et une abnégation complète, par amour absolu du bien et sans, pour ainsi dire, se douter de la grandeur de son œuvre.

Documents particuliers.

HUGO.

Hugo (Pierre-Charles), général de brigade, grand officier de la Légion d'honneur, naquit à Paris le 25 novembre 1804. Il entra le 1ᵉʳ novembre 1822 à Saint-Cyr, après avoir fait toutes ses classes au prytanée militaire de la Flèche. Sous-lieutenant le 1ᵉʳ octobre 1824, lieutenant le 6 janvier 1831, il fit la campagne de Belgique de 1831 à 1833. Nommé capitaine le 28 janvier 1836, il obtint les épaulettes de chef de bataillon le 26 octobre 1845. Il était en Algérie depuis 1842 dans la province d'Alger, et décoré. Il fit partie de l'expédition du général Bugeaud contre les Beni-Menasser en avril 1842, reçut un coup de feu à la cuisse droite au combat du 14. Il fut cité à l'ordre. Il obtint de passer au 12ᵉ de ligne le 1ᵉʳ novembre 1850, pour rester dans la colonie, et fut promu lieutenant-colonel au 25ᵉ léger le 24 décembre 1851, toujours en Algérie. Le 26 décembre 1853, M. Hugo fut nommé colonel du 75ᵉ de ligne dans la province d'Oran.

Il était officier de la Légion d'honneur de 1855; il fut promu général de brigade le 11 mars 1857. Alors il reçut le commandement des subdivisions du Lot et du Tarn-et-Garonne, mais il avait le plus vif désir de revenir sur la terre algérienne et il obtint d'être mis à la disposition du gouverneur général. On lui donna successivement le commandement des subdivisions de Mostaganem et de Tlemcen. Commandeur de la Légion d'honneur, puis grand officier au moment de sa mise au cadre de réserve pour limite d'âge, le 26 octobre 1866, le général Hugo, qui comptait de nombreuses campagnes dans notre colonie, est mort à Muzingheim (Nord) le 28 juillet 1868.

Documents divers. — *Panthéon Fléchois*.

JACQUES.

M. Jacques (Rémy), sénateur d'Oran, est né à Breteuil (Oise) le 1er janvier 1817. Ses études de droit terminées, il vint s'inscrire au barreau d'Oran en 1847. Républicain militant, il fut révoqué dès les premiers jours de l'empire et n'évita la transportation que grâce à ses relations avec le général Pélissier, qui lui témoignait beaucoup d'estime et, à son retour de Crimée, s'empressa de le faire nommer à un office de défenseur vacant à Oran, et qu'il a occupé jusqu'en 1878.

Élu représentant à l'Assemblée nationale le 7 juillet 1871, M. Jacques alla siéger à l'extrême gauche. Réélu le 20 février 1876, sans concurrent, par 5,638 voix, il fut l'un des 363 de la majorité qui refusèrent un vote de confiance au cabinet de Broglie et vit son mandat renouvelé une seconde fois, le 14 octobre suivant, par 5,914 voix.

Réélu député une troisième fois, le 21 août 1881, M. Jacques a été élu sénateur d'Oran le 8 janvier 1882, par 72 voix sur 76 votants.

Depuis dix-huit ans qu'il siège au Parlement, M. Jacques a pris une part active à l'étude et à la discussion des grandes questions algériennes qui ont occupé la Chambre et le Sénat.

Il a fait partie en 1873 de la commission chargée d'étudier le projet de loi relatif à l'établissement, à la conservation et à la transmission de la propriété indigène (loi du 26 juillet 1873). Il a prononcé en 1876 sur cette question de la propriété indigène en Algérie un important discours dans lequel, retraçant l'historique de la propriété en Algérie, il critiquait vivement les instructions données par le général Chanzy pour l'exécution de la loi de 1873.

Il a soutenu la loi du 6 novembre 1875 sur le service militaire en Algérie (service d'un an pour les colons algériens).

En 1879 il a pris l'initiative d'un projet de modifications à apporter à la loi du 26 juillet 1873; et c'est au remarquable rapport qu'il a présenté à la Chambre que nous devons le vote de la loi du 14 juillet 1879.

M. Jacques s'est beaucoup occupé des chemins de fer algériens. En qualité de membre de la commission de classement des lignes des chemins de fer algériens, il a contribué à leur admission (loi du 16 juillet 1877). Il a été rapporteur des projets de loi concernant les voies ferrées du Tlélat à Sidi-bel-Abbès; de Ménerville à Sétif, de

Mostaganem à Tiaret, et il a énergiquement défendu ces projets à la tribune.

En 1879 encore, il a obtenu à la Chambre, après une très brillante discussion contre M. Rouvier, la création de la ligne de paquebots Port-Vendres, Alger et Oran et *vice versa* (loi du 16 août 1879).

Rapporteur au Sénat de la loi du 23 mars 1882 sur l'état civil des indigènes, il a fait valoir très habilement l'économie du projet.

En 1885 et en 1888, il a contribué à la déclaration d'utilité publique et au vote du port de Mostaganem.

M. Jacques a été rapporteur à la Chambre du budget de l'Algérie pour l'année 1878 et au Sénat, du même budget pour les exercices 1883, 1884 et 1885. On lui doit, pendant ces trois années, tous les rapports des projets concernant l'Algérie et ayant un caractère financier.

Il a soutenu en 1881 à la tribune de la Chambre deux interpellations : la première, le 24 mars, sur les actes de la haute administration algérienne; la seconde, qui a donné lieu à de grands débats, le 30 juin, sur l'insurrection du Sud-Oranais.

C'est à son initiative qu'est dû l'abaissement du taux légal de 10 à 6 pour 100 en Algérie (loi du 27 août 1881).

M. Jacques a été rapporteur de la loi du 30 juillet 1881 sur le jury en Algérie. Il s'est occupé du crédit aux colons et a prononcé à ce sujet au Sénat, le 16 mai 1882, un de ses plus beaux discours.

Il a été rapporteur de la loi du 28 juillet 1886 sur les syndicats contre le phylloxéra en Algérie.

En 1881, il a été membre de la commission du projet de loi qui a déterminé les infractions spéciales à l'indigénat et c'est contrairement à son avis que la durée de cette loi a été limitée à sept ans (loi du 28 juin 1881). En 1888, il a réclamé au Sénat un nouveau vote de cette loi sur l'indigénat (loi du 26 juin 1888).

L'honorable sénateur s'est particulièrement occupé de la législation des forêts. En 1874, il a pris part aux travaux de la commission spéciale qui a élaboré la loi du 17 juillet ayant pour but de réprimer les incendies des forêts et d'en diminuer le nombre. En février 1885, il a développé à la tribune du Sénat un amendement au budget de 1885 tendant au rétablissement des crédits supprimés par la Chambre.

Dans cette même année, il a déposé un rapport sur le projet de loi ayant pour objet de mettre le code forestier en rapport avec la législation algérienne en tenant compte de la situation locale, des mœurs des indigènes, des errements résultant d'actes de tolérance pour les droits de pacage, les droits d'usage et les enclaves, de façon à arrêter le déboisement (loi du 9 novembre 1883).

Chaque consultation du suffrage universel a été pour M. Jacques l'occasion de nouveaux succès qu'il doit à la fois à son talent, à son labeur et à sa fidélité à ses premiers engagements. Il a voté les mesures républicaines les plus avancées : revision de la constitution, loi du divorce, séparation de l'Église et de l'État, suppression du budget des cultes.

M. Jacques n'est lié à aucune coterie, ne fait partie d'aucun *çof*. Il est complètement indépendant et a su conquérir par la dignité de son caractère, la rigidité inébranlable de sa conduite, la confiance du département qu'il représente et dans lequel il n'est plus discuté depuis longtemps par aucun parti, — mais très justement respecté de tous.

Son fils M. Émile Jacques, avocat défenseur à Oran, jouit aussi d'une véritable considération et les électeurs de la 9º circonscription d'Oran (Misserghin) l'ont chargé depuis plusieurs années de défendre leurs intérêts au Conseil général.

Documents particuliers. — Notes personnelles.

JAMIN.

Le vicomte Jamin (Paul-Victor), général de division, grand officier de la Légion d'honneur, est né en 1807. Entré à Saint-Cyr en 1823, Victor Jamin en sortit deux ans après avec l'épaulette de sous-lieutenant. En 1831, il fut promu lieutenant et fit en cette qualité la campagne de Belgique, où il gagna la croix de chevalier de la Légion d'honneur. Promu capitaine en 1833, le jeune Jamin, alors âgé de 26 ans à peine, fut désigné pour entrer dans la maison du roi Louis-Philippe. Il ne resta pas longtemps dans ce nouveau poste, car le roi, frappé des qualités précieuses dont Jamin avait fait preuve, ne crut pas pouvoir attacher un meilleur officier à son fils, le duc d'Aumale, lorsque le jeune prince commença sa carrière militaire.

Jamin vint donc avec le prince en Algérie et, à partir de ce moment, fut son fidèle compagnon d'armes. Il le suivit dans ses voyages, dans ses campagnes, et fut considéré par le prince plus encore comme un ami que comme un aide de camp. Chef de bataillon en 1840, lieutenant-colonel après la prise de la smala, mis à l'ordre de l'armée d'Afrique comme s'étant distingué à cette dernière et glorieuse affaire du 16 mai 1843, M. Jamin fut blessé à la bataille d'Isly et promu colonel en 1847. Il occupait la position de 1er aide de camp du duc d'Aumale, alors gouverneur général de l'Algérie, lorsque la révolution de 1848 renversa le trône des Bourbons de la branche cadette. Le prince s'étant embarqué pour rejoindre son père à Londres, le colonel voulut le suivre et le supplia de lui permettre de rester près de sa personne, mais le duc d'Aumale ne voulut point qu'il perdît sa carrière. Ils se séparèrent.

Jamin retourna en France, puis revint en Afrique pour y prendre le commandement de son régiment, le 8e de ligne. Il mena ce brave corps de la façon la plus brillante au siège de Zaatcha, en octobre-novembre 1849; à la prise de Narah, dans l'Aurès, quelques semaines plus tard, et aussi dans la Kabylie orientale en 1852. Il combattit à sa tête les contingents de Bou Bargla sur les pentes des Beni-Mansour et des Ouled-si-Moussa, le 26 janvier, et subit avec ses troupes la tempête de neige du mois suivant.

Nommé général de brigade en 1852, M. Jamin prit part à la campagne de Crimée en 1854, et à celle de Chine en 1860, comme commandant en second. De retour de cette brillante expédition dans le Céleste-Empire, le général fut promu grand officier de la Légion d'honneur.

Le brave général mourut à Paris en février 1868, à la suite d'une longue maladie contractée dans ses campagnes.

Panthéon Fléchois. — *Mémoires du maréchal Randon.* — Archives militaires.

JAVARY.

Capitaine de bureau arabe. Esprit profond et judicieux, le capitaine Javary avait largement profité de la connaissance de la langue arabe et du kabyle ainsi que de la pratique prolongée d'une administration qui exige beaucoup d'initiative et de spontanéité.

Le résultat de ses observations et de son expérience se trouve consigné dans ses *Études sur le gouvernement militaire de l'Algérie*, ouvrage très remarquable qui parut en 1855.

Le capitaine Javary mourut, en août 1857, d'un épuisement général causé par les fatigues de l'expédition de Crimée.

Il a laissé un certain nombre de travaux inédits qu'il avait adressés à l'administration supérieure.

Revue africaine. — Documents militaires.

JEFFINE.

Le 22 septembre 1845, le général de Bourjolly, en marche contre les Flitta, eut à soutenir une attaque en règle à Ben-Atia. Les troupes durent revenir en arrière tout en bataillant. Le lieutenant-colonel Berthier fut tué dans cette affaire et ses soldats firent des prodiges de valeur pour ramener son corps tombé au milieu des ennemis. Cette pieuse satisfaction fut obtenue grâce surtout à l'intrépidité du chasseur Jeffine, qui de plus sauva la vie à un sous-officier.

Ce vaillant soldat, dans un combat des jours précédents, avait enlevé un drapeau aux insurgés.

Archives militaires. — *Annales algériennes*.

JOANNON.

Joannon (Antonin), banquier à Lyon, né à Givors (Rhône) le 29 février 1812, acheta en 1853 les domaines de Daghoussa et de Bel-Amor, d'une contenance de 2,000 hectares, à 25 kilomètres de Bône (rive droite de la Seybouse).

Presque aussitôt après, pendant la guerre de Crimée, il envoya des fourrages et fut un des colons dont l'heureuse initiative fit dire à l'intendant général Darrican dans une lettre au général Randon, gouverneur général : « Les fourrages de l'Algérie ont sauvé toute la cavalerie française. »

Il se livra ensuite à l'engraissement et l'exportation du bétail; il expédiait annuellement en France jusqu'à 4 et 5,000 bœufs. Il fut en grande partie le créateur de cette branche du commerce agricole algérien. Ses exportations furent arrêtées par le typhus et la famine de 1867. Mais après la guerre de 1870, dans les dernières années de sa vie, il se remit courageusement à l'œuvre.

Dès 1860 M. A. Joannon entreprenait la plantation d'un vaste vignoble qui en 1867 atteignit une superficie de 100 hectares. Il réussit par des efforts soutenus à faire accepter les vins algériens par les consommateurs français. Il eut de nombreux entrepôts à Marseille, à Paris, dans plusieurs villes de France, en Angleterre, à Berlin et à New-York.

De 1860 à 1870, il remplit les fonctions de conseiller général, fit partie de la délégation algérienne investie par les colons du mandat de défendre leurs intérêts auprès de l'empereur et des Chambres.

Au Conseil général de Constantine, ses efforts tendirent sans cesse à provoquer l'avènement du régime civil.

Il fut décoré de la croix de la Légion d'honneur en juin 1865.

Membre, puis président de la Société d'agriculture de Lyon, il soumit à l'appréciation de ses collègues de nombreuses communications sur les questions algériennes, faisant ainsi connaître notre colonie au sein de cette importante société.

Ses entreprises ne se bornèrent pas à l'Algérie; il appliqua sur de vastes étendues un savant procédé de dessalement des terres qu'il divulguait au moment de sa mort par un mémoire à l'Académie des sciences, publié par un grand nombre de journaux et qui lui valut une médaille d'or de la Société nationale d'agriculture de France.

Dans son domaine algérien, dans sa vie publique, M. Joannon a fait œuvre utile; et M. Lucet, sénateur de Constantine, a pu dire très justement de lui : « M. Joannon, sans avoir habité l'Algérie, est *un des hommes qui ont le plus travaillé pour elle.* »

Documents particuliers.

JORET.

Joret (Henri), ingénieur civil, directeur-gérant de la maison H. Joret et Cie, de Paris, fondateur de la Compagnie des chemins de fer de l'Est-Algérien, né en 1825.

Ses premiers travaux en Algérie datent de 1863-1866, époque à laquelle il fut chargé de la construction de plusieurs ponts métalliques à construire pour le compte du Gouvernement général de l'Algérie (service des ponts et chaussées de la province de Constantine).

Plus tard, de 1866 à 1874, il exécuta de nombreux travaux du même genre dans les trois provinces, pour l'État, pour le compte des départements et des communes.

Pendant le même laps de temps, il participa à la construction des lignes d'Alger à Oran et de Philippeville à Constantine, en exécutant la plus grande partie des ponts métalliques et du matériel de la voie de ces chemins de fer.

Aussi en 1876, lorsque le département d'Alger dut procéder à l'exécution de son chemin de fer d'intérêt local, son choix se porta-t-il de préférence sur M. Joret, qui en obtint la concession, ratifiée par décrets en date du 20 décembre 1877 pour la ligne de Maison-Carrée à l'Alma, et du 3 décembre 1878 pour celle de l'Alma à Ménerville.

D'autre part, l'État ayant décidé, en 1875, l'extension de son réseau de chemins de fer d'intérêt général en Algérie, dont la première partie, d'Alger à Oran et de Philippeville à Constantine, avait été construite par la Cie P. L. M., M. Joret fut chargé d'exécuter la principale de ces lignes, celle de Constantine à Sétif, qui lui fut concédée par la loi du 15 décembre 1875.

Ces concessions de lignes successivement mises à exécution furent le point de départ du réseau de l'Est-Algérien, dont M. Joret est entièrement le créateur et l'organisateur.

Ce réseau s'étendit rapidement par de nouvelles concessions : celle de la ligne de Ménerville à Sétif (292 kilom.), complément de la grande voie d'Alger à Constantine depuis plusieurs années en exploitation (loi du 2 août 1880); puis des lignes d'El-Guerrah à Batna (80 kilom.); de Batna à Biskra (121 kilom.); de Ménerville à Tizi-Ouzou (51 kilom.), et des Ouled-Rhamoun à Aïn-Beïda (82 kilom.).

Ce réseau de plus de 900 kilomètres de chemins de fer, construit dans une période de 13 ans, a été entièrement exécuté sous l'impulsion et d'après le programme de travaux arrêté par M. Joret, en même temps administrateur et directeur général de la Cie dont il avait été le fondateur.

C'est à partir de 1875 que M. Joret, par ses fréquents voyages en Algérie pour déterminer les tracés et les opérations d'études de ces diverses lignes de chemins de fer, pour en organiser les travaux avec le concours d'un nombreux personnel créé par lui, a acquis en quelque sorte ses droits de cité dans ce pays qu'il aimait passionnément et dont il fut par son esprit d'initiative, sa persévérante activité et par l'étendue de son œuvre, l'un des hommes qui ont le plus contribué à son développement et à sa prospérité.

Pendant sa longue carrière en Algérie, il a su se faire apprécier de tous par son extrême bienveillance et l'aménité de son caractère alliées à une volonté énergique, et dans ses rapports soit avec l'administration coloniale à tous les degrés, soit avec le nombreux personnel sous ses ordres, il s'est toujours montré un ingénieur habile, un chef ferme et bienveillant, un directeur de travaux de haute valeur.

Une colonne en pierre, surmontée d'une urne funéraire, a été élevée dans la gare de Bordj-bou-Arreridj à la mémoire de ce chef regretté.

On y lit :

A
H. JORET
L'EST
ALGÉRIEN.

M. Joret est décédé le 1ᵉʳ décembre 1883, sans avoir pu voir son œuvre entièrement terminée, c'est-à-dire la mise en exploitation de tout le réseau qu'il a conçu et créé; mais il laisse après lui en Algérie des collaborateurs de la première heure qui, nous l'espérons, sauront continuer cette œuvre et, au besoin, la parachever.

Documents particuliers. — Notes personnelles.

JUS.

M. Jus (Henri), ingénieur honoraire des forages artésiens du sud de la province de Constantine, officier de la Légion d'honneur, de l'Instruction publique, du Nicham Iftikhar, et chevalier du Mérite agricole, est né à Ardentes (Indre) le 20 janvier 1832.

Au cours de la campagne de 1854, la colonne qui opérait dans l'Oued-R'irh constata que plusieurs puits, anciennement creusés, donnaient des volumes d'eau de plus en plus insuffisants et que les oasis dépérissaient peu à peu, ou avaient déjà disparu sous les sables. C'était à bref délai la ruine entière du pays, dont les palmiers sont la principale richesse : ruine d'autant plus imminente que les puisatiers indigènes, cruellement éprouvés de 1845 à 1854, montraient peu d'empressement à se remettre à l'œuvre. A vrai dire, le métier était périlleux. Écoutons M. Jus :

« Le fonçage des puits de l'Oued-R'ir, dont la profondeur varie entre 28 et 80 mètres, se divise ordinairement en deux parties : travail des *meallem* (savants), et travail des *r'tassin* (plongeurs).

« Les meallem, chargés de la construction des puits, commencent par creuser une excavation de 3 à 4 mètres de côté, qu'ils prolongent jusqu'à la profondeur de la nappe d'infiltration saumâtre (*el-ma-fessed*), qui varie entre 1 et 6 mètres.

Les Arabes donnent le nom d'el-ma-fessed (eau mauvaise) non seulement à l'eau mauvaise, mais encore à toutes les petites nappes jaillissantes qui leur suscitent des difficultés dans l'exécution des puits pour atteindre un niveau inférieur. Cette excavation se remplit d'eau. Les ouvriers l'épuisent avec des outres en peau de bouc. Tous les habitants du village voisin coopèrent à ce travail, sans demander la moindre rétribution.

« Si les meallem ne parviennent pas à épuiser l'eau, ils abandonnent le puits et se reportent sur un autre point où ils espèrent être plus heureux.

« Lorsque l'excavation a été vidée, ils élèvent un boisage, à section carrée, de 70 à 90 centimètres de côté, en troncs de palmiers refendus longitudinalement et préparés en forme de cadres grossiers.

« Ces cadres, à peine équarris et assemblés, sont placés horizontalement. Les ouvriers remédient au mauvais ajustage de ces cadres entre eux au moyen d'un corroi d'argile damée, mélangée avec des noyaux de dattes et autres matières ligneuses du palmier, qui, glissé entre ce coffrage et les terrains, forme un calfatage plus ou moins parfait.

« Ce boisage se prolonge dans toutes les parties du puits sujettes aux éboulements ; pour le reste, les argiles compactes et les couches de gypse présentent ordinairement une solidité assez grande pour se maintenir seules. Cette première portion du boisage effectuée, les meallem établissent, sur l'ouverture du puits, un échafaudage composé de deux troncs de palmiers de 2 mètres de hauteur, reliés au sommet par une traverse du même bois, sur laquelle sont enroulées deux cordes fabriquées avec le pédoncule ou les feuilles du palmier, destinées à remonter ou descendre le coffin (pannier en feuille de palmier) que le travailleur doit remplir.

« Le meallem est assis au fond du puits, sans lumière, et, tout en chantant, exécute son fonçage au moyen d'une petite pioche à manche court, appelée *fas*, qui lui sert également pour la culture de son jardin.

« Le fonçage est descendu ainsi jusqu'au point où se trouve, suivant l'expression des Arabes, « la pierre qui recouvre la mer « souterraine, » à moins que dans le cours de ce fonçage, les meallem n'aient rencontré de nouvelles eaux parasites d'un débit assez fort pour que l'épuisement n'ait pu avoir lieu au moyen de peaux de bouc, ou qu'ils n'aient rencontré une roche assez dure pour que la pioche n'ait pu l'entamer. Un grand nombre de puits abandonnés annoncent que ces deux cas se sont présentés fréquemment.

« Si, au contraire, les meallem ont pu arriver sans encombre sur la roche qui recouvre les sables aquifères, laquelle est formée, dans l'Oued-R'ir proprement dit, de poudingues de calcaire et silex à gangue silicieuse très dure et faisant feu sous l'outil, les habitants de l'oasis s'engagent alors à payer la *dia*, ou prix du sang, à l'ouvrier qui donnera le dernier coup de pioche pour livrer passage à l'eau.

« Cette dia est débattue entre les intéressés, et varie de 800 à 1,600 réaux (un réal vaut environ 55 centimes) suivant l'épaisseur qui reste à creuser dans la couche.

« Lorsque les parties sont d'accord, un des meallem les plus habiles, attaché à une corde de la traverse, descend dans le fond du puits et pratique le trou qui doit livrer passage à la nappe.

« Bien souvent il arrive que l'eau sort avec tant de force par ce petit orifice que le malheureux meallem est roulé et asphyxié avant que ses compagnons aient pu le remonter sur le sol.

« Dans certaines contrées, comme à Tuggurt par exemple, l'eau s'élève avec une force ascensionnelle rarement assez puissante pour se déverser au sol; elle provoque ordinairement un ensablement qu'il faut enlever complètement pour que la source puisse prendre un écoulement constant. C'est alors que commence la mission des r'tassin ou plongeurs. Voici comment ils procèdent à leur dangereux travail :

« Une première corde fixée autour d'un des montants verticaux de l'échafaudage descend au fond du puits, en suivant le milieu d'une paroi; son extrémité est munie d'une grosse pierre qui la tient fortement tendue.

« Une deuxième corde descend également dans le puits, en face la première, le long de la paroi opposée; d'un côté, elle porte le coffin destiné à recevoir les sables, de l'autre elle passe par-dessus la traverse horizontale fixée sur les montants verticaux de l'échafaudage. La brigade de r'tassin se compose ordinairement de quatre plongeurs, et d'un chef (en 1854 l'Oued-R'ir ne possédait plus que douze plongeurs et trois chefs), tous phtisiques ou abrutis par l'abus du kif.

« Les plongeurs doivent être à jeun, et cette observation est rigoureuse sous peine des plus grands dangers. Leur travail commence vers neuf heures du matin, lorsque le soleil est déjà haut sur l'horizon, et finit vers trois heures du soir, lorsque la fraîcheur commence à se faire sentir.

« Le r'tass qui doit faire le plongeon s'approche d'un feu assez vif allumé près du puits, se chauffe fortement tout le corps et se bouche les oreilles avec de la laine imprégnée de graisse de bouc.

« Ainsi chauffé et préparé, il se plonge dans l'eau jusqu'aux épaules, en se tenant avec les pieds contre les parois du puits, fait ses ablutions, sa prière; puis tousse, crache, éternue, se mouche, aspire fortement deux ou trois fois et rejette l'air contre l'eau en produisant un sifflement, dit adieu à ses compagnons et enfin saisit la corde et se laisse glisser.

« Tout le travail se fait dans le plus grand silence. Les ordres se donnent par signes. On sent que l'on est en présence d'un danger imminent et qu'à chaque instant le plongeur court le risque de sa vie.

« Le chef, assis au bord du puits, tient à la main la corde tendue, afin d'exécuter les signaux qui lui seront donnés par le travailleur. Un deuxième r'tass tient également à la main la corde à laquelle est suspendu le coffin et la maintient contre la paroi, afin qu'elle ne gêne pas celui qui descend.

« Une première secousse imprimée à la corde tenue par le chef indique que le coffin est plein et que le travail est terminé. Sur un autre signe du chef, on enroule l'extrémité de la corde au montant et on la tient tendue pour qu'elle ne gêne pas le plongeur qui remonte.

« Dès que celui-ci est arrivé au jour, ses compagnons l'embrassent, le sortent du puits et le conduisent près du feu. On retire alors le coffin de sable, et un nouveau r'tass s'apprête à descendre.

« L'immersion du plongeur dure environ de deux à trois minutes; il est rare qu'elle se prolonge au delà de trois minutes quarante secondes. Chaque r'tass fait de quatre à cinq plongeons par jour; or, comme le coffin peut tenir environ 10 litres, son travail est évalué à 50 litres de sable extrait, soit 200 litres pour la brigade.

« Il arrive quelquefois que le r'tass est suffoqué, soit avant d'arriver au fond du puits, soit pendant son travail, soit pendant son ascension pour revenir au jour. Le chef s'en aperçoit immédiatement au mouvement des secousses imprimées à la corde, et, sur un signe particulier, un des r'tassin de la brigade se précipite au secours de son infortuné camarade, sans se préoccuper des préparatifs si minutieux de celui qui est descendu, et au bout de quelques secondes le ramène au jour.

« Le premier mouvement de celui qui est sauvé est d'embrasser le sommet de la tête de son sauveur, en signe de reconnaissance.

« Un des principaux chefs de cette ancienne corporation existait encore à l'époque dont nous parlons. Atteint de surdité et de cécité par suite de vieillesse et aussi par suite de ses nombreux plongeons, il guidait ses élèves par instinct, leur donnant des renseignements précis pour percer la couche de la mer souterraine, et ne cessait de répéter : « Nos enfants se ramollissent et craignent le danger. Si « Dieu, le possesseur des miracles, ne vient point à notre aide, dans « dix ans l'Oued-R'ir sera abandonné et enseveli sous les sables. »

Il était facile, en effet, de prévoir que cette opinion n'avait rien d'exagéré : l'oasis de Tamerna-la-Belle n'avait plus que quelques litres d'eau pour son irrigation. La tête de ses palmiers était brûlée par un soleil ardent, et le pied était desséché. Les puits des oasis de M'raïer, Sidi-Sliman, Ourlana, Bram, El-Harihira, Mogh'ar-Tiguedidine, etc., formaient d'immenses *behour* (1) près desquels on n'osait s'approcher. L'oasis d'El-Berd était complètement ensevelie sous les sables, et celle de Sidi-Rached sur le point de périr.

Dans les oasis de Sidi-Khelil, Tuggurt, Meggarine et Temacin seulement, la nouvelle corporation continuait de remplacer les puits éteints, parce qu'elle ne rencontrait aucune difficulté pour arriver à la couche aquifère dans les bassins de ces régions.

(1) *Behour*, anciens puits éboulés ou sources naturelles formant un étang.

A Sidi-Rached, l'oasis présentait ce singulier spectacle : à droite, des palmiers verdoyants, des jardins cultivés, la vie en un mot; à gauche, la stérilité, la désolation, la mort. Ces différences tenaient à ce que les puits du nord étaient comblés par le sable, et que les eaux parasites empêchaient de creuser de nouveaux puits. Encore quelques jours, et cette population devait se disperser!...

L'autorité militaire, à l'instigation du général Desvaux, voulut remédier à cet état de choses : il importait, en effet, de créer des gîtes d'étapes sur la route militaire de Biskra à Tuggurt, de multiplier les oasis dans les solitudes du Sahara, et de redonner une vie nouvelle à des oasis déjà existantes, mais qui dépérissaient de jour en jour, faute d'irrigations. Elle proposa donc, et le ministre de la guerre approuva (1856), l'exécution de sondages artésiens sous la direction de M. Jus, ingénieur de la maison Degousée et Charles Laurent, qui fournit tout le matériel nécessaire.

M. Jus se mit à l'œuvre avec dévouement. Un premier appareil de sondage fut transporté, non sans d'énormes difficultés, de Philippeville à Tamerna, au nord de Tuggurt, à 584 kilomètres du littoral, et mis immédiatement en activité. En quelques semaines la sonde avait pénétré à 60 mètres et faisait jaillir un courant de 4,000 litres à la minute (celui de Grenelle n'est que de 3,400). Des résultats satisfaisants encore, quoique moins brillants, étaient obtenus les jours suivants dans deux puits creusés auprès de Tamelhat, au sud de Tuggurt. Mais le triomphe le plus éclatant signalait le forage de Sidi-Rached dans la même région. Dans un puits commencé par les indigènes et par eux abandonné à cause de la résistance d'une couche pierreuse, l'ingénieur français introduisait ses puissantes tarières, et en quatre jours de travail jaillissait, de 54 mètres seulement de profondeur, un courant de 4,300 litres à la minute, une vraie rivière!

M. Jus forma des officiers à son école, les ateliers de sondages se multiplièrent; on sait les magnifiques résultats obtenus. Du 1er juin 1856 au 1er juillet 1888, les ateliers du département de Constantine ont exécuté 266 sondages, représentant une profondeur totale de 21,396^m,81, qui ont fourni 372 nappes ascendantes et 442 jaillissantes débitant ensemble 298,507 litres à la minute. Comme dans le désert du Sinaï, mais ici par un miracle naturel, en frappant le roc aride avec la verge du sondeur, la main de l'homme a fait jaillir des fontaines, ravivé ainsi les oasis mortes ou agonisantes, permis d'en créer de nouvelles, transformé, en un mot, le désert en jardin verdoyant.

Il n'est pas besoin de dire que de tels moyens de gouvernement ont assuré la soumission du pays plus efficacement que ne l'eussent pu faire toutes les garnisons.

L'œuvre accomplie par M. Jus, depuis trente-quatre ans, dans le sud de la province de Constantine, est des plus considérables, digne des plus grands éloges. Ils n'ont du reste pas fait défaut à M. Jus.

Il a reçu les plus hautes récompenses honorifiques, et M. le gouverneur général lui adressait la lettre suivante à la date du 8 octobre 1883.

Monsieur l'Ingénieur,

Des raisons impérieuses de santé vous ont dicté la résolution d'abandonner la direction effective des ateliers de forages dans le Sud, comme dans le territoire civil du département de Constantine.

Je tiens, Monsieur l'Ingénieur, à vous dire combien l'Administration algérienne, qui a su apprécier le dévouement et l'abnégation dont vous n'avez cessé de donner des preuves depuis bientôt vingt-neuf années que vous êtes à la tête du service des forages artésiens, regrette de se voir privée de votre concours habituel.

Mais, en même temps, j'éprouve la satisfaction de vous confier la haute surveillance des sondages et de vous conférer, à cette occasion, le titre d'Ingénieur honoraire que Monsieur le Général de division a demandé pour vous en reconnaissance des œuvres que vous avez accomplies pendant votre longue et honorable carrière.

Le gouverneur général,

Signé : TIRMAN.

M. Jus a publié : *De Biskra à Temaçin par la route de l'Oued-R'ir* (1859); *les Sondages algériens de la province de Constantine et les oasis de l'Oued-R'ir* (1878); *les oasis de l'Oued-R'ir en 1856 et 1883, suivies de la production annuelle des Oasis de Biskra à Ouargla* (1884); *Résumé des travaux de sondages exécutés dans le département de Constantine de 1886 à 1888; les Stations préhistoriques de l'Oued-R'ir* (1888).

Documents officiels. — *Journal des Débats de 1859.* — *Statistique générale de l'Algérie de 1876 à 1878.* — Les ouvrages de M. Jus.

JUVING.

M. Juving, officier principal d'administration, a suivi en Algérie les colonnes expéditionnaires de 1840 à 1870, soit pendant 27 ans, presque sans interruption. Il fut cité plusieurs fois à l'ordre de l'armée d'Afrique, notamment :

Au combat des Issers, en 1842 (g^{al} Changarnier);

A la suite de la colonne des Babors, en 1851.

M. Juving s'est distingué lors de la retraite de la colonne Randon sur Médéah (1852), alors que, surprise par un tourbillon de neige, la petite troupe avait laissé de nombreux traînards qui risquaient de périr. Ils furent sauvés en partie, grâce au dévouement du comptable et des médecins de l'ambulance, qui cédèrent leurs propres chevaux.

M. Juving fut nommé officier de la Légion d'honneur, comme officier comptable. Cette récompense n'avait pas encore, jusque-là, été attribuée à un officier de ce grade.

Documents officiels.

KADDOUR OULD ADDA.

Membre de la famille des Behaïtsia, qui a fourni au service de la France bon nombre de cavaliers aussi dévoués que vigoureux et hardis, l'Agha Kaddour Ould Adda, dès notre entrée dans la province d'Oran, débuta comme simple cavalier de goum, et fit partie des soixante cavaliers restés pour défendre Mostaganem lors du rappel à Oran de l'Agha El-Mazari. Kaddour Ould Adda, digne héritier de la brillante valeur de son oncle, le général Mustapha, trouva le moyen de se distinguer dans toutes les actions de guerre qui, à cette époque, avaient journellement pour théâtre les environs de Mostaganem.

Mis ainsi en relief par son intrépidité devant l'ennemi, il fut choisi après la bataille d'Isly comme caïd des Douairs, et c'est à ce poste que, lors des événements de 1845, il nous donna la mesure de son dévouement en arrêtant la défection projetée par son propre frère. Sa nomination aux fonctions d'Agha de Tessalah, puis successivement aux postes de Daya, Tiaret et Saïda, fut la récompense d'une fidélité à notre cause qui ne s'est jamais démentie.

Il est peu de champs de bataille dans la province d'Oran où il n'ait soutenu la cause de la France. Agé de 17 ans, il avait déjà pris part aux combats de la Macta, d'El-Bordj et à la première occupation de Mascara (1835). Il assistait aux, affaires de Mazagran, Rachgoun (1840), Tagdempt, et fut blessé à la reprise de Mascara ainsi qu'au combat d'Akbet el-Kedda. Décoré en 1841 pour avoir pris un drapeau ennemi à Tagremaret, nous le retrouvons à l'expédition de Saïda (1842), à Mostaganem (1843), où il reçoit une troisième blessure, enfin à la bataille d'Isly (1844), où il prit le cheval et les armes du fils du sultan, ce qui lui valut la nomination de caïd des Douairs sur le champ de bataille même.

Agha de Tiaret, il lutta fréquemment contre les Harrars unis aux Larbàa, et fut nommé officier de la Légion d'honneur en 1854, à la suite de l'expédition du M'zab et de Metlili ; il y rendit également des services en contribuant, sous les ordres de Si Bou Beker ben Hamza, à la destruction, près de Ouargla, des contingents de Si Mohammed ben Abdallah.

Agha de Daya, il combattit les Hamyan unis à des fractions marocaines et les défit complètement près du Djebel Lakhdar.

A l'affaire du plateau d'El-Hamma, qui eut lieu les 23 et 24 décembre 1871, Kaddour Ould Adda, à la tête de son goum, se distingua par son ardeur à poursuivre Si Kaddour ben Hamza et les dissidents, il acheva la déroute par une poursuite énergique et ramena la plus grande partie des tentes qui nous avaient abandonnés depuis les dernières insurrections, celle de 1864 notamment ; parmi ces tentes se trouvait la zaouïa de Si Kaddour ben Hamza, comprenant environ trente tentes. Ce brillant fait d'armes lui valut la croix de commandeur de la Légion d'honneur.

Il fut moins heureux dans sa dernière affaire en 1881, où, déjà usé par l'âge et les maladies, il attaqua avec bravoure, mais sans succès, les Trafi entre Khodra et Sfissifa.

Il est mort le 27 juillet 1884.

Documents officiels.

KERLEADEC.

Kerleadec (Joseph-Henri-Fortuné Fraboulet de), général de division d'infanterie, commandeur de la Légion d'honneur, né à Brest le 26 juin 1817, élève de la Flèche en 1829, de Saint-Cyr en novembre 1835, sous-lieutenant au 41e de ligne en 1837, resta avec ce régiment en Algérie, dans la province d'Alger, de septembre 1839 à novembre 1844. Cité à l'ordre de l'armée du 28 mai 1840, pour sa brillante conduite au col de Mouzaïa, où il fut blessé d'un coup de feu au bras droit, il fut cité une seconde fois le 27 juillet 1841, pour le combat d'El-Bordj. Là encore il fut blessé d'un coup de feu à la cuisse gauche. Lieutenant le 21 juin 1840, en récompense de sa bravoure, il retourna en France et reçut les épaulettes de capitaine le 9 février 1842, cinq ans après sa sortie de l'école militaire. Il revint en Algérie, dans la province d'Oran, comme adjudant-major à son régiment et, le 2 avril, eut un cheval tué sous lui au combat de l'Oued-Isly.

Décoré le 20 septembre 1845, M. de Kerleadec fut cité une troisième fois à l'ordre, pour la valeur qu'il déploya au combat des Trarar le 1er octobre 1845, et resta en campagne dans notre colonie. Chef de bataillon au 27e de ligne le 6 mai 1850, à Paris, il demanda à revenir dans la colonie et reçut, le 17 février 1852, le commandement d'un bataillon du 2e zouaves.

Le 26 décembre 1853, après dix-huit mois de grade de chef de bataillon, cet officier supérieur passa lieutenant-colonel au 44e de ligne. Embarqué pour l'Orient le 4 novembre 1855, il resta en Crimée jusqu'au 2 juillet 1856. Officier de la Légion d'honneur le 14 août de cette même année, il fut nommé, le 12 août 1857, colonel du 29e de ligne.

Il reçut les étoiles de général le 21 décembre 1866.

Lors de la déclaration de guerre de 1870, M. de Kerleadec fut appelé à l'armée du Rhin. Il se trouva le 1er septembre à Sedan, où il reçut sa troisième blessure, un éclat d'obus à l'épaule gauche.

Promu général de division le 21 avril 1874, il passa au cadre de réserve le 26 juin 1882 et prit sa retraite le 7 novembre suivant.

Panthéon Fléchois. — Archives militaires.

KHATRI.

Ahmed Khatri est né à Bougie en 1826.

Cavalier-guide au bureau arabe de Bougie en avril 1847; interprète temporaire pour la langue kabyle le 18 mai 1853; interprète auxiliaire de 2e classe le 6 mai 1854, il fut nommé chevalier de la Légion d'honneur le 7 juin 1865.

Ahmed Khatri servit de guide à la colonne du maréchal Bugeaud, opérant dans la vallée de l'Oued-Sahel en 1847.

C'était plutôt un chef de goum qu'un interprète. Dans cette position, il a rendu d'immenses services pendant les nombreuses opérations dirigées contre les Kabyles en révolte, notamment lors de l'attaque de Bougie par le chériff Bou-Bargla en 1851. Au combat du 10 mai, il eut, en chargeant à côté du lieutenant de chasseurs d'Afrique Gillet, son cheval blessé de plusieurs coups de yatagan. Aux Babors en 1853, et dans le Djurjura en 1854, il a rendu des services importants par sa parfaite connaissance du pays. Après la révolte kabyle de 1865, où il se signala, sous les ordres du colonel Bonvalet, en défendant le camp Aokaz, il reçut la croix des mains de l'empereur, à la revue des troupes qu'il passa le 7 juin 1865 dans la plaine de Bougie.

Quoique rentré dans la vie civile, Ahmed Khatri offrit volontairement ses services et remonta à cheval, pendant la grande révolte de 1871, pour défendre Bougie attaqué par les contingents du marabout Aziz Ben El-Haddat.

Les Interprètes de l'armée d'Afrique. — Documents militaires.

KORTE.

Korte (Pierre-Chrétien), général de division, sénateur, naquit à Gerresheim, dans le duché de Berg, le 7 juillet 1788, s'engagea à l'âge de 16 ans dans le 7° hussards, fit la plupart des campagnes de l'Empire, et de simple cavalier s'était élevé au grade de lieutenant, lorsqu'il fut blessé de trois coups de baïonnette au combat de Brienne (1814). Capitaine sous la Restauration, il passa chef d'escadron en 1832 et fut envoyé en Algérie, où il commanda les spahis récemment organisés, puis les chasseurs d'Afrique (1840). Sa brillante conduite dans plusieurs expéditions lui valut en 1843 le grade de maréchal de camp. Il fut nommé général de division par le général Cavaignac en 1848.

Promu au rang de grand-croix de la Légion d'honneur en mai 1852, il fut nommé sénateur le 31 décembre de la même année.

Le général Korte est décédé à Paris le 1ᵉʳ mars 1862.

Dictionnaire des Contemporains. — Archives militaires. — *Annuaire encyclopédique.*

LADREIT DE LA CHARRIÈRE.

Ladreit de la Charrière (Jules-Marie), général de brigade, grand officier de la Légion d'honneur, né à Coux (Ardèche) le 30 mars

1806, élève de la Flèche en 1818, entra à Saint-Cyr le 4 janvier 1825. Sous-lieutenant le 1ᵉʳ octobre 1827, lieutenant le 16 octobre 1831, il fit la première expédition d'Afrique en 1830, à la 1ʳᵉ brigade de la 1ʳᵉ division d'infanterie du corps expéditionnaire. Il se trouva à la bataille de Staouéli et à la prise d'Alger, retourna en garnison à Perpignan en 1831 et revint en Algérie en 1835. Il resta du 31 octobre de cette année au 5 décembre 1840 dans la province d'Alger. Le 23 août 1839, il reçut la croix de chevalier de la Légion d'honneur et fut cité à l'ordre du 14 juillet 1840 du maréchal Valée, pour s'être distingué dans les combats des 12 mai et 5 juin au col de Mouzaïa. Il était depuis le 30 novembre 1837 capitaine adjudant-major à son régiment. Il prit le commandement d'une compagnie en 1841 et fut promu chef de bataillon au 39ᵉ de ligne à Valenciennes le 14 juillet 1844. Lieutenant-colonel le 15 juillet 1848, colonel du 12ᵉ léger le 15 novembre 1851, M. Ladreit de la Charrière reçut la croix d'officier le 24 décembre 1853. Général de brigade le 28 décembre, il fit la campagne d'Italie et le lendemain de Solférino fut élevé à la dignité de commandeur pour fait de guerre. Il devint grand officier en 1868.

Mis au cadre de réserve le 31 mars 1868, il fut rappelé à l'activité, sur sa demande, le 19 juillet 1870, quatre jours après la déclaration de guerre.

Cité à l'ordre du général Trochu du 18 décembre 1870, pour sa vigueur dans la défense de Paris, le brave Ladreit de la Charrière mourut au Val-de-Grâce, le 3 décembre, des suites d'une blessure reçue le 30 novembre à Champigny.

Panthéon Fléchois. — Archives militaires. — Notes personnelles.

LALLEMAND.

Lallemand (Orphis-Léon), général de division, grand-croix de la Légion d'honneur, né à Éteignères (Ardennes) le 27 septembre 1817, arrivé en Algérie en mai 1842 comme lieutenant d'état-major, a servi successivement au 53ᵉ de ligne, au 9ᵉ chasseurs à cheval et au 4ᵉ chasseurs d'Afrique, de 1842 à 1846, prenant part aux expéditions auxquelles ces régiments furent appelés alors dans les provinces d'Alger et d'Oran. Il a été attaché ensuite à l'état-major de la division d'Oran sous les généraux de La Moricière et Pélissier. Au printemps de 1848 il remplissait auprès de ce dernier les fonctions de chef d'état-major dans les campagnes contre les Flittas, les Beni-Ouragh et autres tribus insurgées de la province d'Oran. En 1850, il devint aide de camp du général Bosquet, commandant la subdivision de Sétif, et servit sous lui, en 1851, 1852 et 1853, dans les expéditions qui amenèrent la soumission des tribus du cercle de Bougie, de celles de la Kabylie orientale, de Milah à Collo, et de celles des Babors et du Ferdjioua, de Djimilah à Djidjelli.

Appelé à prendre part à la guerre de Crimée comme attaché à l'état-major général, de 1854 à 1856, il est nommé officier de la Légion d'honneur après la bataille de Traktir, et lieutenant-colonel après l'assaut de Malakoff. Rentré en Algérie en 1857, il est investi du commandement du cercle de Tizi-Ouzou. Il met tous ses soins à affermir dans la soumission les tribus de ce cercle, récemment soumises par le maréchal Randon, et à faire apprécier aux Kabyles les bienfaits de notre civilisation. A la fin de 1858, il est nommé chef du bureau politique des affaires arabes, et exerce successivement ces fonctions sous les généraux de Mac-Mahon, Gueswiller, et de Martimprey, commandant supérieur des forces de terre et de mer.

En 1860, il passe, en qualité de colonel d'état-major, au commandement de la subdivision d'Aumale, et en 1862 à celui de la subdivision d'Orléansville. En 1864, une grave insurrection ayant éclaté dans la province d'Oran, il concourt avec le général Lapasset, commandant la subdivision de Mostaganem, à la délivrance du fort d'Ammi-Moussa vivement pressé par les contingents de Si Lazreg. Pendant son commandement prolongé à Orléansville, il ne néglige pas les intérêts de la colonisation et fonde des écoles dans les tribus pour l'enseignement de la langue française.

Des travaux importants sont entrepris sous ses auspices, particulièrement le barrage du Chélif, destiné à irriguer une vaste étendue de terres en amont et en aval de la ville. Les colons de cette localité ont bien voulu reconnaître par les plus touchants témoignages sa constante sollicitude envers eux. En septembre 1870, nommé chef d'état-major du 16e corps à l'armée de la Loire, il est peu de temps après promu au grade de général de division et renvoyé en Algérie en qualité de commandant supérieur des forces de terre et de mer. On n'était pas sans inquiétude sur la sécurité de la colonie ; les nouvelles de nos désastres avaient rendu courage aux dissidents, les nomades du Sud-Oranais recommençaient leurs excursions et les grandes tribus de notre frontière tunisienne s'insurgeaient.

De promptes mesures furent prises pour faire tête à ces premiers orages, mais à peine étaient-ils à peu près calmés, que la situation s'aggrava au plus haut degré, en avril 1871, par la rébellion du Bach agha Mokrani, de la Medjana, qui entraîna toutes les tribus du sud, de l'ouest et du nord de la province de Constantine.

Les prédications fanatiques du cheikh Haddade, chef d'un ordre religieux des plus hostiles, propagèrent aussi l'insurrection dans la Kabylie du Djurjura, embrassant les cercles de Fort-Napoléon, Tizi-Ouzou, Dra-el-Mizan et Dellys ; elle gagna jusqu'aux confins de la Mitidja. Une concentration rapide de toutes les forces disponibles, accrues de quelques renforts envoyés de France, permit au commandant supérieur de lancer des colonnes sur tous les points importants et de délivrer les places assiégées par les insurgés. Il marche lui-même sur le foyer principal : le Djurjura ; — après une série d'opérations vigoureusement menées dans toutes les directions et des combats heureux, l'insurrection fut maîtrisée partout, grâce à la bravoure des troupes, tant garde nationale mobile et mobilisée et milice algérienne que soldats de la ligne, grâce aussi au concours dévoué des généraux Cérez, Saussier, de Lacroix-Vaubois, Bonvallet, et autres vaillants chefs.

Dès l'automne, l'Algérie entière était pacifiée et le drapeau tricolore continuait de flotter glorieusement sur toutes les places.

A sa rentrée en France, le général Lallemand a été investi successivement du commandement de la 15e division militaire, puis de ceux des 11e, 15e et 1er corps d'armée, puis de la présidence du comité d'état-major au ministère de la guerre ; il a été placé en disponibilité hors cadre à la fin de 1887.

Nous terminons cette notice par nos appréciations personnelles sans crainte d'être démenti.

Austère et dur à lui-même, le général Lallemand était d'une bienveillance et d'une sollicitude toute paternelle pour les officiers et soldats placés sous ses ordres. Esprit chercheur et de travail assidu, il savait son Algérie dans les moindres détails : l'affiliation des tribus entre elles des bords de la Méditerranée au désert, de la Tunisie au Maroc, les mariages qui les rendaient solidaires ; leurs intérêts communs politiques ou religieux, n'avaient pas de secret pour lui.

Homme de devoir, il n'a jamais pris souci de son avancement ;

ses chefs, illustres entre tous, y ont pourvu, puisque, sans autre protection que son mérite, à 42 ans il était colonel d'état-major et depuis quatre ans déjà officier de la Légion d'honneur.

Le général Lallemand n'est pas un politicien, c'est un sage taillé sur l'antique.

Documents particuliers.

LALLIERMONET.

Lalliermonet (Hilaire) est né en Corse, à Ajaccio, le 26 février 1850; mais comme il habite la colonie depuis trente ans, comme il aime passionnément son pays d'adoption, comme il a fait l'impossible pour en faire connaître les beautés et en vulgariser les produits, on peut dire qu'il est Algérien, véritable Algérien.

Or, tous les Algériens ont fait leur devoir pendant l'année terrible. En est-il un pourtant qui l'ait fait plus noblement, avec plus de bravoure et plus de dignité que le jeune Lalliermonet?

Qu'on en juge :

En 1870, Lalliermonet, qui n'avait que vingt ans, était sous-lieutenant en 1er de la milice mobile.

La guerre éclate... Le jeune patriote estime que sa place n'est pas Algérie, mais là-bas où sifflent les balles, là-bas où il y a des ennemis à frapper, le pays à défendre. Il abandonne donc son grade et s'engage pour la durée de la guerre au 1er régiment de tirailleurs.

L'acte d'engagement est du 28 septembre 1870.

Dès son entrée au corps et à la date du 2 octobre, Lalliermonet est nommé caporal.

Le régiment part pour la France; il est dirigé sur Orléans.

Le 27 novembre, le jeune caporal, qui avait été chargé d'une mission, rejoignait sa compagnie, qui était cantonnée à Sully (Loiret).

En arrivant à Saint-Aignan-le-Gaillard, il aperçut deux mobiles; l'un portait les insignes de sergent-major. Leur attitude lui parut suspecte... il s'approcha d'eux... Mais laissons parler le maire de Sully.

Procès-verbal.

« Le maire de Sully déclare avoir reçu ce jourd'hui, 27 novembre 1870, la déclaration suivante du sieur Lalliermonet (Hilaire), caporal au 1er régiment de tirailleurs algériens.

« Ce matin, en passant près de Saint-Aignan, j'ai rencontré deux individus revêtus du costume de gardes mobiles. Ils étaient en apparence sans armes. L'un d'eux portait les galons de sergent-major, l'autre était comme un simple soldat.

« Comme ils venaient de mon côté, je me suis adressé à eux, tout en m'approchant, pour avoir des renseignements sur la route qui conduit à Sully.

« Sur mon interpellation, le soi-disant sergent-major a retiré de sa ceinture un revolver. Croyant, avec raison, qu'il voulait faire feu sur moi, je lui ai donné un coup de crosse de fusil dans la poitrine ; à cette vue, son camarade a pris la fuite à travers champs, mais je l'ai eu bientôt arrêté en lui envoyant une balle qui l'a atteint à la jambe gauche. Je les ai alors fouillés, et j'ai trouvé sur eux :

« 1° Sept lettres en allemand ; 2° une carte géographique d'origine allemande ; 3° un cahier de papier ordinaire ; 4° une carte du Loiret.

« Ceci fait, j'ai requis un voiturier qui passait pour qu'il eût à transporter les deux hommes que j'avais arrêtés à Sully, où je devais les présenter à l'autorité. Pendant le trajet, le sergent-major est mort du coup de crosse reçu. Quant à l'autre, que j'avais blessé, ainsi que je l'ai dit, à la jambe gauche, je lui ai demandé qui il était : il m'a répondu qu'il était officier prussien, qu'il s'était déguisé en garde mobile pour ne pas être pris par les Français. J'ai poursuivi mes questions pour savoir quel était son camarade, mais sur ce point il a été d'un mutisme absolu.

« Il a ajouté, cependant, que depuis un mois environ ils erraient ainsi déguisés tous les deux, attendu qu'ils avaient perdu leur corps d'armée.

« Cette déposition du sieur Lalliermonet terminée, nous avons fait comparaître le garde mobile prussien, qui a répété devant nous ce qu'il avait dit au caporal.

« En même temps celui-ci nous a remis :

« 1° Un revolver et 42 cartouches ; 2° une carte géographique allemande ; 3° sept lettres en allemand ; 4° une carte du Loiret.

« En foi de quoi nous avons délivré au sieur Lalliermonet le présent certificat.

« Le maire de Sully : BOUILLET. »

Le 6 décembre, Lalliermonet était nommé sergent fourrier.
Le 7, au combat de Beaugency, il justifiait l'avancement qui

venait de lui être donné par des actes de courage multiples.

Il tombe frappé d'un éclat d'obus.

Prisonnier, il est conduit à l'ambulance prussienne. Il y reste 48 heures, et le 9 décembre, dans la soirée, trompant la surveillance de ses gardiens, il rejoint en rampant les avant-postes français.

La convalescence fut longue... Le 21 juillet 1871, Lalliermonet était appelé devant la commission chargée d'examiner les jeunes soldats signalés comme susceptible d'être réformés. Il est mis en réforme, et le capitaine Ménéglier le propose pour la médaille militaire, le capitaine Boscari, pour la croix.

En 1871, le sous-préfet de Milianah, M. Pétrelle, le signale au gouvernement et réclame une récompense.

Les troubles de la Commune, l'encombrement des demandes, l'ardeur des solliciteurs qui n'ont pas les magnifiques services de Lalliermonet, mais qui sont plus actifs, plus remuants, font que ces diverses propositions n'aboutissent pas.

En homme à qui suffisent les satisfactions de conscience, Lalliermonet en prend philosophiquement son parti et, réformé comme sergent fourrier par congé n° 1 à la suite de ses blessures, il s'installe à Blidah, s'allie à une honorable famille et ne tarde pas à conquérir l'estime des habitants de cette petite ville.

Il fait partie du bureau de la ligue de l'enseignement, de la société de secours mutuels, de plusieurs autres, et se montre en toute occasion un parfait honnête homme.

M. Lalliermonet avait repris son travail et aidait sa mère, lorsqu'il fut avisé que, par décision ministérielle du 19 juin 1872, une gratification renouvelable de 205 francs par an lui avait été accordée.

M. Lalliermonet n'appartient pas à la catégorie de ceux qui pensent que les services rendus à la patrie se paient en argent.

Suivant acte dressé par le sous-intendant de Milianah, le 19 mai 1873, il renonça volontairement à la gratification renouvelable de 205 francs par an, en présence de la situation de son pays et en faveur de la libération du territoire.

En 1880, M. Lalliermonet va se fixer à Philippeville. Son caractère affectueux, son cœur dévoué et sa droiture, enlèvent de haute main la sympathie des habitants de cette ville, qui lui en donnent les plus éclatants témoignages. Il serait trop long d'énumérer les services qu'il a rendus. Cherchant partout un aliment à son activité, il s'occupe de la création d'un guide pour l'Algérie, il fonde les petites affiches, il crée un musée commercial et industriel ; il est pendant 5 ans, président de la société ouvrière de secours mutuels « l'Union », qui lui décerne comme témoignage de haute estime une grande médaille d'or et dans son assemblée générale, à l'unanimité, le nomme président honoraire à vie. Il obtient du ministre de l'Intérieur une médaille d'honneur pour avoir, au péril de ses jours, sauvé le propriétaire d'une ferme incendiée ; il est nommé vice-consul du Pérou, membre de la commission du collège, juge de paix suppléant, membre de la Société des agriculteurs de France. Il est membre fondateur de la société des volontaires de 1870-1871. Il est nommé délégué général de la société des chevaliers-sauveteurs, qui lui décerne la croix de mérite pour services exceptionnels aux œuvres humanitaires et de philanthropie ; il est membre correspondant de la Société scientifique universelle de Paris. Il se fait l'apôtre de cette grande idée de mutualité qui est un des plus merveilleux instruments de la civilisation, il est membre honoraire des quatre sociétés de secours mutuels de Philippeville, qui l'ont nommé président général. En juillet 1887, M. le gouverneur général de l'Algérie l'a proposé pour une médaille d'or en récompense de ses services exceptionnels.

Conseiller municipal de Philippeville depuis 1884, M. Lalliermonet a été plusieurs années adjoint au maire.

Il a été en décembre 1886 et octobre 1887, de la part du maire, du sous-préfet de Philippeville et du préfet de Constantine, l'objet de propositions pour la croix de la Légion d'honneur.

Documents militaires et particuliers. — *L'Indépendant de Constantine.*

LAMBERT.

Lambert (Alexis), publiciste, ancien député d'Oran et de Constantine, né à Besançon (Doubs) en 1829, était fils d'un ancien imprimeur de Besançon qui avait eu P.-J. Proudhon pour associé.

A vingt et un ans, Alexis Lambert vint à Alger, où il remplit divers emplois, puis fonda à Constantine avec M. Marle, en 1859, l'*Indépendant*, dont il devint le principal rédacteur, et dans lequel il s'attacha à signaler les abus du régime militaire, des bureaux arabes, et à demander l'établissement d'un gouvernement civil dans la colonie. La connaissance approfondie des questions algériennes et ses opinions républicaines bien connues lui valurent d'être nommé, après la chute de l'Empire, successivement préfet de Bône, préfet d'Oran (17 novembre 1870), et, le 8 février 1871, Commissaire extraordinaire de la République en Algérie, en remplacement de M. Charles du Bouzet. M. Lambert remplit ces fonctions jusqu'au 10 avril suivant, époque à laquelle il fut remplacé par l'amiral de Gueydon. Il fut choisi, le 2 juillet, par les électeurs d'Oran, pour les représenter à l'Assemblée nationale. Son élection ayant été annulée parce que six mois ne s'étaient pas écoulés depuis qu'il avait cessé d'être préfet d'Oran, il se présenta de nouveau dans ce département le 7 janvier 1872, fut réélu et alla siéger à l'Assemblée sur les bancs de la gauche républicaine, avec laquelle il n'a cessé de voter. Le 20 février 1876, il devint député de Constantine en remplacement de M. Colas, reprit son siège à la Chambre et défendit l'Algérie en maintes circonstances avec une ardeur et un bon sens des plus louables.

Il est décédé à Paris le 6 janvier 1877.

Encyclopédie du dix-neuvième siècle. — Indépendant de Constantine. — Journal officiel. — Écho d'Oran. — Documents particuliers.

LA MORICIÈRE.

Tous ceux qui ont admiré les splendides galeries de Versailles se rappellent le saisissant tableau qu'Horace Vernet a tracé de l'assaut de Constantine. Au sommet de la brèche où il allait disparaître bientôt dans un nuage de fumée et de poussière, au milieu d'une effroyable explosion, apparaît La Moricière avec ce regard de feu qui promet la victoire, la *chechia* rouge sur la tête, le burnous blanc sur les épaules. En voyant ce valeureux soldat, debout au haut des remparts conquis, quelques minutes avant qu'une horrible explosion le lance en l'air et l'ensevelisse sous les décombres d'une maison écroulée, un vague pressentiment s'empare de l'âme; on devine la destinée entière de La Moricière. La première page de sa vie brillera d'un vif éclat, — elle n'a que des succès à nous raconter, des triomphes à nous redire; la seconde sera voilée de deuil, — elle débute par les tristesses de l'exil et se termine par le récit des revers où la bravoure de l'Algérien s'est retrouvée plus que jamais audacieuse, mais où l'orgueil du général en chef a succombé avec la cause qu'il avait voulu servir de son épée jusque-là invincible.

Descendant d'une ancienne famille bretonne « fidèle aux vieux souvenirs et aux vieilles vertus », Christophe-Louis-Léon Juchault de La Moricière naquit à Nantes le 5 février 1806. Après avoir fait ses études dans sa ville natale, il fut admis à l'École polytechnique, passa par l'école d'application de Metz, et en sortit lieutenant en second au 3e régiment du génie le 31 janvier 1829. Il fit partie de l'expédition d'Alger, coopéra activement aux travaux d'attaque du fort l'Empereur et la prise de cette ville lui valut le grade de capitaine le 1er novembre 1830. A la formation du corps des zouaves, il entra avec ce grade dans le 2e bataillon et devint le plus brillant officier de cette arme, pendant que le duc de Rovigo gouvernait la colonie. Mais le général Avizard remplace dans ses hautes fonctions le vétéran de l'Empire, et comme l'œuvre de la conquête doit être double, il imagine, pour faciliter les rapports entre les indigènes et l'armée, l'institution de bureaux arabes. Le jeune capitaine avait étudié et appris avec soin la langue arabe dans les dialectes algériens; la direction de ce premier bureau lui fut aussitôt confiée. On ne pouvait faire un meilleur choix, a dit l'un de ses successeurs à cet emploi, M. Pellissier de Reynaud, le spirituel auteur des *Annales algériennes.* « Cet officier connaissait déjà assez bien l'arabe pour traiter directement avec les indigènes, et les fonctions auxquelles il était appelé devaient nécessairement lui faire faire de rapides progrès. Il était de plus homme de résolution, plein de ressources dans l'esprit, éclairé, travailleur et animé de la généreuse ambition de se distinguer par quelque chose de grand et d'utile. En se rendant plusieurs fois seul au milieu des Arabes, il prouva, le premier, que l'on peut traiter avec eux autrement que la baïonnette au bout du fusil. »

En effet, La Moricière parcourt les tribus, il s'informe de leurs besoins, recueille leurs plaintes, leur promet justice, et par ses démarches conciliantes ramène parmi elles une confiance que des mesures sévères leur avaient fait perdre. Armé seulement d'une canne, il se présentait seul au milieu des Arabes, qui lui donnèrent le surnom de *Bou-Raoua* (le père du bâton).

Son influence assura promptement la tranquillité et la soumission des *outhan* qui environnaient Alger; on songea alors à agir sur les

GÉNÉRAL DE LA MORICIÈRE.

autres. On commença par celui d'El-Sebt, où se trouvaient les Hadjouth, « les écumeurs de la Mitidja », suivant l'expression du colonel Trumelet. L'administration désirait s'attacher ces terribles cavaliers; M. de La Moricière eut dans la plaine une entrevue avec eux. Le général Voirol en a fait connaître les circonstances dans l'ordre du jour suivant (1), daté du 11 juillet 1833.

« La conduite courageuse qu'a tenue hier M. de La Moricière, chargé par moi d'aller recevoir une députation d'une centaine d'Arabes de l'Hadjoute, qui devaient se présenter à nos avant-postes, mérite d'être connue de l'armée. Les Arabes, soit qu'ils n'eussent point de confiance en nous, soit qu'ils eussent des intentions perfides, n'avaient pas dépassé Boufarik, et c'est là qu'ils ont attendu M. de La Moricière. Suivi de quelques cavaliers seulement, il a hésité un instant, à la vue d'un escadron armé de pied en cap, à s'avancer au milieu d'eux, d'autant plus que je l'avais instruit que la démarche de ces Arabes avait pour objet principal l'élargissement des marabouts de Coléa et qu'ils auraient pu à leur tour s'en emparer comme d'un otage. Mais, ne consultant que son courage et la confiance qui nous est naturelle, il s'est élancé au milieu d'eux.

« Entouré bientôt de ces parlementaires dangereux, il a traité avec eux de l'objet de sa mission qui a eu pour résultat de nouvelles assurances de paix.

« M. de La Moricière n'avait d'autre point d'appui que six chasseurs d'Afrique.

« Je signale cette circonstance à l'armée, non seulement comme un exemple de courage, mais encore comme une preuve que les Arabes commencent à sentir le besoin d'une paix durable. »

Les travaux administratifs n'empêchaient pas La Moricière d'être de toutes les expéditions, et de s'y faire remarquer par une bravoure superbe, un sang-froid et des actions d'éclat qui lui valurent un avancement rapide. Devant Bougie, il s'agissait de reconnaître la place; le capitaine des zouaves n'hésite pas, il pénètre dans la ville par le port; « mais bientôt toute la ville s'ameute : il se réfugie dans une maison; la maison est cernée de toutes parts. Il n'hésite pas; il ouvre tout à coup les portes, sort avec ses compagnons, le front haut, le regard menaçant, le pistolet levé et le sabre au poing, et passe à travers les Arabes stupéfaits de tant d'audace. Mais ces ra-

---

(1) *Moniteur algérien* du 18 juillet 1833.

pides mouvements lui avaient suffi pour noter, au milieu du péril, des observations dont la précision et l'exactitude firent tomber la ville entre nos mains (1). »

En récompense, La Moricière reçoit l'épaulette de chef de bataillon (novembre 1833). Par faveur spéciale, il reste dans le régiment des zouaves. Sous ses ordres, son bataillon, où l'indigène coudoyait le soldat européen, devient un corps d'élite. Déjà ces hommes qui, suivant l'énergique et pittoresque expression arabe, « mâchent de la poudre depuis l'aube jusqu'au coucher du soleil », étaient ce qu'ils sont restés depuis, les premiers soldats du monde. Avec eux, La Moricière est infatigable, invincible.

En octobre 1835, le maréchal Clauzel avait décidé une expédition contre le lieutenant d'Abd-el-Kader, Hadj-el-Sghir, qui avait envahi la plaine de la Mitidja et s'avançait sur le camp de Boufarick avec des forces que l'on disait considérables.

L'action principale se passa le 22 octobre sur les hauteurs de la rive gauche du Bou-Roumi, où le bey de Milianah avait rallié son infanterie. « Là, le brave commandant La Moricière à cheval, à la tête de ses intrépides zouaves, les encourageait à bien faire en leur montrant l'exemple; chassés des mamelons inférieurs, les ennemis se réfugiaient sur ceux qui les dominaient et ne cessaient leur feu. Successivement délogés de toutes leurs positions, les Arabes se retirèrent dans les montagnes (2). »

Le 5 décembre 1835, l'armée expéditionnaire en route sur Mascara eut un engagement assez vif avec les Beni-Chougran, qui s'étaient portés sur un mamelon pour couvrir la retraite de leurs familles et de leurs troupeaux : le commandant La Moricière enleva leur position à la tête des zouaves et d'une compagnie de voltigeurs. Le duc d'Orléans, qui fut témoin de la vigueur et de l'agilité de cette admirable infanterie, adressa des éloges à son chef.

A la suite de cette expédition, La Moricière fut promu lieutenant-colonel et placé à la tête du corps des zouaves.

Nous laissons de côté quelques épisodes de second ordre pour arriver au fait d'armes le plus populaire de la brillante carrière du jeune chef de corps, en un mot à la prise de Constantine.

Le 12 octobre, la veille de l'assaut, le général Valée le fait appeler :

---

(1) Dupanloup, *Oraison funèbre du général de La Moricière*.
(2) *Moniteur algérien*, 1835.

« Colonel, c'est demain matin, au point du jour, que nous livrons l'assaut ; je vous ai réservé le poste d'honneur ; vous monterez le premier. Je suis sûr de vous, mais êtes-vous sûr de vos hommes?

— Général, ils n'ont jamais reculé.

— Je ne parle pas de leur courage, je le connais ; mais êtes-vous sûr qu'ils vous obéiront aveuglément?

— J'en réponds.

— Eh bien, il faut qu'ils entrent sans tirer un seul coup de fusil, et si, à leur tête, vous êtes tué ou blessé, il faut qu'ils passent sur votre corps et vous laissent là sans vous emporter. Le temps sera trop précieux. Pouvez-vous attendre ce sacrifice de leur courage et de leur dévouement?

— Général, je vous le promets (1). »

Le lendemain matin, les zouaves, avant le lever du soleil, marchaient rasant la terre, en silence, portant devant eux une bourrée pour les cacher aux regards et au feu des ennemis : tout à coup La Moricière, qu'ils croyaient auprès d'eux, s'écrie en agitant son épée : « A moi, mes amis, la ville est à nous! » et, *le premier*, il s'élance sur la brèche en criant : « Vive la France! »

Les zouaves et les autres corps le suivirent au pas de charge. A ce moment tous les Arabes et les Kabyles postés sur les collines du sud et de l'ouest poussèrent des cris sauvages si bruyants qu'on n'entendait plus les fanfares de la musique française ; bientôt ils se lassèrent de crier et à leurs hurlements succédèrent des cris sauvages et plaintifs ; c'était comme le chant de mort de la ville du diable. Une demi-heure après, les Français étaient maîtres de la brèche.

« Mais devant eux se dresse un obstacle imprévu et en quelque sorte infranchissable. On fut longtemps à s'agiter dans l'étroit espace que nos boulets avaient déblayé au haut de la brèche, sans comprendre quelle communication pouvait exister sur ce point entre le terre-plein du rempart et l'intérieur de la ville. Le canon avait créé un terrain factice de terres remuées et de décombres qui, se superposant au sol primitif, avait envahi les mines, obstrué les portes et défiguré entièrement l'état des localités ; la direction des balles semblait indiquer que les toits étaient leurs points de départ. Le colonel La Moricière fait aussitôt apporter des échelles, et, montant sur la toiture d'une maison dont les troupes occupaient le pied,

---

(1) Évariste Baroux, *Voyage politique et descriptif dans le nord de l'Afrique.*

il dispose, au-dessus des combats de terre ferme comme une couche supérieure de combats aériens (1). »

Le feu des tirailleurs placés sur les toits et peut-être la crainte d'une attaque à l'arme blanche avaient dissipé la multitude d'ennemis ramassés sur ce point. On put bientôt songer à s'avancer dans la direction centrale; déjà, pour éclairer et assurer les voies, le colonel La Moricière venait de lancer en avant un peloton du 2e bataillon d'Afrique. Tout à coup ceux qui étaient sur le théâtre de ces événements sentent comme tout leur être s'écrouler. Ils sont étreints et frappés si rudement dans tous leurs sens à la fois, qu'ils n'ont pas conscience de ce qu'ils éprouvent; la vie, un instant, est comme anéantie chez eux. Une effroyable explosion venait d'avoir lieu. Le colonel La Moricière en fut une des victimes et l'on craignit à la fois pour sa vie et sa vue qui toutes deux furent quelque temps en danger; une balle l'avait atteint à la tête.

Le soir, à l'ambulance, on lui apporta sur son lit de camp le drapeau de la ville. Le 11 novembre, il fut récompensé de ses services par le grade de colonel et maintenu à la tête des zouaves. Il avait trente et un ans.

Après deux années passées à Coléah, nous le retrouvons, le 12 mai 1840, au célèbre passage du col de Mouzaïa. Dans cette périlleuse journée, La Moricière se distingua comme à son habitude. Le contrefort principal du grand piton de Mouzaïa était défendu par trois retranchements, reliés à une batterie placée plus à gauche, sur le contrefort d'un autre piton plus petit situé à l'est du premier. Les zouaves enlèvent deux rangs à la baïonnette, et se trouvent tout à coup à l'entrée d'un ravin exposés au feu plongeant de la troisième ligne. Heureusement le colonel Changarnier, à la tête du 2e léger, a tourné l'ennemi, et les deux illustres soldats d'Afrique tombent dans les bras l'un de l'autre sur le théâtre de la victoire.

Le 21 juin 1840, créé maréchal de camp, on lui donne le commandement de la division militaire d'Oran. Il commence alors cette guerre de surprises et d'embuscades dans laquelle il excellait. Il se distingue surtout dans l'affaire de Tagdempt, et, comprenant le premier la nécessité de porter le centre des opérations militaires au delà de la première chaîne de l'Atlas, il marche contre la puissante tribu des Hachem, qui dominait toute la plaine d'Eghriss, défait

---

(1) De Mont-Rond, *Histoire de la conquête d'Alger*, tome I.

Abd-el-Kader et ses « rouges » dans un combat très vif et parvient à jeter des secours dans la place de Mascara. C'est à cette occasion que le général Bugeaud lui prodigue les plus grands éloges : « Le général La Moricière, dit-il, m'avait rendu les plus grands services dans les préparatifs de la guerre; il a prouvé que le soin si important des détails d'organisation et d'administration pouvaient s'allier avec l'ardeur et le courage qu'il montre en toutes occasions. » En 1843, après de nombreuses razzias chez les Flittas et dans tout le cercle de Mostaganem, il amène la soumission de ces puissantes et turbulentes tribus; il est promu, le 9 avril, au grade de général de division.

Le Maroc voyait d'un œil jaloux notre nouvelle conquête; les populations fanatisées demandaient la guerre sainte. A l'instigation d'Abd-el-Kader, l'empereur marocain entre sur le territoire algérien; en 1844, La Moricière défend énergiquement à la frontière le camp de Lalla-Maghrnia contre les envahisseurs, et le 14 août de la même année le général Bugeaud, vigoureusement secondé par son lieutenant, les écrase complètement sur les bords de l'Isly; le nom de La Moricière est cité le premier à l'ordre du jour de l'armée.

Bugeaud remet entre ses mains, en 1845, le gouvernement intérimaire de la colonie. Dès cette époque, La Moricière avait conçu un système spécial de colonisation, à laquelle il voulait arriver par la formation de villages européens, tandis que le général Bugeaud tenait pour les camps agricoles et les colonies militaires. Cet antagonisme a fondé deux écoles qui par leur rivalité incessante ont malheureusement entravé bien longtemps les progrès de l'Algérie.

La Moricière a encore sa part d'honneur dans la prise de la smala; et, peu de temps après, à Djemmâ-Ghazaouat (aujourd'hui Nemours) le redoutable émir lui-même, vaincu, fatigué de la lutte, n'ayant même pu contenir ses soldats au massacre de Sidi-Brahim, et ne voulant point se résigner au rôle mesquin d'agitateur politique, vient seul, par une nuit d'orage, au camp du général français, et se constitue prisonnier du duc d'Aumale.

Cette reddition mémorable du chef de la guerre sainte termine glorieusement les dix-huit campagnes africaines de La Moricière. En 1848, général de division, grand officier de la Légion d'honneur à l'âge de 42 ans, il est arrivé à l'apogée de sa gloire militaire. Enfant chéri de l'armée, il est le type du soldat africain et se montre, suivant les remarquables paroles du maréchal Bugeaud, capable de conquérir un pays et de le gouverner.

A côté du général habile, actif, heureux, nous allons trouver maintenant l'homme politique, qui, député de la Sarthe, monte à la tribune pour défendre l'Algérie, et qui apporte dans ses discours, au sein des assemblées, la facilité d'élocution et les finesses de style d'un véritable orateur, en y ajoutant les câlineries d'un homme qui a longtemps médité sous la tente et parlé avec les Arabes, ces diplomates du désert. Les connaissances spéciales qu'il avait acquises, ses études profondes sur l'organisation de l'armée et la colonisation lui fournissaient largement les moyens de s'ouvrir une belle carrière administrative. « C'est, disait-il lui-même, au travail intelligent et civilisateur d'achever ce que la force a commencé. » En février 1848, on lui offre le commandement en chef de l'armée de Paris, qu'avait alors le maréchal Bugeaud : « On ne fait point, dit-il, descendre de cheval un maréchal de France, » et il accepte d'être encore le lieutenant de son ancien général d'Afrique. Plus tard, la République proclamée, il envoie son adhésion au gouvernement provisoire, mais en refusant le portefeuille de la guerre ainsi que tout commandement militaire à l'intérieur. Élu représentant du peuple dans le département de la Sarthe, il fait partie du comité de la guerre à l'Assemblée constituante. Aux journées de juin, à côté de son ancien compagnon d'armes, le général Eugène Cavaignac, il combat courageusement sur les boulevards et dans les faubourgs ; il a trois chevaux tués sous lui.

Le 28 juin, il se décide à accepter le ministère de la guerre, qu'il conserve jusqu'au 20 décembre 1848. Parmi les actes de son administration, on remarque un décret ouvrant un crédit de 50 millions pour l'établissement de colonies agricoles, la liquidation des indemnités dues pour expropriation depuis la conquête.

La vie politique de La Moricière sort de notre cadre ; nous ne nous y appesantirons point. Il en est de même du rôle qu'il a joué en Italie en prêtant l'appui de son épée au pape menacé dans son pouvoir temporel après Magenta et Solférino. Disons seulement que la défaite de Castelfidardo n'a pas terni la renommée militaire de l'illustre guerrier. Les soldats manquèrent au général, et non le général aux soldats. La bataille de Castelfidardo fut livrée le 18 septembre 1860. La Moricière, mal secondé par sa petite armée, dut se replier avec 80 hommes sur Ancône ; mais cette ville attaquée par terre et par mer, par des forces supérieures, fut forcée de capituler le 29. La Moricière dut prendre l'engagement de ne pas servir le pape pendant un an. Il revint en France où il se confina dans la retraite

Cependant le souvenir de ses anciens exploits vivait toujours dans la mémoire de ses compagnons et de tous ses contemporains. On ne parlait jamais de lui qu'avec un profond respect. Son nom avait conservé tout son prestige sympathique, et quand, le 13 septembre 1865, on apprit qu'une mort brusque l'enlevait inopinément à la France, des regrets éclatèrent de toutes parts. Dans cet homme éminent, nul ne pouvait s'empêcher de reconnaître un caractère élevé que dominait la plus exquise loyauté. Ses dépouilles mortelles furent transportées à Nantes. Plusieurs membres de l'épiscopat prononcèrent son oraison funèbre. Celle de M. Dupanloup, évêque d'Orléans, a obtenu un grand retentissement.

Archives militaires. — *Le général La Moricière*, par Ed. Balme. — *Annuaire encyclopédique*. — *L'Algérie de 1830 à 1840*, par M. Camille Rousset. — *Annales algériennes*, par Pellissier de Reynaud. — *Les Zouaves et les Chasseurs à pied*, par le duc d'Aumale. — *Moniteur algérien*. — *Histoire de la conquête de l'Algérie*, par de Mont-Rond. — *Français et arabes en Algérie*, par Hugonnet. — *Oraison funèbre* par Mgr Dupanloup.

LANDES.

Landes, officier comptable de 1re classe, reçut une médaille d'or de 1re classe, pour le dévouement avec lequel il est resté au milieu du foyer le plus intense de l'épidémie cholérique de 1867, à Ténès, alors que la notification de son admission à la retraite lui était déjà parvenue et lui permettait de jouir d'un repos gagné par 35 années de service.

Documents militaires.

LANDON DE LONGEVILLE.

M. le comte Landon de Longeville est un des bienfaiteurs de l'Algérie.

Possesseur d'une immense fortune, il a créé à Philippeville et à Biskra deux propriétés qui sont des merveilles d'art, de goût et de richesse opulente. Il a apporté là à grands frais les plus belles essences de la flore tropicale et australienne, construit et meublé des châteaux, entassé mille curiosités qui font tous les jours l'admiration de nombreux visiteurs. Tout ce que l'eau, le soleil, la lumière, la nature peuvent produire de charme et de séduction, M. Landon l'a obtenu. Il a enchâssé des émeraudes dans le saphir !

Il n'a pas fait œuvre seulement d'artiste délicat ; il a rendu un grand service à l'Algérie en l'embellissant et en provoquant la curiosité des étrangers qui viennent contempler « un horizon fait pour le plaisir des yeux ».

<small>Documents particuliers.</small>

LAPAINE.

Lapaine (Fortuné), ancien secrétaire général du gouvernement de l'Algérie, est né à Tain (Drôme) le 16 octobre 1816. Il entra de bonne heure dans l'administration de la colonie et par sa conduite, son intelligence et son travail s'éleva au sommet de la hiérarchie administrative, dans le même temps, avec le même éclat que nos généraux les plus illustres atteignaient les hautes fonctions militaires.

Nommé secrétaire dans les commissariats civils en 1840, et successivement commissaire civil de Constantine, conseiller de direction à Alger, conseiller faisant fonctions de secrétaire général, puis secrétaire général à la préfecture d'Alger, conseiller rapporteur au Conseil de gouvernement, chef du secrétariat du Conseil supérieur au ministère de l'Algérie et des colonies, préfet de Constantine le 12 décembre 1860, nous le voyons arriver le 5 décembre 1864 à la plus haute position de l'administration civile de l'Algérie sous l'Empire : celle de secrétaire général du gouvernement.

C'était la récompense d'éminents services rendus à la colonisation par ce fonctionnaire dont la loyauté égalait la distinction.

« Administrateur laborieux autant qu'éclairé, chef équitable et bienveillant, esprit loyal et conciliant, il avait toutes les qualités qui assurent à l'homme public l'estime et l'affection. »

Nommé préfet des Pyrénées-Orientales à la fin de 1865, M. Lapaine est décédé le 28 décembre 1867 à Perpignan, où il a été unanimement regretté.

Pendant les deux années qu'il administra ce département, son intelligente bonté lui valut de retrouver dans la métropole toutes les sympathies et tous les respects qu'il avait laissés sur la terre algérienne. Ses obsèques prirent le caractère d'un deuil public.

Un monument funèbre a été élevé à la mémoire de Lapaine, par souscription départementale, dans le cimetière de Perpignan et solennellement inauguré le 12 janvier 1869.

Son fils, M. Ivan Lapaine, est un des administrateurs les plus instruits, les plus laborieux et les plus distingués de la colonie.

Placé à la tête de l'arrondissement de Batna en juin 1887, il est le plus jeune sous-préfet algérien : l'avenir lui réserve une brillante carrière.

Documents officiels. — *Journal des Pyrénées-Orientales.* — Notes personnelles.

LAPASSET.

Lapasset (Ferdinand-Auguste), général de division d'état-major, grand officier de la Légion d'honneur, né à Saint-Martin de Ré (Charente-Inférieure) le 29 juillet 1817, élève de la Flèche en 1829, entré dans un bon rang à Saint-Cyr le 15 novembre 1835, en sortit le 1er octobre 1837 sous-lieutenant au 67e de ligne ; admis par son numéro de sortie au concours pour l'école d'application d'état-major, il y fut reçu le 17 janvier 1838 comme officier-élève. Lieutenant d'état-major le 25 janvier 1840, il fit son stage réglementaire d'infanterie et de cavalerie en Afrique dans les provinces d'Alger et d'Oran. Étant dans cette dernière province, il fut détaché le 29 juin 1842 auprès du général Gentil pour lui servir d'aide de camp. Nommé capitaine le 24 avril 1843, M. Lapasset, très vigoureux officier, toujours en expédition pendant son séjour dans notre colonie, eut plusieurs affaires brillantes. Il fut cité dans le rapport du 18 mai 1844 du gouverneur général, comme ayant, par sa valeur, assuré le succès du combat de l'Ouarensenis du 17 mai.

Chevalier de la Légion d'honneur le 30 juin 1844, en récompense de ce fait de guerre, il fut cité une seconde fois pour avoir, dans un fourrage aux environs de Mansourah (Constantine), sauvé deux compagnies du 64e de ligne, qui, le 15 février 1846, étant à l'arrière-garde et n'ayant plus de cartouches, entourées par une nombreuse cavalerie arabe, allaient être sabrées. Le capitaine Lapasset, se mit à la tête d'un peloton de 20 chasseurs d'Afrique, dégagea les fantassins, tua de sa main 3 Kabyles et reçut lui-même deux coups de feu.

Dans un autre rapport du 30 avril 1846, le colonel Canrobert, conduisant une colonne dans le bas Dahra, cite encore le capitaine Lapasset pour sa belle conduite dans les combats des 22 et 23 du même mois. Enfin, le 29 juin 1846, cet officier, dans une reconnaissance à Tadjena, soutint avec 120 cavaliers le choc de 1,000 Kabyles. Il parvint à se dégager, tuant de sa main les chefs ennemis.

Le jeune et brillant officier, s'étant adonné à l'étude de l'arabe, était alors, et depuis le 24 avril 1846, chef du bureau arabe de Tenès. Le 1er novembre 1848, il eut la direction de la colonie agricole de Montenotte, près d'Orléansville, subdivision dont il devint le chef du bureau arabe le 5 mars 1851.

Chef d'escadron le 10 mai 1852, maintenu en Algérie où il rendait les meilleurs services, M. Lapasset fut nommé le 21 janvier 1853, directeur divisionnaire des affaires arabes pour la province d'Alger, et le 5 août 1854 commandant supérieur du cercle de Philippeville.

Officier de la Légion d'honneur, le 29 décembre, il fut placé en activité hors cadre le 6 janvier 1855 et promu lieutenant-colonel le 27 mars 1856, puis colonel le 5 août 1859. On lui donna le 1er février 1860 le commandement de la subdivision de Sidi-Bel-Abbès; le 6 septembre 1861, celui plus important de la subdivision de Mostaganem.

Commandeur le 7 août 1862, M. Lapasset eut le 7 juin 1865 les épaulettes de général. Il retourna alors en France, quittant l'Algérie pour la première fois depuis sa sortie des écoles, c'est-à-dire depuis 1840. Il était donc dans notre colonie depuis 25 ans. En 1870, il rejoignit l'armée du Rhin et prit part à la défense de Metz. A son retour de captivité, il reçut le commandement de la 3e brigade d'infanterie de l'armée d'Afrique, le 4 mars. Il fit à sa tête la campagne de Kabylie, qui lui valut sa promotion divisionnaire le 20 avril 1871.

Grand officier de la Légion d'honneur le 20 avril 1874, ce brave officier général, encore jeune, puisqu'il n'avait que 58 ans, est mort à Toulouse, dans son commandement, le 16 septembre 1875, ayant autant de campagnes que d'années de service et un grand nombre d'actions d'éclat.

On doit donner son nom à Aïn-el-Hammam, près Cassaigne.

Panthéon Fléchois. — *Archives militaires.* — *Annales algériennes.*

LAPÉROUSE.

Dalmas de Lapérouse (Théobald), général de brigade, grand officier de la Légion d'honneur, né à Vannes (Morbihan) le 4 mars 1814, entra au service comme élève de Saint-Cyr le 21 novembre 1831, après avoir fait ses études pendant sept ans à l'école militaire préparatoire de la Flèche. Sous-lieutenant le 2 septembre 1835, il obtint de servir au 1er régiment de chasseurs d'Afrique de formation récente et tenant garnison à Alger au camp de Mustapha. Lieutenant au même corps le 2 septembre 1838, officier très bien noté, vigoureux et brillant cavalier, il fut proposé, à l'inspection générale de son régiment en 1840, pour le grade de capitaine et la position d'adjudant-major. Promu le 31 janvier 1841, il remplit ses nouvelles fonctions avec la plus scrupuleuse exactitude.

Depuis son entrée au 1er chasseurs d'Afrique, le jeune officier avait eu l'occasion de faire de nombreuses expéditions, dans lesquelles sa brillante valeur l'avait mis en évidence. Cité à l'ordre de l'armée d'Afrique pour sa belle conduite au combat de Kara-Mustapha du 19 septembre 1840, il reçut en récompense la croix de la Légion d'honneur, n'étant encore que lieutenant. Le capitaine de Lapérouse fut promu chef d'escadron, le 23 février 1847, au 5e régiment de chasseurs de France, alors dans la province d'Alger et avec lequel il continua la guerre en Afrique.

Lieutenant-colonel au 1er de spahis le 6 septembre 1849, après deux années passées au 5e de chasseurs il rejoignit son nouveau régiment à Blidah. Il reçut la croix d'officier le 29 décembre 1854, et les épaulettes de colonel du 6e de chasseurs de France à Auch le 10 mai 1852. Ce brave officier avait été pendant 14 années consécutives en campagne dans notre colonie. Le 12 mars 1859, il fut promu général de brigade n'ayant encore que 45 ans. Il fit la campagne d'Italie en 1859, reçut le 12 août 1861 la croix de commandeur, et la plaque de grand officier le 11 mars 1868.

Il passa en 1875 au cadre de réserve. M. de Lapérouse a été mis à la retraite sur sa demande le 7 janvier 1879.

Panthéon Fléchois. — Archives militaires.

LAPEYRE.

Lapeyre (Junius-Germinal) est né le 6 avril 1794 à Villeneuve (Haute-Garonne). Entré au service militaire en 1813, il fit les campagnes du Nord; à Waterloo, il reçut plusieurs coups de feu, fut percé de six coups de baïonnette et tomba au pouvoir de l'ennemi.

Après être resté deux ans en congé illimité, il fut rappelé en 1818, gagna sa première épaulette en 1823, et devint capitaine lors de la campagne d'Anvers. Chef de bataillon en 1840, il vint en 1842 en Algérie et fut cité trois fois à l'ordre de l'armée pour sa brillante conduite pendant les opérations exécutées dans la province de Constantine, de mars à septembre 1843, notamment dans les montagnes de l'Edough et aux environs de Collo.

Promu en 1847 colonel du 41° de ligne, il se fit remarquer par beaucoup d'activité et son zèle pour les intérêts du soldat. Le 10 mai 1852, il fut élevé au grade de général de brigade et appelé en même temps au commandement de la Charente-Inférieure, puis à celui de la Marne.

Le général Lapeyre est décédé en 1857.

<small>Archives du ministère de la guerre. — *Dictionnaire des Contemporains*.</small>

LASERRE.

Le comte de Laserre (Marie-Jean-Baptiste-Charles-Emmanuel), général de brigade, commandeur de la Légion d'honneur, né à Chambéry (Savoie) le 22 mars 1803, entra à l'école de la Flèche à la fin de 1812, à Saint-Cyr le 6 novembre 1821. Sous-lieutenant le 1er octobre 1823, il fut nommé lieutenant le 27 octobre 1830 et capitaine le 10 mars 1838; il conserva ces fonctions jusqu'à sa nomination au grade de chef de bataillon au 72° de ligne, le 24 avril 1835. Il avait fait en 1828 et 1829 l'expédition de Morée. Le 26 septembre 1847, il reçut la croix de chevalier de la Légion d'honneur. Lieutenant-colonel au 27° le 2 avril 1851, et colonel du 16° de ligne le 25 juin 1853, il vint en Algérie l'année suivante avec son régiment et resta en campagne jusqu'en mai 1856. Officier de la Légion d'honneur le 22 décembre 1851, commandeur le 13 décembre 1856, général le 15 mars 1858, il eut le commandement de la subdivision d'Alger le 15 novembre après quelques mois de disponibilité. Du 2 mai au 21 août 1860, le général comte de Laserre fut employé aux opérations militaires dans la Kabylie orientale où il rendit d'utiles services. Il reprit ensuite son commandement à Alger et passa par limite d'âge au cadre de réserve le 28 mars 1867.

Le général de Laserre est mort à Paris le 1er octobre 1878.

<small>*Panthéon Fléchois*. — Archives du ministère de la guerre.</small>

LAURENCE.

Laurence (Justin), administrateur, ancien député, né le 28 août 1794 à Mont-de-Marsan (Landes), fit ses études de droit à Paris, revint vers 1820 dans sa ville natale, y acquit au barreau une certaine réputation et obtint en septembre 1830 les fonctions d'avocat général près la cour royale de Pau. Élu député de Mont-de-Marsan en 1831, il siégea dix-sept ans à la Chambre, prit une part importante à ses travaux et à ses discussions; d'abord partisan des réformes et destitué par Casimir Périer à cause de ses votes patriotiques (1832), il consentit à participer aux travaux des deux commissions d'Algérie (1833) et, à partir de ce moment, défendit la colonie avec une vigueur et un talent qui contribuèrent puissamment à faire échouer le projet d'abandon.

Dans la séance du 30 avril 1834, il réfuta admirablement les discours antipatriotiques de Dupin disant « qu'il fallait hâter le moment de libérer la France d'un fardeau qu'elle ne pourrait et qu'elle ne voudrait pas porter longtemps ».

Ce langage semble étrange aujourd'hui; en 1834 il était très goûté et le compte rendu officiel relève des *marques nombreuses et prolongées d'adhésion*.

La Chambre était indécise. Laurence enleva son vote en faveur de la conservation.

Mais l'année suivante les ennemis de l'Algérie reprirent leur thèse, et Laurence dut déployer de nouveau toute son éloquence pour obtenir le vote des « crédits d'Alger ». Et de même jusqu'en 1839.

On le chargea, en qualité de procureur général, d'organiser la justice dans la colonie, et lorsque la direction des affaires d'Algérie fut créée au ministère de la guerre (en juillet 1837), M. Laurence y fut appelé et nommé en même temps conseiller d'État en service extraordinaire. Remplacé par le général Daumas, il passa à la Direction des contributions directes qu'il conserva jusqu'à la révolution de février. Il a été promu officier de la Légion d'honneur le 1er mars 1842. Il est mort en juillet 1863.

Dictionnaire des Contemporains. — Moniteur officiel de 1833 à 1839.

LAVARANDE.

Lavarande (Louis-Léopold de Pecqueult de), né en 1813, fut admis en 1831 à l'école spéciale de Saint-Cyr, vint en 1840 en Algérie, où il conquit pendant treize ans tous ses grades. Cité *douze fois* à l'ordre du jour, il se distingua surtout à El-Bordj, devant Mascara, dans la première expédition de Kabylie, et devint successivement capitaine (1843), chef de bataillon (1848) et colonel (1853); ce fut seulement à cette date qu'il rentra en France.

Envoyé en Orient en 1854, il s'élança au passage de l'Alma, à la tête des zouaves, à travers la mitraille, et fut promu au grade de général en mars 1855. Il était chef d'une brigade d'infanterie au deuxième corps lorsqu'il contribua puissamment à la prise des ouvrages Blancs (8 juin), qui prirent son nom; mais le lendemain, en opérant une reconnaissance, il eut la tête emportée par un boulet (9 juin 1855).

Le nom de Lavarande a été donné à une commune du département d'Alger (à 5 kilomètres d'Affreville) pour perpétuer la mémoire de ce brave soldat.

Archives du ministère de la guerre. — *Nouvelle Géographie générale.* — *Dictionnaire des Contemporains.*

LAVAYSSIÈRE.

Le caporal Lavayssière, un des héros de Sidi-Brahim, est né à Figeac (Lot) en 1821. Il entra au service militaire en 1842 et fut incorporé au 8ᵉ bataillon des chasseurs à pied. Nommé caporal en janvier 1845, il se trouva au mois de septembre suivant au combat de Sidi-Brahim et prit part à la défense héroïque du marabout dans les journées des 23, 24 et 25 septembre.

Ce fut lui qui, par l'ordre du capitaine de Géreaux, monta sur le dôme du marabout arborer un drapeau qu'on avait improvisé avec un mouchoir bleu et une ceinture rouge dans l'espoir d'attirer l'attention de la colonne Barral.

L'action était périlleuse. Lavayssière cependant la renouvela presque aussitôt pour sonder la campagne avec une longue-vue.

Le 26, Lavayssière se battit vaillamment, et parmi les treize qui rentrèrent vivants à Djemmâa-Ghazaouat (aujourd'hui Nemours) il fut le seul à rapporter son fusil et le seul qui ne soit point blessé.

Aux portes de la garnison, un cavalier se lança sur lui, le sabre levé. Ranimant tout ce qu'il avait de force et de courage, Lavayssière lui fit face et l'attendit résolument. Le cavalier fondit sur lui, mais le caporal, d'un coup de baïonnette vigoureusement lancé, lui traversa la gorge et dut pousser le cadavre du pied pour dégager son arme.

Au mois de mai 1846, le général Cavaignac, commandant la subdivision de Tlemcen, remettait au caporal Lavayssière, en présence des troupes de la garnison, au nom de son A. R. le comte de Paris, une carabine d'honneur sur laquelle était gravée cette inscription :

Donnée par le Prince Royal au caporal Lavayssière.

Sidi-Brahim. — Septembre 1845.

La cassette en acajou qui renfermait la carabine contenait en outre mille francs, en pièces de cinq francs, distribuées dans dix compartiments aménagés à cet effet.

En apprenant l'héroïque défense du marabout de Sidi-Brahim, le général Bugeaud nomma sur l'heure Lavayssière sergent de carabiniers et le proposa pour la croix de la Légion d'honneur, qui lui fut décernée quelques semaines plus tard ainsi qu'à ses douze compagnons de gloire : Séguier, *clairon;* Delfieu, Fert, Médaille, Lapara, Trécy, Léger, Antoine, Langevin, Michel, *carabiniers;* Langlois et Raymond, *chasseurs*.

Séguier, Fert et Médaille succombèrent quelques jours plus tard à leurs blessures.

En prenant son congé, Lavayssière est retourné dans son pays. Il est aujourd'hui le dernier survivant du combat de Sidi-Brahim.

Archives militaires. — *Combat de Sidi-Brahim*, par Pégues.

LAVIE (Marc).

Lavie (François-Marc), né à Bourguignon en 1786, était fils de Lavie, docteur-médecin, député de l'Alsace à l'Assemblée constituante en 1789, et dont l'énorme fortune fut ruinée par les invasions de 1815.

François Lavie vint en Algérie dès le commencement de la conquête, débarqua avec toute sa famille à Bône, et, suivant de près l'armée conquérante, s'installa à Constantine presque aussitôt la prise de cette ville.

Doué d'un esprit d'initiative remarquable et d'une infatigable activité, il fut le premier, dans le département de Constantine, à ouvrir la voie à la colonisation et à l'industrie ; l'Algérie lui doit notamment la découverte et la vulgarisation des procédés ayant eu pour résultat de livrer à la consommation les farines de blés durs du pays.

Au début de la conquête, l'armée et la population n'avaient pour aliments que des farines venues à grands frais de la métropole. M. Marc Lavie acheta, soit à des indigènes, soit à l'État, des moulins arabes en mauvais état situés aux cascades du Rhumel.

Il y installa une usine, devenue par la suite l'une des plus importantes de l'Algérie, et, après de patientes recherches et de persévérants efforts, parvint à livrer à la consommation locale d'excellentes farines à un prix réduit. L'exemple fut suivi et de nombreux moulins ne tardèrent pas à se créer.

Donnant carrière à son inépuisable activité, M. Lavie créa de nombreuses exploitations agricoles, notamment une magnifique ferme dans le centre, alors naissant, d'El-Arrouch.

L'État le récompensa en le nommant chevalier de la Légion d'honneur.

Il est décédé à Constantine le 18 juin 1863.

Documents particuliers.

LAVIE (Pierre).

Pierre Lavie, fils du précédent, né à Danjoutin (Haut-Rhin) en 1828, compléta et développa l'importante minoterie créée à Constantine aux cascades du Rhumel, par son père François-Marc Lavie, et donna à sa maison une importance qui la plaça au premier rang. Ses produits obtinrent dix médailles d'or ou d'argent dans différentes expositions de 1860 à 1867, et en dernier lieu un diplôme d'honneur à l'exposition de Lyon.

D'un caractère droit, d'un jugement sûr et d'une aménité qui ne se démentait jamais, il ne tarda pas à être désigné par ses concitoyens pour les fonctions publiques.

Il fut successivement nommé juge au tribunal de commerce, dont il devint le président (novembre 1859 à octobre 1868). Conseiller municipal de la ville de Constantine en 1870, membre puis vice-président de la Chambre de commerce, conseiller général du canton d'El-Arrouch, il conserva ces fonctions jusqu'à sa mort.

Il acquit au sein des assemblées une légitime influence, qui lui valut l'honneur d'être délégué au Conseil Supérieur de gouvernement de l'Algérie en 1875 et 1877, et d'être nommé président de la Commission départementale en 1886.

Le gouvernement de la République récompensa cette vie toute de travail et de dévouement à la chose publique, en le nommant chevalier de la Légion d'honneur le 2 février 1873.

Il est décédé à Constantine le 7 juillet 1887.

Documents particuliers.

LAVIGERIE.

Mgr Lavigerie (Charles-Martial Allemand), cardinal-archevêque d'Alger, est né à Bayonne (Basses-Pyrénées) le 31 octobre 1825. Docteur en théologie et professeur d'histoire ecclésiastique à la Faculté de Paris, Mgr Lavigerie fut appelé à la cour de Rome comme auditeur de rote pour la France.

Le 5 mars 1863, il fut nommé évêque de Nancy, et le 12 janvier 1867 passa au siège d'Alger, qui venait d'être érigé en archevêché.

Le nouveau prélat déploya tout d'abord un zèle apostolique qui lui créa des difficultés avec le gouvernement militaire et donna lieu à des débats retentissants. Mais pendant la famine de 1867 il fut admirable de dévouement et de charité. Il fonda des orphelinats, prodigua les secours, et de telle sorte qu'il conquit le respect et l'admiration de toute la colonie.

D'une érudition et d'une intelligence tout à fait remarquables, Mgr Lavigerie n'a pas tardé à comprendre le caractère arabe et à modifier sa conduite.

La lettre suivante adressée à M. Dauphin, directeur de l'Œuvre des écoles en Orient, en témoigne : elle montre comment le cardinal entend aujourd'hui l'action religieuse en Algérie et en Tunisie :

Je déclare donc, dit-il, que je considérerais comme un crime ou comme une folie de surexciter, par des actes d'un prosélytisme imprudent, le fanatisme de nos populations musulmanes ; comme un crime, parce que j'ajouterais ainsi une difficulté nouvelle à toutes celles dont la France doit triompher en ce moment ;

comme une folie, parce qu'au lieu d'atteindre le but, nous l'éloignerions peut-être à jamais. J'ajoute que les règles que j'ai tracées à cet égard aux prêtres de la Tunisie sont suivies fidèlement.

En matière aussi grave, aucun d'eux ne s'exposerait à me désobéir.

Voilà plus de trente années que j'étudie, d'abord comme directeur de cette œuvre, et aussi comme évêque, ce grand problème religieux et social du mahométisme ; et ces études m'ont conduit, m'ont amené à cette conviction que le prosélytisme personnel et la prédication ordinaire sont impuissantes et même nuisibles à la transformation des races de l'Afrique du Nord : la vraie, la seule prédication efficace, c'est l'action des événements qui changent lentement la situation politique de ces contrées.

Sans le savoir, sans le vouloir même, nos gouvernants, nos soldats sont les vrais agents de la mission nouvelle. *Ils sont la force, et la force pour les musulmans, c'est Dieu même.*

Nommé par la cour de Rome, en 1881, administrateur apostolique de la Tunisie, Mgr Lavigerie a été promu au cardinalat en 1882.

Il est officier de la Légion d'honneur du 14 juillet 1880.

Dict. des Contemporains. — Archives de l'archevêché d'Alger. — *La Vie de Mgr Lavigerie*, par M. Grussenmeyer. — *Pérégrinations en Algérie*, par le Dr Bonnafont.

LEBLANC DE PRÉBOIS.

Leblanc de Prébois (François), officier et publiciste, ancien représentant du peuple, né en 1804 à Yverdun (Suisse), fils d'un officier supérieur d'artillerie, fut admis en 1822 à l'école militaire de Saint-Cyr, passa deux ans plus tard dans le corps d'état-major, fut attaché en 1830, en qualité de lieutenant, à l'expédition d'Alger, et devint capitaine en 1832. En 1843, il fut rappelé en France, pour avoir émis, sur l'administration de la colonie, des idées contraires à celles du gouvernement. Il les développa dans les ouvrages suivants : *Nécessité de substituer le gouvernement civil au gouvernement militaire* (1840, in-8°); *Conditions essentielles de progrès en Algérie* (1840, in-8°); *l'Algérie prise au sérieux* (1840, in-8°); *les Départements algériens* (1844, in-8°). Il fonda en outre, pour défendre la thèse de l'assimilation complète de l'Algérie à la France, une feuille spéciale : *l'Algérie*, qui passa bientôt entre les mains d'anciens disciples de Saint-Simon. Il publia encore : *Réorganisation de l'armée et de sa solde* (1848), où il proposait de réaliser 15 millions d'économie sur le budget de la guerre.

Lors des élections de 1848, M. Leblanc de Prébois ne fut pas oublié par les colons de l'Algérie, appelés pour la première fois à exercer leurs droits politiques, et à la suite d'une profession de foi très républicaine il fut élu, le troisième sur quatre, représentant à l'Assemblée constituante. Il y vota, en général, avec la droite et soutint, après l'élection du 10 décembre, la politique intérieure et extérieure de l'Élysée. Il ne fut point réélu en 1849.

Il est mort à Paris le 21 février 1875.

Dictionnaire des Contemporains. — L'Algérie. — Archives militaires.

LEBLOND.

Le colonel Leblond, du 48° de ligne, était en Algérie depuis 1832. Presque toujours en expédition, il s'était fait remarquer par sa bravoure et ses qualités stratégiques. Ses hommes avaient en lui une confiance illimitée. Le 10 octobre 1842, le colonel Leblond fut tué près du bordj Bel-Kéroub, en Kabylie.

« C'était un officier fort recommandable, qui fut vivement regretté de l'armée, » a dit de lui Pellisier de Reynaud.

Annales algériennes. — Archives militaires.

LECAVELIER.

Soldat, garde forestier, colon, dans chacune des situations de sa vie, son courage, son abnégation ont mérité à Lecavelier les éloges et la reconnaissance de tous ceux qui l'entouraient.

Jeune encore et servant comme artificier au 13° d'artillerie à Bône, Lecavelier fut porté à l'ordre du jour.

Un obus avait éclaté au milieu d'un magasin qui en contenait quatre-vingt-trois autres chargés. Un homme était tué; les autres se sauvaient; Lecavelier, malgré le danger imminent de nouvelles explosions, se précipita sur les matières enflammées et empêcha le feu de se communiquer aux autres projectiles.

Devant cette belle conduite, les habitants de Bône rendirent un témoignage officiel de courageux dévouement à Lecavelier. Ceci se passait en 1848. Un an après, en juin 1849, Lecavelier était brigadier; Aïn-Beïda était cerné par les Arabes. Profitant de la nuit, ces derniers voulurent s'emparer de la place, mais Lecavelier veillait, il se précipita sur une pièce d'artillerie et fit commencer le feu sur l'ennemi; il le repoussa.

Puis, quittant le régiment, il entra dans le service des forêts.

Aussi bon serviteur là qu'à l'armée, ses chefs disaient de lui qu'il était le modèle des préposés forestiers.

« En 1857 notamment, dit M. Lambert, inspecteur des forêts, sous ma direction et sous mes yeux, le garde Lecavelier a pris la part la plus active aux travaux de défense contre trois incendies allumés dans la forêt de l'Edough. Il entraînait par son exemple et sa rare énergie les zouaves harassés de fatigue ; lui, tint jusqu'au bout quoique atteint par les flammes à la tête (au point qu'il a failli en perdre la vue), et parvint à arrêter sur la route l'incendie qui allait la franchir, menaçant l'établissement des concessionnaires de chênes-lièges. »

De nombreux certificats émanant aussi de ses chefs montrent Lecavelier risquant vingt fois sa vie pour le bien d'autrui.

En 1884, Lecavelier quitte le service des forêts et vient se fixer à Aïn-Driès (province de Constantine). Là, il donne l'exemple du colon sérieux ; défricheur infatigable, rien ne l'arrête pour obtenir un bon résultat ; drainage coûteux, destruction des rochers par la mine, il met tout en œuvre.

Dans un pays entièrement isolé, il sait par la correction de sa conduite se faire respecter de la population indigène, encore peu policée dans ces parages ; comme colon, les médailles obtenues à Paris, à Bône et à Constantine attestent que la qualité de ses produits est remarquable ; malgré cela, il travaille toujours au perfectionnement de sa colonie agricole.

En juillet 1887, Lecavelier reçut la croix de la Légion d'honneur pour son admirable conduite, comme soldat, comme fonctionnaire et comme colon.

Il est décédé à Aïn-Driès en septembre 1888.

Documents particuliers. — *Indépendant* de Constantine.

LE CORGNE.

Constant-François-Jean-Marie Le Corgne est né le 15 septembre 1829 à Dinan (Côtes-du-Nord). Arrivé en Algérie le 20 mars 1850, il fut immédiatement incorporé aux zouaves. Il est sorti du 3ᵉ régiment le 28 mars 1874, avec le grade de sous-officier, pour passer à l'état-major des places, puis à l'état-major particulier du génie jusqu'au

20 juin 1882, époque à laquelle il a définitivement quitté l'armée. Il compte 44 campagnes et 2 blessures.

Cité à l'ordre du jour de l'armée le 17 mars 1855 et le 20 juin 1860 pour sa belle conduite à Taffertas (Kabylie), Le Corgne a reçu les décorations suivantes :

Medjidié (5ᵉ classe), 5 mai 1856.
Médaille commémorative de Crimée, de S. M. Britannique (avec 4 agrafes), 6 mai, 1856.
Médaille militaire, 4 juin 1859.
Médaille militaire de Savoie, 5 juin 1859.
Médaille commémorative de la guerre d'Italie, 6 octobre 1859.
Chevalier de la Légion d'honneur, 20 octobre 1867.

M. Le Corgne, en quittant l'armée, s'est installé à Philippeville ; il y jouit à juste titre de la considération de ses concitoyens qui l'ont appelé le 4 mai 1884 à siéger au conseil municipal.

Documents particuliers.

LEFEBVRE.

Le grenadier Lefebvre, du 43ᵉ de ligne, est un des héros du siège de Zaatcha en 1849.

En voulant ramasser une pioche auprès d'un mur, Lefebvre est atteint le 20 octobre d'une décharge de tromblon au bras droit et à la cuisse gauche, et tombe à côté de quelques-uns de ses camarades étendus raides morts au pied de ce mur, qu'ils essayaient quelques instants auparavant de démolir. Son sang coule avec abondance, ses douleurs sont atroces, mais s'il donne signe de vie, de nouveaux coups vont l'atteindre et ce sera fait de lui. Il garde l'immobilité de la mort sous les bouches menaçantes des canons de fusil des Arabes, braqués à travers les créneaux, à quelques pas de lui, et, couché parmi les cadavres, il attend une occasion favorable. Bientôt, entendant le signal de la retraite, il entr'ouvre les yeux et se hasarde à implorer le secours de ses camarades de sa voix la plus faible ; mais, ô désespoir ! ils ne l'entendent pas et s'éloignent. Son premier mouvement est alors d'essayer de se traîner jusqu'à eux ; mais il réfléchit que s'il bouge, il est mort, et il continue de rester immobile. Au bout de quelques heures passées dans les plus cruelles angoisses, il n'entend plus les Arabes et, croyant qu'ils se sont éloignés, il essaie de se glisser jusqu'au bord du fossé. Mais aussitôt une nouvelle décharge l'atteint en plein dans la cuisse droite.

Au même instant il se précipite du haut de la contrescarpe dans le fossé, au bord duquel il se blottit, ayant de l'eau jusqu'au-dessus de la ceinture, de manière à ce que les fusils des Arabes passant par les créneaux, et qui ne peuvent ainsi tirer verticalement, ne l'atteignent pas dans cette position. Quelques heures s'écoulent encore; une fièvre brûlante agite convulsivement le corps du pauvre soldat, qui, pour étancher la soif qui le dévore, boit l'eau rougie de son propre sang. De sa main gauche, la seule dont il ait le libre usage, il défait comme il peut sa cartouchière, se dépouille de sa capote, puis, se remettant à la grâce de Dieu, il se dirige ou plutôt il se traîne vers l'autre rive. Les Arabes ne l'aperçoivent pas cette fois; mais, arrivé près de la tête de sape, il est entendu par les soldats français qui s'y trouvent, et qui, le prenant pour un ennemi, se disposent à faire feu sur lui : « *Sauvez-moi*, s'écrie-t-il alors, *je suis un de vos camarades; je m'appelle Lefebvre, grenadier au 43e de ligne*, » et aussitôt un trou est pratiqué dans le mur qui sépare la tête de sape du fossé, et dix mains amies lui sont tendues à la fois; mais Lefebvre ne peut s'aider à cause de ses blessures. Un zouave, n'écoutant alors que son dévouement et son courage, et bravant le feu des Arabes, auquel il va s'exposer en se montrant à découvert, saute d'un bond dans le fossé, soulève le grenadier et l'avance, par le trou pratiqué, à ses camarades qui l'attirent à eux et lui prodiguent à l'envi tous les secours qu'ils peuvent et dont il a si grand besoin dans son affreuse position.

Le grenadier Lefebvre guérit de ses blessures, mais resta estropié. Il reçut une pension et la croix des braves.

<small>Documents militaires. — *Souvenirs de la guerre d'Afrique*, par Bourseul. — *Le Siège de Zaatcha*, par Rocher.</small>

LEHAUT.

Le lieutenant Lehaut, du 3e spahis, a été un des aides les plus intelligents de M. Jus dans l'Oued-R'irh. Il était simple maréchal des logis lorsqu'il fut adjoint à l'ingénieur de la compagnie Degoussée et Laurent pour le forage des puits artésiens; il montra une aptitude toute particulière pour la conduite de ces délicates opérations et un appareil de sondage lui fut bientôt confié. Il fora de nombreux puits artésiens et gagna ainsi le grade de lieutenant dans ces travaux justement récompensés comme des combats, car ils exigent au moins autant d'intelligence, d'énergie de caractère et de patriotisme.

Le lieutenant Lehaut est mort dans l'Oued R'irh au milieu du pays qu'il avait métamorphosé. Un petit monument lui a été élevé dans l'oasis d'Ourlana.

Documents particuliers et officiels. — *Mémoires du maréchal Randon.* — *Algérie et Tunisie*, par Piesse.

LELIÈVRE (Hilaire).

L'illustre capitaine Lelièvre (Hilaire) est né à Bordeaux, en 1800. « *Né vers* 1800, *mort en* 1851, » c'est à peu près tout ce que donnent les biographies sur le héros de Mazagran. Son origine, on l'ignore; ses débuts, nul ne les a recherchés. Et combien d'autres défenseurs de l'Algérie sont ainsi tombés dans un ingrat oubli!

Lelièvre était sous-officier au 15e de ligne sous Charles X; il fit partie de l'expédition d'Alger et, à la création des bataillons d'infanterie légère d'Afrique (juin 1832), fut nommé lieutenant au 2e bataillon. Sa bravoure dans divers combats lui valut le grade de capitaine au 1er bataillon d'infanterie légère; et c'est avec 123 hommes de la 10e compagnie, que pendant quatre jours, du 3 au 6 février 1840, il repoussa, dans le réduit en pierre sèche de Mazagran, les attaques et l'assaut de 4,000 Arabes sous les ordres de Mustapha ben Tami, khalifa de Mascara.

A la suite de ce fait d'armes si glorieux, Lelièvre fut nommé chef de bataillon au 1er régiment de ligne en garnison à Oran. Une médaille fut frappée et un monument commémoratif élevé par souscription publique en l'honneur de Lelièvre et de ses vaillants compagnons. Quelque temps après, on ne sait pour quels motifs, Lelièvre quitta l'armée et rentra France où il est décédé en 1851.

Documents officiels. — *Encyclopédie du XIXe siècle,* — *Spectateur militaire* de 1840. *Relation de l'attaque et de la défense de Mostaganem et de Mazagran*, par Abinal.

LE LIÈVRE (Ferdinand).

Le Lièvre (Ferdinand), ancien sénateur d'Alger, est né à Trèves (Prusse Rhénane) le 7 novembre 1799. Issu d'une famille originaire de la Lorraine, il était greffier du tribunal de Nancy lorsque éclata la révolution de 1848. Il se fit l'apôtre des idées républicaines et devint candidat à l'Assemblée constituante; il échoua avec une minorité très honorable. Poursuivi après le coup d'État, il fut condamné à la transportation en Algérie. Il s'établit à Alger et ne tarda pas à y conquérir l'estime générale par la droiture de son caractère et la dignité de sa conduite. Il fut un des chefs du mouvement antiplébiscitaire de l'Algérie en mai 1870 et, après la proclamation de la République, siégea à l'hôtel de ville d'Alger et à l'assemblée départementale.

La constitution du 24 février 1875 ayant accordé à chacun des départements algériens un représentant au Sénat, Le Lièvre fut nommé sénateur d'Alger, le 30 janvier 1876, par 50 voix sur 95 électeurs. Il vota avec l'extrême gauche, réclama pour l'Algérie le développement du régime civil et l'assimilation à la métropole en ce qui regarde les droits politiques.

Il a échoué au renouvellement triennal du Sénat en 1885; non pas qu'il ait démérité, mais en raison de son grand âge qui ne lui permettait que difficilement de remplir son mandat, et aussi parce que les opinions qu'il représentait n'étaient plus celles de la majorité.

Décédé à Alger, à l'âge de 88 ans, le 25 décembre 1886, Le Lièvre a laissé un nom respecté de tous, y compris ses adversaires politiques. Il a donné l'exemple d'une inébranlable fidélité à ses convictions et sa loyauté était au-dessus de tout soupçon.

<small>Documents particuliers.</small>

LEMERCIER.

Le colonel Lemercier prit part à l'expédition d'Alger comme chef de bataillon du génie. Officier de valeur et très courageux, il se distingua plusieurs fois et fut nommé lieutenant-colonel en 1831. En

1834 il était colonel et fut quelque temps commandant supérieur de Bougie, dont il avait conçu et fait exécuter les fortifications au lendemain de notre prise de possession. Quoique sérieusement malade, il assista au premier siège de Constantine et s'y montra à la hauteur de sa réputation. Mais les fatigues de ce siège et la contrariété de l'insuccès l'achevèrent ; il mourut en arrivant à Alger, le 3 décembre 1836.

« Le colonel Lemercier, disait un ordre général du 5 décembre, s'est éteint en servant la patrie et en justifiant la confiance du roi. En entreprenant la campagne qui l'a mis au tombeau, il a fait un grand acte de dévouement et de patriotisme dont on doit conserver le souvenir dans l'armée pour l'imiter lorsque le service et l'honneur du pays l'exigeront. La caserne construite sur les rues de la Marine et des Consuls prendra le nom de *Caserne Lemercier*. »

Elle porte toujours ce nom.

Archives militaires. — Documents officiels.

LE PAYS DE BOURJOLY.

Jean-Alexandre le Pays de Bourjoly, lieutenant général, né aux Cayes, dans l'ancienne colonie française de Saint-Domingue, le 24 mars 1791. Il entra dans les pages de Louis, roi de Hollande, servit dans les guerres de Hanovre et de Zélande, passa dans l'armée française en 1810 avec le grade de lieutenant et fit, en qualité d'aide de camp du maréchal Bessières, les campagnes de 1811 à 1813 en Espagne, en Russie et en Saxe. Après la mort du maréchal au combat de Poserna, où il reçut la croix de la Légion d'honneur, il alla rejoindre en Espagne le maréchal Soult, auquel il fut attaché aussi comme aide de camp. Chef d'escadron en 1814, mis en non-activité après les Cent-jours, il participa en 1830, comme volontaire, à l'expédition d'Alger et fut le premier major de cette place devenue française. Lieutenant-colonel en 1831, colonel en 1835, cité à l'ordre du jour de l'armée en 1839 pour sa belle conduite au combat d'Oued-el-Alleug, où il reçut un coup de baïonnette et un coup de feu, nommé à cette occasion commandeur de la Légion d'honneur, il devint maréchal de camp en 1840, à la suite d'une expédition brillante dans l'Atlas. Après un séjour de deux ans en France, il revint en Algérie en 1843, y rendit de nouveaux services et fut nommé lieutenant général en 1845. Le 31 décembre 1852, il fut élevé à la dignité de sénateur, et en 1865 à celle de grand-croix de la Légion d'honneur. On a de lui : *Considérations sur l'Algérie* (1846); *Colonies agricoles de l'Algérie* (1849); *Du mode de gouvernement de l'Algérie* (1850).

Le général Le Pays de Bourjoly est mort à Tarbes le 13 septembre 1865.

Annuaire encyclopédique. — Documents militaires.

LE ROUXEAU DE ROSENCOAT.

Le Rouxeau de Rosencoat (Julien-Vincent-Victor), général de brigade, commandeur de la Légion d'honneur, né à Quimper (Finistère) le 28 mars 1806; élève de la Flèche en 1815, élève de Saint-Cyr le 5 novembre 1825, il fut nommé sous-lieutenant au 13e léger le 1er octobre 1826, lieutenant le 7 septembre 1831, et passa capitaine le 24 août 1838. Le 22 avril 1840, embarqué avec son régiment pour la province d'Oran, il fut cité à l'ordre de cette division du 1er décembre de la même année. Décoré pour fait de guerre dans le combat du Rio-Salado le 24 avril 1842, il fut promu, le 27 avril 1846, chef de bataillon au 1er régiment de la légion étrangère, toujours dans la province d'Oran, après deux nouvelles citations, l'une au rapport du 28 octobre 1845 pour le combat contre les Ouled-Khrelif (subdiv. de Tlemcem), l'autre pour l'affaire du 7 novembre. Il fit de nombreuses expéditions, passa au 68e de ligne le 29 février 1847. Il prit part, en 1849, à la campagne de Rome, dans laquelle il fut blessé à la jambe droite. Cité à l'ordre et décoré de la croix d'officier de la Légion d'honneur le 19 octobre 1845, il revint à Alger le 20 octobre 1850. Lieutenant-colonel le 9 juin 1851, à Nantes, il passa au bout de deux ans, le 29 novembre 1853, colonel du 72e de ligne alors à Lyon. Il ne tarda pas à revenir pour la 3e fois en Afrique, où il resta du 7 juin 1854 au 13 février 1859. Commandeur le 28 décembre 1855, il reçut les épaulettes de général le 24 décembre 1858, à la suite de nombreuses campagnes et de citations réitérées. On lui donna un commandement à Toulon; mais, désireux de revenir une fois encore en Algérie, il obtint d'être mis à la disposition du gouverneur général, qui lui confia la subdivision d'Aumale, le 4 juin 1864.

Le 29 août 1865, le général de Rosencoat fut rappelé en France et nommé à Saint-Brieuc (Côtes-du-Nord). Il y est décédé le 28 octobre 1867, au moment où il allait être mis au cadre de réserve.

Panthéon Fléchois. — Archives militaires.

LESUEUR.

M. Georges Lesueur, ingénieur civil, sénateur du département de Constantine, chevalier de la Légion d'honneur, est né à Paris en 1834. Par sa haute intelligence, son activité, son esprit d'initiative, ses travaux et les services qu'il a rendus à la colonisation, M. Lesueur a sa place marquée parmi les hommes les plus considérables de l'Algérie.

Sorti de l'École polytechnique en 1856, admis dans les services publics, il préféra la carrière industrielle et entra dans la Compagnie des chemins de fer de l'Est, où il a été ingénieur du matériel et de la traction, puis ingénieur chargé du service d'Allemagne.

Il fut choisi ensuite pour aller, en qualité d'ingénieur en chef sous-directeur, prendre part à la construction et à l'exploitation des chemins de fer du nord de l'Espagne.

Après dix années passées dans les chemins de fer, désirant utiliser, en travaillant pour son compte personnel, l'expérience qu'il avait acquise, il prit en 1867 (avec M. Castor, qui mourut après) l'entreprise des travaux de construction des ports de Philippeville et de Bône; les ponts de la Summam à Bougie et de la Seybouse à Duvivier, etc., travaux qui ont employé une vingtaine de millions.

A Bône, à Duvivier, à Bougie, les travaux présentaient des difficultés sérieuses dont l'entrepreneur n'est venu à bout que par l'emploi en grand de l'air comprimé. Mais à Philippeville il y avait à surmonter plus que de grandes difficultés; il y avait, au dire des habitants et des marins, à réaliser presque l'impossible, car tous étaient d'accord pour soutenir qu'en raison de la violence de la mer, en raison des effroyables tempêtes qui, chaque année, enlevaient au mouillage et brisaient un grand nombre de navires, on ne parviendrait jamais à faire tenir une jetée sur ce point découvert de la côte d'Afrique.

La vérité est que, pendant quinze ans, la construction en pleine mer du port de Philippeville n'a été qu'une lutte incessante dans laquelle l'entrepreneur, pour pouvoir amener à réalisation les projets dressés par les ingénieurs de l'État, a dû faire preuve d'une ténacité exceptionnelle.

Chaque hiver, des chantiers étaient démontés par la tempête, les bateaux jetés à la côte et brisés, son matériel démoli ; il lui fallait, payant sans cesse de sa personne, passer des jours et des nuits sous la pluie et à la mer pour diriger ses marins dans le sauvetage des bateaux et des machines. Sa santé en arriva à être tellement épuisée par les fatigues, les fluxions de poitrine et les fièvres paludéennes, que les médecins l'avaient condamné.

Aux fatigues s'ajoutaient les préoccupations et les pertes matérielles, car la valeur des bateaux brisés ou coulés à fond, des machines démolies, des voies de chemins de fer enlevées, montait à une somme considérable, dont on se fait une idée en remarquant qu'à la suite *de la seule* tempête des 27, 28, 29 janvier 1878, la perte constatée de l'entrepreneur montait à 208,000 francs. Or, malgré la force majeure bien démontrée, l'État s'est refusé à prendre à sa charge même une simple part de cette perte.

Dès la première année, et plus tard à diverses reprises, l'associé de M. Lesueur, considérant l'affaire comme détestable, voulait résilier à tout prix, mais M. Lesueur, envisageant les choses, non pas au point de vue d'une simple entreprise, mais bien plutôt comme une œuvre sérieuse qu'il avait commencée et qu'il voulait mener à bonne fin, préféra persister et lutter jusqu'au bout.

Si on ajoute que, malgré cette situation compliquée, l'honorable ingénieur *n'a jamais eu ni un procès ni même une difficulté* avec le service des ponts et chaussées ; si on tient compte de ce qu'aujourd'hui le port de Philippeville est terminé et que les navires accostent à quai, on peut dire que M. Lesueur a prélevé les vingt meilleures années de sa vie pour les consacrer au succès d'une œuvre pénible, ingrate, et dont la réalisation avait été déclarée impossible.

En 1870, M. Lesueur, qui connaissait bien l'Allemagne, prévoyant que la guerre serait des plus graves et forcerait à dégarnir l'Algérie de toutes ses troupes régulières, obtint du gouverneur général l'autorisation de former avec les ouvriers de ses chantiers, augmentés d'un certain nombre de volontaires de la ville, des compagnies de 15 hommes chacune, armées de carabines de précision. Il fut nommé commandant.

Ces compagnies, qui faisaient chaque jour une heure d'exercice de tir, *heure payée par l'entrepreneur comme travail de chantier*, étaient composées, en majeure partie, d'anciens soldats, et montrèrent une discipline et une solidité à toute épreuve dans les petites expéditions qu'elles exécutèrent autour de Philippeville, et surtout lorsqu'en mai et juin 1871, accompagnées de leur section d'artillerie et de goums, elles eurent à faire colonne en partant de Constantine pour aller débloquer Sétif.

Pendant toute la durée de cette colonne, M. Lesueur ne cessa pas un instant de partager les marches et les fatigues des hommes qu'il commandait, et il eut en outre à supporter la charge de grosses dépenses qui ne lui furent jamais remboursées par l'État.

Quand la région de Sétif fut pacifiée et pendant que la colonne rentrait à Philippeville, arriva du gouvernement de Paris l'ordre formel d'arrêter l'ensemble des travaux publics d'Algérie, parce que la France avait besoin de tout son argent disponible pour payer l'indemnité de guerre.

M. Lesueur, ne pouvant consentir à laisser mettre sur le pavé des hommes qui venaient de faire si noblement leur devoir, prit la résolution (malgré ordres contraires) de continuer les travaux quand même, afin que les ouvriers pussent nourrir leurs familles, et il les continua en faisant à l'État des avances successives qui ont monté jusqu'à la somme de *douze cent mille francs*. Cette somme lui fut plus tard remboursée, mais *sans intérêts* ni compensation d'aucun genre.

De 1867 à 1878, chaque fois que de grands incendies de forêts entouraient Philippeville d'un cercle de feu, c'est presque constamment à M. Lesueur que le maire et le sous-préfet s'adressaient en lui demandant d'aller au feu avec ses compagnies d'ouvriers. Pendant ces sorties, M. Lesueur fournissait encore à ses ouvriers des vivres et leur payait le temps passé dehors, sans jamais réclamer le remboursement des sommes ainsi dépensées.

Dans les grands incendies d'août 1881, il en fut de même et M. Lesueur, avec deux cents de ses hommes put, tant à Stora qu'à la maison Villeneuve et dans sa propriété même, combattre et arrêter le feu. Le préfet de Constantine était présent.

En 1870, lors des grandes inondations qui ravagèrent les vallées du Saf-Saf et du Zéramna, M. Lesueur et ses marins parvinrent à faire passer une chaloupe au delà du lit du Zéramna, et, en allant dans des fermes isolées, où l'eau montait au premier étage des maisons, sauvèrent vingt-trois personnes réfugiées sur les toits. Une lettre de félicitation du Commissaire extraordinaire de la République, qui remplissait alors les fonctions de gouverneur général, en fait foi.

En 1877, M. Lesueur, au moyen de ses remorqueurs, sauva le navire français *Princesse-Caroline*, en perdition devant Philippeville.

Le 28 janvier 1878, M. Lesueur et ses marins concoururent activement, avec le conducteur et le personnel des ponts et chaussées, à sauver les équipages des navires mouillés dans le port de Philippeville et qui furent tous, sans exception, jetés à la plage et démolis.

Le 4 septembre 1879, on apprit à Philippeville que le vapeur-courrier de la compagnie Valery *la Corse*, commandé par le capitaine Matteï, parti la veille au soir, emportant une centaine de passagers civils et quatre cents hommes de troupes, se trouvait par trente milles au nord-ouest du cap Bougaroni avec sa machine cassée, et pouvait être en perdition si le temps forçait. Malgré une très grosse mer et un temps menaçant, M. Lesueur fit chauffer ses deux meilleurs remorqueurs et partit avec eux à la recherche du courrier.

Après une pénible lutte contre la forte mer (un des remorqueurs fut rempli d'eau et faillit se perdre) et après avoir été très loin dans le nord-ouest pour rattraper le navire qui fuyait la terre, n'ayant que ses voiles et gouvernant mal, il l'atteignit, le prit à la remorque et après beaucoup de peine parvint à l'amener la nuit suivante dans le port de Philippeville.

Il y avait imprudence absolue à aller au loin avec d'aussi petits remorqueurs chercher un gros navire.

Mais, outre le danger de perdition que courait *la Corse*, il y avait un autre motif pour l'aller chercher à tout prix. C'est que, comptant sur une traversée ordinaire, on n'avait embarqué que pour 48 heures de vivres et d'eau, et que le capitaine était déjà effrayé par la pensée de ce qu'il serait advenu s'il avait été obligé de tenir la mer sans voiles pendant plusieurs jours avec ses cinq cents passagers.

Pour ces motifs et pour d'autres encore, la Société des sauveteurs d'Alger a décerné à M. Lesueur une médaille d'or et l'a nommé son Président d'honneur.

En 1876, avec de très faibles ressources financières, provenant surtout d'une souscription, mais avec l'appui de tous les habitants, M. Lesueur, comme président du Comice agricole, entreprit de tenir à Philippeville un grand concours régional. Indépendamment des expositions et de la distribution des récompenses, le programme comportait dix journées consécutives de fêtes et, grâce à l'ardeur que chacun apporta dans l'organisation des détails, ce programme fut exécuté jusqu'au bout sans qu'on eût rien à en retrancher.

Pendant dix journées de concours, de courses de chevaux, de régates, de concerts et de bals, les populations environnantes vinrent à Philippeville s'amuser et remplir les caisses du petit commerce. Ce fut un succès sans précédent, succès constaté dans une lettre de félicitations adressée à M. Lesueur par M. d'Orgeval, alors préfet de Constantine.

Indépendamment de l'acclimatation de plantes et d'animaux provenant de l'étranger pour lesquels il a obtenu nombre de bons résultats, M. Lesueur a pris l'initiative de créer *entièrement à ses frais* la station viticole d'El-Mohader (entre Philippeville et Stora).

M. Lesueur a été plusieurs années aussi vice-président de la chambre de commerce de Philippeville.

C'est sur son initiative et d'après son action commune avec le président, M. Teissier, que cette chambre, la première en Algérie, fit d'abord à l'État une avance de deux millions, puis une seconde de un million et demi pour hâter l'achèvement des travaux du port.

M. Lesueur est aussi administrateur de la Banque de l'Algérie et de la Compagnie algérienne, c'est-à-dire des deux sociétés les plus anciennes et les plus solides de la colonie.

Il a acquis, en 1876, la propriété de la concession minière du Filfila (16 kilomètres carrés) et a depuis ce temps employé des sommes considérables à reconnaître, jauger et préparer pour une exploitation prochaine les couches des riches minerais de fer oligique et magnétique qu'elle renferme. C'est d'un grand avenir pour Philippeville.

M. Lesueur a également acquis les marbreries du Filfila déjà très connues du temps des Romains, mais qui, abandonnées depuis des siècles, ont demandé de grands travaux et de grosses dépenses pour être remises en exploitation.

Il a installé à côté de ses autres ateliers de Philippeville une vaste marbrerie avec machines spéciales, dans laquelle s'exécutent couramment les travaux d'ornementation les plus compliqués. Dans une des sections de cette marbrerie, des statuaires français et italiens produisent des bustes, des statues de demi-grandeur et de grandeur naturelle avec la même perfection de travail qu'à Paris ou à Florence.

On en trouve la preuve en ce que c'est surtout à Paris que ces statues sont employées et vendues.

Comme les marbres blancs du Filfila sont reconnus aussi beaux que les marbres grecs et que les marbres de Carrare ; comme les marbres de couleur et les onyx du Filfila sont reconnus aussi beaux que les plus beaux marbres d'Italie, des Pyrénées et de Belgique, il est permis d'affirmer qu'en créant de toutes pièces, au prix d'efforts et de sacrifices continus, l'industrie marbrière à Philippeville, M. Lesueur aura fait œuvre des plus utiles pour l'avenir du pays.

De tels travaux, un tel dévouement à la chose publique ne pouvaient passer inaperçus. Le gouvernement a décerné à M. Lesueur la croix de la Légion d'honneur, en 188. ; les électeurs de la circonscription de Philippeville lui ont confié en 1880 le mandat de les représenter au Conseil général. *Dès son entrée* dans l'assemblée départementale, celle-ci a choisi M. Lesueur pour vice-président et délégué au Conseil supérieur de gouvernement de l'Algérie. En 1884 il a été élu président du Conseil général et, le 5 janvier 1888, sénateur du département de Constantine en remplacement de M. Forcioli, candidat sortant.

Dans le compte rendu de 1880 de la *Société des Sauveteurs d'Alger*, M. Lesueur figure encore parmi les lauréats, et à ce sujet nous relevons les lignes suivantes : « ... Le brave et digne sauveteur a encore d'autres droits à notre admiration. Il emploie sur ses chantiers un nombre considérable d'ouvriers de tout âge et de toute nationalité. Tous l'aiment au point de se faire tuer pour lui épargner une égratignure ; cela prouve combien il est juste, humain et paternel ; c'est beau et c'est rare ! »

Cet éloge est rigoureusement exact. M. Lesueur est très aimé de tout son personnel et de tous ses électeurs, qui l'ont renommé conseiller général en 1886, à la presque unanimité des suffrages.

M. Lesueur est un travailleur d'une rare énergie et ses collègues du Sénat l'ont eu vite remarqué. Ils lui témoignent la plus grande considération. Aussi, étant donnés et son talent oratoire et ses études approfondies de toutes les questions algériennes, il est un des hommes sur le concours desquels la colonie doit le plus compter.

Rapports du préfet, de l'ingénieur en chef des ponts et chaussées, du président de la chambre de commerce. — *Indépendant* de Constantine, *Démocratie algérienne*. — *Zéramna*. — Documents officiels et particuliers.

LETELLIER.

Letellier (Alfred-Ferdinand-Sévère), député d'Alger, est né dans cette ville le 16 mars 1841. Il appartient au barreau.

Son père, modeste employé, s'imposa les plus durs sacrifices pour lui donner une éducation complète.

Le lycée d'Alger, grâce à la tyrannie ombrageuse du gouvernement impérial, avait alors le privilège de posséder un corps de professeurs du plus grand mérite, qu'on envoyait au delà des mers pour leur faire expier les tendances libérales qu'ils avaient montrées.

Sous de tels maîtres, le jeune Letellier fit des progrès rapides, et comme la situation de sa famille ne lui permettait pas ce stage improductif que les jeunes gens font d'ordinaire, après les études classiques, auprès des Facultés ou dans les Écoles supérieures, il résolut de se créer des ressources personnelles en sollicitant les fonctions de maître d'études au collège Chaptal. Il avait dix-sept ans.

Combiner les rudes et ingrates fonctions de surveillant de collège avec l'assiduité aux cours de la Faculté pouvait paraître difficile.

Heureusement, on lui offrit bientôt une chaire de professeur, et alors, par des miracles d'activité, il sut trouver le temps et la force de professer au collège Chaptal et de suivre les leçons des professeurs de l'École de droit.

Mais un coup terrible vint le frapper : son père mourut et lui laissa tout entière la charge de l'éducation de son jeune frère.

Tout est possible à une ferme volonté; pour remplir un devoir de chef de famille, M. Letellier ne recula devant aucune besogne, professant tour à tour ou simultanément le droit, les sciences mathématiques, le latin, le grec et même l'arabe, en même temps qu'il suivait, entre les cours de l'École de droit, les cours de langues orientales au Collège de France et à la Bibliothèque nationale.

Avant l'âge de vingt ans, il était licencié en droit, ce qui est à Paris la fin des études, mais non le commencement d'une carrière : il reste à résoudre le problème le plus ardu, la création d'une clientèle.

M. Letellier avait, heureusement, dans les cours multiples qu'il professait une ressource particulière.

Pendant quelque temps, il eut la chance de faire partie du cabinet d'un des hommes les plus honorés de la démocratie : Crémieux, caractère antique, dont les exemples et les discours ont exercé sur la marche du progrès républicain une si heureuse influence.

Entre temps, il s'associait, avec toute l'ardeur de son âge et de son tempérament, à cette lutte de presse républicaine qui signala les dernières années de l'Empire, collaborait avec Vermorel ou Prévost-Paradol à la *Jeune France*, au *Courrier du Dimanche*, etc.

Alger, à ce moment, pouvait être considéré comme le foyer principal de l'opposition républicaine, grâce sans doute aux mesures d'ostracisme qui avaient rejeté sur le rivage africain une foule d'hommes indépendants.

Alger, ce pays privilégié de la liberté, attirait M. Letellier.

Il revint s'y établir en 1865, et, rompu aux luttes de la presse par la collaboration aux journaux républicains de la capitale, il écrivit dans tous les journaux démocratiques d'Alger : *l'Algérie française*, le *Courrier de l'Algérie*, le *Journal des Colons* (fondé par Alexandre Lambert), le *Bulletin judiciaire de l'Algérie*, qu'il fonda avec le concours de ses confrères Poivre et d'Andrieux.

L'insurrection algérienne de 1871 lui fournit l'occasion de se montrer sous un jour nouveau : élu capitaine adjudant-major dans le bataillon des francs-tireurs d'Alger, il fit son devoir à Milianah et à l'Alma.

Élu membre du conseil général en 1876, réélu en 1879, il fut délégué par ses collègues au Conseil supérieur, y déposa un important rapport sur la justice musulmane, et commença dès cette époque la campagne qu'il a menée depuis contre le rattachement des services algériens à l'administration centrale.

Le 21 août 1881, il se présenta comme député dans la première circonscription d'Alger. Les électeurs qui ont assisté, comme nous, à la réunion publique dans le « trou impérial » n'ont pas oublié l'enthousiasme avec lequel la candidature de M. Letellier fut accueillie. A l'issue de la réunion, un groupe d'électeurs l'emporta en triomphe. Il fut élu par 2,606 voix contre 2,183 à M. Gastu, député sortant, et alla siéger sur les bancs de la gauche radicale.

Sa gaieté, son entrain communicatif, ses dehors essentiellement sympathiques, joints à de la modestie et un dévouement infatigable, lui ont gagné beaucoup d'amis et plus fait pour l'Algérie que les meilleurs discours parlementaires.

Aux élections du 4 octobre 1885, M. Letellier se trouva en présence de deux autres listes; il n'en fut pas moins réélu contre six concurrents, le premier sur deux, par 7,866 suffrages.

Sans jamais négliger les intérêts du pays qu'il représente, M. Letellier ne s'est pas cantonné dans les questions spéciales à l'Algérie; il a pris part, soit dans les bureaux, soit à la tribune, à toutes les grandes discussions de ces dernières années, et sa parole n'a pas été des moins écoutées.

C'est surtout dans les bureaux, où sa vive intelligence, sa connaissance des affaires, son jugement sûr et sa facile élocution ont toujours apporté la lumière dans les questions les plus embarrassantes, qu'il a été apprécié de ses collègues. Aussi le voyons-nous de presque toutes les commissions.

En 1883, 1884 et 1885, il fait partie de la commission du budget; il est rapporteur, en 1883 et 1885, du budget de l'Algérie, et en 1884, du budget de la justice.

En 1883, il est Rapporteur du projet de loi tendant à rendre exécutoire en Algérie la loi du 11 juin 1880 sur les chemins de fer d'intérêt local et les tramways; il prend part à la discussion de la loi sur la réorganisation judiciaire et réussit à y faire introduire des dispositions favorables à l'Algérie.

En 1884, il a déposé au cours de la commission du budget, un rapport sur le projet de loi ayant pour objet la liquidation de l'arriéré du service de la propriété en Algérie et il le soutient à la tribune. Cette même année il est nommé rapporteur des projets de loi : 1° tendant à faire accorder une pension, à titre de récompense nationale au docteur Maillot, 2° tendant à autoriser la concession gratuite au département de la Seine, de terrains domaniaux en Algérie pour l'organisation d'une école professionnelle d'agriculture destinée aux enfants assistés; 3° sur les élections du Doubs; 4° sur la constitution définitive de l'École de Droit d'Alger. La loi sur le divorce a été votée sur son rapport.

En 1886, M. Letellier est entendu dans la discussion de l'interpellation de M. Ballue relative au déplacement de la 9° brigade de cavalerie et dépose un ordre du jour motivé; de même dans l'interpellation de M. le comte de Mun, sur les événements de Châteauvillain. Il prend part comme rapporteur à la discussion du projet de loi relatif à la procédure en matière de divorce et de séparation de corps, et à celle des propositions de loi relatives à la répression de la fraude des beurres, etc.

Il a déposé aussi, en 1886, des propositions de loi ayant pour objet : 1° de modifier plusieurs articles du règlement et d'instituer des commissions permanentes se recrutant librement et correspondant aux grands services publics; 2° de substituer à la monnaie de bronze une monnaie de nickel.

Depuis 1881, il est un des rapporteurs les plus laborieux des commissions sur les pétitions; il prend part à la discussion du budget; comme rapporteur, il soutient la prise en considération de la proposition de M. Steenackers, tendant à établir dans les mairies des registres d'éphémérides communales et dépose un ordre du jour motivé à la suite de la discussion de l'interpellation de M. de Douville-Maillefeu sur l'incident qui s'était produit à la 10° chambre du tribunal de police correctionnelle.

Il dépose également des propositions relatives à la publicité des mariages, à la naturalisation des étrangers, etc.

En 1888, il a été nommé rapporteur des projets de loi : 1° sur l'exercice de la pharmacie; 2° sur le privilège des constructeurs mécaniciens; 3° sur la mise en adjudication des bureaux de tabac. Il a fait voter par la Chambre la prise en considération des propositions de loi sur les enfants naturels et sur le vote obligatoire déposées par lui.

Depuis 1881 il a été également désigné par la Chambre comme membre de la commission de surveillance de la caisse des Dépôts et Consignations et fait partie des commissions permanentes des chemins de fer et de la Réforme du code de Procédure civile.

Les Algériens conservent le souvenir des discours prononcés par lui soit à la distribution des prix du Lycée d'Alger, soit à l'inauguration de la statue de Blandan à Boufarik.

M. Letellier peut être regardé comme un des députés les plus actifs et les plus intelligents. Un de ses biographes a pu dire avec raison : « La terre française d'Alger, dont il a été un des premiers enfants, ne pouvait confier à une voix plus autorisée et à des mains plus pures le soin de défendre ses intérêts devant le Parlement. »

Documents particuliers. — *Akhbar.* — *Petit Alger.* — *Vigie algérienne.* — *Dépêche algérienne.* — *Biographie des députés*, par Ribeyre. — *Dictionnaire des contemporains.* — *Le Parlement illustré.* — *Les Hommes d'aujourd'hui.* — *Journal officiel.* — Notes personnelles.

LETOURNEUX.

M. Letourneux (Aristide-Horace), né à Rennes le 21 février 1820, appartient par son père et son grand-père à une famille de magistrats distingués.

Successivement secrétaire du procureur général de sa ville natale, substitut à Châteaulin, à Saint-Flour, procureur de la République à Brioude, à Bône, conseiller à la cour d'Alger, en dernier lieu vice-président de la cour internationale d'Alexandrie, M. Letourneux s'est constamment fait remarquer par sa droiture. Mais il n'a pas été seulement un jurisconsulte remarquable, un magistrat d'un jugement sûr et éclairé, mais encore un érudit, un lettré et un savant de premier ordre. Naturaliste, ses travaux sur l'histoire naturelle lui ont fait un nom dans le monde entier; philologue et orientaliste, il a étudié toutes les langues, écrit et parle parfaitement l'arabe; littérateur, géographe, historien, nous lui devons un grand ouvrage sur la *Kabylie et les coutumes kabyles,* qu'il a publié en trois volumes avec la collaboration du général Hanoteau.

Dans ses nombreuses explorations, qui ont compris presque toutes les régions de l'Europe, en Turquie, en Asie Mineure, dans tout le nord de l'Afrique, de l'Égypte, il a récolté les éléments de savantes publications dont voici les principales :

Excursions malacologiques en Kabylie, dans le Tell oriental, en Tunisie, en Dalmatie, en Croatie, etc. Étude zoologique sur la Kabylie du Djurjura. Ichthyologie algérienne. Monuments funéraires de l'Algérie orientale. Aperçu des monuments préhistoriques de l'Algérie. Déchiffrement des inscriptions lybico-berbères. Catalogue des plantes de Tripoli, etc.

Officier de la Légion d'honneur, de l'Instruction publique, de l'Ordre du Sauveur, il a dû à ses nombreux travaux d'archéologie et d'histoire naturelle d'être compris parmi les membres de l'Institut égyptien, de la Société malacologique de France, etc.

M. Letourneux peut être, à bon droit, considéré comme un des savants dont s'honore particulièrement l'Algérie, où il est revenu prendre sa retraite de magistrat. Il habite Saint-Eugène.

Depuis 1883, M. Letourneux fait partie de la mission scientifique de Tunisie, où il a exécuté quatre voyages d'exploration, à la suite desquels il a publié un premier rapport au ministre de l'instruction publique sur sa mission de 1884, et en collaboration, avec M. J. R.

Bourguignat, le prodrome de la malacologie terrestre et fluviale de la Tunisie. Il prépare actuellement un mémoire sur les monuments mégalithiques de l'Algérie et de la Tunisie, et un ouvrage sur l'histoire et la genèse des langues de la race blanche.

Documents particuliers. — Audiences solennelles de rentrée. — *Bulletin* de la Société climatologique d'Alger. — *Le Globe*.

LEVASSEUR.

Le général Levasseur (Polycarpe-Anne-Nicolas), né à Baugency le 26 janvier 1790, débuta jeune dans la carrières des armes ; à peine âgé de 16 ans, il sortait de l'école militaire de Fontainebleau et entrait dans les rangs de la Grande-Armée, avec laquelle il fit toutes les rudes campagnes de cette période. En 1813, nous le retrouvons capitaine et chevalier de la Légion d'honneur. Mis en disponibilité après les Cent-Jours, il ne tarda pas à rentrer dans le cadre d'activité, et fut fait commandant par le gouvernement de la Restauration. C'est dans ce grade que le trouvèrent les événements de juillet 1830 ; comme la plupart de ses compagnons d'armes, Levasseur n'hésita pas à adhérer au nouvel ordre de choses, fut fait lieutenant-colonel en 1831, et concourut en 1832 au siège et à la prise d'Anvers. Nommé maréchal de camp en 1840, le général Levasseur vint la même année en Algérie ; il s'y distingua dans plusieurs combats, notamment ceux de Sétif (1840) et de l'Oued-Malah (1841), où il fut blessé. Porté plusieurs fois à l'ordre de l'armée, le général Levasseur s'était acquis la réputation d'un officier brave et expérimenté. Bugeaud le tenait en estime.

Après avoir commandé pendant quelque temps le département des Côtes-du-Nord (1846), il revint dans la colonie, où il reçut la nomination de général de division le 17 août 1848.

Appelé à siéger au Sénat en 1855, le général Levasseur s'enferma strictement dans les travaux de sa spécialité et sut, plus d'une fois, faire prévaloir ses conseils et son expérience dans les commissions relatives à la guerre et à la marine, où il défendit toujours la cause de l'Algérie.

Le général Levasseur est décédé le 8 novembre 1867. Il était grand officier de la Légion d'honneur.

Archives du ministère de la guerre. — *Annuaire encyclopédique*.

LÉVY.

Lévy (Isaac), né à Gibraltar, le 22 octobre 1822.

Interprète auxiliaire de l'armée, le 8 mai 1843, auprès du colonel Montagnac, il se trouvait avec lui à Sidi-Brahim.

Cet interprète, blessé et prisonnier de guerre, le 26 septembre 1845, pendant la mémorable retraite opérée après le combat de Sidi-Brahim, fut forcé de suivre Abd-el-Kader dans ses différentes incursions dans la province d'Alger.

L'émir, poursuivi par la colonne du général Yousouf, et complètement mis en déroute dans la journée du 13 mars 1846, se voyant dans l'impossibilité de conserver son prisonnier, épuisé par la misère et les mauvais traitements, donna l'ordre de le tuer.

Lévy fut trouvé, percé de trois coups de feu, sur le champ de bataille de Mengren. On lui prodigua vainement les soins les plus empressés, il mourut le 14 mars au matin, des suites de ses blessures. On l'enterra au bivouac de Medjeddel, chez les Oulad-Naïl, au sud du lac oriental du Zahrez.

Les Interprètes de l'armée d'Afrique.

LIÉBERT.

Le général Liébert (Ernest-Adrien) est né le 17 juillet 1810; engagé volontaire le 13 mars 1831, il a gagné tous ses grades à la pointe de son épée et presque exclusivement au service de l'Algérie.

Débarqué à Alger le 12 septembre 1833 comme sergent-fourrier, à la formation du 3º bataillon d'infanterie légère d'Afrique, il prend part en 1834 aux courses dans la Mitidja contre les Hadjouth.

En 1835, sergent-major. Combats en avant de Bougie : à l'attaque du village de Termina, chez les M'Zaïa, il ramène un blessé qui avait la cuisse brisée.

1836. Ajaccio.

1837. Adjudant sous-officier, il participe au ravitaillement de Tlemcen, au siège et à la prise de Constantine.

1838. Sous-lieutenant au 2º bataillon d'infanterie légère d'Afrique, dirige les travaux de routes du Sahel.

1840. Prise de Cherchell : défense de cette ville les 26, 27, 28, 29, 30 avril, 1er et 2 mai. Ravitaillement de Médéah et combats au col de Mouzaïa. Blocus de Milianah. Attaché comme sous-lieutenant à la Compagnie franche qui était chargée de la garde des abords de la ville. Combats journaliers avec les Beni-Menacer et les réguliers sous les ordres du khalifa Berkani.

1841. Blocus de Milianah ; garnison relevée le 2 mai. Expédition chez les Beni Zoug-Zoug et les Soumata.

Lieutenant au 3e bataillon d'infanterie légère d'Afrique : El-Arrouch.

1842. Travaux de route : expédition chez les Sidi Yahia ben Taleb.

1843. Expédition chez les Beni-Toufout près Collo, chez les Hannencha du cercle de Souk-Ahras.

1844. Biskra. Un détachement du 3e bataillon d'Afrique remplace le 2 mai la garnison, qui a été massacrée par les troupes du khalifa Si Ahmed bel Hadj.

1845. Course à Mechounech ; rentre en possession de deux mortiers et de deux canons enlevés par le khalifa Si Ahmed bel Hadj lors du massacre de la garnison et du sac de la casbah de Biskra. Reçoit la croix de chevalier de la Légion d'honneur.

1846. Nombreuses courses dans le sud, destruction des poudreries indigènes de Thouda. Ghazzia chez les Nemencha, qui demandent l'aman.

1847. Biskra. Nommé capitaine au 1er bataillon d'infanterie légère d'Afrique, il passe dans la province d'Oran, où peu après il est nommé adjudant-major au même bataillon.

1848. Saint-Denis du Sig ; une tentative de révolte se manifeste au 1er bataillon d'Afrique le jour de la proclamation de la République ; elle est réprimée par l'adjudant-major Liébert aidé de quelques officiers. Grâce à leur attitude énergique, la ville de Saint-Denis-du-Sig fut préservée du pillage.

1849. Expédition dans le sud oranais ; visite Moghrar, Aïn-Sfa, Aïn-Sfissifa.

1851. Nommé chef de bataillon commandant le 1er bataillon d'infanterie légère d'Afrique le 26 décembre.

1852. Mascara. Pointe sur Chellala avec le lieutenant-colonel commandant Deligny ; capture de Si-Hamza, qui est dirigé aussitôt sur Alger. Création du poste de Géryville.

Marche sur Laghouat et prise de cette ville, sous les ordres du général Pélissier, commandant la division d'Oran.

Le 30 décembre M. Liébert est nommé lieutenant-colonel au 16e léger, à Constantine.

1853. Constantine. Colonne des Babors. Nommé commandant supérieur du cercle de Biskra.

1854. Ghazzia sur les Lakdar; prépare ensuite l'expédition de Tuggurt. Prise de Tuggurt.

1855. Biskra. Nommé colonel au 58e de ligne le 24 janvier 1855, maintenu au commandement supérieur de Biskra.

Nommé colonel au 68e de ligne le 14 mars 1855, rejoint Batna et prend le commandement intérimaire de la subdivision.

Colonel du 3e régiment de tirailleurs, à la nouvelle formation, le 7 novembre 1855.

1856. Organisation du 3e régiment de tirailleurs indigènes à Constantine. Expédition des Babors.

Promu officier de la Légion d'honneur le 1er septembre 1856.

1857. Expédition de la grande Kabylie.

1858. Nommé général de brigade le 13 mars 1858, M. Liébert reçut le commandement de la subdivision de Milianah, où il rendit de réels services à la colonisation pendant six années consécutives.

1864. Opérations dans le sud. Combat d'Aïn Malakoff. Colonne de Frendah.

Grand officier de la Légion d'honneur le 25 juillet 1864.

1865. Rentré à Milianah le 2 janvier. Nouvelle colonne dans la province d'Oran.

1866 à 1870. Milianah. Travaux administratifs.

1870. Nommé divisionnaire le 26 mars 1870, le général Liébert s'est admirablement conduit pendant la guerre. Le prince Bibesco, dans *Belfort, Reims et Sedan*, Georges Bastard, dans *Un Jour de bataille*, Dick de Lonlay dans *Français et Allemands* louent sa bravoure et son abnégation.

Fait prisonnier à Sedan, le général Liébert fut emmené en captivité.

1873. Commandant de la division de Constantine. Courses dans le sud.

1874. Tuggurt, Ouargla, Le Souf. Prise de Bou Choucha, à trois journées de marche d'Insalah, par un ghazzou commandé par le frère de l'agha Ben Driss et organisé par le général Liébert.

Le 17 juillet 1875 il a été admis dans le cadre de réserve.

Pendant quarante ans M. le général Liébert a donc fait campagne en Algérie : il a assisté aux divers combats livrés par les Kabyles en avant de Bougie, au siège de Constantine, à la prise de Cherchell, de Laghouat et de Tuggurt, au blocus de Milianah, aux expéditions contre les Beni Zoug-Zoug, les Zardezas, les Hannencha, les Beni-Toufout, les Nemencha, les Beni-Menacer, les Babors, la grande Kabylie, etc. Il a exercé pendant longtemps le commandement supérieur de Biskra, qui lui valut la lettre suivante du général Levasseur, en date du 26 juillet 1846.

« J'ai été trop satisfait de la manière dont vous avez géré les affaires du cercle de Biskra pendant tout le temps dont vous en avez été chargé pour ne pas vous exprimer toute ma satisfaction. Je suis heureux de vous dire que vous n'avez cessé de faire preuve de zèle, d'intelligence et d'énergie et je considère comme un devoir d'en instruire M. le gouverneur général.

« Général Levasseur. »

Pendant l'insurrection de 1864, il a opéré à la tête d'une colonne, soit dans la province d'Alger, soit dans celle d'Oran, chez les Matmata et les Flittas, et a dirigé, le 8 octobre de la même année, le combat d'Ain-Malakoff, « l'un des plus brillants faits d'armes de la cavalerie en Algérie », a dit le général de Wimpffen, qui ajoutait : « D'une rare énergie, M. le général Liébert jouit comme administrateur d'une réputation incontestée d'intégrité ; il exerce sur la population indigène une influence salutaire qui a donné les meilleurs résultats. »

Le général Liébert a pris sa retraite à Alger, où il continue à exercer sa remarquable activité. Il est administrateur de la Compagnie de l'Est-algérien et, tout récemment, la population de Saint-Eugène s'est honorée en appelant le vaillant général à siéger au sein de son conseil municipal, puis en le priant d'accepter l'écharpe municipale.

Notes personnelles. — Archives militaires. — Historique du 3ᵉ régiment de tirailleurs. — *Un jour de bataille*, par Georges Bastard. — *Belfort, Reims et Sedan*, par le prince Bibesco. — *Français et Allemands*, par Dick de Lonlay.

LINIERS.

Le marquis Liniers (Charles-Philippe-Édouard de), général de division d'infanterie, grand officier de la Légion d'honneur, né à

Margerie (Marne), le 21 juin 1805, admis à l'école préparatoire de la Flèche le 3 décembre 1820, à Saint-Cyr le 14 novembre 1821, fut nommé sous-lieutenant au 3ᵉ léger le 1ᵉʳ octobre 1823. Lieutenant le 27 octobre 1830, il fit avec son régiment la campagne de Belgique et le siège d'Anvers en 1832. Capitaine le 30 avril 1837, il fut embarqué en 1839 pour l'Algérie, où il resta du 30 décembre au 1ᵉʳ juillet 1840, et du 2 janvier 1841 au 1ᵉʳ mars 1848. Il avait reçu la croix de chevalier de la Légion d'honneur le 17 janvier 1833.

En 1843, il fut cité à l'ordre de l'armée d'Afrique relatif aux combats de juin et juillet dans l'Ouarensenis.

Nommé chef de bataillon au 33ᵉ de ligne, dans la province d'Alger, le 6 août 1843, en récompense de sa belle conduite dans l'expédition de juin et juillet, il obtint, lors de la rentrée en France de son régiment, en mars 1845, de prendre le commandement du 3ᵉ bataillon d'infanterie légère d'Afrique, dans la province de Constantine, où il fit de nombreuses expéditions jusqu'à sa nomination au grade de lieutenant-colonel, le 11 avril 1848. M. de Liniers rentra alors en France, et le 11 juin 1849 fut embarqué pour l'expédition de Rome. Il reçut la croix d'officier de la Légion d'honneur le 18 août 1849 et les épaulettes de colonel du 60ᵉ de ligne le 26 mars 1850, à son retour en France.

En garnison à Perpignan, puis embarqué en 1852 pour Alger, M. le marquis de Liniers, cité à l'ordre du 14 décembre 1852, fut nommé général de brigade le 28 décembre et eut le commandement de la subdivision d'Aumale, qu'il conserva du 18 janvier au 15 août 1853. Il fut alors rappelé en France. Commandeur le 2 mars 1855, il revint pour la quatrième fois en Algérie en 1856, le 1ᵉʳ avril, pour y commander une brigade active avec laquelle il fit, l'année suivante, la campagne de la grande Kabylie, du maréchal Randon, à la 1ʳᵉ division du corps expéditionnaire. Il enleva, le 24 mai, avec la colonne de droite, le point dominant de la crête des Irdjers. Après cette expédition, le marquis de Liniers commanda la subdivision de Médéah du 1ᵉʳ septembre 1857 au 14 août 1860. Nommé divisionnaire en 1861, il fut élevé à la dignité de grand'croix le 14 août 1863.

Le général de Liniers, passé au cadre de réserve le 20 juin 1870, fut rappelé à l'activité quelques jours après la déclaration de guerre à la Prusse. Il prit part à la défense de Paris, sous les ordres du général Trochu, et rentra au cadre de réserve le 1ᵉʳ août 1871.

Le brave général est mort à Beauchamps (Marne), dans ses foyers, en 1881, à l'âge de 76 ans.

Panthéon Fléchois. — Archives du ministère de la guerre.

LOCRÉ.

Locré s'était installé à Douéra en 1832; il y est mort en juin 1866.

Successivement nommé chef de bataillon de la milice du district, suppléant de la justice de paix de Douéra, conseiller municipal, conseiller général du département et président du comice agricole, il a donné l'exemple incessant de l'ardeur au travail, de l'oubli du repos, même après la fatigue.

Il a emporté les regrets de tous ses concitoyens.

Documents particuliers.

LOUIESLOUX.

Louiesloux (Édouard) est né à Paris le 26 août 1816.

Engagé volontaire au 67ᵉ de ligne en septembre 1834; caporal; sergent.

En mai 1837, le général Danrémont, alors gouverneur général, chargea le sergent Louiesloux de se rendre au milieu des Arabes en se faisant passer pour déserteur, et à l'aide de ce stratagème de recueillir tous les renseignements de nature à servir l'armée.

Louiesloux partit, passa de longs mois parmi nos ennemis. Quand il se crut suffisamment renseigné sur les contingents d'Abd-el-Kader, il tenta de revenir; mais il fut arrêté et ramené au camp de l'émir. Battu au point d'être laissé pour mort, puis attaché et astreint aux travaux les plus vils, il vécut pendant quelques mois dans un état des plus misérables, jusqu'au moment où, plus heureux que la première fois, il réussit à regagner le territoire français.

Interprète auxiliaire, le 12 juillet 1842, il conduisit jusqu'à Alexandrie les pèlerins algériens se rendant à La Mecque.

Interprète titulaire de 1ʳᵉ classe en janvier 1855, il fut mis à la retraite le 16 mars 1867.

Louiesloux avait été nommé chevalier de la Légion d'honneur le 13 août 1857.

Il est décédé à Marseille en 1875.

Les Interprètes de l'armée d'Afrique. — Documents militaires.

LUCET.

Lucet (Jacques Marcel), est né le 21 octobre 1816 à Limouzis (Aude). Issu d'une famille honorable, Marcel Lucet, après s'être d'abord préparé aux examens de l'École polytechnique, se décida à suivre la carrière du barreau. Ses études de droit terminées à Toulouse, il se fit inscrire au tableau de l'ordre des avocats de cette cour en 1842.

Il fut dès ce moment appelé à plaider dans un grand nombre de procès politiques.

A la révolution de 1848, il devint le secrétaire particulier de M. Joly, son ami, nommé commissaire de cinq départements de cette région.

Républicain ardent, il collabora avec un remarquable talent à la rédaction du journal *l'Emancipation*. Poursuivi pour avoir attaqué l'expédition de Rome, il fut traduit en cour d'assises après six mois de détention préventive. Jules Favre présenta sa défense.

Lorsque éclata le coup d'État de 1851, il signa avec les républicains les plus recommandables de Toulouse, une énergique protestation et fut obligé de se réfugier en Italie, où il resta six années.

Cependant il avait à Constantine ses frères, qui sont devenus deux brillants officiers de l'armée d'Afrique; il avait dans cette ville des amis, des coréligionnaires politiques que le coup d'État avait chassés; Marcel Lucet vint se fixer à Constantine, et l'Algérie compta un défenseur de plus, défenseur éloquent et énergique.

Prêchant d'exemple, il acheta des terres, créa des fermes importantes, fut, au cours de l'année 1862, nommé président du Comice agricole de Constantine, dont la création et l'organisation sont dues à son initiative.

Il fut successivement élu conseiller municipal, conseiller général.

Dès son arrivée, sa nature ardente l'entraîna dans la lutte mémorable que soutenait alors le régime civil contre le régime militaire. Bientôt familiarisé avec les nombreuses questions algériennes, il ne cessa par ses actes, par ses écrits, par ses plaidoiries et ses discours, de revendiquer pour la colonie l'établissement du régime civil, qui seul pouvait assurer sa prospérité.

En 1863 il publia un travail remarqué : *Colonisation européenne de l'Algérie.*

Au mois d'avril 1870, devant le conseil de guerre de Constantine, il plaida avec Jules Favre, dont il était l'ami, le procès célèbre de l'Oued-Mahouïne, et prononça contre la politique des bureaux arabes un discours, véritable réquisitoire, devenu pour ainsi dire classique en Algérie, où il eut un grand retentissement et où il produisit une profonde impression.

Le 4 septembre 1870, la République fut proclamée. Marcel Lucet fut nommé préfet de Constantine, et ce choix fut ratifié par les acclamations de tous ses concitoyens. Dans cette fonction, que les circonstances rendaient terriblement délicate, il se conduisit avec un patriotisme et une fermeté admirables.

Il donna sa démission le 28 décembre suivant, pour se porter candidat à l'Assemblée nationale.

Il fut élu le 8 février 1871, alla siéger à la gauche républicaine et ne tarda pas à jouer dans cette assemblée un rôle important.

La loi du 24 février 1875 ayant accordé un sénateur à chaque département de l'Algérie, les électeurs de Constantine envoyèrent Lucet au Sénat, où il est resté jusqu'à sa mort, survenue le 10 juillet 1883.

Durant les treize années qu'il représenta le département de Constantine à l'Assemblée nationale, à la Chambre et au Sénat, il ne cessa de défendre, soit à la tribune, soit au sein des nombreuses commissions dont il fit partie, avec une fervente activité et un dévouement absolu, les intérêts qui lui étaient confiés.

Son nom restera dans la mémoire de tous justement honoré.

Documents particuliers. — *Rapport* de M. de la Sicotière sur les événements de 1870-71 en Algérie. — *Indépendant* de Constantine. — Procès-verbaux de la Chambre et du Sénat.

LYVOIS.

Le 11 février 1835, une horrible tempête se déchaîna sur Alger : treize navires furent jetés à la côte, brisés ou coulés en rade. La *Vénus*, navire russe, chavira, et des douze personnes qui la montaient neuf périrent. Pendant ce temps M. Charles de Lyvois, capitaine au

7ᵉ régiment d'artillerie, courait avec une intrépidité sans égale aux postes les plus dangereux, et partout son courage excitait l'admiration.

La *Vénus* avait été jetée à la côte au-dessous de l'hôpital Carantine. Le capitaine était resté sur son bord. L'espérance de le sauver décida M. de Lyvois à une tentative d'une audace inouïe. L'*Immaculée-Conception* se trouvait alors à vingt pieds environ du vaisseau russe : M. de Lyvois se fit descendre d'une fenêtre de l'hôpital sur les rochers d'où il gagna ce dernier bâtiment. Deux cordes furent tendues d'un navire à l'autre. Suspendu sur ce fragile appui, M. de Lyvois tentait de se rendre à bord de la *Vénus*, lorsqu'une vague furieuse, rapprochant les deux bâtiments, fit fléchir les cordes : M. de Lyvois perdit l'équilibre et disparut!

Une petite pyramide, — élevée par la reconnaissance publique, — au bout du môle qui fermait l'ancien port d'Alger et où se trouve aujourd'hui la direction sanitaire, rappelle le souvenir de ce courageux officier. Sur une des faces on a gravé ces simples mots :

A LA MÉMOIRE
DE CH. DE LYVOIS, CAP. D'ART.
MORT A 33 ANS,
VICTIME DE SON DÉVOUEMENT
DANS LA TEMPÊTE DU 11 FÉVRIER 1835.

Documents militaires.

MAC-MAHON.

Mac-Mahon (Marie-Edme-Patrice-Maurice de), duc de *Magenta*, maréchal de France, ancien sénateur, gouverneur général de l'Algérie, etc., deuxième président de la République française, né à Sully (Saône-et-Loire), le 13 juillet 1808, descend d'une ancienne famille catholique irlandaise qui s'attacha à la destinée des Stuarts. Fils d'un pair de France, qui fut un des amis personnels de Charles X, il fut reçu, en 1825, à l'école militaire de Saint-Cyr, entra dans le corps d'état-major, fit ses premières armes durant l'expédition d'Alger, assista comme aide de camp du général Achard au siège d'Anvers, devint capitaine en décembre 1833 et revint en Afrique, où il se signala par de nombreuses actions d'éclat, notamment, en 1837, à l'assaut de Constantine. Ayant passé dans l'infanterie, il commanda le 10° bataillon de chasseurs à pied et servit, comme lieutenant-colonel dans la légion étrangère ; il fut nommé colonel du 41° de ligne le 24 avril 1845, général de brigade le 12 juin 1848, et administra en cette qualité la subdivision de Tlemcen. Il dirigea l'expédition de Milah en mai et juin 1857, fut élevé le 6 juillet suivant au grade de général de division. Officier de la Légion d'honneur dès novembre 1837, il fut promu commandeur en juillet 1849, et grand-officier le 10 août 1853.

Il prit une part des plus importantes à l'expédition du Sebaou en 1854, et, après avoir commandé la division de Constantine, fut rappelé à Paris en avril 1855, puis nommé, au mois d'août suivant, au commandement d'une division d'infanterie dans le corps du maréchal Bosquet en Crimée. Il fut chargé, lors de l'assaut donné le 8 septembre à Sébastopol, du périlleux honneur d'enlever les ouvrages de Malakoff, qui étaient la clef de cette place. En quelques instants il réussit, grâce à l'incroyable élan de ses troupes, à y pénétrer, résolut de s'y maintenir « mort ou vivant », et résista pendant plusieurs heures aux attaques désespérées des Russes, qui, lassés par son énergique opiniâtreté, se résolurent enfin à la retraite. Le rang de grand-croix de la Légion d'honneur (22 septembre 1855), et plus tard la dignité de sénateur (24 juin 1856) furent la récompense de cet éclatant fait d'armes.

En 1857, le général Mac-Mahon commandait une division d'infanterie dans la grande expédition de Kabylie ; il s'y distingua en chassant les Kabyles de leurs postes les plus escarpés, notamment d'Ischeriden et Bélias, et contribua puissamment à la soumission des Beni-Raten. Le 31 août 1858, il fut nommé commandant en chef des forces de terre et de mer en Algérie. Appelé, dès le commencement de la nouvelle guerre d'Italie (23 avril 1859), au commandement du deuxième corps d'armée des Alpes, il prit une part signalée à la victoire de Magenta et se vit, sur le champ de bataille même, élevé à la dignité de maréchal de France avec le titre de duc de Magenta.

Par décret du 1ᵉʳ septembre 1864, il fut nommé gouverneur général de l'Algérie. Il se rendit aussitôt à son poste, et sa première proclamation (19 septembre) exposa le programme des idées impériales qui allaient être mises en pratique.

Le nouveau système, qui semblait tendre à la création d'un royaume arabe, fut suivi avec plus de docilité que de succès. La colonisation française ou européenne fit de moins en moins de progrès, et l'Algérie, loin d'attirer ou de retenir les colons, envoyait, vers la fin de 1868, un grand nombre d'émigrants en Amérique, spécialement au Brésil. Dans les villes régnait, dans sa rigueur, le gouvernement personnel et les journaux étaient livrés au régime des avertissements et de la suppression. Cependant la plus effroyable misère atteignait les indigènes, que la famine portait aux horreurs du cannibalisme. On fonda des orphelinats pour les enfants dont les parents étaient exterminés par la faim. Des souscriptions furent ouvertes en France, des crédits extraordinaires votés (mars 1868); l'opinion s'émut; le Corps législatif et le Sénat lui firent écho; l'archevêque d'Alger, Mgr de Lavigerie, mis en cause par un avertissement donné à l'*Akhbar,* éleva contre les actes du gouverneur général de sévères accusations; une enquête ouverte ajouta à l'agitation sans amener pour notre colonie un régime plus libéral ou plus favorable à ses intérêts. Toutefois un discours du maréchal Mac-Mahon, à l'ouverture du Conseil Supérieur de l'Algérie (septembre 1868), semblait indiquer la pensée de renoncer à la théorie du royaume arabe pour revenir aux principes réguliers de la colonisation dont les conseils généraux réclamaient unanimement l'application.

Du moins, la sécurité de notre occupation militaire ne fut qu'un instant troublée. Dans les premiers jours de 1869, les dissidents de la tribu des Ouled Sidi-Cheik, refoulés depuis 1864 sur la lisière du Sahara, au sud du Maroc, se montrèrent sur notre territoire avec une audace qui fut promptement réprimée.

Dès la déclaration de guerre à l'Allemagne, le maréchal fut rappelé en France pour commander un corps d'armée.

C'est donc surtout pour les services qu'il a rendus comme soldat, souvenirs glorieux et inoubliables, que le maréchal de Mac-Mahon a sa place marquée dans le *livre d'or de l'Algérie.* Comme administrateur, il a été l'exécuteur des théories anticolonisatrices de l'empire.

Pendant les six années, moins quelques jours, durant lesquelles il a gouverné l'Algérie, il a été créé huit centres de population : Clauzel, La Moricière, Palestro, El-Madher, Montebello, Malakof, Palikao et Sidi-Ali-ben-Youb (aujourd'hui Chanzy).

Archives militaires. — Documents officiels. — *Programme de politique algérienne,* par Warnier. — *La Famine en Algérie et les discours officiels.* — *De l'Algérie au point de vue de la crise actuelle* par le général Lacretelle.

MAILLOT.

Dans sa séance du 18 juillet 1888, le Sénat a voté, après la Chambre des députés, en faveur du docteur Maillot, ancien président du conseil de santé des armées, à titre de *récompense nationale*, une pension viagère de six mille francs pour les services qu'il a rendus au pays, à l'armée, à l'humanité et notamment à l'Algérie, services qui lui ont valu l'insigne honneur, au *Congrès pour l'avancement des sciences*, tenu à Alger en avril 1881, d'être appelé, par l'éminent professeur Verneuil, *bienfaiteur de l'Algérie, bienfaiteur de l'humanité*.

M. Maillot est né à Briey (Moselle) le 13 février 1804, d'une famille qui, depuis près de deux siècles, a eu des représentants dans la profession médicale en Lorraine. Après de brillantes études humanitaires, il entra comme élève à l'hôpital militaire d'instruction de Metz; en 1824, il y obtint le second prix; puis il passa à l'école du Val-de-Grâce où, en 1826, il fut premier lauréat. Ce succès le fit passer chirurgien aide-major à l'hôpital d'instruction de Metz où il pouvait attendre tranquillement sa nomination de professeur, d'après les règles alors en vigueur. Mais ses tendances le portaient vers l'étude et l'exercice de la médecine proprement dite; il partit donc, en qualité de médecin-adjoint, pour l'armée du Nord, d'où il fut envoyé en Corse, puis en Algérie; là il devait démontrer qu'il ne s'était pas trompé sur sa vocation.

Nommé, dès les premiers jours de 1834, médecin en chef de l'hôpital de Bône, il ne tarda pas à trouver la confirmation des soupçons qu'avait éveillés en lui l'expérience des années précédentes. Il reconnut d'abord qu'on ne donnait pas assez vite le sulfate de quinine et qu'on l'administrait à des doses insignifiantes, ne pouvant réellement avoir de puissance sur le mal; mais le point essentiel sur lequel a surtout porté sa réforme, c'est la démonstration de la nature paludéenne de la plupart des fièvres continues de l'Algérie, que l'on confondait avec la *fièvre typhoïde* de nos pays; erreur qui, depuis Hippocrate, s'était propagée jusqu'à nous selon Littré, qui avoue l'avoir partagée, en ajoutant, après avoir discuté la doctrine de M. Maillot : « C'est donc avec un juste sentiment d'une distinction réelle et fondamentale que M. Maillot a donné le nom de *pseudo-continues* aux fièvres continues des pays chauds. »

Comment M. Maillot est-il arrivé à cette conclusion? Parce qu'il ne trouvait pas dans les cadavres la caractéristique anatomique de la fièvre typhoïde. Quoi qu'il en soit, c'est à l'application des conséquences découlant de ces principes qu'est due la thérapeutique algérienne dont les résultats ont assuré le triomphe, après bien des luttes, de la doctrine dont Élisée Reclus a dit, dans sa *Géographie universelle :* « La nouvelle thérapeutique introduite par le médecin Maillot fut le salut de la colonisation algérienne. Grâce à lui, des milliers de malades ont été sauvés chaque année et la race des immigrants put faire souche dans une patrie nouvelle. »

Dès la première année, cette doctrine fit descendre, à Bône, la mortalité qui était, en 1833, de 1 mort sur 4 malades, à 1 sur 20, et la garnison compta 1,487 morts en moins avec 856 malades en plus.

Nous ne voulons pas suivre M. Maillot dans les luttes scientifiques qu'il eut à soutenir et dans les nombreux écrits qu'il a consacrés à la défense de son œuvre. Qu'il nous suffise de savoir que, dans toute l'Algérie, la mortalité allait en diminuant, tout comme à Bône, à mesure que sa médication était adoptée, de telle sorte que, aujourd'hui, dans l'armée, la proportion des décès au nombre des malades n'est pas plus élevée en Afrique qu'en France.

M. Maillot vit dans la retraite depuis 1868. Sa vieillesse est heureuse de voir que la réforme à laquelle il a attaché son nom gagne constamment du terrain et qu'elle s'est étendue avec un égal succès jusque dans nos possessions de l'Extrême-Orient. Chaque jour lui révèle la haute estime dont il jouit parmi les confrères dans l'ordre civil ainsi que dans l'ordre militaire, et c'est avec un sentiment profond de gratitude et de joie du cœur qu'il en rencontre la preuve dans les journaux de médecine et dans tous les ouvrages qui traitent des affections paludéennes. Malgré son grand âge, il n'a pas encore renoncé au travail; au mois d'octobre dernier, il a publié dans la *Gazette des Hôpitaux* un article fort intéressant sur les maladies de l'Algérie. Nous lui en sommes très reconnaissant et nous faisons des vœux pour qu'il jouisse pendant de longues années du grand honneur que le Parlement vient de lui décerner, en votant la proposition de loi dont les représentants de l'Algérie avaient pris l'initiative et à laquelle s'étaient associés, sans distinction d'opinion politique, tous les médecins qui appartiennent à la Chambre. — ALFRED LETELLIER, député d'Alger.

Le nom du docteur Maillot a été donné à un centre de population du département d'Alger, situé sur la ligne du chemin de fer d'Alger à Constantine et à 37 kilomètres de Bouïra.

Revue algérienne. — Journal de médecine et de pharmacie. — Notes personnelles.

MANSELON.

Manselon (Victor-André-Bruno), général de brigade, élève de l'école de la Flèche de 1815 à 1819; élève de Saint-Cyr de 1818 à 1821; sous-lieutenant le 1ᵉʳ octobre 1821, lieutenant le 25 avril 1828, capitaine adjudant-major le 2 février 1836, fit avec le 26ᵉ les campagnes d'Afrique de 1838 à 1841 dans la province de Constantine. Décoré pour fait de guerre en 1841 et passé chef de bataillon au 1ᵉʳ régiment de la légion étrangère le 31 décembre, il fit de nombreuses expéditions, entre autres celle du Maroc en 1844; il se trouva à la bataille d'Isly. Promu lieutenant-colonel du 32ᵉ de ligne le 15 mai 1846, il resta dans la province d'Oran où se trouvait son nouveau régiment.

En 1848 il quitta notre colonie, où il avait reçu la croix d'officier après plusieurs citations. Il mourut en 1853, peu de temps après avoir été promu général de brigade.

Panthéon Fléchois. — Documents officiels.

MARCHAL.

M. Charles Marchal, publiciste et conseiller général, est né le 13 novembre 1849 à Coléah (Alger), dont son père, — géomètre distingué et qui a laissé les souvenirs les plus honorables, — a été le premier maire.

M. Ch. Marchal, après avoir fait ses études au lycée d'Alger et son droit à la faculté d'Aix, se fit inscrire au barreau d'Alger comme avocat. Mais, républicain ardent, les événements politiques de 1869 et 1870 l'entraînèrent dans la lutte qu'il a continuée depuis. Un des membres les plus jeunes et les plus actifs du mouvement antiplébiscitaire, il créa, après le 4 septembre, la *Jeune République*, avec les deux frères Génella et M. Calvinhac, actuellement député de la Haute-Garonne. M. Marchal rédigea les principaux articles de cette feuille, passa à la *Solidarité*, au *Réveil*, collabora à plusieurs journaux de France et, le 24 février 1878, devint le fondateur de la presse à un sou en Algérie en jetant les bases du *Petit Colon*, dont le 1ᵉʳ numéro parut quelques semaines plus tard, le 1ᵉʳ mai.

C'était là une innovation hardie, au succès de laquelle personne ne croyait. Or, le succès du *Petit Colon* fut très grand, plus complet que M. Marchal lui-même ne l'avait espéré. En moins d'un an, son tirage atteignait 10,000 exemplaires, et en 1881 et 1882 jusqu'à 15,200.

Depuis, la création de nombreux journaux dans les trois provinces, les courriers plus fréquents et plus rapides sur toute la côte, ont fait baisser son tirage; mais le *Petit Colon* n'en reste pas moins un des organes les plus importants de la colonie.

M. Marchal, qui en est toujours rédacteur en chef et aujourd'hui unique propriétaire, a été choisi en octobre 1878 par les électeurs d'Affreville (23ᵉ circonscription d'Alger) pour les représenter au conseil général. Ce mandat lui a été renouvelé deux fois.

Candidat radical aux élections législatives d'octobre 1885, M. Marchal avait à lutter contre quatre candidats, dont deux de la même nuance que la sienne. Il est néanmoins arrivé le troisième sur six avec 4,200 suffrages.

Documents particuliers.

MAREY-MONGE.

Marey-Monge (Guillaume-Stanislas), comte de Péluse, général de division, sénateur, né le 17 mars 1796 à Nuits (Côte-d'Or), est le petit-fils du célèbre Monge et l'aîné des sept enfants du conventionnel Marey, qui mourut en 1818, laissant une fortune considérable à sa famille. Entré en 1814 à l'École polytechnique, il prit part, avec ses camarades, à la défense de Paris, passa en 1817 à l'École d'application de Metz et en sortit en 1819 le premier de sa promotion; ayant choisi l'arme de l'artillerie, il devint lieutenant en premier en 1824, capitaine en 1826, et publia douze mémoires qui fixèrent l'attention du Comité supérieur d'artillerie. Attaché, en 1830, à l'expédition d'Alger comme officier d'état-major de l'artillerie, il assista aux affaires de Staouéli, à l'attaque de Blidah, passa dans la cavalerie comme chef d'escadron (octobre 1830), organisa les deux premiers escadrons de cavalerie indigène, à la tête desquels il rendit de brillants services à Médéah ainsi qu'à Boufarik, et fut chargé, par une ordonnance de 1834, de former les cadres des spahis réguliers et auxiliaires. Nommé lieutenant-colonel le 17 septembre 1834, il fut investi en même temps du commandement et de la direction politique et militaire de toutes les tribus arabes des environs d'Alger, sous le titre d'agha.

Colonel des spahis le 31 mars 1837, M. Marey-Monge retourna en France en 1840, puis revint en Algérie commander le 2º chasseurs. Nommé maréchal de camp le 9 avril 1843, il resta dans notre colonie à la disposition du gouverneur général jusqu'en 1848, époque où il obtint le grade de général de division (12 juin).

M. Marey-Monge a été élevé à la dignité de grand officier de la Légion d'honneur le 10 décembre 1831 et promu grand-croix le 7 août 1859.

Appelé au Sénat le 7 mai 1863, il est mort à Pomard (près Beaune), le 15 juin de la même année.

On a de lui une traduction des *Poésies d'Abd-el-Kader*, contenant les règlements militaires; *Expédition de Laghouat* (1844); *Histoire des Zenakras* (1864).

Archives militaires. — *Dict. des Contemporains.* — *Annales algériennes.*

MARGUERITTE.

Le général Margueritte est né le 15 janvier 1823 en Lorraine, terre classique du courage ferme et froid, terre féconde en héros et sur laquelle se sont jouées tant de fois les destinées de la France. Quoique né en France, Margueritte est réclamé par l'Algérie comme un des siens, car il vint dans la colonie à l'âge de six ans, fut élevé dans le village de Kouba, où son éducation s'est faite au milieu des alertes, « des coups de main et des coups de feu, où il apprit l'arabe avant le français. »

A 12 ans, il était à l'affût, lorsqu'il fut surpris par une bande de maraudeurs qui razziait le pays. Enveloppé dans un burnous, il se dit Arabe; questionné par le chef de bande, il lui donna de fausses indications et, aussitôt que le bandit fut éloigné, il courut prévenir la gendarmerie. Trois de ces forbans furent tués, dont un par le jeune Margueritte, plusieurs furent arrêtés ou mis hors de combat, et le butin dont ils étaient chargés fut repris.

Deux ans plus tard (Margueritte avait quatorze ans), le poste avancé de Maison-Carrée fut attaqué par plusieurs centaines de cavaliers arabes. La mêlée fut épouvantable, cinq gendarmes furent blessés; ils y seraient tous restés sans l'intervention d'un escadron de cavalerie qui fut envoyé à leur secours. A Kouba on était dans l'anxiété : le jeune Margueritte, armé de son fusil, était allé aux nouvelles, quand il aperçut un cheval abandonné; c'était le cheval d'un gendarme. Il monte dessus, arrive à bride abattue à Maison-Carrée, se lance dans la mêlée, retrouve son père qui le gronde et se bat jusqu'à la déroute des ennemis. Son cheval est tué sous lui.

Ce fait fut porté à la connaissance du général Changarnier, qui se fit conduire le jeune Margueritte et l'embrassa.

A quinze ans, Margueritte s'engage dans les gendarmes maures, son jeune âge ne lui permettant pas d'entrer dans un corps de troupes régulières. Il fait feu à l'engagement du Haouch-ben-Guerraou, à celui de Méred, est nommé brigadier à *dix-sept ans*, fait partie de l'expédition contre Cherchell, se bat au retour à El-Affroun, y obtient sa première citation. En mai, il aide à forcer le Téniah de Mouzaïa, défendu par Abd-el-Kader, entre à Milianah qu'on ravitaille et fortifie. Au retour, combat. Deuxième citation. « L'armée possède en Algérie juste le terrain qu'elle couvre de ses pieds. » Les ravitaillements des villes occupées, Médéah, Milianah devaient être constants. La gendarmerie maure est de toutes ces opérations, et le 1ᵉʳ novembre 1840, Margueritte passe sous-lieutenant; il n'a pas encore *dix-huit ans*. On lui donne le commandement de la ligne de l'Harrach et de Maison-Carrée.

Le général, Bugeaud, qui a remplacé le maréchal Valée comme gouverneur général, ravitaille Milianah. Les gendarmes maures poursuivent Abd-el-Kader et sabrent l'ennemi. Troisième citation de Margueritte. La poursuite continue. Deux jours après, lutte encore et victoire. En avril 1842, expédition sous les ordres du général Bugeaud au nord de Milianah. En mai, nouvelle expédition avec le général Changarnier, combat de Kharésas. Quatrième citation. Auguste Margueritte a avancé rapidement, il a dix-neuf ans, âge d'enfant. C'est un grand et fort garçon, à taille mince et souple; la figure est belle, très expressive, sérieuse déjà; la manière d'être, réfléchie et digne, provoque les franches poignées de main. Ce qui fait ce jeune homme sympathique à ses chefs, très aimé de son commandant, c'est que Margueritte est un homme complet : il a les facultés d'action et d'organisation. Cavalier, nul ne charge comme lui, ni plus intrépidement. Mais il a le tempérament de l'administrateur. La vie d'avant-postes avait de dures exigences : pacage des troupeaux, récolte des foins, travaux de culture ou d'installation, correspondances, courriers, tout se faisait en présence de l'ennemi et exigeait des sacrifices d'hommes, peu considérables chaque jour, mais qu'il fallait répéter souvent. Margueritte se tirait admirablement de toutes les difficultés.

Puis, et surtout, il était travailleur.

Sa carrière était donc bien commencée, elle se brisa. Les gendarmes maures furent licenciés : Margueritte redevint simple soldat.

Heureusement sa réputation est faite. Un mois après, il rentre brigadier aux spahis. Un mois après, il devient maréchal des logis et chargé des affaires arabes à Milianah, dont le lieutenant-colonel Saint-Arnaud a le commandement.

Les expéditions se succèdent.

Le 6 août 1843, il reçoit la croix de la Légion d'honneur *à 20 ans.*

Grade par grade, à la pointe de l'épée, à la suite d'une série interminable d'actions d'éclat en Algérie et au Mexique, Margueritte fut fait général de brigade en 1867. Cette année-là il prit le commandement de la subdivision d'Alger.

La guerre franco-allemande éclata, Margueritte partit un des premiers et fut nommé général de division quelques jours avant la bataille de Sedan, dans laquelle il devait trouver la mort.

Vers deux heures de l'après-midi, ayant fait arrêter sa division, il marchait seul dans la direction de l'ennemi pour observer ses mouvements, lorsqu'une balle lui fracassa la mâchoire. Six jours après, le 6 septembre 1870, il mourait à Boraing en Belgique.

Une statue lui a été solennellement inaugurée à Kouba le 17 avril 1887.

Des discours ont été prononcés par M. Verlaguet, maire de Kouba, le général Delebecque, le gouverneur général, M. Ben-Siam, conseiller général d'Alger, et M. Granet, alors ministre des postes et télégraphes.

Disons avec M. Tirman :

« Il est tombé à 47 ans, avant d'avoir accompli sa destinée ! Ne plaignons pourtant pas son sort; mais répétons avec l'orateur romain : Ceux qui donnent leur vie à la patrie ne meurent pas; pour eux, ce n'est pas la nuit de la tombe qui commence, c'est le jour sans fin de l'immortalité. »

Le nom de Margueritte a été donné au village du Zaccar, créé en 1884, à 5 kilomètres de Milianah.

Archives militaires. — *La Dépêche algérienne.* — Discours officiels. — *Mémoires du maréchal Randon.*

MARTIMPREY.

Martimprey (Edmond-Charles, comte de), général de division, ancien sénateur, né à Meart le 16 juin 1808, élève de Saint-Cyr, entra dans l'état-major, devint capitaine en 1835, et servit en Algérie où il se distingua en maintes circonstances. Lieutenant-colonel à la révolution de février, il passa colonel le 10 juillet suivant.

Général de brigade en 1852, général de division le 11 juin 1855, après la guerre de Crimée, il reçut le commandement de la division d'Oran. Le 17 août 1859, on le nomma au commandement supérieur des forces de terre et de mer en Algérie, dont il devint, du 16 décembre 1860 au 22 mai 1864, gouverneur intérimaire par suite de la mort du maréchal Pélissier. Il conserva ce poste 3 mois et 8 jours, jusqu'à l'arrivée du maréchal de Mac-Mahon.

Il eut à réprimer l'insurrection de 1864, et y contribua personnellement.

Quand chacun des chefs de colonne eut reçu les instructions qui lui prescrivaient de concentrer ses forces sur un point déterminé, le général de Martimprey se rendit (15 juin) à Ammi-Moussa, point central du pays occupé par les rebelles, et il prit le commandement des troupes. Le lendemain, il fit signifier aux Flitta l'ordre de se porter dans la vallée de la Meknaça, à quelques kilomètres est de son quartier général, promettant la vie sauve à ceux qui s'y rendraient avec leurs femmes, leurs enfants et leurs troupeaux. Il leur assignait la date du 23 juin pour dernier délai.

Quelques tribus répondirent à son appel; les autres hésitèrent. — Les quatre colonnes Liébert, Martineau, Lapasset et Rose, combinant leurs opérations, les enfermèrent dans un cercle de fer qui allait se rétrécissant de jour en jour. Le nombre des soumissions augmenta d'heure en heure et, le 27 juin, après quelques combats partiels, toutes les fractions se rendirent à merci, nous laissant pour otages 4,000 prisonniers.

La campagne était finie, le général de Martimprey revint à Alger.

Il fut nommé sénateur par décret du 1er septembre 1864, et gouverneur des Invalides le 27 avril 1870. En 1871, il fit partie du conseil d'enquête relatif aux capitulations de Metz et Strasbourg.

Il avait été promu grand officier de la Légion d'honneur le 25 juillet 1859, et grand-croix le 30 décembre 1863.

Le général de Martimprey est décédé à Paris le 24 février 1883.

Dict. des Contemporains. — *L'Algérie ancienne et moderne,* par Fillias. — Archives militaires.

MARTIN.

Martin (Auguste), ancien interprète militaire principal, officier de la *Légion d'honneur* et officier de l'*Instruction publique*, né le 21 août 1817 à Alep (Syrie) de famille française, arriva à Bône, comme secrétaire-interprète de la sous-intendance civile, le 24 janvier 1834, fut nommé en septembre 1837 interprète militaire de 3e classe, attaché à l'état-major du général Danrémont, pour la deuxième expédition de Constantine.

Démissionnaire en 1841, il s'engagea aux spahis de Constantine le 29 août 1842.

Le 24 janvier 1853, il était nommé interprète principal à la direction des affaires arabes de Constantine, et retraité le 15 novembre 1865.

M. Martin a fait partie de presque toutes les expéditions qui ont eu lieu dans la province de Constantine de 1837 à 1850. Il a été cité plusieurs fois pour sa bravoure, notamment dans le rapport du général Baraguey d'Hilliers, à la suite de la charge du 18 avril 1843 chez les Beni-Toufout de Collo.

M. Martin était arrivé un des premiers dans cette charge et il avait sauvé la vie à son général (Baraguey d'Hilliers), en tuant le Kabyle qui le couchait en joue. Le général le félicita devant son état-major et lui dit que « son coup de latte était le plus beau qu'il eût vu porter ».

M. Martin est depuis une quinzaine d'années professeur de la chaire supérieure d'arabe à Constantine.

Il a publié plusieurs ouvrages à l'usage des arabisants et des orientalistes, tels que les *Fables de la Fontaine*, traduites en arabe ; l'*Histoire de France*, également en arabe, etc.

<small>Documents particuliers. — *Les Interprètes de l'armée d'Afrique.*</small>

MASRALI.

Ali Masrali était originaire de la Bosnie. Entré très jeune dans l'armée turque, il fut envoyé vers 1820 en garnison dans le beylik d'Alger, et lorsque l'armée française pénétra dans Constantine, il occupait une haute situation à la cour du bey El-Hadj-Ahmed.

Comprenant que la France était désormais maîtresse du nord de l'Algérie, il n'hésita pas à se ranger sous ses drapeaux ; dès le 20 décembre 1837 il s'engagea dans le corps des spahis irréguliers de Constantine, où il fut nommé brigadier le 1er janvier 1838, et maréchal des logis le 1er mars de la même année. Le 15 novembre 1840, il passa avec son grade dans les gendarmes maures créés pour assurer la sécurité de la ville et des environs, et le 19 mai 1842 fut promu au grade de sous-lieutenant dans ce corps d'élite, qui forma, le 19 mai 1846, le noyau du 3e régiment de spahis. Lieutenant le 11 avril 1848, il fut élevé le 12 juin 1852 au grade de capitaine. Le 28 août 1858, ses blessures ne lui permettant plus de faire un service actif, il se décida à prendre le repos dont il avait tant besoin.

Ali Masrali avait été nommé chevalier de la Légion d'honneur le 27 novembre 1844, et officier du même ordre le 25 juillet 1864.

Doué d'un courage à toute épreuve, d'une finesse d'esprit remarquable, des missions périlleuses et délicates lui furent souvent confiées et il les remplit toujours avec distinction.

Les vieux habitants de Constantine savent combien son concours a été utile à l'administration de la province et n'ont pas oublié avec quel dévouement et quelle énergie il a contribué, dès le lendemain de la conquête, à purger Constantine et ses environs des nombreux malfaiteurs qui rendaient difficile l'installation des premiers colons.

Il est décédé à Constantine le 30 avril 1881.

<small>Documents officiels.</small>

MASSON.

Pierre-René Masson, capitaine d'état-major, est né à Rambouillet le 13 décembre 1841. Entré à l'école militaire de Saint-Cyr en octobre 1864 avec le n° 21, il en sortit avec le n° 9. Entré à l'état-major le 1ᵉʳ janvier 1867 avec le n° 6, il en est sorti lieutenant d'état-major le 1ᵉʳ janvier 1869 avec le n° 4.

Nommé aide de camp du général de brigade Sanglé-Ferrière, il assista aux batailles de Borny, Gravelotte et Saint-Privat, ainsi qu'aux combats à peu près journaliers que la brigade, qui faisait partie du 8ᵉ corps commandé par le maréchal Lebœuf, livrait sous Metz.

Prisonnier de guerre et revenu de captivité en avril 1871, il a été nommé à cette époque capitaine d'état-major, pour prendre rang du 8 décembre 1870, et aide de camp du général Daguerre, avec lequel il est entré à Paris.

Il a fait son stage d'infanterie au 1ᵉʳ zouaves à Alger, de septembre 1871 à septembre 1873, son stage d'artillerie au 7ᵉ d'artillerie à Rennes, d'octobre 1873 à octobre 1874. En novembre suivant, il vint en Algérie et fut attaché à la division du général Osmont à Oran.

Nommé aide de camp du général Carteret-Trécourt à Constantine, il fut blessé au combat d'El-Amri le 12 avril 1876, et décoré de la Légion d'honneur.

Il suivit le général Carteret à Amiens. C'est là qu'il rencontra le lieutenant-colonel Flatters, qui l'associa à son exploration.

Il fit partie des deux missions à travers le Sahara, comme second de la mission, chef du service des détails d'organisation, de fonctionnement et de marche, chargé de la rédaction des cartes par renseignements et de la recherche de tous documents de levés expédiés pouvant servir à l'extension de la carte topographique générale, par collaboration avec M. Béringer.

La vie du capitaine Masson, employée tout entière au service de son pays, s'est terminée de la triste façon que l'on sait; ce brave officier est mort victime de son amour pour la science.

Lors de l'attaque des Touareg le 16 février 1881, au puits de Bir-el-Gharama, le capitaine Masson, qui avait mis pied à terre et se trouvait auprès de Flatters (*voyez ce nom*), n'a pu atteindre sa monture. Cerné, il se défendit vaillamment; mais un coup de sabre lui fendit la tête, un deuxième lui coupa les jambes et le fit tomber sous les coups de ses assassins.

Bulletin de la Société de géographie de Paris (1882). *Exploration du Sahara*, par le lieutenant-colonel Derrécagaix. — *Documents relatifs à la mission dirigée au sud de l'Algérie par le lieutenant-colonel Flatters.* — *Deuxième mission Flatters*, par le capitaine Bernard.

MAUGUIN.

M. Mauguin (Alexandre), sénateur d'Alger, né à Beaune le 30 janvier 1838, est le neveu de Mauguin, un des grands orateurs de l'opposition sous Louis-Philippe et un des rares défenseurs de l'Algérie de 1833 à 1838, époque où l'abandon rencontrait à la Chambre de nombreux partisans.

Le sénateur d'Alger vint tout jeune dans cette ville, amené par sa famille. Il y apprit la profession de lithographe et vers 1857 alla créer à Blidah une imprimerie, aujourd'hui l'une des plus importantes, sinon la première de la colonie. En 1864, il fit paraître le *Tell*, organe d'opposition à l'Empire et l'un des principaux dans la campagne plébiscitaire de 1870.

L'année suivante, après la proclamation de la République, M. Mauguin fut appelé à siéger à la mairie de Blidah comme conseiller municipal, puis en 1881 comme maire, fonctions qu'il remplit encore maintenant.

En 1875, les électeurs de la circonscription de Coléah le chargèrent de les représenter au Conseil général, et cette assemblée le choisit successivement comme secrétaire, vice-président, enfin comme président en 1883. Il a toujours occupé depuis le fauteuil de la présidence.

Candidat dans la 2ᵉ circonscription d'Alger aux élections législatives du 21 août 1881, M. Mauguin fut élu par 3,596 voix contre 2,675, données à M. Gastu, député sortant. Il se fit inscrire au groupe de l'Union républicaine et de la gauche radicale.

Au renouvellement triennal du Sénat du 25 janvier 1885, il a été élu sénateur par 130 voix contre 105 données à M. Le Lièvre, sénateur sortant. Au Luxembourg il ne fait partie d'aucun groupe, il vote seulement avec les radicaux.

En 1886, M. Mauguin a été élu conseiller général à la fois de la circonscription de Blidah et de celle de Coléah. Il a opté pour cette dernière.

Il a pris plusieurs fois la parole à la tribune du Sénat sur des questions intéressant la colonie, récemment à propos des étrangers dans le clergé algérien, ensuite pour combattre l'amnistie des Arabes.

La très haute situation politique et commerciale que M. Mauguin s'est acquise lui fait doublement honneur en raison de ses modestes débuts. Fils d'un colon de la première heure, c'est-à-dire d'un colon en proie à toutes les misères, le jeune Mauguin n'eut d'autre patrimoine qu'une bonne instruction primaire, renforcée, il est vrai, de fortes notions d'honnêteté et de courage. Cela lui a suffi pour s'élever à la première place dans sa province, pour y créer une maison de commerce de premier ordre, double fruit d'une existence laborieuse, d'une conduite, d'une probité et d'un dévouement aux intérêts de son pays dignes d'être offerts en exemple.

M. Mauguin est vraiment le fils de ses œuvres, et il a le droit de s'en enorgueillir.

Son élévation à la tête du département d'Alger est en même temps un enseignement démocratique et un encouragement de la plus haute portée.

Documents particuliers. — *La Vigie algérienne.* — *Le Tell.* — *Le Moniteur.* *La Dépêche algérienne.*

MAUSSION.

Le colonel de Maussion fit partie de l'expédition d'Alger comme capitaine adjoint à l'état-major général. C'était un des esprits les plus distingués de l'armée. Il écrivait avec talent et les notes qu'on a de lui sur la situation respective des hommes et des choses au début de la conquête sont marquées au coin du plus remarquable bon sens, impartiales, indépendantes.

Il prit part à de nombreuses expéditions dans la Mitidja et fut envoyé ensuite à Oran, où il rendit de grands services. Il y devint colonel, chef d'état-major du général de La Moricière.

Le 9 novembre 1840, Maussion commandait un escadron de chasseurs d'Afrique dans un engagement chez les Gharaba; il était à côté du général, lorsqu'il tomba frappé de trois balles.

« Nous avons perdu un homme qu'on ne remplacera jamais ici, écrivait quelques jours plus tard, le capitaine de Montagnac; il emporte non seulement les regrets de l'armée, mais encore ceux de toute la population. Le colonel Maussion est mort au bivouac, deux heures après avoir été blessé ; le 11, nous l'avons enterré. Les derniers adieux à cet honnête homme ont été touchants, et quelques paroles prononcées sur sa tombe par le commandant de Crény ont fait couler bien des larmes. »

Archives militaires. — *L'Algérie de 1830 à 1840*, par M. Camille Rousset.

MAYRAN.

Mayran (Joseph-Deciers-Nicolas), général de division, commandeur de la Légion d'honneur, né le 19 janvier 1802 à Saint-Domingue. Après de brillantes études, il sortit de Saint-Cyr en 1821 avec le grade de sous-lieutenant, fit la campagne d'Espagne en 1823 et fut nommé lieutenant le 20 février 1828. Il prit part à la campagne de Belgique en 1831 et 1832. Ayant été cité à l'ordre de l'armée, il fut nommé capitaine adjudant-major au 1er bataillon de la légion étrangère et vint en Algérie, où il prit part à de nombreuses expéditions. Au premier siège de Constantine, il est mis à l'ordre et cité dans le rapport du commandant en chef pour sa brillante conduite lors de la sortie du 10 octobre 1837. Il fut grièvement blessé dans ce combat d'un coup de feu au bras droit, qui resta paralysé. Il reçut la croix de la Légion d'honneur pour ce fait de guerre le 11 novembre.

Les rapports du gouverneur général le citèrent encore pour les combats des 28 mai et 10 juillet 1840. Appelé à Paris le 30 mai 1841 pour prendre le commandement du 1er bataillon des chasseurs à pied, il revint en Algérie lieutenant-colonel du 60e, puis du 5e de ligne, et peu après exerça avec une haute intelligence le commandement supérieur du cercle de Tlemcen (province d'Oran). Colonel du 58e de ligne le 22 avril 1847, officier de la Légion d'honneur le 7 juin 1850, il montra comme chef de corps des qualités qui le firent chérir de ses soldats et de ses officiers. Il reçut les étoiles de général le 22 décembre 1851.

Commandeur de la Légion d'honneur le 9 août 1854, le général Mayran fut promu divisionnaire le 10 janvier 1855. Il prit le commandement de la 3e division de l'armée d'Orient. A l'attaque de Malakoff, il tomba mortellement blessé dans les bras de son officier d'ordonnance.

Panthéon Fléchois. — Archives militaires. — *Historique de la Légion étrangère.*

MELLINET.

Mellinet (Émile), général de division, ancien sénateur, né à Nantes, de 11 juin 1798, fils d'un général de l'Empire, fut sous-lieutenant dès 1815 et blessé la même année sous les murs de Metz. Il prit part à la guerre d'Espagne en 1822 et fut encore blessé au siège de Saint-Sébastien.

Promu en 1840 au grade de chef de bataillon, on l'envoya l'année suivante en Algérie; il s'y distingua dans l'expédition du Chélif (1842), défit Bou-Maza sous les murs de Mostaganem (1845) et, devenu colonel du 1er régiment de la légion étrangère le 15 mars 1846, fut mis à la tête de la subdivision de Sidi-bel-Abbès et fonda la ville de ce nom.

Nommé général de brigade le 2 décembre 1850, M. Mellinet retourna en France.

Élevé à la dignité de grand-croix de la Légion d'honneur le 17 juin 1859 et de sénateur le 15 mars 1865, le général Mellinet a été mis à la retraite le 1er septembre 1878.

Dictionnaire des Contemporains. — *Historique de la Légion étrangère.* — Archives militaires.

MÉNERVILLE.

Pinson de Ménerville (Charles-Louis), ancien premier président de la Cour d'appel d'Alger, né à Paris le 8 avril 1808.

C'est en 1831, presque au lendemain de la conquête, que M. Pinson de Ménerville vint occuper un modeste emploi de secrétaire au bureau sanitaire du port d'Alger. Mais lorsque, un peu plus tard, le service judiciaire de la nouvelle colonie s'organisa, ses goûts, ses aptitudes, en même temps que ses études préparatoires, le portèrent à résigner des fonctions dans lesquelles il avait cependant gagné déjà un grade plus élevé, et un emploi de défenseur près le tribunal d'Alger vint, en 1834, lui permettre de révéler et d'appliquer ses aptitudes judiciaires. Il l'occupa pendant huit années, consacrées aux labeurs du cabinet et aux débats de l'audience. Fort de l'expérience acquise, M. de Ménerville accepta en 1842 les fonctions de juge à Philippeville. Bientôt chargé de l'instruction, il déploya dans ces délicates fonctions cet esprit sagace, perspicace et fin qui formait le fond de sa nature.

En 1844 fut créé le tribunal de Bône, et à M. de Ménerville échut l'honneur d'être mis à la tête de son parquet. Nommé vice-président du tribunal d'Alger en 1849, conseiller à la cour en 1852, il fut signalé bientôt comme un président d'assises remarquable et l'on put dire « que nul ne maniait avec plus d'habileté l'interrogatoire et ne conduisait les débats à leur dénouement par des voies plus directes et plus rapides. »

Chevalier de la Légion d'honneur en 1858, président de chambre en 1864, officier de l'ordre en 1869, il parvint à la position la plus haute de la magistrature algérienne, à celle de premier président, le 14 novembre 1874.

C'est dans ces hautes fonctions que la mort est venue le surprendre en juin 1876. Il a laissé le souvenir d'un magistrat de grand mérite, unissant la science du droit à la saine pratique des affaires, un coup d'œil prompt et habile à dégager le point décisif du litige, et comme toutes les supériorités se touchent, il savait allier à ces rares qualités le charme de l'esprit le plus ouvert et le plus fin, le commerce le plus sympathique et le plus sûr, et, par-dessus tout, une affable simplicité qui faisait qu'on s'attachait à lui, pour ainsi dire, instinctivement.

M. de Ménerville a laissé après lui un témoignage impérissable de sa vie laborieuse : le *Dictionnaire de la législation algérienne,* ce livre dans lequel se trouvent réunis et coordonnés tous les décrets, toutes les ordonnances, tous les arrêtés relatifs à l'Algérie.

En 1855, M. de Ménerville a publié la *Jurisprudence de la cour impériale d'Alger en matière civile et commerciale.*

Le nom de Ménerville a été donné à un centre de population créé en 1873 au col des Beni-Aïcha (Alger).

Archives administratives. — *Audiences solennelles de rentrée.* — Documents officiels.

MERCIER-LACOMBE.

Gustave Mercier-Lacombe, ancien directeur général des services civils de l'Algérie, né près d'Hautefort (Dordogne) le 13 mai 1815, appartenait à une des anciennes familles les plus estimées du Périgord. Son nom patronymique était Mercier de Lacombe. A la révolution, elle avait abandonné la particule.

La famille Mercier-Lacombe habitait une vaste propriété, connue sous le nom de *la Chabroulie*, située près d'Hautefort et à quelques kilomètres d'Excideuil, où résidait la famille du général Bugeaud. Le général voyait souvent le jeune Gustave Mercier-Lacombe, soit à la campagne, soit à Paris, pendant qu'il y faisait son droit. Il l'avait pris en grande amitié, ses habitudes laborieuses, ses goûts pour l'agriculture et l'assiduité avec laquelle il suivait les discussions de la Chambre, où le député périgourdin commençait à faire quelque bruit, avaient établi, entre l'homme politique et l'étudiant en droit, de fréquentes et sympathiques relations; relations respectueuses et dévouées d'un côté, affectueuses et presque paternelles de l'autre. Les lettres que le général écrivait à son jeune ami, à cette époque, disent bien tout l'intérêt qu'il lui portait.

Il le fit nommer auditeur au conseil d'État, dans les premiers jours de 1839, et deux ans plus tard, ayant reçu le gouvernement de l'Algérie, le général l'amena à Alger.

A l'époque (22 février 1841) où le général Bugeaud prit possession du gouvernement de l'Algérie, notre colonie était loin de prospérer. Après dix ans d'occupation, la France n'avait su conquérir et conserver que quelques villes situées sur le littoral, le chiffre total de la population européenne ne s'élevait qu'à 26,987 habitants. Les colons n'osaient pas s'aventurer dans l'intérieur des terres; leurs récoltes étaient saccagées aux portes mêmes d'Alger.

En moins de sept ans, de février 1841 à septembre 1847, le général Bugeaud soumit toute l'Algérie, de la Tunisie au Maroc, et y appela plus de 100,000 colons, justifiant ainsi sa belle devise : *Ense et aratro*.

M. Mercier-Lacombe prit une large part à cette œuvre de colonisation, si rondement conduite par le soldat laboureur. Il remplit, pendant les premiers temps, les fonctions de secrétaire particulier du général, et l'accompagna dans diverses expéditions; puis il revint s'installer à Alger jusqu'au 14 avril 1844, époque à laquelle il quitta les bureaux du gouverneur général pour occuper les fonctions de secrétaire général de la direction de l'intérieur. L'année suivante, il était nommé sous-directeur de l'intérieur et des travaux publics à Oran.

En 1847, lorsque l'Algérie fut divisée administrativement en trois provinces, le gouvernement le maintint à Oran avec le titre de directeur des affaires civiles.

Puissamment secondé par le général de La Moricière, commandant la province d'Oran, et plus tard par le général Pélissier, M. Mercier-Lacombe sut donner une vive impulsion aux travaux de la colonisation, et surtout à la construction des routes, sans lesquelles tous ses efforts pour développer la mise en culture des terres seraient restés sans résultat. Il eut bientôt la satisfaction de voir prospérer divers villages fondés sous son administration. Plusieurs de ces centres de population sont aujourd'hui parmi les plus importants de la province.

M. Picat, président du conseil général du département d'Oran, a constaté ce fait si honorable pour la mémoire de M. Mercier-Lacombe. S'adressant à ses collègues, le 18 décembre 1874, il leur disait : « Je crois aller au-devant de vos désirs, Messieurs, en vous proposant de prier le gouvernement de doter l'un des centres projetés du nom populaire de M. Mercier-Lacombe. Je n'ai pas besoin de vous rappeler que c'est à cet administrateur que notre département doit ses quatre premiers et plus beaux villages : Sidi-Chami, Misserghin, Valmy et Arcole. En quittant notre département pour occuper les positions les plus élevées dans l'administration algérienne et dans la métropole, M. Mercier-Lacombe n'a cessé d'honorer notre département de sa haute sollicitude. Proposer au gouvernement d'inscrire son nom dans le catalogue des hommes distingués qui ont marqué le plus utilement leur passage dans la colonie, c'est demander un acte de justice et la récompense d'incontestables services, en même temps qu'un encouragement à leurs successeurs dans les difficiles missions qu'ils ont à accomplir. » Ce vœu fut adopté à l'unanimité.

Remplacé par la révolution du 24 février 1848, M. Mercier-Lacombe revint en Algérie le 8 février suivant comme secrétaire général du gouvernement général. La mission qui incombait à Mercier-Lacombe était particulièrement difficile : il s'agissait de créer des villages agricoles avec l'émigration parisienne et de donner la vie à cette œuvre beaucoup plus généreuse que pratique. Il s'y dévoua avec l'énergie, l'activité et l'intelligence qu'il avait déployées à une autre époque pour créer les centres de la province d'Oran. Si les résultats ne répondirent point aux espérances, ce ne fut pas sa faute; loin de là, c'est grâce à sa persévérance et à sa fermeté qu'une trentaine de ces centres ont prospéré.

M. Mercier-Lacombe fut nommé préfet du Var le 4 mars 1853, et préfet de la Vienne le 7 juin 1860. Le 12 décembre de la même année, il revint à Alger avec la double fonction de directeur général des affaires civiles et préfet du département d'Alger.

Chargé en 1861 de soutenir le budget de l'Algérie devant le Corps législatif, il dit que le budget de la colonie se soldait par un excédent de recettes de 6,053,000 francs (recettes 23,708,000 francs, dépenses 17,645,000 francs). Plusieurs députés lui firent remarquer que dans ces chiffres ne figuraient pas les dépenses de l'armée. Sa réponse, remplie d'à-propos et de patriotisme, mérite d'être rappelée, car le projet de budget autonome présenté par M. Tirman lui donne un regain d'actualité : « L'Afrique, dit-il, n'a pas la prétention de payer son armée, mais je crois que si elle payait son armée, elle payerait pour la France, car il me semble que cette armée a assez fait pour la France pour que celle-ci considère une telle charge comme légère. »

Cette réponse fut couverte d'applaudissements.

M. Mercier-Lacombe rentra en France le 11 septembre 1864, comme préfet de la Loire-Inférieure.

En apprenant le départ de M. Mercier-Lacombe, un des journaux les mieux renseignés sur les affaires algériennes, *le Toulonnais*, résuma dans un article très élogieux les principaux actes de son administration. Voici cet article, qui parut le 15 septembre sous la signature du directeur du journal, M. Aurel, mais qui évidemment avait été inspiré par une correspondance algérienne :

« L'administration des services civils, instituée par le décret du mois de novembre 1860, avait fonctionné pendant trois ans et demi sous l'habile et conciliante direction de M. Mercier-Lacombe, dépositaire et exécuteur convaincu de la pensée vraiment libérale et coonisatrice du maréchal Pélissier. Voyons ce que M. Mercier-Lacombe a fait pendant la trop courte période de son administration.

« L'une des formes les plus fécondes de l'association et de la mutualité a été vivement encouragée et patronnée par la direction des services civils. Les sociétés de prévoyance et de secours mutuels se sont multipliées en Algérie au delà de toute espérance ; elles prospèrent et se développent sous sa féconde et durable impulsion.

« Les travaux publics ont été entrepris partout sur une grande échelle. Le boulevard de l'Impératrice, à Alger, les travaux des ports à Alger, à Philippeville et à Oran, l'achèvement des railways d'Alger à Blidah, la concession du réseau des chemins de fer algériens à la puissante compagnie de Paris-Lyon à la Méditerranée, le percement de la route du Chabet-el-Akra, ont été des actes féconds pour un avenir prochain, ou entièrement réalisé.

« Le maréchal Pélissier avait, sur les instances de M. Mercier-Lacombe, sollicité du gouvernement la suppression du droit de tonnage. La loi votée le 7 mai 1863 en a accordé une notable réduction.

« Préoccupé de la nécessité de favoriser la circulation des marchandises et des voyageurs, l'éminent administrateur a supprimé l'assujétissante formalité du passeport, et obtenu des Messageries impériales, avec lesquelles le gouvernement était cependant lié par un traité, une notable réduction sur les prix de transport des marchandises.

« L'on n'a pas oublié l'utile publicité accordée aux délibérations des conseils municipaux et des conseils généraux des trois provinces. Le compte rendu des travaux de ces corps élus a fourni des enseignements d'une haute portée. C'est grâce à la publication dans les journaux que l'on a connu les résolutions du Conseil général d'Oran et l'inqualifiable opposition du général commandant de la province aux études de barrages, à la liberté des transactions commerciales, à la perception de l'impôt arabe par les agents du Trésor, vainement réclamés par l'élément civil et civilisateur.

« Non seulement la plus large publicité a été accordée aux délibérations des conseils des provinces et des villes, mais encore les ressources de toute espèce de notre belle colonie ont été révélées au public dans une série de documents embrassant l'agriculture, le commerce, la statistique de l'Algérie.

« Soucieux de l'avenir agricole de la colonie, M. Mercier-Lacombe avait, dès le 6 septembre 1861, provoqué de la part de M. le gouverneur général un arrêté qui instituait tous les ans, en Algérie, une exposition générale des produits de l'agriculture et des différentes industries agricoles.

« Les expositions qui, en vertu de ce droit, ont eu lieu en 1862, 1863 et 1864, ont produit une vive émulation, révélé des aptitudes remarquables, des produits magnifiques, et donné les résultats qu'on en attendait.

« L'exposition universelle de Londres en 1862 a été un véritable triomphe pour l'Algérie.

« Enfin l'exposition franco-espagnole, qui a lieu en ce moment à Bayonne et qui a été encore si féconde pour les produits algériens encouragés à y figurer par le directeur des services civils, vient témoigner une fois de plus de la confiance qu'avait M. Mercier-Lacombe dans la faculté créative de nos colons, et dans les féconds résultats de la publicité et de la liberté.

« L'adjudication des terres à coton de l'Habra est l'œuvre capitale de M. Mercier-Lacombe, elle est son principal titre de gloire.

« Cette adjudication a eu lieu, malgré l'opposition bien connue d'une volonté obstinée contre les progrès de l'élément civil.

« M. Mercier-Lacombe et la direction des services civils ont bien mérité de l'Algérie.

« E. Aurel. »

Installé le 23 août 1866 conseiller maître à la Cour des comptes, il prit le 19 mars 1869 la direction du service si important et si laborieux des contributions indirectes. Les événements de 1870 le trouvèrent dans ce poste. Il y passa les tristes et pénibles épreuves du siège, montant la garde comme le plus humble des citoyens et donnant l'exemple d'un dévouement absolu à tous ses devoirs.

Après la guerre, il fallut trouver dans l'ensemble des impôts indirects la plus grande partie des ressources nécessaires pour payer les intérêts des milliards exigés par la Prusse. Cette difficile mission, hérissée de difficultés de toute nature, fut remplie avec habileté par M. Mercier-Lacombe, qui s'y consacra tout entier.

Mais les privations éprouvées pendant le siège de Paris, l'excès de travail qu'il avait dû s'imposer ensuite pour étudier les grandes questions d'économie politique soumises à son examen, avaient altéré sa santé, et il sentit le besoin de reprendre les travaux plus calmes de la Cour des comptes. Sur sa demande, il fut réintégré dans les fonctions de conseiller maître le 11 juillet 1872.

Il est décédé le 21 octobre 1875 dans sa propriété de la Chabroulie, où il avait pris sa retraite depuis un an.

Conformément au vœu émis par le Conseil général d'Oran, le nom de Mercier-Lacombe a été donné à un centre de population créé en 1874 dans l'arrondissement de Sidi-bel-Abbès, à 39 kilomètres de cette dernière ville.

Biographie de M. Mercier-Lacombe, par Octave Teissier. — Délibération du Conseil général d'Oran de 1874. — *Le Toulonnais.* — Renseignements particuliers.

MÉRY DE LA CANORGUE.

Méry de la Canorgue (Édouard-Xavier), général de brigade, commandeur de la Légion d'honneur, né à Bonnieux (Vaucluse) le 4 février 1808, élève de la Flèche en 1815, de Saint-Cyr en 1824, à l'âge de 15 ans, sous-lieutenant le 1er octobre 1826 au 64e de ligne, puis lieutenant le 7 septembre 1831, obtint de passer le 7 septembre 1833 au 2e bataillon d'infanterie légère d'Afrique à Bougie, à la formation de ce corps. L'année suivante, il se signala au combat et à la sortie contre les Kabyles ; à Bougie, il fut cité à l'ordre du 11 mars. Il fut cité une seconde fois à l'ordre de la division pour sa brillante conduite au combat du 21 avril 1835, à la suite d'une affaire sanglante avec les Kabyles.

Promu capitaine le 28 janvier 1836, il eut l'honneur d'être mis une troisième fois à l'ordre du 13 octobre de cette même année 1836, pour les combats des 25 et 26 septembre. Le 21 octobre 1837, il fut envoyé au 1er baillon d'infanterie légère à Oran. Adjudant-major au 66e de ligne le 31 août 1840, il retourna en France à Lyon, puis à Paris.

Regrettant la vie de campagne, il se fit envoyer le 21 juin 1842 au bataillon de tirailleurs indigènes d'Oran, et resta dans notre colonie jusqu'au 12 mai 1849. Presque toujours en expédition, il reçut le 27 novembre 1849 la croix de chevalier de la Légion d'honneur pour fait de guerre, et le 1er mai 1849 les épaulettes de chef de bataillon au 45e de ligne. Il rejoignit son nouveau régiment à Bordeaux. Officier de la Légion d'honneur le 24 décembre 1853, il fut promu le 2 octobre 1855 lieutenant-colonel au 2e de ligne. Le 12 septembre de l'année suivante, Méry de la Canorgue abandonna ce régiment pour passer au 41e, avec lequel il revint en Algérie pour la troisième fois.

Colonel du 81e de ligne le 12 août 1857 à Rouen, il amena son régiment dans notre colonie le 29 avril 1859, et fut décoré de la croix de commandeur le 8 décembre de cette même année. Il assista en 1863 à la campagne du Mexique, y fut nommé le 2 juillet 1863 général de brigade, et rentra en France le 16 décembre. Le 9 janvier 1864, il prit le commandement de la subdivision de la Vienne à Poitiers.

Ce brave officier, presque toujours en campagne depuis sa sortie des écoles militaires, mourut dans son commandement le 3 avril 1865.

Panthéon Fléchois. — Archives militaires.

MOHAMMED-EL-BAHARI.

Le 18 novembre 1830, une colonne de 7,000 hommes entrait dans Blidah qu'elle trouvait « presque déserte; car la plus grande partie de la population avait fui dans la montagne. » Elle y séjourna le 19, et le lendemain se dirigea sur Médéah en laissant dans « la petite Rose » une garnison composée de deux bataillons : l'un du 34e et l'autre du 35e de ligne, et deux pièces de canon. Ce détachement était sous le commandement du colonel Rulhière, officier très ferme et très capable.

Mais pendant que la colonne était en marche sur Médéah une horde de Kabyles, conduite par El-Haoucin-ben-Zamoum, fils du cheikh des Flissa, — lequel était malade en ce moment, — arrivait dans la Mitidja. Ayant appris l'occupation de Blidah, El-Haoucin appelle à lui les Khachna, les Beni-Mouça, les Beni-Misra, tribus qui passaient pour soumises, et marche sur la ville : les fantassins en suivant le pied de l'Atlas, et les cavaliers en traversant la plaine, pour voir s'il n'y aurait pas, de ce côté, quelque bon coup à tenter.

Ces derniers rencontrèrent près de Boufarik un convoi de cent chevaux, conduit par cinquante hommes d'artillerie et commandé par deux officiers, qui allait chercher des munitions à Alger pour la colonne de Médéah. Ils attaquèrent ce convoi, dont tous les conducteurs furent impitoyablement massacrés; pas un seul homme n'échappa à ce sanglant sacrifice.

El-Haoucin continua sa route sur Blidah. Son avant-garde apparut le 22 novembre sur les hauteurs qui dominent cette ville. Les Kabyles voulurent s'approcher de l'enceinte; mais quelques coups de mitraille les forcèrent à s'éloigner, et ce ne fut que le 26, après avoir réuni toutes leurs forces, évaluées à 6 ou 7,000 hommes, qu'ils se décidèrent à tenter l'attaque.

Vers quatre heures du matin, les fantassins de Ben-Zamoum et les Beni-Salah commencent le feu dans les jardins d'orangers; les postes y répondent aussitôt. Avec l'aide des habitants qui étaient rentrés dans la ville, et qui avaient fourni, sous la pression des Kabyles, des outils et des travailleurs, des brèches furent faites facilement dans la mauvaise muraille en pisé.

Vers onze heures, toutes les brèches sont praticables, et les Kabyles pénètrent tumultueusement dans la place en poussant des cris d'une sauvagerie terrifiante, surtout pour nos soldats qui n'y étaient point encore accoutumés, et se ruent sur les postes et sur les magasins où s'étaient groupés les Français pour résister plus efficacement à l'attaque, laquelle s'était produite plus particulièrement sur la face sud-ouest, celle qui regarde la montagne des Beni-Salah.

Nos soldats se retirent en ordre et par groupes, dans la direction de la mosquée de la porte d'Alger, où ils avaient été installés et qu'ils avaient crénelée. Assaillis de tous côtés par cette nuée de furieux, ils font cependant bonne contenance et couchent un grand nombre d'ennemis sur le carreau. Les pertes sont néanmoins sensibles de notre côté; mais elles sont considérables de celui des Kabyles, dont les cadavres jonchent le sol dans les rues ayant servi de théâtre à la lutte.

Nos soldats ont cependant réussi à gagner la mosquée en défendant le terrain pied à pied; mais ils sont acculés sous la voûte de la porte d'Alger, et leur situation devient d'instant en instant plus critique, lorsque, au milieu des bruits de la fusillade et des clameurs des Kabyles, une voix retentissante roulant dans les airs, comme celle de la foudre, au-dessus des têtes des combattants, se fait entendre tout à coup et glace d'effroi les assaillants, qui s'arrêtent éperdus. Cette voix disait : « O musulmans! fuyez! car l'armée des chrétiens arrive!... elle est proche!... »

En effet, quelques instants après que cet avertissement, — venu d'en haut, — se fut fait entendre, des troupes françaises pénétraient dans Blidah, par les brèches qu'avaient pratiquées dans sa muraille les Kabyles de Ben-Zamoum, et fondaient comme une trombe sur l'ennemi qu'elles prenaient à revers, et qui se mit à fuir, pris de panique, dans le plus grand désordre, par les rues de la ville. Pareils à des lions blessés, nos soldats se ruent sur les Kabyles la baïonnette aux reins, tuant tout ce qu'ils rencontrent dans la longueur de la terrible pointe de cette arme si éminemment française.

Poussés par le désespoir et par la haine, quelques fanatiques se précipitent furieux et en hurlant des injures et des malédictions, sur une pièce d'artillerie : ils sont reçus par une volée de mitraille qui disperse leurs débris sanglants, — boue humaine, — dans toutes les directions.

El-Haoucin-ben-Zamoum lui-même ne s'échappe qu'à la faveur du désordre inexprimable dans lequel s'effectue la retraite, la déroute de ses bandes.

En un clin d'œil, la ville était balayée, nettoyée de ses ennemis, lesquels regagnaient leurs montagnes en toute hâte, et sans avoir pu relever leurs blessés et emporter leurs morts.

Voici comment les choses s'étaient passées. Nous avons vu plus haut qu'à un moment donné, la situation de la petite garnison, surtout dans une place dont les murailles étaient hachées de brèches, était des plus critiques; d'un autre côté, elle ne pouvait attendre de secours avant le lendemain, 27 novembre, au plus tôt, la colonne en retour de Médéah était encore à deux marches de Blidah. Le salut était donc inespéré; pourtant il était proche. Le *mouedden* (1) du Djama (mosquée) de la porte d'Alger, où le colonel Rulhière avait cantonné sa troupe, était resté à son poste et vivait en bonne intelligence avec nos soldats. C'était un ancien *Mezouar* de Blidah, du nom de Mohammed-el-Bahari.

(1) Celui qui, du haut du minaret d'une mosquée, appelle, cinq fois par jour, les musulmans à la prière.

Voyant le péril dans lequel se trouve la garnison, et, d'un autre côté, n'ayant qu'une médiocre sympathie pour les Kabyles, dont le joug tyrannique était impatiemment supporté par les gens de la ville, El-Bahari demande à être présenté au colonel commandant la garnison, et lui propose de le débarrasser des bandes d'El-Haoucin-ben-Mohammed-ben-Zamoum, dont le nombre s'accroît à chaque instant, et qui bientôt seront maîtresses de toute la ville et de ses portes.

Ce moyen est le suivant : le colonel fera sortir, à un signal donné, par la porte d'Alger, dont il est encore maître, une partie de ses troupes; quelques instants avant d'effectuer cette sortie, lui, *mouedden*, jettera aux assaillants, du haut de son minaret, l'avertissement que la colonne de Médéah arrive et qu'elle est proche. « C'est à ce moment, ajoutait Mohammed-el-Bahari, que les troupes que tu auras désignées pour la sortie se porteront, en longeant l'enceinte extérieure dans la direction de Bab-es-Sebt, et rentreront dans la ville par cette porte et par les brèches, prenant ainsi à revers les Kabyles épouvantés, lesquels, ébranlés par mon avis et persuadés que ces troupes, — qui ne feront pas de quartier, — appartiennent à l'avant-garde de la colonne de Médéah, ne manqueront pas de prendre la fuite dans le plus grand désordre et de débarrasser tes soldats de leur dangereuse présence. »

Il va sans dire que le colonel Rulhière n'hésita pas à accepter la proposition du *mouedden*, car c'était son seul espoir de salut, et qu'il prit de suite ses dispositions pour user du stratagème que venait de lui indiquer El-Bahari.

C'est au chef de bataillon Coquebert, vigoureux et intelligent officier, que fut confiée la difficile et délicate mission dont nous venons de parler, et du succès de laquelle dépendait le salut de la garnison. C'est avec la compagnie de grenadiers de chacun des bataillons du 34° et du 35° de ligne qu'il devait tenter sa périlleuse aventure. Comme nous l'avons dit plus haut, il sortit par la porte d'Alger, laquelle, nous le savons, était, à cette époque, contiguë à la mosquée de Baba-Mohammed, et se glissa le long de la muraille extérieure de la place sans être aperçu par l'ennemi, qui à ce moment était encore occupé à combattre dans les rues de la ville, et parvenait jusqu'à Bab-es-Sebt (qui était aussi la porte de Médéah), par laquelle pénétrait l'une des deux compagnies d'élite, pendant que l'autre entrait dans la place par les brèches que les Kabyles avaient ouvertes dans ses murailles.

Prises ainsi à revers, ainsi que nous l'avons dit plus haut, les bandes de Ben-Zamoum ne doutèrent pas, comme l'avait prévu El-Bahari, que ces deux compagnies ne fussent l'avant-garde de la colonne de Médéah, et s'enfuirent, traqués par nos grenadiers que rallièrent bientôt les autres portions de la garnison. Reprenant, à leur tour, une vigoureuse et impitoyable offensive, nos soldats eurent bientôt vidé la ville de ces farouches ennemis, lesquels laissèrent par les rues plus de 400 cadavres des leurs.

Le stratagème de Mohammed-el-Bahari avait pleinement réussi, grâce surtout à la vigueur intelligente qu'avaient déployée, dans cette circonstance, l'héroïque commandant Coquebert et sa vaillante troupe.

Ceux-ci, du moins, furent récompensés de leur dévouement; mais El-Bahari étant tombé quelques semaines plus tard entre les mains des Kabyles, ils le décapitèrent.

Blidah, par le colonel Trumelet.

MOHAMMED OULD ISMAÏL OULD CADI.

Mohammed Ould Ismaïl Ould Cadi, lieutenant au 2ᵉ spahis, ex-agha de Tuggurt, chevalier de la Légion d'honneur, appartenait à une des grandes familles de la province d'Oran, dont les membres nous ont montré le plus de dévouement, la famille des Behaïtsia.

Son père était lieutenant de spahis et caïd des Beni-Ameur.

Il était neveu du général Mustapha ben Ismaïl, dont le nom est resté célèbre et respecté dans toute l'Algérie. Enfin, il était proche parent de la plupart des grands chefs indigènes qui ont autrefois si puissamment contribué, à côté de nos troupes, à pacifier ce pays.

Engagé au 1ᵉʳ régiment de spahis en 1853, il passait en 1857, comme maréchal des logis au 2ᵉ régiment de même arme; sous-lieutenant, puis lieutenant au 2ᵉ tirailleurs, il revenait avec ce grade, le 14 septembre 1864, au 2ᵉ spahis, auquel il n'a pas cessé de compter depuis lors.

Pendant sa carrière militaire, Si Mohammed Ould Ismaïl a été souvent appelé à commander des tribus ou de grandes agglomérations indigènes.

Caïd des Oulad Sidi Cheikh, internés à Aïn-Témouchent en 1853, puis successivement caïd des Beni-Ournid, des Beni-Fouzech, des

Ahl-el-Oued, il devenait caïd des caïds des Oulhassa et Trara, et enfin, en 1864, agha des Hachem (Mascara).

Plus récemment, le gouvernement général utilisait ses services et son dévouement en le nommant caïd des Amamra de Khenchela, et en dernier lieu agha de Tuggurt.

C'est sous le climat de cette région qu'il a pris le germe de la maladie qui devait causer prématurément sa perte.

Au mois de janvier 1882, sa santé très éprouvée par le séjour de l'extrême sud ne lui permit plus de résider à Tuggurt. Il résigna ses fonctions d'agha et vint en congé à Oran pour essayer, au milieu des soins de sa famille, de réparer ses forces.

Il allait reprendre sa place au 2e spahis, quand la mort est venue le frapper le 7 octobre 1882. Il n'était âgé que de 50 ans.

Si Mohammed Ould Ismaïl a suivi depuis 1853 nos colonnes dans les expéditions qu'elles ont dû faire dans la Grande-Kabylie, contre les Beni-Snassen (Maroc), et en 1864 contre les Oulad Sidi Cheikh.

Pendant sa carrière, il n'a pas cessé de suivre les traditions de sa famille, en donnant l'exemple du dévouement à la France.

Documents officiels.

MONCK D'UZER.

Le vicomte Louis d'Uzer, dit Monck d'Uzer, est né le 30 septembre 1778 à Bagnères (Hautes-Pyrénées). Entré comme soldat au 32e régiment d'infanterie de ligne le 28 janvier 1805, d'Uzer fit les campagnes de la Grande Armée de vendémiaire an XIV, fin de 1805, 1806 et 1807. Il se distingua particulièrement le 17 octobre 1806 à la prise de Halle (Prusse) à la tête des grenadiers du 32e régiment. De 1808 à 1813, il prit part à la guerre contre l'Espagne et mérita d'être cité à l'ordre pour sa conduite le 1er avril 1809 à l'affaire de Barba de Puerco; les 17 et 27 juillet de la même année à Talaveyra, à la tête d'un bataillon du 16e régiment d'infanterie légère; le 16 mai 1812; entre Villafranca et Villaréal; le 16 juin 1812, à Somorostra et Ordun; le 27 août 1812, au pont d'Aréta; le 25 juillet 1813, à l'attaque du col de Maya, à la tête des voltigeurs réunis de la division; le 14 juillet 1813, à Elisassa, dont il enleva les hauteurs à la tête du 28e régiment de ligne qu'il commandait comme chef de bataillon; le 31 août 1813, sur la Bidassoa, pour son commandement des voltigeurs de la division réunis.

Colonel le 27 janvier 1815, il commanda le 64ᵉ régiment d'infanterie deligne et fut mis en non-activité le 12 mars 1816. Réintégré le 24 février 1818, il fut promu maréchal de camp le 11 août 1823, et le 21 février 1830 reçut le commandement de la deuxième brigade de la deuxième division du corps expéditionnaire d'Alger. Il seconda habilement le général en chef.

Il commandait le département du Rhône depuis le 5 décembre 1831, lorsque, à la suite des événements de Bône (*voyez Yosouf*), il fut appelé à prendre possession de cette ville. Une division navale armée à Toulon le débarqua le 13 mai 1832 dans le port de Bône, à la tête d'un bataillon du 55ᵉ de ligne, deux batteries d'artillerie, une compagnie du génie et un immense matériel ainsi qu'un gros approvisionnement de vivres.

Le général d'Uzer, nommé commandant de la place et de la province, fit presser les travaux d'installation. Un hôpital pour quatre cents malades fut établi dans une grande mosquée, située au point culminant de la ville. Des emplacements voisins du port furent assignés à l'artillerie, au génie, à l'intendance, huit îlots de maisons contiguës les unes des autres affectés au logement des troupes, deux fours capables de cuire huit mille rations en vingt-quatre heures construits dans les magasins à grains du beylick.

Le général d'Uzer adopta, dès le principe, à l'égard des indigènes un système de douceur et de justice qui lui concilia bientôt leurs sympathies. Il réprimait avec énergie leurs actes de brigandage, quand ils s'en permettaient, mais il ne souffrait pas qu'il fût commis la moindre injustice à leur égard. Cette politique eut pour effet de laisser Bône relativement tranquille. Le général n'eut que quelques attaques à repousser, ce qui fut fort heureux, car dans les premiers jours de novembre la garnison fut décimée par les fièvres, et l'année suivante de même. Au mois d'août 1833, il y avait seize cents malades; du 15 juin au 15 août on avait enterré plus de trois cents morts; sur 2,430 hommes que comptait l'effectif du 55ᵉ, le général n'en pouvait guère mettre plus de 500 en ligne. Que serait-il survenu si les Arabes s'étaient efforcés de reprendre la ville dans ces cruelles circonstances? La sage politique du général d'Uzer nous épargna cet assaut et ce danger. De petits engagements eurent lieu; mais ils furent repoussés sans peine par nos troupes. En 1834, l'apaisement se fit aussi complet que possible. Les Européens pouvaient parcourir librement le pays à une assez grande distance, et l'on peut dire qu'à l'exception de quelques brigands isolés, nous n'avions pas d'ennemis sur un rayon de plus de quinze lieues.

Le général Monck d'Uzer n'en était pas moins l'objet des récriminations et des chicanes d'un certain nombre d'Européens que sa bienveillance pour les indigènes exaspérait. Il prit le parti de s'en aller pour mettre fin à ces tracasseries et, sur sa demande, fut mis en disponibilité le 4 février 1836.

Il rentra en France; puis il revint à Bône finir ses jours. Il y est décédé le 20 octobre 1842.

Chevalier de la Légion d'honneur du 24 avril 1810, il avait été promu officier le 25 novembre 1813, commandeur le 3 novembre 1827 et grand officier le 27 décembre 1830. Il avait été fait chevalier de Saint-Louis le 17 janvier 1815.

Un centre de population créé à 11 kilomètres de Bône, le 12 février 1845, a reçu le nom de d'Uzerville pour honorer la mémoire du général et perpétuer le souvenir des services qu'il a rendus à la région.

Archives du ministère de la guerre. — *Annales algériennes.* — *L'Algérie de 1830 à 1840*, par M. Camille Rousset.

MONTAGNAC.

Le lieutenant-colonel de Montagnac, du 15e léger, était en 1845 commandant supérieur de Djemmaâ-Ghazaouat (aujourd'hui Nemours). Brave et très capable, il avait de brillants états de service en Algérie, lorsqu'il fut victime d'une abominable perfidie.

Le caïd des Souhalia, Mohamed Trari, qui jusqu'alors avait témoigné son dévouement à la France, mais qui en réalité était tacitement gagné à la cause de la révolte, feignit d'être menacé d'une attaque prochaine de l'Émir et annonça au lieutenant-colonel de Montagnac qu'Abd-el-Kader arrivait du Maroc avec une nombreuse cavalerie.

Le colonel, cédant aux instances perfides du caïd, résolut, quoique sa garnison fût bien faible, de protester, avec elle seule, contre la violation de notre territoire.

Le 20 septembre 1845, il fit une première sortie, s'avança jusqu'à

Gamès, mais ne rencontra pas l'ennemi : les contingents d'Abd-el-Kader n'avaient pu encore arriver; le calme régnait partout. Après avoir quitté Djemmaâ le 19 dans la soirée, la colonne rentra le 21, à sept heures du matin.

A l'instigation pressante et réitérée du caïd, le colonel de Montagnac, n'ayant aucun renseignement précis sur les forces de l'Émir, mais assuré de l'énergie et du dévouement de ses troupes, sortit de nouveau vers dix heures du soir avec 350 chasseurs à pied du 8º bataillon et 60 hussards du 2º.

La sortie de la colonne avait pour but de défendre les Souhalia et les Djebala et d'empêcher la jonction de l'Émir avec les Ghossels, réfugiés dans les Trara, où tout le monde prenait les armes en sa faveur.

Après une marche de nuit, il arriva à Sidi-Abdallah, fit faire le café et campa un peu plus loin, sur l'Oued-Taouly, à 15 kilomètres de Djemmaâ. La trahison devait bientôt, hélas! l'en arracher pour l'entraîner à sa perte.

Le 22, à deux heures du matin, de nouveaux et traîtres renseignements l'engagent à s'avancer vers l'est, où, d'après les dires de son guide, Abd-el-Kader, qui n'avait qu'une faible escorte, pouvait être surpris. Il leva donc le camp et alla s'établir à une lieue plus loin, sur le ruisseau de Sidi-Brahim. Là, quelques heures après, on aperçut sur une hauteur de droite quelques cavaliers isolés; on les prit d'abord pour des vedettes en observation et dans la soirée on échangea quelques coups de fusil avec eux.

Le 23, au point du jour, des cavaliers, en nombre à peu près égal que la veille, reparaissaient déjà sur le plateau de Karn-Amsel en face du camp. Ce nombre ne pouvant l'inquiéter, le colonel fit faire le café et à six heures et demie donna l'ordre au commandant de Cognord de monter en selle nue avec tout son détachement et de se porter dans la direction de l'ennemi. Il fit soutenir les hussards par les 3º, 6º et 7º compagnies de chasseurs, sans sacs. Les bagages furent laissés à la garde du commandant Froment-Coste, avec la 2º compagnie et les carabiniers de son bataillon.

On marcha quelque temps en longeant les ravins. Le terrain, très escarpé, était impraticable à la cavalerie : il fallait conduire les chevaux par la bride.

S'apercevant que les cavaliers d'observation suivaient sa marche, le colonel fit vivement monter à cheval pour les chasser. Les hussards, divisés en deux pelotons échelonnés à petite distance, exécutèrent ce mouvement avec une telle rapidité, que bientôt ils se trouvèrent très éloignés de l'infanterie. Les Arabes tirèrent quelques coups de fusil sur les hussards et allèrent rejoindre un autre groupe d'environ 200 cavaliers, sortis subitement des plis d'un ravin où ils étaient embusqués depuis la veille avec leur chef Bou-Hamidi, et que l'on voyait sur un plateau en face courir à leur secours. Le feu de tirailleurs commença aussitôt.

Le colonel s'élança avec le commandant de Cognord à la tête d'un peloton de hussards pour porter secours au capitaine de Saint-Alphonse et à ses hommes : Montagnac fut mortellement blessé presque au début de l'engagement.

Se sentant mourir, il remet le commandement au chef d'escadron de Cognord. Il rappelle à lui tout ce qui lui reste de courage et d'énergie et crie à ses malheureux soldats : « Défendez-vous jusqu'au bout, » puis il rend le dernier soupir.

Son nom est inscrit sur la colonne élevée à six kilomètres du marabout de Sidi-Brahim en mémoire des braves tombés au champ d'honneur le 22 septembre 1845.

Le Combat de Sidi Brahim, par Pègues. — *Annales algériennes.*
Archives militaires. — Documents officiels.

MONTAUBAN.

Le général de Cousin-Montauban (Charles-Guillaume-Marie-Apollinaire-Antonin), comte de Palikao, est né le 24 juin 1796. Employé de bonne heure en Algérie, il s'y distingua comme officier de cavalerie. Chef d'escadron aux spahis le 4 septembre 1830, lieutenant-colonel le 7 mai 1843, colonel au 2ᵉ chasseurs le 2 août 1845, c'est entre ses mains qu'Abd-el-Kader fit sa soumission le 21 décembre 1847 : La Moricière n'arriva que quelques instants après.

Il devint général de brigade le 21 septembre 1851 et commanda la subdivision de Tlemcen. Dans les derniers jours de novembre 1853, il se rendit avec quelques troupes de réserve à Aïn-ben-Khelil où il obtint la soumission des Hammian, des Maïas et des autres tribus qui avaient suivi deux chefs insurgés, El-Gourari et Sidi-ben-Tayeb.

Général de division depuis le 28 décembre 1855, il commanda la division de Constantine. Rappelé en France, il fut mis à la tête de la 2ᵉ division militaire dont le siège était à Limoges.

En 1860, le général Montauban fut investi du commandement en chef des troupes françaises de l'expédition de Chine, entreprise conjointement avec l'Angleterre, et en récompense des brillants succès qu'il remporta en Extrême-Orient il fut élevé à la dignité de grand-croix de la Légion d'honneur le 26 décembre 1860, puis nommé sénateur le 4 mars 1861 ; enfin le titre de comte de Pali-kao lui fut conféré le 22 janvier 1862.

Pendant la guerre de 1870, le général Montauban a joué un rôle politique et militaire que nous n'avons pas à apprécier ici, il est totalement en dehors de notre cadre. Bornons-nous à rappeler que l'impératrice régente l'avait chargé le 9 août de la constitution d'un nouveau cabinet dont il prit la direction avec le portefeuille du ministère de la guerre. Ce cabinet ne vécut que trois semaines, par suite de la proclamation de la République.

Vivement attaqué par la presse et au sein de la commission d'enquête nommée par l'Assemblée nationale, le général Montauban a publié une brochure justificative sous ce titre : *Un ministère de la guerre de 24 jours.*

En 1860, lorsqu'il fut nommé grand-croix de la Légion d'honneur, il comptait 42 ans de services effectifs, 28 campagnes, une blessure et 10 citations à l'ordre de l'armée.

Le général Montauban est mort à Paris le 8 janvier 1878.

Dictionnaire des Contemporains. — Archives militaires. — *Annuaire encyclopédique.*

MONTMARIE.

Le comte Pelletier de Montmarie (Louis-François-Charles), général de brigade d'infanterie, grand officier de la Légion d'honneur, né à Paris le 16 mars 1813, fut admis en 1822 à la Flèche, et le 20 novembre 1831 à Saint-Cyr. Sous-lieutenant au 50ᵉ de ligne le 20 avril 1835, il rejoignit son régiment à Paris. Se trouvant en 1839 en garnison à Saint-Étienne, il obtint de passer à la légion étrangère, à la formation du 4ᵉ bataillon (ordonnance du 1ᵉʳ octobre 1839). Nommé lieutenant le 5 juillet 1840, de Montmarie resta 14 ans dans notre colonie, tantôt dans une province, tantôt dans une autre, toujours en campagne et souvent en expédition. Il acquit vite une grande expérience pratique du métier des armes, pour lequel il avait toujours montré une vocation prononcée. Le 30 décembre 1840, la légion étrangère ayant été scindée en deux régiments, le lieutenant de Montmarie fut placé au 1er à Alger.

Capitaine le 19 février 1845, il prit les fonctions d'adjudant-major. Vigoureux officier de guerre, il reçut le 21 août 1846 la croix de chevalier de la Légion d'honneur. Chef de bataillon à son régiment de la légion étrangère le 28 septembre 1851, à la suite d'une expédition heureuse pendant laquelle il s'était distingué, il resta en Algérie jusqu'à la guerre d'Orient de 1854. Il avait reçu la croix d'officier, pour fait de guerre, le 6 août 1852. Lieutenant-colonel au 1er régiment des voltigeurs le 11 août 1855, il se trouva à l'assaut général du 8 septembre en Crimée et reçut une balle dans la cuisse droite. Promu colonel au 85e de ligne le 13 juillet 1858, il revint en Algérie prendre le commandement du régiment, et l'année suivante il s'embarqua pour l'Italie.

Commandeur de la Légion d'honneur le 31 août 1860, M. de Montmarie fut promu général le 24 février 1869. L'année suivante il combattit à Wissembourg, à Frœschwiller et à Sedan, fut blessé une seconde fois à la cuisse droite d'un éclat d'obus et envoyé prisonnier en Allemagne. Élevé le 4 mars 1875 à la dignité de grand officier de la Légion d'honneur, le général de Montmarie, rude soldat, couvert de glorieuses blessures reçues sur tous les champs de bataille, a été mis à la retraite sur sa demande le 10 octobre 1878.

Il est décédé le 22 novembre 1883.

Panthéon Fléchois. — Archives militaires. — *La Légion étrangère.*

MORRIS.

Le général Morris (Louis-Michel) était né le 17 octobre 1803. Admis en 1821 à l'école militaire de Saint-Cyr, il passa dans la cavalerie et vint en Algérie en 1837, avec le grade de chef d'escadron aux chasseurs d'Afrique. Brave parmi les plus braves, téméraire, audacieux, Morris gagna les grades supérieurs par de multiples actions d'éclat. En passant en revue ses états de service, on se remémore cet éloge de La Tour d'Auvergne que le grand Carnot écrivait au premier consul : « C'est l'un des plus anciens officiers de l'armée, c'est celui qui compte le plus d'actions d'éclat; les braves l'ont surnommé *le plus brave.* » Partout où le nom de Morris se rencontre, sa conduite provoque les félicitations et l'enthousiasme. De 1837 à 1842, il commanda dans la plaine de la Mitidja, où il fit essuyer des pertes sérieuses aux contingents d'Abd-el-Kader.

Il se distingua tout particulièrement à la prise de la smala d'Abd-el-Kader le 16 mai 1843. Il se trouvait au centre; il se jeta avec trois pelotons sur le gros de l'ennemi, communiqua à ceux qui le suivaient son irrésistible élan et, par son intelligente audace, assura le succès de la journée.

Dans son rapport en date du 20 mai 1843, le duc d'Aumale, le vainqueur de la smala, rend justice en ces termes au colonel Morris :

Vous connaissez, mon général, le colonel Yousouf et le lieutenant-colonel Morris ; vous connaissez leur brillant courage et leur intelligence militaire, mais je n'hésiterai pas à vous dire qu'ils se sont montrés en ce jour au-dessus de leur réputation.

Le 14 août 1844, sa bravoure et sa vigueur contribuèrent encore pour une grande part à la victoire d'Isly.

Promu maréchal de camp en 1847, il reçut les étoiles de général de division en 1851, et justifia en Crimée la renommée qu'il s'était acquise en Algérie.

A son retour, il fut placé à la tête de la cavalerie de la garde impériale.

Il fit la campagne d'Italie et, le 15 janvier 1863, revint dans la colonie prendre le commandement de la cavalerie régulière et des établissements hippiques.

Il est décédé en décembre 1867, grand officier de la Légion d'honneur depuis le 27 décembre 1854.

Le nom de ce brave général a été donné à un centre de population créé en 1877, à 22 kilomètres de Bône, sur la route de cette ville à la Calle.

Le fils aîné du général Morris est actuellement lieutenant-colonel du 5ᵉ chasseurs et commandant d'armes à Orléansville. C'est un brillant et vigoureux officier, de beaucoup d'avenir, digne en un mot du grand nom qu'il porte : il n'y a pas de plus bel éloge à faire de lui.

Documents particuliers et officiels. — *Dictionnaire des Contemporains.* — *Notice sur l'expédition qui s'est terminée par la prise de la Smala.* — *Relation de la bataille d'Isly,* par le maréchal Bugeaud.

MOULLÉ.

Moullé (Louis-Cyprien), né à Paris le 6 avril 1814; nommé interprète auxiliaire en 1836, il fut détaché dans les camps de la Mitidja pendant dix-huit mois. Il passa successivement aux gendarmes maures, aux chasseurs d'Afrique et aux spahis.

Comme il parlait l'arabe d'une façon remarquable, le général Bugeaud le détacha à Cherchell en qualité de chef bureau arabe, quoiqu'il ne fût que simple spahi.

C'est en remplissant ces fonctions que Moullé gagna successivement tous ses grades, de brigadier à capitaine.

Cinq fois il fut cité à l'ordre de l'armée, pour sa brillante conduite devant l'ennemi. Il avait reçu la croix de la Légion d'honneur le 8 avril 1841, étant encore aux gendarmes maures.

Moullé est mort capitaine commandant supérieur du cercle de Cherchell, en décembre 1855.

Les Interprètes de l'armée d'Afrique. — Archives militaires.

MULLER.

Müller (Frédéric), orientaliste distingué, élève de l'école des langues orientales, ancien secrétaire-interprète de langue arabe auprès du gouverneur du Sénégal, chevalier de la Légion d'honneur.

Interprète de 2e classe en 1830, il fut nommé de 1re classe après la prise d'Alger, et interprète principal le 17 avril 1839.

Attaché sans interruption au gouverneur général de l'Algérie, Muller fut le premier Français qui pénétra dans Alger, par la porte Bab-el-Oued, pour accomplir une mission dont l'avait chargé le général de Bourmont, auprès de l'agha des Arabes, avant que l'armée entrât dans la ville.

Il assista à toutes les expéditions de la première heure, notamment à celle de Constantine en 1837, où il fut blessé, et reçut en récompense de sa conduite la croix de la Légion d'honneur.

Avant d'entrer dans le corps des interprètes, il accomplit, en compagnie de Paolo, le voyage, par terre, d'Alexandrie à la Cyrénaïque, dont on parla beaucoup à cette époque.

Il est décédé à Paris le 29 juin 1840.

Les Interprètes de l'armée d'Afrique. — Archives militaires.

MUSIS.

Il existe en Kabylie, sous le nom d'*anaya*, une coutume regardée comme sacrée. Elle consiste en ceci : deux Kabyles forment entre eux une alliance fraternelle contractée par un échange mutuel de deux objets, alliance qui rend ces deux hommes solidaires l'un pour l'autre, de sorte que si l'un d'eux est offensé, le second doit embrasser sa cause, le défendre ou le venger. L'anaya donné à un Kabyle par un marabout jouit d'une telle puissance que nul chef, nulle tribu n'oserait attaquer celui qui le porte, se trouvât-il même en présence de ses plus mortels ennemis.

C'est l'anaya qui fut cause de la mort tragique de Salomon de Musis.

En 1836, celui-ci était commandant supérieur de la place de Bougie. Amzien-Rabah, cheikh d'une des tribus kabyles de la banlieue, avait entamé des négociations avec le commandant, et il en résultait une sorte de trêve entremêlée pourtant de coups de fusil aux avant-postes. Le 6 juin, la fusillade avait été plus vive qu'à l'ordinaire et elle s'éteignait vers le soir, lorsqu'on vit au bord de la rivière un homme se détacher d'un groupe et se diriger sur la ville. Arrivé près d'une embuscade des avant-postes, il tombe au milieu de nos soldats qui, le prenant pour un espion et ne comprenant pas son discours, le reçoivent à coups de fusil et le tuent. Or, cet homme était en fraternité d'anaya avec le cheikh Amzien, et chargé probablement de quelque message pour le commandant, car ce cheikh faisait partie du groupe dont nous avons parlé et il était venu là pour indiquer lui-même à son émissaire le chemin de la place.

En vertu des obligations qu'impose l'anaya, Amzien jura de venger son marabout. Le commandant et les soldats, n'ayant aucune connaissance des mœurs kabyles, n'imaginaient pas que la mort d'un homme assez mal vêtu, tué dans un jour de combat, dût leur être imputée à crime. Cependant Amzien méditait sa vengeance : « Je tuerai, disait-il, non pas un soldat français, non pas un caporal, non pas un officier, mais le gouverneur lui-même. » C'était bien, s'il entendait le tuer vaillamment en pleine guerre ; mais il préparait une trahison et un guet-apens. Il renoue les négociations ; il envoie même son neveu conduire un troupeau de bœufs au marché de Bougie, où les vivres étaient rares, et il entretient un échange de lettres amicales avec le commandant, le priant d'ailleurs à chaque fois de lui envoyer quelque chose dont il a besoin, comme du sucre, du café, du papier, du calicot. Enfin, il vient à convenir d'une entrevue que le malheureux Salomon de Musis accepte, persuadé qu'Amzien veut sincèrement la paix entre les Kabyles et la garnison. Il se rend donc au rendez-vous avec une faible escorte, en apportant des cadeaux à Amzien, qui les reçoit. Au milieu de la conférence, un Kabyle aposté appuie tout à coup un tromblon sur le dos de M. de Musis, qui tombe à l'instant, ayant la colonne vertébrale coupée en deux par une douzaine de balles.

Tout fier de cette exécution, le cheikh Amzien parcourut ensuite triomphalement le pays monté sur le cheval de M. de Musis.

Cet épisode de la conquête porte avec lui son enseignement. Il montre quelle confiance on peut avoir en la parole des Kabyles aussi bien que des Arabes; il met à nu leur fourberie, leur duplicité, et nous dévoile ce que vaut leur légendaire hospitalité.

La Kabylie, broch. par le colonel Lapène. — Documents militaires.

MUSTAPHA BEN ISMAIL.

Mustapha ben Ismaïl descendait d'une des tribus *M'hall*, Arabes d'Orient qui achevèrent, à la fin du septième siècle de notre ère, la conquête de l'Afrique septentrionale. Il appartenait aux *djouad* (1). Depuis deux siècles, c'était dans sa famille que les Turcs choisissaient les chefs de ces grandes tribus makhzen (2) dont le réseau, dans chaque province, enlaçait toutes les tribus arabes de la Régence.

Lors de la conquête d'Alger, Mustapha ben Ismaïl se rallia au bey tunisien auquel le maréchal Clauzel avait confié le commandement de la province d'Oran, en vertu d'un traité conclu avec le bey de Tunis. Mais, ce traité n'ayant pas été ratifié, l'agha des Douair se retira dans les limites de son territoire, refusant également et d'entrer en relation avec les généraux français et de reconnaître l'autorité d'Abd-el-Kader, qui commençait à lever l'étendard de la guerre sainte.

Dès cette époque, de profonds sentiments de haine animèrent l'un

(1) Noblesse arabe.
(2) Gouvernement.

contre l'autre le vieux M'Khazni (1), représentant le gouvernement turc dans toute sa rigidité, et le jeune marabout, champion de la nationalité arabe.

Abd-el-Kader, ayant relevé sa puissance chez les tribus de la province d'Oran par le traité conclu avec le général Desmichels et ayant organisé une petite armée régulière, songea à établir plus solidement son pouvoir sur ces tribus et leur réclama le paiement des impôts.

Mustapha ben Ismaïl saisit cette occasion pour secouer définitivement le joug que voulait lui imposer celui qu'il appelait *tchir*, un enfant; il attaqua l'armée de l'Émir, la mit en complète déroute, et Abd-el-Kader ne dut son salut qu'à son cousin El-Miloud-Bou Taleb.

Le chef des Douair fit alors au général Desmichels des propositions qui, si elles eussent été acceptées, auraient changé complètement la face des choses en Algérie. La puissance naissante de l'Émir eût été étouffée dans son berceau.

Elles furent rejetées !... De nouveaux encouragements, de nouveaux secours furent accordés par la France à Abd-el-Kader, et celui-ci, à la tête de toutes ses forces réunies, tomba à l'improviste sur les Douair et les Sméla.

Pendant toute une journée, Mustapha ben Ismaïl et ses vaillants guerriers soutinrent glorieusement ce combat inégal, et le soir les deux troupes campèrent en face l'une de l'autre.

Mais Mustapha, malade déjà depuis plusieurs jours, était grièvement blessé. L'élite de ses preux était tuée ou hors de combat, et tous les autres, démoralisés, demandaient à accepter les propositions pacifiques d'Abd-el-Kader, qui, disaient-ils, n'aspirait au pouvoir que pour diriger la guerre contre les chrétiens.

Devant de pareilles dispositions, et ne pouvant plus compter sur l'appui de la France, dont le puissant concours favorisait les projets ambitieux de l'Émir, le vieux guerrier comprit que continuer la lutte serait exposer ses troupes à une honteuse défaite, et il remit son autorité aux mains des chefs disposés à se rallier à Abd-el-Kader. Trop fier pour s'unir à cette démarche, il quitta son camp la nuit même, malgré ses horribles souffrances, et alla s'enfermer dans le *mechouar* (citadelle) de Tlemcen, où les Coulouglis se défendaient

(1) Fonctionnaire civil ou militaire.

vaillamment contre les partisans du nouveau « prince des croyants (1) ».

Il fallut son courage, son énergie et le prestige de son nom pour se maintenir dans cette citadelle en face de la population hostile des Hadars (2), et en butte aux attaques et aux intrigues des agents d'Abd-el-Kader.

Enfin cette vaillante garnison fut délivrée en 1836 par le maréchal Clauzel. « Un témoin oculaire, dit Léon Roches, m'a raconté l'impression qu'il éprouva quand Mustapha ben Ismaïl vint au-devant du maréchal. « L'entrevue de ces deux vieux guerriers, me dit-il, tous deux encore aussi vigoureux de corps que d'esprit, tous deux illustres dans leur nation, offrit à l'armée un spectacle qui ne manquait ni de grandeur ni de majesté. »

Mustapha, heureux de se retrouver à la tête de ses vaillants Douair et Sméla, qui avaient accompagné le maréchal Clauzel sous la conduite de son neveu El Mezari, organisa, le jour même de l'arrivée de la colonne, une expédition contre Abd-el-Kader. Il surprit son camp et mit son armée en déroute.

Faut-il rappeler les charges brillantes qu'il exécuta à la bataille de la Sikkak (6 juillet 1836), où il eut la main fracturée par une balle, et raconter les mille circonstances où son audace, secondée par un coup d'œil militaire qu'admirait le maréchal Bugeaud, rendit tant de services signalés à la cause française ?

Musulman convaincu et fidèle observateur des rites et des lois de sa religion, Mustapha ben Ismaïl partageait, à l'égard des chrétiens, les antipathies innées chez les sectateurs de Mohamet; mais il puisait la force de refouler ces sentiments dans le respect qu'il professait pour la foi jurée. « J'appartiens à Dieu et au sultan de France, qui m'aide à écraser mon ennemi et le sien, » disait-il.

Non seulement le général Mustapha agissait en serviteur fidèle et dévoué, mais il se considérait comme garant de la fidélité de ses Douair et de ses Sméla, et plus d'une fois, malgré les supplications de nos généraux, et du général de La Moricière entre autres, il avait tué de sa main des cavaliers de ses tribus qui avaient déserté chez Abd-el-Kader et qu'on amenait prisonniers devant lui.

Voici un trait, entre mille, de son inflexible rigueur à cet égard; il caractérise en même temps les mœurs arabes ou patriarcales.

---

(1) *Émir el Mouminin*, titre pris par Abd-el-Kader.
(2) Nom que portent les habitants des villes d'origine arabe, par opposition aux *touloughis*.

C'était quelque temps après la victoire de Loha, remportée sur Abd-el-Kader en octobre 1842.

A la fin d'une longue journée de marche et de combat, un neveu de Mustapha Ismaïl, avait aperçu au loin, presque à perte de vue, trois ennemis. Fondre sur eux, essuyer courageusement leur feu et abattre un de ses adversaires d'un coup de pistolet fut, pour le terrible chef, comme un jeu auquel il se livrait avec la rapidité de l'éclair. Les deux survivants se rendirent et furent bientôt remis au vieux général. Mustapha avait déjà reconnu les déserteurs. Il prit en silence son fusil et tira sur l'un d'eux, qui tomba percé d'une balle. C'était la justice de l'agha. Le second allait subir le même sort; mais un jeune officier qui se trouvait là, cédant à la pitié, sans calculer autre chose, le prit dans ses bras, le mit sur son cheval, et, s'enfuyant, accompagné des imprécations du vieux chef, il alla le jeter aux pieds du général La Moricière. Aussitôt lui arriva un cavalier hors d'haleine, qui lui dit que l'agha, regardant l'enlèvement de ce prisonnier comme une offense, se livrait à une fureur qui faisait trembler tout le monde. Il prétendait que personne n'avait le droit de soustraire un de ses hommes à ses châtiments, et il exigeait qu'on lui rendît le captif pour qu'il le mît à mort. La Moricière n'avait rien à opposer à ces réclamations; néanmoins il ne pouvait se décider à renvoyer l'Arabe. On aurait fusillé un Français, mais avant de le fusiller on l'aurait jugé. La justice musulmane déconcerte notre sévérité judiciaire, et, lorsqu'elle frappe, elle semble assassiner. La Moricière députa vers l'agha pour l'engager à se calmer, lui promettant qu'il ferait juger et punir le déserteur. Mustapha ne voulut rien entendre, sa colère s'accrut. Il jura qu'il ne laisserait point méconnaître son autorité, qu'il ne bougerait pas que le coupable ne fût entre ses mains, qu'il ne rentrerait jamais dans Oran et s'en irait plutôt à l'ennemi. De nouvelles démarches furent inutiles. Mustapha était homme à tenir ses menaces, il fallut bien céder. On lui conduisit donc lentement le déserteur, en lui disant que le général le recommandait à sa clémence. C'était tout ce que l'on pouvait faire, au point où les choses en étaient venues. Mustapha ne voulut rien promettre. Quand l'homme parut, il prit des mains d'un de ses moukalia son fusil qu'il avait fait recharger; le cadavre de l'autre était encore là. Tout le monde était dans la stupeur et gardait le silence : en ce moment Ismaïl intervint. Il se plaça devant son oncle, mais en lui tournant le dos; et, sans s'adresser à l'agha, comme s'il n'eût point songé à ce qui se passait, il se mit à flatter le cou du magnifique cheval que montait le vieux chef. « Oh! lui dit-il à mi-voix, en l'appelant par son nom, tu es un noble animal, et tu appartiens à un noble maître. Tu aimes l'odeur de la poudre et le bruit des fusils, mais ton maître s'y complaît davantage, et combien n'en a-t-il pas fatigué de plus robustes que toi ! Tu sais combien il est terrible, tu ne sais pas combien il est généreux. »

Le déserteur n'était plus qu'à deux pas. Contre l'attente générale, Mustapha, au lieu de tirer sur lui, le regarda en silence avec des yeux foudroyants. Ismaïl, s'adressant toujours au cheval sans regarder son oncle, continua :

« Le maître que tu portes au-devant de la mort, et qui l'a bravée quatre-vingts ans, a fait trembler tous ses ennemis; dans tout le Moghreb, tu n'en pourrais trouver un plus redoutable ni plus respecté. Ceux qui ont vu d'autres hommes proclament qu'il n'y en a point d'aussi vaillants que Mustapha. — Chien, dit le vieux chef au déserteur pâle et tremblant, d'où viens-tu? que t'a donné Ben Mahiddin? Comment t'a récompensé le fils de Zohra la danseuse? qu'il vienne maintenant te tirer d'ici. »

Le déserteur n'eut garde de répondre. Mustapha continua d'attacher sur lui ses terribles regards.

Ismaïl poursuivit : « Quel homme sur la terre pourrait sauver un autre homme de la colère de ton maître, ô noble cheval? Ce n'est ni le sultan de Fez, ni celui de Constantinople, ni celui de Paris. Mais ce qu'aucun prince ne peut faire, sa clémence et la grandeur de son âme l'ont fait souvent. Il sait que sa justice est respectée, et il n'a pas besoin du sang des misérables. Il accorde à la faiblesse et à la prière ce qu'il refuserait à la force, aux souverains. »

Ismaïl se tut; il y eut encore un moment de silence. Mustapha parut faire un effort.

« Va, chien, dit-il enfin au déserteur, tu devrais mourir; mais va dire à mon ami (le général La Moricière) que je te fais grâce, *parce que tu as eu le bonheur d'attendrir mon cheval.* »

Mustapha professait une sorte de respect pour nos simples soldats, qu'il voyait combattre avec tant de courage et supporter joyeusement tant de privations et de fatigues, et il avait inspiré ce sentiment à tous ses Douair, chefs et simples cavaliers. Aussi allaient-ils au milieu de l'ennemi enlever les soldats blessés qui étaient restés entre ses mains et prenaient-ils en croupe ceux qui ne pouvaient marcher.

Mustapha eût honteusement désarmé ceux de ses cavaliers qui auraient abandonné une troupe française engagée contre des Arabes.

Comme il était digne dans ses rapports avec nos généraux et nos autorités!

Et ses intrépides cavaliers, quel prestige n'exerçait-il pas sur eux! Un de ses regards les faisait trembler, un signe d'approbation était leur plus haute récompense. C'était à qui dans les combats se signalerait sous ses yeux; pas un n'eût hésité à mourir à sa place...

Et les Douair et les Sméla avaient lâchement abandonné leur glorieux chef, et un misérable Arabe avait tranché cette belle tête que la mort avait épargnée durant soixante années de combats incessants! C'est que, comme dit Châaban dans sa lettre, *la peur était entrée dans leur cœur de lion par la porte de l'avarice.* Voici, en effet, les détails donnés sur ce tragique événement par l'agha Sidi Mohammed Châaban au khalifa des provinces du bas Chéliff :

« Dar Sidi El Aaribi, le mercredi 25 rabiaâ el teni 1259 (25 mai 1843).

« A l'Étoile brillante de la constellation qui entoure la mémoire de notre saint ancêtre, à notre frère qui est ici-bas ce que nous avons de plus précieux et de plus cher, Sidi ben Abd-Allah, khalifa, que Dieu augmente ta gloire et ton bonheur!

« Après les saluts respectueux et empressés qui conviennent à ton rang élevé, je te fais savoir que j'ai reçu ta lettre vénérée par laquelle tu me donnes la nouvelle de ce qui vient d'arriver à la *déira* (smala) de notre ennemi (1). Que Dieu soit loué et glorifié. Sa justice se montre dans ce monde avant d'éclater dans l'autre.

« Hélas! pourquoi dois-je répondre à cette bonne nouvelle par le récit d'un malheur qui serre le cœur : Mustapha ben Ismaïl a été tué! que Dieu lui fasse miséricorde.

« Écoute cette fatale histoire :

« Après que Ould el Rey (2) eut attaqué la déira, exploit incroyable ! tué ce qu'il avait tué, pris ce qu'il avait pris, toute la tribu des Hachem se sauvait vers l'ouest où elle espérait trouver un abri. Mais Bou-Haraoua (3) et Mustapha ben Ismaïl apprirent le dessein des fugitifs, se mirent à leur poursuite, les atteignirent, et pas un seul ne leur échappa, cavaliers, femmes, enfants, troupeaux et toutes leurs richesses furent ramenés à Tiaret. Là Mustapha ben Ismaïl demanda à Bou-Haraoua la permission de rentrer à Oran avec ses Douair et ses Sméla. Bou-Haraoua lui accorda cette permission en lui conseillant de prendre la route des Oulad Sidi El Djilani ben Aâmmar, mais il repoussa ce sage conseil et dit : « Je ne prendrai pas d'autre route que celle des Flitta. » Dieu avait marqué son heure, qui peut la retarder? Il prit donc la route d'El Kantara, et quand il arriva dans le bois de Hammam-el-Cheurfa la poudre retentit de tous côtés. Les Douair et les Sméla, ces maîtres du fusil, craignent-ils donc la poudre? Non, mais eux et leurs chevaux

(1) Abd-el-Kader.
(2) Le fils du roi.
(3) Le général de La Moricière.

chargés de butin ne peuvent combattre. *La peur pénètre dans ces cœurs de lion par la porte de l'avarice*, ils fuient... oui, les Douair ont fui devant l'ennemi qu'ils avaient toujours méprisé.

« Mustapha ben Ismaïl veut les arrêter, ils n'écoutent plus sa voix. Alors il reste seul et fait face à l'ennemi. Sa balle atteint tout audacieux qui ose paraître. Ses enfants des jours glorieux, les Ahmed oul'd El Kadhi, les Habib ben Chérif, les Mohammed ben Kaddour, les Saddik bou Enlam, les Ben Daoud et tant d'autres fusils renommés, où sont-ils? Ils sont, malgré eux, entraînés dans la fuite générale... et l'heure avait sonné... Mustapha ben Ismaïl tombait pour ne plus se relever... Que Dieu lui fasse miséricorde !... (que vos joues pâlissent (1), ô Douair et Sméla... Celui qui avait bravé mille fois la mort pour vous sauver la vie, vous avez laissé son corps à l'ennemi! Il n'y a de force et de puissance qu'en Dieu!

« Voilà ce que nous venons d'apprendre, ô notre frère bien-aimé, et nous avons sous nos tentes plusieurs Douair témoins de ce terrible événement, qui apparaît comme un rêve inspiré par le démon.

« Les *nedbèt* (2) de nos femmes retentissent dans nos douars. Leurs ongles déchirent leurs joues. Mustapha ben Ismaïl mort dans un jour honteux et mort abandonné! Les décrets du Très-Haut sont impénétrables! Qu'il permette que notre fin arrive à l'heure de sa miséricorde. Qu'il te couvre de sa haute protection. »

Mustapha était tombé, le cœur percé d'une balle. Un misérable Arabe le reconnut, lui coupa la tête et la porta à Abd-el-Kader, qui devant ce lugubre trophée s'écria :

« *Mâa Mustapha ben Ismaël Khalass et Aânèd.* » (Avec le fils d'Ismaïl disparaît l'*danèd*.)

On ne peut traduire le mot *âanèd* que par cette périphrase : « l'entêtement dans le point d'honneur. »

L'Émir fit enterrer la tête de son terrible adversaire avec les cérémonies habituelles des funérailles.

Les Douair et les Sméla qui avaient fait partie de cette fatale expédition n'osèrent, dit-on, se présenter devant leurs femmes qu'après quarante jours, temps pendant lequel ils ne se firent pas raser la tête, et n'entrèrent ni au bain ni au café.

Le maréchal, dans un ordre à l'armée, rendit en termes émus un magnifique hommage à la mémoire du général Mustapha ben Ismaïl, grand et inflexible caractère qui ne varia jamais dans sa haine contre Abd-el-Kader et dans la foi qu'il avait jurée à la France.

Trente-deux ans à travers l'Islam, par M. Léon Roches. — Archives militaires. — *L'Algérie de 1830 à 1840*, par M. Camille Rousset. — Documents officiels.

(1) Expression employée chez les Arabes pour exprimer le sentiment de la honte.
(2) Lamentations que poussent les femmes arabes à l'occasion d'une mort.

MUSTON.

M. Émile Muston, directeur de l'agence Havas en Algérie, est né en 1846. A vingt ans, il entra à la succursale que l'agence Havas venait de fonder à Marseille; il y fut vite distingué, reçut un avancement rapide et, en 1880, se vit chargé de la création d'une succursale à Alger pour faire connaître, — tant en France qu'à l'étranger, — l'Algérie, ses ressources, les réformes et les progrès qui s'y accomplissent, aider enfin au développement des relations commerciales en solidarisant de plus en plus les intérêts de la colonie et ceux de la métropole.

M. Muston s'est acquitté de cette importante mission avec tant de zèle et de remarquable intelligence que l'agence Havas a rendu les plus grands services à l'Algérie, aussi bien au point de vue politique qu'au point de vue commercial; elle a réalisé un « rattachement » sur lequel tous les Algériens sont d'accord : le rattachement des trois provinces algériennes à la mère patrie par la suppression morale des distances.

En effet, si géométriquement l'espace est irréductible, en fait, dans la pratique, deux pays, deux territoires sont d'autant plus rapprochés l'un de l'autre qu'ils vivent davantage d'une vie commune. Il y a moins de vingt ans, l'Algérie semblait aux antipodes de la France ; elle y était réellement, et c'est à cet éloignement considérable qu'il faut attribuer les erreurs et les préjugés alors répandus sur la colonie. Dès la pose d'un premier câble sous-marin entre Bône et Marseille en 1870, on se crut subitement rapproché de plusieurs centaines de kilomètres. L'année suivante, Alger eut son câble; il sembla qu'on eût encore rogné une nouvelle portion de l'espace. Mais jusqu'en 1880 les communications télégraphiques furent presque exclusivement commerciales et privées. Les nouvelles politiques ne sortaient que peu ou prou du domaine officiel. Deux ou trois journaux de Paris avaient bien des correspondants en Algérie; mais ceux-ci, mal ou incomplètement informés le plus souvent, n'adressaient que des nouvelles de peu de valeur et sans crédit. Quant aux journaux de la colonie, il était excessivement rare que les confrères parisiens prissent la peine d'y découper autre chose que des faits divers. De sorte que le service complet d'informations inauguré par M. Muston équivalait à une révolution en France. Celle-ci, disons-le à sa louange, s'y est vite intéressée. M. Muston l'a tenue, au jour le jour, au courant des affaires algériennes, de la situation politique, de la production agricole, du mouvement commercial, des grands travaux publics, et elle a suivi très attentivement cet exposé, on le constate journellement.

La France doit donc à l'œuvre de l'agence Havas, habilement conduite par M. Muston, les immenses progrès obtenus depuis huit ans dans l'assimilation chaque jour plus étroite de l'Algérie à la métropole.

L'Algérie lui doit de l'avoir mieux fait connaître et, partant, mieux apprécier, en répandant à travers la France par les cent mille fils de la moderne Renommée : le télégraphe, les preuves de sa vitalité, de ses richesses et de son accroissement progressif. Elle l'a réellement vulgarisée. Elle lui doit encore d'avoir ramené à leurs justes proportions des événements grossis, exagérés comme à plaisir par des correspondants « spéciaux », qui peuvent invoquer pour excuse leur parfaite ignorance des choses algériennes; mais ne menaçaient pas moins l'opinion publique de fâcheuses émotions et les relations commerciales de déplorables retentissements. Exemple : l'insurrection du sud oranais en 1881. A en croire certains journalistes parisiens tout frais débarqués, l'Algérie était à feu et à sang, le péril des plus graves. Quelques télégrammes de l'agence Havas firent prompte justice de ces regrettables exagérations.

La presse algérienne doit à M. Muston une sorte de rénovation économique. La modicité de prix de son service télégraphique a nivelé les journaux des trois provinces, les a poussés à donner plus de nouvelles à leurs lecteurs et leur a fait une situation analogue à celle des journaux les mieux renseignés des grandes villes de France. Et cette amélioration leur a encore été d'autant plus facilitée qu'avec son service d'annonces M. Muston a rempli leur quatrième page. L'Algérie est intéressée à ce progrès en ce sens que le public est le premier à en profiter par une somme plus étendue des informations et des nouvelles sans lesquelles on ne peut plus vivre à notre époque.

A côté de ces résultats si importants nous devons mentionner, à l'honneur de M. Muston le concours très actif qu'il a prêté à toutes les œuvres charitables. Qu'il nous suffise de rappeler la souscription de 1881 pour les victimes de la sécheresse et les inondés de Perrégaux. En 1884, M. Muston a recueilli en quelques semaines plus de cent mille francs pour les victimes du choléra. En 1886, nous trouvons encore son nom parmi les organisateurs de la souscription pour les victimes du tremblement de terre de M'Sila.

M. Muston est de ceux qui sans bruit, sans tapage, font journellement le plus de bien à l'Algérie. Il accomplit son œuvre, prépare la moisson de l'avenir, à la façon de ces bienfaiteurs qui, très discrètement, distribuent leur fortune pour soulager leurs semblables et s'efforcent de se faire oublier, trouvant dans les satisfactions de leur conscience la meilleure et la plus douce des récompenses.

Documents particuliers. — Notes personnelles.

NELSON.

M. Nelson-Chiérico (Félix), ancien préfet, directeur de la Banque de l'Algérie, est né à Alger le 10 juillet 1847. Très bon élève du lycée de cette ville, il fit ses études supérieures en France et obtint le grade de docteur en droit de la Faculté de Paris.

Il plaida quelque temps à Paris et à Alger, puis fut successivement secrétaire général de la Lozère, de la Côte-d'Or et de la Seine-Inférieure; préfet de la Nièvre et de Maine-et-Loire.

Le 15 novembre 1886, M. Nelson fut nommé directeur de la Banque de l'Algérie, situation difficile dans laquelle il a su cependant mériter et conquérir l'estime de tous. Mais, disons-le, M. Nelson est un des hommes les plus distingués et les plus sympathiques que nous connaissions. Doué d'une intelligence d'élite, et simple, modeste, bienveillant, affable, tout en demeurant énergique, il est un des enfants de l'Algérie qui lui font le plus d'honneur et un de ceux sur le concours desquels elle peut compter en toute occasion.

Il est chevalier de la Légion d'honneur depuis 1884.

Notes personnelles.

NEVEU.

Neveu (François-Édouard de), général de brigade, commandeur de la Légion d'honneur, né à Savigny-sur-Hay (Loir-et-Cher) le 19 novembre 1809, sortit de Saint-Cyr comme sous-lieutenant-élève à l'École d'application d'état-major le 1ᵉʳ janvier 1830.

Lieutenant le 1ᵉʳ janvier 1834, capitaine le 25 mars 1837, il fut nommé le 21 août 1839 membre d'une commission scientifique pour recherches en Algérie. En décembre, il fut placé au 48ᵉ de ligne, alors à Alger, et le 1ᵉʳ avril 1840 il passa au 3ᵉ chasseurs d'Afrique à Constantine, pour y accomplir son stage de cavalerie. Le 8 février 1842, il quitta ce régiment, ayant reçu l'ordre de se rendre à Paris pour y mettre au net les mémoires qu'il avait à fournir comme membre de la commission scientifique de l'Algérie. En 1843, le capitaine de Neveu, officier intelligent et d'une instruction des plus remarquables, fut détaché aux travaux topographiques pour la carte de notre colonie et adjoint à la commission chargée de la délimitation des frontières de la Tunisie.

S'étant adonné avec l'ardeur qu'il mettait à l'étude, à celle de la langue arabe, il ne tarda pas à en avoir une connaissance étendue; aussi le nomma-t-on en 1847 chef du bureau de Batna.

Ses services lui avaient valu, le 30 juin 1844, la croix de chevalier de la Légion d'honneur. Il fut placé à la tête des affaires arabes de la province de Constantine le 1ᵉʳ mai 1848, avec le titre de directeur, et promu chef d'escadron le 31 mars 1852.

L'année suivante, pendant l'expédition contre les Babors, le gouverneur général chargea Neveu de se rendre auprès de Bou-Akkas, cheik du Ferdjiouah, chef rusé et très habile, afin de surveiller les engagements qu'il avait pris de neutraliser toute action des tribus sous ses ordres. Neveu s'acquitta très diplomatiquement de sa mission, et Bou-Akkas tint sa parole.

Officier de la Légion d'honneur le 1ᵉʳ novembre de la même année, il conserva sa position à Constantine, reçut les épaulettes de lieutenant-colonel le 1ᵉʳ janvier 1854 et fut mis en activité hors cadre, avec les fonctions importantes de directeur des affaires de la colonie.

Colonel le 19 septembre 1855, il eut le commandement de la subdivision de Sidi-bel-Abbès le 23 novembre 1858, puis celle de Dellys le 17 mai 1859. Commandeur le 10 novembre 1856, général de brigade et mis à la disposition du gouverneur général le 4 mars 1864, il reçut en novembre 1870 le commandement de la division d'Alger, quoique simple général de brigade. Il est mort dans cette ville le 17 février 1871.

Neveu était en Afrique depuis 1839; il y avait rendu les services les plus importants. Personne ne connaissait mieux que lui les trois provinces de notre colonie, où il avait fait exécuter de beaux travaux.

Il a publié en 1845 : *les Khouans, Ordres religieux chez les musulmans d'Algérie* (Paris, in-8°).

Archives militaires. — Mémoires du maréchal Randon. — Panthéon Fléchois. Documents particuliers.

NICFORT-VITAL.

Nicfort-Vital est né en 1803, à l'île de Timme (Grèce).

Naturalisé Français, il fut employé pendant six années, comme interprète pour les langues turque et grecque, auprès de MM. Deval et Latour-Maubourg, ambassadeurs de France à Constantinople.

Embarqué, comme pilote-interprète, sur l'escadre du Levant, commandée par l'amiral de Rigny, Nicfort vint s'engager aux gendarmes maures d'Alger, où il ne tarda pas à être nommé brigadier, puis maréchal des logis.

Détaché, comme interprète auxiliaire, aux avant-postes dans la Mitidja, il y rendit d'excellents services en signalant les tentatives qu'Abd-el-Kader, Berkani, Ben-Arach et Sidi-Embareck faisaient journellement contre nos camps.

Les généraux Négrier, Schramm, et les colonels Marey, Gentil et Rostalan signalèrent souvent sa belle conduite.

Nommé définitivement interprète militaire en 1840, il continua à être détaché aux avant-postes. Mais ce rude métier lui avait fait contracter une grave maladie, dont il succomba l'année suivante, à l'hôpital du Dey à Alger.

Les Interprètes de l'armée d'Afrique. — Archives militaires.

NICOLAS.

Nicolas (Jean-Baptiste-Frédéric), ancien colon de l'arrondissement de Bône et banquier à Saint-Étienne (Loire), était né dans cette ville en 1814.

De 1853 à 1860, il constitua par diverses acquisitions le domaine de Guebar-Bou-Aoun, près de Bône, d'une superficie de près de 6,000 hectares, avec lequel il créa dix fermes importantes et accomplit une œuvre coloniale considérable.

En 1855, il plante un vignoble de 20 hectares, qu'il porte quelques années plus tard à 100 hectares.

Il met en valeur, par la greffe et le débroussaillement, 20,000 pieds d'oliviers sauvages.

Pendant dix années, de 1853 à 1863, il cultive le tabac sur une étendue de 40 hectares.

Il crée 30 hectares d'orangerie.

De 1864 à 1872, il cultive le lin de Riga sur 100 hectares.

Il installe une usine modèle pour le teillage et le rouissage des lins et amène des ouvriers spéciaux du nord de la France ainsi que de la Belgique; il fait dresser des *Kabyles* par les ouvriers liniers et obtient un *excellent travail* de la main-d'œuvre indigène.

Les lins ainsi teillés sont expédiés à Lille et en Angleterre.

De 1861 à 1865, il cultive le coton sur 60 hectares, et deux prix offerts par le gouvernement général lui sont décernés.

Il recueille sur son domaine 130 immigrants irlandais que l'administration avait appelés en Algérie avec promesse de leur donner des terres et dont elle ne sut que faire, ces colons étant arrivés en octobre 1869, alors qu'on ne les attendait qu'en mai 1870. Rien n'était prêt pour les recevoir. Ils menaçaient l'administration algérienne de l'obliger à les rapatrier. Pour éviter un pareil scandale, M. Nicolas, cédant aux instances du gouvernement général, accueille toute la colonie irlandaise et lui procure du travail. Le choix malheureux qui avait été fait (on avait pris des ouvriers d'industrie et non des agriculteurs) ne permit pas de conserver ces nouveaux colons; les dépenses de M. Nicolas furent en pure perte.

Il ne reçut cependant aucune indemnité de l'administration, qui s'était déchargée sur lui de son embarras.

En 1860, M. Nicolas importe de France un troupeau de mérinos de 200 têtes.

En 1864, il amène des béliers et brebis Southdown.

Il importe, de 1864 à 1870, cent têtes de bétail amélioré de France (reproducteurs Schwitz et Salers).

Il reboise sa région et acclimate des végétaux exotiques.

Choisi par le gouvernement comme conseiller général du département de Constantine de 1860 à 1870, ce choix fut ratifié par les colons en 1871, lorsqu'ils eurent la jouissance du suffrage universel.

A peu près à l'unanimité, les électeurs de la circonscription de Mondovi confirmèrent ses pouvoirs à M. Nicolas; mais une atteinte de paralysie l'obligea à s'en démettre.

Durant les dix années qu'il a siégé au Conseil général, il s'est efforcé de faire prévaloir les idées de progrès par l'administration civile, secondant les vues de son collègue et camarade d'enfance M. A. Joannon. L'établissement du régime civil a fait l'objet de ses revendications continuelles. Sa déposition dans l'enquête agricole de 1868 était marquée au coin du bon sens. Elle fit impression sur le comte le Hon, député de l'Ain, chargé par l'empereur de la mission de diriger cette enquête.

M. Nicolas fit partie de la délégation algérienne auprès des pouvoirs publics avec MM. Lucet, Warnier, Borély de la Sapie, Dupré de Saint-Maur, etc.

A plusieurs reprises, il fut investi de mandats officiels par la Chambre de commerce de Bône, par les habitants de sa circonscription, pour défendre en haut lieu les intérêts de la colonie. Il est décédé le 6 septembre 1878.

Ses efforts pour la prospérité du pays, ses luttes au Conseil général, composé en majorité d'hommes inféodés aux idées qu'il *combattait,* ses travaux de colonisation, ses entreprises agricoles assignent un rang tout particulier à M. Nicolas dans les annales de la colonie. Il a dépensé quatre millions de francs à Guebarbou-Aoun, aujourd'hui, il est vrai, une des plus splendides et des plus riches propriétés de la colonie.

Son fils, M. Charles Nicolas, peut revendiquer une belle part dans cette œuvre importante. En 1864, à sa sortie comme élève diplômé de l'École nationale d'agriculture de la Sausaie, il a pris la direction de l'exploitation et l'a conservée jusqu'en 1879. En 1870, il a créé à Bou-Zitoun, dans la vallée de la Seybouse, entre Duvivier et Barral, un nouveau domaine que ses études agronomiques lui ont permis de rendre très vite florissant. M. Charles Nicolas est Inspecteur général de l'agriculture en Algérie. Il a été nommé chevalier du Mérite agricole le 14 juillet 1889.

Documents particuliers.

NOBLEMAIRE.

M. Noblemaire (Joseph-Philippe-Gustave), directeur de la Compagnie Paris-Lyon-Méditerranée, commandeur de la Légion d'honneur, est né à Dieuze (Meurthe), le 27 avril 1832.

Ingénieur en chef des mines, il a quitté la direction de la Compagnie du nord de l'Espagne pour venir à Alger en 1869 mettre en exploitation successivement toutes les sections des lignes d'Alger à Oran et de Philippeville à Constantine.

La section d'Alger à Blidah était seule ouverte lors de l'arrivée de M. Noblemaire dans la colonie et, pendant les quatre années qu'il y est resté, il a donné une vive impulsion au développement de son réseau.

Durant l'insurrection de 1871, M. Noblemaire a joué un rôle important; il a certainement fait l'impossible pour le transport des troupes à un moment où leur concours était capital. Quand Mokrani leva l'étendard de la révolte en Grande-Kabylie, — il ne l'ignorait point, — il n'y avait plus de troupes régulières dans la province d'Alger; seule Oran possédait encore un escadron du train des équipages.

Le général Lallemand, alors commandant des forces de terre et de mer en Algérie, — commandant sans troupes, — recevait à chaque instant les nouvelles les plus alarmantes des centres naissants de la Kabylie; on lui réclamait des secours, une protection qu'il était impuissant à procurer. Le danger devenait si pressant qu'il fallait absolument amener dans les 24 heures l'escadron en garnison à Oran. Or, on n'avait aucun paquebot qui pût rendre un tel service et, d'autre part, le chemin de fer n'était pas terminé. Cependant M. Noblemaire déploya une telle activité, donna des ordres si absolus que, grâce à son dévouement patriotique, grâce au zèle des employés de la compagnie et à celui des entrepreneurs chargés de la construction de la voie, l'escadron franchit facilement les quelques solutions de continuité existant sur la ligne, et dans les 24 heures il était à destination! On se battait depuis le matin l'Alma; les francs-tireurs d'Alger luttaient là vaillamment; mais, débordés par le nombre, ils eussent succombé... ils succombaient, lorsque l'escadron, qu'on avait fait descendre à Maison-Carrée et dirigé immédiatement vers le lieu du combat, apporta un renfort décisif. Une heure plus tard, l'Alma, forcément abandonné, eût été mis à feu et à sang par les bandits : l'insurrection aurait gagné toute la Mitidja comme une traînée de poudre. C'eût été une conquête à recommencer.

« M. Noblemaire, a dit le général Lallemand, a sauvé l'Algérie en cette circonstance suprême. » Il a tout au moins sauvé la vie à un grand nombre de colons, empêché bien des ruines et bien des larmes.

L'Algérie ne l'oublie point; pas plus qu'il ne l'oublie lui-même, car, appelé à Paris en 1873, M. Noblemaire est devenu directeur de la Compagnie Paris-Lyon-Méditerranée et dans cette haute situation il a rendu de nouveaux services à la colonie; il lui en rend encore chaque jour. Depuis quelques semaines, le courrier postal d'Algérie est expédié de Paris par le rapide de 6^{h}35 du soir. C'est là une amélioration importante dont l'Algérie aurait bénéficié beaucoup plus tôt si elle n'avait dépendu que de M. Noblemaire; il avait en effet accueilli cette mesure avec faveur, comme toutes celles qui lui sont proposées dans l'intérêt de nos relations commerciales.

Documents particuliers. — Archives militaires.

NOUVION.

M. Nouvion (Jean-Baptiste), ancien préfet d'Oran, est né à Vars (Corrèze) le 1er octobre 1833. Neveu de M. Mercier-Lacombe, il s'est inspiré sans cesse de cette honorable mémoire; à son tour, il a eu l'ambition de laisser les meilleurs souvenirs en Algérie, — et il y est parvenu.

Entré comme administrateur départemental le 1er avril 1853, M. Nouvion devint successivement chef de cabinet des préfets du Var, de la Vienne et chef de section au gouvernement général de l'Algérie. Nommé sous-préfet de Philippeville en 1862, il conserva ce poste jusqu'en 1870, époque à laquelle il prit part à la défense de la patrie comme intendant militaire. Nommé sous-préfet de Saint-Nazaire en 1873, il revint en Algérie comme préfet d'Oran de janvier 1874 au 24 mars 1879.

Durant les cinq années qu'il a administré le département de l'ouest, la colonisation et tout ce qui s'y rattache a été l'objet de la sollicitude la plus constante de la part de M. Nouvion.

C'est en grande partie à ses efforts qu'est due la création des centres de Chabet-el-Leham, Hamman-bou-Hadjar, Sirat, Renault, Froha, Mercier-Lacombe, Bou-Henni, Lamtar, Aïn-el-Hadjar (arrondissement de Bel-Abbès), Tiffilès, Arlal, l'Ouggaz, Maoussa, Saint-Lucien, Bled-Touaria, Hamedena, El-Romri, Sahouria, Oued-Djemâa, El-Keçar, Tabia, les Silos, Thiersville, Aïn-Farès, Matemore, Tizy et Remchi.

Il a vivement encouragé la viticulture, préconisé la création de comptoirs d'escompte pour faciliter le crédit aux colons et proposé la création de sociétés de colonisation par l'initiative privée.

Ces diverses études ont fait l'objet de plusieurs circulaires qui ont reçu une grande publicité et l'approbation unanime, — à une exception près, — de la presse algérienne.

M. Nouvion, auquel une médaille d'honneur de 1re classe avait été décernée pour actes de dévouement dans une épidémie à Draguignan en 1860, a été décoré de la croix de chevalier de la Légion d'honneur en 1865, étant sous-préfet de Philippeville, et promu officier de cet ordre, le 6 février 1877, pour services exceptionnels rendus à la colonisation dans le département d'Oran.

En 1876, un travail sur les services indigènes lui a valu la plaque de grand officier du Nicham Iftikhar, et les services rendus aux sujets espagnols dans la province d'Oran, la décoration de grand officier d'Isabelle la Catholique et de Charles III d'Espagne.

Documents particuliers. — *Écho d'Oran.*

O'MAC CARTHY.

Le savant géographe et conservateur de la Bibliothèque-musée d'Alger, M. O'Mac Carthy (Louis-Alfred-Oscar), est né à Paris en 1825. Irrésistiblement entraîné vers les choses d'exactitude et de précision, il trouva dans la géographie une matière qui répondait parfaitement à ses aptitudes naturelles. Son père l'associa donc à ses travaux, et il fut ainsi appelé à préparer les matériaux de son *Dictionnaire géographique*, dont la seconde édition, entièrement refondue, parut en 1843, en 2 forts volumes in-8°.

A la mort de son père, le jeune homme livré à lui-même continua à s'occuper de géographie et publia successivement, après avoir amplement participé à la rédaction du *Dictionnaire de la Conversation* et de l'*Encyclopédie du XIX° siècle :*

1856. — *Algeria Romana;* recherches sur l'occupation et la colonisation de l'Algérie par les Romains, 1ᵉʳ mémoire. *La Subdivision de Tlemsen;* mémoire en 3 parties, inséré dans la *Revue Africaine* de 1856 (62 pages), avec une carte au 800,000°.

1859. — *Lexique de géographie comparée.*

1859. — *Géographie physique, économique et politique de l'Algérie* (Paris, 1859, un volume in-12 de 477 pages).

1860. — *Les Inscriptions de Rubrae* (Hadjar Roum)(*Revue Africaine,* t. IV, 1860, 21 pages).

1863. — *Monument du culte de Mithra.* (Société archéologique de Constantine, t. VII, p. 255, 6 pages).

1865. — *Étude critique sur la géographie comparée et la géographie positive de la guerre d'Afrique de Jules César (Revue Africaine,* novembre 1865 et janvier 1866).

1865. — Au mois de juin 1865, M. O'Carthy fut désigné par l'empereur pour explorer le *Tombeau de la chrétienne,* dont il découvrit l'entrée le 15 mai 1866. Le résultat de ses investigations fut publié en 1866 et 1867.

1867 et années suivantes. — *Dictionnaire géographique et historique de l'Algérie ancienne et moderne.*

1875. — *Carte de la région de l'Halfa, au 1,500,000°.*

1879. — *Esquisse d'un programme destiné à la session que l'Association française pour l'avancement des sciences doit tenir à Alger en 1881.*

1883 et années suivantes. — *Météorologie de chaque mois; un tableau contenant 1,100 chiffres et notations.*

Nous ne donnons ici qu'une liste écourtée des principaux travaux scientifiques qui ont valu à M. Mac Carthy la croix de chevalier de la Légion d'honneur en avril 1865. Il nous faudrait plusieurs pages pour les énumérer en détail. Fixé en Algérie depuis 1852, le savant géographe fut nommé conservateur de la Bibliothèque d'Alger en octobre 1869, à la mort de Berbrugger.

Élu conseiller municipal d'Alger en 1884, son mandat lui a été renouvelé en 1885 et 1888.

Documents particuliers.

O'MALLEY.

O'Malley (Auguste-André), général de brigade d'infanterie, commandeur de la Légion d'honneur, né à Paris le 7 septembre 1815, élève de la Flèche en octobre 1825, de Saint-Cyr le 20 décembre 1833, sous-lieutenant au 15e léger le 1er octobre 1835, lieutenant le 19 février 1839, fut embarqué pour l'Algérie le 3 juillet de la même année avec son régiment. Il resta dans notre colonie jusqu'en janvier 1854. Souvent en expédition, il fut cité à l'ordre de l'armée d'Afrique du 25 juillet 1841, pour sa valeur dans deux combats sur le Chélif.

S'étant livré avec ardeur à l'étude de la langue arabe, il en acquit une connaissance assez approfondie pour être envoyé, le 21 avril 1843, comme adjoint au bureau arabe de Tlemcen (province d'Oran), quelques mois après sa promotion au grade de capitaine, qui eut lieu le 22 janvier 1843. Le 20 septembre 1843, il fut nommé chef du bureau arabe de Dellys. Son régiment ayant été rappelé en France en février 1847, il obtint de passer au 51e de ligne qui restait en Algérie, en permutant avec un de ses camarades. Il avait été décoré le 6 mars 1846.

Le 22 novembre 1851, M. O'Malley, vigoureux, actif et fort intelligent, fut incorporé au 3e bataillon d'infanterie légère d'Afrique à Constantine.

Chef de bataillon au 7e léger le 26 décembre 1853, il fut embarqué avec ce régiment pour l'Orient en mars 1854. Le 30 juin 1855, il fut promu lieutenant-colonel du 18e léger, et rentra en France en juin 1856 colonel du 72e de ligne. En mai 1859, il prit part à la campagne d'Italie et y gagna la croix de commandeur le 25 juin 1859, à la suite de Solférino, journée dans laquelle il s'était distingué. Il était officier du 10 octobre 1858. Le 6 décembre 1859, il fut embarqué pour la Chine, et le 6 novembre 1860 reçut les épaulettes de général de brigade. Mis d'abord en disponibilité, on lui donna le commandement de la subdivision de Constantine le 29 juin 1863, et celui des Bouches-du-Rhône le 8 octobre 1864.

Retraité sur sa demande le 30 mai 1868, le général O'Malley est mort à Paris le 16 mai 1869, après une vaillante carrière passée en grande partie en Algérie, où il a rendu de très réels services.

Panthéon Fléchois. — Archives militaires. — Documents particuliers.

ORSSAUD.

Fulcran Orssaud, né à Poujols (Hérault) le 28 mai 1804, est l'un de ces énergiques et vaillants colons qui fondèrent Boufarik; il y arriva en 1836.

Il fit partie de la milice de ce centre naissant et en devint le capitaine en 1841, après avoir donné maintes preuves de sa valeur personnelle dans les combats que les travailleurs durent livrer aux Hadjouth, chaque jour, pendant plusieurs années, pour l'occupation de ce marécage où les fièvres paludéennes étaient encore le plus cruel ennemi.

Orssaud fut adjoint au maire de Boufarik de 1862 à 1867.

Le 14 juillet 1888, le gouvernement attacha la croix des braves sur la poitrine de ce vieux colon qui avait traversé la période héroïque et, un demi-siècle durant, contribué aux progrès de la colonisation.

Il est mort le 28 octobre 1888 dans la charmante commune qu'il avait vue naître.

Documents particuliers. — *Boufarik,* par le colonel Trumelet. — *Vigie algérienne.*

OUSTRI.

Jean-Baptiste Oustri, né à Montans (Tarn) le 18 juillet 1824, est arrivé en 1836 à Boufarik. Il est aujourd'hui un des deux derniers survivants de cette époque célèbre par son héroïsme, ses misères.

Le 8 juin 1840, Oustri s'était rendu avec ses trois garçons de ferme à quelques kilomètres de Boufarik pour rentrer sa récolte d'orge. Ils revenaient à la ferme, lorsqu'ils furent tout à coup assaillis par un goum de 18 cavaliers hadjouth. Oustri et son monde se retirèrent lentement et en tenant à distance les terribles cavaliers, qui les suivirent jusqu'aux portes de la cité.

Boufarik, par le colonel Trumelet. — Documents particuliers.

OUSTRY.

Jean Oustry, né à Laissac (Aveyron) le 13 avril 1822, est arrivé en Algérie en juin 1839.

Il a été l'un des fondateurs de Dra-el-Mizan ; par son activité et son énergie il a contribué à la prospérité de ce centre. Il en a édifié les premières constructions, créé les premières briqueteries.

Homme bon et serviable.

En 1871, pendant le siège de Dra-el-Mizan, Oustry et un de ses enfants « furent abattus à coups de chassepot à une distance de plus de 700 mètres par des tireurs arabes d'une adresse extraordinaire. » (*Indépendant* du 24 mai 1873).

Une modeste pyramide, dont l'entourage est formé par les canons dont se servaient les assaillants, a été élevée à la mémoire des victimes, par les soins de l'autorité militaire et de la famille Oustry, dont un des membres est aujourd'hui (1889) maire de Dra-el-Mizan.

Rapport de M. de la Sicotière sur les événements de 1870-71 en Algérie. — Indépendant de Constantine. — Documents particuliers.

PALAT.

Il était jeune, fort, brave, instruit et intelligent. Soldat et littérateur, la renommée semblait doublement lui sourire ; l'avenir s'ouvrait pour lui plein de promesses et de séduction... Il aimait ; il était aimé. Marcel Palat était donc heureux ? Non. — L'infortuné lieutenant appartenait à cette race de vaillants dont l'histoire n'est qu'un long martyrologe ; il était doué d'une énergie indomptable, d'une intrépidité exceptionnelle, et il sentait en lui cette sorte de frémissement intérieur qui fait les grandes vocations.

Né à Verdun-sur-Meuse le 22 avril 1856, Marcel Palat a été assassiné à Hassi-Chirk (Sahara central) le 21 février 1886. Il avait juste trente ans moins deux mois !

Le courageux explorateur avait fait de bonnes études au lycée de Besançon, puis était entré à Saint-Cyr, d'où il sortit le 1er octobre 1877, dans la cavalerie.

Promu sous-lieutenant au 2e spahis, il ne tarda pas à passer au service des affaires indigènes et fut successivement attaché aux bureaux arabes de Saïda et de Daya.

Durant l'insurrection du Sud-Oranais, nous retrouvons le jeune officier au bureau arabe de Daya. Il lui en coûte beaucoup alors pour vaincre ses ardeurs guerrières. « Il ne peut se résigner à la vie paisible du bureau tandis que ses camarades sont au combat, et il demande à rentrer au 2ᵉ spahis, a dit un de ses biographes, M. Pierre Lehautcourt.

« Mais la malchance veut qu'il demeure écarté de toutes les affaires de cette courte campagne; il en passe la fin à se morfondre avec ses spahis et ses goums à la lisière du Sahara algérien, attendant des dissidents qui s'obstinent à ne pas venir. »

Il semblait qu'un sentiment instinctif le poussât contre Bou-Amama. On raconte qu'il fut inconsolable de l'échec du colonel Mallaret dans la trop fameuse journée du Kreider qui vit, on s'en souvient, le bandit indigène passer, pour ainsi dire, au nez de nos soldats en plein midi.

Le futur explorateur avait-il déjà conscience des embûches criminelles que cet ennemi de la France dresserait plus tard sur ses pas? Non, sans doute. Il ne pouvait soupçonner qu'il se trouverait un jour à sa merci et deviendrait son hôte pour finalement tomber sous les coups de ses sicaires. Cependant, depuis le lâche assassinat de Flatters, Marcel Palat nourrissait l'espoir de reprendre pour son compte l'audacieuse et patriotique tentative. Il s'y préparait.

En apprenant l'anéantissement de la mission Flatters, l'infortuné lieutenant sentit s'éveiller en lui le glorieux projet de mener à bien l'entreprise qui venait encore d'échouer si lugubrement et d'ouvrir l'Algérie aux caravanes du Soudan, ou de succomber à la tâche à son tour. Il avait fait sienne l'héroïque parole du général Ducrot. « Je ne reviendrai que mort ou victorieux. » Il a tenu parole, et l'on peut dire que le drame de Bir-el-Gharama a enfanté celui d'Hassi-Chirk.

Élevé au grade de lieutenant le 11 juin 1882, Marcel Palat se vit avec regret sur le point de quitter l'Afrique; mais il obtint d'être incorporé au 11ᵉ hussards, en garnison en Tunisie.

Là, il put continuer les préparatifs de son exploration en étudiant la langue arabe et le meilleur mode de passage à travers le Sahara.

Entre-temps il se livrait à des fouilles archéologiques dans la Régence. Il nous a laissé un *Mémoire sur les antiquités de Sousse et de Bir-Oum-Ali*, et un *Voyage en Tunisie*, encore inédit, ainsi qu'un autre volume *Souvenirs d'un Saint-Cyrien*.

Successivement il nous avait donné, ou il publia peu de temps après, sous son pseudonyme de Marcel Frescaly : *les Arabesques*, recueil de poésies qui décèlent moins un poète qu'un amant de la nature dans ce qu'elle a de grand, de tendre et d'harmonieux. Puis, trois romans d'un bon style et où l'on rencontre maints chapitres tout à fait charmants et d'une grande finesse d'observation. Ce sont : *le 6° Margouillats, Fleur d'Alfa* et *Mariage d'Afrique.*

Dans les premiers jours de 1885, Marcel Palat était en convalescence à Paris. Il y fit la connaissance de M. Angéli, interprète sénégalais, lequel accompagnait l'ambassadeur de Tombouctou dans son voyage en France. Cette rencontre fortuite servait admirablement ses projets. Si el Hadj, avec qui M. Angéli le mit en rapports, l'encouragea vivement, lui promettant aide et protection, et Palat n'eut plus qu'une hâte : partir le plus tôt possible. « Il mit tout en œuvre pour obtenir une mission; avec une patience et une ténacité qui ne se lassèrent point, il multipliait les démarches auprès des ministres compétents et des personnes influentes portant intérêt aux sciences géographiques et au développement de notre prestige en Afrique. »

Dans un travail d'une très grande clairvoyance de vues, il faisait ressortir le rôle de la France dans le Sahara et le Soudan. Les conséquences politiques qu'il prévoyait devaient rendre à Tombouctou son ancienne splendeur. Et il ajoutait avec beaucoup de raison : « Il faut s'efforcer de renouer entre le pays des Noirs et les villes de l'Algérie des relations qui ont rendu celles-ci autrefois si prospères.

« Les habitants de Tombouctou pourraient recevoir de ce côté, outre les marchandises européennes, les céréales, les moutons et la laine, que l'Algérie fournit en abondance et qui font défaut au Soudan; les tissus de laine, les tapis, les burnous de Tlemcen et de Constantine, les chechias de Tunis prendraient le même chemin. Plus tard même, si le Sénégal devenait, comme nous l'espérons, une colonie de production et fournissait exclusivement aux Soudaniens, outre le sel, le sucre, le café, l'indigo et les épices, il serait avantageux pour eux de recevoir exclusivement de l'Algérie les objets manufacturés dont ils ont besoin.

« Sans s'arrêter aux projets de chemins de fer transsahariens dont la réalisation offre en ce moment des difficultés presque insurmontables, n'est-il pas permis de souhaiter la formation de caravanes qui suivraient la route de Tombouctou à El-Goléa par Toudeyni et Aïn-Salah. Il y en a déjà qui réalisent presque entièrement cet itinéraire; mais à partir d'Aïn-Salah elles se dirigent sur Ghadamès ou le Maroc, pourtant plus éloignés que la frontière algérienne. Il suffirait de peu de chose, croyons-nous, pour les déterminer à venir chez nous. »

Mme Adam, cette femme si distinguée, d'un talent si personnel, et chez laquelle on ne sait ce qu'on doit le plus admirer du charme de l'esprit ou des trésors du cœur, — Mme Adam, qui honorait de sa sympathie l'intrépide officier, s'employa pour lui et lui fit obtenir une somme de dix mille francs du ministre de l'instruction publique.

M. de Freycinet, qui était primitivement d'avis de confier la mission à M. Angéli, accorda 2,000 francs au lieutenant Palat sur le budget des affaires étrangères. La Société des gens de lettres lui donna 500 francs; son père autant, en lui avançant en outre 3,000 fr., ce qui portait l'ensemble à 16,000.

C'était trop peu, assurément; mais l'explorateur avait pour lui un courage à toute épreuve, une fermeté digne en toute occasion, la résignation dans le malheur, la présence d'esprit, l'enthousiasme et la confiance dans le succès, qui valaient bien autrement que la somme qu'il emportait. Il avait les qualités morales sans lesquelles nul voyageur ne saurait atteindre le but à travers le Sahara.

Dans le courant de juillet 1885, le lieutenant fut admis à l'Observatoire de Paris où on lui apprit à « faire son point, » et quelques jours après il quitta la capitale pour venir se mettre en route.

Tout d'abord il voulait partir du Sénégal, remonter le Niger jusqu'à Tombouctou, avec l'aide de Si el Hadj traverser le Sahara et rentrer en Algérie par le Sud-Oranais. Mais il se heurta à des rivalités révoltantes. Il avait son passage pour Saint-Louis et allait s'embarquer à Bordeaux, lorsqu'il apprit qu'il ne pouvait espérer le concours de la marine et que la canonnière sur laquelle il comptait lui serait impitoyablement refusée.

Tout autre que Palat se serait découragé en présence d'un mauvais vouloir aussi criant. Lui se borna à changer son itinéraire et à prendre pour point de départ l'Algérie, qui primordialement devait être son point d'arrivée.

Le hasard aussi contribua énormément à lui faire adopter ce nouveau plan de voyage. Si Hamza, khalifa des Ouled-Sidi-Cheikh, et son oncle Si Eddin, agha du cercle de Géryville, étaient venus à

Paris présenter leurs hommages au gouvernement. Palat, qui les connaissait déjà, leur rendit visite au Grand-Hôtel; il les intéressa à son exploration, et, ces grands chefs indigènes lui ayant promis de le faire accompagner jusqu'à Insalah, il n'hésita plus à partir par le sud de la province d'Oran.

Le 14 août 1885 il arrivait à Saïda, et il en partait le 27 septembre pour Géryville, en compagnie des deux indigènes qui devaient composer tout son personnel : Bel Kassem ben Sâadi, interprète et Ferradji, palefrenier nègre.

Dans cette dernière ville, il séjourna près de trois semaines pour terminer ses préparatifs. Il partit donc définitivement le 17 octobre pour « le pays des grands arbres et du grand fleuve ». Il avait un passeport diplomatique, un laissez-passer du gouverneur général de l'Algérie et le cachet de l'empereur du Maroc. Il emportait pour 4,000 francs environ d'articles qu'il comptait offrir en cadeaux aux rois et aux chefs de l'Afrique centrale. Il y avait des bracelets en argent, des revolvers, des montres, de la verroterie, des miroirs, de l'ambre, du corail, des foulards de soie, quelques fusils, etc.

Sa caravane se composait de 6 chevaux, 1 mehari, 2 chaouch, 1 *sohrar* (chamelier), 1 guide et 1 *mkani* (guerrier).

Avant de quitter Géryville, l'explorateur avait abandonné son costume d'officier de hussards pour revêtir le *serouel* et le burnous arabe, afin de moins attirer l'attention.

Il passa par Brézina, Hassi-bou-Zeïd, et le 8 novembre arrivait à El-Goléa sans incidents bien remarquables. Toutefois il avait noté dans son « Journal de route » ces premières journées de marche et en avait adressé la relation à Mme Adam. Ces pages ne sont pas parvenues. On ne possède son journal que depuis El-Goléa jusqu'à Semmota, à la date du 21 janvier. De cette date jusqu'à sa fin tragique, survenue le 21 février 1886, tout ce qu'il a pu écrire a été perdu : ses assassins ont tout détruit ou emporté. On était donc réduit à des conjectures qui, pour être fort plausibles sans doute, n'en étaient pas moins en contradiction avec les faits. Ainsi l'opinion qui s'est le plus facilement accréditée tendait à faire croire que le crime avait été commis par les propres domestiques de la victime. Or, c'est là une assertion totalement erronée. J'ai fait tout exprès un voyage chez les Ouled-Sidi-Cheikh, en septembre 1886, et je me flatte d'avoir éclairci le mystère qui entourait la mort de notre héroïque et cher compatriote.

J'ai vu les personnalités des Zoua-Chéragas qui ont encouragé et protégé le voyageur : Si Hamza ould Si bou Bekeur, Si Eddin ben Hamza, le fameux Si bel Arby, Si Moradj et autres ; j'ai retrouvé des lettres inédites du courageux officier, héros et martyr ; j'ai vu ses guides ; pendant deux jours j'ai interrogé, sur tous les points et de toutes les façons, afin de voir s'il se contredirait, le nègre Ferradji, le seul survivant de l'exploration, et en dernier lieu j'ai vu, hélas ! les restes du squelette de Palat, qui peuvent encore servir à reconstituer le funèbre épilogue. Ma conviction, basée sur des faits, sur des rapports privés, est inébranlable : l'auteur du crime d'Hassi-Chirk, c'est l'assassin du lieutenant Weinbrenner, c'est celui qui a commandé les massacres de juin 1881 sur les Hauts-Plateaux ; en un mot, c'est le bandit Bou-Amama.

Voici pourtant comment le domestique de Palat explique le crime (1) :

« Mohammed, dit Ferradji, revint au bout de vingt jours d'absence, en disant que Si-Kaddour, malade, ne pouvait nous rejoindre, mais qu'il envoyait son fils, Mohammed-ould-ben-Kaddour et Si Lala se mettre à notre disposition.

« En effet, le lendemain Si Lala et le jeune Kaddour arrivèrent à Semmota. Le lieutenant demanda à ce dernier les instructions que Si Kaddour, son père, devait lui avoir données.

« — Je dois t'accompagner, répondit-il, jusqu'à Insalah, et te recommander au cheikh Abdel-Kader ould Badjouda. Je vais envoyer de suite le prévenir de notre arrivée afin qu'il vienne au-devant de nous et nous envoie des méhara.

« — Pourquoi écrire ? demanda le lieutenant ; n'êtes-vous point mes guides ?... Partons pour Insalah et, dans cette ville, je vous remettrai une attestation comme quoi vous avez rempli vos engagements.

« — Nous sommes de grands marabouts, reprit Si Lala, et il est d'usage, lorsque nous nous rendons visite, de nous faire précéder d'un courrier, afin que la diffa soit prête et que nous soyons reçus selon notre rang.

« — Fais comme tu le désires, conclut le lieutenant.

« Le Chambi Dahmane partit donc et nous levâmes le camp.

(1) Voir : *le Lieutenant Palat, son exploration et sa mort tragique*, par Narcisse Faucon, livraison de la *Nouvelle Revue* du 15 octobre 1886, et une brochure éditée sous le même titre.

Le cinquième jour, nous arrivâmes sans incident à Ygrouth. Nous y passâmes la nuit. Seulement, le lendemain, Si Lala, Si Kaddour et Si Bel-Arby refusèrent de se rendre à Deldoun.

« — Il faut, disaient-ils, attendre les mehara qu'Abdel-Kader ould Badjouda ne manquera pas d'envoyer ; et, sur les instances du lieutenant, ils finirent par avouer que, Bou-Amama étant campé à cet endroit, il leur était impossible d'y aller en raison des relations qui existaient entre eux.

« Le lieutenant se montra fort mécontent de cet abandon. Il parut perplexe.

« — Que faire alors?

« — Vas-y, dit Si Lala ; autrement, nous aurons à redouter et, plus que probablement, à subir quelque coup de main de cet ennemi, qui depuis longtemps déjà est informé de ta présence au Gourara... Nous autres, nous resterons ici à attendre les mehara, et, dès qu'ils seront arrivés, nous te ferons prévenir.

« Le lieutenant me fit seller son cheval et je partis avec lui ainsi que Bel-Gassem-ben-Sâadi. Une petite escorte suivait par derrière.

« Deux jours après, nous étions à Deldoun. Bou-Amama, en nous voyant arriver, sortit de sa tente et vint nous souhaiter le bonjour.

« — Sois le bienvenu. Que Dieu te protège, dit-il au lieutenant.

« Et, immédiatement, il donna ordre de préparer la diffa.

« Plus tard, il s'enquit du but de notre voyage, jusqu'où nous allions, de l'itinéraire que nous comptions suivre, etc.

« Le lieutenant lui ayant répondu qu'il voyageait par curiosité et qu'il allait à Tombouctou : « — Pourquoi, dit Bou-Amama, t'es-tu confié aux Zoua-Cheragas?... Si tu t'étais adressé à moi, lors de ton départ de Géryville, je me serais mis à ta disposition et je t'aurais fait visiter, non seulement Tombouctou, mais encore tout le Soudan. Et il ajouta : « Car j'ai des raisons pour être agréable aux Français.

« — Je te remercie vivement, reprit le lieutenant, mais nos conventions sont faites : elles datent de mon entrevue avec Si Hamza à Paris, et je ne puis plus rien y changer.

« Nous restâmes huit jours chez Bou-Amama et nous y reçûmes jusqu'au dernier instant la plus large hospitalité.

« Le huitième jour, le Chambi Dahmane passa avec quatre mehara. Le lendemain un avis de Si Bel-Arby informait le lieutenant que les gens de Badjouda étaient arrivés et l'invitaient à venir rejoindre les Zoua.

« A son tour, le lieutenant fit part de la nouvelle à Bou-Amama, en ajoutant à mon sujet :

« — J'ai mon nègre Ferradji qui est bien malade, il ne peut se tenir en selle ni sur un mehari et j'en suis bien embarrassé.

« — Que cela ne t'embarrasse point, répondit Bou-Amama. Va rejoindre les Zoua et laisse Ferradji ici. Sitôt sa guérison, je promets de te l'envoyer à Insalah ou de le faire reconduire à Géryville.

« Le lieutenant lui offrit 350 francs comme cadeau; mais Bou-Amama les refusa.

« — N'épuise pas tes ressources, dit-il, ton voyage est encore bien long et tu es dans un pays où tout est rare et très cher.

« Cependant, comme le lieutenant insistait, il finit par accepter la somme.

« Après son départ, Bou-Amama dit à ses gens :

« — Montez à cheval, et allez vous informer jusqu'à Ygrouth si réellement les mehara sont envoyés par Badjouda.

« Les cavaliers arrivèrent à Ygrouth quelques instants après le départ du lieutenant Palat; néanmoins ils purent se convaincre que les mehara ne venaient aucunement d'Insalah. Ils appartenaient à une tribu des Oulad-Ba-Hamou (Arabes indépendants et qui ont les mêmes instincts que leurs voisins les Touareg). Ils apprirent également que Mohammed ould ben Kaddour et Si Lala retournaient à El-Goléa et que, sur *les conseils* de ce dernier, le lieutenant lui avait fait cadeau de son cheval, de son fusil et de son parasol, qu'il lui représentait comme devant être trop gênants pour continuer son voyage.

« Les gens de Bou-Amama reconnurent également la piste, mais ils constatèrent qu'elle ne suivait nullement la direction d'Insalah et se dirigeait vers Takouat.

« Ils revinrent auprès de Bou-Amama, qui fit réunir toute la djemâa et s'exprima ainsi :

« — Gens du Gourara, il va arriver malheur à cet officier, et vous serez responsables des suites. Il a été trahi et on est en train de le mener à la mort. Préparez des provisions, partez sur l'heure, et allez empêcher un grand crime.

« Le lieutenant Palat avait quitté Ygrouth le jeudi matin 18 février, ce fut le lundi 22, vers midi, que les gens de Deldoun trouvèrent à Hassi-Chirk son cadavre et celui de Bel-Gassem.

« L'interprète avait eu l'artère carotide tranchée; il gisait tout près du puits.

« A 500 mètres plus loin, sur le plateau de hamada qui domine Hassi-Chirk, le lieutenant était étendu, la face contre terre, l'épaule droite traversée par deux balles. Ses blessures saignaient encore et il avait dans la bouche, fortement crispée, l'index de la main droite que les Arabes lui avaient coupé et planté entre les dents, en manière de risée et de mépris.

« Quant aux gens de l'escorte, ils ne purent en retrouver les traces. Pourtant, quelques jours plus tard, nous apprîmes ce qui s'était passé.

« Le Chambi Dahmane et ses complices avaient dirigé le lieutenant et Bel-Gassem sur Takouat. Le second jour de marche, Palat s'aperçut qu'on le faisait dévier de son itinéraire et il refusa net de continuer dans cette direction.

« — C'est vrai, dirent alors les guides, nous nous sommes égarés; mais nous sommes près d'Hassi-Chirk, allons-y passer la nuit, demain nous bifurquerons pour retrouver la route d'Insalah.

« Cette proposition fut adoptée. On arriva à Hassi-Chirk assez tard. Le lendemain matin, avant le départ, l'escorte persuada au lieutenant d'aller à la chasse, pour tuer du gibier qu'on mangerait le soir.

« Ils partirent, et c'est pendant cette prétendue chasse qu'un Ouled Ba-Hamou, placé à moins de deux mètres derrière le lieutenant, lui tira deux coups de fusil dans l'épaule. Le malheureux tomba pour ne plus se relever.

« Alors les assassins revinrent à la tente; ils se saisirent de Bel-Gassem et lui coupèrent le cou, après quoi ils s'emparèrent de tout ce qui appartenait à l'explorateur et s'éloignèrent en toute hâte.

« Dès que Bou-Amama fut informé de l'assassinat du lieutenant, il dépêcha un courrier à Abdel-Kader ould Badjouda pour lui porter cet écrit :

« Le crime qui vient d'être commis retombera sur vos têtes, j'en donne avis à l'autorité française, attendez-vous à un grand châtiment. »

« Une semaine ne s'était pas écoulée que le courrier était de retour, porteur de la réponse du cheikh d'Insalah :

MARÉCHAL PÉLISSIER.

« Je ne sais ce que tu veux me dire, écrivait-il, je n'ai pas reçu avis qu'un officier français se dirigeait sur Insalah et je ne lui ai pas envoyé de mehara. »

« Nous avons su depuis qu'Abdel-Kader ould Badjouda avait envoyé 230 cavaliers parcourir les environs d'Insalah et le bled des Touareg. Les coupables, ainsi que le chef des Ouled Ba-Hamou seraient arrêtés et mis aux fers à Insalah. Ils recevraient chaque jour la bastonnade.

« Enfin, d'après les renseignements qui nous ont été donnés, ce serait sur les instigations des Zoua-Cheragas que les Ba-Hamou auraient assassiné mon maître et son interprète. »

J'admets l'exactitude de ce récit; mais lorsque Ferradji insinue que le crime a été commis à l'instigation des Ouled-Sidi Cheikh, je suis d'avis qu'il commet une erreur absolue, — ou plutôt qu'il ment en parfaite connaissance de cause.

Je me suis efforcé de l'établir dans ma brochure, dont je crois utile de reproduire ici la conclusion :

Bou Amama, nous a-t-on dit, envoya quelques-uns de ses hommes sur les traces de la caravane; cela est vrai, mais non point, comme raconte Ferradji, pour sauver la vie au lieutenant; tout au contraire, pour être certain que l'horrible besogne avait bien été accomplie.

Cette certitude acquise, il rentra sous sa tente, heureux et satisfait !

L'y laisserons-nous éternellement vivre dans la douce jouissance de ses meurtres, de ses viols, de ses pillages et de ses dévastations ?

Que dis-je? L'y laisserons-nous tranquillement fourbir de nouvelles armes et impunément *fabriquer la poudre qui doit tuer les nôtres?*

Bou-Amama n'est qu'à quelques journées de marche de nos ksour, et rien ne s'oppose à ce que nous allions chercher le bandit dans son repaire. Toute sa fortune est à Deldoun, elle consiste en palmiers; nous pouvons donc nous en emparer, — et, si nous savons obtenir certains aides, nous emparer également de sa personne.

Or, je maintiens que notre honneur est engagé, que nous avons pour devoir impérieux de venger la mort de cet excellent, énergique et vaillant cœur qui avait nom Marcel Palat! Nous devons, pour nous et pour lui, infliger un châtiment exemplaire aux coupeurs de routes, aux écumeurs des sables qui « ont mis le blocus » sur nos frontières de l'extrême sud.

Mais, non, la France ne l'oubliera pas. Elle a trop conscience du rôle qui lui est départi dans la civilisation de l'Afrique, et les temps nous semblent proches où ceux qui (comme le commandant X... à El-Goléa) ont abandonné les soldats conquérants aux frontières du pays inconnu, éprouveront le besoin, à leur tour, de venir planter leur tente dans les plaines fécondes où sont tombés les amis qui leur sont morts. Ce ne sera plus alors un pauvre voyageur errant qui s'en ira seul, sans appui, explorer une terre inconnue, mais des caravanes européennes, composées d'hommes s'aimant entre eux, hardis, triomphants, qui marcheront, le cœur plein de liberté, précédés par le cri des aigles et la fanfare des clairons, pour recueillir sur les hauteurs, comme de fortifiantes reliques, les ossements de leurs aînés et les fruits de leurs sacrifices.

Notes et documents personnels. — *Journal de route* de Palat. — *Nos frontières sahariennes*, par le commandant Rinn.

PAOLO DI PALMA.

Capitaine marin génois, Paolo di Palma, faisait déjà, vers 1815, de fréquents voyages à Bône pour y échanger des marchandises contre des grains. Il s'établit ensuite à Constantine, où les beys l'autorisèrent à ouvrir une maison de commerce, dans laquelle les indigènes trouvaient à acheter toutes sortes de produits européens.

Après la prise d'Alger et l'occupation de Bône, Paolo conseilla au bey El-Hadj-Ahmed, avec lequel il avait des relations suivies, de traiter avec la France. Le bey fit, en effet, quelques ouvertures à ce sujet; mais les intrigues du khalifa Ben Aïssa et des fanatiques composant le parti de la résistance, ainsi que celles des juifs Ben Badjou et Bou Djenah, dont on eut l'imprudence de se servir comme intermédiaires, entravèrent toutes ses bonnes dispositions. Dès lors, l'expédition de Constantine ayant été résolue, Paolo entra en correspondance avec son ami M. Raimbert, ancien directeur de l'établissement de la Calle, chargé par le gouvernement de recueillir des renseignements sur Constantine.

La correspondance de Paolo di Palma servit énormément à nous éclairer sur la situation des esprits et la topographie du pays.

Pendant le premier siège de Constantine en 1836, il dut rester caché dans une cave durant plusieurs jours : son mortel ennemi, Ben Aïssa, qui défendait la ville, voulait le faire décapiter.

Jusqu'en 1837, époque du second siège et de la prise de Constantine, Paolo di Palma ne cessa d'entretenir une correspondance très suivie avec Raimbert, à l'aide d'un indigène dévoué qui portait, cousues dans la semelle de ses souliers, les lettres échangées.

Maître de Constantine, le maréchal Valée nomma Paolo di Palma interprète militaire, fonctions qu'il remplit pendant quelques années. Il est mort à Constantine.

Les Interprètes de l'armée d'Afrique. — Cirta-Constantine, par E. Watbled.
Documents militaires.

PAULIN.

Paulin (Louis), né en 1825 près Nancy. Arrivé en Algérie en 1843, sans fortune, Paulin parvint, au bout de quelques années, à force d'économies et de privations, à réunir les capitaux nécessaires pour louer des terres et les faire valoir. Intelligent, il s'est livré à l'élevage et au commerce des bestiaux. Il a dû lutter souvent contre les maladies et les mauvaises récoltes; mais sa persévérance et sa probité l'ont fait triompher de toutes ces difficultés.

Décédé en 1876 à Maison-Blanche (Alger), Paulin a laissé une honnête aisance à ses enfants.

Cette existence simple, toute de travail et de bonne conduite, est de celles qu'on doit offrir en exemple.

Documents particuliers.

PAVY.

Louis-Antoine-Auguste Pavy, évêque d'Alger, naquit à Roanne (Loire) le 28 mars 1805. Après avoir fait de brillantes études, il remplit les fonctions de vicaire, d'abord à Saint-Romain de Papey, où il ne resta qu'un an, et ensuite à Saint-Bonaventure de Lyon. Il professa ensuite l'histoire à la faculté de théologie de cette ville et il occupait encore cette chaire, quoique doyen de la faculté, lorsqu'il fut nommé évêque d'Alger par ordonnance royale du 26 février 1846.

Il prit possession de son siège le 2 juillet de la même année, réorganisa son diocèse, rétablit partout le bon ordre, créa des paroisses nouvelles. Le local du grand séminaire était insuffisant, il en voulut fonder un autre, et obtint en 1849, du général Cavaignac, l'ancien camp de Kouba, à 8 kilomètres d'Alger. L'air de Kouba est sain, mais les bâtiments n'étaient que de déplorables baraques, et Mgr Pavy leur substitua, non sans peine et sans délai, un magnifique bâtiment qui renferme aujourd'hui plus de 350 élèves en théologie. Il avait obtenu dès 1846 la création d'un petit séminaire; mais il fallait des élèves pour cet établissement nouveau; « il y parvint, dit son biographe, un ancien curé de Laghouat, par la fondation d'une autre œuvre, celle des maîtrises, établies sur presque toute la surface de la colonie et dans lesquelles on enseigne, avec le français, les éléments de la langue latine. »

Il n'y avait en Algérie, lorsque Mgr Pavy y arriva, qu'un petit nombre de paroisses pourvues de prêtres, et à sa mort il y avait ajouté plus de 200 paroisses et de 50 vicariats. Il ne reculait devant aucune fatigue pour développer l'église d'Afrique, et chaque année il parcourait toutes les paroisses de l'une des trois provinces, de sorte qu'il les visitait toutes en trois ans. La conversion des indigènes l'avait plus d'une fois tenté, comme bien on suppose; mais il avait compris la nécessité de subordonner son zèle religieux aux considérations politiques et à la nécessité de ne rien entreprendre qui pût créer des dangers nouveaux pour la colonisation européenne. Il autorisa néanmoins M. Girard, supérieur du grand séminaire, à recueillir quelques enfants abandonnés ou appartenant à des familles pauvres qui, du consentement des parents, furent confiés d'abord aux sœurs de Saint-Vincent de Paul, et ensuite à un ecclésiastique établi dans la maison de campagne du séminaire, à Birkadem; mais l'affaire s'ébruita; des plaintes furent portées au gouvernement métropolitain, et il fallut toute l'énergie dont l'évêque d'Alger était si largement doué pour maintenir à la tête du grand séminaire M. Girard, auquel on avait déjà envoyé de Paris un successeur. Quant aux enfants recueillis, il fallut, bon gré mal gré, les rendre à leurs familles.

Mgr Pavy est mort à Alger le 16 novembre 1866. Il avait consacré tous ses efforts à la réorganisation de l'église d'Afrique. Il la laissait prospère et il avait conçu l'espoir de la rendre plus brillante encore en obtenant la création de deux nouveaux évêchés, l'un à Oran et l'autre à Constantine. Mais il ne lui était pas donné de voir ce grand événement et de présider, en qualité d'archevêque, à l'installation des deux diocèses qu'il avait rêvés. Ce privilège était réservé à son éminent successeur, Mgr Lavigerie.

Le défunt évêque était comte romain, assistant au trône pontifical, commandeur de l'ordre de la Légion d'honneur et de l'ordre des SS. Maurice et Lazare. Il possédait une éloquence remarquable et avait une rare facilité de style. On a de lui : *Histoire critique du culte de la sainte Vierge en Afrique* depuis le commencement du christianisme jusqu'à nos jours, petite mais savante monographie vendue au profit de l'œuvre de Notre-Dame d'Afrique; *Du célibat ecclésiastique*, dont on fit une nouvelle édition en 1852; *Introduction de la cause de Géronimo*, lettre pastorale et mandement. On a publié, en 1858, en 2 volumes in-8°, sous ce titre : *Œuvres de Mgr L.-A.-Augustin Pavy*, ses mandements, instructions, lettres pastorales et discours. Il avait fait imprimer depuis la publication de ces deux volumes, pour la défense du Saint-Siège menacé par l'Italie, un ouvrage important : *Esquisse d'un traité sur la souveraineté temporelle du Pape*, 1 vol. in-8°.

Annuaire encyclopédique. — Archives de l'archevêché d'Alger. — *Oraison funèbre*, par M. Compte-Calix, chanoine. — *Mgr L. A. A. Pavy*, par un ancien curé de Laghouat.

PÉLISSIER.

Pélissier (Amable-Jean-Jacques), duc de Malakoff, naquit le 6 novembre 1794 à Maromme, chef-lieu de canton de l'arrondissement de Rouen (Seine-Inférieure). Il entra en 1814 au prytanée militaire de la Flèche et fut envoyé deux mois après à l'école de Saint-Cyr, dont il sortit le 18 mars 1815 pour remplir un emploi de sous-lieutenant dans l'artillerie de la garde royale. En 1819, à la suite d'un examen brillant, il fut admis dans le corps d'état-major organisé par le maréchal Gouvion Saint-Cyr. Nommé lieutenant au mois d'août 1820, il passa dans le 35° régiment de ligne, où son frère était capitaine, et fut attaché en qualité d'aide de camp au général Grundler, avec lequel il fit en 1823 la campagne d'Espagne. Il reçut alors la croix de la Légion d'honneur et celle de Saint-Ferdinand. Il était capitaine en 1828 lorsqu'il fut envoyé en Grèce, sous les ordres du général Durrieu. Sa belle conduite à la prise du château de Morée lui fit décerner la croix de Saint-Louis et celle de l'ordre grec du Sauveur. Ses services dans la première campagne d'Alger lui valurent, le 2 octobre 1830, l'épaulette de chef d'escadron et la rosette d'officier de la Légion d'honneur. Retourné en France, il y resta jusqu'en 1839, et revint avec le grade de lieutenant-colonel en Algérie, où il resta plus de seize ans.

Dans la lutte continuelle que nous avions alors à soutenir contre les Arabes, Pélissier fit preuve d'un rare talent et d'une très grande énergie. Atteint d'une balle au combat du bois des Oliviers, le 15 juin 1840; cité maintes fois pour son coup d'œil, son élan, sa résolution; blessé une seconde fois en 1842 à Mascara, il fut mis à la tête de la subdivision de Mostaganem. Il conserva trois ans ce poste élevé et six ans le commandement de la division d'Oran, prenant part à toutes les expéditions de cette époque, la plus rude de notre occupation de l'Algérie. En 1841 à l'expédition de Takdempt, en 1842 à celle du Chélif, en 1843 à celle qui fut dirigée contre les Flitta, il se fit remarquer et fut promu (8 juillet) au grade de colonel. Quelques mois plus tard, il fut chargé de la direction d'une colonne formée d'une brigade mise en mouvement contre les tribus sahariennes de la division d'Oran, et s'acquitta avec talent de cette importante mission. Le gouvernement, ne pouvant le récompenser par le grade de maréchal de camp parce que sa promotion à celui de colonel était trop récente, lui donna la croix de commandeur de la Légion d'honneur le 6 août 1843.

Pélissier assistait à la bataille d'Isly, où il commandait l'aile gauche de notre petite armée. Il fut chargé l'année suivante, c'est-à-dire en 1845, de mettre à la raison les Ouled-Riah, peuplade du Dahra, qui faisait diversion en faveur d'Abd-el-Kader. Cette tribu n'avait jamais été soumise, parce qu'elle habite un pays rempli de vastes et profondes cavernes où toute la population se retirait dès qu'elle se voyait sérieusement menacée; il s'attachait même à ces grottes un prestige de superstition si puissant que les Turcs n'avaient jamais osé les attaquer, de sorte que les Ouled-Riah croyaient pouvoir braver impunément leurs ennemis. Serrés de très près par Pélissier, ils coururent à leur refuge habituel. Pélissier fit cerner les grottes, et par son ordre on plaça devant l'entrée des fascines enflammées; il voulait faire comprendre aux Ouled-Riah qu'il pouvait tous les asphyxier, et il leur fit jeter des lettres par lesquelles il les engageait à se rendre, leur promettant la vie et la liberté, et s'engageant même à leur rendre leurs armes et leurs chevaux. Ils refusèrent d'abord et acceptèrent ensuite, mais à condition que la colonne française s'éloignerait. Cette prétention fut jugée inadmissible, et des fascines enflammées furent encore lancées; on entendit alors un grand tumulte au fond des cavernes; on a su plus tard que des Ouled-Riah s'étaient divisés en deux partis, dont l'un voulait qu'on se soumît, tandis que l'autre s'y opposait avec opiniâtreté. Ce dernier parti l'emporta, sans pouvoir retenir toutefois un certain nombre d'individus qui s'échappèrent isolément. Pélissier chargea quelques Arabes de se rendre auprès des récalcitrants pour les exhorter à se rendre; cette proposition fut formellement repoussée; les Ouled-Riah s'étaient entêtés à tel point dans leur folle résistance que, plusieurs femmes ayant essayé de se sauver, leurs maris et leurs parents firent feu sur elles. Un parlementaire français fut alors envoyé à l'entrée des grottes; on l'accueillit à coups de fusil. A bout de patience et croyant nécessaire d'infliger une leçon terrible aux Ouled-Riah, qui tenaient le Dahra en perpétuelle insurrection, Pélissier fit accumuler les fascines; des cris déchirants retentirent longtemps au fond des cavernes; ils s'affaiblirent peu à peu et enfin le silence se fit. Ce silence était significatif; on put alors entrer dans les grottes; cinq cents cadavres jonchaient le sol, et on recueillit cent cinquante individus qui vivaient encore, mais dont la plupart moururent à l'ambulance.

Ce drame lugubre eut lieu dans la nuit du 19 juin; nous avons voulu en rappeler les phases principales, parce que ce souvenir, toujours vivant, se réveille chaque fois, pour ainsi dire, qu'on prononce le nom du maréchal Pélissier, et qu'il importe de faire connaître les faits tels qu'ils se sont passés. Le Dahra tout entier s'empressa de se soumettre après le châtiment des Ouled-Riah, châtiment atroce, mais qui n'a pu être évité. La guerre a des rigueurs à nulles autres pareilles. Et si le colonel Pélissier en est venu à cette abominable extrémité, c'est qu'il ne pouvait faire autrement, que son indulgence eût amené d'autres crimes.

Lorsque la nouvelle de la terrible exécution eut traversé la Méditerranée, la presse parisienne exprima hautement son indignation; la Chambre des députés se montra profondément émue, et le maréchal Soult, alors ministre de la guerre, blâma en termes formels la conduite de Pélissier. Mais les hommes de guerre, en général, envisagèrent tout autrement la question; le maréchal Bugeaud couvrit Pélissier de sa responsabilité, et Saint-Arnaud, colonel lui-même à cette époque, et occupé dans le Dahra comme Pélissier, adressait à son frère une lettre dans laquelle il soutenait que son collègue ne pouvait agir autrement qu'il n'avait fait, et qu'à sa place il aurait, malgré ses répugnances, tenu la même conduite. Des circonstances analogues se présentèrent le 9 août, et Saint-Arnaud, après plusieurs jours d'attente et de sommations, fit boucher, le 12, toutes les issues des cavernes. Racontant dans ses lettres ce triste épisode : « Personne, dit-il, que moi ne sait qu'il y a là-dessous cinq cents brigands qui n'égorgeront plus les Français. Un rapport confidentiel a tout dit au maréchal. »

L'affaire du Dahra ne retarda pas l'avancement de Pélissier : il fut nommé général l'année suivante. De 1848 à 1850, il exerça successivement le commandement de la division d'Oran, les fonctions d'inspecteur général d'infanterie, et même, après la courte administration du général d'Hautpoul, celles de gouverneur intérimaire de l'Algérie du 23 avril au 10 décembre 1851.

Pendant son intérim au gouvernement général, il dut se mettre en campagne pour comprimer une insurrection qui éclata près d'Alger dans l'automne de 1851. Dans cette expédition hardiment conduite, il força les Flissa et les Mâatka à promettre obéissance.

A la fin de 1852, Pélissier fut chargé de réprimer la révolte d'un schérif du sud, Ben-Salem, qui avait fait éprouver un échec à la troupe du général Yousouf. Il se mit en marche en novembre avec une colonne composée de bataillons des 1er et 2e régiments de zouaves (il venait de terminer à Oran l'organisation de ce dernier corps), fit quarante lieues en moins de sept jours sur les Hauts-Plateaux, en ralliant les troupes de Yousouf, investit Laghouat où le chérif avait accumulé ses moyens de défense. Il entra bientôt dans la place.

La vigueur qu'il avait déployée dans cette expédition avait attiré très vivement l'attention, et le 1er janvier 1855 il reçut le commandement d'un des corps de l'armée d'Orient. Le général Canrobert lui céda le 16 mai le commandement supérieur. Se conformant aux instructions qu'il recevait de Paris, Pélissier prit toutes ses dispositions pour terminer, s'il était possible, par un coup d'éclat, le siège de Sébastopol. Il fit enlever successivement les défenses extérieures et le mamelon Vert; mais la tour de Malakoff était le point capital; la prise de cette position redoutable devait décider du sort de Sébastopol. Pélissier la fit attaquer le 18 juin : nos troupes furent alors repoussées avec de grandes pertes. Elles prirent leur revanche à

Traktir. Le 8 septembre, Pélissier ordonna une attaque générale, et l'effort principal se porta du côté de Malakoff. La réussite cette fois fut complète; les armées alliées entrèrent dans Sébastopol, et le 12 septembre Pélissier était créé maréchal de France, en même temps que les généraux Canrobert et Randon. De retour en France, il alla siéger au Sénat et reçut le titre de duc de Malakoff, avec une dotation viagère de 100,000 francs, votée par le Corps législatif.

Au mois d'avril 1858 le maréchal Pélissier remplaça à Londres M. de Persigny en qualité d'ambassadeur de France. Il occupa un an ce poste important, et le 23 avril de l'année suivante il se rendit à Nancy pour prendre le commandement d'une armée d'observation destinée à tenir l'Allemagne en respect pendant la campagne d'Italie.

Le 24 novembre 1860, à la suppression du ministère spécial de l'Algérie, Pélissier fut nommé gouverneur général, haute fonction qu'il a occupée jusqu'à sa mort, survenue au palais d'été de Mustapha supérieur, le dimanche 22 mai 1864.

La nomination de Pélissier fut très bien accueillie dans les trois provinces, aussi bien par l'armée que par les fonctionnaires civils et les colons. Son caractère résolu, l'autorité morale dont il jouissait, semblaient promettre une ère de développement et de prospérité. Et, de fait, l'administration du maréchal Pélissier a été très profitable à l'Algérie; il y a servi les intérêts de la colonisation autant qu'on le pouvait sous l'Empire. En déléguant au directeur général certaines attributions, le maréchal inséra dans sa circulaire une déclaration qui fut très remarquée : « Une même pensée anime les grands services placés auprès du gouverneur général, le développement des intérêts de l'Algérie. La mission du service militaire est d'y concourir en raffermissant le sol, afin que le service civil, chargé de l'occuper progressivement et définitivement, puisse y élever l'édifice de l'avenir. » Le 16 avril, le gouverneur répétait dans une autre circulaire : « Le gouvernement de l'Algérie a une mission essentiellement civile; il ne déviera point de ce but entre mes mains. »

Il se préoccupa des progrès du commerce et de l'industrie. Pour les favoriser, il poussa les colons à prendre part à l'Exposition de Londres et, grâce à ses efforts, l'Algérie figura avec le plus vif éclat au palais de Kensington en 1862.

Déclarée, avec celle de l'Australie, la plus intéressante des expositions coloniales par la variété, le nombre et la beauté de ses produits, l'exposition algérienne ne cessa d'attirer de nombreux visiteurs et fut le texte de beaucoup de comptes rendus et d'études. Le contingent des récompenses obtenues à Londres par les exposants algériens s'éleva à 266.

Toujours dans le même but et pour transformer la situation économique, il voulait que le pays fût sillonné de voies ferrées. Il réclama une allocation de 2,500,000 francs pour la continuation des travaux de construction de la ligne d'Alger à Blidah et leur ouverture sur celle d'Oran au Sig.

Parmi les mesures qu'on lui doit, nous devons signaler : organisation d'un syndicat des canaux de desséchement de Boufarik; mesures relatives à l'exposition générale de l'agriculture et des industries agricoles pour 1862; nouvelles instructions pour l'exécution du décret du 25 juillet 1860 destinées à réglementer l'aliénation des terres domaniales en Algérie. Création des centres de population : Bouguirat, Saint-Arnaud, Lambèze, Attatba, Mokta-Douz, Fesdis, Quessaïa, Sidi-Khaled, les Trembles, Oued-Zénati, Zemmorah. Décret approuvant le cahier des charges générales pour l'exploitation des forêts de chênes-lièges en Algérie. Ouverture de la route d'Alger à Constantine. Entier desséchement du lac Halloula. Création d'une 4ᵉ chambre à la Cour d'appel d'Alger.

A sa mort, le maréchal Pélissier était gouverneur général de l'Algérie, membre du Conseil privé, vice-président du Sénat. Il était décoré de tous les grands ordres, de toutes les médailles de toutes les puissances de l'Europe et avait exercé toutes les grandes charges de son pays.

Il fut enterré le 9 juin 1864 à l'hôtel des Invalides.

Dictionnaire des Contemporains. — Archives militaires. — *Panthéon Fléchois.* — *Annuaire encyclopédique.* — *Mémoires du maréchal Randon.* — *L'Algérie devant l'opinion publique,* par Warnier.

PELLISSIER DE REYNAUD.

Pellissier de Reynaud (Henri-Jean-François-Edmond), historien algérien, né vers 1800, entra sous la Restauration à l'école de Saint-Cyr et fut attaché, comme officier d'état-major général, à l'expédition d'Alger. Chef du bureau arabe de cette ville de 1833 à 1835, il remplit ensuite le poste de consul de France à Malte et celui de chargé d'affaires à Tripoli. En 1852, il fut nommé consul général à Bagdad.

On a de lui : *Annales algériennes* (1836-1839, 3 vol. in-8°), dont il fit paraître en 1854, une nouvelle édition continuée jusqu'à la chute d'Abd-el-Kader ; c'est un des ouvrages les plus importants sur l'histoire des quinze premières années de la conquête. *Mémoires historiques et géographiques* (1845, in-8°), faisant partie de l'*Exploration scientifique de l'Algérie*, publication à laquelle l'auteur a pris une part très active et où il a inséré aussi sa traduction d'une *Histoire d'Afrique* arabe (1845, in-8°); *Description de la régence de Tunis* (1853, in-8°), etc. Il est mort à Paris le 16 mai 1858.

Dictionnaire des Contemporains. — *Bibliographie de l'Algérie*, par Sir Playfair.

PEREIRE.

M. Eugène Pereire est né à Paris le 1er octobre 1831. Élève distingué de l'École centrale des arts et manufactures, il en est sorti en 1852 avec le diplôme d'ingénieur. Il a donc été vite initié au côté scientifique des entreprises poursuivies par son père et son oncle, Isaac et Émile Pereire, tant en France qu'à l'étranger, et c'est particulièrement en Espagne que M. Eugène Pereire a fait, pour ainsi dire, ses premières armes. Il a été concessionnaire de la ligne des chemins de fer du Nord de l'Espagne, dont il est un des administrateurs ; il a aidé à la vulgarisation dans la Péninsule, du régime des assurances, dont il s'occupe comme président de *l'Union et Phénix Espagnol*. Mais il a affirmé surtout sa personnalité à la Compagnie générale Transatlantique, qu'il dirige depuis 1875 ; il en a fait une véritable institution nationale dont la puissance est aujourd'hui incontestée en Angleterre et en Amérique. C'est une des forces les plus réelles du commerce français, qui avait tant besoin d'être défendu contre ses rivaux de l'Europe et des deux Amériques.

M. Eugène Pereire a évidemment apporté, dans la présidence de la Compagnie maritime, l'esprit, les vues et la haute intelligence dont les chefs de sa famille ont fait preuve dans toutes leurs créations industrielles et financières ; les gigantesques paquebots de la Compagnie Transatlantique, qui, véritables villes flottantes, sillonnent les mers, rapprochent les peuples et vont porter les trois couleurs de la

France comme un symbole de paix et d'union, continuent bien l'œuvre considérable et féconde des Pereire.

A ce titre l'honorable directeur de la Compagnie Transatlantique a sa place marquée dans la galerie des hommes utiles à l'Algérie.

C'est à lui qu'elle doit la création en 1880 du service de cette grande Compagnie entre Marseille et le littoral algérien, service qui a très notablement contribué au développement des relations entre la métropole et la colonie.

La presse des trois provinces a été unanime à le constater et la *Dépêche algérienne* écrivait encore récemment :

> « Si Alger doit s'intéresser à quelque chose, c'est à coup sûr à tout ce qui a trait à la marche des services de la Compagnie Transatlantique.
>
> « Nous considérons comme inutile de rappeler ici en détail tous les progrès réalisés dans ces dernières années par cette Compagnie, à laquelle on ne saurait nier que nous sommes en grande partie redevables de l'essor que nos relations avec la mère patrie prennent davantage de jour en jour. »

C'est exact. M. Eugène Pereire ne s'est pas borné à organiser un nouveau service maritime entre la France et l'Algérie, il n'a cessé de se préoccuper des nouveaux perfectionnements à apporter à ce service, qu'il a rendu de plus en plus fréquent, de plus en plus rapide, jusqu'à ce qu'il ait doté Alger d'un service quotidien et du bâtiment qui porte son nom, l'*Eugène Pereire*, lequel effectue en 24 heures la traversée qui demandait plusieurs jours, il n'y a encore que quelques années.

Ces améliorations successives étaient bien plus difficiles à réaliser qu'on ne suppose. De très gros intérêts sont confiés au président de la Compagnie Transatlantique, et son premier devoir est de les faire fructifier.

Il y parviendra sans doute en Algérie; la prospérité constante de notre commerce nous en donne l'assurance. Toutefois, jusqu'à ce jour, il faut bien le reconnaître, la Cie Transatlantique n'a réalisé que de bien maigres bénéfices avec son service algérien, si elle en a réalisé. Il a donc fallu les précieuses sympathies de M. Eugène Pereire pour la colonie; l'intérêt qu'il porte à son avenir et sa louable ambition d'y contribuer en améliorant ses conditions économiques, pour lui permettre de jouir des bienfaits que nous signalons.

Il a incontestablement droit à la reconnaissance des Algériens.

Documents particuliers. — *Akhbar*. — *Dépêche Algérienne*. — *Vigie*, etc.

PERRÉGAUX.

Né le 21 octobre 1791 à Neufchâtel (Suisse), mais d'origine française et naturalisé Français, Alexandre-Charles Perrégaux était entré au service militaire en qualité de sous-lieutenant, le 2 juillet 1807, dans le bataillon de Neufchâtel. Envoyé en Algérie, il y fut remarqué comme un brillant officier dans les expéditions de Mascara et de Tlemcen, et reçut à Mostaganem le commandement d'un corps de 5,000 hommes, avec lequel il soumit vingt-deux tribus établies entre Mostaganem et Mascara. La popularité de Perrégaux était telle dans la plaine de l'Habra qu'à diverses reprises Abd-el-Kader n'osa pas l'attaquer. Il était maréchal de camp du 16 juin 1834.

Le 12 octobre 1837, il se trouvait au siège de Constantine auprès du général Danrémont lorsque celui-ci fut tué par un boulet. Voyant tomber le général en chef, Perrégaux se précipita sur lui et, en se baissant, fut atteint d'une balle qui lui traversa le nez et s'enfonça assez avant dans le palais. Il tomba inanimé sur le corps de celui qui avait été son chef et son ami.

Ramené à Bône et embarqué pour France, le général Perrégaux mourut pendant la traversée. Il fut enterré à Cagliari (Sardaigne).

Le duc d'Orléans a dit de lui avec beaucoup de justesse : « Il réussit parce qu'il sut employer avec énergie et talent la justice et la persévérance... La colonne Perrégaux était un modèle de bonne organisation : les transports étaient bien entendus, les marches bien réglées ; la nourriture du soldat avait été augmentée et adaptée au climat, par l'usage régulier du sucre, du café, et un emploi plus fréquent du riz. En peu de jours et avec bien peu de moyens, le général Perrégaux avait créé les éléments d'une puissance rivale de celle de l'Émir ; ce n'est qu'après avoir terminé la conquête pacifique d'une contrée où il régnait par la modération, par la discipline de ses troupes et par son intelligence des besoins du peuple arabe, qu'il rentra à Mostaganem. Son nom lui a survécu dans la province d'Oran comme en Égypte celui de Desaix. »

Un centre de population sur la ligne du chemin de fer d'Alger à Oran, à l'embranchement de cette ligne et de celle d'Arzew-Saïda, porte le nom de Perrégaux en mémoire du vaillant général.

Cirta-Constantine, par Watbled. — *Annales algériennes.* — *Campagnes de l'armée d'Afrique*, par le duc d'Orléans. — *L'Algérie de 1830 à 1840*, par M. Camille Rousset.

PERRON.

Perron (Nicolas), né à Langres le 25 janvier 1798, de parents peu aisés, avait à peine ébauché ses études scolaires au séminaire et au collège de cette ville que le typhus lui enlevait, en moins de six jours, père et mère, le laissant à dix-sept ans orphelin, aîné de trois jeunes sœurs. L'amour de l'étude, qui l'avait passionné de bonne heure, au point de lui faire prélever sur ses nuits le complément de journées déjà trop remplies, le décida à venir à Paris, où une lettre de recommandation lui valut une place de maître d'étude dans une institution. Cette modique ressource permit à son énergique volonté d'achever ses humanités, d'obtenir successivement les grades de bachelier ès lettres et de bachelier ès sciences. A dix-neuf ans, Perron quittait la pension hospitalière pour le collège Louis-le-Grand. Le proviseur, M. Maleval, qui l'appréciait à sa juste valeur et prévoyait ses succès, l'encouragea de ses conseils et l'utilisa, pour améliorer ses émoluments, comme répétiteur suppléant du professeur de rhétorique. Jules Janin et M. Drouin de Lhuys comptèrent alors parmi les élèves du jeune maître, qui, quelques années plus tard, devait se faire remarquer par la publication du *Tableau historique des sciences philosophiques et morales depuis leur origine jusqu'à nos jours* (1829).

Il semblait que sa carrière allait se fixer en s'élargissant dans l'enseignement officiel, lorsqu'une animosité venue d'en haut, et sur laquelle notre confrère n'aimait pas à évoquer des souvenirs qui ravivaient peut-être des regrets, le décida à quitter son cher collège. Marié à vingt ans et jaloux de subvenir honorablement à ses charges, il demanda l'existence aux leçons particulières : tâche ingrate où peut-être aurait failli son courage s'il n'avait été distingué par un père favorisé de la fortune, qui lui confia, dans des conditions fort généreuses, l'achèvement de l'éducation de ses deux fils. Grâce à cette bonne fortune, Perron put prendre des inscriptions à l'Ecole de médecine : et quand, après de brillants examens, il eut conquis le titre de docteur, il ouvrit un cabinet rue Montmartre. La clientèle et la considération publique ne se firent pas attendre au praticien aimable et instruit. On vantait son assiduité, sa conscience, ses réussites, on le voyait déjà marcher de pair avec les maîtres dont il était devenu l'ami. Le hasard, la destinée, que sais-je? devaient l'arracher une fois encore au sillon tracé et le livrer aux éventualités d'une vie lointaine, périlleuse, expatriée, durant laquelle, au prix de fatigues incessantes, de labeurs qui surprennent par leur nombre, leur variété et leur étendue, aux risques de sa santé gravement exposée sur les théâtres les plus visités par l'intoxication paludéenne, les ophtalmies et la peste, il a récolté, non la fortune et les honneurs, — sa philosophie en eût fait peu de cas, — mais les joies les plus ineffables du travail qui meuble l'intelligence et enrichit l'esprit, qui en enseignant associe au bonheur de l'homme studieux les jouissances dont il devient l'initiateur.

Entraîné par la rencontre fortuite d'un ami au cours de Caussin de Perceval, l'auditeur, simple curieux, devenait bientôt le disciple le plus zélé du grand professeur et lui consacrait tout le temps qu'il pouvait dérober à ses malades. Au bout de peu de mois, l'arabe ne lui suffisait plus : le turc, le persan, le javanais n'eurent plus de secrets pour Perron.

Clot-Bey, le fondateur de l'école de médecine du vice-roi d'Égypte, vint en mission à Paris pour recruter les professeurs d'Abou-Zabel. Arrêtés devant une inscription lapidaire, les deux docteurs arabisants ne pouvaient manquer de lier conversation, puis connaissance. Un traité en bonne forme, qui transplantait sur le Nil le confrère séquanien, était signé vingt-quatre heures après, et Méhémet-Ali possédait au service de ses nobles instincts civilisateurs le plus érudit, à coup sûr, des professeurs qui aient illustré sa nouvelle institution.

Entouré de savants orientalistes indigènes et européens, Perron, — qui cumulait les fonctions de professeur de chimie et de physique; qui plus tard, après le transfèrement de l'école au Caire, devait en devenir le directeur, y enseigner la clinique interne et organiser en même temps un établissement d'instruction pour les sages-femmes, — se livre avec une nouvelle ardeur au perfectionnement de ses études chéries. Dès lors une nouvelle ère d'efforts s'ouvre devant lui. On lui demande de rédiger, en arabe, pour les besoins de l'enseignement, un *Traité de physique*, un *Traité de chimie médicale et d'analyse chimique*.

Mais les mots n'existent pas dans l'idiome imposé, pour traduire des termes qui, en Europe même, ne datent que d'hier. Une science toute nouvelle a dû les tirer, pièce à pièce, du jardin des racines grecques ou latines, et les disciples du Koran n'ont jamais, par

Mahomet, défriché ce terrain! Est-ce assez indiquer quelle ingéniosité, quelle ténacité dépensa Perron dans cette œuvre d'Hercule, à quelles tortures, pourrais-je dire, sa religieuse patience fut ici éprouvée? Son activité ne s'y consuma pas, du reste, entièrement.

Le *Journal asiatique* de 1838 nous montre le D' Perron publiant des articles, aussi sérieux qu'intéressants, sur l'histoire anté-islamique, et s'occupant de faire connaître, au public européen des fragments du Kitab-El-Ikd (ou Histoires des généalogies arabes), ouvrage qu'il a terminé, quelques années plus tard, et que des circonstances indépendantes de sa volonté l'ont empêché de faire paraître. En 1840, il fondait, avec quelques savants français et anglais, la *Société égyptienne*, dont il a été, pendant six ans, le secrétaire dévoué. Presque en même temps, sous le charme des récits de son ami le cheikh Et-Thunsy, l'un des plus grands lettrés de l'Égypte moderne, qu'il appelle respectueusement « son professeur, » il étudiait et traduisait en français le *Voyage au Darfour* (dont il a reproduit à part le texte original), et, après lui, le *Voyage au Wadây*.

Rentré en France au commencement de 1846 pour jouir d'un congé de six mois, Perron fut recherché par les hautes administrations, que préoccupait le développement de notre conquête algérienne. Il était question alors de fonder à Paris un vaste collège pour les jeunes musulmans, et l'on avait sous la main un directeur que sa compétence imposait. Notre confrère donna sa démission de directeur de l'école de médecine du Caire, heureux qu'il était de pouvoir rester dans sa patrie.

D'autre part, le besoin se faisait sentir de connaître et de mettre à la portée de nos agents africains la législation musulmane, dont le *Traité de jurisprudence de Sidi-Khalil* passe, à bon droit, pour une des plus légitimes expressions. Perron ne s'effraya pas devant la tâche ardue de cette colossale traduction (six gros volumes grand in-8°), suivie immédiatement de celle du *Nâceri* (Traité d'hippologie et d'hippiâtrie arabes).

La fondation du collège arabe de Paris ayant été ajournée après 1848, Perron retourne en Égypte en 1853, comme médecin sanitaire. A Alexandrie, il se fait distinguer par l'élégance, la clarté et la variété de ses rapports, devient le médecin et le favori de Saïd-Pacha.

Pendant plusieurs années, la renommée de la rue Montmartre se réveille sur la terre des Pharaons. Elle ne devait pas s'y épuiser. Quand le maréchal Randon, gouverneur général de l'Algérie, qui avait connu le Dr Perron dans les conseils du ministère de la guerre, réalisa à Alger même l'idée du collège arabe-français, il n'hésita pas à lui en confier la direction.

En 1864, de directeur, Perron fut nommé inspecteur des écoles arabes-françaises de l'Algérie, poste important et très honorable à tous égards, mais dont le pénible exercice devait outrepasser ses forces épuisées par l'âge et surtout le travail. Il le comprit trop tard : quand il se décida, en 1872, à devancer le repos de la retraite, sa santé, que les privations du siège de Paris venaient de soumettre à de nouvelles épreuves, devint, pour sa famille et ses amis, une anxiété de chaque jour. Le 11 janvier 1876, il s'éteignit épuisé, dans sa 78e année, ignoré, tant il était modeste, attendant avec une sérénité de cœur, presque encore une espérance, le printemps qui rendrait le soleil aux fleurs, dont la culture charmait ses loisirs défaillants.

Perron avait été nommé chevalier de la Légion d'honneur en 1843, un an avant de quitter l'Égypte, en récompense des services qu'il avait rendus à la France, tout en étant au service de Méhémet-Ali.

Aux nombreux ouvrages qu'il a publiés, et que nous avons mentionnés dans cette notice, la *Gazette médicale de l'Algérie* s'honore de pouvoir ajouter une traduction de la *Médecine du Prophète*, dont elle a eu la primeur.

C'est pendant son séjour à Alger, enfin, que fut publié le *Glaive des couronnes,* roman de chevalerie arabe.

Perron, médecin, naturaliste, philosophe, administrateur, orientaliste profond, versé pareillement dans la connaissance des langues modernes, l'italien, l'anglais, l'espagnol et l'allemand, possédait un style très pur et toujours élevé. Ses livres comme ses discours révèlent à la fois l'analyste et le penseur, l'écrivain sachant être luimême, sans viser à une originalité qui était naturelle. — Dr A. BERTHERAND.

Gazette médicale de l'Algérie. — Documents administratifs.

PHARAON.

Pharaon (Joanny), fils d'un ancien interprète de l'armée d'Égypte, né au Caire le 10 janvier 1803, fut d'abord élève de l'École des langues orientales, puis professeur de latinité au collège Sainte-Barbe à Paris en 1821 ; professeur de français au collège égyptien de Paris en 1825 ; gouverneur des jeunes officiers égyptiens à Toulon en 1827. Nommé interprète de 2° classe au gouvernement général de l'Algérie, en décembre 1831, il devint interprète de 1re classe le 17 avril 1839.

Joanny Pharaon est un des anciens interprètes qui ont rendu les services les plus variés et les plus utiles. Il fut le premier professeur d'arabe autour duquel se groupèrent les officiers désireux d'apprendre cette langue ; il forma des élèves qui lui ont fait, depuis, le plus grand honneur. Nous ne citerons que de La Moricière, Marey, Daumas, Pellissier de Reynaud, Rivet, etc.

Voici à ce sujet une lettre du duc de Rovigo, qui nous donne en même temps de curieux détails sur les établissements d'instruction publique en Algérie.

« Alger, 15 octobre 1832.

« Par votre lettre du 28 septembre, vous approuvez les soins que j'ai donnés à la célébration du culte catholique et à l'instruction publique et vous m'engagez à vous proposer toutes les mesures que je jugerai utiles pour répandre dans la Régence la connaissance de la langue française. La création d'écoles primaires devient indispensable. Comme vous le dites, Monsieur le maréchal, c'est à la fois un acte de moralité et de haute politique, que l'établissement de pareilles institutions. La Régence d'Alger ne sera véritablement une possession française que lorsque notre langue sera nationalisée, et que les arts et les sciences, qui font la gloire de notre patrie, y seront acclimatés. Le ciel de l'Afrique est un ciel de poésie et de littérature. L'intelligence des Arabes ne peut être révoquée en doute ; l'histoire, au besoin, serait là pour l'attester, si leur esprit rusé et pénétrant ne nous révélait toutes les qualités dont la nature les a doués, mais qui restent étouffées ou restreintes sous l'ignorance et le fanatisme. Je reçois d'eux des lettres que le plus habile diplomate ne désavouerait pas.

« Trois institutions françaises sont déjà établies à Alger, et le nombre total des enfants qui les fréquentent est de *quatre-vingt-dix*.

« Ce nombre ira chaque jour en augmentant. Une chaire de langue française vient d'être créée pour les juifs indigènes ; 40 élèves y reçoivent des leçons trois fois par semaine. J'ai l'espoir de voir bientôt leur nombre doublé ; leurs progrès sont remarquables. Un local sera mis, sous peu de jours, à la disposition de l'inspecteur de l'instruction publique pour l'établissement d'une classe de jeunes Maures qui seront initiés à la connaissance de notre langue. Dans ce même local, une chaire sera fondée pour l'enseignement de la langue arabe aux Européens, sous la direction intelligente de l'interprète militaire Joanny Pharaon, afin de rendre plus promptes les communications entre nous et les indigènes. Le vrai prodige à opérer serait de remplacer peu à peu l'arabe par le français, qui, étant la langue des autorités et de l'administration, ne peut manquer de s'étendre parmi les indigènes, surtout si la génération nouvelle vient en foule s'instruire dans nos écoles. Je ne désespère pas, avec un peu de temps, de voir réunis, sous les mêmes professeurs et aux mêmes heures, Français, Italiens, Espagnols, Maures et juifs. C'est dans le sein des écoles que doit se préparer une fusion qui est si désirable.

« Pour mener à bien ces projets d'instruction si féconds en grands résultats et dont la civilisation ne peut manquer de s'enorgueillir, il me faut votre aide puissante, Monsieur le maréchal. Vous me donnez l'assurance de votre acquiescement à mes vues à cet égard. J'ai donc l'honneur de vous exposer mes besoins. »

Pharaon a publié de nombreux ouvrages sur la linguistique, l'histoire et la législation des Algériens, notamment : *Grammaire élémentaire d'arabe vulgaire ou algérienne* à l'usage des Français (Paris, 1832, in-8°); *De la législation française, musulmane et juive à Alger* (Paris, 1832, in-8°); *les Cabailes et Bougie* (Alger, 1835, in-8°).

Pharaon est décédé à Saumur en mai 1846.

Les Interprètes de l'armée d'Afrique. — *Revue africaine.* — Documents divers.

PICARD.

M. Picard (René), ancien élève de l'École polytechnique, est né à Strasbourg le 26 août 1831.

Entré dans l'armée navale, il en sortit comme enseigne de vaisseau et, après avoir été sous-directeur chef de l'exploitation des chemins de fer du Dauphiné, il vint en Algérie, en juillet 1863, occuper les fonctions de chef d'exploitation des chemins de fer d'Alger à Oran et de Philippeville à Constantine, dont la concession venait d'être donnée à la Cie Paris-Lyon-Méditerranée.

M. Picard est resté en Algérie jusqu'en septembre 1872 et, pendant ces neuf années, il a donné à l'exploitation de ce réseau une organisation qui est encore aujourd'hui en vigueur et qui sert de modèle aux autres compagnies de chemins de fer installées depuis dans la colonie, à laquelle il a rendu de grands services.

M. Picard est aujourd'hui chef de l'exploitation du réseau français Paris-Lyon-Méditerranée, à Paris.

Il est officier de la Légion d'honneur.

Documents particuliers.

PIRETTE.

Le 9 décembre 1839, les Hadjouth, au nombre de mille à douze cents, attaquèrent le camp de l'Arbah, occupé par trois cents hommes.

Aux premiers coups de fusil, les habitants de la ferme de Ben-Seman, Pirette et deux autres colons, montèrent sur la terrasse de la maison et jugèrent du danger qui les menaçait. Les deux colons, profitant d'un moment favorable, réussirent à s'échapper à l'aide des accidents de terrain et à gagner la plaine. Pirette demeura seul.

Mais Pirette était un militaire libéré du service (2ᵉ bataillon, grenadiers, du 12ᵉ de ligne). Il envisage le péril avec le sang-froid et l'expérience d'un ancien soldat; il étudie sa position et calcule ses chances : abandonner la ferme sans défense, c'est perdre tout ce qu'il possède au monde. D'un autre côté, les Arabes peuvent être repoussés dans leur attaque contre le camp; ils peuvent du moins éprouver des pertes considérables qui les détourneront d'assaillir la ferme, ou ne leur permettront qu'une attaque précipitée... Ces réflexions le décident à rester et à attendre l'ennemi.

Il s'occupe donc aussitôt de barricader les portes, il monte des pierres sur la terrasse; il charge cinq fusils que contient la ferme. Les armes sont en bon état. Pirette a en outre une hache d'abordage, 275 cartouches, un peu de poudre et à peu près cinq à six livres de balles coupées en quatre.

Ben-Seman était une de ces belles maisons mauresques semées dans la plaine de la Mitidja; c'était presque une forteresse : les murs en étaient épais et les fenêtres garnies de grilles en fer posées en saillie et dominant la porte et la façade du bâtiment. Bien défendue, une position pareille devait opposer un obstacle sérieux à des Arabes dépourvus d'artillerie, et qui n'ont jamais su forcer un blokhauss. Enfin le camp de l'Arbah n'était qu'à dix minutes de distance; on pouvait en espérer des secours.

Pirette ayant disposé ses armes et préparé tous ses moyens de résistance, monte de nouveau sur la terrasse et observe les mouvements des Arabes. Bientôt il les voit, après une vaine démonstration contre le camp, s'écarter dans la plaine, hors de la portée du fusil, et là se réunir, se concerter un moment, puis se diriger en courant vers Ben-Seman. Dans cet instant de crise, sa présence d'esprit ne lui fait pas défaut ; il imagine de placer près de chaque fenêtre soit un chapeau, soit une casquette, pour s'en couvrir alternativement pendant le combat et faire croire aux assaillants, en se montrant rapidement aux différentes ouvertures, que la ferme compte plusieurs défenseurs.

Des cris, des hurlements épouvantables signalent l'arrivée de l'ennemi. Il envahit l'orangerie, entoure la maison et s'élance pour enfoncer la porte. C'est la seule résistance à laquelle il s'attende ; et en effet cette porte est solide ; elle déconcerte les premiers efforts des Arabes. Pirette l'avait ainsi calculé. Posté sur la terrasse et ayant sous la main ses cinq fusils, il retient son feu ; puis, choisissant l'instant où les assaillants se pressent plus nombreux autour de l'enceinte, il ajuste à dix pas de distance, et ses cinq décharges dirigées successivement sur des masses épaisses y font un ravage horrible.

Les Hadjouth s'arrêtent étonnés. Ils hésitent et se retirent hors de portée en enlevant leurs morts et leurs blessés. Pirette profite de ce répit pour recharger ses armes.

Au bout de quelques minutes, l'ennemi revient à l'assaut avec une fureur nouvelle. Pirette se multiplie, il est à toutes les embrasures, il fait feu par toutes les fenêtres ; il défend à la fois tous les points de la maison : l'œil et l'oreille toujours au guet, il brave la soif et la fatigue ; tout Arabe qui ose escalader les murs tombe foudroyé.

Une résistance aussi vigoureuse jette un moment l'indécision dans la horde sauvage. Elle ne doute pas que la ferme ne soit défendue par une forte garnison. Un nouveau conseil est tenu : une nouvelle attaque est combinée. Un seul point de la maison n'est point protégé par ces fenêtres grillées d'où Pirette dirige un feu meurtrier. Les Hadjouth l'ont remarqué à la fin. Ils portent tous leurs efforts de ce côté.

L'œuvre de démolition commence. De l'endroit où il est posté, Pirette n'aperçoit pas ses ennemis, mais il entend leurs coups ; il compte, pour ainsi dire, chaque pierre qu'ils détachent de la muraille. Bientôt une ouverture est pratiquée, et laisse pénétrer une faible lueur dans un sombre et étroit passage, au bout duquel Pirette se tient embusqué. Un Arabe s'engage à moitié corps dans la brèche ; les autres s'apprêtent à le suivre... Aussitôt Pirette s'élance sur ce malheureux et le tue à bout portant. Les Hadjouth retirent le cadavre, mais nul ne se hasarde plus dans ce périlleux passage. L'effroi et le découragement commencent à se répandre parmi eux.

Cependant la nuit arrive, l'attaque est suspendue. Pirette fait la revue de ses munitions. Il s'aperçoit qu'il ne lui reste plus que quinze cartouches. Il avait tiré 260 coups de fusil! Abandonnera-t-il, faute de munitions, l'intérieur de la ferme pour se retirer sur la terrasse et en défendre la porte avec sa hache? Pirette comprend l'inutilité de ce moyen. Il sait qu'il n'est qu'à dix minutes du camp de l'Arbah; mais que ce camp est trop faible pour exposer dans la plaine quelques hommes contre un ennemi si supérieur en nombre. Il se décide à profiter du silence et de l'obscurité de la nuit, et à s'échapper. Il connaît, à côté de la maison, un petit espace garni de ronces et de cactus; c'est là qu'il se glisse à neuf heures du soir, et, après une demi-heure de marche pénible, il arrive enfin en vue du camp et crie à la sentinelle : « Ne tirez pas! Je suis le colon de Ben-Seman! »

Son arrivée au camp y causa un étonnement et une stupéfaction impossibles à décrire. Les 300 soldats qui y étaient renfermés avaient entendu toute la journée une vive fusillade qui partait de la ferme, et ils ne doutaient pas que les assiégés ne fussent nombreux et parfaitement en état de se défendre. Ils ne pouvaient comprendre comment un seul homme avait tant fait, comment il avait tenu, une journée entière, contre mille hommes. Rien n'était plus vrai cependant. Cette défense, peut-être unique dans les fastes militaires, ne saurait être révoquée en doute. Les officiers qui commandaient le camp de l'Arbah en ont attesté l'authenticité dans un écrit recouvert de leurs signatures et déposé à Alger chez un notaire. Bien que personne n'ait songé à la contester, elle n'a pas reçu sa récompense. Pirette avait été soldat, mais il n'appartenait plus à l'armée, et en 1839, sous le gouvernement du maréchal Valée, quiconque n'était pas de l'armée n'était rien. Le brave Pirette n'avait ni protecteur ni protectrice. Il resta dans l'oubli. La ferme qu'il avait si héroïquement défendue et que les Hadjouth pillèrent le lendemain contenait tout son avoir, c'est-à-dire 5,000 francs environ. Il réclama et reçut pour toute indemnité une somme de 625 francs, qui lui fut accordée en deux fois par le directeur de l'intérieur. Il alla végéter et mourir à Cherchell, sur une petite concession de quelques hectares qu'il y avait obtenue... sans la croix de la Légion d'honneur dont il s'était montré si digne.

M. Tirman vient de réparer cet impardonnable oubli en perpétuant la mémoire du héros algérien. Par décret en date du 7 mars 1889, le nom de Pirette a été donné au centre de population européenne créé à Ain-Zaouïa (commune mixte de Dra-el-Mizan, département d'Alger).

<small>Renseignements particuliers. — Documents officiels.</small>

POLHÈS.

Polhès (Balthazar-Alban-Gabriel, baron de Bonnet Maureilhan de), général de division d'infanterie, commandeur de la Légion d'honneur, né à Béziers (Hérault) le 6 décembre 1813, sortit de Saint-Cyr sous-lieutenant au 2e léger, le 1er octobre 1832; il se rendit bientôt après avec son régiment en Algérie. Lieutenant le 26 avril 1837, il fit les deux expéditions de Constantine qui portèrent si haut la réputation de son régiment. En 1840, il prit part à l'expédition de Milianah, se trouva à l'expédition du col de Mouzaïa, fut blessé le 12 mai et nommé capitaine le 21 juin.

Il retourna en France l'année suivante, remplit près du roi Louis-Philippe les fonctions d'officier d'ordonnance et devint chef de bataillon au 7e léger le 22 septembre 1847. Officier de la Légion d'honneur après les affaires de juin 1848, M. de Polhès revint en Algérie, dans la province d'Oran, avec son nouveau régiment, en 1851, et y fit plusieurs expéditions. Lieutenant-colonel du 25e léger le 26 décembre 1853, il quitta la province d'Alger pour rejoindre l'armée d'Orient. Colonel du 3e zouaves, sous les murs de Sébastopol, le 21 mars de la même année, en arrivant en Crimée, il mena son brave régiment à la bataille de Traktir (18 août 1855), où il fut vigoureusement engagé et où il contraignit les Russes à repasser le canal, la baïonnette aux reins. Le colonel de Polhès, blessé en menant ses zouaves à la charge, fut mis à l'ordre de l'armée d'Orient.

Quelques jours plus tard, l'intrépide colonel reçut le commandement du régiment de zouaves de la garde en formation en Crimée. Il ramena ce corps d'élite à Paris, défila à sa tête et reçut, le 8 octobre 1857, la croix de commandeur.

Il resta avec les zouaves de la garde jusqu'au moment de l'entrée en campagne de l'armée française, en 1859, pour la guerre contre l'Autriche.

Promu alors général le 12 mars 1859, il commanda une brigade en Italie. Général de division le 27 février 1868, il fut mis en disponibilité le 2 novembre 1870 pour une maladie grave des yeux qui exigeait un repos complet; rentré en activité le 20 février 1871, il forma quelques semaines plus tard six régiments provisoires d'infanterie au moyen des prisonniers revenant de captivité. Il les dirigea successivement sur l'armée de Versailles.

Le général de Polhès a été placé dans le cadre de réserve le 3 mai 1878 et admis à la retraite le 22 janvier 1879.

Archives militaires. — *Dictionnaire des Contemporains*. — *Panthéon Fléchois*. *Historique du 3ᵉ Zouaves*.

RABASTE.

M. Rabaste (Antoine-Marie), né à Saint-Bonnet-le-Troncy (Rhône), le 30 mai 1824, est avec M. Oustri le dernier survivant des colons de la première heure à Boufarik. Il a traversé sans broncher la rude épreuve de 1836 à 1842, et laissé le souvenir d'un brave et excellent colon, très dévoué à ses concitoyens.

Il jouit à Boufarik de l'estime générale.

Documents particuliers. —*Boufarik*, par le colonel Trumelet.

RANDON.

Randon (Jacques-Louis-César-Alexandre, comte), maréchal de France, ministre, sénateur, gouverneur général de l'Algérie, est né à Grenoble (Isère), le 25 mars 1795.

A seize ans, il débutait sur les champs de bataille de Russie et recevait à la Moskowa le baptême du feu, sous les auspices du général Marchand, son oncle. Échappé comme par miracle à tous nos désastres, il rentrait en France, après avoir avec nos armées glorieusement combattu contre les horreurs de l'invasion étrangère. Chef d'escadron au 13ᵉ chasseurs en 1830, il devenait successivement lieutenant-colonel au 9ᵉ chasseurs en 1835, colonel du 2ᵉ chasseurs d'Afrique en 1838, et mettait alors, pour la première fois, le pied

MARÉCHAL RANDON.

sur cette terre d'Algérie qui devait bientôt prendre place dans ses plus chères affections.

Maréchal de camp en 1841, comme commandant la subdivision de Bône, et lieutenant général en 1848, comme directeur des affaires de l'Algérie au ministère de la guerre, il continue d'employer son zèle et son expérience au service de notre colonie. Mais déjà les hautes et brillantes qualités qu'il avait déployées avaient attiré l'attention sur lui, et il fut, une première fois, en 1851, appelé au portefeuille de la guerre, qu'il quitta bientôt pour revenir en Algérie, en qualité de gouverneur général, le 11 décembre 1851, jusqu'à la création du ministère spécial de l'Algérie et des colonies (24 juin 1858).

Son administration fut marquée par d'importantes expéditions militaires. Pour ne parler que des principales, l'expédition des Babors qui brise en 1852 l'indépendance de la Kabylie orientale; en 1854 les opérations sur le Sebaou, dont le succès prépare les voies à la grande et définitive expédition de 1857 et soumet à la France toutes les tribus comprises entre le Sebaou, Dellys et Bougie.

Enfin la conquête de la Kabylie du Djurdjura, cette grande et brillante expédition à laquelle il a attaché son nom et qui lui valut le bâton de maréchal. Et, dans le sud, la prise de Laghouat et de Tuggurt, la soumission des Beni-M'zab et celle du Souf, qui reculèrent les limites de l'Algérie jusqu'au grand désert.

Tout en se battant, l'armée allait exécutant d'immenses travaux. Dans l'intervalle de ces expéditions, au lendemain de la lutte, quelquefois même pendant le combat, nos soldats transformés en travailleurs ouvraient des routes à travers les montagnes, desséchaient des marais, comblaient des fondrières, construisaient des ponts et des caravansérails. Personne n'a su, à un plus haut degré que le maréchal Randon, prendre souci du bien-être et de la vie du soldat, et obtenir, à moins de frais, des résultats plus considérables.

On lui doit des travaux de défense des côtes, la création des régiments de zouaves et de tirailleurs indigènes; l'école des mousses, le collège arabe et l'école de médecine; les puits artésiens qui ont transformé le désert en oasis, et la création des centres de population de Bou-Kandoura, Fornier, Sidi-Moussa, Rouiba, Aïn-Taya, Pélissier, Aïn-Boudinar, Aïn-M'lila, Chebli, Aïn-Smara, Tipaza, la Réghaïa, Vesoul-Bénian, Aïn-Sultan, Bou-Medfa, l'Oued-Dekri, Lourmel, Bizot, Hamedi, Rivet, l'Alma, Ben-N'choud, Boghari, l'Oued-Corso, Sidi-Brahim, Guelâat-bou-Sba, Oued-Touta, Nechmeya, Relizane, Duvivier, Lavarande, Duperré, Bouïnan, Saint-Pierre, Saint-Paul, Tenirah, Pont-de-l'Oued-Djer, Pont-de-l'Isser, Chatterba.

Il a laissé dans la colonie le souvenir d'un administrateur capable, travailleur et dévoué à la lourde tâche qui lui était confiée.

Rentré en France, il devint pour la seconde fois ministre de la guerre de 1859 à 1867. Quand éclata la dernière guerre, sa santé ne lui permettant pas d'y prendre part, le maréchal Randon accepta de revenir comme gouverneur en Algérie; mais il avait trop présumé de ses forces, et il dut résigner ses fonctions avant même de les avoir exercées.

Il est mort à Genève le 16 janvier 1871. Il était grand-croix de la Légion d'honneur du 24 décembre 1853.

Le nom de Randon a été donné à un centre de population à 19 kilomètres de Bône.

Archives militaires. — Documents officiels. — *Mémoires du maréchal Randon*. — *Tableau historique, descriptif et statistique de la colonie*, par Jules Duval. — *L'Algérie en 1884*, par Ducuing.

REBATTU.

Rebattu (Martin-Amédée), né le 26 juillet 1823 à Dijon (Côte-d'Or), est un des propriétaires forestiers les plus distingués de la colonie et un de ceux qui ont montré la plus courageuse énergie depuis vingt ans.

Il est le premier colon européen installé depuis 1868 aux Beni-Salah (arrondissement de Bône), où la Société qu'il représente est propriétaire d'un domaine renfermant de grandes étendues de bois, les plus beaux chênes-lièges de l'Algérie (aujourd'hui en grande partie en cendres, hélas!), des chênes-zéens, des terres cultivables, etc.

M. Rebattu a mis très intelligemment en valeur cette riche propriété; il y a dépensé des sommes considérables, procurant ainsi du travail à des centaines d'ouvriers, accroissant la fortune du pays au détriment de la sienne, car plus que tout autre il a été victime des incendies de forêts, notamment en 1871, en 1877 et en 1887, époques où des récoltes de liège de plusieurs centaines de mille francs devaient le dédommager de ses pertes et ont été en quelques jours la proie d'incendies allumés par les indigènes.

M. Rebattu, président du Comité des propriétaires forestiers en Algérie, était vice-président du jury de la classe 44 à l'Exposition universelle de 1878 ; comme exposant il a su montrer, au moyen d'heureuses applications, tout le parti qu'on pourrait retirer du produit des forêts algériennes. Il a été également appelé à faire partie du jury de l'Exposition universelle de 1889.

Le 13 juillet 1881, le gouvernement l'a décoré de la Légion d'honneur en récompense des services qu'il a rendus à la colonisation, services qu'il continue à lui rendre chaque jour en travaillant à la prospérité de sa région. Le riche et intéressant pays des Beni-Salah, voisin de la frontière tunisienne, sera bientôt redevable à M. Rebattu d'une transformation économique.

Documents particuliers et officiels.

REGNAULD DE LANNOY DE BISSY.

Regnauld de Lannoy de Bissy (François-Camille), né à Bissy (Savoie) le 30 mai 1809, entra à l'École polytechnique de France le 17 novembre 1828. Il prit part aux journées de juillet 1830 et s'y distingua particulièrement, ce qui lui valut l'honneur d'être élu par ses camarades « le *délégué de l'École* à la commission des récompenses nationales. » Sorti la même année avec un des premiers numéros, il se fit naturaliser Français pour entrer à l'École des ponts et chaussées (ordonnance du 21 août 1830), d'où il sortit en 1833.

Après avoir servi comme ingénieur ordinaire à Angers (1833-36), à Grenoble (1836-38), à Valence (1838-52), il fut nommé ingénieur en chef par décret du 20 janvier 1852 et chargé du service de la province de Constantine qu'il dirigea jusqu'à la fin de 1870, c'est-à-dire pendant 19 ans. On lui doit principalement dans la colonie :
« les projets et premiers travaux du port de Philippeville ; les pha-
« res Carbon, Cap de Garde, Cap de Fer, Bougaroni ; les travaux
« du Chabet-el-Akra ; le pont El Kantara à Constantine ; la con-
« duite d'eau de Fesguia à Constantine ; l'ouverture de 600 kilo-
« mètres de routes nationales et départementales. »

M. de Lannoy de Bissy, qu'un goût naturel portait à la botanique et à l'agriculture, n'a pas été seulement un ingénieur de grand mérite, mais aussi un vrai colon. A Constantine, il créa la pépinière du Djebal-Ouach, ce bois charmant qui entoure les bassins-réservoirs d'une partie des eaux d'alimentation de la cité, et par cette création a été l'initiateur du reboisement des environs de Constantine. — Il introduisit en 1859 la « tanche » en Algérie, ce qui lui valut en 1862 une médaille d'argent de la Société d'acclimatation de France.

A Jemmapes, il créa un des premiers vignobles des environs de Philippeville, ainsi qu'une pépinière où étaient réunis pour l'étude les cépages du monde entier; par ses conseils et son activité, il donna un élan des plus profitables à la colonisation de cette région.

Dans la province, il plaça, autant qu'il lui fut possible, les maisons cantonnières en des lieux propres à la colonisation, de manière à en faire comme les noyaux de futurs hameaux.

Décédé à Jemmapes le 20 juillet 1881, dans sa 73ᵉ année, après 29 ans de séjour en Algérie, il a laissé le souvenir d'un homme de bien. Les habitants de la ville de Jemmapes lui ont décerné le titre de « bienfaiteur », et le gouvernement, pour perpétuer la mémoire de ses éminents services, a donné, dans l'arrondissement de Jemmapes, au centre de Djendel, le nom de « Lannoy » et au hameau de Bou-Fernana le nom de « Bissy ».

M. de Lannoy de Bissy, qui fut un des fondateurs de la Société archéologique de Constantine, et auquel on doit la découverte de l'*Abies Numidica de Lannoy*, reçut la décoration de Juillet le 27 juin 1831. Chevalier de la Légion d'honneur le 12 août 1853, il fut élevé au grade d'officier dix ans après, le 13 août 1863.

Son fils, officier des plus distingués, est chef de division du génie au ministère de la guerre.

Documents particuliers et officiels. — *Histoire de l'École polytechnique*, par G. Pinet. Rapport de la commission des récompenses nationales en 1831.

RÉMUSAT.

Rémusat (Henri), interprète militaire de 1ʳᵉ classe, est né le 26 mars 1798 à Alep (Syrie), de parents français.

Il entra de bonne heure dans le personnel du consulat de France de Tripoli de Syrie, où il occupa le poste de confiance de drogman.

En 1830, dès qu'il fut question de diriger une expédition contre Alger, Rémusat se hâta d'accourir et d'offrir ses services au général en chef à Toulon, où il reçut, le 10 mai, son brevet de guide-interprète de l'une des divisions de l'armée expéditionnaire, avec laquelle il débarqua, quelques jours après, sur la plage de Sidi-Ferruch.

Attaché à l'état-major du maréchal Clauzel, du général Berthezène et du duc de Rovigo, qui se succédèrent dans le commandement en chef des possessions africaines, il ne cessa de rendre de très utiles services, notamment pendant l'expédition de Médéah.

En 1832, on le chargea de la mission délicate et dangereuse de se rendre à Bône, puis en 1835 à Bougie, et enfin à Mostaganem en 1836, auprès du bey Ibrahim, pour traiter de la pacification du pays.

En 1838, le maréchal Valée, proposant Rémusat pour l'avancement, écrivait à son sujet :

« On cite avec éloge son zèle, son dévouement, sa discrétion et sa probité. »

En 1839, on lui confiait la direction des affaires arabes de la province d'Alger, et, comme récompense des bons services rendus dans ces fonctions, on l'élevait à la 2ᵉ classe le 1ᵉʳ avril 1840.

Durant l'expédition de Rachgoun et de Tlemcen, il était attaché au général Bugeaud, et il eut un cheval tué sous lui au combat de la Sikkak.

L'année suivante, lors de l'invasion des Zouatna par l'émir Abd-el-Kader, Rémusat, l'un des premiers à s'élancer en avant contre l'ennemi, était blessé d'un coup de feu. Cette blessure, les fatigues de la guerre et l'exercice forcé du cheval pendant de longues années, l'obligèrent à demander un poste sédentaire à Alger; mais en 1841 il reprenait le service actif et était attaché à S. A. le duc de Nemours pour faire la campagne de Tittery (aujourd'hui Médéah).

Il était promu de 1ʳᵉ classe le 1ᵉʳ août 1843. Dans cette position, soit aux affaires arabes, au conseil de guerre, ou employé à l'état-major général, il rendit encore de très longs et très utiles services jusqu'en 1863, époque de sa mise à la retraite.

Rémusat est le traducteur de l'*Histoire de l'Afrique*, de Kairouani, œuvre importante qui, en 1840, a été publiée par M. Pellissier de Reynaud dans la collection des ouvrages de la Commission scientifique algérienne. Il a fourni, par ses notices et ses traductions de documents arabes, une bonne partie des matériaux qui ont servi au général Daumas à publier divers livres sur l'Algérie.

Rémusat avait été nommé chevalier de la Légion d'Honneur le 23 janvier 1848.

Il est décédé à Alger le 12 avril 1874.

Les Interprètes de l'armée d'Afrique. — Documents officiels. — Archives militaires.

RENAULT.

Baron Renault (Pierre-Hippolyte-Publius), né à la Valette (île de Malte) le 20 janvier 1807, fut admis à l'école préparatoire de la Flèche le 27 novembre 1816. Reçu à Saint-Cyr le 1er octobre 1827, il fut nommé le 1er octobre 1828 sous-lieutenant au 6e de ligne. Lieutenant le 20 juin 1832, il obtint d'entrer le 24 août 1833 au 3e bataillon d'infanterie légère d'Afrique, à Alger. Plein d'ardeur, d'une bravoure à nulle autre pareille, le jeune officier se fit remarquer dès les premières expéditions auxquelles il prit part. Capitaine à la légion étrangère le 3 août 1837, il passa au service de l'Espagne lorsque la légion fut cédée à la Péninsule; toutefois, Renault, qui ne voulait pas quitter l'armée française, obtint d'être considéré comme en mission. Il se battit vaillamment en Espagne, et revint, comme capitaine adjudant-major à la légion étrangère de France, le 3 août 1837, à peine guéri de ses blessures.

Chef de bataillon aux zouaves le 7 avril 1839, il reçut le 10 juin la croix de chevalier de la Légion d'honneur. Le 10 juillet, il fut cité pour sa belle conduite pendant l'expédition de Djidjelli et de Bougie. Il le fut encore dans l'ordre de l'armée d'Afrique du 28 mai 1840, relatif à l'expédition de Médéah et à la prise du col de Mouzaïa; une troisième fois à l'ordre du 27 juillet 1840; une quatrième à l'ordre du 23 janvier 1841 pour une sortie opérée à Médéah. Enfin l'ordre du 12 août 1841 le signala pour son coup d'œil militaire et sa résolution dans les combats. Il était officier de la Légion d'honneur du 21 janvier et lieutenant-colonel du 6e léger du 27 février 1841. Aux combats de mai et juin de cette même année, à l'Akbet-el-Kedda, il commandait le bataillon d'élite.

Colonel le 16 avril 1843, à la suite de l'avancement le plus rapide dû à ses qualités militaires, à son courage qui l'avait fait surnommer « Renault de l'arrière-garde », parce que c'était toujours à lui que l'on confiait ces missions périlleuses lorsqu'on revenait d'une expédition, le jeune chef de corps, âgé de trente et quelques années à peine, eut le commandement de son régiment, le 6ᵉ léger, dans la province d'Oran. Le 1ᵉʳ juin 1846, il fut chargé de celui de la subdivision de Mascara, et reçut la croix de commandeur le 8 août 1847.

Avant de pénétrer plus avant dans la vie militaire du brave Renault, disons que ses grades et ses croix avaient été la récompense non seulement de son énergie et de ses talents, mais aussi de son sang versé dans les combats. Outre les deux blessures qu'il avait reçues en Espagne, il fut atteint d'une balle à la tête le 15 octobre 1840, au passage des Gouttes, dans la province d'Oran; d'une autre balle au genou droit le 29 octobre, au combat des Oliviers; d'un troisième coup de feu dans les reins à l'affaire de l'Oued-el-Hordjau, le 9 juillet 1843.

Général de brigade le 23 août 1846, mis à la disposition du gouverneur général de l'Algérie, il ne rentra en France que le 10 avril 1848, ayant été en campagne à peu près sans interruption depuis sa sortie des écoles. Général de division le 14 juillet 1851, il fut fait grand officier de la Légion d'honneur le 26 décembre suivant.

Le 1ᵉʳ avril 1856, il revint en Afrique. Le 2 septembre 1857 et jusqu'au 26 juin 1858, il exerça les fonctions de gouverneur par intérim de notre colonie, ce qui lui valut la grand'croix le 25 octobre 1857. Rappelé en France en 1859 pour commander une division dans la campagne contre l'Autriche, à son retour l'empereur le nomma sénateur le 16 août 1859.

En 1870, il organisa le 14ᵉ corps et contribua à la défense de Paris. Mortellement blessé à la bataille de Champigny le 30 novembre et rapporté à Paris, il expira le 6 décembre après une vie et une mort de soldat qui lui assurent la plus belle page dans l'histoire de son pays.

Un centre du département d'Oran a reçu le nom de Renault.

Panthéon Fléchois. — Archives militaires.

RENIER.

Renier (Charles-Alphonse-Léon), membre de l'Institut, était né à Charleville le 2 mai 1809.

Après de brillantes études, il entra dans l'instruction et fut nommé au concours directeur du collège de Nesle (Somme). Il vint ensuite à Paris, se livra à l'instruction privée et fut le collaborateur de M. Philippe Lebas au *Dictionnaire encyclopédique de France* (1840-1845).

En 1845, il fonda la *Revue de philosophie, de littérature et d'histoire ancienne* et dirigea la nouvelle édition de l'*Encyclopédie moderne* publiée par Firmin-Didot (1845-1850).

En 1850, le gouvernement le chargea de recueillir les inscriptions romaines de l'Algérie; il passa deux ans à ce travail, qui a été publié sous le titre : *Inscriptions romaines de l'Algérie* (1855, in-4°) et forme la collection la plus nombreuse (4,000 environ) de documents de cette nature.

Il a donné indépendamment : *Notes d'un voyage archéologique au pied de l'Aurès* (1852, in-8°); *Sur quelques inscriptions des villes de Thagaste et de Madaure* (1857, in-8°).

C'est à son initiative que l'on doit la création de la *Société archéologique de Constantine*, dont le bulletin est très considéré.

M. Renier fut appelé à la chaire d'épigraphie au collège de France en 1861. Membre de la Société des antiquaires depuis 1845, il a été élu membre de l'Académie des inscriptions et belles-lettres en 1856. Il négocia l'acquisition de la collection Campana; sur ses instances, MM. Renan, Perrot et Heuzey obtinrent du gouvernement les ressources nécessaires pour entreprendre les belles missions de Phénicie, de Galatie et de Macédoine qui ont ouvert à la science des horizons nouveaux. M. Renier prit également une part active aux fouilles du Palatin.

Il est décédé à Paris le 11 juin 1885. Il était commandeur de la Légion d'honneur.

Le nom de Renier a été donné à un centre de population de l'arrondissement de Constantine.

Revue archéologique. — *Recueil de la Société des antiquaires de France.* — *Revue africaine.* — *Dictionnaire des Contemporains.*

RINN.

M. le commandant Rinn (Louis-Marie), ancien chef du service central des affaires indigènes, conseiller de gouvernement, officier de la Légion d'honneur et officier de l'Instruction publique, né à Paris le 28 mars 1838, entra à Saint-Cyr en 1855 et en sortit sous-lieutenant au 83° de ligne le 1ᵉʳ octobre 1857. Il vint en Algérie le 5 mai 1864 et passa la même année dans le service des affaires indigènes, où il ne tarda pas à se faire remarquer par sa connaissance étendue de la langue arabe.

Successivement détaché à El-Milia, Biskra, Sétif et Tazmalt, puis de nouveau à El-Milia et Biskra, ensuite à Batna, Djidjelli et Sétif, M. Rinn, doué de très grandes capacités, très laborieux, pénétra en quelques années tous les mystères de la société arabe et fut noté comme un des officiers les plus distingués de son service, où la distinction est la règle.

Lieutenant en 1865, il passa au 3° tirailleurs l'année suivante et devint capitaine le 20 août 1870. Une médaille d'honneur de 1re classe en or lui avait été décernée pour sa vaillante conduite à Biskra pendant l'épidémie cholérique de 1867, et il se distingua de nouveau le 3 mai 1871 au combat du Djebel-bou-Arif. Batna était déjà partiellement investie; le capitaine Rinn se porta à la rencontre des insurgés avec un contingent indigène qu'il conduisit énergiquement : durant le combat, il se tint constamment à la tête de son goum et reçut une blessure à l'abdomen.

Il prit part ensuite aux opérations des colonnes Adler, Marié et Saussier, et reçut la croix de la Légion d'honneur le 20 novembre 1872.

Appelé à Alger en 1874, M. Rinn a été promu chef de bataillon le 25 février 1879. Chargé du service central des affaires indigènes (ancien bureau politique) le 23 juin 1880, il a été nommé conseiller de gouvernement le 3 mars 1883, et a pris sa retraite de chef de bataillon dans le courant de l'année.

M. le commandant Rinn est certainement à cette heure celui qui connaît le mieux le monde musulman en Algérie; aussi ses ouvrages jouissent-ils d'une très légitime considération.

Il a publié en 1871 (chez Marle, à Constantine) : *l'Algérie assimilée. Étude sur la constitution et la réorganisation de l'Algérie par un chef de bureau arabe;* brochure in-8° de 168 pages (anonyme en raison des règlements relatifs aux publications des militaires en activité).

En 1881, M. Rinn a remis à l'Association française pour l'avancement des sciences (congrès d'Alger), une *Note sur les origines berbères*, étude linguistique qui a été insérée au recueil des travaux du congrès et a paru en brochure.

1882. — *Cours de lecture et d'écriture française à l'usage des indigènes lettrés de l'Algérie*, par L. Rinn, chef de bataillon, etc., et Ahmed ben Hassen ben Brimath, interprète militaire; 1 vol. in-8° de

300 pages, moitié en texte arabe, moitié en texte français (chez Fontana, Alger).

Dans la même année, M. Rinn a rédigé, en collaboration avec le capitaine d'artillerie Bernard, le volume publié par le gouvernement général de l'Algérie sur la deuxième mission Flatters sous le titre : *Historique et rapport rédigés au service central des affaires indigènes avec documents à l'appui* et carte (chez Jourdan, Alger).

1884. — *Marabouts et Khouan*, étude très remarquable et très utile sur l'Islam en Algérie ; 1 fort volume in-8° de 500 pages, avec une carte en 7 couleurs indiquant la marche, la situation et l'importance des ordres religieux musulmans (Jourdan, Alger).

1885. — *Les Commissions disciplinaires*, étude sur le régime pénal de l'indigénat en Algérie ; brochure in-8° de 104 pages. Extrait de la *Revue algérienne et tunisienne de législation et de jurisprudence*, journal de l'École de droit d'Alger (Jourdan, éditeur).

1885. — *Les premiers royaumes berbères et la guerre de Jugurtha*, par L. Rinn, étude sur la géographie ancienne de l'Algérie ; brochure in-8° de 82 pages (Jourdan, Alger).

1886. — *Nos frontières sahariennes*, avec carte, étude sur les Ouled Sidi Cheikh, très instructive et d'une grande clairvoyance de vues ; brochure in-8° de 92 pages (Jourdan, Alger).

Ces deux dernières brochures ont été publiées par la *Revue africaine*, journal de la Société historique d'Alger. M. Rinn a d'ailleurs donné de nombreux travaux à cette Revue ; notamment en 1886 : *Note sur un épisode du massacre de la garnison de Biskra* en 1844 ; en 1887 : *Deux chansons kabyles sur l'insurrection de* 1871, notes, texte et traduction ; en 1888 : *Lettres de Touareg*, fac-similé, texte, traduction et notes.

M. Rinn a encore publié depuis 1881 (dans la *Revue africaine*) : *les Origines berbères*, essai d'études linguistiques et ethnologiques que M. Jourdan a eu la bonne pensée de réunir en un fort vol. in-8° de 500 pages, qui vient de paraître.

Le savant conseiller de gouvernement est vice-président de la Société historique d'Alger depuis plusieurs années ; vice-président de l'Alliance française pour la propagation de la langue nationale, à Alger ; président de section à la Société de géographie d'Alger ; membre du bureau d'administration du lycée, ainsi que de la bibliothèque-musée.

Officier d'Académie en février 1878, M. Rinn a été nommé officier de l'Instruction publique le 1ᵉʳ janvier 1883. Le 31 novembre 1881, il a été promu officier de la Légion d'honneur. Il est commandeur du Nicham Iftikhar depuis novembre 1883.

Archives militaires. — *Revue africaine.* — *Revue algérienne et tunisienne de législation et de jurisprudence.* — Notes personnelles.

RIVET.

Rivet (Marie-Constant-Alphonse), né en 1810, sortit de l'École polytechnique pour entrer en 1831 à l'école d'application de Metz. Dès 1833 il passa en Afrique, où il fit la guerre pendant plus de vingt ans. Il se signala à Constantine, dans l'Ouarensenis, à la bataille d'Isly et fut mis de 1834 à 1846 *quatorze fois* à l'ordre de l'armée pour de brillants faits d'armes.

Capitaine en 1840, il fut bientôt après, en 1842, attaché au maréchal Bugeaud et directeur des affaires arabes. Colonel du 8ᵉ hussards, il fut chef d'état-major du duc d'Aumale en 1847; général en 1852, il reçut un commandement en France, puis, sur sa demande, revint en Algérie, où il prit part aux expéditions de Kabylie comme chef d'état-major général.

Appelé à faire partie du corps expéditionnaire de l'armée d'Orient, il se trouva au passage de l'Alma et au siège de Sébastopol. Frappé d'un biscaïen à la prise de cette ville le 8 septembre 1855, il mourut dans la journée.

Le général Rivet, officier de grande valeur, était appelé par l'élévation de son caractère et son intelligence à une carrière des plus brillantes. De tous ses officiers d'ordonnance et aides de camp, c'était Rivet que le maréchal Bugeaud estimait le premier.

Son nom a été donné à un centre de population créé en 1856 sur la route de Blidah à l'Alma.

Archives militaires. — *Le Maréchal Bugeaud,* par le colonel d'Ideville. Documents officiels.

ROCHE.

Roche (Jules) est né à Eyguières (Bouches-du-Rhône) le 24 février 1854. Il a fait ses premières études au collège de Tarascon et les a terminées au lycée de Marseille. En 1872, dès sa première année de mathématiques spéciales, il fut reçu à la fois à l'École polytechnique et à l'École normale. Il opta pour l'École polytechnique, d'où il sortit le troisième de sa promotion. Il choisit la carrière des mines. La même année, il passa sa licence ès sciences mathématiques.

Roche visita, comme élève ingénieur des mines, les bassins de la Loire et du Gard, puis l'Italie, l'Autriche et la Hongrie, enfin le sud-ouest de la France, l'Espagne et l'Algérie.

Le 11 avril 1878, il fut nommé ingénieur ordinaire de 3e classe, et bientôt après chargé du service du sous-arrondissement minéralogique de Besançon. Le 16 mai 1879, il fut envoyé à Nice.

Tous ceux qui ont connu Roche ont apprécié son intelligence distinguée, la variété de ses aptitudes, son esprit fin et critique, son sens droit, et, à l'occasion, son activité et sa force de volonté. Tous ont été attirés par sa physionomie sympathique, l'excessive modestie de son caractère, l'aménité et la douceur extrême de sa nature. Ses amis savent quel cœur loyal et dévoué était le sien.

Roche avait le goût des voyages. L'Algérie l'avait séduit, et dès qu'il sut que le ministre des travaux publics organisait les missions d'études du chemin de fer transsaharien, il s'offrit avec ardeur. Le programme était tentant : il s'agissait d'explorer le Sahara et d'en pénétrer les mystères. L'idée était grande : on allait préparer à notre commerce des débouchés nouveaux et ouvrir à notre civilisation l'Afrique occidentale.

Roche fut attaché comme chef du service géologique et minéralogique à la première mission du lieutenant-colonel Flatters, et s'avança avec lui jusqu'au 26e degré de latitude.

Rentré en France au mois de juin 1880, il rendit compte, dans un rapport au ministre, de la géologie et de l'hydrologie des régions parcourues. Il a consigné les principaux résultats de ses travaux dans une note à l'Académie des sciences (novembre 1880), et dans un article de la *Revue scientifique* (numéro du 27 novembre 1880).

Il signale « l'existence, au milieu du massif des grandes dunes de sable, au sud de Ouargla, entre Aïn-Mokhanza et El-Beyyodh, d'une large région plane de 250 kilomètres de longueur, recouverte seulement de dunes isolées, parallèles, allongées dans la direction du méridien magnétique, et distantes les unes des autres de plusieurs kilomètres. C'est dans la partie orientale de cette région que se trouve, dirigé aussi nord-sud magnétique, le lit de l'Oued-Igharghar, lit sans berges, » etc. Cette découverte est aussi importante au point de vue pratique du chemin de fer transsaharien qu'au point de vue théorique du régime des dunes. Elle prouve qu'on peut avoir une seule dune à traverser.

Entre El-Beyyodh et Témassinine, Roche a retrouvé les deux étages crétacés que M. l'ingénieur Rolland venait lui-même de constater dans la région d'El-Goléa. Ces deux étages forment deux plateaux calcaires successifs qui couronnent respectivement deux séries d'escarpements marneux et gypseux. L'escarpement inférieur s'est montré fossilifère à Témassinine ainsi qu'auprès d'El-Goléa; il est nettement cénomanien.

Bientôt une seconde exploration fut confiée au lieutenant-colonel Flatters.

Roche n'hésita pas à partir, plus résolu que jamais, fort de l'expérience acquise et plein de confiance dans le succès. On sait comment une odieuse trahison mit fin à cette nouvelle entreprise. Avec son ami Béringer, Roche fut une des premières victimes. Il tomba vaillamment et nous a laissé le souvenir d'un noble cœur, d'une de ces intelligences d'élite qu'on ne saurait trop regretter.

Bulletin de la Société de géographie de Paris (1882). — *Exploration du Sahara*, par le lieutenant-colonel Derrécagaix. — Documents relatifs à la mission dirigée au sud de l'Algérie par le lieutenant-colonel Flatters. — *Deuxième mission Flatters*, par le capitaine Bernard.

ROCHES.

Léon Roches, interprète en chef de l'armée d'Afrique, ministre plénipotentiaire, commandeur de la Légion d'honneur, décoré de dix ordres étrangers, est né le 27 septembre 1809 à Grenoble (Isère).

Léon Roches est sans contredit celui dont le corps des interprètes de l'armée d'Afrique s'honore le plus. Sa haute intelligence et son caractère à la fois énergique et animé du sentiment national poussé au suprême degré, en font le digne émule des Venterra, des Paradis, des Amédée Jaubert, nos illustrations du commencement de ce siècle.

Les citations à l'ordre de l'armée, les notes, les lettres le concernant, reproduites textuellement, n'ont besoin d'aucun commentaire pour faire ressortir sa valeur.

C'est à Alger même, au contact journalier des indigènes, que Roches s'initia à la connaissance de la langue arabe; ses progrès furent tellement rapides qu'au mois de mars 1835 il était nommé traducteur assermenté.

Au mois d'avril 1836, le maréchal Clauzel marchait sur Médéah pour enlever le col du Téniah-Mouzaïa; ses troupes eurent de rudes combats à livrer aux Arabes défendant les positions. Roches était alors sous-lieutenant de la milice d'Alger, et le maréchal l'avait prié de l'accompagner dans son expédition comme interprète militaire (*ad honorem*). C'était la première fois qu'il allait entendre siffler les balles, et voici comment il se comporta.

Le capitaine de spahis Gastu, lancé en avant avec les goums de nos alliés, les Arib, dont on lui avait confié le commandement, était tout à coup abandonné par la plupart de ses gens, et aussitôt l'ennemi se ruait sur lui pour l'enlever.

Le maréchal, voyant la situation critique de cet officier, dit à son état-major : « Allons, Messieurs, cravachez ces bougres de pouilleux ! »

L'entourage du maréchal chargea aussitôt, au nombre de dix-sept cavaliers. Il n'y avait pas de temps à perdre. Gastu, la figure ensanglantée d'un coup de feu qui avait traversé les deux joues et brisé la mâchoire, gisait à terre, et déjà les Arabes, le sabre au poing, se disposaient à l'achever. Roche tombe sur eux et arrache de leurs mains Gastu, qu'il saisit et emporte au galop de son cheval, pendant que les capitaines de Richepanse et Valabrègue sabrent à droite et à gauche l'ennemi pour protéger Roches et son précieux fardeau. En un clin d'œil, quatorze hommes ou chevaux étaient blessés dans le groupe d'officiers, mais Gastu était sauvé.

Voici comment il racontait lui-même l'émouvant épisode :

« Renversé, me disait-il, le sabre et le couteau des Arabes déjà sur ma gorge, c'était fini, j'étais perdu, lorsque tout à coup le brave Roches, monté sur un grand cheval noir, que je revois toujours dans mes rêves, apparaît, et me dégage en me criant : « Courage, Gastu, je suis à vous. » Me saisissant par un bras, il me hissa sur son cheval et m'emporta. »

La profession sédentaire de traducteur assermenté ne convenait plus à la nature ardente de Roches, qui venait de goûter les enivrements de la guerre dans la campagne de Médéah. Aussi allait-il au commencement de 1837 s'engager comme simple volontaire dans les spahis, dont la vie aventureuse l'avait séduit. C'était l'époque où les Arabes nous faisaient avec acharnement une guerre d'embuscades, et chaque jour se renouvelaient de sanglantes escarmouches.

Cependant le traité de la Tafna vint tout à coup mettre un terme à la lutte; à ce moment M. Roches père parvint à faire annuler l'engagement de son fils.

Léon Roches avait toujours besoin d'activité, et, profitant du traité conclu naguère par le général Bugeaud, il allait chez l'émir Abd-el-Kader, espérant jouer auprès de lui le rôle des Selve, Varrain, etc., auprès du pacha d'Égypte. En arrivant à Mascara, il adressait au capitaine Daumas une lettre dans laquelle il lui expliquait les motifs de son séjour auprès de l'Émir et sa résolution formelle de le quitter le jour où il cesserait d'être en paix avec la France. Cette lettre était envoyée par Daumas au ministre de la guerre.

Le 8 décembre 1839, Roches rentrait à Alger et était nommé interprète militaire de 2e classe; attaché à l'état-major général en 1840, il faisait les campagnes d'avril et de mai, et en juillet de la même année il accompagnait le général Changarnier dans le ravitaillement de Médéah et de Milianah. On prenait peu de repos à cette époque; aussi, pendant la campagne d'automne, revoyons-nous Roches accompagner le maréchal Valée, auprès duquel il était définitivement attaché au mois de décembre en remplacement de l'interprète principal Muller, mort à la suite des fatigues de la guerre.

Roches était promu à la 1re classe le 1er avril 1840, et au grade de principal le 28 mai 1841. Un mois plus tard environ, après l'expédition de Takdempt, le général Bugeaud, dans son rapport sur cette campagne, s'exprimait ainsi :

« Je cite dans mon état-major... l'interprète Roches, qui, comme de coutume, a rempli ses fonctions avec zèle et intelligence, et qui a saisi toutes les occasions d'agir en cavalier habile et intrépide. »

En juillet 1841, Roches était chargé par le général Bugeaud, alors gouverneur général de l'Algérie, d'une mission aussi délicate que dangereuse, dont il s'acquitta d'une manière merveilleuse.

Il ne s'agissait de rien moins que de se rendre à la Mecque, où allaient se rassembler les pèlerins de tout le monde musulman. Roches devait rencontrer là plusieurs grands personnages de l'Algérie et du Maroc, ses amis, avec l'influence desquels il devait obtenir du grand Medjélés ou aréopage des principaux uléma de l'Islamisme, une *fettoua* dont le sens serait à peu près conçu en ces termes :

« Quand un pays musulman est envahi par les infidèles, les croyants doivent-ils combattre sans merci, jusqu'au jour où il est avéré que la continuation de la guerre ne peut amener que l'effusion du sang musulman, sans espoir de chasser l'infidèle? Si, dans ce cas, l'infidèle consent à une trêve, en laissant aux croyants leurs femmes, leurs enfants et l'exercice de leur religion, les croyants leur doivent-ils obéissance pendant toute la durée de la trêve? »

Roches obtint cette *fettoua*, et, dans une lettre que le général La Moricière, commandant la province d'Oran, aux prises jusqu'alors avec ce que l'Algérie renfermait de plus fanatique, écrivait au général Bugeaud, il constatait les effets de cette décision religieuse, que les amis de Roches, — désormais connu sous le nom d'El-Hadj-Omar, — avaient répandue en Algérie et au Maroc.

Roches, ayant échappé par miracle au massacre, le jour même du pèlerinage (janvier 1842) à la Mecque, rentrait en Europe au mois de mars. Arrivé à Rome, mais encore sous l'influence des émotions qu'il venait d'éprouver, et dominé par le sentiment religieux, il voulait entrer dans les ordres et se consacrer aux missions étrangères.

Il fallut que le roi Louis-Philippe écrivit au pape Grégoire XVI pour engager Roches à continuer sa mission en Algérie. Il y reprenait en effet au mois de juin 1842 ses fonctions auprès du général Bugeaud, avec le titre d'interprète en chef, et recevait peu après la croix de la Légion d'honneur.

Après avoir pris part aux nombreuses expéditions qui, pendant deux années consécutives, eurent lieu dans la vallée du Chélif, l'Ouarensenis, le Sébaou et la Grande-Kabylie, Roches assistait le 14 août 1844 à la bataille d'Isly, après laquelle, dans son rapport, le maréchal Bugeaud disait :

« Je citerai dans mon état-major... mon interprète principal, M. Roches, qui se distingue, en toute occasion de guerre, pour laquelle la nature l'avait fait. »

De retour de cette glorieuse campagne du Maroc, le maréchal chargea Roches, qu'il venait de proposer pour la croix d'officier de la Légion d'honneur, de conduire en France un groupe de chefs arabes.

A la première présentation officielle, le roi Louis-Philippe lui remit lui-même la croix d'officier dans une tabatière ornée de son chiffre en brillants (janvier 1845).

Au mois de février 1845, le maréchal Bugeaud faisait attacher

Roches au général de la Rüe, pour la délimitation des frontières entre l'Algérie et le Maroc. Le traité était signé depuis le 18 mars; mais l'empereur du Maroc refusait de le ratifier. Le général de la Rüe envoie immédiatement Roches à Tanger, et, peu de jours après, il rapporte la ratification.

Toujours dans sa position d'interprète en chef, Roches était de nouveau chargé d'obtenir du gouvernement marocain l'envoi d'une ambassade en France; mais pendant ces négociations l'affaire de Sidi-Brahim éclata. Roches, recevant cette nouvelle, se rend spontanément auprès de l'empereur du Maroc à Rabat et le force à le recevoir, malgré les barrières jusqu'alors infranchissables du cérémonial marocain.

Il obtient toutes les mesures réclamées par la France, et il part pour Paris avec l'ambassadeur marocain (décembre 1845).

Le maréchal Bugeaud avait apprécié depuis longtemps les hautes capacités, le tact et l'énergie de Roches; on peut en juger par la lettre suivante qu'il adressait à M. Guizot, alors ministre des affaires étrangères.

Gouvernement général de l'Algérie.

Alger, le 15 juillet 1845.

Mon cher collègue,

Le général de La Rüe nous a fait une proposition que je viens appuyer de toutes mes forces. Il s'agit de la nomination de Léon Roches, interprète en chef de l'armée, au poste de consul général à Tanger. C'est, me direz-vous, une énormité qui heurterait toutes les règles hiérarchiques de la diplomatie. Je réponds que la dignité et les intérêts de la France exigent que nous ayons à la cour du Maroc un agent *spécialement* initié aux hommes et aux choses de l'Islamisme, afin qu'il tire tout le parti possible des victoires que nous avons remportées sur ces peuples fanatiques. Si vous connaissiez Léon Roches comme je le connais, vous n'hésiteriez pas un instant à lui confier le poste de Tanger. Il exerce un tel prestige sur les Arabes, que j'ai vu maintes fois des populations entières ramenées par lui seul à la soumission. C'est qu'il parle et écrit l'arabe comme un lettré musulman; qu'il a l'aspect guerrier; qu'il égale l'habileté des meilleurs cavaliers arabes, et que son courage est devenu proverbial parmi eux. J'ajoute que son esprit ardent, son cœur généreux et prompt au dévouement, le rendent séduisant; c'est, en outre, un excellent Français.

Si vous trouvez que le grade de consul général soit d'abord trop élevé, donnez-lui le grade inférieur; mais qu'il soit chargé, seul, de représenter la France au Maroc.

Il faut savoir prendre les hommes propres à la chose là où ils sont, et faire fléchir les règles hiérarchiques devant un grand intérêt national.

Quant à moi, en consentant à me priver des services de mon brave Roches, je fais, certes, un acte de désintéressement.

Recevez...

Maréchal Bugeaud.

La lettre si précise du maréchal ne manqua pas de produire son effet sur un esprit aussi élevé que celui de Guizot. Aussi Roches était-il en 1846 nommé secrétaire de légation à Tanger, auprès de M. Chasteau, ambassadeur de France au Maroc, dont il allait bientôt devenir le gendre. Dans cette nouvelle position, il prenait une grande part au rapatriement des Hachem et des Beni-Amer, émigrés au Maroc, ainsi qu'à la soumission de l'émir Abd-el-Kader.

En 1848, Roches gérait la mission du Maroc en qualité de chargé d'affaires.

En 1849, il fut nommé consul à Trieste; en juin 1852, consul général à Tripoli de Barbarie; juillet 1855, consul général chargé d'affaires à Tunis; octobre 1863, consul général chargé d'affaires au Japon, avec le titre de ministre plénipotentiaire; en mai 1868, ministre plénipotentiaire; en septembre 1870, admis à la disponibilité de son grade.

Léon Roches, chevalier de la Légion d'honneur du 6 août 1843, a été promu officier en août 1845, et commandeur le 15 août 1858.

La colonie française de Tunis lui a, en outre, donné une épée d'honneur avec poignée d'or enrichie de diamants, splendide œuvre d'art, pour protection accordée lors du mouvement fanatique de septembre 1857.

Tous ceux qui connaissaient l'ancien interprète en chef Roches pouvaient prévoir les brillants succès qu'il aurait un jour, dans sa carrière diplomatique.

Les Arabes de l'Algérie, bien que trente ans se soient écoulés depuis, conservent de lui un précieux et amical souvenir.

C'était, disent-ils, *un charmeur d'hommes* par son caractère ouvert et sympathique.

La facilité avec laquelle il improvisait un discours en langue arabe tenait en effet du prodige; sa parole harmonieuse, chaude, colorée, persuasive, lui gagnait tous les cœurs, en même temps qu'elle inspirait le respect.

En 1872, il fut admis d'office à faire valoir ses titres à la retraite comme ministre plénipotentiaire.

Il réside aujourd'hui à Tain (Drôme), où il occupe ses loisirs à rédiger les précieux souvenirs de sa longue et aventureuse carrière.

Il a publié en 1884 un premier volume de mémoires sous le titre : *Trente-deux ans à travers l'Islam* (Paris, in-8°). Le second volume a paru en 1887.

C'est un ouvrage très curieux et instructif, écrit avec une droiture et une élévation de pensées, un esprit de modération et de patriotisme qui lui ont valu l'honneur d'être couronné par l'Académie française. Un prix Monthyon lui a été attribué en 1886.

Les Interprètes de l'armée d'Afrique. — Archives militaires. — *Trente-deux ans à travers l'Islam.* — *Panthéon de la Légion d'honneur.* — Documents particuliers.

ROHAULT DE FLEURY.

Rohault de Fleury (Hubert, baron), général de division, ancien pair, né à Paris le 2 avril 1779, fut élève du collège de Juilly, de l'École polytechnique et de celle de Metz, et entra en 1800 comme lieutenant dans le génie militaire. Nommé capitaine en 1801, il fit les campagnes de l'Empire. En 1823, il reçut le brevet de maréchal de camp. Après 1830, il consacra plusieurs années à mettre Lyon en état de défense. Il paya de sa personne dans les insurrections qui agitèrent cette ville, où il commandait le génie ; sa conduite dans celle d'avril 1834 le fit nommer lieutenant général.

A la prise de Constantine, le général Rohault de Fleury était commandant en chef du génie ; il montra beaucoup d'intelligence et d'activité : en deux nuits il fit construire les tranchées et la place d'armes, qui permirent aux gros canons d'ouvrir une brèche praticable.

De 1837 à 1848, M. Rohault de Fleury siégea à la Chambre des pairs. Il est mort le 21 septembre 1866, grande-croix de la Légion d'honneur.

Son nom a été donné à une des principales artères de Constantine avoisinant la brèche.

Documents particuliers. — Archives militaires. — *Dictionnaire des Contemporains.*

ROLLAND.

Rolland (Guillaume), né en 1821 à Buffières (Saône-et-Loire), était clairon au 8° bataillon de chasseurs à pied en 1845 ; c'est le seul des 280 prisonniers français voués au massacre par le lieutenant d'Abd-el-Kader, le 27 avril 1846, qui soit rentré au régiment.

Il arriva vers le milieu du mois de mai, après avoir éprouvé les plus dures souffrances et affronté les plus grands périls.

C'est par le récit, aussi simple que modeste, de ce glorieux soldat qu'on connaît les détails de cette horrible scène de carnage.

« Le 27 avril, dit-il, vers deux ou trois heures de l'après-midi, il est arrivé une lettre d'Abd-el-Kader (1). Alors trois cavaliers sont venus au camp chercher les officiers de la part de Mustapha ben Thami. Ils les ont conduits à la deïra sous prétexte de les faire assister à une fête chez le Khalifa; ils ont emmené : MM. Courby de Cognord, Larrazet, Marin, Hilarin, Cabasse, Thomas, Barbut, Testard, Trotet et deux autres.

« A l'entrée de la nuit, les autres prisonniers ont été réunis sur un rang. On nous avait donné l'ordre d'apporter tous nos effets avec nous. Quand nous avons été ainsi rassemblés, les fantassins réguliers sont venus; on nous a séparés pour nous conduire dans leurs gourbis. Nous étions répartis par pelotons de sept pour quatre gourbis. Je dis à mes camarades de ne pas dormir, qu'il y aurait quelque chose dans la nuit, de nous tenir prêts à nous défendre, si on voulait nous tuer.

« Je possédais un couteau français, que j'avais trouvé deux jours auparavant sur les bords de la Moulouïa. En entrant dans la cabine, j'avais trouvé une faucille, je la donnai à mon camarade Daumas. « Au moindre bruit, leur avais-je dit, je sortirai le premier, vous me suivrez. »

« Vers minuit, à la détonation d'un coup de fusil, les soldats d'Abd-el-Kader poussent un cri : c'était le signal. Je sors le premier, je rencontre un régulier; je lui donne un coup de couteau dans la poitrine : il tombe. Je saute dans l'enceinte des buissons et je roule par terre. Pendant que j'étais à me débarrasser, des soldats viennent, cherchant à me prendre; mon pantalon était en mauvais état : il reste entre leurs mains; je m'échappe en chemise. Dans un ravin, à cent mètres, une embuscade tire sur moi : une balle me blesse légèrement à la jambe droite; je continue à fuir; je monte sur une colline pour voir si quelqu'un de mes camarades pouvait me rejoindre. En me tournant vers le camp, j'entendais les cris des prisonniers et

---

(1) Abd-el-Kader, comme on sait, n'a jamais accepté la responsabilité de ce massacre. En quittant Paris pour se rendre à Brousse (décembre 1852), qu'il avait choisi pour lieu d'internement, il dit à M. de Bellemare : « La majeure partie de cette foule qui m'entoure me croit coupable du massacre de la *Deïra*. Je n'ai pas pu te dire la vérité, mais tu l'as entrevue le jour de la visite que m'ont faite à Paris mes anciens prisonniers. Toi qui restes au milieu de ces Français, soit par les paroles, soit par la plume, fais tes efforts pour effacer le sang qui, dans leur opinion, existe entre eux et moi. » (A. Bellemare, *Abd-el-Kader, sa vie politique et militaire.*)

des gens d'Abd-el-Kader. Les coups de fusil ont duré environ une heure. Mes camarades ont dû se défendre, si j'en juge par le bruit que j'ai entendu.

« Pour échapper au massacre dans les gourbis des réguliers, plusieurs prisonniers s'étaient réfugiés dans les nôtres, au milieu du camp; pour les chasser, on y mit le feu; on les tuait au fur et à mesure qu'ils sortaient.

« Voyant que personne ne me rejoignait, j'ai franchi la Moulouaï, j'ai marché pendant trois nuits; je me cachais le jour. Le surlendemain, vers trois ou quatre heures, le tonnerre gronda; il est tombé de la pluie; il faisait un vent qui coupait les broussailles. J'ai continué à marcher; j'étais presque nu, je souffrais; je pensais que j'en avais encore pour deux ou trois heures; j'ai voulu en finir.

« Je me suis dirigé vers un village marocain; j'y suis arrivé avant la tombée de la nuit. A l'entrée du village, j'ai rencontré des femmes qui venaient puiser de l'eau; en me voyant, elles ont pris la fuite en poussant des cris. Je suis entré dans le village. A l'extrémité d'une petite rue, j'ai aperçu un jeune homme d'une vingtaine d'années; en me voyant, il a tiré un poignard pour me tuer. Je voulais mourir; j'allai au-devant de lui. Je m'étais avancé de trois ou quatre pas, un autre homme sortit d'une terrasse voisine et retint le bras du jeune homme. Alors il m'emmena chez lui, me fit réchauffer pendant quelques minutes, puis il me conduisit dans sa case. Là il m'attacha les pieds et les mains et jeta sur moi une couverture de cheval. Voyant cela, je ne disais rien; je croyais que je ne souffrirais pas longtemps. Je le voyais se préparer à se coucher. Croyant qu'il allait me faire souffrir et me tuer après, je lui fis signe de m'expédier sans torture. Il me dit qu'il ne me tuerait pas. Je passai la nuit comme je pus. Au matin, il vint me détacher. Je suis resté sept jours chez lui; il ne me laissait pas sortir parce qu'il y avait des gens qui voulaient me tuer.

« Le septième jour, un homme est arrivé qui m'a acheté deux douros; il m'a fait partir pendant la nuit pour me conduire dans sa maison. En arrivant, il m'a donné un burnous et un haïk. Il m'a gardé dix jours. Le dixième jour, il m'a conduit chez un de ses parents qui est dans un village marocain à un jour de marche de Lalla-Maghrnia. Ce dernier m'a amené, parce que l'autre ne connaissait pas la route. Nous sommes venus par les montagnes de Nedromah, puis, de cette ville, mon conducteur a dû prendre un guide. J'avais dit à mon premier patron qu'il aurait de l'argent s'il me vendait aux Français ; je pense que c'est ce qui a donné l'idée au second de me ramener à Lalla-Maghrnia. »

Rolland reçut la croix de la Légion d'honneur.

Devenu brigadier forestier, il fait fonction aujourd'hui de garde général à Aubrac (Aveyron).

Archives militaires. — *Le Combat de Sidi-Brahim*, par Pègues.

ROMANETTE.

M. Romanette a créé dans le cercle de Boghar une très belle propriété au voisinage de Boghari. Afin de donner la vie à cette propriété, il a percé la montagne pour la recherche d'un filet d'eau sur une profondeur de plus de 100 mètres. Une superbe galerie voûtée, à hauteur d'homme, amène l'eau au dehors ; reçue dans de vastes réservoirs, elle est distribuée à de grasses prairies qui émerveillent aujourd'hui les Arabes.

M. Romanette a fait ces travaux, il y a près de trente ans, sans demander quoi que ce soit à l'État. Il avait acheté le terrain, il fit travailler des ouvriers indigènes et européens et enfouit 200,000 francs dans cette œuvre qui montrait la voie à tous.

Se fixant à jamais dans le pays, M. Romanette chercha alors d'autres créations utiles ; fournisseur de nos colonnes, il entretint d'immenses troupeaux de bœufs et de moutons. Il chercha un endroit propre à la création de pâturages européens et le trouva. C'était dans la tribu des Ouled-Sidi-Aïssa-el-Ouercq, au sud de Boghar. Le Chélif et son affluent l'Ouercq forment à leur confluent de vastes marais qu'il serait facile de drainer et d'arroser régulièrement au moyen de barrages en amont sur les deux rivières. M. Romanette fit un arrangement avec les tribus pour avoir le droit au pâturage, créa des abris pour ses bestiaux et voulut se mettre à cette œuvre de transformation. Mais, à ce point, d'insurmontables difficultés lui furent créées, plutôt par la force de la législation en vigueur que par la mauvaise volonté des administrateurs. La tribu n'avait légalement ni le droit de louer ni celui de vendre. Les travaux faits par un Européen créaient à celui-ci une sorte de préjugé de propriété. Il y eut de nombreux tiraillements dans la tribu, tiraillements que M. Romanette apaisa, autant qu'il le put, en rendant aux Arabes de continuels services pécuniaires.

Lui seul pourrait raconter la somme de courage et de volonté qu'il a dû dépenser pour donner la vie à toute une région et coloniser malgré les hommes et les choses.

Cette énergie mérite tous les éloges.

L'Algérie en 1882, par le colonel Noëllat. — Documents particuliers.

ROSE.

Rose (Étienne-Hugues), général de division, né à Toulon le 25 septembre 1812, élève de Saint-Cyr, en sortit dans l'infanterie, servit en Algérie, devint capitaine en 1840, aux tirailleurs algériens, fut fait chef de bataillon le 30 juin 1849, puis lieutenant-colonel du 14e léger le 30 décembre 1852, enfin colonel des tirailleurs algériens le 21 mars 1855. Brave et audacieux, il se signala dans un grand nombre d'affaires, notamment dans l'expédition de 1857 en Grande-Kabylie. Ce fut lui qui, avec sa brigade, enleva l'un après l'autre, chez les Beni-Raten, les villages de Tamezerit et d'Aït-Saïd ou Zeggar, pour gagner le plateau d'Ouaïllel où la division devait camper. Il eut à tirailler vivement avec les gens d'Ibachiren et d'Azouza, villages placés sur la crête.

A la suite de cette expédition, il devint général, fut appelé au commandement d'une brigade d'infanterie de la garde impériale, et néanmoins renvoyé temporairement en Algérie pour y diriger une colonne dans l'expédition de 1864 contre les Flitta.

Promu général de division en mars 1869, il fut admis à la retraite le 25 mai 1872.

Commandeur de la Légion d'honneur depuis 1859, il a été fait grand officier le 25 juillet 1864.

Dictionnaire des Contemporains. — Archives militaires. — Documents officiels.
Historique des tirailleurs algériens. — Mémoires du maréchal Randon.

ROUÏLA.

Ahmed était fils de Si Kaddour ben Rouïla, secrétaire d'Abd-el-Kader et son conseiller intime. Il est né à Alger en 1830. Pris enfant, par S. A. le duc d'Aumale, à l'affaire de la smala de l'Émir, ce beau fait d'armes de Taguin, en 1847, il fut conduit en France et élevé par les soins du gouvernement au collège Saint-Louis de Paris.

En 1850, Ahmed ben Rouïla était admis au concours à l'emploi d'interprète auxiliaire de 2º classe et deux ans plus tard promu à la première classe. En 1854 il passait aux spahis comme engagé volontaire.

En 1864, au moment où éclata la révolte des Oulad Sidi Cheikh, le lieutenant Ahmed ben Rouïla était adjoint au bureau arabe de Boghar.

Voici, d'après le colonel Trumelet, quelques détails pleins d'intérêt sur la fin de ce brave officier, regretté de tous ses camarades.

« Les relations de service qui s'établirent à Boghar entre l'adjoint du bureau arabe Ben Rouïla et l'agha En-Naïmi ne tardèrent pas, — c'était inévitable, — à être marquées de froideur et de gêne : l'éducation et les allures civilisées de l'officier indigène ne pouvaient manquer d'être peu sympathiques à l'agha.

« C'était toujours la lutte haineuse du vieux parti indigène contre celui des Arabes qui veulent marcher dans la voie du progrès et qui se rapprochent de nous.

« Quelques ordres transmis par Ben Rouïla, sur un ton où l'agha crut remarquer de la hauteur et du dédain, achevèrent de changer en haine un sentiment qui chez En-Naïmi n'était encore que de la malveillance. Bou-Bekeur, l'un des frères de l'agha, que Ben Rouïla avait, un jour, chassé honteusement du bureau arabe de Boghar où il s'était présenté en état d'ivresse, partageait à un haut degré la haine qu'avait vouée En-Naïmi à l'officier indigène.

« En-Naïmi et Bou-Bekeur attendaient l'occasion de se venger du lieutenant Ben Rouïla. L'insurrection fomentée par Si Sliman ben Hamza vint hâter le dénouement qu'attendaient l'agha et son frère.

« Le commandant supérieur de Boghar avait ordonné à Ben Rouïla de monter à cheval, avec un peloton de spahis, et de pousser dans la direction de Mendjel, pour tâcher d'avoir des nouvelles des reconnaissances expédiées du côté des révoltés. Le détachement avait pris la direction sud-est, longeant le marais de Taguin; le pays paraissait calme; mais, arrivé au sommet d'une colline pierreuse, le peloton de spahis se trouvait tout à coup en présence de trois goums d'En-Naïmi. Les deux troupes s'arrêtent à deux cents pas l'une de l'autre. Le goum de Bou-Bekeur, l'ennemi personnel de Ben Rouïla, qui était en tête, fond sur le peloton, en faisant une décharge générale de ses armes.

« Une dizaine de spahis tombent mortellement frappés; les autres cherchent à s'échapper, mais ils sont poursuivis dans toutes les directions, plusieurs sont atteints et tués. Le lieutenant Ben Rouïla est resté seul de son peloton; les deux Français qui en faisaient partie sont morts à ses côtés. Bou-Bekeur, suivi de ses cavaliers, se précipite vers Ben Rouïla qui n'a point songé à fuir. Un sourire haineux plisse le visage de Bou-Bekeur qui touche à l'instant de la vengeance; il tient son fusil de la main gauche en travers de la selle, pendant que de l'autre il caresse et lisse sa barbe noire avec une sorte de volupté fébrile.

« Il n'a pas besoin de se presser : Ben Rouïla est embourbé dans un marais où son cheval vient de se jeter. Bou-Bekeur peut savourer sa vengeance en le tuant en détail.

« Il arme lentement son fusil, vise, et lui brise le bras droit.

« Bou-Bekeur le met en joue pour l'achever de son second coup.

« — Ai-je besoin de te rappeler, lui dit avec calme l'officier indigène, que les vrais Djouad ne tirent jamais deux fois sur un ennemi?

« L'implacable Bou-Bekeur presse la détente de son arme, et Ben Rouïla vient rouler à ses pieds mortellement frappé. Les gens du goum ont mis pied à terre pour dépouiller les morts : Bou-Bekeur s'adjuge comme part de razzia les habits de Rouïla, qu'il revêt à l'instant, et prend aussi ses armes et son cheval. Le corps de l'infortuné officier fut ignoblement mutilé.

« Ainsi périt l'ancien interprète Ahmed ben Rouïla, et, coïncidence étrange, il succomba, pour le service de la France, à Taguin où, enfant, les Français l'avaient pris en s'emparant de la smala de l'émir Abd-el-Kader. »

Trumelet, *Notes pour servir à l'histoire de l'insurrection de 1864.* — Féraud, *les Interprètes de l'armée d'Afrique.* — Documents militaires.

ROZEY.

Rozey (Armand-Gabriel) était né à Vimoutiers (Orne) le 19 juin 1786. Arrivé en Algérie le 5 mai 1832, son intelligente activité et son dévouement en faveur des intérêts français, alors si précaires dans la colonie, le rendirent bientôt populaire.

Élu membre et vice-président de la Chambre de commerce d'Alger en 1833, il publia de nombreux mémoires, parmi lesquels nous citerons : 1° un travail sur les intendants et l'intendance civile; 2° un mémoire du 16 juillet 1839 aux Chambres législatives; 3° un mémoire en forme de lettre au prince royal, du 12 octobre suivant; 4° un mémoire intitulé : « De la nécessité de fixer la propriété en Algérie; » 5° mémoires aux Chambres législatives, du 20 janvier 1840, en trois parties.

Membre de la Société coloniale, M. Rozey en devint bientôt deuxième, premier vice-président, enfin président et l'élection de 1849 le fit de nouveau premier vice-président, titre qu'il a conservé jusqu'à sa mort.

Successivement nommé membre du Conseil d'administration des ambulances indigènes de la plaine, du Conseil supérieur de santé, lieutenant-colonel des milices algériennes, il s'efforça d'asseoir la domination française en Algérie et de favoriser la colonisation par des mesures politiques et administratives plus rationnelles. M. Louis de Baudicourt, dans l'*Histoire de la colonisation de l'Algérie*, représente M. Rozey comme « l'organe le plus fidèle des colons d'alors ».

En avril 1840, il publia les *Cris de conscience de l'Algérie* (un vol. in-8°). Cet ouvrage de 443 pages, en forme de mémoire aux Chambres, fut distribué aux pairs et députés.

Ayant défendu courageusement, aux risques de son repos, de sa fortune et de sa liberté, les exactions qui se commettaient à la réception des fourrages, l'administration militaire s'émut. Rozey, poursuivi, fut acquitté. Les colons bénéficièrent dans l'avenir de ce procès retentissant.

Le 28 mai 1843, il adressa au gouverneur un nouveau mémoire relatif à l'agrandissement d'Alger; le 22 juin 1844, par délégation de la Société coloniale et des colons réunis dans une assemblée générale qu'il présidait, M. Rozey adressa au conseil d'État un mémoire concernant le mode d'attribution des terres pour la colonisation.

Il est décédé à Alger le 5 mai 1852.

Son gendre, M. Herpin, né à Véretz (Indre-et-Loire) le 30 décembre 1847, a été conseiller municipal d'Alger et conseiller général. Très charitable, il présida de longues années la société de secours mutuels « la Famille » et reçut la croix de la Légion d'honneur pour son dévouement humanitaire. Il est décédé à Alger le 7 mars 1874.

Documents particuliers.

SABATIER.

M. Sabatier (Pierre-Germain-Damaze-Jean-Camille), député d'Oran, est né à Tlemcen le 10 mars 1851. Il fit ses études de droit à la faculté de Toulouse, et en 1870, à peine âgé de vingt ans, vint s'inscrire au barreau de sa ville natale, où le remarquable talent oratoire dont il est doué lui attira immédiatement une nombreuse clientèle. En 1877, il fut nommé juge de paix de Milah (Constantine), puis, à la fin de 1878, juge de paix de Tizi-Ouzou, et quelques mois plus tard juge au tribunal de Blidah.

M. Sabatier, étant avocat à Tlemcen, avait publié dans le *Mobacher* une étude de géographie transsaharienne : *De Figuig au Touat*. Cette publication prouvait une étude approfondie du Sahara nord-occidental, et M. Pouyanne, ingénieur en chef des mines en Algérie, chargé par le ministère des travaux publics de diriger les diverses missions transsahariennes qui devaient étudier les tracés partant de l'Algérie, confia à M. Sabatier la conduite d'une mission devant tenter d'atteindre Igueli, sur l'Oued Messaoura. M. Sabatier et ses deux compagnons, MM. Troyon frères, se trouvèrent, dès leur départ de Géryville, en face de l'insurrection déjà préparée de Bou-Amama et qui devait éclater quatre mois plus tard. La tête de M. Sabatier fut mise à prix, et la mission, bloquée dans Thyout, ne dut son salut qu'à l'intervention dévouée des marabouts de cette oasis. Elle dut battre en retraite, mais non sans avoir recueilli sur sa route de précieux renseignements politiques, économiques et géographiques.

Quelques mois plus tard, le ministre des travaux publics faisait publier à l'Imprimerie nationale une nouvelle étude de M. Sabatier (juillet 1880) : *Mémoire sur la géographie physique du Sahara central*. Dans cet ouvrage, M. Sabatier émettait pour la première fois une théorie qui provoqua une vive discussion dans le monde géographique et qui semble aujourd'hui presque universellement admise : c'est que l'Oued Guir est un affluent supérieur du *Niger*.

En octobre 1880, lorsque le régime civil fut étendu à tout le

Tell, M. Sabatier fut choisi par le gouverneur général pour administrer une commune mixte particulièrement importante et difficile, celle de Fort-National, en Grande-Kabylie. Il y resta quatre ans et demi, partageant son temps entre des travaux administratifs et des travaux scientifiques divers touchant à la géographie, à l'ethnographie, à la sociologie et à l'anthropologie de l'Afrique septentrionale. Nous citerons, entre autres travaux de ce genre : *Essai sur les origines, l'avenir et l'état actuel des Berbères sédentaires;* — *Essai de détermination des vocables africains de la Géographie ancienne;* — *Essai sur l'ethnographie de l'Afrique du nord*, etc., tous parus dans les mémoires ou dans la *Revue d'anthropologie de Paris* depuis l'année 1882 jusqu'à 1885. A cette époque, M. Sabatier publia encore : *la Question du sud-ouest*, étude politique sur le Sahara oranais, et *la Question de la sécurité en Algérie*.

L'administration de M. Sabatier à Fort-National provoqua des débats passionnés. Attaquée violemment par certains journaux, la politique de M. Sabatier en Kabylie fut passionnément soutenue par d'autres et, malgré les critiques d'une partie de la presse, fut énergiquement approuvée et soutenue par M. Grévy, puis par M. Tirman, et mérita l'attention et les éloges de hautes personnalités de la métropole, M. Henri Martin entre autres.

M. Sabatier fut appelé, en 1884, à professer un cours d'institutions et mœurs berbères à l'École supérieure des lettres d'Alger. Il occupait ce poste lorsque, en octobre 1885, il fut élu député d'Oran. Il obtint au premier tour de scrutin 5,787 suffrages contre 5,082 donnés à M. Dessoliers, candidat sortant, et, au scrutin de ballottage, 7,150 voix sur 8,871 votants.

Il a prononcé à la Chambre plusieurs discours remarqués, entre autres : sur l'amnistie appliquée aux indigènes algériens insurgés; — sur les frais de justice criminelle, discours à la suite duquel il obtint, malgré l'opposition du gouvernement et de la Commission du budget une réduction de un million et une réorganisation du service des frais criminels; — sur la limitation des degrés successibles dans les successions *ab intestat;* — sur les pouvoirs disciplinaires des administrateurs algériens; — sur la rentrée du duc d'Aumale; — sur l'autorisation de poursuivre le général Boulanger, etc.

Il a déposé plusieurs propositions de loi très importantes, notamment : sur la limitation au 6ᵉ degré du droit de succéder en cas de succession *ab intestat;* — sur la réforme de l'organisation judiciaire et de la procédure ; — sur la constitution à donner à l'Algérie. La première de ces propositions, prise en considération par la Chambre à la suite d'intéressants débats, fut accueillie favorablement par la Commission spéciale. Le cabinet Floquet se l'appropria et comprit la réforme proposée parmi celles de son programme ministériel. La deuxième reçut l'adhésion de cent cinquante députés répucains de toutes nuances depuis Félix Pyat jusqu'à Frédéric Passy.

M. Sabatier a fait partie de commissions très importantes. Nous citerons entre autres : celle de la réforme judiciaire, qui lui confia le rapport de la première partie de ses travaux ; — celle de la réglementation du travail dans les manufactures ; — celle de l'enseignement agricole ; — celle chargée d'étudier les moyens de soustraire la Société du Panama à la déclaration de faillite ; — celle de l'amnistie ; — enfin celle des poursuites contre le général Boulanger. Il fut choisi comme rapporteur par cette commission des poursuites et son rapport donna lieu à de retentissants débats.

Membre de la Commission du budget pour l'exercice 1889, il fut chargé du rapport du budget de l'Algérie.

Pendant la législature de 1885-1889, M. Sabatier s'est en outre livré à une active propagande par discours et conférences, à Paris, Lyon, le Havre, Bourg, Auxerre, Maubeuge, etc., soit pour vulgariser les ressources de l'Algérie, soit pour défendre la cause républicaine. Il a publié enfin dans le journal « *L'Homme* » un « Essai sur l'éducation des peuples conquis. »

Documents particuliers.—*Revue d'anthropologie.* — *Bulletin de la Société de Géographie d'Oran.* — Notes personnelles.

SAÏDAN.

Le guide Ben Saïdan appartenait à la tribu des Ouled-Saad-ben-Salem, du cercle de Laghouat. Il y a une trentaine d'années, sa réputation de marcheur extraordinaire s'était répandue dans toute l'Algérie. La finesse de son intelligence et la rapidité de ses marches avaient fait du coureur arabe un auxiliaire très utile à l'armée française.

Aussi subtil qu'un Indien, Ben Saïdan a souvent fait preuve de grande habileté en découvrant la piste des tribus insurgées, dont il dévoilait les moindres mouvements au chef de la colonne expéditionnaire française envoyée pour les punir.

Ce guide infatigable devint la terreur des Ouled-Aïssa à l'époque de leur insurrection. Nulle marche, nulle contremarche, pas une embuscade n'échappait à la clairvoyance de Ben Saïdan, qui contribua puissamment à leur soumission.

Pendant la marche d'une colonne d'infanterie ou de cavalerie, Ben Saïdan se tenait toujours en tête. Si la cavalerie prenait le trot ou le galop et le dépassait un moment, on le voyait toujours revenir à sa place dès que l'escadron reprenait le pas ordinaire.

Ben Saïdan, contrairement à tous ses compatriotes, estimait peu le cheval. Si on lui en proposait un : « Moi, monter à cheval! répondait-il, ne suis-je pas mon cheval, à moi? Tout fatigué que je suis, je parie de faire plus rapidement soixante lieues que le cavalier monté sur le meilleur cheval du pays. » Et il l'eût fait comme il le disait. N'a-t-il pas parcouru en quarante-huit heures la distance qui sépare Messad de Tuggurt?

Quand ce coureur extraordinaire était en route, il était chaussé de brodequins en filali à semelles de peau de chameau ; il portait son bâton placé en travers derrière la tête et les deux mains fixées à chacune des extrémités. Il mangeait fort peu et ne s'embarrassait pas de provisions en voyage.

Archives militaires. — *Moniteur illustré*, 15 janvier 1862. — Documents divers.

SAINT-ARNAUD.

Saint-Arnaud (Jacques Le Roy de), maréchal de France, né à Paris en 1798, mort en 1854, était fils d'un ancien avocat au parlement, qui fut depuis membre du tribunat et préfet de l'Aude. Après avoir fait ses études au lycée Napoléon, il entra en 1816 dans les gardes du corps, passa sous-lieutenant successivement dans la légion départementale de la Corse, dans celle des Bouches-du-Rhône, et au 49e de ligne; quitta le service actif pour aller, en 1822, combattre comme volontaire pour la cause hellénique; voyagea à l'étranger pendant quelques années, et en 1831 reprit son grade dans le 64e de ligne. Promu lieutenant, il prit part à la guerre de Vendée, fut officier d'ordonnance du général Bugeaud et l'accompagna à Blaye. En 1836, envoyé en Afrique dans la légion étrangère, il y fut nommé capitaine en 1837, et prit une part héroïque à l'assaut de Constantine. Après la paix de Djidjelli, sa belle conduite lui valut d'être mis à l'ordre du jour de l'armée. Il devint l'année suivante chef de bataillon au 18ᵉ ligne en 1840, au corps des zouaves en 1841, lieutenant-colonel du 53ᵉ de ligne en 1842; colonel du 32ᵉ, puis du 53ᵉ en 1844. Son avancement était le prix de la valeur qu'il avait déployée à l'assaut de Constantine, à l'attaque du col de Mouzaïa et à la prise de Mascara. Après avoir commandé les subdivisions de Milianah et d'Orléansville, il comprima l'insurrection du Dahra (1845-1847), réduisit Bou-Maza à se constituer prisonnier, fut récompensé par le grade de maréchal de camp (1847). Il commanda la subdivision de Mostaganem après la révolution de février 1848, celle d'Alger en 1849, dirigea une expédition brillante dans la Kabylie de Bougie, fut élevé en 1850 au commandement supérieur de la province de Constantine, et subjugua la Petite-Kabylie en mai 1851.

On sait le rôle prépondérant qu'il joua quelques mois plus tard dans le coup d'État du 2 décembre. Si nous écrivions le « Livre d'or de la France », très certainement nous laisserions dans l'ombre le nom de Saint-Arnaud; mais ici nous ne devons nous souvenir que du soldat, des incontestables services qu'il a rendus à l'Algérie, et ceux-ci ne peuvent être oubliés.

En 1854, Saint-Arnaud, maréchal de France, reçut le commandement en chef de l'armée d'Orient. Il opéra une heureuse descente en Crimée, gagna la bataille de l'Alma et, au moment d'attaquer Sébastopol, succomba à la maladie qui le minait depuis longtemps.

Ses lettres sur l'Algérie ont été publiées en 1855; elles forment deux volumes; on lui doit la création, pendant son passage au ministère de la guerre, de deux régiments de zouaves et deux régiments de tirailleurs algériens.

Le nom de Saint-Arnaud a été donné à un centre de population créé en 1862, à 31 kil. de Sétif.

Archives militaires. — *Le Maréchal Bugeaud*, par le comte d'Ideville. — *La Légion étrangère.* — *Mémoires du maréchal Randon.* — *Bibliographie de l'Algérie.*

SAINT-HILLIER.

Le colonel de Saint-Hillier (Amédée-Henri-Charles), commandeur de la Légion d'honneur, né à Prunay (Loir-et-Cher) le 17 septembre

1816, élève de la Flèche en 1827, de Saint-Cyr le 15 novembre 1835, sous-lieutenant le 1ᵉʳ octobre 1837 au 46ᵉ de ligne, lieutenant au tour du choix le 20 janvier 1841, fut promu capitaine le 29 avril 1848.

Nommé major au 2ᵉ zouaves, à Oran, le 10 mai 1854, M. de Saint-Hillier changea ces fonctions, le 7 novembre 1851, pour celles de chef de bataillon à son même régiment. Cité à l'ordre lors de l'expédition contre les Kabyles en 1857, il reçut la croix de la Légion d'honneur. Il fit la campagne d'Italie, combattit à la tête de son bataillon à Magenta et à Solférino, et de retour en Algérie fut promu le 23 octobre 1859 lieutenant-colonel du 101ᵉ de ligne, en récompense de sa belle conduite dans un combat contre les Beni-Snassen, où il fut cité pour avoir enlevé de la façon la plus brillante la position de l'ennemi.

Le lieutenant-colonel de Saint-Hillier était resté en campagne dans la colonie du 3 juin au 24 août 1857, du 3 décembre 1857 au 23 avril 1859 et du 24 août au 4 décembre 1859.

Il reçut la croix d'officier en 1862, et le 13 août 1863 les épaulettes de colonel du 2ᵉ de ligne.

Le 6 août 1870, à la bataille de Spickeren, ce brave officier, chargeant l'ennemi à la tête de son régiment, fut mortellement blessé.

Son nom est inscrit sur les tables de la chapelle du prytanée de la Flèche.

Panthéon Fléchois. — Archives militaires.

SAINT-POL.

Saint-Pol (Jules, comte de), né à Reims le 14 décembre 1810, d'une des plus anciennes familles du Perche, sortit de Saint-Cyr en 1829, fit en 1831 la campagne de Belgique et demeura, avec l'autorisation du gouvernement, attaché à l'armée belge jusqu'au 30 novembre 1839. Nommé capitaine en 1840, il prit rang deux ans plus tard dans un régiment de zouaves, où il se distingua par sa brillante valeur. Après avoir déployé autant de courage que d'intelligence dans de nombreux et rudes combats livrés aux Arabes, Saint-Pol, nommé chef de bataillon en 1847, retourna en France en 1848. Élevé au grade de colonel en 1851, il prit le commandement du 2ᵉ régiment de la légion étrangère et fut employé à la pénible expédition contre les Kabyles; une balle l'atteignit à la tête le 21 mai 1852, à Beni-Aïdoun, et fit craindre pour ses jours. Comme récompense de ses services, il demanda à être envoyé en Crimée; et, pendant le rude hiver de 1854-55, ayant sous ses ordres le 3ᵉ régiment de zouaves, dont il fut colonel du 10 novembre 1854 au 17 mars 1855, il prit part aux nombreux combats que provoquait la résistance acharnée des Russes.

Il tomba criblé de balles à Malakoff.

« S'il eût vécu, a remarqué très justement un de ses biographes, il était certainement destiné aux plus hautes dignités militaires. »

Sa statue en bronze a été inaugurée en 1857 à Nogent-le-Rotrou.

Dictionnaire des Contemporains. — Historique du 3ᵉ zouaves. — La Légion étrangère. Archives militaires.

SALLES.

Salles (Charles-Marie, comte de), né à la Martinique en 1804, fut admis en 1822 à l'école spéciale de Saint-Cyr, et deux ans plus tard dans le corps de l'état-major. Lieutenant en 1827, il fit partie de l'expédition de Morée (1828) et de celle d'Alger, qui lui valut les épaulettes de capitaine. Il était au siège d'Anvers. On se battait en Algérie, il y revint en 1837 comme aide de camp du maréchal Valée, et en 1840 passa colonel.

En 1848, il fut élevé au grade de général de brigade et, à ce titre, commanda successivement la subdivision d'Alger et la division de Constantine, « où il rendit de fort utiles services. »

Le 7 mars 1852, il reçut les étoiles de divisionnaire en récompense de sa conduite dans la colonie.

Il est mort à Mornas le 1ᵉʳ novembre 1858. Il était grand officier de la Légion d'honneur.

Biographie universelle. — Archives militaires. — Dictionnaire des Contemporains.

SAOUDI BEN INAL.

Le caïd Saoudi ben Inal, de la tribu des Beni Mehenna, était né vers 1805, dans la vallée du Saf-Saf, d'une famille assez obscure des Oulad-Khezer. Il fut l'un des premiers à offrir ses services au maréchal Valée lors de son expédition à Stora en 1838. Comme récompense, il reçut le titre de cheikh et, en cette qualité, fut placé à la tête des Beni-Mehenna. Nommé sous-lieutenant auxiliaire de spahis le 12 décembre 1840, il donna, cinq ans après, sa démission pour ne pas quitter le pays qu'il commandait. Il reçut enfin le burnous de caïd le 24 octobre 1844, et réunit pendant longtemps à son premier commandement celui de presque toutes les tribus du cercle.

Fait chevalier de la Légion d'honneur le 8 août 1851, à la suite d'un combat livré aux Zardezas et où il avait été blessé, il reçut la croix d'officier le 18 décembre 1867.

Ce chef indigène, qui nous a toujours servis avec un zèle et une loyauté inébranlables, a tenu encore, pendant l'insurrection de 1871, malgré son âge avancé, une conduite au-dessus de tout éloge.

Il est mort à Collo le 2 novembre 1876.

Documents officiels.

SCHIAFFINO.

M. Laurent Schiaffino, ancien président des Sauveteurs d'Alger, chevalier de la Légion d'honneur, est né à Alger le 6 novembre 1833. Novice d'abord, matelot ensuite, puis capitaine, c'est par son propre travail, son économie et la bonne administration du produit de ses labeurs qu'il est parvenu à occuper dans le monde une position des plus honorables et des plus indépendantes.

Enregistrer tous les actes de dévouement qu'il a accomplis, ce serait entreprendre une nomenclature sans fin; nous nous bornerons simplement à reproduire ses principaux sauvetages, qui sont très nombreux; et nous verrons qu'il ne recule pas plus devant le feu que devant l'eau.

En 1849, le 14 avril, il était novice à bord du navire *Vierge-des-Carmes*, lorsque tout à coup une tempête formidable survint, une vague énorme enfonça le bastingage de bâbord et fit de telles avaries que, pour sauver le navire et empêcher l'eau de l'envahir complètement, il devint nécessaire de l'échouer en gagnant la côte la plus proche.

Le capitaine Guinardé, en dirigeant le navire, fut enlevé par une vague et précipité à la mer. Le vent était d'une violence extrême, et lui porter secours était impossible, L. Schiaffino prit la barre et fit route vers la plage. Un peu avant l'échouage, il aperçut le capitaine Guinardé qui se trouvait pris entre la chaloupe et le bastingage, c'était là que la vague l'avait jeté. La position était grave ; chaque coup de roulis lui amenait le poids de la chaloupe sur le corps et menaçait de le broyer. L. Schiaffino, après les plus grands efforts et après avoir été jeté trois ou quatre fois à la mer, parvint à dégager le capitaine et à le ramener à terre, où il put le rappeler à la vie.

Le 17 mars 1850, à bord du même navire, il se trouvait en rade de Mostaganem, lorsqu'un violent coup de vent de nord-ouest s'abattit brusquement, jetant deux navires à la côte. Le capitaine était à terre. Schiaffino prit le commandement, fit mettre à la voile et, malgré la plus horrible des tempêtes, réussit à sauver le navire et l'équipage en gagnant la rade d'Alger.

Le 18 novembre 1855, en rade de Ténès, le même fait se reproduisit dans les mêmes conditions.

Le 30 décembre 1858, L. Schiaffino commandait le navire *Belle-Baptistine*. Une tempête effroyable portait la désolation sur tout le littoral algérien. Schiaffino vint relâcher à Bougie ; en arrivant au mouillage, il vit les navires le *Vals* et le *Benjamin* qui s'en allaient à la côte. Après avoir pris ses dispositions pour garantir son propre navire, et malgré une fatigue excessive, L. Schiaffino se porta avec son équipage au secours des deux navires en détresse et, grâce à son énergie, réussit à les sauver.

Le 7 février 1860, le navire *St-Gaëtano* se présenta par une forte tempête nord-ouest devant le port de Cherchell, poussé à la côte par un vent furieux et dans l'impossibilité de se sauver ; complètement désemparé, sa perte était fatale. Schiaffino, qui se trouvait en rade avec son navire, avait vu le danger ; il fit mettre sa chaloupe à la mer, en prit la direction et parvint à aborder le *St-Gaëtano*. Le pavillon en berne de ce navire fut hissé au bout du mât, le grelin amarré au grand mât, et, après trois heures d'efforts et de courage, navire et passagers étaient sauvés.

Le 18 novembre 1862, c'est le navire *Élisa* qu'il sauva en rade de Dellys, en se jetant dans une chaloupe et en parvenant à l'aborder, alors que, battu par la tempête, aucune embarcation n'osait l'entreprendre.

Le 15 décembre 1866, à 20 milles au nord du cap Ténès, L. Schiaffino aperçut le navire *Ernest-et-Marie* qui avait perdu son grand mât; il se porta à son secours et, après l'avoir remorqué pendant deux jours, lui mit à son bord moitié de son équipage, ce qui lui permit de regagner le port d'Alger.

Le 29 septembre 1869, un jeune enfant étant tombé à la mer, Laurent Schiaffino se jeta à l'eau tout habillé, et après avoir plongé plusieurs fois, ramena cet enfant à terre. Sur la proposition de M. l'amiral commandant la marine en Algérie, le ministre de la marine lui accorda une médaille d'argent de 2º classe.

En 1871, L. Schiaffino aperçoit à l'horizon une embarcation désemparée; il se jette dans une chaloupe avec quatre hommes et, malgré la violence du vent, se dirige vers cette sorte d'épave : c'était une chaloupe contenant trois enfants qui, surpris par le vent, allaient au gré des flots.

En 1874, sauvetage du navire anglais le *Yorkshire* et du navire la *Cécile*, tous les deux incendiés dans le port d'Alger. Vers cette époque, L. Schiaffino fut nommé président de la Société des sauveteurs. Dès lors ses actes de dévouement et ses sauvetages ne se comptent plus; partout où il y a du danger, partout où un navire ou un homme se trouvent en péril, Schiaffino se trouve là, jouant vingt fois sa vie et arrachant à la mer des centaines de victimes. En 1878, malade et en traitement à Hamman-Rhira, un incendie se déclara; aussi brave devant le feu que sur mer, il se distingua entre tous au premier rang pour combattre l'incendie. En 1880, il reçut la seule récompense digne de sa vie de dévouement, la croix de la Légion d'honneur.

Il est décédé à Alger le 30 septembre 1882.

Son frère (Angelo) a également à son actif de nombreux actes de dévouement et des sauvetages qui lui ont valu plusieurs médailles honorifiques.

Documents particuliers. — *Panthéon de la Légion d'honneur.*

SCHOUSBOË.

Schousboë (Frédéric-Nicolas) naquit le 15 mai 1810 à Tanger, où son père était consul général du gouvernement danois. C'est là qu'au contact des représentants des diverses puissances chrétiennes il apprit dès son bas âge la plupart des langues europénnes, en même temps que l'arabe, ce qui devait faire de lui un polyglotte des plus distingués.

Dès sa jeunesse, il avait puisé dans l'éducation de la famille ces principes d'honneur qui dominèrent toujours dans sa vie, et il acquit ainsi une maturité et une dignité précoces.

Son père, botaniste et dessinateur d'histoire naturelle, bien connu du monde scientifique, lui avait enseigné tout ce qu'il savait lui-même. Il le préparait, avec toute la sollicitude paternelle, à lui succéder un jour à son poste diplomatique. Mais une catastrophe vint tout à coup modifier ces beaux projets d'avenir. Dès lors le jeune Schousboë, profondément affecté de ce désastre qui ruinait les siens, partit pour Paris, mû par dévouement filial, afin de venir en aide à sa famille en utilisant ses connaissances en linguistique.

C'était en 1837, époque de nos grandes guerres en Algérie. Le corps des interprètes n'était pas ce qu'il est aujourd'hui, et le ministre accueillit, à bras ouverts, un sujet de la valeur de Schousboë.

En raison de sa qualité d'étranger, qu'il ne devait pas tarder à faire changer par la naturalisation de citoyen français, il dut s'engager au préalable dans la légion étrangère, et au mois de septembre 1837 Schousboë était attaché au colonel Bedeau, commandant supérieur de Bougie, en qualité de sergent secrétaire-interprète.

La place de Bougie était alors étroitement bloquée par les Kabyles, qui, un an auparavant, dans une conférence pacifique, avaient traîtreusement massacré le commandant supérieur de Musis et son interprète.

Malgré l'exemple de ce guet-apens et le péril auquel il s'exposait, Schousboë, n'écoutant que l'ordre de son chef, se rend de nouveau, et à plusieurs reprises, en parlementaire auprès des assassins de la veille, et renoue les relations interrompues entre Bougie et les Kabyles.

En 1839 Schousboë était détaché à Blidah : toutes les troupes de cette garnison partant en expédition, on le laissait, avec son jeune collègue Goërt, pour organiser une milice indigène, à l'aide de laquelle il soutint, pendant plusieurs jours les attaques réitérées des fameux Hadjouth de la Mitidja.

Mais tout cela n'était que le prélude d'une existence bien autrement active. Bedeau, ce beau type du soldat des temps antiques, qui, dans tous ses grades et les divers commandements qu'il exerça en Algérie, voulut toujours avoir Schousboë avec lui, l'emmena dans la province d'Oran, où l'on portait alors de rudes coups à la puissance d'Abd-el-Kader.

Bedeau, Cavaignac, La Moricière et Bugeaud se disputaient, on peut le dire, le brave interprète Schousboë, dont ils avaient apprécié le mérite; et c'est ainsi qu'il ne manqua aucune des campagnes de cette période de luttes sanglantes et acharnées, de ces phases d'expéditions pénibles, partageant les dangers et les fatigues du soldat, mais le cœur content parce qu'on travaillait pour la gloire de la France.

Schousboë assistait à la prise ou plutôt à la reddition forcée de l'émir Abd-el-Kader, et c'est lui que le général La Moricière choisissait pour ne pas perdre de vue le héros algérien prisonnier, jusqu'au moment de son embarquement pour France.

Appelé à remplacer, auprès du gouverneur général de l'Algérie, l'interprète principal Léon Roches, nommé consul général, Schousboë, qui occupa ce poste important pendant plus de vingt ans, sut, par son caractère loyal et dévoué, acquérir plus que de la confiance : on avait de l'affection et du respect pour cette noble figure et ce noble cœur.

Nos illustrations militaires algériennes, Bugeaud, La Moricière, Baraguay d'Hilliers, duc d'Aumale, Changarnier, Cavaignac, Marey, Charon, Pélissier, de Martimprey, Randon et Mac-Mahon, auprès desquels il fut successivement attaché, l'honoraient de leur estime, disons même de leur amitié.

Schousboë, interprète principal en 1848, avait acquis tous ses grades à la suite de faits de guerre, en suivant rigoureusement la hiérarchie.

Secrétaire-interprète de la Commission scientifique algérienne dès 1839, il fondait en 1856, avec ses amis Berbrugger et Bresnier, la Société historique algérienne.

Chevalier de la Légion d'honneur en 1845, après ses campagnes multiples dans la province d'Oran, il était promu officier de l'ordre en 1854, au retour de l'expédition de la Grande-Kabylie.

Il est décédé à Alger le 10 juin 1876.

Revue africaine. — Archives militaires. — *Les Interprètes de l'armée d'Afrique.*

SI AHMED CHÉRIF BEN MERAD.

Si Ahmed Chérif ben Merad, caïd des Ouïllen (cercle de Souk-Ahras), était l'un des plus anciens chefs indigènes de la province de Constantine; il était issu de la famille des Ben-Merad, la plus considérable des Guerfa, tribu aurésienne autrefois puissante et qui, depuis un siècle et demi, s'était implantée dans la région de Guelma.

Si Ahmed Chérif avait été nommé cheikh en 1846, et caïd en 1869. Sa fidélité ne s'est jamais démentie et s'est surtout affirmée dans les circonstances difficiles. En 1871, notamment, il parvint à ramener dans le devoir une partie de sa tribu, que le caïd Kablouti avait entraînée dans l'insurrection. En 1881, il prit part avec son goum à l'expédition de Tunisie.

Si Ahmed Chérif ben Merad était chevalier de la Légion d'honneur depuis 1877; il était, en outre, titulaire d'une médaille d'honneur de 1re classe en argent, décernée en 1868 pour le dévouement et la charité dont il fit preuve à cette époque pendant l'épidémie cholérique.

Il est décédé le 25 août 1882.

Documents officiels.

SI AHMED OULD CADI.

Si Ahmed Ould Cadi, bach-agha de Frendah, grand officier de la Légion d'honneur, appartenait à la grande famille des Behaïtsia, laquelle est originaire de la tribu d'El-Amehal qui occupait la région de l'Algérie comprise entre Milianah et Mostaganem.

Le fondateur de cette famille est un nommé Bachir, qui, après avoir longtemps combattu les Turcs, dut chercher refuge auprès de ces derniers, à la suite du meurtre d'un de ses cousins pour des raisons de parti.

El-Moufok, fils aîné de Bachir, fut investi caïd des Douair par les Turcs, et c'est de cette époque que date le commencement de la fortune politique de cette famille.

Si Ahmed Ould Cadi était arrière-petit-fils de Bachir et par conséquent petit-fils d'El-Moufok, le premier membre de cette famille qui ait eu un commandement sous les Turcs.

Il était en même temps le neveu du fameux Mustapha ben Ismaïl.

Il prit part, avec son oncle, à presque toutes les opérations de guerre qui eurent lieu dans la province d'Oran depuis l'année 1835 jusqu'à 1881.

A cette époque, Si Ahmed Ould Cadi était caïd des Douair, cette grande tribu qui, avec celle des Sméla, forma ce maghzen si brillant et si dévoué, qui a tant combattu côte à côte avec nos troupes que son histoire restera inséparable de celle des vingt premières années de nos guerres d'Afrique.

Si Ahmed avait succédé dans l'emploi de caïd à son père Mohammed Ould Cadi, qui lui-même avait remplacé Cadi ben Moufok.

Sans cesse en colonne à la tête du maghzen des Douair, il secondait par son intelligence, par ses conseils et par sa vaillance les projets de nos généraux.

Il commença dès 1835 la série des services qu'il nous a rendus, en faisant parvenir, dans un moment difficile, une lettre du maréchal Clauzel à son oncle Mustapha ben Ismaïl qui était enfermé dans Tlemcen.

Puis il assista au combat de Blad el Ghez, livré dans la plaine des Ghossel par Abd-el-Kader au général d'Arlanges.

La colonne française se rendit le lendemain à Rachgoun. Elle y fut suivie par les réguliers de l'Émir qui la bloquèrent en ce point et qui pendant deux mois la harcelèrent par des attaques continuelles.

Le maghzen d'Oran, avec ses chefs Mustapha et Si Ahmed, subissait le sort de l'armée française. Pendant ce blocus, Abd-el-Kader se porta vivement sur les campements des Douair, près d'Oran, les surprit et opéra sur eux une immense razzia dans laquelle Si Ahmed Ould Cadi perdit toute sa fortune.

L'Émir lui écrivit pour lui offrir de lui restituer tous ses biens s'il voulait venir le rejoindre. Si Ahmed refusa noblement de déserter la cause française, dont le succès à cette époque était cependant loin d'être affermi.

Au combat de la Sikkak, livré par le maréchal Bugeaud récemment débarqué de France à Rachgoun, le maghzen d'Oran se conduisit vaillamment et acheva la déroute de l'ennemi.

Peu de temps après fut signé le traité de paix avec l'Émir (30 mai 1837).

Après deux années de calme, les hostilités recommencèrent. Dans les luttes incessantes qui marquèrent cette reprise des hostilités,

Si Ahmed se signala plusieurs fois par sa bravoure. Au combat qui fut livré, entre Tighnif et Maoussa, par les réguliers d'Abd-el-Kader à la colonne du maréchal Bugeaud, qui venait de Mostaganem et se dirigeait sur Mascara, un des cavaliers de l'Émir fit feu sur le général Mustapha ben Ismaïl; le coup ne l'atteignit pas. Si Ahmed Ould Cadi porta alors un coup mortel à ce cavalier, qui se nommait Chakor, et s'empara de son cheval.

A El-Benian, en 1841, il contribua à la défaite complète des Hachem, qui furent surpris à la fois de front par la colonne du maréchal Bugeaud et en queue par celle des généraux La Moricière et Mustapha, dont Si Ahmed faisait partie.

Il se signala encore à l'attaque des rochers abrupts appelés El-Kef, qui dominent au sud la ville de Tlemcen et qui étaient défendus par les habitants de cette ville, résolus à résister à outrance. Les cavaliers des Douair et des Sméla, conduits par Si Ahmed, mirent pied à terre, et culbutèrent l'ennemi après un combat acharné.

C'est au retour de cette expédition de Tlemcen que Si Ahmed Ould Cadi fut fait chevalier de la Légion d'honneur et élevé aux fonctions d'agha des Douair (1842).

A cette époque, Mustapha ben Ismaïl et le nouvel agha furent placés, avec leurs goums, à la disposition immédiate du général La Moricière. Ils accomplirent, sous le commandement de ce général, les brillants exploits qui précédèrent et amenèrent la prise de la deïra d'Abd-el-Kader (1843).

Peu de jours après cet événement, le général Mustapha ben Ismaïl trouvait une mort glorieuse chez les Flitta, qui l'avaient assailli au moment où il traversait leur pays. La mort de cet illustre homme de guerre fut noblement vengée dans un combat resté célèbre, qui fut livré sur l'Oued-Riou aux forces réunies des Flitta, des Hallouya, des Keraïch et des cavaliers réguliers de l'Émir. Dans ce combat, qui fut très acharné, Si Ahmed Ould Cadi tua de sa main le chef des Beni-Louma, vaillant guerrier des Flitta qui se faisait remarquer dans les rangs ennemis par son intrépidité et son ardeur à ranimer les courages chancelants.

La colonne revint ensuite aux Flitta, les attaqua et, secondée par les Douair, leur infligea un châtiment exemplaire.

L'année suivante (1844) éclata la guerre avec le Maroc; Si Ahmed Ould Cadi, à la tête de quatre cents cavaliers des Douair, prit part au combat sur la Moulouïa et à la célèbre bataille d'Isly.

Quelque temps après, de nouveaux troubles éclatèrent dans l'Ouest, à la suite de l'affaire de Sidi-Brahim, où une partie des troupes de la garnison de Nemours, sortie de cette place sur les ordres du colonel de Montagnac, fut presque entièrement exterminée. La révolte venait également d'éclater à Bel-Abbès et dans le commandement d'Orléansville, où un agitateur devenu célèbre sous le nom de Bou-Maza prêchait la guerre sainte. Le soulèvement devint bientôt général. Dans ces circonstances difficiles, Si Ahmed Ould Cadi se montra toujours à la hauteur des événements et fit preuve du dévouement le plus réel. Non seulement il sut maintenir dans le devoir les Douair et les Sméla, vivement sollicités par les émissaires d'Abd-el-Kader qui venait de reprendre la campagne, mais il rendit un service signalé à la petite garnison d'Aïn-Témouchent, qui était complètement dépourvue de poudre, en faisant parvenir dans ce poste un approvisionnement de munitions et en la mettant ainsi en situation de soutenir la défense.

Lorsque le soulèvement fut réduit et que le calme eut été ramené, le maréchal Bugeaud, songeant à asseoir la conquête et à organiser le pays, résolut de créer un commandement à Frendah pour tenir en respect les populations difficiles et remuantes qui formaient l'ancien aghalik des Sdama, entre Mascara et Frendah. Il confia ce commandement important à Si Ahmed Ould Cadi, que ses brillantes qualités intellectuelles, son dévouement et son énergie désignaient à son choix comme l'homme le plus capable de ramener le calme et l'ordre au milieu de cette agglomération d'Arabes, d'anciens Kabyles, de marabouts superstitieux et remuants, toujours impatients de secouer le joug qui pesait sur eux et toujours prêts à répondre au premier appel d'un fanatique quelconque.

Sa nomination comme agha des Sdama date du 3 décembre 1846.

A cette époque, deux des lieutenants de Bou-Maza, Kaddour ben Djelloul et Si ben Halima, s'étaient réfugiés chez les Sdama, où malgré les recherches faites jusqu'alors il avait été impossible de s'en emparer.

A peine installé dans son commandement, le nouvel agha des Sdama manœuvra si habilement qu'il parvint à décider un de ces perturbateurs à venir se livrer à lui.

Quant au second, qui se cachait dans les montagnes et que les populations abritaient soigneusement, Si Ahmed parvint à s'en emparer au mois d'avril 1847, en allant le surprendre la nuit, à la tête de ses goums, dans le repaire où il s'était retranché au sommet du Djebel Chelog.

La capture de cet agitateur, qui avait pris le titre de sultan, fut suivie d'une période de cinq années de calme et permit enfin à l'autorité de reporter son attention sur l'organisation administrative du pays.

Pour reconnaître les éminents services rendus en cette occasion par Si Ahmed Ould Cadi, le maréchal Bugeaud lui fit remettre une magnifique selle brodée d'or et un sabre d'honneur, et les Trafis, nomades relevant aujourd'hui du cercle de Géryville, furent placés sous son autorité (5 mai 1847).

En 1852 eut lieu l'expédition de Laghouat. Le commandement des goums fut confié à Si Ahmed Ould Cadi, qui se distingua de nouveau à la prise de ce ksar. Sa belle conduite lui valut la croix d'officier de la Légion d'honneur, que le maréchal Pélissier lui plaça sur la poitrine, à Laghouat même, en prononçant ces paroles :

« C'est la récompense de votre bravoure, dont j'ai été moi-même témoin : vous ne pouviez rentrer chez vous sans cette marque de distinction que vous avez si bien méritée. »

Si Ahmed prit part en 1853 à l'expédition de Ouargla, qu'il facilita par ses conseils et par les préparatifs intelligents auxquels il présida.

Il fut fait commandeur de la Légion d'honneur le 18 septembre 1860, puis, à la suite des événements insurrectionnels de 1864, auxquels il prit une part active, il fut nommé bach-agha le 16 mars 1865 et son commandement fut augmenté des Harrar Gharaba, tribus remuantes qui s'étaient plusieurs fois soulevées et qui devaient être tenues d'une main très ferme.

Pendant la famine qui éprouva si durement en 1867 l'Algérie entière, le bach-agha employa sa fortune à soulager la misère de ses administrés et fit preuve de l'humanité la plus digne d'éloges. Il reçut à cette occasion une lettre de félicitation du maréchal de Mac-Mahon, alors gouverneur général de l'Algérie, et fut élevé à la dignité de grand officier de la Légion d'honneur le 13 août 1867.

Le 1ᵉʳ janvier 1870, les Trafis, qui, à leur rentrée d'émigration en 1847, avaient été placés sous son commandement, lui furent retirés pour être attachés au cercle de Géryville. Il fut très sensible à cette modification administrative.

En octobre 1880, les remaniements administratifs lui enlevèrent les Sdama, qui étaient sous son autorité depuis 1846, et les rattachèrent au territoire civil. Il se résigna sans amertume à cette nouvelle diminution de son commandement et, dans un discours plein de sentiments nobles et élevés, il conseilla aux caïds qui l'avaient jusqu'alors secondé dans ses fonctions de continuer à servir avec le même zèle et le même dévouement que par le passé.

Peu de temps après, le 6 avril 1881, il prouva que ses sentiments de fidélité étaient intacts en signalant, le premier et le seul d'une façon précise, le prochain soulèvement des tribus du cercle de Géryville. Les événements ne tardèrent pas à confirmer ses prévisions.

En 1883, il contribua par son influence, ses relations, ses conseils et même ses largesses à attirer à nous les Oulad Sidi Cheikh-Cheraga. La mort l'a surpris le 8 janvier 1885, au moment où la consolidation de la tranquillité du Sud était sa préoccupation constante, au moment où il travaillait de toutes ses forces à aider le gouvernement dans la réalisation de ce résultat.

En résumé, la vie de Si Ahmed Ould Cadi a été bien remplie. On ne saurait y constater un seul instant de défaillance dans sa fidélité. Depuis le jour où, avec les principaux chefs des Douair, il se rallia à la France, le bach-agha ne cessa jusqu'à sa mort de nous servir sans restriction et de nous aider de ses sages avis.

C'était un homme hardi, entreprenant, un esprit éclairé, un administrateur habile, un fin diplomate, dont les vues avaient une grande valeur. Il comprenait notre mission civilisatrice; pactisant avec l'ancien et le nouveau régime, il s'était résigné de bonne heure aux sacrifices que les organisations récentes lui imposaient.

D'une éducation parfaite, le bach-agha Si Ahmed Ould Cadi était toujours très déférent à l'égard des représentants de l'autorité. Il recherchait les relations françaises; il employait des familles européennes dans ses nombreuses propriétés.

C'était un auxiliaire puissant pour conduire les indigènes dans la voie du progrès.

Ses éminents services lui avaient valu des récompenses honorifiques considérables qui ont déjà été indiquées au cours de cette notice et qui sont reproduites ci-dessous en tableau chronologique :

Chevalier de la Légion d'honneur du 17 août 1841;

Officier du 22 décembre 1852;

Commandeur du 18 septembre 1860;

Grand officier du 15 avril 1867.

Il siégeait en qualité d'assesseur musulman au Conseil général du département d'Oran. Dans cette assemblée il avait su donner aussi la mesure d'une grande dignité personnelle, d'un sérieux attachement à nos institutions et d'un esprit conciliant et élevé.

Le bach-agha Si Ahmed Ould Cadi a laissé en mourant neuf enfants, dont six sont hommes faits.

L'un d'eux, Bel Hadri, a été l'un des plus vigoureux cavaliers de la province. En 1865, au combat de Garet-Sidi Cheikh, il déploya un courage exceptionnel qui lui valut, à l'âge de 21 ans environ, la croix de la Légion d'honneur.

Un autre, Ali, promu chevalier de la Légion d'honneur à la fin de 1884, dirige la tribu des M'hamed (commune mixte de Cacherou).

Un troisième, Bou Médine, est caïd des Haouaret (commune mixte de Frendah).

Un quatrième, Mohammed, le fils de prédilection du bach-agha, est caïd des Oulad Zian-Gharaba, tribu importante des Harrar-Gharaba. Il secondait particulièrement son père depuis 1881 ; il était son khalifat.

Le bach-agha était allié aux familles les plus influentes des Douair et de la région tellienne de Tiaret.

Ses funérailles ont été imposantes. Les généraux, les hauts fonctionnaires de la province avaient tenu à y assister; le gouverneur général s'était fait représenter.

Ces honneurs lui étaient dus, car Si Ahmed Ould Cadi a été un des indigènes qui ont rendu le plus de services à la cause française en Algérie.

Documents officiels.

SI-ALI-BA-AHMED.

Si-Ali-Ba-Ahmed, né en 1798 dans la tribu maghzen des Zemouls, qui formait la principale force militaire des Turcs dans la province de Constantine, prit part, dès qu'il fut en âge de monter à cheval, aux combats journaliers que les cavaliers de sa tribu avaient à soutenir pour faire respecter l'autorité des beys. Doué d'une intelligence remarquable et d'une bravoure à toute épreuve, il sut vite conquérir la confiance et l'estime des guerriers qui l'avaient vu à l'œuvre en maintes circonstances périlleuses; il avait à peine atteint sa 25ᵉ année, que les Zemouls le priaient de se mettre à leur tête toutes les fois qu'ils devaient entreprendre une opération difficile ou tenter un coup de main hardi. A trente ans, le bey Si-El-Hadj-Ahmed le considérait déjà comme un chef de goum hors ligne et lui confiait le commandement des Zemouls.

Lorsque nos troupes eurent, après une lutte héroïque, escaladé les remparts de Constantine et planté le drapeau de la France sur les murs de la Casbah, Si-Ali-Ba-Ahmed fit sa soumission au général en chef de l'armée expéditionnaire et mit à sa disposition sa vigueur, son intelligence, sa connaissance du pays et les 1,800 cavaliers habitués à combattre sous ses ordres et sur lesquels il avait une influence incontestable.

A partir de ce moment, il prit part à toutes les expéditions qui amenèrent la soumission des tribus de la province, et en 1839 il fut nommé caïd *El-Aouassi*. Le 19 juillet 1842, il reçut le titre de khalifa de Constantine et le commandement de dix-neuf tribus.

En 1849, il fut mis à la tête de l'importante confédération des Harakta et y resta jusqu'en 1852, époque à laquelle la pacification du pays permit d'y placer un commandant français. Le khalifa s'installa alors à Constantine et n'eut plus de commandement territorial. Il ne cessa pas cependant de prendre part aux expéditions dans lesquelles sa présence fut considérée comme utile, et en 1871 il concourut à la protection de la route de Constantine à Batna.

Si-Ali-Ba-Ahmed était commandeur de l'ordre de la Légion d'honneur depuis le 19 janvier 1845. Ce vieux serviteur est mort à Constantine le 21 septembre 1879, à la suite des infirmités contractées pendant les débuts de sa carrière et aussi par suite du violent chagrin que lui causa la mort de son fils Si Saad, qui avait succombé le 2 septembre aux suites d'un accident de voiture.

Si Saad ben Ali-Ba-Ahmed était né en 1820 dans la tribu des Zemouls, et dès 1837, époque à laquelle son père entra au service de la France, il fut un des plus braves cavaliers de son goum et son lieutenant le plus dévoué. Il reçut en 1844 le titre d'agha de Constantine et prit part à toutes les expéditions que nécessitèrent la conquête et la pacification des tribus de la province.

Retiré à l'Oued-Athménia depuis quelques années, il se rendait auprès de son père malade, le 2 septembre 1879, lorsque la voiture publique sur laquelle il voyageait versa dans les environs d'Aïn-

Smara. Il fut l'une des victimes les plus gravement atteintes, et rendit le dernier soupir quelques heures après cet accident.

Documents officiels.

SI ALI BEY BEN FERHAT.

Si Ali Bey ben Ferhat, ancien caïd de Batna, décédé à Constantine en 1883, à l'âge de 48 ans, est originaire des environs de Biskra. Il appartient à la famille des Bou Akkaz, la plus ancienne et la plus noble du Sahara. Depuis la plus haute antiquité elle était en possession de la dignité de cheikh el Arab. Ferhat ben Saïd, le dernier cheikh el Arab des Bou Akkaz, a laissé le nom le plus populaire parmi les tribus du sud de Constantine et d'Alger. Les Bou Akkaz étaient les vrais dominateurs du Sahara; à des vassaux aussi puissants, les beys opposèrent une famille du Tell, les Ben-Gana. Ce n'est qu'avec l'appui des Turcs que les Ben-Gana ont pris pied dans le sud. Ralliés à notre cause en 1838, ils ont livré l'important combat de Salsou, mais pour défendre leurs tentes, leurs femmes et leurs enfants. Malgré ce beau fait d'armes, ils n'ont jamais pu asseoir leur domination dans les Zibans. Ce n'est qu'après l'apparition de nos colonnes dans cette région que l'autorité des Ben-Gana a été acceptée. Grâce à l'appui du gouvernement français, les Ben-Gana ont pu réduire les Bou Akkaz, dont le chef a définitivement quitté le cercle de Biskra en 1874.

Si Ali Bey ben Ferhat a été successivement cheikh dans le cercle de Sétif, caïd de Tuggurt de 1854 à 1871, et caïd de Batna jusqu'en 1874, époque de son internement à Blidah.

Grâce à la solidité du commandement qu'on lui avait confié plutôt qu'à ses qualités administratives, il a pu nous assurer 16 années de paix dans l'extrême sud du Sahara, où il a fait de nombreuses courses.

Il a essuyé différentes défaites que lui a infligées Bou-Choucha. Lors de la prise de Tuggurt, l'abandon de son poste a causé le massacre d'une partie de sa famille et de la garnison. Quelques mois après, quand il voulut reprendre Tuggurt, il s'attarda à prendre le village de M'raïer et s'y livra à des cruautés telles que les habitants de Tuggurt, qui lui auraient peut-être ouvert leurs portes, ont craint les représailles, se sont préparés à une vigoureuse défense et l'ont battu complètement quand il est arrivé sous les murs de la ville.

Sa famille n'avait pas d'attache politique en dehors du cercle de Biskra; il était allié aux Ben-Chennouf, mais ennemi juré des Ben-Gana.

Ses malheurs, son exil, les persécutions dont il a été l'objet lors de l'affaire dite des Poudres, lui avaient valu un regain de sympathie de la part des habitants du Sahara.

Son influence héréditaire était dans le cercle de Biskra plus grande que celle des Ben-Gana. Elle s'étendait aux Arab Cheraga et Gharaba, au Souf, au Zab-Chergui et à l'Ahmor-Khaddou, et aux Ouled Naïl d'Alger.

Il était commandeur de la Légion d'honneur et de divers ordres étrangers.

Si Ali Bey a laissé de nombreux parents et deux fils :

Si Ferhat, aujourd'hui âgé de 26 ans, et Si Abdelkader, âgé de 23 ans.

Tous deux sont installés à Ourlal, dans les Zibans.

SI-EL-MIHOUB-BEN-SI-AHMED-BEY-BEN-CHENNOUF.

Si-El-Mihoub-ben-Si-Ahmed-Bey-ben-Chennouf, ancien caïd des Beni-bou-Sliman et de l'Ahmor-Khaddou, était originaire des Ouled Saoula du Zab-Chergui. Il est décédé le 28 août 1885, à l'âge de 52 ans.

Il a été successivement caïd des Beni bou Sliman du 24 décembre 1859 au 2 avril 1868, et caïd du Zab-Chergui jusqu'au 13 février 1875.

A la suite d'une condamnation prononcée contre lui à cette date par le conseil de guerre de Bône pour complicité de circulation d'armes et de munitions de guerre, il fut révoqué de ses fonctions. Gracié le 16 juin 1875, il fut interné d'abord à Mostaganem, puis à Constantine. Enfin le 25 mars 1884, il fut nommé caïd des Beni bou Sliman et de l'Ahmor-Khaddou.

La famille à laquelle appartenait Si-El-Mihoub-ben-Chennouf descend des Ouled Saoula ben Ali, qui ont la même origine que les Diffallah ben Ali et les Ahl ben Ali.

A une époque assez reculée, vers la fin du quinzième siècle, dit-on, les Ouled-Saoula, refoulés du Tell, descendirent dans le Sahara et s'y firent place par la force. Il y a environ 150 ans, le cheikh des Ouled-Saoula était El Hadj ben El Achkhel ben bou Alleg, qui eut deux fils : Bou-Diaff et Bou-Abdallah.

A la suite de querelles intérieures, les deux frères partagèrent la tribu en deux fractions qui devinrent bientôt ennemies acharnées l'une de l'autre. Cette rivalité fut bientôt exploitée par les beys lorsque la puissance et l'indocilité des Bou-Akkaz, qui détenaient la dignité de cheikh-El-Arab depuis plus de 300 ans, leur portèrent enfin ombrage. Des avances furent faites par Hussein-Bey en 1734 aux deux fractions rivales, au moment où ce bey, intriguant pour faire passer le commandement du Sahara de la famille Bou-Akkaz dans celle toute nouvelle, mais riche, docile et souple, des Ben-Gana, cherchait des appuis dans toutes les tribus guerrières du pays. Les Ouled bou Diaff embrassèrent la cause des nouveaux venus; les Ouled bou Abdallah restèrent fidèles à leurs anciens chefs, qui étaient aussi leurs parents.

Si-El-Mihoub était le chef de la branche des Bou-Abdallah. Sa famille était intimement alliée à celle d'Ali-Bey (Bou-Akkaz) et ennemie des Bou-Abdallah et des Ben-Gana.

Son influence personnelle et héréditaire était considérable dans l'Aurès, le Zab-Chergui, et très marquée dans le Souf. De plus, comme représentant du parti d'Ali-Bey, cette influence s'étendait sur les Zibans, Sidi-Okba, chez les Arab-Cheraga et dans la tribu des Ouled-Zekri, c'est-à-dire sur la moitié du cercle de Biskra.

Personnellement Si-El-Mihoub était bon administrateur, plein de vigueur et d'entrain dans les faits de guerre auxquels il a pris part.

Il assistait en 1849 au combat de Seriana, où il se distingua, et à celui de Meggarin en 1854. Dans cette dernière affaire il eut un cheval tué sous lui, se défendit à pied et, quoique entouré par l'ennemi, réussit à lui échapper, emportant sa selle et ses armes. Aussi était-il cité pour sa brillante valeur.

L'insurrection de l'Aurès de 1858 le mit tout à fait en vue. Connaissant parfaitement le pays insurgé, il nous rendit les plus grands services et paya partout de sa personne. C'est en partie à lui qu'est due la prise de Si-Saddok; par l'acharnement qu'il mit dans la poursuite des bandes en retraite, il les jeta épuisées de fatigue entre les mains de Si-Ben-Naceur qui tenait la vallée de l'Oued-el-Arab.

L'insurrection de 1864 lui fournit de nouveau l'occasion de montrer toutes les qualités d'activité, de bravoure, d'énergie et de dévouement dont il était doué. C'est lui qui commandait les goums qui le 12 février 1865 enlevèrent, à El-Medgira, plus de 250 tentes et 1,500 chameaux aux Mekhadema, Chaâmba et Saït-Atba insoumis. Attaqués au retour, près de Hassi-bou-Rouba, par Si-Lala qui, à la tête de 600 fantassins et de 80 cavaliers, voulut leur barrer le passage, nos contingents durent accepter le combat. Le succès un moment incertain fut définitivement assuré par un brillant retour offensif de Si-El-Mihoub. Il reçut pour ce fait d'armes la croix de la Légion d'honneur qu'il avait si bien gagnée.

A sa mort, Si-El-Mihoub a laissé trois fils et deux filles. L'aîné des enfants Si Ali-Bey ben Si-El-Mihoub a été le khalifa de son père et l'a remplacé dans son commandement.

Documents officiels.

SI HAMZA.

Le khalifa des Ouled-Sidi-Cheikh, Si Hamza ben Sidi-bou-Bekeur es S'rir, qu'on a appelé « le grand Si Hamza », en souvenir des services qu'il a rendus à la cause française dans le Sud, était né à la fin de 1818. L'influence étendue dont il jouissait parmi nos populations sahariennes et la haute position que nous lui avions faite étaient dues en grande partie à son origine.

Si Hamza était le représentant de la grande famille des Ouled-Sidi-Cheikh, à laquelle son aïeul Sidi-Cheikh, — que la chronique fait remonter jusqu'à Atik-ben-Arbi-Kihafata, chef des Beni-Tamin, — avait donné son nom.

Sidi-Cheikh naquit en 1534 (951 de l'hégire). Sa mémoire est en vénération dans tout le Sud. Juste et intègre, vivant dans un pays où le fusil faisait seul la loi, il vit porter devant lui de nombreuses contestations que la poudre n'avait pu régler : il fut en maintes circonstances le protecteur des opprimés et parvint par sa piété fervente à constituer un pouvoir religieux dont ses descendants ont hérité et qui est devenu entre leurs mains un puissant instrument d'influence.

Sidi-Cheikh mourut en 1615 (1032 de l'hégire) dans les environs de Stitten, tout près de la source de Mechera-el-Hamar, où est aujourd'hui une enceinte en pierres sèches nommée Mekam-Sidi-Cheikh. Mais ses cendres reposaient dans l'oasis El-Abiod-Sidi-

Cheikh, où sa réputation de sainteté lui avait fait élever une koubba que le colonel Négrier détruisit en août 1881 à la suite de l'insurrection du Sud-Oranais, tout en ayant soin d'enlever avec les plus grands égards les dépouilles mortelles du marabout, qui furent transportées solennellement à Géryville. Depuis, la koubba d'El-Abiod a été reconstruite par les soins de l'autorité française.

Le fondateur des Ouled-Sidi-Cheikh avait laissé dix-huit fils, dont l'aîné lui succéda.

Celui-ci, Si El-Hadj-Bou-Hafs, s'acquit une grande renommée de justice; sa vie se consuma dans le bien; il recueillit des offrandes religieuses avec lesquelles il fonda une nouvelle zaouia, dont, après sa mort, il laissa, à l'exemple de son père, la direction à ses nègres; c'est la zaouia connue aujourd'hui sous le nom de Si El-Hadj-bou-Hafs.

Si El-Hadj-bou-Hafs eut neuf enfants; mais l'aîné, Si El-Hadj-Eddin, étant trop jeune lorsqu'il mourut, il donna par testament le pouvoir à celui de ses frères qui venait après lui, Sid-El-Hadj-Abd-El-Hakem.

A sa mort, Si El-Hadj-Abd-El-Hakem, inspiré par des sentiments de justice, rendit l'héritage à son neveu Si El-Hadj-Eddin, au lieu de le laisser à son fils aîné Sidi-Seliman, qui protesta, se fit des partisans et se retira dans l'ouest. Alors commencèrent ces interminables querelles qui dégénérèrent souvent en guerres acharnées dans lesquelles prirent parti toutes les populations du pays et qui divisent encore les deux familles rivales des Ouled-Sidi-Cheikh de l'est et des Ouled-Sidi-Cheilkh de l'ouest.

A Sidi El-Hadj-Eddin, chef de la famille de l'est, succéda son fils aîné, Sidi-Cheikh-ben-Eddin, puis Sidi-Hamza-ben-Sidi-bou-Bekeur es S'rir, notre ancien khalifa, qui avait pour rival dans la famille de l'ouest Sidi-Cheilkh-ben-Taïeb.

La famille des Ouled-Sidi-Cheikh a constamment joui d'une grande considération, non seulement dans le pays, mais encore chez les beys turcs de la province d'Oran et même chez les empereurs du Maroc. Les beys l'ont toujours ménagée, et l'empereur Mouley Abderrahman avait épousé une de ses filles, la sœur de Sidi-bou-Bekeur ben Sidi-el-Arbi, par conséquent la tante de Si Hamza.

L'influence de cette famille s'est étendue de tout temps sur les points les plus reculés. La qualité de serviteurs de Sidi-Cheikh suffisait pour préserver des attaques des Touareg et autres bandes pillardes les gens des caravanes qui partaient du sud de la province, se dirigeaient vers le Touat, le Gourara ou le Tidikelt. Presque à chaque pas dans ces parages, on trouve des indices, des témoignages de vénération rendus à la mémoire du marabout (1). L'historique des confréries religieuses du Tell ne présente rien d'analogue.

Sidi Hamza exerçait un ascendant marqué sur les tribus du sud. Il apporta cet ascendant au service de notre cause en 1852, époque à laquelle il se rallia franchement à nous, après un séjour de six mois passés à Oran à notre contact, et pendant lequel il put apprécier nos idées de tolérance et d'équité. Il nous seconda depuis efficacement, comme khalifa, dans tous les détails d'administration et de commandement; il consacra ses efforts à consolider notre domination et à étendre notre rayon d'action.

Déjà en 1853 il opérait avec ses goums une razzia sur les Hamyanes-Gharaba, alors dissidents. Quelques mois plus tard, il acceptait la mission difficile d'aller chasser d'Ouargla le chérif Si Mohammed ben Abdallah, dont les bandes sans cesse en mouvement compromettaient la sécurité de nos campements avancés.

Il partit pour exécuter cette entreprise hardie en novembre 1853, à la tête de 1,000 cavaliers et de 1,000 fantassins. Vers les premiers jours du mois suivant, il entrait dans Ouargla. Mais pour obtenir ce résultat, il avait dû supporter bien des privations et mettre en déroute les contingents du chérif à la suite d'un engagement sérieux, qu'il leur livra aux environs de N'gouça et dans lequel il reçut quatre blessures.

Après cette expédition d'Ouargla, dans laquelle il avait déployé tant d'intelligence, d'habileté et de bravoure, Si Hamza prit une large part à divers mouvements de troupes qui eurent lieu dans le sud-est.

En 1855, il assista au combat de l'Oued-Zoubia, où fut dispersée la ligue des Zegdou, qui avaient envahi nos campements; en 1856, il participa à un vigoureux coup de main effectué sur les Hamyanes, Gharaba, et qui décida le retour d'émigration de ces derniers; en 1857 et 1859, on le vit encore dans nos rangs partager nos fatigues et concourir de son mieux à la réalisation du but que nous avions en vue.

Si Hamza avait su mériter successivement par sa belle conduite

(1) J'en ai été personnellement témoin dans une promenade à Géryville en septembre 1886, en compagnie de Si Hamza Ould Si bou Bekeur, petit-fils du grand Si Hamza et notre khalifa actuel des Ouled-Sidi-Cheikh. — N. F.

dans toutes les circonstances où il y avait un danger à partager, la croix de chevalier, d'officier et de commandeur de la Légion d'honneur.

Il est mort assez mystérieusement à Alger le 21 août 1861, dans un voyage qu'il avait fait pour voir le gouverneur.

Trois ans après sa mort, ses frères suscitèrent la révolte des Ouled-Sidi-Cheikh qui dura fort longtemps et dont les derniers et lugubres épisodes remontent seulement à 1881.

Depuis, M. Tirmann a su ramener dans leurs campements toutes les tribus insurgées; il en a confié le commandement à Si Hamza ould Sidi bou Bekeur, petit-fils de Si Hamza, et ce jeune homme très intelligent, instruit, aimant la France, a assuré jusqu'à ce jour la complète tranquillité du Sud-Oranais, qu'il saura certainement nous garantir pendant les longues années de pouvoir qu'il a devant lui.

Documents officiels et particuliers. — *Mémoires du maréchal Randon.*

SI KADDOUR BEN MOKHFI.

Originaire de la tribu des Bordjia, Si Kaddour ben Mokhfi, né vers 1772, fut nommé caïd des Flitta en 1843. Placé, trois ans après, à la tête de l'aghalik d'El-Bordj, il conserva ce commandement jusqu'au 1er octobre 1880, date de la suppression de l'aghalik.

Si Kaddour ben Mokhfi a rendu pendant sa longue carrière les plus grands services à la cause française. En 1859, il se fit remarquer par son énergie lors des opérations sur la frontière du Maroc. En 1864, il sut maintenir ses tribus dans le devoir. Il avait été récompensé de son dévouement à la France par la croix de commandeur de la Légion d'honneur.

L'ex-agha Si Kaddour ben Mokhfi est décédé à El-Bordj, commune mixte de Cacherou, arrondissement de Mascara, le 7 avril 1886, dans un âge très avancé. Il avait environ 104 ans.

Si Kaddour ben Mokhfi m'était personnellement connu, et j'ai passé une journée chez lui en juin 1885. Depuis deux ans déjà, il gardait complètement le lit, un grand lit à baldaquin du siècle dernier, dont les rideaux aux tons criards apâlissaient encore la mâle figure toute recroquevillée du centenaire. Il ne bougeait que peu ou prou, ne parlait que difficilement, très bas, et l'on eût cru voir comme une momie patriarcale; mais il avait grand air ainsi couché.

Il y avait dans son être un je ne sais quoi qui disait la fierté et la vaillance des anciens jours, et parfois, quand dans un coin de la grande chambre sur ses vieilles armes rongées par la rouille son œil atone venait tomber, de fugitifs éclairs le traversaient encore.

Il montrait avec orgueil sa main droite meurtrie, estropiée dans un des nombreux combats livrés pour nous et son regard courait immédiatement à ses croix de chevalier, d'officier et de commandeur de la Légion d'honneur appendues à la muraille pour achever sa pensée : « J'en ai vu bien d'autres pour gagner tout cela ! »

Noble figure !... C'était un spectacle bien curieux que celui de la multitude d'enfants respectueux et empressés autour de ce vieux père : parmi ces *enfants*, il y en avait de soixante à soixante-dix ans coudoyant des frères à peine au sortir de l'adolescence ! L'un était spécialement chargé de sa pipe, un autre de son *Kaoua*, et ceux-ci s'énorgueillissaient de ces délicates fonctions.

Le bordj, avec ses hautes murailles et ses créneaux, perdu dans la montagne à 30 kilomètres de toute habitation européenne, évoque le souvenir d'un autre âge; mais l'intérieur y rappelait tout à fait l'existence féodale et ben Mokhfi s'y conduisait en grand seigneur, son hospitalité était princière.

Plusieurs de ses enfants occupent des situations officielles.

Notes personnelles. — Archives militaires.

SILLÈGUE.

Le général Sillègue a longtemps servi en Algérie; il a notamment commandé la place de Sétif de 1841 à 1844 et a laissé les meilleurs souvenirs dans la région.

Par décret en date du 10 février 1885, le centre de Beni-Foudha, créé en 1876 sur la route de Sétif à Djidjelli, a reçu le nom de Sillègue pour perpétuer la mémoire du général.

Documents officiels et particuliers.

SI MOHAMMED BEN ABDALLAH BEN OUALI OULD SIDI EL-ARIBI.

Si Mohammed ben Abdallah ben Ouali Ould Sidi El-Aribi, ancien khalifa de la Mina, grand officier de la Légion d'honneur, a joué un rôle relativement considérable dans toute la région ouest de l'Algérie, où il était fort connu.

Il appartient à la branche aînée de la famille maraboutique des Oulad Sidi ben Abdallah, dont il était le chef incontesté.

Les Oulad Sidi bou Abdallah ont leur principal établissement dans le douar de Taghria (commune mixte de Renault). Ils comptent parmi leurs « serviteurs » religieux (خدّام) les Mehal, les Oulad El-Abbès, et les Oulad Khouidem.

Au moment de la conquête, le chef des Oulad Sidi bou Abdallah était El-Hadj Mohammed Ould Sidi El-Aribi, oncle du khalifa défunt. L'émir Abd-el-Kader, dans sa lutte contre nous, crut d'abord pouvoir compter sur lui et lui montra beaucoup d'amitié. Puis, le soupçonnant de vouloir faire sa soumission particulière, il le fit venir à Mascara et exécuter comme traître. En même temps, il internait sa famille sur les frontières du Maroc, dans le voisinage de M'sirda. Le maréchal Bugeaud mit fin peu après à cette captivité.

Le jeune Mohammed ben Abdallah, âgé alors de 16 ans, succéda à son oncle dans le commandement de la famille. Il montra constamment la plus grande fidélité à l'égard de la France, et prit part à la répression de toutes les insurrections qui se sont produites dans la province d'Oran jusques et y compris celle des Flitta en 1864. Il a beaucoup contribué à affermir la domination française dans cette partie importante de l'Algérie.

Dès 1842 l'autorité française lui avait confié un commandement territorial qui fut souvent remanié, et qui un instant comprenait en entier trois arrondissements actuels (Mostaganem, Orléansville et Milianah). En 1870 ce commandement, désigné sous le nom de « Khalifa de la Mina », englobait encore les communes mixtes actuelles de Cassaigne, Renault, Ammi-Moussa et l'Hillil.

A partir de 1871, la constitution de ces diverses communes mixtes restreignit peu à peu son commandement, qui disparut complètement en 1879. L'ex-khalifa n'en continua pas moins à montrer à l'égard de la France le dévouement le plus complet, et à entretenir, soit avec les fonctionnaires publics, soit avec les principales notabilités européennes, des relations entièrement cordiales. De son côté, le gouvernement n'oublia pas les services rendus et, pour obéir à la situation qui lui était faite par le nouvel ordre de choses, il lui avait alloué un subside annuel en rapport avec la haute situation qu'il avait occupée. Si El-Aribi a en outre, obtenu successivement tous les grades de la Légion d'honneur, jusqu'à celui de grand officier, dont il était titulaire depuis 1865. Enfin, il avait été choisi par le gouverneur général pour représenter la population indigène au sein du Conseil général du département d'Oran, comme assesseur musulman, fonctions qu'il a remplies jusqu'à sa mort survenue le 5 juillet 1884, à l'âge de 70 ans.

Documents officiels.

SI MOHAMED BEN BRAHIM.

Si Mohamed ben Brahim était caïd du douar de Sidi-Zouika (Aribs) et chevalier de la Légion d'honneur.

Ce chef indigène, originaire des Beni-Soliman de l'annexe d'Alger, où sa famille avait autrefois joué un grand rôle, a été toute sa vie un modèle de dévouement et de fidélité à l'autorité française.

En 1871 il se conduisit très vaillamment comme chef de goum et sa mort, survenue le 21 janvier 1876, est due aux fatigues qu'il avait éprouvées dans cette campagne.

Le *Mobacher*. — Documents divers.

SI MOHAMMED CHADLI BEN EL-HADJ MOHAMMED BEN BRAHIM BEN AISSA BEN AHMED SAOULI.

Si Mohammed Chadli ben El-Hadj Mohammed Brahim ben Aïssa ben Ahmed Saouli était directeur de la Médersa de Sidi-el-Ketani, à Constantine.

Ce savant musulman appartenait à une famille de Tolbas et de jurisconsultes très connue dans le Sahara de la province de l'Est, et notamment à Tolga, qu'elle quitta sous le règne du bey Ahmed El-Colli, pour se fixer à Constantine.

C'est dans cette dernière ville que naquit, en 1805, Si Mohammed Chadli.

Dès l'âge de cinq ans, il commença ses études; à treize ans, il savait tout le Koran et était en état de suivre avec fruit les leçons de Si Mohammed ben Salem et de Si Ahmed El-Abbessi, jurisconsultes distingués, dont les habitants musulmans de Constantine ne parlent encore aujourd'hui qu'avec respect et vénération.

Ses progrès, dans toutes les connaissances que comportait l'enseignement donné dans les écoles et les zaouïas, furent rapides; car, à l'âge de trente ans, Si Mohammed Chadli était, à son tour, considéré comme un professeur de grand mérite.

En apprenant la marche de l'armée française sur Constantine, en 1836, il quitta sa ville natale et se rendit à Djemilah. Ce ne fut que lorsque les populations eurent pu apprécier les sentiments de justice qui animaient les commandants de l'armée, qu'il rentra à Constantine et se mit en relations avec les officiers généraux et supérieurs chargés de l'administration et du commandement des populations indigènes.

En 1844, il fut nommé cadi du bureau arabe de Constantine, et les services qu'il rendit à cette époque difficile lui valurent en 1847 la croix de chevalier de la Légion d'honneur, qu'il reçut à Paris des mains du roi Louis-Philippe.

En 1850, il fut chargé de la direction de la Médersa de Constantine, que l'autorité venait de créer pour assurer le recrutement du personnel de la justice musulmane, et conserva cette honorable position jusqu'au moment de sa mort; car sa retraite, que son âge et ses infirmités l'avaient obligé à demander, n'était pas encore liquidée.

Si Mohammed Chadli a emporté les regrets de ses nombreux élèves, des amis qu'il s'était faits dans la population indigène et européenne, et des chefs qui avaient eu, en maintes circonstances, occasion d'apprécier son savoir et ses qualités.

Le cheikh Chadli avait l'habitude de dire : « Le plus bel héritage qu'on puisse laisser à ses enfants, c'est une instruction solide. » Il a eu la consolation de voir dans sa famille l'application de sa maxime favorite, car son fils aîné lui succédait dans la direction de la Médersa quelques semaines avant sa mort, survenue le 22 septembre 1877.

<small>Documents officiels et particuliers.</small>

SI MOHAMMED SGHIR BEN EL-HADJ ALI BEN GUIDOUN BEN GANAH.

Si Mohammed Sghir ben El-Hadj Ali ben Guidoun, né vers 1818, était originaire de la famille des Ben-Ganah, issue, comme celle des

Bou-Akkaz et presque toutes les grandes familles de la province de Constantine, des Douaouda, branche de Riah, une des principales tribus hilaliennes qui envahirent l'Afrique pendant la première moitié du deuxième siècle de l'hégire.

Cette famille embrassa notre cause en 1838 et devint ainsi l'ennemie de l'Émir, avec lequel nous étions nous-mêmes en guerre. Par des combats continuels, elle a, de 1838 à 1844, époque de notre arrivée dans le Sahara, considérablement affaibli le parti d'Abd-el-Kader et préparé de la sorte l'occupation de cette région par nos colonnes.

L'un de ces combats, celui de Salsou, livré au Khalifa d'Abd-El-Kader lui-même, le 24 mars 1840 (1), eut un grand retentissement et fit le plus grand honneur aux Ben-Ganah.

C'est à la suite de ce combat que Si Mohammed Sghir ben Ali ben Guidoun ben Ganah, qui s'était signalé par un entrain et une bravoure remarquables, fut fait chevalier de la Légion d'honneur. Il avait vingt-deux ans.

Quatre ans plus tard, lorsque la première colonne française fit, presque sans coup férir, son apparition dans le Sahara, ce jeune homme entrait dans la vie publique et recevait du duc d'Aumale, avec le titre de caïd, le 11 mars 1844, le commandement des Zibans, qu'il a conservé jusqu'à sa mort, c'est-à-dire plus de 44 ans.

Pendant cette longue période, Si Mohammed Sghir a été mêlé à un grand nombre d'événements politiques et de faits militaires.

Le premier de ces faits est le massacre de la garnison de Biskra, qui eut lieu le 12 mai 1844, c'est-à-dire deux mois après sa nomination.

Ben Ahmed bel Hadj, qui tenait encore à Sidi-Okba pour le compte d'Abd-el-Kader, avait si bien concerté ses mesures que le caïd lui-même ne sut rien de ses projets et n'apprit la catastrophe que le lendemain matin, en même temps que l'occupation de la casbah par le khalifa de l'Émir.

Trois ans après, Bou-Maza, poussé par la colonne de Médéah, étant venu chez les Ouled-Naïl, Si Mohammed Sghir fut envoyé avec son goum pour couvrir, rassurer et surtout maintenir les oasis des Ouled-Djellal et de Sidi-Khaled, déjà remuées par l'approche de cet agitateur. Mais le renom de Bou-Maza glaça le courage de nos cavaliers, qui prirent honteusement la fuite, malgré les efforts de leur

---

(1) Voyez *Table chronologique* (2ᵉ vol.), 7 avril 1840.

jeune chef, dès qu'ils aperçurent à l'horizon les drapeaux du chérif du Dahra.

Une colonne, sous les ordres du général Herbillon, dut être envoyée contre lui. Le caïd des Zibans en faisait partie avec son goum et s'y fit remarquer, ainsi que son cousin Si El-Hadj ben Mohammed, le fils du vainqueur de Salsou.

Pour récompenser leur belle conduite, le général Herbillon fit nommer Si El-Hadj caïd des Ouled-Djellal et des Ouled-Naïl.

Le 18 mars 1849 éclatait l'insurrection de Zaatcha. Nous n'étions pas en mesure de la réprimer immédiatement et, jusqu'à la fin de juillet, l'agitateur Bou-Zian eut le temps de faire de la propagande et de mettre en état de défense le malheureux village qu'il avait soulevé. Malgré ses efforts, Lichana seule, englobée dans la même oasis, avait embrassé sa cause. Grâce aux efforts du caïd des Zibans et de ses parents, toutes les autres oasis étaient restées tranquilles, avaient désavoué les quelques hommes qui avaient répondu à l'appel de Bou-Zian et étaient venues protester de leur fidélité.

Le colonel Carbuccia put enfin se présenter devant Zaatcha; mais, malgré le nombre relativement restreint des défenseurs, il fallut deux colonnes et un siège très long pour la réduire.

Le caïd des Zibans et tous les autres membres de sa famille prirent part avec leurs goums aux opérations de Zaatcha. Par leur seule présence dans notre camp, ils montraient bien qu'ils étaient décidés à garder le serment de fidélité qu'ils avaient fait à la France; ils maintenaient de plus dans nos rangs beaucoup d'indigènes que, sans eux, nous aurions trouvés parmi nos ennemis.

Ils se firent remarquer par leur entrain dans les nombreux combats qui furent livrés devant le village et le courage avec lequel ils supportèrent toutes les privations qu'imposait un si long siège, pendant la durée duquel aucun d'eux ne s'absenta, bien que le choléra fût parmi les assiégeants.

Le général Herbillon crut devoir récompenser leurs services en leur donnant trois nouveaux commandements.

En 1852, le 22 mai, le chérif Mohammed ben Abdallah étant venu menacer les Zibans à la tête de 600 chevaux et de 2,000 fantassins, le commandant Collineau se porta à sa rencontre pour garantir Metlili.

Il trouva le chérif à quelques centaines de mètres au sud de l'Oued-Djeddi, prêt à recevoir le choc. Malgré sa grande infériorité numérique, le commandant Collineau ne pouvait hésiter et n'hésita pas; car c'eût été livrer tout le M'zab à l'agitateur au moment où une insurrection formidable éclatait chez les Oulad-Dehan, les Beni-Salah, les Haracta, c'est-à-dire dans toute la partie nord de la province.

Il résolut donc de tenter un héroïque effort et se précipita avec sa cavalerie régulière au plus épais de la mêlée, en prenant la tente même du chérif pour point de direction. L'affaire fut courte, mais chaude; tout fut culbuté, et en moins d'une demi-heure les hordes du chérif fuyaient en désordre vers le sud, laissant une centaine de morts sur le terrain et un butin considérable. L'affaire eût été plus décisive encore si, par une inertie inexplicable, le cheikh El-Arab n'avait paralysé ses goums. Sur 400 cavaliers, une cinquantaine seulement purent être enlevés par le caïd Si Mohammed Sghir et son frère Bou Lakhras, qui suivirent nos chasseurs et se firent remarquer par leur intrépidité. Si Mohammed Sghir ben Ali ben Guidoun ben Ganah fut cité élogieusement à la suite de cette affaire dans le rapport du commandant Collineau, et fait officier de la Légion d'honneur.

Au début de l'insurrection de 1858-1859, à laquelle le marabout Si Saddok bel Hadj a donné son nom, quelques fanatiques de la tribu des Lakhdar occupèrent de vive force une partie des jardins de Sidi-Okba, cherchant à entraîner les habitants dans leur rébellion et à renouveler l'épisode de Zaatcha. Le caïd des Zibans se porta rapidement sur Sidi-Okba, à la tête de ses goums, et dispersa les rebelles après un engagement assez vif.

Ils se retirèrent dans la montagne, dont Si Saddok avait soulevé contre nous presque toutes les populations.

Une colonne fut formée à Chetma pour aller les châtier.

Elle pénétrait dans le pâté montagneux de l'Ahmor-Khaddou le 10 janvier 1859, rencontrait les rebelles le 13, les culbutait dans les ravins de Tounegalin, incendiait le lendemain la zaouia de l'agitateur et razziait le village des Ahl-Roufi, qui était la forteresse de l'insurrection. Si Saddok et ses fils cherchèrent alors à s'enfuir en Tunisie par le Djebel-Chechar. A la tête de son goum, Si Mohammed Sghir les poursuivit vigoureusement, leur coupa la route et les obligea à se jeter dans la vallée de l'Oued-el-Arab, où son gendre Ahmed ben Naceur, qui les attendait, les fit prisonniers.

Depuis cette époque jusqu'en 1870, le calme le plus complet a régné dans la partie nord du cercle, et le caïd Si Mohammed Sghir n'a eu à s'occuper que de l'administration de son important caïdat.

A cette époque, une sourde fermentation se produisit de tous côtés. Cette fermentation, qui dégénéra ailleurs en insurrection déclarée, se manifesta aussi dans le cercle de Biskra.

Mais si les vieilles haines de parti s'étaient réveillées, si les tribus de même opinion avaient même poussé la désobéissance jusqu'à se rassembler malgré nos ordres, à se défier mutuellement, à exécuter même les unes contre les autres quelques razzias isolées, elles n'en vinrent pas aux mains, et on peut dire que cet heureux résultat fut dû uniquement à l'influence qu'avaient sur elles leurs chefs respectifs, Si Mohammed Sghir ben Ganah et Si Ali-Bey, qui firent tout pour les maintenir dans le devoir, sacrifiant leur popularité et donnant ainsi, dans un moment bien critique, une immense preuve de leur dévouement à notre cause.

En 1876, les Bou-Azid, cédant aux suggestions d'un ancien cheikh révoqué, Mohammed Yahia, et aux prédications d'un berger fanatique stylé par lui (Ahmed ben Aïcha), se révoltèrent et se réunirent dans le village d'El-Amri, dont ils étaient propriétaires et qui a laissé son nom à l'insurrection.

Le général Carteret se présenta devant El-Amri le 11 avril, à huit heures du matin, à la tête d'une petite colonne. Les rebelles se portèrent en dehors de l'oasis pour l'attaquer. Assaillis par les goums, ils les repoussèrent malgré le courage dont firent preuve les Douaouda, qui les commandaient, et le feu nourri de notre infanterie put seul les obliger à rentrer dans leurs lignes, laissant un grand nombre de cadavres sur le champ de bataille.

Si Mohammed Sghir fut blessé en chargeant à la tête des goums.

L'insurrection d'El-Amri a été le dernier fait militaire auquel ait pris part le caïd des Zibans.

Depuis cette époque jusqu'à sa mort, il s'est exclusivement occupé de l'administration de son territoire, apportant dans ses relations avec ses administrés une bienveillance qui ne se démentait jamais.

On voit donc que, dans la haute situation qu'il a occupée pendant quarante-quatre ans, Si Mohammed Sghir ben Ali ben Guidoun ben Ganah nous a rendu de grands services, aussi bien en temps de paix que pendant les nombreuses expéditions auxquelles il a pris part.

Cette haute situation, qu'il a due d'abord à l'influence de sa famille et aux services qu'elle nous avait rendus, il l'a conservée à cause de cette même influence dont il a hérité en devenant le chef de la famille à la mort du dernier cheikh El-Arab, en 1861, et s'en est toujours montré digne à tous les points de vue.

Pendant les quarante-quatre ans de son existence qu'il a consacrés à notre service, il est resté attaché à notre cause sans la moindre défaillance aux époques critiques et nous a prouvé son dévouement dans toutes les circonstances et de toutes les manières.

Très séduisant d'aspect, d'une remarquable noblesse d'allure, très hospitalier, le caïd achevait de gagner par son tact, sa dignité, sa bienveillance, la sympathie des Européens qui l'approchaient, et ses relations avec les représentants de l'autorité sont toujours restées excellentes.

Ses rares qualités, la bienveillance et la courtoisie avec laquelle il traitait tous les indigènes, sans distinction de rang ou de fortune, son extrême générosité, et la discrétion qu'il mettait dans l'accomplissement des actes qu'elle lui dictait, avaient augmenté son influence et l'avaient rendu l'homme le plus populaire de sa famille parmi les populations sahariennes.

Sous une grande apparence d'abandon, le caïd resta toute sa vie très digne avec les Européens comme avec les indigènes.

Malgré la grande facilité avec laquelle il se prêtait à nos habitudes, il ne prit jamais que celles qui n'étaient pas contraires aux préceptes de la religion musulmane, qu'il a toujours pratiquée franchement, mais sans ostentation.

Si Mohammed Sghir ben Ali ben Guidoun ben Ganah est mort le 7 septembre 1888, au château Gérard, propriété qu'il possédait dans la commune de l'Oued-Athménia, et avec lui a disparu un des derniers grands chefs indigènes de l'Algérie, dont la fidélité à la France ne s'est pas démentie un seul instant.

Le caïd était commandeur de la Légion d'honneur depuis le 1er février 1866.

Mobacher. — Documents particuliers et officiels.

SI SALAH BEN BOU S'DIRA.

Le caïd de la plaine de Djidjelli, Si Salah ben Bou S'dira, était chevalier de la Légion d'honneur et titulaire d'une médaille d'or de 1re classe.

Fils d'un ancien cheikh, Si Salah entra au service de très bonne heure, comme *khiala* au bureau arabe.

En 1851, il avait à peine 22 ans, lorsque la colonne du général de Saint-Arnaud vint opérer dans la contrée. L'intelligence et la bravoure du jeune cavalier attirèrent l'attention du commandant de l'expédition, qui lui offrit un caïdat. Avec une modestie bien rare à cet âge, Si Salah déclina l'honneur qui lui était fait : il se trouvait trop jeune, trop peu expérimenté encore pour accepter une tâche qui exigeait, selon lui, plus de maturité qu'il ne pouvait en avoir.

En 1853, après l'expédition du général Randon, à laquelle il avait pris part et où il s'était de nouveau distingué, il fut nommé caïd des Beni-Amran-Seffla et montra dans ces fonctions des aptitudes administratives aussi solides que ses qualités militaires étaient brillantes.

En 1861, il devint caïd de l'Oued-Nil, et, enfin, en 1865, caïd de la plaine de Djidjelli; c'est dans ce dernier emploi que la mort est venue le surprendre le 29 août 1880.

Pendant les expéditions de 1860, 1864, 1865 et 1871, on trouve le caïd Salah à la tête de son goum, et, donnant à tous l'exemple d'un dévouement à toute épreuve, d'un entrain et d'une bravoure touchant à la témérité.

Le courage des champs de bataille n'était pas le seul que possédât Si Salah : les nombreux sauvetages qu'il a accomplis ont rendu son nom populaire sur le littoral du cercle de Djidjelli. Dès 1860, il était titulaire d'une médaille d'or de 1re classe, juste récompense de l'abnégation avec laquelle il avait, plusieurs fois, risqué sa vie pour sauver l'équipage d'un navire en détresse.

En 1804, à la suite d'un fait identique, il était nommé chevalier de la Légion d'honneur.

Pendant près de trente ans, le caïd Si Salah n'a cessé de donner à la France les preuves d'une fidélité à toute épreuve; il était universellement estimé, aimé et respecté.

Toutes les autorités militaires et civiles avaient tenu, en assistant à ses obsèques, à rendre un dernier hommage au loyal serviteur que la France venait de perdre; un grand nombre d'indigènes et d'Européens de toutes conditions s'étaient joints au cortège.

Documents officiels.

SI-SMAÏL-BEN-ALI-MASRALY.

Si-Smaïl-ben-Ali-Masraly, agha de Tuggurt, est né à Constantine vers 1825 d'une famille d'origine turque.

Il a été successivement caïd des Ouled-Abd-En-Nour, du 20 juillet 1850 au 27 octobre 1860, caïd du Hodna, des Ouled-Sellem et des Ouled-Ali-Ben-Sabor jusqu'au 30 janvier 1882, agha de Tuggurt depuis cette époque.

Dès 1848 Si-Smaïl-ben-Ali-Masraly commença à se rendre utile par les renseignements qu'il fournissait au bureau arabe de Constantine. En 1849, il fut chargé par le général de Salles de négocier la soumission des Ouled-Ben-Azzedin du Zouagha : il réussit pleinement dans cette mission difficile. En 1850, il fut encore assez heureux pour décider le marabout Mouley, Chekfa (Djidjelli), à se présenter aux autorités françaises. En décembre 1850, il suivit la colonne qui mit fin à l'insurrection des Berrama.

En septembre 1860, il fut chargé de conduire à Alger le goum de Constantine. A la même époque, on lui confia le soin de réorganiser le Hodna, qui, troublé par l'insurrection de Bou-Khentach, échappait au caïd Si Mokhtar-Ben-Deikha.

Chevalier de la Légion d'honneur depuis le 23 avril 1859, il fut promu officier le 5 avril 1864.

Pendant la famine de 1867-1868, Si-Smaïl se fit remarquer par une générosité inépuisable : il reçut à ce sujet une lettre de félicitation du maréchal de Mac-Mahon, et plus tard en 1870, pour l'aider à sortir de la gêne où l'avait entraîné sa charité, l'empereur lui fit don d'une somme de 30,000 francs.

Au mois d'octobre 1870, Si-Smaïl arma, équipa et monta à ses frais deux cavaliers qui furent incorporés aux éclaireurs algériens.

En mai 1871, il assista à la sanglante affaire du Djebel-Mestaoua et débloqua un détachement de remonte enfermé dans N'gaous.

Il fut nommé commandeur de la Légion d'honneur le 21 septembre 1872.

Si-Smaïl jouit d'une grande influence personnelle, due à l'estime, à l'affection et au respect que sa justice et son honnêteté ont su inspirer aux indigènes. Cette influence existe dans la région de Constantine, dans les Ouled-Abd-En-Nour et le Sahara.

Si-Smaïl est d'origine turque : son père Ali Masraly, ancien intendant des beys de Constantine, fut l'un de nos plus anciens et plus dévoués serviteurs; entré après 1837 au service de la France, il devint capitaine de spahis et officier de la Légion d'honneur; après son'admission à la retraite, il se fixa à Constantine, où il est mort le 30 avril 1884.

Si-Smaïl a un frère cadet, nommé Hammon, qui a été successivement caïd des Ouled-Abd-En-Nour de Constantine et de Tafrent (Aïn-Beïda).

Si-Smaïl est marié à une fille de Si Mohammed Sghir ben Ganah, caïd des Zibans.

Il a marié une de ses filles, issue d'un premier lit, à Si-El-Mekki-ben-Bach-Tarzi, frère de l'ex-caïd des Ouled-Soltan; mais elle a été répudiée.

Une autre de ses filles est mariée à Si-Mahmoud-ben-Hammon-ben-Ali-Masraly, fils de son frère Hammon qui a été caïd des Ouled-Abd-En-Nour et de Tafrent.

Si-Smaïl a encore trois enfants mâles : Derradji, Abd-El-Aris et Ali.

En résumé, Si-Smaïl-ben-Ali-Masraly est un des chefs indigènes les plus sûrs, les plus distingués, les plus capables et les plus méritants qui ont servi la cause française. Son éloge n'est plus à faire. Son dévouement absolu à nos intérêts, sa droiture, son esprit de justice et de charité ont été appréciés par tous ceux qui l'ont connu, et ses brillantes qualités ne sont égalées que par sa remarquable modestie. Il a été nommé commandeur de la Légion d'honneur avec cette mention qui résume sa carrière : « Un des chefs indigènes les plus dévoués en temps de paix comme en temps de guerre. »

Documents particuliers.

SLANE.

Le baron Mac-Guckin de Slane (Williams), ancien interprète principal de l'armée d'Afrique, membre de l'Institut, était né à Belfast (Irlande) le 12 avril 1801.

Le baron de Slane, qui a professé le cours d'arabe algérien à l'École spéciale des langues orientales à Paris, a été l'un des arabisants les plus distingués de France, et on peut ajouter même d'Europe.

Il fut élu en 1862 membre de l'Académie des inscriptions et belles-lettres à la suite de publications importantes, depuis son édition du Divan *d'Amro l'Kaïs*, avec traduction et notes (Imprimerie royale, 1837), jusqu'à sa traduction avec commentaires des Prolégomènes d'Ibn-Khaldoun sur l'histoire des Berbères, 1867.

Il faudrait un volume pour indiquer la liste des ouvrages orientaux traduits et publiés par lui, tant en français qu'en d'autres langues.

Le baron de Slane était membre fondateur de la Société historique algérienne, officier de l'Instruction publique et officier de la Légion d'honneur.

C'est l'illustration scientifique dont s'honore le plus le corps des interprètes de l'armée.

Il est mort à Passy le 4 août 1878.

Les Interprètes de l'armée d'Afrique. — Dictionnaire des Contemporains. Revue africaine.

SOLEILLET.

Paul Soleillet est né à Nîmes le 29 avril 1842. Dès l'enfance, il eut le goût des voyages, des lointaines aventures, cette fougue, cet emportement vers l'idéal et vers l'inconnu qui font les grands hommes. Il se sentait surtout attiré par l'Afrique, qui fut sa terre de prédilection, sa seconde patrie. Il vint visiter l'Algérie en 1865 et en 1866, puis la Tunisie. Ruiné par le commerce des tapis, il désintéressa ses créanciers, puis, en 1870, s'engagea dans l'infanterie. Il fut nommé caporal après la journée de Coulmiers.

Bientôt après il commence ses grands voyages.

Il n'a qu'une idée, qu'une passion, qu'un rêve de gloire : conquérir pacifiquement les vastes contrées de l'Afrique occidentale. Dès le début il conforme sa conduite à sa maxime : « La civilisation par l'influence bienfaisante de la douceur et du savoir. » Il ne donne à ses explorations aucun caractère politique et militaire; il s'avance, à travers les dangers que lui opposent la nature et les hommes, sans autre arme que la patience doublée d'audace. En quinze années, que de marches, que de travaux! On le voit à

El-Goléa, puis à la terre promise d'Insalah. Il essaye ensuite de traverser le Sahara du sud au nord; il part de Saint-Louis du Sénégal, visite le Cayor, traverse le pays habité par les Toucouleurs, gagne les rives du Niger, entre à Ségou, mais ne peut parvenir à Tombouctou.

Une sorte de fatalité l'écarte de la ville sainte, qu'il ne pourra pas contempler comme Caillé, comme Lang, comme Caron.

Au retour d'une excursion dans l'Adrar, où il est sur le point d'être massacré, il veut encore s'enfoncer dans le Soudan et se diriger vers la grande cité du Niger. Il arrive à Médine, mais il y est arrêté par ordre des autorités françaises, qu'il a critiquées dans une lettre rendue publique par l'indiscrétion d'un ami. Il est dépouillé de ses bagages, de ses effets; il est sur le point de mourir faute de vivres, faute de quinine pour combattre la fièvre. Il revient en France; il ne peut plus songer désormais à la réalisation de son principal projet : l'établissement d'une ligne ferrée reliant le Sénégal à l'Algérie par Tombouctou et le Sahara.

C'était là un rêve qu'il caressa de longues années, y sacrifiant sa santé et son argent. Lorsqu'il rentrait en France, ce n'était point pour se reposer, mais pour continuer sa campagne sous une autre forme : il écrivait, dressait des plans et allait par toute la France prôner son idée dans des conférences publiques.

Il me souvient d'avoir assisté à plusieurs de ces soirées dans lesquelles Soleillet développait son projet grandiose avec une foi et une énergie dignes d'un meilleur sort.

L'ouest africain lui échappant, il porta ses vues sur une autre partie de l'Afrique pour y maintenir intacte et y agrandir l'aire de l'influence française. Il fonde des comptoirs à Obock, puis il entre dans le royaume de Choah. Il est reçu par le roi Menelick, dont il gagne l'amitié et l'alliance. Il est doté de terres, de titres, de fiefs. A ce moment, il peut espérer que son œuvre est accomplie. Il revient en France, porteur de présents pour le président de la République : il repart pour Obock avec des dons pour le souverain éthiopien. Mais là-bas, en plein succès, dans le port d'Aden, sur terre anglaise, ce vaillant et ce fort meurt, terrassé par la fièvre, en septembre 1886!

Une statue lui a été érigée à Nîmes en août 1888.

Édouard Petit. — *Le Petit Nîmois.* — *Bulletin de la Société de géographie de Paris.* Notes personnelles.

SOUMAIN.

Soumain (Jules-Henri), général de division, grand officier de la Légion d'honneur, naquit à Châteauroux (Indre) le 29 mars 1803. Après de solides études au prytanée de la Flèche de 1815 à 1821, il entra à l'école de Saint-Cyr le 4 novembre 1821, n'ayant pas encore 17 ans; il en sortit le 30 septembre 1823 avec l'épaulette de sous-lieutenant au 5° d'infanterie légère, alors en Espagne, et qu'il se hâta de rejoindre. Nommé lieutenant le 1er octobre 1830, et capitaine le 13 décembre 1836, lors de la formation des bataillons de chasseurs à pied, le capitaine Soumain fut choisi des premiers et envoyé le 26 octobre 1840 au 6° bataillon en formation à Saint-Omer.

L'année suivante, le 6° bataillon de chasseurs d'Orléans fut embarqué pour la province d'Alger, où il fit de nombreuses expéditions. Ces expéditions valurent au capitaine Soumain plusieurs citations à l'ordre de l'armée. Le rapport général du 13 juin 1842 le nomma comme s'étant particulièrement distingué dans le combat d'arrière-garde du 4 juin à la Daya-Aïssa. Il fut encore cité dans le rapport officiel en date du 6 février comme s'étant fait remarquer au combat livré aux Beni-Menasser le 26 janvier; une troisième fois, dans le rapport du 7 mai, pour sa conduite dans les combats des 11 et 12 avril, également chez les Beni-Menasser, et enfin une quatrième fois dans le rapport du général Changarnier du 7 juin 1843, comme s'étant montré d'une façon très brillante à l'attaque des crêtes de l'Ouarensenis du 2 mars. Le capitaine Soumain n'avait pas 40 ans. Ces citations lui valurent les épaulettes de chef de bataillon. Il fut promu à ce grade le 14 avril 1844, au 56° régiment d'infanterie de ligne, alors dans la province d'Oran, en sorte que le nouvel officier supérieur ne quitta pas l'Algérie. Il ne resta pas longtemps à ce régiment; l'année suivante, le commandement du 5° bataillon de chasseurs à pied, alors dans la province d'Oran, étant devenu vacant par la promotion de Canrobert au grade de lieutenant-colonel, on s'empressa de le donner à Soumain, qui, nommé chevalier de la Légion d'honneur le 25 janvier 1846, continua à combattre dans la province de l'ouest jusqu'à sa promotion au grade de lieutenant-colonel du 51° de ligne, le 13 juin 1848.

Le nouveau régiment de Soumain étant dans la province d'Alger, le lieutenant-colonel revint dans cette province, où il resta jusqu'au 16 avril 1850. Le 2 juin 1848, il avait été fait officier de la Légion d'honneur.

Après avoir passé dix années consécutives en Algérie dans les provinces d'Alger et de Constantine, Soumain, nommé colonel du 4ᵉ léger, alla prendre à Rouen le commandement de ce régiment. Promu général de brigade le 24 août 1854, il reçut le commandement de la place de Paris le 18 juin 1858. Le 29 mai 1859, Soumain fut promu général de division, tout en conservant la position qu'il occupait. On l'éleva à la dignité de grand officier le 14 août 1865.

Le général Soumain est mort à Paris le 30 mars 1873, après avoir pris part à la défense de Paris en 1870-71.

Panthéon Fléchois. — Archives militaires. —*Annales algériennes.* — Documents divers. *La Guerre de 1870-71*, par Claretie.

SUQUET.

M. Suquet (Émile), ingénieur en chef des ponts et chaussées, attaché la direction de la Cⁱᵉ Paris-Lyon-Méditerranée comme ingénieur en chef, chevalier de la Légion d'honneur, né à Sisteron (Basses-Alpes) le 12 août 1834, a dirigé l'exploitation du réseau algérien de la Cⁱᵉ P. L. M. de mai 1878 à juin 1888.

Pendant ces dix années, M. Suquet a rendu de grands services au commerce algérien en le favorisant par tous les moyens en son pouvoir. Aimable, bienveillant, il s'était concilié les sympathies de la population comme de tout son personnel, qui lui a offert un splendide banquet lors de sa rentrée en France.

M. Suquet a laissé en Algérie le meilleur souvenir; celui d'un ingénieur de mérite, d'un administrateur très capable ayant le souci des intérêts qui lui étaient confiés et de l'avenir des centres agricoles dont la prospérité repose aujourd'hui en grande partie sur le fonctionnement économique des chemins de fer.

Documents particuliers.

TACHET.

M. Tachet (François-Isidore) est né le 4 avril 1833 à Mirecourt (Vosges), où son père exerçait la profession de fabricant de violons.

Venu à Alger en 1844, il fut placé au collège de cette ville. A 17 ans, il entra comme commis chez M. Mazet, négociant en vins ; dès l'âge de 21 ans sa conduite lui valut d'être intéressé dans cette maison, dont il devint l'associé quelques années plus tard sous la raison Mazet et Tachet. En 1875, M. Mazet désirant se retirer des affaires, M. Tachet resta seul propriétaire de la maison de commerce de vins et spiritueux connue aujourd'hui dans les trois provinces et même en France, où M. Tachet a su créer des débouchés de nos excellents vins et contribuer ainsi à la bonne renommée du vignoble algérien.

Élu juge suppléant au Tribunal de commerce d'Alger le 5 mai 1873, et juge le 19 janvier 1875, M. Tachet fut appelé à la présidence de ce tribunal le 24 décembre 1878 par un vote unanime des électeurs consulaires. Il remplit ces fonctions jusqu'au 9 janvier 1889. M. Tachet compte donc seize années de judicature dont dix comme président.

En lui succédant, M. Castan a pu dire très justement :

« Par sa droiture de caractère, sa rectitude de jugement, ses connaissances juridiques, son esprit conciliant et élevé, sa bienveillance et son aménité de caractère, qui n'excluent pas une sévérité nécessaire à la bonne marche des services, enfin par toutes les qualités qui le distinguent, M. Tachet a rendu la tâche de son successeur bien difficile. »

Et plus loin :

« En quittant volontairement le fauteuil présidentiel qu'il occupait si dignement depuis dix ans, M. Tachet sera vivement regretté de tous les justiciables qui avaient appris à le connaître et à l'apprécier. »

Par décret du 12 juillet 1884, rendu sur la proposition du ministre de la justice, M. Tachet a été nommé chevalier de la Légion d'honneur.

Depuis une vingtaine d'années, il est vice-président du conseil d'administration de la Société des anciens élèves du collège et du lycée d'Alger, qu'il a contribué à fonder en 1862. Chargé du fonctionnement effectif de cette association, il a su lui créer intelligemment des ressources ; aujourd'hui la Société des anciens élèves compte 600 membres, entretient 12 boursiers au lycée et possède un capital de plus de 32,000 francs.

En 1887, sur la proposition de M. Letellier, député et président de l'association, M. Tachet a été nommé officier d'Académie en récompense de ses éminents services.

M. Tachet ne s'est pas borné dans son existence à exercer le commerce avec distinction. Il est encore vice-président de la société de secours mutuels « la Famille », vénérable depuis 14 ans de la loge maçonnique de Bélisaire, vice-président de la caisse d'épargne, administrateur de la Banque de l'Algérie, censeur du Crédit foncier d'Algérie. Il a été de 1853 à 1871 sergent-major dans la milice d'Alger.

M. Tachet, entraîné par son amour de la colonisation algérienne, a créé plusieurs propriétés agricoles : à Chéragas, à Birkadem, à Birmandreïs, à Tizi-Ouzou, il a formé des vignobles et des orangeries, cultures pour lesquelles il a un goût particulier et dans lesquelles il a su se faire un nom. Ses produits lui ont valu dans les concours ou expositions quatre médailles de bronze, six médailles d'argent, une médaille de vermeil, quatre médailles d'or, trois diplômes d'honneur. Président du jury de l'exposition des vins nouveaux en 1884, M. Tachet s'y fit remarquer par un rapport sur le vignoble algérien dont le gouvernement général ordonna l'impression. En 1887, le ministre de l'agriculture a nommé M. Tachet chevalier du Mérite agricole.

Documents particuliers. — Audience solennelle du tribunal de commerce du 9 janvier 1889. — Votes personnelles.

TARBOURIECH.

Tarbouriech (Pierre-Nazaire), colonel d'infanterie, commandeur de la Légion d'honneur, né à Moulins (Allier) le 6 février 1808, entré à Saint-Cyr en 1825, en sortit sous-lieutenant le 1er octobre 1827. Lieutenant le 13 octobre 1831, il fit la campagne de Belgique en 1832. Capitaine le 20 novembre 1838, il vint en Algérie, où il ne tarda pas à se distinguer, et le 24 avril 1845 il était nommé chef de bataillon au 3e zouaves à Constantine.

Le 2 avril 1843, étant en expédition contre les Beni-Menasser, Tarbouriech reçut un coup de feu à la tête et fut cité à l'ordre pour sa vigoureuse conduite.

Pendant trois ans, il commanda un bataillon au 3e zouaves, presque toujours en expédition dans la province de Constantine. Promu le 31 avril 1848 lieutenant-colonel du 36e de ligne dans la province d'Alger, on lui décerna deux ans plus tard, le 4 avril 1850, la croix d'officier.

Colonel du 13ᵉ léger le 24 décembre 1851, il ne commanda ce régiment que quelques mois, ayant obtenu le 17 février 1852 d'être nommé à son ancien corps, le 3ᵉ zouaves, et de revenir en Algérie, qu'il affectionnait tout particulièrement. Embarqué en mars 1854 avec son régiment pour l'armée d'Orient, il fut fait commandeur le 9 août 1854, après la bataille de l'Alma. Le colonel Tarbouriech mourut deux mois plus tard devant Sébastopol, le 24 septembre 1854, enlevé par le choléra.

Tarbouriech était un brillant homme de guerre et un vigoureux chef de corps. En un mot, il était digne de commander les zouaves; c'est le plus bel éloge qu'on puisse lui adresser.

Panthéon Fléchois. — Archives militaires. — *Historique du 3ᵉ zouaves.*

TARTAS.

Tartas (Émile), général de division, ancien représentant du peuple, grand officier de la Légion d'honneur, né le 2 août 1796 à Mézin (Lot-et-Garonne), entra à dix-huit ans dans les gardes du corps de Louis XVIII, et six mois plus tard dans un régiment de cavalerie avec le grade de sous-lieutenant. Après avoir rempli plusieurs années les fonctions de capitaine instructeur à l'école de Saumur, il fut nommé lieutenant-colonel (1840) et passa en Algérie, où pendant cinq années il prit une part active à plusieurs expéditions, notamment aux dernières contre Abd-el-Kader, et à la répression de la révolte du Dahra dirigée par Bou-Maza.

Colonel d'un régiment de chasseurs d'Afrique depuis 1844, Tartas fut promu en 1846 maréchal de camp, en récompense de ses brillants services dans la colonie. Il retourna en France prendre le commandement du Lot-et-Garonne.

Après 1848, le général Tartas fit partie de la Constituante et de la Législative.

Le 12 septembre 1852, il fut élevé au grade de général de division. Promu commandeur de la Légion d'honneur le 28 décembre 1843, et grand officier le 28 décembre 1855, le général Tartas est décédé le 25 février 1860.

Dictionnaire des Contemporains. — Archives militaires. — *Annales algériennes.*

TASSIN.

M. Tassin (Charles-Aimé), ancien directeur général des affaires civiles et financières à Alger, officier de la Légion d'honneur, né en 1815 à Soissons (Aisne), était entré dans l'administration le 13 décembre 1842 comme secrétaire du commissariat civil de Constantine. Le 6 janvier de l'année suivante, il fut nommé premier suppléant du juge de paix de cette ville, et en 1847 devint chef de bureau au gouvernement général.

Les qualités exceptionnelles qui le distinguaient lui valurent un rapide avancement jusqu'au premier échelon de la hiérarchie administrative. Secrétaire du Conseil de gouvernement le 16 avril 1853, il fut nommé successivement conseiller de gouvernement le 18 mars 1857, secrétaire du Conseil de l'Algérie et des colonies sous le ministère spécial de 1859-1860, à la suppression du ministère chef du service de l'Algérie à Paris, et le 29 mars 1871 directeur général des affaires civiles et financières à Alger.

M. Tassin a consacré 32 ans de son existence à l'Algérie, il lui a véritablement donné sa vie. Acharné au travail, d'un dévouement qui ne s'est jamais démenti, scrupuleux à l'excès dans l'exercice de ses devoirs, il a poussé l'abnégation jusqu'à refuser les congés qui lui étaient offerts. Dans sa longue carrière administrative, son seul repos a été un congé de trente jours qu'il prit à l'occasion de son mariage. Nous tenons à rappeler ce détail : il peint l'homme dont tous les anciens fonctionnaires sont unanimes à faire l'éloge.

Sa ténacité au travail aurait anéanti une constitution encore plus robuste que la sienne. Épuisé, il mourut d'une hypertrophie du cœur le 13 août 1873. Les médecins lui avaient ordonné un repos absolu pendant quelque temps, mais il s'était refusé à prendre le congé qui lui était indispensable, parce que le gouverneur, qu'il remplaçait, était en France.

M. Tassin est mort au champ d'honneur. Il était entré sans fortune dans l'administration ; il est mort pauvre. C'est le meilleur témoignage qu'on puisse donner de sa probité.

Il a été un caractère et un homme de cœur, dont le souvenir est digne d'être conservé.

Le nom de Tassin a été donné à un centre de population européenne en voie de création à Haci-Zehana dans la province d'Oran.

Archives administratives. — Documents particuliers.

TESTARD.

Testard, soldat au 2ᵉ hussards, se trouvait à Sidi-Brahim avec son escadron dans la lugubre journée du 23 septembre 1845. Au milieu du combat, son chef d'escadron Courby de Cognord eut son cheval tué sous lui et tomba à terre. Testard, s'étant aperçu de cet accident, descendit précipitamment de son cheval et le donna à son chef.

Ce noble dévouement permit au commandant de rallier les débris de l'escadron et de se maintenir un moment sur une hauteur en attendant les secours de l'infanterie.

Testard fut fait prisonnier et resta quatorze mois entre les mains des Arabes. Il rentra à Nemours le 27 novembre 1846 avec son commandant Courby de Cognord (*voyez ce nom*) et dix autres captifs rachetés à Melilla.

A son retour parmi ses compagnons d'armes, il reçut la croix de la Légion d'honneur.

Archives militaires. — *Le Combat de Sidi-Brahim*, par Pègues.

THOMAS.

Thomas (Joseph), général de brigade, commandeur de la Légion d'honneur, né à Hambourg (Allemagne) le 20 mars 1812, de parents français, élève de la Flèche en 1823, fut renvoyé de cette école (1) et parvint néanmoins à entrer à Saint-Cyr le 19 novembre 1829. Il en sortit le 1ᵉʳ octobre 1831, et fut admis à l'École d'application d'état-major le 1ᵉʳ janvier 1832. Lieutenant au corps royal d'état-major le 20 janvier 1834, il fit son stage d'infanterie au 67ᵉ de ligne en Algérie, son stage de cavalerie au 2ᵉ de chasseurs, également en Afrique, et fut pris, le 21 mars 1837, comme aide de camp par le général Négrier, commandant supérieur de la province de Constantine.

Décoré le 30 avril 1836, capitaine le 5 mars 1838 au 6ᵉ hussards,

---

(1) Dans ses *Souvenirs de la Flèche*, le baron du Casse raconte l'anecdote suivante : « Nous avions trois maîtres d'écriture vieux et assez ridicules, pauvres diables mal payés et en butte aux taquineries des enfants. Ils s'appelaient : Leclerc, Élie, Berthin. Un jour Thomas, alors âgé de douze ans, s'avise d'écrire sur les murs de la cour, à la craie, en grosses lettres : *Leclerc est libertin* (Leclerc, Élie, Berthin). Un adjudant le voit, fait son rapport, et l'enfant est chassé. »

il fut détaché auprès de l'ambassadeur de France à Constantinople le 5 décembre 1839.

Revenu de Turquie en mars 1841, il reprit sa position d'aide de camp du général Négrier à Constantine, et le 5 juin 1842, à la formation des bataillons de tirailleurs indigènes, il obtint d'être nommé chef de celui de la province de Constantine.

Thomas commanda ce bataillon avec beaucoup de talent et de vigueur, jusqu'au 22 septembre 1847, sans quitter notre colonie.

Nommé lieutenant-colonel du 21e, puis du 16e léger, il rejoignit ce régiment à l'armée de Paris. Colonel du 11e léger le 12 juillet 1848, il revint en 1850 en Algérie, cette fois dans la province d'Oran. Officier de la Légion d'honneur le 10 mai 1852, général de brigade le 1er janvier 1854, il eut le commandement d'une brigade lors de l'expédition d'Orient. A la bataille de l'Alma, le général Thomas fut grièvement blessé à l'aine d'une balle qui le jeta à bas de son cheval et le mit hors de combat.

Le 16 août 1857, le général fut mis à la disposition du gouverneur de l'Algérie, qui lui donna la subdivision d'Oran. Il commanda ensuite et successivement celle de Dellys du 14 décembre 1857 au 27 mai 1859, celle de Tlemcen du 27 mai au 24 octobre 1859, où il mourut ce jour-là, étant en activité de service, après une vingtaine d'années passées à l'armée d'Afrique.

Panthéon Fléchois. — Archives militaires. — *Historique du 3e tirailleurs.*

THOMSON.

Thomson (Gaston-Arnold-Marie), député de Constantine, né à Oran le 29 janvier 1848, était rédacteur à la *République française* depuis 1873, lorsqu'il fut élu député de Constantine (en remplacement d'Alexis Lambert décédé) le 22 avril 1877, sous le patronage de Gambetta, dont il avait été le secrétaire et dont il resta un des plus intimes amis. Le grand orateur avait pour M. Thomson une considération dont celui-ci se montre justement fier.

Il fit partie quelques semaines plus tard des 363 qui refusèrent leur confiance au ministère de Broglie, et fut réélu le 14 octobre par 6,497 suffrages. Il se fit inscrire au groupe de l'Union républicaine.

Aux élections du 21 août 1881, le département de Constantine ayant désormais deux députés à élire au lieu d'un, M. Gaston Thomson fut élu dans les deux circonscriptions : dans la première, par 2,805 voix sur 4,699 votants; dans la seconde, par 2,784 sur 4,647. Il opta pour la seconde, retourna à la Chambre et fit partie de commissions très importantes, notamment de celle du budget. Il prononça aussi des discours très remarqués sur l'Algérie.

Le 4 octobre 1885, il a été réélu, le premier sur deux, par 6,213 voix sur 11,918 votants.

M. Gaston Thomson, aujourd'hui le doyen de la députation algérienne, a pris une haute situation à la Chambre; il est très considéré et a toute l'importance d'un chef de groupe. Il n'a tenu qu'à lui d'être sous-secrétaire d'État et il est regardé comme un futur ministre. C'est celui qui par ses influences personnelles peut rendre le plus de services à la colonie, — et la liste est longue de ceux qu'il lui a rendus depuis les douze années qu'il la représente.

Enfant de l'Algérie, il est un de ses plus dignes, un de ceux qui lui font le plus d'honneur. Et il n'a que quarante ans !

Son frère, M. Charles Thomson, né également à Oran, a été rédacteur de l'*Akhbar* pendant quelques années sous l'Empire, puis successivement préfet de la Drôme, du Doubs, gouverneur de la Cochinchine.

Il est actuellement ambassadeur de France à Stockholm.

Documents particuliers. — *Indépendant de Constantine*. — Biographie des députés par Ribeyre. — *Dict. des Contemporains*.

THUILLIER.

Thuillier (Émile), publiciste, né à Sedan en 1817. Lorsque éclata la révolution de 1848, il était étudiant en droit à Paris. Il prit une part active à la défense des idées démocratiques, fut arrêté après les funestes journées de juin et transporté sans jugement à Belle-Isle, puis à Brest, à Bône et à Lambessa.

Interné à Constantine en 1853, il devint défenseur devant le conseil de guerre et son talent s'y affirma. Il a été l'un des rédacteurs de l'*Indépendant de Constantine*. Il fonda le *Babillard*, collabora au *Courrier de l'Algérie*, à l'*Algérie française*. Il fut un adversaire très énergique des bureaux arabes et de la féodalité indigène.

Émile Thuillier était non seulement un écrivain de talent, mais peintre et musicien; il a composé quelques œuvres théâtrales.

M. LOUIS TIRMAN.

Il était en dernier lieu rédacteur en chef du *Moniteur de l'Algérie*. Il a succombé le 27 juillet 1876 aux suites d'une hypertrophie du cœur, — une véritable maladie de journaliste, la conséquence de cette vie de désillusions, d'angoisses, d'injustices incessantes !

Indépendant de Constantine. — Notes personnelles.

TIRMAN.

M. Louis Tirman est né à Mézières (Ardennes) le 29 juillet 1837.
Docteur en droit, il fut nommé conseiller de préfecture en 1863. Secrétaire général à Mézières en 1870, il fut chargé, par le gouvernement de la Défense nationale, de l'administration du département après la mort du préfet Foy. Dans ce poste que les circonstances rendaient si difficile, le jeune administrateur se montra à la hauteur de la situation. Il sut organiser en peu de temps de nombreux bataillons de mobilisés, des compagnies de francs-tireurs, et même fondre des canons, bien que le département, envahi dès le 1er août, fût presque entièrement occupé par l'ennemi.

Grâce à son énergie, ces troupes improvisées furent mises en état d'opposer aux envahisseurs une résistance qui est citée comme un des faits glorieux de cette malheureuse guerre.

Après le bombardement de Mézières, les Allemands, voulant tirer vengeance du mal que leur avaient fait les nombreux corps francs ardennais, recherchèrent activement l'organisateur de la défense pour l'emmener en captivité dans une forteresse. Mais M. Tirman put leur échapper en gagnant, par la Belgique, Givet, le dernier point du département resté français. Il y demeura jusqu'à l'armistice.

Après l'élection de l'Assemblée nationale, M. Thiers, sur la demande unanime de la députation, le nomma préfet. Pendant près de trois ans, M. Tirman sut défendre ses administrés contre les exigences des ennemis, qui n'évacuèrent le département qu'en août 1873. Grâce à lui, l'occupation fut tolérable dans ce malheureux département qui avait été le plus éprouvé de tous pendant la guerre.

Mis en disponibilité, après le départ des Allemands, par le ministère de Broglie, M. Tirman fut, en 1873, après le 24 mai, nommé préfet du Puy-de-Dôme et resta à Clermont jusqu'au 16 mai (1877). Bien que son séjour dans ce département ait été de courte durée, il put y rendre des services dont les Auvergnats n'ont pas perdu le souvenir.

Appelé à la préfecture des Bouches-du-Rhône en décembre 1877, M. Tirman suspendit immédiatement la Commission municipale nommée par le ministère du 16 mai et s'appliqua à faire rentrer toutes choses dans l'ordre républicain. Il fut le premier préfet qui osa interdire dans la ville de Marseille, où elles avaient lieu depuis plusieurs siècles, les processions, qui menaçaient de devenir une cause de troubles. Sous son administration, le département des Bouches-du-Rhône fut constamment tenu à l'abri de la domination des exagérés.

M. Tirman était conseiller d'État depuis deux ans et demi quand Gambetta lui confia le gouvernement général de l'Algérie (26 novembre 1881). Huit ans se sont écoulés depuis... *Longum ævi spatium*, dit M. Camille Rousset du baron Voirol, qui gouverna l'Algérie pendant dix-sept mois. Que dira-t-on de M. Tirman ? Il est, en effet, de tous les gouverneurs qui se sont succédé depuis la conquête, celui qui a occupé le plus longtemps le poste.

S'il est toujours difficile de parler d'un administrateur en fonctions, la tâche est surtout délicate quand on n'a que des éloges à formuler. Heureusement pour nous, les progrès réalisés en Algérie depuis 1882 sont assez connus de tous pour que nous puissions nous abstenir d'appréciations personnelles qui ne sauraient avoir l'autorité des faits.

Nous nous bornerons donc à constater que M. Tirman aura eu l'honneur de rendre inébranlable l'institution du régime civil, en prouvant qu'une politique à la fois bienveillante et ferme à l'égard des indigènes peut assurer la tranquillité la plus parfaite à un pays dans lequel autrefois on avait presque constamment des insurrections à réprimer.

Il ne s'est pas occupé avec moins de sollicitude des intérêts matériels de la colonie. On n'a certainement pas oublié la part brillante qu'il a prise à la discussion, devant la Chambre, du projet des 50 millions, dont l'adoption nous eût fourni le moyen d'achever rapidement la mise en valeur de l'Algérie. Ce projet n'ayant pu triompher des préventions accumulées contre nous, M. Tirman, loin de se laisser décourager, a étudié sans retard une combinaison nouvelle dont le Parlement est saisi depuis longtemps. Le moment n'est sans doute plus éloigné où la création de la caisse de colonisation permettra de poursuivre activement l'œuvre capitale du peuplement de l'Algérie par l'élément français.

D'autre part, en même temps qu'il adoptait le mode d'aliénation des terres domaniales, auquel les colonies anglaises doivent leur prospérité, il proposait aux pouvoirs publics l'application à l'Algérie d'un régime foncier basé sur le principe de l'Act-Torrens. Nous espérons que, avant la fin de la prochaine législature, la métropole pourra envier à sa grande colonie cette importante réforme dont les conséquences économiques seront considérables au double point de vue de la constitution de la propriété immobilière et de la création du crédit agricole.

Personne n'ignore que M. Tirman a rétabli l'ordre dans l'administration et dans les finances publiques, étendu considérablement le territoire de droit commun, entrepris la constitution de l'état civil des indigènes, doté l'Algérie d'une arme puissante pour défendre contre le phylloxéra son domaine viticole, si riche de promesses et déjà si fertile; donné au service de l'assistance un développement tel que dans aucun pays du monde les secours hospitaliers ne sont aussi largement qu'ici assurés aux malades indigents.

Nous bornerons là cette rapide et trop incomplète énumération. Ceux de nos lecteurs qui désireront juger, dans son ensemble et dans ses détails, l'œuvre accomplie par M. Tirman, n'auront qu'à se reporter aux discours qu'il a prononcés à l'ouverture de chacune des sessions annuelles du Conseil supérieur de gouvernement de l'Algérie, à ces exposés lumineux qui sont aussi remarquables par la correction académique de la forme que par l'abondance des idées et la hauteur des vues.

Mais, parmi les réformes réalisées ou préparées par M. Tirman, il en est une à laquelle nous devons une mention spéciale, celle que le Conseil supérieur considère avec raison comme la plus importante de toutes : nous voulons parler du budget spécial de l'Algérie, dont la création, tout en assurant dans un avenir prochain d'importantes ressources au Trésor, permettrait à la colonie de disposer d'un demi-milliard pour achever à bref délai l'outillage que réclament les besoins économiques du pays.

Aussi le Conseil supérieur, en remerciant M. Tirman d'avoir pris l'initiative d'une réforme qui serait « l'œuvre de salut pour l'Algérie, » a-t-il, *à l'unanimité*, exprimé l'espoir que l'auteur du projet sera appelé à l'appliquer. Nous souhaitons pour la colonie que ce vœu se réalise; mais alors même qu'il ne serait pas donné à M. Tirman d'assister à la moisson, on n'oublierait pas qu'il en a semé le germe, et ce titre suffirait seul à lui assurer la reconnaissance de l'Algérie.

Exposé de la situation générale de l'Algérie, années 1882 à 1888. — Notes personnelles.

TORRÉ.

De la Torré (Antoine), né le 29 septembre 1787 à Arangas (Espagne), entra comme sous-lieutenant au régiment espagnol Joseph-Napoléon le 8 février 1813; lieutenant le 14 novembre, il fut licencié l'année suivante.

Promu capitaine adjoint à l'état-major de l'armée de l'Est le 13 juillet 1815, il redevient lieutenant le 17 août par suite du licenciement. Il passe le 22 mai 1816 dans la légion étrangère (devenue légion de Hohenlohe, puis régiment de Hohenlohe), y devient capitaine un an plus tard, le 31 mai 1817, puis est attaché à l'état-major de l'armée des Pyrénées le 12 mai 1823.

Chef de bataillon le 17 juin 1825 au 54ᵉ d'infanterie de ligne, de la Torré passa au 16ᵉ d'infanterie légère le 2 août 1826.

Après avoir été mis en solde de congé le 8 octobre 1830, nous le retrouvons major de place à Alger le 11 mai 1831; et c'est là, sur la terre d'Afrique, que ce vaillant soldat devait donner la mesure de sa valeur.

Il y a été en campagne du 11 juin 1831 au 27 octobre 1834, du 10 janvier 1836 au 25 février 1839 et du 12 avril 1840 au 21 mars 1845. Chaque combat était pour lui une nouvelle occasion de montrer sa bravoure, qui lui valut d'être cité à l'ordre général de l'armée d'Afrique des 2 et 22 juin 1837; cité au rapport spécial du 27 juin 1840 de M. le gouverneur général de l'Algérie; cité au rapport du 1ᵉʳ décembre 1840 de M. le général commandant la province d'Oran et dans l'ordre du jour de la même date; cité dans l'ordre du jour de la division d'Oran du 18 janvier 1841; cité dans le rapport du 22 janvier 1842 de M. le général commandant la province d'Oran; cité dans le rapport du même général du 1ᵉʳ au 14 avril 1842; cité dans le rapport du 13 juin 1842 de M. le gouverneur général de l'Algérie; cité dans le rapport du 22 juillet 1842 de M. le général d'Arbouville à M. le général gouverneur de l'Algérie; cité dans le rapport spécial de M. le général commandant la province d'Oran du 20 décembre 1842 à M. le gouverneur général de l'Algérie à la suite du combat du 18 décembre sur l'Oued-Riou, combat dans lequel le colonel de la Torré avait reçu à la tête un éclat d'obus et deux coups de feu à bout portant, dont l'un lui avait brûlé la face et occasionné une forte contusion à l'épaule gauche. Il fut encore cité, quelques jours plus tard, dans le rapport en date du 26 décembre 1842 de M. le général commandant la province d'Oran à M. le gouverneur général de l'Algérie.

Mais il est un combat dans lequel de la Torré s'est véritablement illustré, c'est celui du 25 mai 1836 sur le Boudouaou (Alger).

Depuis le 14 décembre de l'année précédente, de la Torré était chef de bataillon du 2ᵉ léger.

A la suite d'un combat livré le 19 mai au colonel Schauenbourg par les Arabes et les Kabyles sur le Boudouaou, près de la Réghaïa, le général Danrémont résolut d'occuper cette position d'une manière permanente. Mais il ne put y laisser que peu de monde. Le ocolnel Schauenbourg et le lieutenant-colonel Bourlon furent successivement rappelés, si bien que le 24 mai il ne restait plus au Boudouaou que 900 hommes d'infanterie, 45 cavaliers et deux obusiers de montagne, commandés par le chef de bataillon de la Torré.

Le 25, cette troupe était occupée aux travaux d'une redoute, dont la construction avait été ordonnée par le gouverneur général, lorsqu'elle fut attaquée dès le matin par plus de 5,000 fantassins et par quelques centaines de cavaliers. La position qu'elle occupait sur la rive gauche de la rivière dominait la vallée. Vers les six heures, l'ennemi se présenta sur les hauteurs de la rive droite. Le commandant de la Torré prit aussitôt ses dispositions pour le recevoir. Quatorze prolonges, arrivées la veille pour approvisionner la position, furent parquées en carré en arrière de la redoute commencée, où l'on plaça deux compagnies, les pièces d'artillerie et l'ambulance. Deux autres compagnies occupèrent le village arabe de Boudouaou, situé à gauche et un peu au-dessous de la redoute. La cavalerie s'établit à droite, en arrière d'une longue ligne de tirailleurs, qui, soutenue par deux autres compagnies, liait les différents points de la position.

Le combat commença à sept heures et fut tout d'abord extrêmement vif. L'ennemi s'empara de quelques ruines situées en avant du village de Boudouaou et s'y établit. Une partie de la cavalerie manœuvrait en même temps pour tourner la position de nos troupes et leur couper la route d'Alger ; mais chargée avec vigueur par la nôtre, qui ne comptait, comme nous venons de le dire, que quarante-cinq chevaux, elle se replia sur l'infanterie. Cette heureuse et brillante charge venait de faire tourner de notre côté les chances du combat, lorsqu'une sonnerie mal exécutée ou mal comprise faillit nous les faire perdre : les compagnies qui défendaient le village, l'ayant prise pour celle de la retraite, évacuèrent la position ; leur exemple fut suivi par celles de droite, de sorte qu'en un instant l'ennemi eut acquis un grand avantage sur nos troupes. Les officiers, voyant alors l'imminence du danger, se jetèrent en avant de leurs soldats ; et le cri : A la baïonnette! se fit entendre. Cette arme, toujours victorieuse dans les mains françaises, enfonça l'ennemi qui eut le courage d'attendre le choc, et le village fut repris ainsi que les autres positions. Celle des ruines résista cependant encore quelque temps et ne put être forcée que par le canon. L'ennemi faiblissait sur tous les points, lorsqu'une compagnie du 48° de ligne, qui arrivait de la Réghaïa au bruit du combat, détermina sa retraite. Il l'effectua en désordre, en emportant néanmoins ses blessés et une partie de ses morts. Il laissa quand même une centaine de cadavres sur le champ de bataille. De notre côté, les pertes étaient de huit tués et soixante-cinq blessés.

Tel fut le combat de Boudouaou, un des plus beaux faits d'armes de nos guerres d'Afrique, digne, sous tous les rapports, de tirer pour jamais de l'oubli le nom de celui qui le soutint.

Il lui valut les épaulettes de lieutenant-colonel le 3 septembre 1837, et celles de colonel du 13° régiment d'infanterie légère le 20 juin 1840.

Cet intrépide officier avait gagné depuis longtemps ses lettres de naturalisation française ; il les reçut par ordonnance du 21 décembre 1844.

Le 26 février 1845, il fut nommé commandant de place de 1re classe à Oran, et retraité pour ancienneté de service le 27 mai de la même année.

Chevalier de la Légion d'honneur du 4 octobre 1823, il avait été promu officier le 30 mai 1837 et commandeur le 2 octobre 1842.

Le colonel de la Torré est décédé à Nice le 8 février 1851.

Archives du ministère de la guerre. — *Annales algériennes.* — *L'Algérie de 1830 à 1840,* par M. Camille Rousset.

TOURNEMINE DE LA GRANGE.

Tournemine de la Grange (Auguste de), général de brigade, commandeur de la Légion d'honneur, né en 1806, élève de la Flèche en 1815, de Saint-Cyr en 1823, sous-lieutenant en 1827, capitaine le 28 septembre 1836, resta cinq ans dans la province d'Oran, presque toujours en expédition, et fut envoyé en 1840 dans celle d'Alger, où il reçut la croix de la Légion d'honneur après huit années de campagnes. En 1843, il quitta notre colonie pour aller en garnison à Montpellier.

Chef de bataillon au 38ᵉ de ligne le 9 avril 1848, à Grenoble, il revint l'année suivante avec son nouveau régiment en Afrique, dans la province d'Alger, puis dans celle de Constantine, où il resta encore plusieurs années. Lieutenant-colonel le 31 août 1848, il rejoignit le 9ᵉ de ligne à Oran. Deux ans plus tard, le 2 janvier 1851, ce brave officier fut nommé colonel de son régiment, toujours dans la province d'Oran, en récompense de sa bravoure et de son entrain dans les expéditions auxquelles il assista. Il ne quitta l'Algérie qu'en 1853. Officier de la Légion d'honneur cette même année, il fit en 1855 la campagne de Crimée à la tête de son régiment.

Promu général de brigade le 11 août 1855, le général de Tournemine prit le commandement de la subdivision du Lot-et-Garonne à Agen. Commandeur de la Légion d'honneur en 1860, il conserva son commandement jusqu'à sa mort en 1864.

Panthéon Fléchois. — Archives militaires. — Documents divers.

TRÉZEL.

Trézel (Camille-Alphonse), général de division, ancien ministre et pair, né le 5 janvier 1780, s'engagea en 1801 au service militaire et obtint en 1803 le grade de sous-lieutenant dans le corps des ingénieurs géographes. Après avoir fait partie, en qualité d'aide de camp du général Gardanne, de l'ambassade de France en Perse (1807-1808), il fut appelé à la Grande Armée, et montra une telle bravoure à la bataille de Ligny, où un coup de feu lui enleva l'œil gauche, qu'il fut promu général de brigade par décret du 5 juillet 1815. Cette nomination ayant été annulée le mois suivant par les Bourbons, il reprit sa place dans l'état-major en 1818 comme colonel, se distingua de nouveau dans la guerre d'intervention en Espagne et l'expédition de Morée, et devint en 1829 maréchal de camp. Après 1830, il passa en Afrique, commanda l'expédition de Bougie et la dirigea admirablement. Il fut blessé à la jambe en prenant possession de la ville le 29 septembre 1833.

Appelé en remplacement du général Desmichels dans la province d'Oran, il y montra beaucoup de vigueur et remporta plusieurs victoires qui amenèrent à nous les Douair et les Sméla, commandés par Mustapha Ben-Ismaïl. Le 16 juin 1835, au camp des Figuiers (aujourd'hui Valmy), entre ce chef et le général Trézel un traité fut conclu aux termes duquel les Douair et Sméla se reconnurent sujets, tributaires et soldats de la France. Le général se vit donc obligé à une démonstration contre Abd-el-Kader, pour la protection de ces deux tribus que l'Émir voulait châtier de ce qu'il regardait comme une trahison. Cette démonstration aboutit au désastre de la Macta (28 juin), après un échec subi l'avant-veille dans la forêt de Muley-Ismaïl. Dans ces deux malheureuses journées, Trézel, attaqué par dix mille hommes alors qu'il n'avait que 1,700 baïonnettes et 600 chevaux, déploya une énergie presque surhumaine et ne perdit pas un seul instant son sang-froid, encore que ses troupes fussent démoralisées et dispersées en désordre.

Et le 4 juillet, au lendemain de leur retour à Oran, il fit lire aux troupes l'ordre du jour suivant où se révèle une grandeur d'âme peu commune : « Notre expédition avait été glorieuse, mais le dernier combat livré aux Arabes a entraîné la perte de notre convoi. La nature des lieux était particulièrement favorable à leur manière de combattre, et l'incendie des taillis nous a privés un moment de l'usage de l'artillerie dans l'endroit même où elle eût été d'un effet décisif. Ces circonstances ne peuvent être imputées aux troupes, toutes ont fait preuve de courage. Qu'on ne charge donc aucun corps du malheur de cette perte, et que l'esprit de concorde ne soit point troublé parmi nous! Je punirai avec sévérité quiconque, par ses actes ou ses discours, jetterait un blâme injuste sur qui que ce soit, moi excepté. C'est sur le général seul que doit retomber la responsabilité des opérations qu'il ordonne. »

Dans son rapport au gouverneur, Trézel réclame encore pour lui seul la responsabilité du désastre; on y lit : « Je me soumettrai sans murmure au blâme et à toute la sévérité que le gouvernement du roi jugera nécessaire d'exercer à mon égard, » et il ajoute cette noble antithèse... « espérant qu'il ne refusera pas de récompenser les braves qui se sont distingués dans ces deux combats. »

Cette conduite de Trézel jointe à sa bravoure en quelque sorte légendaire, ne permirent point au désastre de diminuer sa popularité. Le comte d'Erlon, qui était gouverneur, lui retira son commandement et les troupes de la division d'Oran virent partir avec une sorte d'admiration attendrie ce petit homme, mince, frêle, chétif et d'un courage héroïque.

Rappelé en France, il revint en Algérie l'année suivante prendre part à la première expédition de Constantine, où il se montra à la hauteur de sa réputation, et en 1837, lors de la seconde expédition sur la même ville, il reçut le commandement de la 2ᵉ brigade.

Promu pair de France le 4 juillet 1846, il devint ministre de la guerre le 9 mai 1847.

Le général Trézel est mort à Paris le 11 avril 1860. Il était grand officier de la Légion d'honneur depuis le 13 janvier 1837.

Archives militaires. — *Dict. des Contemporains.* — *Campagnes d'Afrique du duc d'Orléans.*
L'Algérie de 1830 à 1840, par M. Camille Rousset. — Documents officiels.

TRISTAN-LEGROS.

Le commandant Tristan-Legros (Louis-Victor), officier de la Légion d'honneur, né à Rouen, le 12 décembre 1814, élève de la Flèche en 1827, de Saint-Cyr le 4 décembre 1833, fut nommé sous-lieutenant au 19ᵉ léger le 1ᵉʳ octobre 1835, et lieutenant le 27 décembre 1840.

De 1841 à 1853, Tristan-Legros resta dans la province de Constantine; il y fit avec son régiment de nombreuses expéditions et reçut, le 22 septembre 1846, la croix de chevalier de la Légion d'honneur pour fait de guerre.

Capitaine le 9 juillet 1843, étant à Sétif, il prit le 27 février 1857 les fonctions d'adjudant-major, fut promu le 8 août 1851 chef de bataillon au 1ᵉʳ régiment de la légion étrangère et nommé le 16 juillet 1852 officier de la Légion d'honneur, pour sa brillante conduite dans le combat du 24 juillet 1852 chez les Beni-Snassen. A la suite de cette affaire, il fut cité à l'ordre et le général de Montauban dit de lui :

« Toutes les troupes qui ont pris part à l'action, se sont admirablement conduites ; mais au milieu des éloges à décerner il en est un spécial que le général est heureux d'adresser au commandant Tristan-Legros et à son brave bataillon. C'est sans contredit, au sang-froid et à l'intelligence de cet officier supérieur, secondé par les efforts inouïs de courage du 2ᵉ bataillon du 1ᵉʳ régiment étranger qu'est due la retraite de la cavalerie sans une perte d'hommes plus considérable. »

Le 26 décembre 1853, M. Tristan-Legros, noté comme un brillant officier supérieur, très capable de faire un excellent chef de corps, reçut à Alger le commandement du 1ᵉʳ bataillon de chasseurs à pied, à la tête duquel il s'embarqua l'année suivante, en mars 1854, pour l'Orient.

Il mourut le 10 août 1854, peu de jours après son débarquement à Gallipoli.

Panthéon Fléchois. — La Légion étrangère de 1831 à 1887. — Archives militaires.

TROTTIER.

M. Trottier (François), né en 1816 à Montjean (Maine-et-Loire), est arrivé en Algérie en mars 1839.

Installé à la colonne Voirol, il s'est livré à l'élevage du bétail en grand ; et comme il était homme d'initiative, instruit, très intelligent, il a entrepris également la culture du lin, du coton, etc. Mais son œuvre capitale, qui lui donne sa place dans cet ouvrage et qui lui a valu la croix de la Légion d'honneur en 1878, c'est la propagation de l'*eucalyptus globulus*.

M. Ramel a été l'importateur de l'eucalyptus en Algérie, M. Trottier son vulgarisateur.

Il en a commencé la plantation en 1867 dans sa campagne d'Hussein-Dey. Des observations attentives l'ont rapidement convaincu de la parfaite vitalité de l'arbre australien sur la terre algérienne, où en six ou sept ans il atteint le même développement qu'en Chine au bout de 40 ans ; vers la vingtième année, il donne pour la marine de fortes pièces que le second ne peut produire qu'après un siècle.

M. Trottier s'est alors efforcé de faire ressortir les avantages de l'eucalyptus au point de vue du boisement : ils sont indéniables. On a, croyons-nous, exagéré l'action fébrifuge de cet arbre ; mais on ne peut contester les services qu'il rend à l'œuvre du reboisement, inséparable de celle de la colonisation.

Entre autres travaux à cet égard, M. Trottier a publié en 1876 une brochure qui fournit d'utiles lumières à ceux qui, comme lui, se sont dévoués à la prospérité de la colonie. Elle a pour titre : *Rôle de l'eucalyptus en Algérie*.

Notes personnelles.

TRUMELET.

Le savant et si sympathique colonel Trumelet, membre de la Société des gens de lettres depuis 1872, commandeur de la Légion d'honneur et officier de l'Instruction publique, est né à Reims (Marne) en 1820.

Engagé volontaire le 17 juin 1839 au 7ᵉ régiment d'infanterie légère (devenu 82ᶜ d'infanterie), nous le voyons, après avoir passé par tous les grades et emplois de sous-officier, arriver à l'épaulette en avril 1848, puis, venu en Algérie en 1851 avec son régiment, y conquérir tous ses grades, de lieutenant à colonel, par des services exceptionnels. Pendant les vingt-cinq années qu'il est resté en Algérie, il a pris part à toutes les expéditions importantes qui ont eu pour théâtre les provinces d'Oran et d'Alger.

C'est ainsi qu'il était promu capitaine au 1ᵉʳ de tirailleurs algériens le 22 mars 1856. Capitaine adjudant-major le 22 décembre 1859; chef de bataillon au même corps le 12 août 1864, M. Trumelet était nommé commandant supérieur du cercle de Tenyet-El-Ahd le 29 novembre 1868, et placé hors cadre.

Lieutenant-colonel au 1ᵉʳ régiment étranger, et replacé hors cadre le 4 octobre 1870, il prenait le commandement de la subdivision d'Aumale le 13 février 1871; enfin il était nommé colonel au 12ᵉ régiment d'infanterie le 29 décembre 1874. Il était admis à la pension de retraite le 4 août 1877, et se retirait à Valence (Drôme).

Voici l'éloquent résumé de sa carrière militaire : 38 années de service, 36 campagnes de guerre, 4 blessures et 8 citations à l'ordre.

On peut dire que M. le colonel Trumelet est une des plus belles physionomies militaires de notre ancienne armée d'Afrique.

Nous ne pouvons rappeler en détail la vie militaire de M. Trumelet; bornons-nous à montrer sa conduite en 1870-1871.

Au moment où la patrie luttait avec l'énergie du désespoir contre l'envahisseur allemand, M. le colonel Trumelet, qui était hors cadre, demanda instamment à reprendre sa place dans le rang; mais on lui répondit que le commandement disposait des officiers comme il l'entendait et qu'eu égard à la situation des esprits en Algérie, où l'on sentait déjà chez les indigènes des tendances à l'insurrection, il n'y avait pas lieu de donner suite à sa demande, qu'on l'engageait à ne pas renouveler. Il commandait alors le cercle de Tenyet-El-Ahd (1870). En effet, en février 1871, la situation étant devenue de plus en plus menaçante, le colonel était désigné pour commander titulairement la subdivision d'Aumale. Il prenait possession de son nouveau poste le 27 février. L'état des esprits y était des plus mauvais : la rébellion était dans l'air; elle ne pouvait tarder à éclater, et cela d'autant mieux que la garnison d'Aumale ne se composait que d'un bataillon de mobilisés de la Côte-d'Or, d'un escadron du 1er de chasseurs d'Afrique et de quelques fragments du 1er de zouaves (cinquante hommes) sans cadres et sans instruction militaire.

Dans la nuit du 28 février au 1er mars, la tribu kabile des Beni-Yàla pénètre dans le caravansérail d'El-Esnam, que son gardien avait abandonné, le saccage et cherche à l'incendier. Le colonel le fait réoccuper le jour même par un détachement de zouaves, et arrêter trente-trois Beni-Yàla des plus compromis qu'il expédie sur Alger, où ils sont emprisonnés.

Le 16 mars, le bach-agha de la Medjana, El-Mokrani, qui vient de nous déclarer la guerre, charge son frère Bou-Mezrag d'attaquer le caravansérail de l'Ouad-El-Okhris; il en est repoussé par sa petite garnison de dix hommes. Le colonel y envoie, le soir même, un détachement du 1er de chasseurs d'Afrique qui y arrive le matin du 17.

De nombreux rassemblements de tribus de l'est se forment sur la frontière de la subdivision, dans le but de l'envahir et d'y déterminer la défection de nos tribus, dont les chefs étaient déjà acquis pour la plupart à l'insurrection. Combats partiels entre nos goums restés fidèles, soutenus par la division de chasseurs d'Afrique. Ces escarmouches se renouvellent les 18 et 19 sans résultat. Ce dernier jour, le colonel apprend par ses espions que les rebelles se préparent à marcher sur Aumale le 21. Le rassemblement des insurgés s'élevait déjà, d'après le dire des indigènes, à 3,000 hommes, provenant de toutes les tribus voisines.

Le colonel fait connaître au commandant des forces de terre et de mer qu'il a résolu de former une petite colonne de 400 hommes environ et de se porter au-devant des rebelles. Cet officier général lui répond qu'en raison du petit nombre et de la qualité de ses troupes, il ne pouvait l'autoriser à effectuer sa sortie : « Ce serait vous compromettre sérieusement, vous et toute votre subdivision. »

Le colonel répond au général Lallemand qu'il ne pourrait consentir à rester renfermé dans Aumale pendant qu'on égorgerait les colons de sa banlieue et qu'on saccagerait et incendierait leurs propriétés.

Le colonel forma sa colonne le 19 au soir et se mit en mouvement le lendemain 20 dans la direction du caravansérail de l'Ouad-El-Okhris. En quittant Aumale, il télégraphiait au commandant des forces de terre et de mer qu'en présence de la situation de sa subdivision menacée, situation qu'il connaissait mieux que personne, puisqu'il était sur les lieux, il se voyait dans la pénible obligation de maintenir les ordres qu'il avait donnés, ceux de marcher à la rencontre de l'ennemi.

A minuit, le général lui ordonnait, par un courrier spécial, de rentrer sans retard à Aumale. Le colonel ne se décidait à obtempérer à cet ordre formel qu'après avoir rencontré les rebelles.

Il se porta, par une marche de nuit, sur leurs bivouacs, établis à 8 kilomètres de l'Okhris, dans les montagnes boisées et ravinées de l'Ouennour'a; il les surprit à la pointe du jour, le 21, en un point nommé *Es-Seroudj*, les attaqua, et, après un combat de deux heures et une manœuvre ayant pour but de les amener en terrain découvert, il les battit complètement et leur infligea une perte de 83 morts qu'ils laissèrent sur le terrain. Le nombre des blessés, qu'on ne put évaluer, même approximativement, fut, d'après la version arabe, bien plus considérable.

Les mobilisés de la Côte-d'Or, entraînés par leur ardeur bourguignonne, firent là des pertes très regrettables qu'avec un peu plus de discipline ils eussent pu certainement s'éviter : ils eurent 15 tués et un blessé mortellement; mais il avait été impossible au commandant de la colonne de les arracher à la lutte et à la poursuite des rebelles dans des terrains boisés et ravinés, on ne peut plus favorables aux embuscades.

Un officier des affaires arabes, nouveau dans ce service, avait également trouvé la mort dans ce combat en voulant entraîner le goum, qui ne le suivit pas.

L'escadron du 1er de chasseurs d'Afrique, bien que composé de conscrits pour la moitié, fut magnifique de calme et de sang-froid : armée de chassepots, la division des anciens soldats, combattant à pied, fit essuyer à l'ennemi des pertes importantes, pendant que les jeunes soldats tenaient les chevaux de cette division.

Cette glorieuse journée nous coûtait un capitaine et 16 hommes tués; un capitaine et 16 hommes blessés.

L'escadron du 1er de chasseurs d'Afrique et les goums comptaient 3 chevaux tués et 5 blessés.

La colonne déjeunait sur le terrain du combat, et, pour exécuter les ordres du général Lallemand, elle reprenait la direction d'Aumale, où elle rentrait à 4 heures du soir. La population, parmi laquelle les Arabes avaient répandu les bruits les plus pessimistes sur le sort de la colonne, accueillit son retour avec enthousiasme.

En résumé, le combat d'*Es-Seroudj*, qui n'a pas duré moins de deux heures et demie, a été, proportionnellement au nombre des combattants et des morts ou blessés, l'un des plus meurtriers qui se soient livrés depuis longtemps en Algérie.

Ses conséquences ont eu pour résultat d'arrêter la marche de l'insurrection dans la subdivision d'Aumale, aussi bien à l'est qu'au sud, et d'empêcher la contagion insurrectionnelle, inévitable si les contingents, — ils appartenaient à 21 tribus, — d'Ahmed-bou-Mezrag-El-Mokrani n'avaient été arrêtés et battus à *Es-Seroudj*. Cette sortie eut encore cet autre avantage de permettre d'attendre l'arrivée des troupes, lesquelles ne furent en mesure d'opérer que le 18 avril, c'est-à-dire un mois après le combat d'*Es-Seroudj*, « la *journée de Tenyet-Bou-Beusla* », suivant l'expression arabe.

Quand, un mois plus tard, le général Cérez arriva à Aumale avec sa colonne, il trouva les rebelles sur le point même où le lieutenant-colonel Trumelet les avait battus et arrêtés. Comme il était dans son commandement, ce dernier marcha avec la colonne Cérez, et c'est ainsi qu'il prit part aux combats de Tenyet-Oulad-Daoud le 18 avril, de Semma le 20, des Oulad-El-Aziz le 28.

Il commandait la colonne opérant sur les territoires des Sanhadja, des Oulad-Sidi-Salem, des Harchaoua et des Nezlioua, auxquels il tua 73 hommes dans la journée du 2 mai.

Le 5, le lieutenant-colonel Trumelet était chargé de la conduite du convoi de la colonne, lequel devait camper à Bordj-El-Kherroub, sur l'Ouad-Souflat. Arrivé sur ce bivouac, où il avait déposé son convoi, il aperçut dans le lit de la rivière de nombreux combattants se dirigeant de son côté, et qui manœuvraient avec beaucoup d'ordre. Pour s'opposer à leurs progrès, il envoya deux compagnies du 4ᵉ de zouaves de marche prendre position sur le Drâa-Et-Taga, avec mission de repousser, s'il y avait lieu, l'attaque des rebelles. Cette mesure eut les meilleurs résultats : elle amena la mort du chef de l'insurrection, El-Hadj-Mohammed-ben-El-Hadj-Ahmed-El-Mokrani, frappé d'une balle au cou sur la Koudiat-El-Mesdour.

Le lieutenant-colonel Trumelet a pris part le 26 mai au combat d'El-Mergueb, comme commandant du convoi, lors de la marche de la colonne Cérez sur le bordj-poste des Beni-Mensour, bloqué depuis le 7 avril par les tribus kabyles de l'annexe. Les rebelles furent battus et mis en déroute, en laissant un grand nombre des leurs sur le terrain. Le bordj put enfin être ravitaillé après cinquante-deux jours d'un blocus étroit.

Il a également pris part au combat de l'Ouad-Sidi-Aïça, dans la tribu des Mecheddala, livré le 29 mai aux contingents de Bou-Mezrag.

Il assistait aux combats du 5 juin, lesquels avaient pour objet le déblocus du poste de Dra-El-Mizan, investi depuis quarante-six jours.

Il était placé à la tête de la colonne dite des Oulad-Alan par décision, en date du 6 juin, du général commandant les forces de terre et de mer, colonne établie sur l'Ouad-El-Djenan, à l'ouest du caravansérail de Sidi-Aïça. Arrivé au camp le 15 juin, il prenait, le même jour, le commandement de cette colonne, qui dès lors recevait le nom de *colonne des Oulad-Sidi-Aïça*.

Dans les derniers jours de juillet, le lieutenant-colonel Trumelet recevait l'ordre de réunir tous les éléments nécessaires pour aller délivrer et ravitailler le poste de Bou-Sâada, que l'ex-caïd Sâïd-ben-Bou-Daoud tenait bloqué depuis trois mois. Les forces insurrectionnelles dont disposait ce rebelle étaient réunies sur les eaux d'Ed-Dis, ksar situé à 12 kilomètres au nord de Bou-Sâada.

Cette colonne se composait de 77 officiers, 1,961 hommes de troupe, 308 chevaux et 184 mulets.

Indépendamment de cette force régulière, un goum de 500 chevaux marchait avec la colonne.

Le grand convoi se composait de 1,500 chameaux et de 500 mulets.

Deux sections d'artillerie, à l'effectif de 2 officiers et de 84 hommes de troupe, emmenaient 4 obusiers de 4 rayés de montagne.

La colonne levait son camp d'El-Grimidi le 5 août. En raison de l'extrême élévation de la température (60° centigrades) et de la qualité des troupes, — jeunes et non acclimatées, — le commandant de la colonne est obligé de scinder en six étapes les trois marches qui séparent Sidi-Aïça de Bou-Sâada.

La colonne bivouaque successivement à El-Anseur-Ferhat, à Oudeï-El-Hadjel, sur l'Ouad-El-Garsa, et à Aïn-Khermam.

A deux heures de l'après-midi, le 8 août, le lieutenant-colonel constitue une colonne légère (l'infanterie à dos de mulet) et escalade les pentes escarpées du Djebel-Sallat, pour aller chercher la soumission de la fraction religieuse des Oulad-Sidi-Rabah, laquelle habite le ksar de Bennezouh, village perché au sommet du Sallat, et distant de 15 kilomètres du camp d'Aïn-Khermam.

Ces marabouts rebelles, qui n'avaient jamais été visités par une colonne française et qui n'avaient point prévu notre apparition sur leurs sommets rocheux, n'avaient pas préparé la résistance. Le colonel donne l'ordre au cheikh de rassembler sans retard sa *djemâa*. Après avoir reproché sévèrement à cette assemblée d'avoir pactisé avec les insurgés, il lui ordonna de réunir toutes les armes existant dans le ksar et de venir les déposer à ses pieds. Le colonel recommande surtout aux membres de ce conseil de ne point en oublier, s'ils ne veulent qu'il charge les chasseurs d'Afrique de faire eux-mêmes les perquisitions dans leurs demeures.

Cette menace décide la djemâa à faire la chose en conscience, et, au bout de quelques minutes, des armes de toute nature, de tous les modèles et de tous les temps viennent s'amonceler aux pieds du colonel. Il fait connaître ensuite au cheikh Kouïder-ben-Ahmed et aux membres de la *djemâa* qu'ils sont ses prisonniers.

Cette opération terminée, la colonne légère regagnait son camp d'Aïn-Khermam; elle y était de retour à neuf heures du soir.

Le lendemain 9, la colonne se dirigeait sur Ed-Dis. C'était sur ce point que Sâïd-ben-Bou-Daoud, le chef des rebelles dans le Hodhna, avait établi ses bandes, et que depuis quarante-sept jours il investissait Bou-Sâada, qu'il attaqua à plusieurs reprises, mais sans succès. A l'approche du colonel Trumelet, et bien qu'il l'eût menacé de l'attendre sur la route pour le combattre, Sâïd-ben-Bou-Daoud s'était enfui en toute hâte dans le sud-est et ses contingents s'étaient dispersés.

La population d'Ed-Dis avait également abandonné le ksar à

l'approche de la colonne ; une partie s'était dirigée dans l'est ; une autre avait cherché un refuge dans le Djebel-El-Birech, montagne rocheuse et escarpée dominant le ksar à l'ouest. Le commandant de la colonne décidait qu'un détachement de 150 hommes pris dans les zouaves et dans les tirailleurs algériens fouillerait la montagne et donnerait la chasse aux rebelles qui s'y étaient retirés, et qui s'y croyaient en pleine sécurité, considérant ce pic rocheux comme inaccessible à nos soldats.

Zouaves et tirailleurs escaladèrent les pentes abruptes du Birech avec un remarquable élan, et sans répondre au feu des rebelles embusqués dans les anfractuosités des rochers. Les insurgés étaient successivement délogés de leurs retraites et traqués vigoureusement dans la montagne. Après une chasse de trois heures, l'ennemi disparaissait en laissant douze cadavres entre nos mains, ainsi qu'un butin considérable.

Le colonel livrait ensuite le ksar aux flammes, et employait la mine pour faire sauter les constructions sur lesquelles le feu avait été sans effet. Il ménageait cependant les maisons des gens d'Ed-Dis qui s'étaient réfugiés à Bou-Sâada dès le commencement de l'investissement, et y plaçait des sauvegardes pour assurer leur protection. La mosquée, qui renfermait les tombeaux de la famille de Sid-Es-Sakhri-ben-Bou-Dhiaf, caïd des Souamâ, lequel nous était resté fidèle, fut également respectée.

Le soir même de ce jour, le cheikh de la fraction d'Ed-Dis, Sid Rahmoun-ben-Es-Snouci, apportait au colonel sa soumission et ses armes. Le commandant de la colonne lui ordonnait en même temps de lui amener sa djemâa, qu'il retenait prisonnière. Les jardins d'Ed-Dis et ses palmiers avaient été respectés.

Le lendemain, 10 août, la colonne arrivait à six heures et demie du matin devant les jardins de palmiers-dattiers de Bou-Sâada. Sa nombreuse population indigène, dont le chiffre total s'élève à 4,000 individus, attendait la colonne en dehors de ses murs et la saluait à son passage de ses acclamations et de ses souhaits de bienvenue ; elle recevait enfin le colonel comme un libérateur. Pendant une heure, la poudre mêle frénétiquement sa voix stridente aux cris de la foule et aux aigus *toulouïl* des femmes indigènes. C'était une joie bruyante, débordante, excessive, qui donnait la preuve de la frayeur qu'avaient fait éprouver à cette population la présence de Ben-Bou-Daoud autour des murailles du ksar, et ses attaques réitérées.

Le quartier haut de Bou-Sadâa, dont la conduite avait été fort équivoque avant l'arrivée de la colonne, montrait aujourd'hui un enthousiasme exubérant, témoignant qu'il avait beaucoup à se faire pardonner. S'il fallait en croire ces Bou-Sâadiens, nous n'avions pas de serviteurs plus dévoués. Quoi qu'il en soit de la fidélité actuelle des indigènes de ce quartier, le colonel donna l'ordre d'arrêter et d'incarcérer les gens qui lui avaient été signalés comme les principaux meneurs, ou qui s'étaient le plus compromis.

Les prisonniers et otages qu'avait amenés de Bennezouh et d'Ed-Dis le colonel Trumelet furent mis en lieu sûr, en attendant la décision de l'autorité locale; car Bou-Sâada relevait alors de la subdivision de Sétif et de la province de Constantine.

Bou-Sâada ayant été délivré de ses ennemis et réapprovisionné pour trois mois; la sécurité, la paix et les communications ayant été rétablies dans le ksar et entre Bou-Sâada et Aumale, la mission de la colonne étant en un mot terminée, et de la façon la plus heureuse, en raison surtout des conditions de température et de la qualité des troupes composant la colonne, le colonel, après avoir séjourné à Bou-Sâada pendant quatre jours, reprenait le 15 août la direction d'Aumale. Il emmenait avec lui dix des personnages les plus influents, les plus dangereux et les plus compromis de la ville haute de Bou-Sâada et des ksour d'Ed-Dis et de Bennezouh.

La colonne rentrait à Aumale le 20 août sans avoir rencontré un seul ennemi sérieux sur son chemin. Sâïd-ben-Bou-Daoud lui avait décidément manqué de parole, et le colonel le regrettait d'autant plus qu'il s'était promis de le traiter comme il le méritait, s'il avait la mauvaise inspiration de se montrer à la portée de son canon.

Le colonel recevait, à son bivouac d'Oudéï-El-Hadjel, un télégramme ainsi conçu de M. le gouverneur général :

Mustapha-Supérieur, le 13 août 1871, Bou-Saada par Aumale. — Je vous félicite sur vos opérations. Félicitez de ma part vos troupes dont j'apprécie vivement les efforts : ils hâteront la pacification qu'il y a lieu d'espérer prochaine. Vous avez bien fait de procéder au désarmement des rebelles. C'est la meilleure garantie pour l'avenir.

Signé : Vice-amiral, comte DE GUEYDON.

« En résumé, disait un rapport officiel sur les opérations du colonel Trumelet, après six mois de combats et de guerre aux rebelles auxquels cet officier supérieur a pris part ou qu'il a dirigés, combats qui ont amené la pacification de la vaste subdivision d'Aumale, laquelle s'étendait alors, du nord au sud, des crêtes du Djerdjera aux frontières du cercle de Djelfa, et, de l'est à l'ouest, du poste-annexe de Beni-Mensour à Tablat, commandement englobant une population de près de 300,000 âmes appartenant à toutes les races indigènes, depuis le Kabyle jusqu'au nomade, en passant par l'Arabe des plaines, les Juifs et les Européens ; après six mois, disons-nous, de luttes et de combats incessants, la pacification était faite dans toute l'étendue de la subdivision d'Aumale : le lieutenant-colonel Trumelet avait eu la gloire et l'honneur d'avoir arrêté, et avec des ressources plus qu'insuffisantes, la marche de l'insurrection triomphante, en allant l'attaquer à la frontière est de sa subdivision, et bien qu'elle présentât des forces décuples des siennes, en un point de l'Ouennour'a occidental nommé *Es-Seroudj*, près de la *Tenyet-Bou-Beusla*, tribu des Oulad-Msellem, et avec cette satisfaction, bien qu'il eût eu pendant six semaines, c'est-à-dire du 1er mars au 18 avril, l'ennemi autour d'Aumale et de sa banlieue, de n'avoir eu ni un seul colon tué, ni un gourbi brûlé, tandis que dans les subdivisions voisines de la sienne, Bordj-Bou-Aréridj et Palestro, tout avait été livré au massacre et à l'incendie. »

L'insurrection vaincue, le colonel s'occupait activement d'achever le désarmement dans toutes les tribus qui avaient pris part à la révolte (26 tribus sur 52), de faire rentrer la contribution de guerre, laquelle s'élevait à près de 2,000,000 de francs, en y comprenant celle infligée aux Beni-Abbas et aux Beni-Melikeuch de la province de Constantine, et de dresser des propositions de séquestre portant sur 20,000 hectares de terre à prélever sur le territoire des tribus insurgées.

Le colonel s'occupait ensuite de la colonisation dans la subdivision d'Aumale. C'est ainsi qu'il créait, de 1872 à 1873, le village de Bouïra, et qu'il déterminait les emplacements des centres de population d'Aïn-Bessem, d'Aïn-Bou-Dib et d'Aïn-El-Hadjar ou Ouad-El-Khamis, dans la plaine des Arib, ainsi que de celui d'Aïn-Oumm-El-Aleug, sur l'Ouad-Isser, village qui plus tard prit le nom de Thiers, le libérateur du territoire.

En 1874, le cercle de Bou-Sâada ayant été détaché de la province de Constantine pour passer dans celle d'Alger, le lieutenant-colonel Trumelet est délégué par le général commandant la division d'Alger pour aller en prendre possession.

Enfin, en 1875, nommé colonel au 12ᵉ régiment d'infanterie par décret du 29 décembre 1874, il était maintenu provisoirement dans le commandement de la subdivision d'Aumale, et ne s'embarquait, pour rejoindre son corps à Toulon, que le 26 mars 1875.

Il quittait l'Algérie, où il avait passé près de 25 années sans interruption. Il y était arrivé jeune lieutenant, et il en partait colonel.

Nous avons donné un aperçu de la valeur militaire du colonel Trumelet; ajoutons que ce brave officier supérieur n'a pas seulement servi brillamment l'Algérie avec son épée; il honore aussi la littérature française et doit être regardé comme un des premiers historiens de la colonie, un de ceux qui l'aiment le plus ardemment et ont le plus à cœur de la faire chérir.

Écrivain distingué, narrateur inimitable, à la clarté des feux de bivouac, dans les belles nuits étoilées du Sahara, le colonel a noté ses impressions personnelles en même temps que les événements de chaque jour. Il en a tiré ces livres si intéressants publiés sous son nom et sous le pseudonyme de C. T. de Fallon qui ont pour titres : *les Français dans le désert;* — *Journal historique, militaire et descriptif d'une expédition aux limites du Sahara algérien* (1 vol. in-8°, XVII et 516 p.), qui a eu deux éditions; — *le Livre d'or des Tirailleurs indigènes de la province d'Alger, ou Fastes et services des bataillons d'Alger et de Thitheri devenus 1ᵉʳ régiment de Tirailleurs algériens* (1 vol. in-8°, IV et 604 pages); — *Un amour sous-marin;* — *Épisode du naufrage de l'Atlas;* — *Récits et propos d'un monomane,* recueillis par C. T. (1 vol. in-8°, 205 pages); — *les Saints de l'Islam;* — *Légendes hagiologiques et croyances musulmanes algériennes;* 1ʳᵉ partie : *les Saints du Tell* (1 vol. in-12, 441 pages); la seconde partie : *les Saints du Sahara,* n'a pas paru; elle n'est encore qu'en manuscrit; — *Histoire de l'Insurrection des Oulad-Sidi-Echh-Chikh (sud algérien) de 1864 à 1880.* (2 vol. in-8°) 1ʳᵉ partie, 232 pages, 2ᵉ partie, 510 pages (avec carte du théâtre de la guerre); — *Un drame pour un cheveu;* — *Souvenirs intimes de la vie militaire algérienne d'autrefois,* 3 vol. in-12 (861 pages les 3 volumes); — *le Corps des Interprètes militaires, — ce qu'il a été, ce qu'il est, ce qu'il doit être,* 1 plaquette de 100 pages in-8°; — *le Corps des Interprètes militaires, — réponse à nos adversaires,* 1 plaquette in-16 de 70 pages; — *Une page de l'histoire de la colonisation algérienne;* — *Bou-Farik,* 2ᵉ édition (1 vol in-16, XX, 564 pages); — *Blidah, récits selon la légende, la tradition et l'histoire* (2 vol. in-16; 1ᵉʳ vol., XX, 592 pages; 2ᵉ vol., 448 pages).

Le colonel Trumelet s'est retiré à Valence (Drôme) le 1ᵉʳ septembre 1877, et c'est là que quelques-uns des ouvrages qui précèdent ont été écrits; c'est de là qu'il dirige sa pensée vers nous, car son départ de l'Algérie ne l'en a pas détaché un seul instant : chaque jour il écrit quelques pages de notre histoire; chaque jour il réunit, pour la nouvelle génération, les documents qui lui feront mieux connaître, mieux apprécier notre colonie et lui commanderont le respect de ceux qui l'ont donnée à la France. *Bou-Farik* peut passer pour le modèle du genre. S'il s'était rencontré cinq ou six historiens, moins préoccupés de plaire que de servir l'Algérie en allant comme lui au fond des choses, en suivant pas à pas la genèse de tel ou tel village, et en révélant à tous quelle énergie, quelle vaillance, quel courage stoïque ont dû déployer les planteurs algériens durant les trente premières années de la conquête, sans nul doute les légendes, les erreurs et les préjugés dont les Algériens ont eu si longtemps à souffrir auraient fait place, il y a bien longtemps, à l'admiration, à la reconnaissance à laquelle ont droit ceux qui méprisent les dangers, la maladie, la mort pour vouer leur existence au travail et à la grandeur de la mère patrie.

En prenant l'initiative de la statue érigée au sergent Blandan à Bou-Farik, c'est encore la même pensée patriotique qui a guidé le colonel Trumelet.

Il a consacré ces derniers temps à la préparation d'un ouvrage important : « *le Général Yusuf* », qui formera deux volumes de 550 pages chacun et qui doit paraître, en septembre prochain, chez l'éditeur Ollendorf, à Paris.

Le colonel Trumelet est doué d'une activité considérable, et ses nouveaux concitoyens, qui ont eu vite apprécié sa haute valeur, lui ont confié les fonctions honorifiques les plus diverses. Il a été nommé *membre de la commission du bureau de bienfaisance, et ordonnateur de cet établissement*, qu'il a réorganisé et doté d'un règlement des plus complets, lequel a été donné en modèle aux établissements similaires par le ministre de l'intérieur. En 1881, il a été élu *conseiller municipal* sans en avoir sollicité le mandat, lequel lui a été renouvelé aux élections de 1884 et de 1888. En 1882, il fondait une *société d'études militaires, de tir et d'équitation*, à laquelle il donna le nom d'« *École de Mars* », société qui a rendu les plus grands services au pays et ne cesse point d'en rendre. Il était désigné comme *membre du conseil d'administration du collège de Valence* et en même temps de l'*école normale d'institutrices*. En 1883, il était nommé *administrateur de la caisse d'épargne*. En 1880, il avait fondé la société l'*Union des officiers en retraite de la Drôme*, puis formé le *bataillon scolaire* de Valence et sa banlieue. Enfin, en 1888, il était désigné par acclamation pour la *présidence de la société de secours mutuels « l'Abeille » de Valence*, société qui compte 45 ans d'existence.

Documents particuliers et officiels.

VAISSE DE ROQUEBRUNE.

Vaisse de Roquebrune (Charles-Bernard de), général de brigade d'infanterie, commandeur de la Légion d'honneur, né à Paris le 9 février 1817, entra à l'école préparatoire de la Flèche en 1827 et fut admis à Saint-Cyr le 15 novembre 1836. Sous-lieutenant au 41e de ligne le 1er octobre 1838, on l'embarqua pour l'Algérie le 23 septembre 1839. Il resta dans notre colonie jusqu'au 14 octobre 1847, pendant 12 années consécutives, presque toujours en expédition. Il y gagna le 22 avril 1841 l'épaulette de lieutenant, n'ayant pas trois ans de grade, la croix de chevalier de la Légion d'honneur le 2 octobre 1842 pour fait de guerre, n'ayant pas six années de services effectifs, les épaulettes de capitaine le 2 novembre 1845, et il retourna en France.

Chef de bataillon au 3e de ligne le 31 mars 1855, il fit, du 27 juin au 28 juillet 1859, la campagne d'Italie et revint une seconde fois en Algérie le 29 juillet.

Nommé le 14 août 1860 lieutenant-colonel du 81e de ligne, il quitta la colonie en septembre 1862 pour passer à l'armée du Mexique. Il se distingua dans cette rude campagne du Nouveau-Monde, qui lui valut la croix d'officier de la Légion d'honneur le 25 mai 1863, et les épaulettes de colonel du 35e de ligne le 5 mars 1864. Le 11 août 1867, il reçut la croix de commandeur et fut mis à la retraite, sur sa demande, pour cause de santé, le 15 octobre 1868.

En 1870, après nos premiers désastres, le colonel de Roquebrune voulut reprendre du service ; le 29 octobre, on le nomma général auxiliaire au 17e corps. Il fit toute la campagne à l'armée de la Loire, où il rendit les meilleurs services. Le 16 septembre 1871, M. de Roquebrune fut nommé général. Le 7 avril 1873, il revint en Algérie commander la subdivision d'Aumale, puis, le 2 juillet 1876, celle d'Orléansville, et enfin le 26 mars 1878, celle de Médéah.

Le 12 avril 1879, sur sa demande, le général de Roquebrune fut admis à la retraite après avoir rendu des services signalés dans notre colonie.

Panthéon Fléchois. — Archives militaires. — Documents personnels.

VALÉE.

Né à Brienne-le-Château (Aube) le 17 décembre 1773, le comte Valée entra au service comme sous-lieutenant d'artillerie à l'école de Châlons le 1er septembre 1792. Il fit avec distinction toutes les grandes guerres de l'Empire. Général de division depuis 1814, il avait été élevé au rang de grand-croix de la Légion d'honneur le 17 août 1822.

Charles X le créa pair en 1830. Après la révolution de juillet, il se retira dans ses propriétés du Loiret, mais il reprit son siège à la Chambre des pairs en 1835, fut remis en activité en 1837 et vint prendre le commandement en chef de l'artillerie dans l'armée expéditionnaire destinée à marcher sur Constantine.

Le général Danrémont ayant été tué le 12 octobre devant Constantine, un conseil de guerre fut aussitôt convoqué et, le duc de Nemours s'empressant de signaler le général Valée comme le plus ancien en grade, le commandement en chef lui fut déféré à l'unanimité.

Le soir même, un ordre du jour en informait les différents chefs de corps. Toutes les dispositions d'attaque étaient prises et le général Valée n'eut qu'à les faire exécuter; toutefois il déploya de remarquables qualités dans cette difficile entreprise, et le 11 novembre le roi l'éleva à la dignité de maréchal de France.

Ayant succédé au général Danrémont comme commandant en chef de l'armée devant Constantine, il lui succéda également comme « gouverneur général des possessions françaises dans le nord de l'Afrique », haute fonction qu'il conserva jusqu'au 29 décembre 1840, date à laquelle il fut remplacé par le général Bugeaud.

« De tous les gouverneurs généraux qu'a eus jusqu'à lui l'Algérie, a dit Pellissier de Reynaud, le maréchal Valée fut sans contredit le plus éclairé. Doué d'une promptitude et d'une facilité de conception admirables, il mettait sur-le-champ le doigt sur le nœud d'une question, quelque étranger qu'il fût à la matière qui la constituait. »

Il était brusque et parfois désagréable, impuissant à réprimer ces travers. Or, voici de lui un mot charmant qui le peint parfaitement : « Il ne faut pas s'en prendre au cœur des travers du caractère. »

Il s'est efforcé d'affermir la conquête, de l'étendre et d'entrer dans la voie de la colonisation. A cet effet, il a voulu relier au plus tôt Constantine à la mer, et le 7 octobre 1838 il créait Philippeville sur l'emplacement de Skikda, tandis que le général Galbois opérait sur Sétif pour préparer la grande voie qui devait relier le chef-lieu de la province de l'est à la capitale.

Le 28 octobre de l'année suivante, il franchit les Bibans ou Portes-de-Fer, passage redoutable et inviolé par les Romains eux-mêmes. Mais Abd-el-Kader rompit le traité de la Tafna et causa de graves embarras au maréchal. Il dut revenir dans la Mitidja et livrer d'incessants combats pour y protéger les quelques établissements agricoles européens que nous y possédions et qui se composaient de : dans l'outhan des Beni-Khelil : Boufarik, 142 familles Soukali, 40, Bouagueb, 6; dans l'outhan des Beni-Moussa : Mimouch, 15 familles, Bouladjourah, 11, Ben Nouar-el-Lous, 6 et Ben Seman, 13.

En dehors de ces créations officielles, on comptait quelques haouchs particuliers.

Il fit occuper définitivement Blidah, Coléah et Cherchell. Il entreprit une nouvelle expédition sur Médéah et livra le 12 mai 1840 le célèbre combat du col de Mouzaïa.

Le 4 juin, il quitta Blidah à la tête de 10,000 baïonnettes pour aller occuper Milianah, où il entra le 8.

Parmi les mesures administratives prises ou que contribua à faire prendre le maréchal Valée, nous devons mentionner : Constitution de la gendarmerie d'Afrique. Division de la province d'Alger en cinq districts : Kouba, Douéra, Boufarik, Hamiz et l'Atlas, les quatre premiers administrés par un commissaire civil et le cinquième par un commandant militaire assisté d'un adjoint civil. Création de centres de population dans la banlieue de Médéah, Milianah et Cherchell.

Rentré en France dans les derniers jours de 1840, le maréchal Valée est décédé à Paris en 1846.

Un centre de population, annexe de Philippeville, a reçu le nom de Valée pour perpétuer la mémoire du maréchal.

Archives militaires. — Documents officiels. — *Relation de la prise de Constantine*, par le marquis de la Tour du Pin. — Tableau de la situation des établissements français dans l'Algérie en 1839.

VALLIER.

Jules Vallier, ancien membre de la Chambre de commerce d'Alger, chevalier de la Légion d'honneur, né à Paris en 1803, vint à Alger en 1831. Il y est décédé le 16 juillet 1888.

Pendant vingt-trois ans M. Vallier a été un collaborateur actif, laborieux et assidu des travaux de la Chambre de commerce d'Alger. Son président, M. Boniffay, a retracé en ces termes la vie de cet homme de bien :

« Il appartient à cette phalange des Algériens des premiers jours exceptionnellement doués pour les grandes luttes, personnalités en quelque sorte typiques que l'on rencontrait toujours comme promoteurs des entreprises hardies, payant de leur personne, comptant pour rien les labeurs, les fatigues, les épreuves, et qui ont mérité le titre de pionniers de la colonisation algérienne.

« Nous l'avons vu jusqu'à l'époque où le grand âge semblait devoir affaiblir son solide courage travailler avec la même ardeur que dans le passé pour le triomphe des idées de progrès qui ont été pendant toute sa carrière le but et l'objet de ses constantes préoccupations.

« Vallier a été jeune jusqu'à la fin. La hardiesse de sa pensée est restée intacte jusqu'à la veille de sa séparation éternelle avec les choses humaines.

« Il en est qui ont pu s'attirer davantage les dons de la fortune, il n'en est aucun qui dans tout le cours d'une longue vie, constamment consacrée à des œuvres utiles, dont un amour profond de la patrie et de l'Algérie était le stimulant inspirateur, ait porté plus droite, plus vaillante et plus irréprochable une intelligence toujours en éveil pour les plus nobles conceptions du travail, de la pensée et du progrès. »

Jules Vallier était un des plus anciens colons de l'Algérie, un des rares pionniers de la première heure qui subsistent encore et qui ont rendu de si grands services à la colonie.

Il avait été membre du Conseil général, colonel de la milice, etc.

Esprit élevé, chercheur infatigable, intelligence d'élite, volonté de fer, M. Vallier a travaillé jusque dans ses derniers jours. L'agriculture, l'industrie et le commerce ont tour à tour alimenté son activité.

Il fut l'un des fondateurs de la Société d'agriculture d'Alger dont il fut longtemps secrétaire : à l'origine, il était l'âme de cette société. Le *Calendrier du cultivateur en Algérie*, qu'il publia dès 1840, est encore consulté par les colons algériens comme un guide utile. En 1848, le gouvernement le fit imprimer et distribuer aux colons parisiens envoyés en Algérie. La Société d'agriculture d'Alger en ordonna l'insertion dans ses bulletins de 1857 et 1858. En 1861, il parut en volume à la librairie Bastide ; de nombreuses éditions en ont été faites, la dernière est de 1875 (librairie Jourdan). Il entreprit des défrichements et des desséchements importants dans la Mitidja, mais les conditions d'insécurité dans lesquelles on se trouvait alors furent pour lui un sujet de cruels soucis, il fallait une grande énergie pour défendre ses propriétés contre les incursions des indigènes et parfois faire le coup de feu.

Les travaux entrepris par M. Vallier du côté du lac Halloula contribuèrent beaucoup à assainir la contrée, en même temps que son exemple encourageait ceux qui venaient faire de l'agriculture en Algérie.

Il s'est surtout occupé du coton, de l'alfa et de la ramie. Lorsque la Chambre de commerce fut consultée par le gouverneur général ou le préfet à l'origine, c'est M. Vallier qu'elle chargea de présider les commissions et de rédiger les rapports sur ces questions.

« De même, lorsque le gouvernement général voulut favoriser en Algérie la sériciculture, c'est M. Vallier qui fut délégué pour l'étude de la question ; il rédigea en 1875 le rapport sur cette industrie.

« C'est surtout aux efforts et à la persévérante ardeur de M. Vallier que fut due l'introduction du coton en Algérie. Frappé du profit que pouvait en retirer notre pays, alors que le coton d'Amérique faisait défaut, il étudia et préconisa les meilleures espèces à cultiver, les meilleurs procédés d'égrenage. Toujours disposé à payer de sa personne, il se fit intermédiaire entre les manufactures de France et les colons, payant à ceux-ci le plus haut prix fixé par les acheteurs pour encourager la culture, créant à l'Agha des ateliers d'égrenage.

« Lorsque la guerre de sécession cessa, les ports du Sud étant débloqués, le marché européen fut alourdi de trois années de récoltes, et les colons devant l'avilissement des prix abandonnèrent la culture du coton pour celle du tabac. Quant à Vallier, il y sacrifia sa fortune honorablement gagnée. La croix d'honneur récompensa son généreux dévouement.

« Pendant plus de 20 ans, il fut un des membres les plus écoutés de la Chambre de commerce d'Alger. Président ou rapporteur de toutes les commissions importantes, c'est son nom que l'on trouve toutes les fois qu'il y avait à élucider des questions d'un intérêt général : dans l'enquête de 1873 et 1874 sur les docks maritimes, dans la question de l'édification du palais consulaire, dans l'étude de la restauration des forêts et pâturages du sud en 1881, dans celle de l'agrandissement du port en 1878; c'est encore lui qui rédigea les rapports de la Chambre de commerce lorsqu'elle fut consultée en 1879 sur le tracé du chemin de fer transsaharien, en 1881 sur le canal maritime de l'Océan à la Méditerranée, en 1886 sur le projet de loi sur les sociétés par actions.

« C'est surtout sur la question des relations commerciales entre l'Algérie et le Soudan qu'il fit les travaux les plus importants et les plus remarquables. Ses rapports de 1874, 1876, 1878 forment un petit traité sur la matière; les deux plus récents portent la date du 2 mai et 6 juin 1887; ils seront publiés incessamment.

« Cette année encore il prêtait à la Chambre de commerce le concours de ses lumières, et jusqu'au mois de mai 1888 il assistait à ses séances.

« Ce n'est qu'en cessant de vivre qu'il a cessé de travailler pour assurer le triomphe des idées de progrès qui ont été pendant toute sa carrière le but et l'objet de ses constantes préoccupations. »

Son nom, ainsi que l'a dit M. Boniffay, doit être inscrit au *Livre d'or* de notre colonie nationale, parmi ceux qui, s'étant mis dès l'origine au service de l'expansion française sur la terre d'Afrique, ont droit aux titres de ses fondateurs.

Éloge funèbre, par M. Boniffay. — *Vigie Algérienne*. — *Le Temps*.

VAN MASEYK.

Van Maseyk (Alexandre), né à Marseille le 23 septembre 1823, de parents belges, vint en Algérie en 1846 avec une certaine fortune. Il acheta aux environs de Maison-Carrée une propriété couverte en majeure partie de lentisques et de palmiers nains; et, l'ayant entièrement défrichée, il y construisit plusieurs fermes, contribuant ainsi dans une proportion très notable au développement de la culture aux environs d'Alger.

Van Maseyk est décédé le 21 octobre 1883, après avoir rempli pendant 21 ans les fonctions de maire à Maison-Carrée, où il a laissé d'unanimes regrets.

Documents particuliers.

VIÉNOT.

Viénot (Raphaël), colonel du 1ᵉʳ régiment de la légion étrangère, chevalier de la Légion d'honneur, né à Fontainebleau (Seine-et-Marne) le 31 août 1806, entré à Saint-Cyr en 1823, sous-lieutenant le 1ᵉʳ octobre 1825, fut promu lieutenant le 12 février 1831, capitaine le 16 mars 1838. Du 16 juin 1831 au 24 juin 1834, ce jeune officier resta en campagne dans notre colonie, où il fit toutes les expéditions sans cesse renouvelées de cette époque. Retourné en garnison à Marseille en 1834, décoré le 12 avril 1842, il prit part à la campagne de Crimée en 1854, se trouva à l'Alma, à Inkermann, et fut nommé, le 27 janvier 1855, colonel du 1ᵉʳ régiment de la légion étrangère.

Quelques mois plus tard, le 2 mai, se trouvant à la tête de son régiment dans une nouvelle attaque des ouvrages russes, le colonel Viénot fut frappé d'une balle à la tête et tué sur le coup.

Son nom est inscrit sur les tables de la chapelle du prytanée de la Flèche.

Panthéon Fléchois. — Archives militaires. — *Historique de la légion étrangère.*

VILLARD.

Villard (Hubert), maire d'Aïn-Béida, est arrivé à Philippeville en 1844 avec ses parents, concessionnaires d'un lot de culture à Valée, centre alors en voie de création.

En 1855, Villard quitta sa famille pour payer sa dette au pays par sept années de service militaire. Quatorze campagnes sont portées à son actif, campagnes au cours desquelles il s'est bien souvent distingué dans des circonstances périlleuses.

Il prend son congé et vient faire œuvre de colon à Aïn-Beïda (Constantine). Ses concitoyens le remarquent et le nomment membre du conseil à la création de la municipalité.

En 1865, il devient lieutenant de pompiers, et en 1868 premier suppléant du juge de paix, fonction qu'il exerce encore à ce jour.

Arrive l'année néfaste de 1870. Villard dans ses triples fonctions de juge, lieutenant et adjoint au maire, doit jouer un rôle important pour la sécurité du pays. Aïn-Beïda, chef-lieu d'un cercle qui comprend quarante douars, est menacé d'être mis à feu et à sang par les contingents de trois cheikhs révoqués.

Ahmed Ben Lahouar, dévoué serviteur de la France et qui avait envoyé à ses frais un fort appoint de cavaliers pour la défense nationale, arrive en toute hâte prévenir l'interprète de la justice de paix des dangers de l'insurrection. Ce dernier se rend au conseil, qui siégeait en permanence; la municipalité, émue des rapports qui lui sont faits, délègue Villard et Debard auprès du commandant supérieur.

« Monsieur le commandant supérieur, dit Villard, il est impossible que vous ignoriez ce qui ce passe : la commune est menacée, et aucune mesure de sécurité n'est encore prise.

— Je le sais, répond le commandant; mais cela me regarde seul. Après tout, ajoute-t-il, arrêtez et livrez-moi Ahmed Ben Lahouar, et je réponds de la sécurité.

Villard, indigné, refuse de sacrifier la tête d'un homme qui n'avait commis d'autre crime que celui de s'être déclaré partisan de l'autorité civile.

Il rend compte de sa mission au conseil municipal, que la colère pousse à des excès et qui délibère aussitôt le renvoi du commandant supérieur en faisant reproduire cette délibération dans les journaux.

L'état de siège est dès lors décrété. Des ordres sévères sont donnés pour arrêter Villard. Le maréchal des logis de gendarmerie, nommé grand prévôt, et la police, la veille encore au service de l'autorité locale, s'efforcent d'arrêter Villard. Son énergie déjoua toutes les atteintes portées à sa liberté.

Quant au sieur Ahmed Ben Lahouar, pris pendant l'état de siège, il fut enfermé avec les siens dans des silos et menacé de mort s'il ne signait la déclaration qu'on désirait. Un des siens mourut dans un silo. Transféré à Constantine, le juge d'instruction vint à sa rencontre et, sur un télégramme de Villard, le relâcha avant de franchir les murs du chef-lieu.

Villard est encore aujourd'hui maire de la commune d'Aïn-Beïda et toujours suppléant du juge de paix depuis 1868.

<small>Documents particuliers.</small>

VINOY.

Vinoy (Joseph), général de division, ancien sénateur et ancien grand chancelier de l'ordre national de la Légion d'honneur, est né à Saint-Étienne-de-Saint-Geoirs (Isère) le 10 août 1800. Il se destina d'abord à l'état ecclésiastique et entra même au séminaire, qu'il quitta bientôt après pour s'engager en 1823 dans la garde royale. Sergent au 14° de ligne en 1826, il fit en 1830 la campagne d'Alger, fut nommé sous-lieutenant et conquit successivement tous ses grades dans la colonie, jusqu'à celui de colonel du 2° zouaves.

En 1853, il commanda la 1re brigade de la 2° division du corps expéditionnaire de la Kabylie des Babors et s'y distingua par une énergie et une bravoure exceptionnelles.

Il a joué un rôle important dans la guerre de 1870-71 et dans la répression de la Commune. Nommé grand chancelier de la Légion d'honneur le 5 avril 1871, il ouvrit, pour la reconstruction de la chancellerie, incendiée par les fédérés, une souscription à laquelle ne devaient prendre part que les légionnaires. Cette souscription produisit en quelques mois plus de 700,000 francs.

Le général Vinoy est décédé à Paris le 27 avril 1880.

Archives militaires. — *Dictionnaire des Contemporains.* — *Mémoires du maréchal Randon.*

VOISINS D'AMBRE.

Voisins d'Ambre (Joseph-Valentin de), ancien commissaire civil et sous-préfet en Algérie, né à Besançon le 22 novembre 1805, descend d'une vieille famille noble du Languedoc. Ses premières années furent consacrées à des voyages ; en 1831 il vint à Alger, assista en qualité de volontaire à diverses expéditions, et prit part à celles de Constantine (1836 et 1837) comme lieutenant auxiliaire des spahis. Une lettre qu'il adressa aux députés sur la colonisation de l'Algérie lui valut d'être nommé en mai 1841 commissaire civil à Douéra, où il a rendu d'importants services. Le général Bugeaud, gouverneur général, le tenait en grande estime et lui confia différentes missions politiques dans les postes avancés.

Ce fut M. de Voisins qui créa le centre de Baba-Hassen près d'Alger. Il installa les services civils à Coléah en 1843, y remplit les fonctions de chef de bureau arabe militaire pour tout le pays Hadjouth, d'une administration fort difficile à cette époque ; là encore il créa le village de Douaouda, délimita et délivra de nombreuses concessions de terres dans la plaine de la Mitidja et dans le Sahel, du Mazafran à Tipaza. En 1846, il fut envoyé à la Calle, où il passa six ans et laissa de si vifs regrets qu'à son départ la population lui offrit une épée d'honneur. De là il passa à Tenès, où il ne resta que huit mois.

Appelé à la préfecture d'Oran comme secrétaire général, il fut nommé en 1858 sous-préfet de Mascara, poste qu'il conserva jusqu'à sa suppression en 1866. C'est là que M. de Voisins termina en Algérie une carrière administrative honorablement et très utilement remplie. Il entra ensuite dans les consulats, et fut nommé successivement à Sousse, à Sainte-Marie de Bathurst. Admis à la retraite en 1873, il habite Paris.

Sa femme, Anne-Caroline-Joséphine Husson, née à Montagney-les-Forges (Doubs) le 23 juin 1827, occupe un rang distingué dans les lettres, et elle a sa place marquée ici à titre d'apôtre éclairée et infatigable de la colonisation algérienne.

Dès son enfance Mme de Voisins, dont le grand-père maternel était doyen de la faculté des lettres de Besançon, manifesta un penchant très vif pour la littérature. Toute petite fille, elle s'amusait à écrire des historiettes et des romans.

Son père, ancien capitaine de la Grande Armée, décoré à dix-huit ans, par Napoléon Ier, à une époque où la croix ne se prodiguait point, lui faisait le récit de ses campagnes, qui l'enflammaient d'enthousiasme et de patriotisme.

Mariée à quinze ans, au sortir du couvent, elle refit elle-même son instruction qu'elle compléta par des lectures solides et sérieuses. Toutefois, pendant les vingt-six années qu'elle passa en Algérie, elle ne livra rien ou très peu de chose à la publicité et ne débuta dans la carrière littéraire qu'en 1865, à Paris, où elle eut le malheur de perdre son fils unique, âgé de 22 ans, jeune homme accompli, élevé par sa mère et donnant les plus belles espérances.

Ce malheur éloigna du monde Mme de Voisins, qui vécut dès lors fort retirée, tout en travaillant davantage. Elle a collaboré à un grand nombre de journaux et de revues de Paris, notamment à la *Revue nationale, Revue de France, Revue contemporaine, Revue politique et littéraire ; l'Illustration, le Monde illustré, le Siècle, le Constitution-*

-nel, *la Patrie*, *le Figaro*, *le Paris-journal*, *le Clairon*, *le Gaulois*, *la Nation* d'Albert Duruy, *l'Estafette* de Villemessant, *la France* de Girardin, *la Liberté*, *le Temps*, etc., etc., sous les divers pseudonymes de Pierre Cœur, René de Camors, Guido, Hadjoute Sudély, A. Husson, Aben-Sif, Ben-Sadock, etc.

Elle a publié une vingtaine de volumes dont plusieurs sur l'Algérie, son pays de prédilection. Rappelons *les Contes algériens* (1869); *les Borgia d'Afrique* (1874) (cet ouvrage a eu huit éditions); *l'Ame de Beethoven* (1876); *Heautontimoroumenos* (1877); *la Fille du rabbin* (1877); *le Complice* (1879); *le Châtiment héréditaire* (2 vol., 1880); *Promenades d'une Française dans la régence de Tunis* (1883), ouvrage adopté par le ministère de l'instruction publique; *les Derniers de leur race* (1888); *le Petit Roseray* (1886), qui a obtenu une mention honorable de l'Institut; *Un drame à Alger* (1887); *le Mariage de Vipérine* (1889); *Georges d'Avon* (1889); *le Secret de l'Hôtel National* (1889); *Appartement à louer* (1889); *la Jolie Brunisseuse* (1884); *les Sycophantes du Palais* (1887); *Une démence royale* (1882); *la Perle de Châtillon* (1878); *Élie de Montmaur* (1869); *l'Inamovible* (1889); *le Docteur Pétrus* (1886); et une infinité de nouvelles et variétés parmi lesquelles: *l'Amoureux de la reine* (1867); *Souvenir de mes vingt ans* (1869); *la Folle de la Huerta* (1869); *Une entrevue avec les deux Robespierre* (1872); *la Première Idole* (1873); *l'Affût à la panthère* (1875); *Mon oncle Achmet*; *Pour un nœud rose*; *Histoire d'hier*; *les Diamants*; *la Montagne folle* (1876); *Abderram le Magnifique* (1875); *Train de plaisir* (1887); *Christmas*; *le Secret professionnel*; *le Caprice d'Annibal*; *Autre temps* (1888); *la Légende d'Houria*; *Un drame sous la tente*; *Un bouquet fané*; *En Afrique* (anciens et récents souvenirs); *Algériens et indigènes*; *le Gouvernement et l'administration de l'Algérie*.

Pendant la guerre de 1870, Mme de Voisins a rendu, en qualité d'ambulancière, de réels services sur les champs de bataille; et pendant la Commune elle enleva aux insurgés, au péril de sa vie, la caisse de la recette du port Saint-Nicolas, près du Louvre, pour en remettre les fonds au gouvernement légal de Versailles, fort à court d'argent.

Cette caisse contenait une soixantaine de mille francs.

Sans avoir renoncé à la littérature, Mme de Voisins est rédacteur en chef de deux journaux de Paris: *l'Avenir algérien* et *l'Impartial français*. En toute occasion, un profond sentiment algérien explique, anime, ennoblit sa pensée; ses pages, toujours attachantes, le deviennent jusqu'à l'émotion dans les gorges profondes, les défilés étroits, les rocs inaccessibles où vainquit la valeur française; dans les sillons, sur les coteaux où, grâce au courage, il serait mieux de dire à l'héroïsme de nos colons, les longs épis d'or par millions abondent et les pampres verdoyants se gonflent de sang vermeil.

Vous rappelez-vous, dans l'*Émile*, le passage où Rousseau représente Hector allant combattre les Grecs et quittant Andromaque à la porte de Scée ? Il veut embrasser son fils dans les bras de sa nourrice; mais l'enfant, qu'effraye le panache du casque, se rejette en arrière. Hector sourit, ôte son casque, et prend un moment son fils dans ses bras. Sur cette scène si simple et si touchante dans Homère, Rousseau se met à réfléchir. « Comment faire, dit-il, pour habituer l'enfant à la vue du casque ? Il faudrait, reprend-il, que la nourrice en jouant mît le casque sur sa tête, *si toutefois,* ajoute-t-il, *une femme osait toucher aux armes d'Hector!* »

Mme de Voisins ose toucher aux armes d'Hector; mais c'est pour ajouter à leur éclat et rendre leur triomphe plus assuré.

Documents particuliers.

VOIROL.

Voirol (Théophile, baron), général de division, est né à Tavane (Suisse) en 1781. Il était commis marchand à Bâle, lorsqu'il s'enrôla dans le bataillon auxiliaire du Mont-Terrible. Voirol prit part comme sous-lieutenant à la bataille d'Austerlitz, combattit ensuite à Pultusk et en Espagne, où il fut promu chef de bataillon, et fit la campagne de 1812 en Russie. Promu colonel l'année suivante, il se distingua pendant la campagne de France, notamment à Nogent-sur-Seine et à Bar-sur-Aube (1814), et reçut de Napoléon le grade de général de brigade. Pendant les Cent-jours, Voirol coopéra à la défense de Strasbourg.

Au début de la seconde Restauration, il tomba en disgrâce, et son grade de général de brigade lui fut enlevé; mais on le lui rendit en 1823.

Les campagnes de Belgique, qu'il fit en 1831 et 1832, lui valurent les épaulettes de général de division en 1833, et le 29 avril de la même année il reçut le commandement en chef intérimaire de l'armée d'Afrique.

Il conserva cette fonction jusqu'au 27 juillet 1834. Ses dix-sept mois de pouvoir furent surtout militaires. Il fit occuper Bougie, Arzew et Mostaganem, et se livra à de nombreuses courses dans la Mitidja à la poursuite des Hadjouth, qu'il fut impuissant à vaincre, mais parvint cependant à éloigner plusieurs mois du théâtre de leurs exploits.

On lui doit l'ouverture de la première école mutuelle à Alger le 27 mai 1833; l'établissement de l'hôpital du Dey et celui de l'église catholique; l'institution d'une garde nationale à Alger; l'organisation de la justice criminelle; la création des centres de Kouba et Dely-Ibrahim; le dessèchement des marais de l'Harach.

Mais l'œuvre capitale du général Voirol est le tracé et le commencement d'exécution des routes du Sahel et de la Mitidja. Une colonne commémorative en marbre a été élevée au point culminant de la route d'Alger à Birmandreïs pour rappeler le souvenir de ces travaux. L'endroit porte le nom de *colonne Voirol*.

M. Camille Rousset dit dans les *Commencements d'une conquête* :

« Le général Voirol était aimé, il avait fait tout le bien que dans une situation douteuse il lui était permis de faire : l'armée, la population civile, les indigènes eux-mêmes le regrettaient. En témoignage de reconnaissance, une médaille d'or lui fut offerte. Son départ au mois d'octobre 1834 fut un triomphe. »

En 1839, Louis-Philippe lui donna un siège à la Chambre des pairs et des lettres de grande naturalisation.

Il est mort en 1853.

Archives militaires. — *Annales algériennes*. — *L'Algérie de 1830 à 1840*. Documents divers.

VUILLEMOT.

Vuillemot (Achille-Ernest), général de division, grand officier de la Légion d'honneur, naquit à Paris le 18 mars 1819. Élève de la Flèche en 1830, reçu à Saint-Cyr le 22 décembre 1837 dans un bon rang, à l'âge de 18 ans, il en sortit le 1er octobre 1840, et après de brillants examens fut admis sous-lieutenant-élève à l'École d'application d'état-major. Lieutenant d'état-major le 6 janvier 1843, capitaine le 15 avril 1846, il obtint en 1853 d'être envoyé dans notre colonie pour y exécuter les travaux topographiques.

Décoré le 28 décembre 1855, le capitaine Vuillemot resta en Algérie à la disposition du gouverneur général. Promu chef d'escadron le 10 mai 1859, il continua à être employé à l'état-major général en Afrique. Officier de la Légion d'honneur le 12 août 1861, nommé lieutenant-colonel le 12 août 1864 après de nombreuses et incessantes campagnes, il fut appelé au poste de chef d'état-major de la province d'Alger. Colonel le 23 décembre 1868, il ne cessa pas ses fonctions de chef d'état-major.

Rappelé en France après les premiers désastres de la campagne de 1870 contre les armées allemandes, le colonel Vuillemot, qui était resté en Algérie en campagne depuis 1853, c'est-à-dire pendant dix-sept années consécutives, fut envoyé chef d'état-major de la 1re division d'infanterie du 16e corps, en octobre 1870. Nommé général de brigade le 6 novembre 1870, il reçut les importantes fonctions de chef d'état-major général de la 2e armée de la Loire, commandée par le général Chanzy. La croix de commandeur de la Légion d'honneur lui fut décernée le 9 janvier 1871.

Il revint en 1874 en Algérie comme chef d'état-major lorsque le général Chanzy reçut le gouvernement civil de notre colonie avec le commandement en chef des troupes de terre et de mer.

Général de division le 21 août 1877, M. Vuillemot conserva ses mêmes fonctions de chef d'état-major général du gouverneur civil de l'Algérie; mais, lors du départ du général Chanzy, M. Vuillemot prit le commandement de la division d'Alger. En 1879, il retourna en France, après avoir passé la majeure partie de sa vie militaire en Algérie. Après avoir commandé la 32e division d'infanterie à Perpignan, il a été appelé au ministère de la guerre comme chef d'état-major général, membre du comité de défense, et promu grand officier de la Légion d'honneur le 12 juillet 1880. Il compta plus de 30 campagnes et 44 ans de services effectifs.

Le général Vuillemot a été admis à la retraite le 27 juin 1884.

Panthéon Fléchois. — Archives militaires. — Documents particuliers.

WARNIER.

Warnier (Auguste-Hubert), né à Rocroi le 8 janvier 1810, est fils de Jean-Louis, officier mort en 1814 des suites de sa douzième blessure reçue dans la campagne de France, après avoir été vendu esclave sur le marché de Constantinople, étant sous-lieutenant au

6° d'infanterie, fait prisonnier de guerre aux îles Ioniennes et avoir fait, comme chef de caravane, de nombreux voyages dans l'Inde et en Arabie de 1798 à 1801; et de Marie-Salomé-Victoire Séguin, femme d'une grande distinction.

Il fit ses études secondaires à Charleville et à Reims de 1823 à 1830, commença ses études médicales à Paris et les termina à l'hôpital d'instruction de Lille. En 1832, il fut nommé chirurgien sous-aide à Douai, puis à Toulon, et enfin dans la province d'Oran, où on l'envoya en 1834 pour y combattre les ravages de la première épidémie cholérique. Les indigènes étaient décimés par le fléau, comme nos malheureux soldats; dès son arrivée et grâce à sa profonde connaissance de la langue arabe, à l'étude de laquelle il s'était passionnément voué, il est désigné, à la demande des marabouts implorant des secours en faveur de leurs coreligionnaires, pour aller donner ses soins aux tribus les plus rapprochées de nos avant-postes. Cette circonstance décida de l'existence du futur député de l'Algérie. Bientôt, en effet, il connaît mieux que beaucoup d'autres le pays que nous avons à conquérir et se livre de plus en plus à l'étude de l'arabe et des mœurs indigènes avec une ardeur et un succès qui ne tardent pas à le désigner pour l'accomplissement de diverses missions spéciales.

En 1835, il recueille les malades, les blessés, les vieillards, les enfants abandonnés à Mascara, après le pillage de cette ville par les troupes d'Abd-el-Kader, et les ramène à Mostaganem. Il est cité pour ce fait à l'ordre de l'armée, ainsi que nous le verrons plus loin lorsqu'il sera question de ses distinctions honorifiques.

Le docteur Warnier reste au milieu des Arabes de 1837 à 1839; durant ces deux années il recueille les notions les plus complètes sur les tribus qui avaient reconnu l'autorité de l'Émir; à cette même époque, à la suite du traité de la Tafna, il est nommé adjoint au commissariat du gouvernement français près d'Abd-el-Kader. On le voit encore à cette date prodiguer ses soins à Mascara aux indigènes riches ou pauvres, aux blessés du siège d'Ain-Madhi, aux membres de la famille de l'Émir. Des fragments des études auxquelles il s'était livré de 1837 à 1839 furent publiés en 1840 par le gouvernement sous le titre : *De la province d'Oran sous la domination de l'émir Abd-el-Kader.*

Le 2 août 1839, Warnier obtient le diplôme de bachelier ès sciences; vingt-deux jours plus tard (24 août 1839), il soutient sa thèse pour le doctorat en médecine devant la faculté de Montpellier et revient immédiatement après à son poste dans la province d'Oran.

En 1840, à la reprise des hostilités, l'infatigable docteur est chargé, comme membre de la commission scientifique de l'Algérie (section des sciences historiques et géographiques), d'aller procéder aux mêmes études dans la province de Constantine qui commençait à être pacifiée. Cette mission, cumulée avec d'autres, conduit l'intrépide explorateur de l'Algérie jusqu'en 1847. Les travaux du docteur Warnier, comme membre de cette commission (notices et cartes des tribus), ont été publiés également par le gouvernement dans les *Tableaux de la situation des établissements français en Algérie*.

En 1842, il est adjoint à une mission politique et administrative en Algérie (sous la présidence de M. le député Laurence).

En 1843, après la prise de la smala d'Abd-el-Kader par le duc d'Aumale, le docteur Warnier est appelé à organiser le dépôt des prisonniers arabes à l'île Sainte-Marguerite, où le gouvernement lui confie la tutelle de 200 femmes et de 60 enfants à la mamelle : il partage leur prison et finit par obtenir leur liberté. Mais, durant son séjour au milieu des prisonniers, il était parvenu à recueillir près des chefs captifs une grande partie des secrets de nos ennemis, entre autres l'organisation à peine soupçonnée d'un grand nombre de tribus ou confréries de *Khouan*. Le journal *l'Algérie*, dont le docteur Warnier était un des principaux rédacteurs, fut le premier à révéler les mystères des associations indigènes.

En 1844, adjoint au prince de Joinville, comme agent politique dans la campagne maritime du Maroc, le docteur Warnier remplit les plus périlleuses missions avant les bombardements de Tanger et de Mogador, et après ces deux exécutions de la puissance marocaine il négocie et fait signer le traité de paix qui, trois ans plus tard, devait obliger Abd-el-Kader à déposer les armes entre les mains de La Moricière et du duc d'Aumale. Après le traité de Tanger, à la suite duquel il est nommé officier de la Légion d'honneur (distinction qu'il a été, depuis la fondation de l'ordre, le seul à recevoir dans un grade militaire assimilé à celui de lieutenant), il obtient pleins pouvoirs sur les prisonniers et, en échange des soins qu'il donne à un marabout, parvient à sauver la vie au consul général anglais, M. Wilshire, et à beaucoup d'autres familles européennes.

En 1846, il négocie secrètement le rachat de 200 prisonniers faits par l'Émir à Sidi-Brahim et Aïn-Témouchent.

En 1847, il s'associe à d'importantes entreprises de colonisation au Kroubs, à l'exploitation des mines de l'Edough.

En 1848 et 1849, le docteur Warnier est successivement directeur des affaires civiles de la province d'Oran et membre du Conseil de gouvernement de l'Algérie, il rend libre les commerces de boucherie et de boulangerie, évite des émeutes et des grèves d'ouvriers.

Rendu à la liberté en 1850 et 1851, il est le principal rédacteur du journal *l'Atlas*, supprimé au coup d'État. De 1852 à 1861 il consacre son temps à l'étude du réseau des chemins de fer algériens, à la fondation d'un grand établissement agricole sur les rives insalubres du lac Halloula, aujourd'hui desséché, ce qui lui permet d'approfondir sous ses divers côtés pratiques le vaste problème de la colonisation algérienne.

De 1859 à 1861, le docteur Warnier avait dirigé à distance l'exploration du Sahara et du pays des Touareg du nord par le jeune Henri Duveyrier, ainsi qu'il le fit plus tard pour l'explorateur Paul Soleillet. En 1861 il rentre en France avec le jeune et intrépide Henri Duveyrier, qu'il assiste dans la mise en ordre de ses notes et de sa collection; ce travail terminé, il reprend la plume pour la défense des intérêts algériens, il lutte, livre le bon combat, comme il l'a toujours livré dans toutes les circonstances graves que la colonie a traversées depuis.

De 1863 à 1866, le docteur Warnier est, avec Jules Duval, le mandataire officieux des colons pour la défense de leurs intérêts. En 1863 il publie *l'Algérie devant le Sénat*, à l'occasion du sénatus-consulte qui donnait aux indigènes tout le sol de la colonie et obligeait ainsi les colons à coloniser sans terres.

En 1864, il traduit l'indignation générale des colons dans *l'Algérie devant l'opinion publique* et les venge des injustes reproches que la politique impériale leur adresse pour favoriser l'exécution d'un plan antifrançais.

En 1865, le docteur Warnier, dans son livre *l'Algérie devant l'Empereur*, oppose les vrais principes de la colonisation algérienne aux idées impolitiques que patronne l'auteur du royaume arabe et qui, dès lors, a valu à l'Algérie la famine de 1867-1868 et l'insurrection de 1871. Depuis cette époque, l'infatigable défenseur des colons, toujours sur la brèche, a successivement publié un *programme de politique algérienne* sous forme de *Lettres à M. Rouher; Bureaux arabes et colons; les Cahiers algériens*, travaux de polémique et d'organisation.

En 1869, il prend une part des plus actives à l'enquête Le Hon sur l'Algérie.

A la chute de l'Empire, le docteur Warnier est nommé préfet d'Alger (5 septembre 1870), poste auquel le désignaient à la fois ses opinions politiques, ses nombreux travaux, sa profonde connaissance des besoins du pays, enfin les suffrages que ses concitoyens lui avaient donnés le mois précédent aux élections pour le Conseil général de ce département. Dans cette haute situation, il sut dans son court passage aux affaires éviter toute incarcération, toute effusion de sang. C'est aussi à cette époque qu'il publie *l'Algérie et les victimes de la guerre,* pour préparer l'immigration des Alsaciens-Lorrains. En octobre 1870, il envoie sa démission de préfet à la délégation de Tours pour se porter candidat aux élections de l'Assemblée nationale; il échoue en février 1871 contre Gambetta et Garibaldi, mais est élu en juillet suivant.

En 1871, il est nommé membre de la commission du séquestre; président de la commission des indemnités aux victimes de l'insurrection de 1871; député du département d'Alger; il est la cheville ouvrière de la commission de la propriété immobilière en Algérie; membre de la commission des tabacs. Devant la commission d'enquête sur les événements de 1870 et 1871 en Algérie, il sut indiquer les causes de l'agitation qui eut lieu dans la colonie à la chute de l'Empire, le patriotisme et le courage des colons, les intrigues diverses qui ont amené l'insurrection de 1871, etc.

Le docteur Warnier est l'auteur de la réforme opérée dans le régime de la propriété en Algérie. Nul n'a plus et mieux travaillé que lui au développement et à la prospérité de notre belle colonie, qu'il aimait, on peut le dire, d'un amour vraiment paternel.

En arrivant à l'Assemblée nationale, il se plaça dans la gauche républicaine auprès de son parent M. I. Warnier, député de la Marne, et s'y fit toujours remarquer par son esprit de conciliation et de justice, sans toutefois rien sacrifier aux principes. En général, le docteur Warnier, à la Chambre, est resté dans sa spécialité d'Algérien. Son intervention la plus marquée dans ces questions, ardues pour les personnes qui n'y sont par initiées, s'est surtout accusée ainsi : il a contribué puissamment à faire payer par les Arabes insurgés en 1871 une contribution de guerre destinée à indemniser les colons ruinés par eux; il parvint à faire mettre en pratique l'émancipation quelque peu prématurée des Israélites de l'Algérie; comme président et rapporteur d'une commission spéciale chargée d'élaborer la loi sur l'organisation de la propriété en Algérie, il a rendu un immense service aux colons et aux indigènes, qui ne seront plus exposés aux famines; il a décidé l'Assemblée nationale à repousser toutes les tentatives de retour au régime militaire en Algérie, en provoquant le rejet d'une nouvelle commission d'enquête; enfin il a combattu le maintien de l'état de siège porté contre la ville d'Alger, et ce malgré ses sympathies personnelles pour son compatriote le gouverneur général Chanzy.

Le Dr Warnier était, on peut le dire, le dictionnaire vivant de l'Algérie. Il en connaissait toutes les tribus, pouvait donner des renseignements précis sur chacune des familles indigènes influentes, et retrouvait dans sa prodigieuse et infaillible mémoire le tableau de tous les faits de guerre, d'administration et de colonisation depuis la conquête, ainsi que des détails sur chacun des hommes qui ont marqué dans la colonie.

Mais, depuis de longues années, la robuste constitution de ce vaillant pionnier de la colonisation, de ce savant modeste, épuisée tant par les fièvres que par une affection chronique du foie, ne laissait pas que de préoccuper à juste titre et sa famille et ses nombreux amis; trente-sept années consécutives passées dans de constantes préoccupations, l'esprit toujours tendu vers l'idée de créer *la France d'Afrique*, idée qui ne cessa jamais d'être le but poursuivi par cet homme de bien, allaient enfin terrasser cet ardent apôtre de l'Algérie, dont l'incomparable état de services à la fois militaires, administratifs, diplomatiques, médicaux, coloniaux et littéraires, justifie pleinement ceux qui ont eu à cœur de conserver et d'honorer sa mémoire en donnant son nom à un centre de population situé entre Orléansville et Tenès. C'était le moins qu'on pût faire pour celui qui fut le plus dévoué, le plus savant, le plus intègre patriote parmi les illustrations algériennes. Cet homme de bien, si cher à l'Algérie, à laquelle il a sacrifié sa vie, ses intérêts, sa santé, sa famille, a été enlevé à Versailles le 15 mars 1875 à l'affection de ses collègues de la Chambre, qui savaient pouvoir faire appel à son grand savoir et à sa grande expérience toutes les fois qu'ils avaient à s'occuper des grandes questions intéressant le sort de l'Algérie, ainsi qu'il résulte de l'éloge funèbre prononcé par M. Ricard, président de l'Assemblée nationale, éloge suivi de celui non moins pompeux exprimé le même jour du haut de la tribune parlementaire par le général de Chabaud-Latour, témoins pendant plusieurs années des efforts du D⁏ Warnier pour le triomphe de toutes les grandes questions intéressant l'avenir de notre belle colonie.

Le corps du regretté député d'Alger repose à Arras (Pas-de-Calais) auprès de celui de son frère, le commandant Warnier (Eugène), l'un des premiers officiers du génie qui aient créé Sidi-bel-Abbès, et de celui de son neveu, Warnier (Félix), mort à 26 ans en 1881 à Constantine, où il venait d'être appelé aux fonctions de juge suppléant près le tribunal de cette ville.

On peut dire du regretté D⁏ Warnier que ce noble et vaillant caractère a été pour l'Algérie dans l'ordre des faits civils ce qu'a été pour elle l'illustre maréchal Bugeaud dans l'ordre des faits militaires. Ces deux célébrités algériennes ont mis en effet, avec la plus intelligente, la plus patriotique obstination, au service de cette autre France, l'un son épée, l'autre sa plume; l'un sa bravoure, l'autre son éloquence.

Publications et travaux du D⁏ Warnier.

1839. *Les Plaies d'armes à feu chez les Arabes de l'Algérie.*
1840. *La Province d'Oran sous la domination de l'Émir.*
1842. *La Province de Constantine au moment de la conquête.*
1843-1845. Collaborateur du journal *l'Algérie.*
1844-1845. *Les Conférences religieuses mulsumanes de l'Algérie* (avec M. de Neveu).
1846. *Description de l'Algérie* (avec M. Carette).
   Carte des tribus de l'Algérie (avec M. Carette).
   Carte de la colonisation de la province d'Oran.
1847. Carte du domaine de l'État dans la province de Constantine.
1849-1851. Collaborateur du journal *l'Atlas.*
1854. Réseau des chemins de fer algériens par la ligne centrale du Tell et rattaches à la côte (avec M. Mac Carthy).
1863. *L'Algérie devant le Sénat.*
1864. *L'Algérie devant l'opinion publique.*
1865. *L'Algérie devant l'Empereur.*
1868. *Programme de politique algérienne* (avec M. Duval).
1869. *Bureaux arabes et colons* (avec M. Duval).
1870. *Cahiers algériens* (3 éditions).

1858-1875. Collaborateur à l'*Économiste français* et à l'*Opinion nationale*.

Ouvrages inédits.

Médecine arabe. Notes sur la rage en Algérie.
Abd-el-Kader et sa famille.
Richesse forestière de l'Algérie (avec J. Duval).
Études du Sahara, routes, itinéraires.
Mémoires sur l'aménagement des eaux et l'irrigation en Algérie. Etc., etc.

Distinctions honorifiques.

1835. Cité à l'ordre de l'armée pour avoir relevé, au péril de ses jours, les blessés du combat de la Macta.
1838. Cité à l'ordre pour son énergie et sa belle conduite dans sa mission près de l'Émir.
1839. Mention très honorable au concours du Val-de-Grâce.
1839. Chevalier de la Légion d'honneur.
1844. Officier de la Légion d'honneur.
1840-1847. Membre de la Commission scientifique de l'Algérie.
1843. Membre de la Société orientale.
1852. Médaillé à l'exposition internationale de Londres.
1859. Médaillé à l'exposition universelle de Bordeaux.

Documents particuliers. — Rapport de M. de la Sicotière sur les événements de 1870-71 en Algérie.

VIMPFFEN.

Wimpffen (Emmanuel-Félix de), général de division, grand officier de la Légion d'honneur, né à Laon (Aisne) le 13 septembre 1811, fut élève de Saint-Cyr, en sortit dans l'infanterie et reçut le baptême du feu au combat de Boufarick le 2 octobre 1832.

En 1833, le 67ᵉ de ligne fit une expédition difficile contre les Guérouan et les Beni-Boughirdane, tribus puissantes avoisinant la Grande-Kabylie, et aujourd'hui circonscrites dans le cercle de Dra-el-Mizan. Les 3 et 4 mai, des combats furieux eurent lieu dans les défilés de Boufarick, presque sur le même emplacement où, l'année précédente, le sous-lieutenant de Wimpffen avait gagné ses éperons.

Le régiment, entouré de toutes parts, fit une admirable résistance et protégea la retraite sans se laisser entamer. Six mois plus tard, il fit partie de la colonne dirigée contre Coléah.

En 1834, le sous-lieutenant de Wimpffen fit une expédition du côté de Bougie. Elle se termina par deux combats (les 5 et 8 décembre) sous les murs de cette petite place qui, bloquée par les Kabyles, put être délivrée. En janvier 1835, le 67° eut encore des affaires heureuses contre ses premiers ennemis, les cavaliers hadjouth.

Au commencement d'avril de cette même année 1835, le régiment, embarqué pour la mère patrie, traversa la France du sud-est au nord-ouest pour tenir garnison à Paris et à Soissons.

Proposé au choix pour le grade de capitaine, Wimpffen obtint la double épaulette le 28 octobre 1840, huit années après être sorti de Saint-Cyr.

Au commencement de 1841, on forma le bataillon de tirailleurs indigènes, dit d'Alger et de Tittery. On eut l'heureuse idée d'y placer le capitaine de Wimpffen, qui devait faire de ces corps arabes les meilleurs de notre armée.

Avec ce bataillon il prit part, de 1841 à 1847, à toutes les expéditions auxquelles on employa les tirailleurs dans les trois provinces : entres autres celles de Biskra et des monts Aurès en 1844; celle de l'Ouarensenis chez les Beni-Hindel en 1845, où il fut mis à l'ordre du corps expéditionnaire.

Il avait en sa faveur une vigueur de corps et une santé qui doublaient son ardent amour de la guerre et des combats.

Dans une affaire des plus chaudes en Kabylie (1845), le maréchal Bugeaud, voyant un grand et hardi cavalier franchir, au galop de son cheval, les hauteurs où s'étaient réfugiées des masses ennemies, entraînant à sa suite, au pas de course, les soldats de son bataillon, se le fit présenter : c'était de Wimpffen; il le proposa pour la croix de la Légion d'honneur et la lui remit.

Pendant la période de 1842 à 1847, le capitaine des tirailleurs algériens fit de nombreuses expéditions et fut proposé trois fois pour le grade de chef de bataillon, à la suite de citations à l'ordre de l'armée d'Afrique. La première fois, ce fut après une rude affaire dans le Djurjura, où les généraux Marey-Monge et d'Arbouville lui témoignèrent une grande estime. La seconde fois, ce fut après une expédition de onze mois, pendant laquelle son bataillon ne toucha pas à une localité européenne.

En 1847, après plusieurs combats sous les murs de Bougie et à la suite de la troisième proposition faite en sa faveur pour le grade de commandant, il fut promu chef de bataillon (2 avril) au 44ᵉ de ligne, alors en Algérie, province d'Oran. Il fut placé sous les ordres des généraux Renaut et de La Moricière. Il assista, sur les confins du Maroc, à tous les préliminaires qui amenèrent la reddition de l'Émir.

En 1848, lorsque le 44ᵉ rentra en France, de Wimpffen obtint le commandement de son ancien bataillon de tirailleurs algériens.

Dès le jour où il se trouva à la tête de ses chers turcos, il prit la détermination de s'attacher à rendre ses Arabes les rivaux des meilleures troupes, en tout et pour tout.

De là vint la transformation de ses soldats, considérés jusqu'alors comme bien inférieurs aux zouaves, auprès desquels ils se trouvaient toujours dans leurs résidences et qui n'avaient qu'une estime médiocre pour eux.

Le commandant disciplina les indigènes de son bataillon à la française, leur fit apprendre l'exercice, exigea des sous-officiers et des officiers la connaissance de la théorie, les amena à vivre casernés et supprima le mariage, qui n'était guère autre chose pour eux que le concubinage. Il créa des ordinaires, en un mot, les mit sur le pied des troupes de France.

Ces transformations, obtenues petit à petit, avec intelligence, sans à-coups, firent craindre néanmoins aux gouverneurs généraux de l'Algérie une révolte dans le bataillon, alors à Blidah. Le général d'Hautpoul, entre autres, était véritablement effrayé de ce que tentait de Wimpffen. Un jour il écrivit à ce sujet au général Blangini, qui commandait la province d'Alger :

« Le commandant de Wimpffen me produit l'effet d'un novateur dangereux. Si vous voyez des inconvénients à ce qu'il exécute, remettez son bataillon à la vie arabe, etc. »

Quelque temps, de Wimpffen ne laissa pas que d'être préoccupé, dans la crainte de voir des réclamations aboutir et son œuvre ajournée ou détruite avant d'être en maturité. Heureusement il n'en fut rien, et après de nombreuses expéditions, pendant lesquelles la discipline, la vigueur de son bataillon furent à plusieurs reprises signalées, il reçut, en récompense de sa bravoure et des services qu'il avait rendus, la croix d'officier de la Légion d'honneur.

Il était tellement aimé de ses indigènes, officiers et hommes de troupe, qu'il parvenait à obtenir d'eux tout ce qu'il désirait, même les choses considérées comme les plus contraires à leurs habitudes : ainsi il les faisait même employer aux travaux des routes. Du moment où *Ba-Ba* (le père), — c'était le nom que lui donnaient ses turcos, — avait dit une chose, c'était pour eux paroles du Coran.

Le général Charon, gouverneur général en 1850, était émerveillé des résultats obtenus par le commandant de Wimpffen. Il lui écrivit un jour :

« Je veux savoir les moyens que vous employez pour obtenir ce qui paraît ne pouvoir s'exécuter dans les autres provinces. Je veux vous donner comme exemple à suivre, etc. »

En 1851, le bataillon de Wimpffen fit une longue et fort intéressante expédition en Kabylie sous les ordres des généraux Bosquet et Camou. Ces deux chefs firent les plus grands éloges du commandant des tirailleurs et le proposèrent pour le grade de lieutenant colonel. Les récompenses arrivèrent, Wimpffen n'était pas nommé. Aussitôt qu'il en est informé, le loyal Camou écrit au gouverneur général Pélissier :

« Si j'avais pu croire qu'on ne donnât pas au commandant de Wimpffen le grade qu'il a si bien mérité, je n'aurais pas accepté ma croix de grand officier de la Légion d'honneur. »

Pélissier, frappé de cette démarche qui honorait à la fois le général et le simple chef de bataillon, écrivit de nouveau à Paris, insista si bien que la nomination de Wimpffen au grade de lieutenant-colonel arriva sans retard.

Il rejoignit son nouveau corps, le 68° de ligne, à Mostaganem.

Son brevet datait du 18 septembre 1851. Au commencement de 1852, le 68° fut envoyé dans la province de Constantine pour remplacer à Bône un régiment décimé par les fièvres. Le lieutenant-colonel fut nommé commandant supérieur de Guelma et chargé de la création d'un village.

Le gouvernement venait de décider qu'aucun secours ne serait accordé aux nouveaux arrivants ; néanmoins, et malgré la défense, de Wimpffen, qui connaissait la colonie mieux que les bureaux de la guerre, demanda et obtint du général de Tourville, commandant la subdivision, d'aider les colons. Il fit confectionner par les troupes de vastes gourbis pour chaque famille, fit défricher et ensemencer les terres par les Arabes et distribua des grains en assez grande quantité pour que nul ne pût être inquiet de l'avenir.

Bientôt il y eut une révolte parmi les tribus voisines de la Tunisie. Le général de Tourville demanda au lieutenant-colonel de l'accompagner dans son expédition, qui fut pleine d'intérêt et menée vigoureusement.

Cette expédition complétait, pour ainsi dire, les études du futur général sur l'Algérie, qu'il avait parcourue en soldat et en touriste de l'ouest à l'est, du nord au sud, c'est-à-dire du Maroc à la Tunisie, de la mer aux Hauts-Plateaux. Dix-huit ans plus tard, ainsi qu'on le verra, il devait s'enfoncer dans le centre du grand désert, et les connaissances acquises par ses nombreuses courses dans les trois provinces furent d'une grande utilité au général, au voyageur, au savant.

Au retour de l'expédition du général de Tourville, de Wimpffen fut nommé colonel du 13e de ligne à la fin de 1853. Il rentra alors en France, où il n'avait, pour ainsi dire, pas mis les pieds depuis sa sortie de l'École militaire: il alla prendre à Paris le commandement de son nouveau corps. Employé en Crimée, il fut fait général de brigade le 17 mars 1855, fut attaché à la garde impériale, fit avec distinction la campagne d'Italie en 1859, et fut promu général de division le 5 juin de la même année. Après avoir commandé en 1860 une division d'infanterie à Lyon, il obtint d'être placé à la tête des provinces de cette Algérie si chère à son cœur, objet de ses prédilections et de ses études. Il y rendit de nouveaux services, d'abord dans le commandement de la province d'Alger, puis de celle d'Oran.

L'insurrection qui éclata sur la frontière marocaine, au mois de mars 1870, lui donna l'occasion de faire preuve d'une remarquable activité et de mener à bonne fin, dans le sud-ouest de la province qu'il commandait, une expédition difficile.

Une colonne formée de deux brigades, commandées l'une par le général Chanzy, l'autre par le général de Colomb, et placées sous le commandement supérieur du général de Wimpffen, commandant la division d'Oran, avait été organisée. Elle était composée de 14 compagnies d'infanterie, 10 escadrons de cavalerie et 2 sections d'artillerie.

Le 29 mars 1870, la colonne partit d'Aïn-ben-Khelil, où elle s'était concentrée, campa le soir même à Taoussara, à 24 kil. sud de

Ben-Khelil, puis de là se dirigea vers le sud-ouest; passa la frontière du Maroc le 1er avril, gagna Souk-el-Kesses, au sud-sud-ouest, où le colonel de Lajaille, qui précédait la colonne principale, livre un premier combat. L'ennemi a une centaine d'hommes tués ou blessés (2 avril).

La colonne, poursuivant sa marche, traverse de l'est à l'ouest la plaine de Tamelelt, campe à Aïn-Defla, prend la direction du sud-ouest jusqu'à Mengoub; puis, tournant au sud, s'empare du ksar de Bou-Khaïs, où elle laisse une compagnie de tirailleurs (8 avril) et descend à Kenadsa; le 13, elle arrive sur le plateau d'El-Bahariat, où elle établit un petit camp retranché, près de la rive gauche de l'Oued-Guïr. En face, sur la rive droite, se trouve l'ennemi.

Le 15 avril, le général de Wimpffen traverse la rivière à gué et prend ses dispositions de combat. Le général Chanzy, qui avait été envoyé en avant en reconnaissance avec toute la cavalerie, commande l'aile droite, le général de Colomb l'aile gauche; l'ennemi est bientôt culbuté sur les deux ailes. Les zouaves rencontrent au centre une résistance plus grande; mais à l'aide de la réserve ils repoussent tout devant eux : à la fin du jour, les principaux chefs viennent faire leur soumission.

Le 16, le général Chanzy se porte sur les campements des Beni-Sliman et des Oulad-Youcef, et force ces factions à venir se soumettre.

Le 17, la colonne rentre au camp de Bahariat, où le général de Wimpffen reçoit de nouvelles soumissions.

Le 19, la colonne reprend la route du nord-est et arrive le 22 à Bou-Khaïs, dont la petite garnison avait été attaquée à plusieurs reprises par des Arabes d'Aïn-Chaïr. Le général se décide à les châtier.

Le 24, toutes les troupes réunies s'élancent à l'assaut du ksar; mais Aïn-Chaïr est énergiquement défendu : les murs résistent, et la nuit arrive sans qu'on ait pu les entamer.

Une nouvelle attaque est préparée pour le lendemain, et on s'attend à un rude combat. Point : l'ennemi, épuisé par la lutte qu'il vient de soutenir, renonce à une lutte nouvelle et, pendant la nuit, apporte sa soumission.

Le 28 avril, la colonne reprend sa marche, et arrive le 7 mai à Aïn-ben-Khelil, où elle se dissout.

Cette expédition a eu l'immense avantage, en dehors des résultats politiques obtenus par la soumission des Beni-Menia, de fixer les esprits sur le vaste territoire qui s'étend de l'Oued-Guïr à notre frontière. On sait maintenant, en effet, que ce territoire, habité par une population de 130,000 âmes environ, soit sédentaire, soit nomade, n'a aucun caractère du désert. Les eaux y sont abondantes et de bonne qualité; le terrain, d'un parcours facile, offre sur la plupart des points des productions variées, tant en céréales qu'en plantes fourragères, et l'on rencontre fréquemment de vastes et gras pâturages.

Le général de Wimpffen a rendu compte lui-même de cette expédition, en janvier 1872, dans le *Bulletin* de la Société de géographie de Paris, sous le titre : *l'expédition de l'Oued-Guir*.

Après les premières défaites de l'armée française contre la Prusse, il fut rappelé en France et placé à la tête du 12e corps. Il fut admis à la retraite en 1872, sur sa demande, et écrivit alors dans le *XIXe Siècle*

M. de Wimpffen a publié : *Sedan* (1871, in-8°), livre justificatif qu'il était venu écrire à Oran; *Réponse au général Ducrot* (1871, in-8°); *la Situation de la France et les réformes nécessaires* (1873, in-8°); *la Nation armée* (1876, in-8°).

Le cercle militaire d'Alger possède un exemplaire de l'*Historique du 1er tirailleurs*, rempli d'annotations par le général de Wimpffen ; malheureusement un relieur, auquel le volume avait été confié, a mala droitement rogné la majeure partie de ces notes.

Le général de Wimpffen est décédé à Paris, d'une attaque d'apoplexie, le 25 février 1884.

Dict. des Contemporains.— Documents militaires.— *Historique des tirailleurs indigènes.*

WOLFF.

Wolff (Charles-Joseph-François), général de division d'infanterie, grand officier de la Légion d'honneur, né à Saint-Laurent (Ain) le 6 juin 1823, fut nommé sous-lieutenant le 1er avril 1843, au 32e de ligne, dans la province d'Oran, et entra immédiatement en campagne.

L'année suivante, il fit l'expédition du Maroc et se trouva à la bataille d'Isly. Lieutenant le 27 avril 1847, il quitta l'Algérie l'année suivante pour aller combattre dans les rangs de l'armée des Alpes.

Bou-Bargla, ce prétendu chérif, après avoir propagé l'insurrection parmi les tribus de l'Oued-Sahel, s'était retiré en 1854 chez les Beni-Hidjer, au pied du Djurjura. Là, vivant comme un simple derviche, en relations avec les zaouïas, il faisait partager à tous ceux qui l'approchaient la haine que lui inspirait contre nous son fanatisme religieux.

A la nouvelle de la guerre de Crimée et de l'embarquement de nos troupes pour l'Orient, Bou-Bargla sortit de sa retraite et recommença à prêcher la guerre sainte. Les tribus de la rive droite du Sebaou, entre Bougie et Dellys, prêtèrent l'oreille à ses prédications. Dès le mois d'avril, l'autorité du bach-agha était, de ce côté, complètement méconnue, et bientôt les hostilités éclatèrent. Bel-Kassem ou Cassi, avec ses trois cents cavaliers et quelques centaines de fantassins, tenait la vallée en respect; mais, hors d'état de pénétrer dans la montagne, il demanda du secours à Alger, afin de ne pas être réduit à se replier sur le fort de Tizi-Ouzou.

Si cette insurrection n'était pas vigoureusement réprimée, elle pouvait s'étendre de proche en proche jusque sur les bords de l'Isser et jeter l'inquiétude dans la plaine de la Mitidja. Mais, en raison précisément de ces éventualités, le gouvernement général ne voulait entreprendre une expédition dans la Kabylie que lorsque la saison serait favorable aux opérations militaires et que les troupes y auraient été préparées. Il fallait que la vigueur des attaques et les résultats qui en seraient la suite eussent assez de retentissement pour déjouer tout projet semblable qui pourrait être conçu sur un point quelconque de l'Algérie.

Le capitaine Wolff, chef du bureau arabe d'Alger, officier aussi prudent qu'énergique, fut envoyé auprès du bach-agha pour l'aider de ses conseils et organiser avec lui la défense de la vallée jusqu'au moment, peu éloigné du reste, où nos têtes de colonnes y paraîtraient. En même temps le fort de Tizi-Ouzou recevait des approvisionnements en vivres et munitions, et des troupes venaient renforcer sa garnison.

La présence du capitaine Wolff donna de la confiance à Bel-Kassem ou Cassi; les fantassins kabyles, au nombre de mille environ, qui lui obéissaient, mieux dirigés, eurent l'avantage dans plusieurs rencontres; et, au moyen de quelques mouvements de terre, ils s'établirent assez solidement à Mekla, principal village du haut Sebaou, pour être à l'abri de toute attaque de la part des insurgés.

La vigueur dont M. Wolff fit preuve en cette occasion et quelques jours plus tard simplifia beaucoup les difficultés de l'armée sur le Sebaou.

Promu le 17 janvier 1854 chef du 2° bataillon des tirailleurs indigènes, il passa au 1er régiment de ces tirailleurs à Alger en 1856. Il fit en 1857 l'expédition de la Grande-Kabylie du maréchal Randon, à la 1re division.

Le 13 août, à la suite de cette courte campagne, M. Wolff reçut la croix de la Légion d'honneur. En 1859, il fit la campagne contre l'Autriche. Ses braves turcos, fortement engagés à Magenta et à Solférino, se battirent avec acharnement, et le 21 juin le commandant, promu lieutenant-colonel, fut placé en mission hors cadre pour commander un cercle en Algérie. Nous le retrouvons directeur du bureau politique à Alger.

Colonel du 43° de ligne le 12 mars 1862, M. Wolff prit le commandement de ce régiment à Lille. Le 2 septembre 1866, il fut fait commandeur, et général de brigade le 2 août 1869.

En 1870, il combattit à Frœschwiller, à Sedan, et fut envoyé prisonnier en Allemagne.

Élevé au grade de général de division le 24 juin 1871, il revint à Alger prendre le commandement de la division.

Grand officier le 7 août 1877, le général Wolff fut rappelé en France en 1878 pour commander le 7° corps d'armée à Besançon.

Membre du Conseil Supérieur de la guerre, le général Wolff a été admis à la retraite le 21 janvier 1829.

Panthéon Fléchois. — Archives militaires. — *Mémoires du maréchal Randon.* — Documents officiels.

WUILLERMOZ.

Wuillermoz (Romuald), né le 6 février 1856 à Lons-le-Saunier (Jura), était avocat dans sa ville natale lors du coup d'État de 1851. Il prit la défense de la liberté, fut arrêté et condamné à l'internement en Algérie.

Renfermé à Douéra, Wuillermoz recouvra sa liberté en 1865 et se fit inscrire au barreau d'Alger. Doué d'une parole facile, imagée, d'une connaissance profonde du droit, il conquit promptement la faveur du public et l'amitié de ses confrères, qui trois ans plus tard le nommèrent bâtonnier de l'ordre.

Wuillermoz ne recherchait ni la gloire ni la fortune; il caressait un rêve : une démocratie ouverte à tous, travaillant sans cesse à améliorer le sort des prolétaires, pratiquant enfin les sublimes lois de la justice et de la solidarité. Au 4 septembre 1870, la voix publique fit appel à son concours : il entra à l'hôtel de ville. La situation était hérissée de difficultés; des événements regrettables se produisirent; une grave responsabilité incombait au maire d'Alger. Wuillermoz ne se laissa pas décourager; même en présence de l'émeute qui grondait. Il se multiplia, portant de tous côtés des paroles de conciliation, dissipant les groupes et conquérant une telle autorité morale que de toutes parts on réclamait pour lui la fonction de Commissaire extraordinaire de la République (1).

Le 9 juillet 1871, Wuillermoz fut élu député du département d'Alger. Il ne siégea qu'un an à l'Assemblée nationale; des raisons personnelles le décidèrent à donner sa démission; il revint à Alger prendre sa place au barreau et au conseil municipal, où il rendit de nouveaux services en étudiant les grands intérêts de la cité : l'alimentation en eau, les égouts, les écoles, etc.

Il est décédé à Alger le 20 octobre 1877. Toute la ville et les localités environnantes suivirent son convoi funèbre.

Documents particuliers. — Rapport de M. de la Sicotière sur les événements de 1870-71 en Algérie

YOUSOUF.

Yousouf ou Yusuf, général de division, grand-croix de la Légion d'honneur, mort à Cannes le 16 mars 1866. — L'histoire se tait sur les premières années de Yousouf, et si l'on consulte les archives du ministère de la guerre, l'acte de notoriété dont l'administration a dû se contenter, à défaut d'acte de naissance, porte seulement que Yousouf est né en Italie vers 1808 et qu'il avait été enlevé sur les côtes par des corsaires barbaresques; aussi la légende a-t-elle remplacé l'histoire et lui a-t-elle fait une jeunesse pleine d'aventures

(1) C'était le nouveau titre que le gouvernement de la Défense nationale voulait donner au gouverneur général civil.

qu'on dirait empruntées à une nouvelle espagnole du temps de Cervantès. Elle place dans l'île d'Elbe le berceau de Yousouf et prétend qu'il s'y trouvait encore quand le Congrès de Vienne y installa Napoléon vaincu par la coalition. Un peu plus tard, sa famille l'aurait, dit-on, envoyé sur le continent pour faire son éducation. Mais la Méditerranée était alors infestée de corsaires; le jeune Yousouf, capturé dans la traversée, aurait été conduit à Tunis avec ses compagnons et serait échu en partage au bey, qui, charmé de son air intelligent et de sa bonne mine, l'aurait pris en affection et lui aurait fait apprendre les langues turque, arabe, espagnole. Il est certain, du moins, qu'il fut un des mamelouks de ce souverain barbaresque. La légende ajoute qu'il ne plut pas moins à une des filles du bey qu'au bey lui-même, et qu'un eunuque l'ayant surpris avec elle, il s'en débarrassa en le tuant, prit la fuite, et, passant sur trois ou quatre chaouchs que la vengeance du bey avait mis à sa poursuite, réussit à s'échapper et à s'embarquer sur le vaisseau français l'*Adonis*. C'était en 1830. Yousouf entre maintenant au service de France, et toute incertitude sur les événements de sa vie disparaît. On préparait alors l'expédition destinée à punir le coup d'éventail du dey d'Alger. Mais les côtes des États barbaresques y étaient presque aussi inconnues que l'est aujourd'hui l'intérieur de l'Afrique. Yousouf, qui pouvait donner des renseignements précieux sur les mœurs, la tactique, les armes des Arabes, devait donc être et fut parfaitement accueilli. Le maréchal Bourmont l'employa comme interprète, et quelque temps après le général Clauzel le nomma agha de la plaine, puis, le 2 décembre 1830, capitaine, mais à titre provisoire, au 1er escadron des chasseurs algériens. Il se fit bientôt remarquer par un courage à toute épreuve et une rare intelligence. Le 28 janvier 1831, il eut un cheval tué sous lui, et le 20 février suivant il fut blessé à la hanche d'un coup de feu. Il avait mérité son grade de capitaine, et sa position fut officiellement régularisée le 25 mai 1831. Il remplit avec succès plusieurs missions périlleuses et se conduisit avec tant d'héroïsme à la prise de la Casbah de la ville de Bône, le 25 mars 1832, qu'il fut admis exceptionnellement dans la Légion d'honneur le 17 mai.

Rappelons cet épisode dramatique de la conquête de Bône.

Après le pillage et la dévastation de sa ville par les troupes du bey de Constantine, Ibrahim, — le bey de Bône, — était parvenu à se maintenir dans la citadelle, où l'assiégeait Ben-Aïssa, jusqu'au 26 mars; mais dans la soirée il évacua furtivement la Casbah et se réfugia à Bizerte.

Les capitaines d'Armandy et Yousouf conçurent le courageux projet de s'y introduire avant que les assiégeants fussent instruits de l'évacuation. En effet, le 27 au matin, le pavillon français y fut arboré. Furieux à cette vue, Ben-Aïssa, lieutenant du bey de Constantine, voulut les attaquer, mais il fut repoussé avec perte. Il eut recours alors à la corruption; il parvint à gagner quelques zouaves de la garnison qui formèrent le complot de tuer leurs deux officiers. D'Armandy et Yousouf furent prévenus de cette conjuration; mais, serrés de près par Ben-Aïssa, ils étaient à la merci des traîtres qui méditaient leur mort.

Le sang-froid et le courage de Yousouf les sauva.

Ayant rassemblé les principaux meneurs, il fait abaisser le pont-levis et annonce une sortie des troupes de Ben-Aïssa. Il les conduit ainsi jusqu'au delà des glacis et leur fait faire halte. Se retournant alors vers eux : « Vous avez résolu, dit-il, de tuer vos officiers et de livrer la Casbah à l'ennemi ! Vous êtes des traîtres et des lâches! »

A cette foudroyante apostrophe, les conjurés restent stupéfaits. Yousouf reprend, en s'adressant aux deux principaux conjurés : « Quoi! Jacoub, quoi! Mouna, vous restez impassibles! voici le moment propice de mettre une partie de votre projet à exécution : frappez, je vous attends. Vous ne me donnez pas le signal de l'attaque : alors, moi je commence. »

Et de deux coups de pistolet il leur fracasse le crâne.

« Maintenant, s'écria-t-il en se retournant vers les autres, à l'ennemi! »

Et les entraînant à sa suite, il rentra quelques heures plus tard dans la Casbah, après avoir fait essuyer à Ben-Aïssa des pertes cruelles.

C'est ainsi que l'incroyable énergie et l'admirable esprit d'à-propos de deux valeureux soldats assurèrent à la France la possession de Bône.

L'histoire offre peu d'exemples d'un héroïsme semblable à celui dont le capitaine Yousouf fit preuve dans les circonstances critiques que nous venons de raconter.

Quelques mois plus tard, lorsque Ibrahim-Bey se présenta devant Bône pour la reprendre à la tête d'une troupe de 12 à 15,000 hommes, Yousouf fit contre lui une sortie vigoureuse, lui fit perdre beaucoup de monde et le battit complètement. Sa brillante conduite en cette affaire lui valut le 7 avril 1833 le grade de chef d'escadron du 3° régiment de chasseurs d'Afrique, et pendant trois ans d'un séjour non interrompu dans cette ville il montra maintes fois son courage et son habileté à conduire une attaque. Au mois de septembre 1833, il fit partie de l'expédition contre les Merdès, tribu nombreuse établie sur la rive droite de la Mafrag, à l'est de Bône, et l'année suivante, le 19 novembre 1834, il fit subir aux troupes du bey de Constantine, qui avaient ravagé le territoire des Eulma nos alliés, une sanglante défaite. Près de 200 hommes tués à l'ennemi et la capture de 10,000 têtes de bétail : tel fut le résultat d'une charge vigoureuse des chasseurs et des spahis conduits par le commandant Yousouf.

Pendant que le maréchal Clauzel était à Tlemcen en 1835, il avait donné à Yousouf un brevet de bey de Constantine; mais ce titre ne fut jamais que platonique.

Après la première et malheureuse expédition de Constantine, qu'il avait provoquée en représentant la marche sur cette ville comme une promenade militaire, Yousouf quitta Bône au mois de mai 1837 pour faire un voyage à Paris, où il passa près d'une année.

L'éclat que son nom avait jeté en France, les combats auxquels il avait pris part en Afrique, le nouveau drapeau sous lequel il venait de s'illustrer en si peu de temps, cette étrangeté mêlée de gloire, qui, chez un peuple blasé, semble avoir seule le privilège de ramener la curiosité, avaient déjà fixé les regards sur lui. L'élégance de ses manières et de sa tournure, la grâce qui lui était particulière, la richesse de son costume, et, ce qui est mieux encore, une âme élevée, une grande solidité dans ses affections, un dévouement sans bornes pour ceux dont il avait reçu les bienfaits, tout contribua à augmenter un succès que compléta bientôt le tour original de son esprit.

De retour en Afrique après un séjour prolongé à Paris au milieu des fêtes et des ovations du monde officiel, Yousouf fut nommé lieutenant-colonel; il avait été précédemment promu au grade d'officier de la Légion d'honneur. Il eut le commandement des spahis cantonnés à Misserghin et, à partir de cette époque, prit la part la plus glorieuse à la guerre que dirigeaient d'éminents capitaines contre l'émule de Jugurtha.

Au commencement de 1840, Bou-Hamedi, khalifat d'Abd-el-Kader à Tlemcen, était parvenu à réunir les guerriers de presque toutes les tribus dans un camp considérable sur les bords du Rio-Salado au sud-ouest d'Oran : il tendit une embuscade aux troupeaux de nos alliés, qui furent enlevés dans la matinée du 12 avril au moment où on les conduisait aux pâturages. Sans se douter des forces nombreuses qu'il avait devant lui, Yousouf fait monter à cheval tous ses cavaliers, au nombre de huit cents, et reprend bien vite les troupeaux enlevés. Mais les Douair et les Sméla, altérés de vengeance, se lancent imprudemment à la poursuite de l'ennemi; pour les soutenir, Yousouf est forcé de s'aventurer plus loin qu'il ne le désirait.

Tout à coup il se voit enveloppé par toutes les troupes de Bou-Hamedi qui, au nombre de huit mille cavaliers, débouchent de la gorge de Tem-Salmet. La position était critique; Yousouf prit ses mesures avec sang-froid et intelligence. Protégé par un escadron de cavalerie que commandait le capitaine de Montebello, il bat en retraite, forme son infanterie en carré pour résister aux forces croissantes d'un ennemi acharné, et exécute avec les renforts qui lui arrivent d'Oran un retour offensif des plus désastreux pour les troupes du khalifat de Tlemcen. L'ennemi avait perdu dans cette chaude affaire près de quatre cents hommes, et nous seulement quarante-deux : puissance admirable de l'ordre et de l'organisation disciplinant la valeur!

Il nous est impossible de rappeler, dans cette notice sommaire sur la vie du général Yousouf, tous les combats auxquels il assista, de l'accompagner dans toutes ses razzias sur les tribus et de le suivre dans tous les hardis coups de main qui furent confiés à son habileté et à son courage.

A la même époque que le présent ouvrage, doivent paraître chez Ollendorf deux volumes du colonel Trumelet sur *Yusuf*. Nous y renvoyons le lecteur pour tous les détails qu'il lui plaira de connaître sur cette existence chevaleresque.

Bornons-nous à rappeler qu'en 1842 le maréchal Bugeaud lui-même demanda que Yousouf fût nommé colonel commandant tous les spahis de l'Algérie, parce que, disait-il, *il était bien peu d'officiers de cavalerie légère qu'on pût lui comparer, et que jamais on n'avait montré plus d'élan, plus d'activité d'esprit et de corps.* Après qu'Abd-el-Kader, qu'il avait lui-même battu à Tende et failli un jour faire prisonnier, se fut rendu à La Moricière, nul n'a plus fait que Yousouf pour affermir en Algérie la domination française.

Promu général de division le 18 mars 1856, il a pris part la même année aux opérations en Kabylie, en 1857 à la grande expédition du Djurjura, et le maréchal Randon fait les plus grands éloges des services qu'il a rendus.

A la fin de 1860, il a repoussé une agression des bandes marocaines sur le territoire français, et enfin aidé à réprimer les soulèvements des indigènes. En 1864 il était encore à cheval à la tête de sa division, combattant les tribus insurgées et les forçant à la soumission.

Nommé au commandement de la division de Montpellier le 8 avril 1865, Yousouf est mort à Cannes le 16 mars 1866. Commandeur de la Légion d'honneur depuis le 6 août 1843, grand officier depuis le 22 décembre 1852, il avait été promu grand-croix en septembre 1860.

En 1845, il avait abjuré le mahométisme, s'était fait chrétien et avait épousé une nièce du général Guilleminot. Il aimait passionnément l'Algérie et ne la quitta qu'à regret. Aussi, lorsqu'il vit à Cannes sa fin approcher, il demanda que son corps fût transporté à Alger et inhumé dans une propriété qu'il possédait aux environs de Mustapha. Cette cérémonie a eu lieu le 23 mars 1866.

Le général Yousouf a publié à Paris, en 1850, *la Guerre en Afrique*, ouvrage qui a été très remarqué.

Son nom a été donné en 1888 à un centre en voie de création à Aïn-Assel, sur la route de Bône à la Calle.

Archives militaires. — *Yusuf*, par E. Balme. — *L'Algérie de 1830 à 1840*. — *Annuaire encyclopédique*. — Documents officiels. — *Annales algériennes*.

ZACCAR.

Zaccar (Jean-Charles), né à Damas (Syrie) le 19 janvier 1789 (naturalisé). Prêtre, élevé dans un couvent du Liban, il se réfugia à Marseille, à la suite d'événements politiques qui troublaient son pays. Il était vicaire de l'église Saint-Nicolas de Myre, à Marseille, en 1830, lorsque, signalé au gouvernement par sa connaissance approfondie de la langue arabe, il fut mandé à Paris pour rédiger la proclamation qui allait être adressée aux Arabes de l'Algérie au moment de l'entrée en campagne.

Sans quitter la soutane, Zaccar prit l'épée et partit avec l'armée expéditionnaire. C'était un homme fort instruit et fort honorable.

Le général de Bourmont lui confia encore le soin de traduire en arabe le texte de la capitulation du pacha Hussein.

Nommé interprète de 1re classe le 3 avril 1830, auprès du général de Bourmont, il fut attaché comme interprète principal au gouvernement général le 17 avril 1830.

Détaché à l'évêché d'Alger le 13 mars 1845, il redevint interprète *auxiliaire* le 8 novembre 1848.

Il était chevalier de la Légion d'honneur depuis octobre 1845.

Zaccar, débarqué à Alger avec l'armée française, ne cessa d'être attaché auprès des gouverneurs généraux, depuis le général de Bourmont jusqu'au maréchal Bugeaud. Tout en remplissant ses devoirs d'interprète, le père Zaccar n'en continua pas moins à observer les règles ecclésiastiques, et c'est lui qui le premier célébra la messe pour le gouverneur et son état-major, dans une petite chapelle installée au fond de la rue de l'État-Major, à peu près à l'endroit où se trouve aujourd'hui le bureau central de police.

Pendant de longues années, Zaccar remplit avec zèle et activité tous les devoirs que lui imposaient ses fonctions délicates d'interprète, partageant les dangers, les privations et les fatigues auxquels les troupes étaient exposées. Trois fois il accomplit la périlleuse mission d'aller en parlementaire, auprès d'Abd-el-Kader, et plus souvent encore, de s'aboucher avec les Arabes rencontrés sur le passage des colonnes.

Il eut plusieurs chevaux tués sous lui en diverses rencontres avec l'ennemi. Atteint de douleurs rhumatismales après seize années d'une existence des plus fatigantes, à laquelle sa vie religieuse était loin de l'avoir préparé, il sollicita un poste paisible, et, en raison de sa première vocation, on l'attacha à l'évêché d'Alger. Il ne resta pas longtemps dans ces fonctions, qui consistaient à faire des cours de langue arabe, ce que son âge et sa santé ne lui permettaient plus.

On le réintégra en 1848 dans le corps des interprètes militaires, comme *auxiliaire*, lui l'ancien interprète principal en chef.

Zaccar mourut à Alger presque dans la pauvreté, le 22 février 1852.

Les Interprètes de l'armée d'Afrique. — Documents militaires et particuliers.

APPENDICE [1].

ABADIE.

Abadie (François), né en 1808, vint dès 1838 à Constantine, où il créa l'une des premières imprimeries de cette ville, pour entrer ensuite dans le négoce des produits du pays.

Il consacra une bonne partie de son temps à l'étude des questions algériennes qui le passionnaient.

Doué d'un esprit large et d'une initiative hardie, il s'occupa de toutes les questions intéressant la colonisation.

Dès 1850 il publia un plan d'organisation de banques mutuelles, que les préoccupations politiques de cette époque empêchèrent de réaliser.

Il fit une étude très complète du commerce de l'extrême sud de notre colonie et des relations à établir avec l'intérieur du continent africain. On lui doit une série d'articles sur la sécurité en Algérie, de nombreuses lettres sur le transsaharien, une carte très complète du Sahara et des différentes routes parcourues par les caravanes se rendant du nord de l'Afrique aux rives du Niger.

On lui doit encore une étude sur la mer intérieure, dont il considérait la création comme inutile, très coûteuse et sans intérêt pratique pour l'Algérie.

Il est décédé à Constantine le 16 décembre 1884.

Documents particuliers.

BARRAL.

Barral (Joseph-Napoléon-Paul de), général de brigade, né en 1806, entra à l'École militaire en 1824. Il fit partie de l'expédition d'Alger,

---

[1] Cet appendice comprend les notices et additions recueillies pendant l'impression de l'ouvrage.

en 1830 et parcourut ensuite en voyageur studieux différentes parties de l'Orient. La Turquie et l'Égypte, où il séjourna plus d'une année, avaient été l'objet de ses principales études.

En 1836, il rejoignit le 11ᵉ de ligne dans la province d'Oran. Pendant la campagne de 1840, comme capitaine au corps des zouaves, auquel il appartenait depuis 1837, il montra une bravoure éclatante au passage de l'Atlas, notamment le 12 mai, à l'attaque du col de Mouzaïa, et le 16, lorsque son bataillon aborda les réguliers d'Abd-el-Kader, qu'il rejeta au delà de la Chiffa.

Le mois suivant, il fut cité par M. le général Changarnier, lors de l'approvisionnement de Médéah ; et le 10 novembre, au retour de de la colonne qui avait porté secours à Milianah, il fut atteint d'un coup de feu au visage, en commandant sa compagnie avec une précision et une décisison remarquables, dans le passage du défilé de Chabet-el-Kedda.

Au mois de juin 1841, le commandant de Barral fit partie de la colonne expéditionnaire, commandée par le gouverneur général, qui détruisit les principaux établissements de l'Émir à Tagdempt et qui soutint, au retour, l'attaque de 5,000 Arabes ; il concourut ensuite au second ravitaillement de Mascara, avec un bataillon du 15ᵉ léger, sous les ordres du général de La Moricière.

De 1843 à 1845 il commandait la subdivision de Tlemcen, et pendant la campagne du Maroc il prit une part active au succès des opérations de l'armée.

Le colonel de Barral commandait le 38ᵉ de ligne lors de l'expédition conduite en Kabylie par le général Bedeau, pendant l'été de 1847. A la tête de l'arrière-garde, le 23 juin, il repoussa avec vigueur les rôdeurs ennemis. Appelé au commandement de la subdivision de Sétif en 1848, il prit part à une nouvelle expédition de la Kabylie, entreprise par M. le général de Salles, du 21 mai au 24 juin 1849. L'année suivante, il ébaucha la future route de Bougie à Sétif.

Le grade de général de brigade lui avait été conféré le 13 janvier 1850 en récompense de ses longs services de guerre, et il avait été appelé à la tête de la 3ᵉ brigade d'infanterie à Lyon. Avant de quitter les champs de bataille d'Afrique déjà tant de fois témoins de sa bravoure, il voulut aller lui-même châtier les Beni-Immel, tribu kabyle entre Sétif et Bougie, qui avaient attaqué un détachement français.

Les opérations de cette colonne furent entravées pendant trois jours par des pluies torrentielles, mais le 21 mai, s'étant porté sur le territoire des Beni-Immel, le général se trouva en présence de 3,000 Kabyles, dont il était séparé par de difficiles ravins. L'ennemi occupait une longue ligne de crêtes. Les dispositions nécessaires pour enlever la position furent prises, et quelques minutes après l'engagement de la fusillade le général fut frappé d'une balle dans la poitrine. Il put rester à cheval jusqu'à l'arrivée du colonel Lourmel, auquel il remit le commandement. Rien n'annonçait encore que cette blessure, quoique grave, dût enlever à l'armée un de ses plus brillants officiers généraux.

Barral, après avoir supporté l'extraction de la balle, avait été dirigé sur Bougie; mais il succomba le 26 mai. Il n'avait pas encore atteint sa quarante-quatrième année, et il comptait dix-sept années de service en Algérie.

Le nom de Barral a été donné à un centre de population situé sur la ligne du chemin de fer de Constantine à Bône et à 30 kilomètres de cette dernière ville.

Archives du ministère de la guerre. — *Moniteur de l'armée.* — Annales algériennes. *L'Algérie ancienne et moderne*, par Fillias. — Documents officiels.

BOURLIER.

Au dernier renouvellement triennal du Conseil général qui a eu lieu le 1er septembre 1889 M. Bourlier, cédant aux sollicitations des électeurs du Bas-Chétif, a posé sa candidature dans la 30e circonscription après avoir présenté son successeur à ses anciens électeurs de Dellys.

Il a été élu à la presque unanimité des suffrages.

CHANGARNIER.

Par décret en date du 11 mars 1889, le nom de Changarnier a été donné au centre de l'Oued-Zeboudj (département d'Alger).

COURBY DE COGNORD.

Est décédé général de brigade à Tarbes, le 4 décembre 1862.

GALBOIS.

Nicolas-Marie-Mathurin de Galbois, né à Rennes le 17 mai 1778, entra comme sous-officier en 1798 dans les chasseurs à cheval de Lamoureux, formés pour l'expédition d'Irlande, et passa l'année suivante au 8° régiment de hussards. Successivement aide de camp des généraux Vaufreland, Bouet et Lagrange, il fut attaché, simple lieutenant, à l'état-major du prince de Neuchâtel lorsqu'à la fin de 1807 l'armée française entra en Espagne.

Après avoir heureusement accompli une mission de l'empereur auprès du grand-duc de Berg, à Madrid, et du duc d'Abrantès, en Portugal, Galbois rejoignait, avec une faible escorte, le quartier général impérial, lorsque, arrivé à Badajoz, il fut enlevé avec sa troupe par un parti ennemi. Le général espagnol Galluzo, qui tentait vainement, depuis quelques jours, d'amener à capitulation la place d'Elvas, occupée par 1,400 Français que commandait le chef de bataillon Girod de Novillars, envoya le lieutenant français au commandant de la place, avec cette simple recommandation : « Vous vaincrez l'obstination du commandant français; sinon, vous serez fusillé au retour. »

Galbois part, engage son compatriote à tenir bon, refuse de rester avec lui, pour ne pas exposer la vie de ses compagnons de captivité, rapporte la réponse au général espagnol, qui ne peut s'empêcher d'admirer la conduite du jeune officier français, et se résigne à continuer les travaux du siège d'Elvas.

Rendu à la liberté après la convention de Cintra, Galbois, nommé capitaine le 30 mars 1809, rejoignit le maréchal Davoust à Ratisbonne, assista le 18 avril à la défaite du prince Charles, à Thauz, et porta la nouvelle de cette victoire à l'empereur, qu'il atteignit à Neustadt. Après l'armistice de Znaïm, Napoléon l'employa fort utilement dans les différentes négociations qui précédèrent la paix de Vienne.

Ayant rejoint le maréchal Suchet en Aragon, Galbois se distingua dans une reconnaissance sur Beni-Carlos, où, à la tête de cent hussards, il enleva un drapeau à un détachement de trois cents dragons espagnols. Envoyé comme chef d'escadron à la Grande Armée en 1812, il reçut un coup de feu au combat d'Astrowno, fut atteint d'un coup de lance pendant la retraite, et dut franchir plusieurs fois les ponts de la Bérésina pour porter les ordres de l'empereur aux troupes restées sur la rive opposée. Promu au grade de colonel du 6º régiment de chevau-légers le 25 février 1813, il assista aux batailles de Lutzen et de Dresde.

Dans la campagne de France, au combat d'Arcis-sur-Aube, il enleva, avec un bataillon de vieille garde, le village de Torcy, occupé par les troupes russes. Ensuite il fut chargé de porter à l'empereur François II le traité de Châtillon, et plus tard d'apprendre à Marie-Louise la nouvelle de l'abdication de Napoléon. Rétabli à la tête du 6º régiment de lanciers pendant les Cent-jours, le colonel Galbois, dans l'affaire des Quatre-Bras, écrasa deux carrés écossais par une charge brillante, dans laquelle il fut atteint d'une balle en pleine poitrine.

Mis en disponibilité à la seconde Restauration, Galbois, retiré dans ses propriétés du département de l'Aisne, s'y livrait exclusivement aux études agricoles, lorsque la révolution de juillet le rappela sous les armes. Nommé maréchal de camp le 20 avril 1831, il exerça le commandement de la subdivision de l'Aisne jusqu'en 1837, époque à laquelle il fut envoyé en Afrique pour commander une brigade d'infanterie de la division d'Alger.

Après l'expédition de Constantine, le maréchal Valée lui conféra le commandement de la province dont cette ville est le chef-lieu. Conformément aux instructions du gouverneur général, il s'occupa surtout d'attacher à la France les grandes familles du pays, qui par leur influence morale devaient attirer à leur suite le reste des indigènes. Il établit le camp de Sidi-Tamtam, afin d'assurer les communications de Bône à Constantine, il châtia les tribus insubordonnées des Haractas.

Au mois d'octobre 1838, le maréchal Valée vint présider à l'expédition de Stora, point de la côte à proximité duquel s'éleva bientôt le grand centre de Philippeville. Le général Galbois fut nommé lieutenant général à la suite de cette expédition. L'année suivante, il accompagna le duc d'Orléans dans l'expédition des Bibans; mais il dut s'arrêter, avec les troupes de sa division, au pied de ces formidables défilés, que la division du prince franchit seule.

Pendant les trois ans de son commandement de la province de Constantine, le général Galbois s'appliqua à asseoir le pouvoir de la France sur des bases solides, en facilitant aux Arabes la liberté de leur commerce et de leur industrie.

De retour en France, pour raison de santé, au commencement de 1841, le général Galbois emporta les regrets des autorités françaises et des chefs indigènes. Tour à tour inspecteur de gendarmerie et de cavalerie, commandant d'une division au camp de Compiègne, puis commandant de la 9ᵉ division militaire, le général Galbois revint en Algérie en 1845 pour y organiser les trois nouveaux régiments de spahis. Son arrivée dans la division de Constantine fut marquée par des fêtes et des ovations dans toutes les parties de la province. Les chefs indigènes, et même ceux du désert, vinrent au-devant de lui avec leurs goums pour le complimenter.

A Constantine, il retrouva tous les établissements qu'il avait créés dans un état brillant et prospère ; les terrains qu'il avait fait défricher étaient devenus féconds, les grands travaux de routes dont il avait pris l'initiative étaient achevés.

Après avoir terminé sa mission, le général Galbois rentra en France en 1846, et fut admis peu de temps après dans la section de réserve, en raison de son âge.

Retraité en avril 1848, il était de retour depuis quelque temps à Alger, lorsqu'il y succomba à une atteinte de choléra.

Le général Galbois était grand officier de la Légion d'honneur depuis 1839. Il avait été fait chevalier à la bataille d'Eckmühl en 1807, officier à la Moskowa en 1812, et commandeur à Arcis-sur-Aube en 1814. Il était chevalier de l'empire de 1809, et baron du 5 novembre 1813.

Par décret en date du 24 avril 1889, le nom de Galbois a été donné, à titre d'hommage public, au centre de population européenne d'El-Anasser (Constantine).

Archives du ministère de la guerre. — *Moniteur de l'armée.* — *Annales algériennes.* Documents officiels.

GASTU.

Gastu (Godéric-André-Joseph), général de division, né le 27 novembre 1802 à Banyuls-des-Aspres, près Perpignan. Après avoir terminé ses études au collège de cette ville, il entra au service le 1ᵉʳ août 1823 comme engagé volontaire. Sous-lieutenant de cavalerie en 1830, il prit part, à l'expédition d'Alger et fut employé au 1ᵉʳ régiment de chasseurs d'Afrique à la formation de ce corps. Lieutenant le 21 juin 1833, et lieutenant trésorier le 5 août suivant, il devint capitaine aux spahis réguliers d'Alger le 31 décembre 1834.

Cité à l'ordre de l'armée le 11 octobre 1835, puis le 4 janvier 1836, il le fut encore à la suite du combat du 31 mars de la même année au col de Mouzaïa, où il eut un cheval tué sous lui et fut grièvement blessé à la joue. Quatre mois plus tard il reçut la croix de la Légion d'honneur. Passé, le 20 novembre 1839, au 1er régiment de chasseurs d'Afrique, il se fit particulièrement remarquer le 28 mai 1840 pendant l'expédition de Médéah, le 1er juillet 1842 dans un combat livré aux Arabes sur les Hauts Plateaux, au sud de l'Ouarensenis.

Major le 22 juillet 1842 du corps de cavalerie indigène, le 3 octobre 1844 du 1er régiment de chasseurs d'Afrique, chef d'escadron, le 9 janvier 1845 au 2e régiment de l'arme, lieutenant-colonel le 28 août 1846 au 5e régiment de lanciers, colonel le 1er mai 1849 du 3e régiment de dragons, et le 19 juillet 1849 de la garde républicaine, Gastu fut promu officier de la Légion d'honneur le 6 mai 1850, et général de brigade le 28 décembre 1852. Commandant la subdivision d'Oran le 6 février 1853, chargé de l'inspection de la légion de gendarmerie d'Afrique pendant les années 1853, 1854, 1855, 1856, et commandeur de la Légion d'honneur le 11 août 1855, sa brillante conduite pendant l'expédition de Kabylie en 1857 lui mérita une nouvelle citation à l'ordre général de l'armée; il assura, en effet, par les bonnes dispositions qu'il avait prises, le succès du combat du 24 mai contre les Beni-Raten, et eut un cheval tué sous lui le 25 juin à l'attaque du village d'Aït-el-Hassem.

Le 24 mai, le général Gastu avait été chargé d'aborder de front Ighil-Guefri avec sa colonne. Il arriva assez facilement au pied de la montagne. A ce moment, des champs de figuiers qui en couvraient la base partit un feu très vif; mais la charge sonne, nos soldats se précipitent en avant, les champs de figuiers sont balayés. Au-dessus de ces plantations, les pentes de la montagne dénudées et abruptes laissaient nos soldats exposés directement au feu des villages. Cependant ils les gravissent en bon ordre, profitant adroitement du plus léger pli de terrain pour se couvrir et prendre haleine, et avancent toujours. Arrivés au sommet, ils pénètrent à la baïonnette dans le village et en dispersent les défenseurs.

Maître d'Ighil-Guefri, le général Gastu lance sa troupe sur Taguemount ou Gadfeld et l'enlève d'autant plus aisément que le général Deligny débouchait de son côté sur ce même point, dont les défenseurs se trouvaient ainsi pris entre deux feux. De là à Tighilt-el-Hadj-Ali, la distance est peu considérable ; les têtes de colonnes des deux brigades y entrèrent au pas de course et opérèrent leur jonction avec la division Mac-Mahon déjà maîtresse d'Affensou.

Général de division le 12 août 1857, Gastu fut placé le 13 novembre à la tête de la division de Constantine, où il se révéla administrateur aussi actif qu'éclairé, aussi bienveillant que ferme et adroit. Il y favorisa l'extension du territoire civil. « Fait digne de remarque, a dit M. Horace Giraud, l'accroissement considérable de l'autorité civile dans la province de Constantine fut sollicité, encouragée, défendue contre les timides hésitations de quelques conseillers par le représentant de l'autorité militaire, le général Gastu. »

Il est mort à Constantine, dans son commandement, le 9 août 1859.

Un centre de population créé le 25 juin 1860, sur la route de Guelma à Philippeville, a reçu le nom de Gastu pour perpétuer la mémoire de l'honorable général.

Archives du ministère de la guerre. — *Moniteur de l'armée.* — *Mémoires du maréchal Randon.* — *Récits de la Kabylie*, par Émile Carrey. — Documents particuliers.

GENTIL.

Gentil (Jean-François), général de division, membre des comités d'infanterie et d'état-major, grand-officier de la Légion d'honneur, chevalier de Saint-Louis et grand-officier de l'ordre de Léopold de Belgique, avait été admis à l'École impériale militaire le 29 décembre 1808. Il en sortit le 27 juillet 1809 comme sous-lieutenant au 1er régiment de chasseurs-conscrits, devenu 3e régiment de voltigeurs de la jeune garde, et fit en cette qualité la campagne de 1809 en Allemagne, et celle de 1810 et 1811 en Espagne. Le 6 décembre 1811, il fut nommé lieutenant au régiment des flanqueurs-chasseurs de la jeune garde, et le 15 du même mois passa lieutenant adjudant-major du 1er régiment de voltigeurs de la même arme. Il fit avec ce régiment la mémorable campagne de 1812 en Russie, où il eut les pieds gelés ; il y perdit le gros orteil du pied droit et deux phalanges de deux autres doigts. Capitaine adjudant-major le 8 avril 1813, il prit part à la campagne de Saxe et se distingua à la bataille de Dresde, où il fut blessé d'un coup de feu au bras gauche. En récompense de sa conduite dans cette journée, il reçut la croix de la Légion d'honneur. Le capitaine Gentil se fit de nouveau remarquer dans la campagne de France et reçut un coup de feu à la tête à l'affaire d'Épinal le 11 janvier 1814.

A la réorganisation de l'armée, il fut incorporé avec son grade au 31° régiment d'infanterie de ligne. Dans les Cent-jours, il passa au 4° régiment de voltigeurs de la jeune garde impériale, avec lequel il fit la campagne de l'armée du Nord; il fut licencié et mis en non-activité le 22 septembre 1815.

A la création des légions départementales, Gentil fut admis comme capitaine de la légion de l'Eure le 20 novembre 1816. En 1819, le maréchal Gouvion Saint-Cyr, voulant modifier l'esprit militaire de la garde royale, désigna plusieurs anciens officiers de l'Empire pour être incorporés dans ce corps. Gentil passa avec son grade dans le 4° régiment de la garde royale. Si ses opinions bien avérées pour un ordres de choses qui n'existait plus ne lui valurent pas les faveurs du pouvoir, son noble caractère, sa droiture, sa manière de servir, lui attirèrent l'estime de ses chefs et l'affection de tous ses camarades. Les journées de juillet le trouvèrent à la tête d'une compagnie de voltigeurs du 4° de la garde et le virent combattre avec son drapeau contre ses opinions, contre les convictions de toute sa vie : c'est que Gentil possédait au plus haut degré le sentiment du devoir et de l'honneur militaire, et ces sentiments chez un soldat doivent prévaloir sur tous les autres. Aussi, quelques jours après, la famille royale passant dans les rangs de ces braves restés jusqu'au dernier moment fidèles à leur drapeau, la dauphine aperçut Gentil à la tête de sa compagnie et lui dit ces simples paroles : « Vous êtes « ici quand bien d'autres n'y sont pas; nous nous sommes souvent « bien cruellement trompés. »

Compris dans le licenciement de la garde royale et mis en solde de congé, Gentil ne fut rappelé à l'activité que le 8 novembre 1832, comme chef de bataillon au 4° régiment d'infanterie de ligne. En cette qualité, il fit les campagnes de 1833 et 1834 en Afrique, et fut cité à l'ordre de l'armée pour sa conduite au combat du 12 octobre 1833, dans lequel, à la tête de son bataillon, il enleva un moulin fortement occupé par les Kabyles et dont la prise assura la possession définitive de Bougie.

Il reçut en récompense de cette action, le 18 avril 1834, la croix d'officier de la Légion d'honneur, qui déjà lui avait été donnée pour un trait de bravoure audacieuse au siège de Soissons le 17 juillet 1815.

Lieutenant-colonel du 17ᵉ régiment de ligne le 31 décembre 1835, il fut nommé colonel du 24ᵉ de la même arme le 15 septembre 1839, et revint en Algérie, où se trouvait son régiment. A la prise du col de Mouzaïa en 1840, sa belle conduite lui mérita le grade de commandeur de la Légion d'honneur.

Sous le commandement d'un tel colonel, le 24ᵉ de ligne devint un des plus vigoureux régiments de l'armée, et lorsque le duc d'Aumale fut nommé lieutenant-colonel, le roi désigna le 24ᵉ pour le régiment dans lequel son fils devait entrer. C'était rendre le plus bel hommage à la bravoure de ce corps et au caractère de son chef. Le colonel Gentil fut encore cité comme s'étant distingué dans l'expédition chargée du ravitaillement de Médéah en mai 1841 et dans la campagne d'automne de la même année. Au commencement de 1842 il commanda souvent, et avec la plus grande distinction, l'une des trois colonnes de marche de l'armée et se distingua partout où il rencontra l'ennemi; aussi l'illustre maréchal Bugeaud, digne appréciateur des talents militaires, et qui avait pour le colonel Gentil une estime toute particulière, disait-il de lui à cette époque : « C'est un caractère solide, imperturbable, dévoué, qui constitue le « bon officier de bataille; un général en chef serait heureux d'en « avoir beaucoup de sa trempe. »

Promu au grade de maréchal de camp le 28 avril 1842, le général Gentil fut provisoirement investi du commandement du territoire d'Oran. Le 25 octobre suivant, il fut placé à la tête de la division mobile de Mostaganem. C'est dans la campagne d'hiver de 1842 à 1843, pendant une expédition de six mois, qu'avec cette division il livra le beau combat de Sidi-Lekhal, puis celui de Sidi-Rached, dans lequel deux escadrons du 2ᵉ chasseurs d'Afrique soutinrent à eux seuls la lutte acharnée de plus de 800 cavaliers réguliers de l'Émir. C'est encore dans cette campagne qu'avec 900 chevaux, dont seulement 400 réguliers, il passa à la nage le Chélif infranchissable pour l'infanterie, et débloqua la ville de Mazouna, sur le point d'être forcée par Abd-el-Kader.

Nommé au commencement de 1844 au commandement de la subdivision et du territoire d'Alger, il prit part à l'expédition contre la Kabylie et contribua puissamment au succès du combat meurtrier d'Ouarez-Eddin, qui amena la soumission des Flissa.

Dans les dernières luttes de l'insurrection de 1845-1846, l'Émir menaçait de renouveler les scènes terribles de 1839 en envahissant la Mitidja; le général Gentil, avec une faible colonne, après une marche de nuit des plus hardies, surprit au point du jour, le 6 février 1846, le camp d'Abd-el-Kader, l'enleva, tua ou dispersa toute sa cavalerie. Ce succès inespéré sauva l'Algérie des plus grands malheurs, raffermit nos alliés ébranlés, terrifia nos ennemis et calma les craintes de nos colons, qui déjà cherchaient un refuge dans les murs d'Alger.

En récompense d'un service aussi signalé et d'une conduite aussi brillante, le général Gentil fut nommé grand-officier de la Légion d'honneur le 13 avril 1846. Le 3 novembre 1847, le roi des Belges le nomma également grand officier de l'ordre de Léopold.

Promu au grade de général de division le 17 août 1848, le général Gentil fut appelé le 20 mai 1849 à faire partie du comité consultatif de l'infanterie et fut chargé successivement de 1849 à 1851 de l'inspection générale du 5e et du 8e arrondissement d'infanterie. Le 30 décembre 1851 il avait été nommé membre du comité d'état-major.

A des qualités militaires aussi brillantes, à des services rendus, aussi signalés, le général Gentil joignait une bonté excessive qu'il affectait de voiler sous les dehors de la brusquerie. D'une retenue, d'une modestie rares, ne parlant jamais qu'en bien de ses camarades, fuyant un peu le monde, il attendit toujours que la confiance de ses chefs vint le chercher et ne la sollicita jamais. D'une énergie remarquable dans les circonstances difficiles, il portait dans les circonstances ordinaires de la vie un laisser-aller d'une certaine originalité, si bien qu'il fallait être de son intimité pour découvrir en lui un esprit fin, une éducation soignée et un art d'écrire auquel nous devons la création ou la collaboration de plusieurs pièces de théâtre dont quelques-unes sont encore au répertoire.

Le général Gentil est décédé à Paris le 29 mars 1852.

Archives du ministère de la guerre. — *Moniteur de l'armée.* — *Annales algériennes* — *L'Algérie ancienne et moderne.* — *L'Algérie*, par M. Camille Rousset. — Documents divers.

GÉRY.

Géry (Pierre), né à Rochefort le 16 juillet 1795, entra au service, à peine âgé de seize ans, au 2e régiment d'artillerie de marine. Il servit dans ce corps de 1803 à 1816 et passa par tous les grades inférieurs. Il était sous-lieutenant en 1813; il fut nommé lieutenant au 7ᵉ bataillon d'artillerie de marine à la formation de ce corps en 1816, et capitaine le 5 juillet 1823. En 1827, il passa avec son grade au 13ᵉ régiment d'infanterie légère. En 1831, il fut nommé commandant du dépôt du gymnase normal musical, et reçut en 1833 le grade de chef de bataillon au 32ᵉ régiment de ligne. Géry ne figura que nominalement sur les cadres de ce régiment; car, de 1833 à 1836, il occupa successivement les fonctions de commandant en second aux écoles de la Flèche et de Saint-Cyr. Sa fermeté, sa justice, son instruction, exercèrent une influence utile sur les études et la discipline dans ces deux écoles.

En 1836, Géry rentra dans les rangs de l'armée et fit partie du 41ᵉ régiment de ligne. Passé en Afrique, il fut en 1841 promu lieutenant-colonel au 26ᵉ régiment de la même arme, et un an après colonel du 56ᵉ. Son grade de maréchal de camp date du 22 octobre 1845.

Il avait été nommé chevalier de la Légion d'honneur le 14 septembre 1831, et officier du même ordre le 6 août 1843.

Le général Géry comptait quatorze campagnes, tant sur les vaisseaux de l'État que dans les rangs de la Grande Armée et plus tard, de 1839 à 1845, en Algérie, où il se distingua en maintes et maintes circonstances, notamment le 22 juin 1843. Ce jour-là il porta à Abd-el-Kader un coup terrible, qui fut bien près d'être le dernier. Informé le 21 juin au soir que l'Émir était campé à Djedda, dans le pays des Hassasna, à quatre lieues de lui, Géry, dont le corps valétudinaire renfermait une âme de fer et un cœur intrépide, résolut de tenter de le surprendre dans cette position; il s'y dirigea dans la nuit et arriva au point du jour sur le camp de l'Émir, qui était mal gardé. La surprise aurait pu être complète; malheureusement le colonel Géry, cédant à des conseils peu réfléchis, fit commencer l'attaque par les Arabes auxiliaires, qui, après avoir donné l'éveil au camp par leurs cris, tournèrent bride aux premiers coups de fusil. C'était évidemment trop exiger de ces hommes que de vouloir qu'ils coopérassent d'une manière si directe à la perte de celui qui avait été si longtemps l'objet de leur amour et de leur admiration. Notre cavalerie et notre infanterie, qui suivaient de près les auxiliaires, n'en culbutèrent pas moins en un clin d'œil le camp ennemi; l'Émir parvint à se sauver sur le premier cheval qui lui tomba sous la main. Jamais, dans tout le cours de la guerre, il n'avait vu de si près la mort ou la captivité; il perdit dans cette affaire 250 hommes tués, 140 prisonniers et tous ses bagages. Le colonel Géry prouva ce jour-là qu'il n'était pas impossible d'atteindre Abd-el-Kader, contrairement à l'opinion qui commençait à s'accréditer dans l'armée, où les uns croyaient à la réalité de cette impossibilité, vu la mobilité presque surnaturelle du nouveau Jugurtha, et où d'autres ne la faisaient consister que dans la mauvaise volonté supposée de quelques chefs, auxquels ils n'étaient pas éloignés de prêter les mêmes calculs que Marius prêtait à Métellus, et avec tout aussi peu de justice. Quoi qu'il en soit, le colonel Géry aurait probablement terminé la guerre le 22 juin 1843 s'il eût fait commencer la charge par ses chasseurs, au lieu d'engager d'abord ses troupes indigènes.

En avril et mai 1843, le colonel Géry conduisit la première expédition dans le sud oranais; il poussa jusqu'au delà de Brézina. En souvenir de cette expédition et des services rendus par le colonel dans la subdivision de Mascara, qu'il commanda de 1841 jusqu'à sa mort, survenue dans les premiers jours de 1846, le nom de Géryville a été donné au poste le plus avancé créé dans le sud oranais en 1853.

Archives du ministère de la guerre. — *Moniteur de l'armée.* — Annales algériennes. Documents divers.

MARIE-LEFEBVRE.

Marie-Lefebvre (Charles), né en 1831, à Chartres, est le treizième enfant d'une famille de commerçants.

Prix d'honneur au collège de Chartres en 1850 il vint à Alger après ses études ; fut d'abord employé de commerce, puis attaché au tribunal d'Alger comme secrétaire de juge d'instruction. C'est alors qu'il commença à donner à *l'Akhbar* des articles et des poésies qui fixèrent l'attention des lettrés. Attaché ensuite à la sous-préfecture de Milianah, il publia en brochures, dans cette ville, sous les auspices du sous-préfet M. Costallat, des poèmes qui eurent un grand retentissement en Algérie : *Viens!* (1858), les *Angoisses de l'Algérie* (1859), *l'Attrait de l'Algérie*, etc.

Ces productions ont été réunies (1860) en un volume intitulé *Esquisses algériennes*, et aujourd'hui épuisé. Une nouvelle édition est sous presse en ce moment chez Jourdan, libraire-éditeur à Alger.

M. Marie-Lefebvre a été successivement chef de Cabinet de M. Géry, préfet d'Alger (1859), conseiller de préfecture en Corse où il a épousé la sœur aînée de M. Emmanuel Arène (1862), conseiller de préfecture à Constantine (1871), sous-préfet à Bougie (1875); sous-préfet dans divers arrondissements de France, jusqu'en 1880, et enfin employé au Bureau de la Presse au ministère de l'Intérieur.

De cruels malheurs de famille ont atteint M. Marie-Lefebvre dans ces dernières années, et ses amis l'ont décidé à revenir en Algérie. Puisse-t-il trouver quelque soulagement à ses chagrins dans le pays dont il a éloquemment célébré le charme, avec un talent souple comme les rameaux verts qu'il a chantés, un coloris brillant comme celui des fleurs qu'il a semées dans ses idylles, un rythme harmonieux comme celui des mutins oiseaux qu'il poursuivait de ses rimes cadencées.

M. Marie-Lefebvre a été véritablement le « poète de l'Algérie »; il a dit comme nul autre la douceur de son climat, l'attrait de ses nuits étoilées, et en écrivant ces lignes j'entends chanter dans ma mémoire les vers bien connus :

> Il neige au pied de la colline,
> Il neige au détour du sentier,
> Il neige des fleurs d'aubépine,
> Il neige des fleurs d'églantier.

M. Marie-Lefebvre a repris sa place dans la presse. Il est un des principaux rédacteurs de la *Dépêche algérienne*.

Documents particuliers.

THOMSON (Charles).

Est né à Alger et non à Oran. Il est présentement ambassadeur de France à Copenhague.

VIALAR.

Le baron de Vialar est une des plus belles, des plus nobles figures de la première époque de la colonisation. Si nous n'avions adopté le classement par ordre alphabétique, sa place eût été en tête des vaillants qui ont conquis une deuxième fois la terre algérienne par leur courage, leur abnégation, leur patriotisme.

Aussi avions-nous le devoir de montrer dans ses moindres détails la grandeur de cette existence. Nous avons fait de longues recherches, et, avec les documents que sa famille a bien voulu nous promettre, nous serons à même de payer, dans une nouvelle édition, un juste tribut de respect à cet homme de bien, dont la ville d'Alger a depuis longtemps reconnu le mérite et honoré la mémoire en donnant son nom à une des rues avoisinant la place du Gouvernement.

Documents divers.

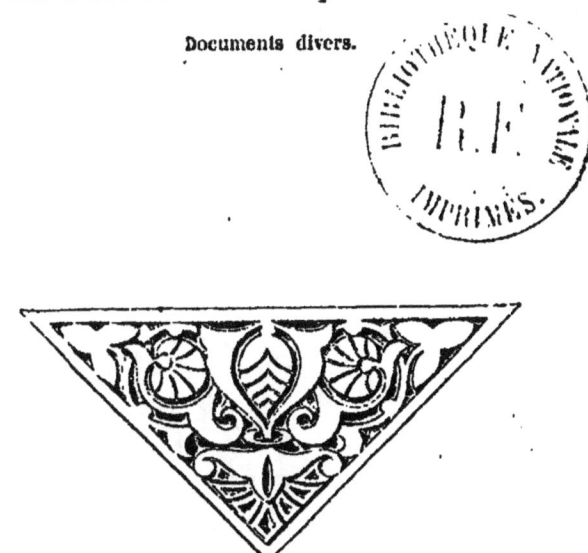

VOCABULAIRE DES MOTS ARABES

LES PLUS EMPLOYÉS DE CET OUVRAGE.

Abd, pl. *Abyd*, esclave, serviteur, adorateur.
Abd-el-Kader, serviteur du puissant.
Aïn, pl. *Aïoun*, source.
Allah, Dieu.
Aman, pardon
Anaïa, aide, assistance.
Areg, *Erg*, dune, région des dunes.
Bab, pl. *Biban*, porte.
Bahar, mer.
Ben, fils de.
Bent, fille de.
Beylick, gouvernement.
Bir, pl. *Biar*, puits.
Bled, pays, contrée.
Bordj, fort, château, grande maison isolée.
Bou, père de.
Cadi, juge.
Caïd, *Hakem*, gouverneur.
Chaba, *Chabet*, ravin.
Chambi, pl. *Chamba*, nomades dont les terres de parcours s'étendent de Ouargla à El-Goléa.
Cheikh, chef, vieillard.
Chott, lac salé.
Coudiat, colline.
Couloughi, fils d'un Turc et d'une femme indigène musulmane.
Dar, pl. *Douar*, maison, habitation.

Daya, bas-fond, cuvette basse.
Djebel, montagne.
Djebira, sacoche porte-monnaie en cuir qui se pend à l'arçon de la selle.
Djema, mosquée.
Djich, bande de cavaliers armés.
Djouad, noblesse militaire.
Dra (littéralement bras), coteau.
Drinn, sorte de graminée qui pousse en touffes épaisses dans les dunes.
Fondouk, marché, bazar fermé pour les marchands, maison de repos pour les voyageurs.
Ghazzia, *Razzia*, attaque à main armée.
Goum, cavalerie indigène irrégulière.
Guerba, outre destinée à contenir de l'eau.
Guetta, passage, raccourci.
Hadid, fer.
Hadj, pl. *Hadjadj*, pèlerin.
Hadjâr, pierre, rocher.
Haouch, ferme.
Harka, expédition armée.
Hassi, puits.
Kantarah, pont, voûte, arcade.
Kasbah, citadelle, château.
Kef, rocher.
Kheneg, gorge de montagne.
Khodja, écrivain, secrétaire.

Khramès, domestique.
Koubba, chapelle en l'honneur d'un marabout.
Ksar, pl. *Ksour*, village du sud.
Makhzen, garde, corps de troupe, magasin, arsenal.
Medersa, école supérieure.
Medjez, gué.
Mehari, pl. *Mehara*, chameau de selle.
Moukala, fusil.
Nefra, bagarre sur un marché arabe.
Ouâd, *Ouled*, enfants de.
Oued, pl. *Ouidan*, rivière.
Ould, fils de.
Outhan, district.

Ras, pl. *Rouous*, cime, cap, sommet.
Sahel, littoral.
Sebkha, pl. *Sebakh*, bas-fond salin contenant parfois de l'eau.
Si, *Sid*, *Sidi*, monseigneur, monsieur.
Smala, *Déira*, suite d'un chef campant autour de lui.
Targui, pl. *Touareg*, tribus du Sahara central.
Tell, colline.
Teniah, *Teniet*, col, défilé.
Tholba, savant.
Toubib, médecin.
Zaouïa, ermitage musulman, lieu de réunion d'une confrérie de khouan.

TABLE ALPHABÉTIQUE

PAR QUALITÉS ET PROFESSIONS.

ARMÉE.

Nom	Pages
Allonville	8
Amadieu	13
Ameil	14
Andrieux	15
Anselme	15
Armandy	18
Aubignosc	20
Aumale	22
Aurelles de Paladines	29
Aveline	31
Ayas	32
Baillaud	33
Barail	33
Barral	516
Bataille	42
Baudouin	43
Beaufort d'Hautpoul	43
Beauprête	45
Béchon de Caussade	53
Bedeau	53
Berger	61
Berlier	63
Bizot	69
Blandan	69
Bonnemain	87
Bosquet	98
Bou Derba	101
Bourbaki	103
Bourdis	106
Bourmont (comte de)	108
Bourmont (Amédée de)	111
Bourot	112
Bouscarin	113
Boutin	113
Bracevich	115
Brahaut	122
Bró	124
Bugeaud	128
Cabissot	130
Camou	130
Canquoin	131
Canrobert	132
Caraman	135
Carbuccia	136
Carette	137
Carondelet	138
Catoire de Biancourt	139
Cavaignac	140
Chabron	142
Chadeysson	143
Chanaleilles	146
Changarnier	147, 597
Chanzy	149
Chappedelaine	151
Charon	151
Charrier	153
Clauzel	157
Colomb	160
Combes	162
Contencin	163
Coste de Champeron	165
Courby de Cognord	166, 597
Courtot de Cissey	172
Crény	174
Damesme	175
Danrémont	176
Daumas	178
Delebecque	182
Deligny	184
Deshorties	186
Desvaux	186
Devin	191
Dianous de la Perrotine	192
Duperré	201
Durrieu	220
Dutertre	220

TABLE ALPHABÉTIQUE

Nom	Pages
Duvivier	223
Dziewonski	225
Escoffier	227
Exéa	231
Eynard	232
Faidherbe	233
Favas	243
Fayet de Chabannes	243
Flatters	247
Fleury	254
Forgemol	255
Fourchault	257
Froment-Coste	263
Gaboriaud	266
Galbois	598
Garderens	266
Garoué	267
Gastu	600
Gentil	602
Gentil de Saint-Alphonse	273
Géreaux	275
Géry	605
Ginestet	286
Gouyon Matignon de Saint-Loyal	281
Granet-Lacroix de Chabrières	281
Gresley	282
Guiard	285
Hanoteau	288
Hardouin	289
Hardy de La Largère	289
Hénon	291
Herbillon	293
Hugo	295
Jamin	298
Javary	299
Jeffine	300
Juving	309
Kerleadec (Fraboulet de)	311
Korte	313
Ladreit de la Charrière	313
Lallemand	314
La Morcière	321
Landes	329
Lapassot	331
Lapérouse	332
Lapeyre	333
Lasserre	334
Lavarande	336
Lavayssière	336
Leblanc de Prébois	340
Leblond	341
Le Corgne	342
Lefebvre	343
Lehaut	344
Lelièvre (Hilaire)	345
Lemercier	346
Le Pays de Bourjolly	347

Nom	Page
Le Rouxeau de Rosencoat	348
Levasseur	360
Lévy	361
Liébert	361
Liniers	364
Louiesioux	366
Lyvois	368
Mac-Mahon	369
Manselon	374
Marey-Monge	375
Margueritte	376
Martimprey	379
Martin	390
Masson	382
Maussion	384
Mayran	385
Mellinet	386
Méry de la Canorgue	392
Monck d'Uzer	398
Montagnac	400
Montauban	402
Morris	404
Moullé	406
Muller	406
Musis	407
Neveu	417
Nicfort-Vital	419
O Malley	426
Paolo di Palma	438
Pélissier	441
Pelletier de Montmarie	443
Pellissier de Reynaud	445
Perrégaux	449
Pharaon	454
Polhès	459
Randon	460
Rémusat	464
Renault	465
Rinn	468
Rivel	471
Roches	473
Rohault de Fleury	479
Rolland	479
Rose	483
Saint-Arnaud	490
Saint-Hillier	491
Saint-Pol	492
Salles	493
Schousboë	496
Sillègue	514
Soumain	528
Tarbouriech	531
Tartas	532
Testard	534
Thomas	534
Torré (de la)	540
Tournemine de la Grange	543

PAR QUALITÉS ET PROFESSIONS. 615

	Pages.		Pages.
Trézel...	543	Voirol...	569
Tristan-Legros...	545	Wimpffen...	578
Trumelet...	547	Wolff...	584
Vaisse de Roquebrune...	558	Vuillemot...	570
Valée...	559	Yousouf...	587
Viénot...	564	Zaccar...	592
Vinoy...	566		

COLONS (AGRICULTEURS, INDUSTRIELS, ETC.).

Abadie...	503	Lavie (Marc)...	337
Altairac...	10	Lavie (Pierre)...	338
Arlès-Dufour (Alphonse)...	16	Lecavelier...	341
Arlès-Dufour (Armand)...	17	Lesueur...	349
Barris...	35	Locré...	366
Bastide (Léon)...	30	Nicolas...	419
Beauséjour...	52	Orssaud...	427
Bertrand...	67	Oustri...	427
Borély de la Saple...	95	Oustry...	427
Chalancon...	141	Paulin...	430
Cordier...	164	Pirette...	456
Debrousse...	179	Rabaste...	460
Dubourg...	196	Rebattu...	462
Dufourg...	197	Regnauld de Lannoy de Bissy...	463
Du Pré de Saint-Maur...	211	Romanette...	482
Fau et Foureau...	237	Rozey...	485
Girerd et Nicolas...	280	Tachet...	529
Guillaume...	287	Trottier...	466
Joannon...	300	Vallier...	561
Joret...	301	Van Masoyk...	563
Lalliermonet...	317	Vialar...	608

ECCLÉSIASTIQUES.

Dupuch...	216	Pavy...	439
Lavigerie...	339		

ÉCRIVAINS (PUBLICISTES, HISTORIENS, ETC.).

Allan...	7	Lambert...	320
Aumerat...	28	Marchal...	374
Béhaghel...	55	Marie-Lefebvre...	607
Bézy...	68	Ménerville...	386
Bodichon...	78	Muston...	415
Capo de Feuillide...	133	Pellissier de Reynaud...	446
Daumas...	178	Rozey...	485
Devoux...	191	Thuillier...	536
Duval...	221	Trumelet...	547
Duvivier...	223	Voisins d'Ambre (Mme)...	566
Fillias...	246	Warnier...	571

EXPLORATEURS.

Bonnemain...	87	Foureau (voyez Fau et Foureau)...	237
Bou Derba...	101	Palat...	428
Bournaux-Dupéré...	105	Soleillet...	526
Duveyrier...	222		

TABLE ALPHABÉTIQUE

FONCTIONNAIRES.

	Pages.		Pages.
Brosselard	126	Nelson	417
Contencin	163	Nouvion	423
Dunaigre	204	Tassin	535
Garbé	267	Villard	564
Lapaine	330	Voisins d'Ambre	566
Mercier-Lacombe	387		

GOUVERNEURS GÉNÉRAUX.

	Pages.		Pages.
Aumale	22	Chasseloup-Laubat	154
Bourmont	108	Daurémont	176
Bugeaud	128	Gueydon	283
Mac-Mahon	360	Tirman	537
Pélissier	441	Valée	550
Randon	460	Voirol	569

HOMMES POLITIQUES.

	Pages.		Pages.
Alphaudéry	9	Leblanc de Prébois	340
Bertagna	63	Le Lièvre (Ferdinand)	346
Bourlier	107, 597	Lesueur	349
Didier	198	Letellier	325
Étienne	228	Lucet	367
Forcioli	255	Mauguin	383
Gastu	272	Sabatier	487
Haussonville	290	Thomson (Gaston)	535
Jacques	295	Thomson (Charles)	535, 608
Lambert	320	Warnier	571
Laurence	335	Wuillermoz	586

INDIGÈNES.

	Pages.		Pages.
Ab-del-Kader	1	Saoudi ben Inal	493
Ahmed ben Amar	5	Si Ahmed ould Cadi	499
Aissa ben et Turki	6	Si Ali ba Ahmed	505
Bel Hadj	56	Si Ali bey ben Ferhat	507
Ben Yahia ben Aissa	57	Si Ahmed Chérif ben Mérad	499
Bou Alem ben Chérifa	100	Si El Mihoub ben si Ahmed bey ben	
Bou Roubi	112	Chenouf	508
Eddin ben Yahia	226	Si Hamza	510
Kaddour Ould Adda	310	Si Kaddour ben Mokhfi	513
Khatri	312	Si Mohammed ben Abdallah	514
Masrali	381	Si Mohamed ben Brahim	515
Mohamed el Bahari	393	Si Mohammed Chadli	516
Mohamed Ould Ismaïl Ould Cadi	397	Si Mohammed Ganah	517
Mustapha ben Ismaïl	408	Si Salah ben bou S'dira	522
Roulla	483	Si Smaïl ben ali Masraly	524
Saïdan	486		

INGÉNIEURS.

	Pages.		Pages.
Arnaud	19	Jus	303
Béringer	61	Noblemaire	422
Chaudessais	146	Pereire	447
Delamare	181	Picard	455
Duportal	210	Roche	471
Fousset	261	Suquet	529

PAR QUALITÉS ET PROFESSIONS. 617

MAGISTRAT.

Pages.
Ménerville.. 386

MÉDECINS.

	Pages.		Pages.
Bertherand (A.)........	65	Feuillet................	244
Bertherand (E.)........	65	Gulard.................	285
Bodichon..............	78	Maillot................	372
Bonnafont.............	86		

ORIENTALISTES ET SAVANTS.

Berbrugger...........	50	Letourneux...........	350
Bresnier.............	123	Martin...............	380
Brosselard...........	126	O' Mac Carthy........	424
Cherbonneau.........	156	Perron...............	450
Cosson...............	161	Renier...............	467
Cotelle..............	166	Rinn.................	468
Hanoteau.............	288	Sabatier.............	487
Faidherbe............	233	Slane................	525

PEINTRE.

Fromentin... 264

DIVERS.

Bastide (Hippolyte)...	35	Horse (veuve)........	294
Bombonnel...........	81	Landon de Longeville.	329
Challamel............	144	Pereire..............	447
Gérard...............	274	Schiaffino...........	494

GRAVURES HORS TEXTE

ABD-EL-KADER
D'AUMALE
BUGEAUD
CAVAIGNAC
CHANZY
CLAUZEL
DUPERRÉ
DE GUEYDON
LA MORICIÈRE
PÉLISSIER
RANDON
TIRMAN

www.ingramcontent.com/pod-product-compliance
Lightning Source LLC
Chambersburg PA
CBHW050323240426
43673CB00042B/1515